法律专业人员高级助手书系

治安管理处罚法精要与依据指引

翟金鹏　主编

撰稿人：
许成磊　翟金鹏
杜　强　廖加龙

人民出版社

图书在版编目(CIP)数据

治安管理处罚法精要与依据指引/翟金鹏 主编.
北京：人民出版社，2006.1
（法律专业人员高级助手书系 丛书/ 主编）

ISBN 7-01-005247-6
Ⅰ.治...
Ⅱ.翟...
Ⅲ.治安管理处罚法-中国-问答
Ⅳ.D922.145

中国版本图书馆CIP数据核字（2005）第128820号

法律专业人员高级助手书系

治安管理处罚法精要与依据指引

ZHIAN GUANGLI CHUFAFA JINGYAO YU YIJU ZHIYIN

翟金鹏 主编

人民出版社 出版发行
（100706 北京朝阳门内大街166号）

北京瑞古冠中印刷厂印刷 新华书店经销

2006年1月第 1 版 2006年1月第 1 次印刷
开本：787毫米×1092毫米 1/16 印张：20.25
字数：520千字

ISBN 7-01-005247-6 定价：40.00元

出版说明

本书系首批图书出版后，以其资料性、系统性、实用性强，使用便捷，体例独特等优点，在法律界和普通读者中产生了较大反响，受到了广泛欢迎。一些读者通过写信或打电话的方式，询问或交流有关问题，把作者或编者当成了他们的“法律顾问”，表现出很大的信任和期待。书系一度成为一些法律图书专门销售店的月度最畅销品种，成为了 2005 年相对平稳的法律专业图书市场的一个亮点。《法制日报》、《检察日报》、《中国图书商报》等有关媒体对书系的读者反应和销售情况纷纷予以关注、报导。

良好的销售情况和读者反馈意见让书系策划者和出版者决定选择第一批图书未予专门涉及、与法律专业人员和普通读者关系较为密切的法律门类，组织有关专业人士按既定体例编写，适当推出第二批图书。

《中华人民共和国治安管理处罚法》已于 2005 年 8 月 28 日由十届全国人大常委会第十七次会议通过，并将于 2006 年 3 月 1 日起施行。制定治安管理处罚法是从我国经济和社会发展的需要出发，进一步完善和推进我国治安管理工作法制化的重要举措，也是不断推进我国各项社会管理活动法制化的一项重要内容。

治安管理处罚法是在总结《治安管理处罚条例》施行近 17 年来的经验的基础上，根据我国社会、经济发展和社会治安方面出现的新情况、新问题，按照我国民主法制发展的要求制定的。它是我国维护社会治安秩序、保障公共安全，保护公民、法人或者其他组织的合法权益，规范和保障公安机关及其人民警察依法履行治安管理职责的一部重要法律，直接关系到广大人民群众的切身利益，关系到维护社会治安秩序，乃至维护社会稳定的大局。

《治安管理处罚法精要与依据指引》是书系第二批图书之一种，由公安部治安局许成磊博士、公安大学翟金鹏博士、最高人民法院杜强博士以及全国人大研究室廖加龙同志共同编写。他们多在权威部门任职，既有深厚的理论基础，也熟习治安管理工作实际情况，有的并参与了《中华人民共和国治安管理处罚法》的起草工作。

总序

最高人民法院一位资深法官曾经说过，在中国这样一个成文法国家，法官判案过程实际上就是一个查找法律依据和运用法理解释法律的过程。对此，很多法律专家深有同感。

事实上，无论是法官还是其他法律专业人员，遇到具体法律问题着重需要做的事情，一方面是要判断该问题在法理上属于什么性质和范畴，另一方面就是查找相关的法律依据，并在此基础上运用法理适用法律，解决问题。从这个意义上说，目前的法学教材和法学理论著作与法律专业人员的实际需要衔接得还不够紧密，其他法律实务类图书也存在类似的问题，要么是简单的法律条文释义，要么是法律法规的罗列汇编，不能很好地满足法律专业人员的深层次需要。

基于以上认识，我们先后召开两次由资深法官、律师参加的论证会，在充分了解法律专业人员实际需要的基础上，组织近百位法律专家，按不同的法律门类，分成十八个专家小组，历时两年，编写了这套《法律专业人员高级助手书系》。

综合考虑涉及面的广泛程度和司法实践中的重点、难点等因素，本书系首批选择了十八个常用的法律门类分别编写成书。书系对依各法律门类列出的问题的论编，分别由“精要”与“依据指引”两部分组成。

“精要”题目是根据现行法律文件设定的问题(条文主旨)及司法实践中可能遇到的其他疑难问题归纳总结出来的。表面上看，这些题目并不像问答、案例类题目那样有针对性，有些甚至像干巴巴的词条，但实际上，这些题目正是各法律门类的“点”，实践中某一法律门类上的任何问题，都能归类到这些“点”上。题目内容的撰写也不是像学术专著或论文那样长篇大论，而是以专家意见的形式，简明扼要地阐明法理，指出司法实践中应注意的问题。

“依据指引”部分则是将题目所涉及到的具体法律依据尽可能全面地列示出来。我国的法律依据是多层次的，有全国人民代表大会及其常委会制定的法律，也有国务院及其各部门通过的行政法规、部门规章及规范性文件，还有最高人民法院、最高人民检察院发布的司法解释。在以上依据中，法律的效力级别当然最高，但有些法律规定比较原则，对实践中碰到的许多具体问题的理解和处理，还需要以行政部门和司法部门发布的相关依据作补充，因此，“依据指引”部分将上述全部依据的名称、发布时间、发布部门一一予以明确，并附以精要题目所适用的具体条文内容(个别题目较大，需要援引依据全文或依据本身属不常用的专业问题，为节省篇幅，我们仅注明了依据名称、发布时间、发布部门，具体条文内容予以省略，读者可在后面的具体题目中或其他法律汇编中查找)。

有了“精要”题目的清晰脉络，有了专家法理上的权威意见，再附以详细、具体的法律依据，形成了书系中各法律门类的完整体例。我们相信，这种法律图书的创新体例，能够在很大程度上满足法律专业人员的实际需要，并将成为他们方便实用的参谋助手。

需要说明的是，由于本书系涉及的法律门类众多，编写工作量大，参与编写的作者有的来自司法实践部门，有的来自教学、科研部门，分属不同行业和专业，尽管我们力求做到编写体例上的统一，但在语言风格、表述方式等方面，不同图书还存在明显差别。另外，书系使用资料的截止时间为2004年11月。对以上方面存在的问题，希望专家和从事法律实践工作的读者为我们及时提供宝贵意见，以便需再版时一并修订、补正。

第一章　总则

本章为读者提供与以下题目有关的法律问题的专家意见及法律依据

■ 治安管理处罚法 1　■ 违反治安管理行为 2　■ 治安管理处罚程序应适用的法律规范 4　■ 治安管理处罚法的适用范围 6　■ 以事实为依据原则 11　■ 过罚相当原则 12　■ 处罚公开原则 13　■ 处罚公正原则 14　■ 保障人权原则 15　■ 教育与处罚相结合原则 16　■ 社会治安综合治理 17　■ 治安管理工作主管部门 18　■ 违反治安管理行为的民事责任 19　■ 公安机关调解处理治安案件 21

第二章　处罚的种类和适用

本章为读者提供与以下题目有关的法律问题的专家意见及法律依据

■ 治安管理处罚的种类 24　■ 对外国人的限期出境和驱逐出境 26　■ 办理治安案件查获的物品和财物的处理 27　■ 未成年人，责任年龄，不予处罚，从轻、减轻处罚 30　■ 精神病人的责任能力 33　■ 盲人、又聋又哑的人的责任能力 36　■ 醉酒人的责任能力 37　■ 数种违反治安管理行为的并罚 37　■ 共同违反治安管理行为 38　■ 单位违反治安管理 39　■ 减轻处罚、不予处罚、从重处罚 40　■ 行政拘留处罚的不执行 42　■ 追究时效 43

第三章　违反治安管理的行为和处罚

第一节　扰乱公共秩序的行为和处罚

本节为读者提供与以下题目有关的法律问题的专家意见及法律依据

■ 扰乱单位秩序 45　■ 扰乱公共场所秩序 46　■ 扰乱公共交通工具秩序 48　■ 非法拦截、扒乘交通工具 49　■ 破坏选举秩序 49　■ 扰乱大型群众性活动秩序 51　■ 以谎报险情、疫情、警情等方法扰乱公共秩序 52　■ 投放虚假危险物质 53　■ 散布恐怖信息 54　■ 寻衅滋事 55　■ 利用邪教、封建迷信、会道门扰乱社会秩序 56　■ 干扰无线电业务和无线电台站 63　■ 危害计算机信息系统安全 66

第二节 妨害公共安全的行为和处罚

本节为读者提供与以下题目有关的法律问题的专家意见及法律依据

■ 危险物质 71 ■ 违反危险物质管理 72 ■ 危险物质被盗、抢、丢失不报告 85 ■ 非法携带枪支、弹药、弩、匕首等管制器具 88 ■ 非法携带管制器具进入公共场所、公共交通工具 91 ■ 盗窃、损毁公共设施 95 ■ 妨害国(边)界标志、设施或走向 100 ■ 妨害航空器飞行安全 101 ■ 妨害铁路运行安全 102 ■ 妨害列车行车安全 106 ■ 违反规定安装、使用电网 107 ■ 不设或者妨害施工防护设施、警示标志 108 ■ 盗窃、损毁路面井盖、照明等公共设施 110 ■ 举办大型活动违反治安管理 110 ■ 公共活动场所违反安全规定 113

第三节 侵犯人身权利、财产权利的行为和处罚

本节为读者提供与以下题目有关的法律问题的专家意见及法律依据

■ 组织、胁迫、诱骗他人进行恐怖、残忍表演 115 ■ 强迫他人劳动 117 ■ 非法限制人身自由、非法侵入、非法搜查 118 ■ 胁迫、诱骗或者利用他人乞讨 121 ■ 以滋扰他人的方式乞讨 122 ■ 写恐吓信或者以其他方法威胁他人人身安全 122 ■ 侮辱他人、诽谤他人 123 ■ 诬告陷害他人 125 ■ 打击报复证人及其近亲属 125 ■ 发送淫秽、侮辱、恐吓等信息干扰他人正常生活 126 ■ 偷窥、偷拍、窃听、散布他人隐私的 128 ■ 殴打他人、故意伤害他人身体 129 ■ 猥亵他人 132 ■ 在公共场所裸露身体 133 ■ 虐待家庭成员 133 ■ 遗弃被抚养人 135 ■ 强迫交易 136 ■ 破坏民族团结 138 ■ 侵犯公民通信自由 139 ■ 盗窃 141 ■ 诈骗 145 ■ 哄抢 149 ■ 抢夺 150 ■ 敲诈勒索 152

第四节 妨害社会管理的行为和处罚

本节为读者提供与以下题目有关的法律问题的专家意见及法律依据

■ 妨害公务 153 ■ 招摇撞骗 155 ■ 妨害印章、文件、票证等的管理 159 ■ 船舶擅自进入、停靠国家禁止、限制进入的水域、岛屿 164 ■ 非法社团活动 168 ■ 妨害治安许可管理 170 ■ 煽动策划非法集会游行示威 175 ■ 旅馆业工作人员违反治安管理规定 177 ■ 房屋出租人违反治安管理规定 179 ■ 制造噪声干扰他人正常生活 181 ■ 典当业违反治安管理 184 ■ 废旧收购业违反治安管理 186 ■ 妨害行政执法机关查封扣押冻结措施 189 ■ 妨害证据、伪证 190 ■ 窝赃 192 ■ 监外执行中的罪犯违反治安管理 192 ■ 妨害国边境管理 194 ■ 妨害文物管理 197 ■ 偷开他人机动车、机动船舶、航空器 199 ■ 无证驾驶机动船舶、航空器 200 ■ 妨害死者安宁 201 ■ 卖淫嫖娼 202 ■ 在公共场所拉客招嫖 206 ■ 引诱、介绍、容留卖淫 210 ■ 淫秽物品、淫秽信息 214 ■ 赌博 221 ■ 妨害毒品原植物管理 224 ■ 妨害毒品管理 226 ■ 教唆、引诱、欺骗他人吸食、注射毒品 236 ■ 强制性教育措施 237

第四章　处罚程序

第一节　调　　查

本节为读者提供与以下题目有关的法律问题的专家意见及法律依据

■治安案件的管辖 241　■ 治安案件的受理与登记 243　■ 受理治安案件后的处理 244　■ 严禁以非法手段收集证据 246　■ 公安机关及其人民警察的保密义务 247　■ 回避247　■ 传唤和强制传唤 249　■ 询问查证的时间 250　■ 询问笔录的制作 251　■ 未成年人监护人到场 252　■ 语言帮助 253　■ 对场所、物品和人身的检查 254　■ 物品的扣押 256　■ 鉴定 258

第二节　决　　定

本节为读者提供与以下题目有关的法律问题的专家意见及法律依据

■ 治安管理处罚的决定机关 260　■ 行政拘留的折抵 262　■ 仅有本人陈述不得作出处罚决定 263　■ 公安机关的告知义务 264　■ 陈述和申辩的权利 265　■ 听证 267　■ 调查结束后的处理 270　■ 治安管理处罚决定书 272　■ 处罚决定书的宣告与送达 273　■ 办理治安案件的期限 275　■ 当场处罚 276　■ 不服治安管理处罚决定的救济途径 278

第三节　执　　行

本节为读者提供与以下题目有关的法律问题的专家意见及法律依据

■ 罚款的缴纳与当场收缴 281　■ 行政拘留决定的暂缓执行 283　■ 担保人的条件 284　■ 担保人的义务和违反义务的处罚 286　■ 保证金的没收 287　■ 保证金的退还 287

第五章　执法监督

本章为读者提供与以下题目有关的法律问题的专家意见及法律依据

■执法要求 289　■ 禁止打骂虐待侮辱违反治安管理行为人 291　■自觉接受监督 296　■检举控告 298　■罚款决定与罚款收缴分离 300　■人民警察的违法行为与行政处分 304　■公安机关及其人民警察的赔偿责任 309

第一章 总 则

本章为读者提供与以下题目有关的法律问题的专家意见及法律依据

■ 治安管理处罚法 ■ 违反治安管理行为 ■ 治安管理处罚程序应适用的法律规范 ■ 治安管理处罚法的适用范围 ■ 以事实为依据原则 ■ 过罚相当原则 ■ 处罚公开原则 ■ 处罚公正原则 ■ 保障人权原则 ■ 教育与处罚相结合原则 ■ 社会治安综合治理 ■ 治安管理工作主管部门 ■ 违反治安管理行为的民事责任 ■ 公安机关调解处理治安案件

【治安管理处罚法】

根据治安管理处罚法的规定，治安管理处罚法的目的包括维护社会治安秩序，保障公共安全，保护公民、法人和其他组织的合法权益，规范和保障公安机关及其人民警察依法履行治安管理职责等几个方面。维护社会治安秩序，保障公共安全，保护公民、法人和其他组织合法权益，体现的是治安管理处罚法的保护功能；而规范和保障公安机关及其人民警察依法履行治安管理职责体现的是保障功能。

良好的社会治安秩序是社会秩序稳定、有序的基础，维护社会治安秩序工作的重要方面，就是依法处罚各种违反社会治安管理的违法活动。违反治安管理行为发生的数量较大，涉及的面也非常广泛，大量发生在广大群众身边，直接影响着群众生活，影响着群众对社会治安秩序的感受，影响着社会安全感。因此，要维护良好的社会治安秩序，必须依法加强社会治安管理工作，采取有效措施，预防和打击各种违反社会治安管理的违法行为。保障公共安全是维护社会治安秩序的重要内容，公共安全涉及不特定多数人的人身、财产的安全，妨害公共安全的违法行为都是有较大的危险性的，可能给人民生命、财产造成无可挽回的巨大损失，为了保障公共安全，必须将危险消除在萌芽状态。保护公民、法人和其他组织的合法权益也是维护社会治安秩序的重要内容。治安管理处罚法是通过对各种侵犯公民、法人和其他组织的合法权益的违法行为的处罚来体现其相应的保护功能的。

治安管理处罚法的保障功能，具体体现在对公安机关依法行使治安管理职责的规范和保障之上。依法行政是社会主义法治的基本要求，依法行政的基本含义是行政权的设定必须有法律依据，行政权的行使必须依法进行，不得超越法定权限，也不得违反法定程序。治安管理处罚法作为治安管理工作方面的一部基本法律，规范公安机关及其人民警察依法履行治安管理职责，是其基本内容。治安管理处罚法对公安机关及其人民警察依法履行治安管理职责的规范作用主要体现在以下几个方面：第一，治安管理处罚法赋予公安机关治安管理处罚权。第二，治安管理处罚法设定了公安机关行使治安管理处罚权的具体程序。第三，治安管理处罚法还规定了对公安机关依法行使职权的监督内容。这主要体现在治安管理处罚法“执法监督”一章。此外，很多关于程序的规定也体现了监督的精神。

依据指引：

❶《中华人民共和国治安管理处罚法》(2005年8月28日公布，自2006年3月1日起施行)

第一条 为维护社会治安秩序，保障公共安全，保护公民、法人和其他组织的合法权益，规范和保障公安机关及其人民警察依法履行治安管理职责，制定本法。

❷《中华人民共和国行政处罚法》(1996年3月17日公布，自1996年10月1日起施行))

第三条 公民、法人或者其他组织违反行政管理秩序的行为，应当给予行政处罚的，依照本法由法律、法规或者规章规定，并由行政机关依照本法规定的程序实施。

没有法定依据或者不遵守法定程序的，行政处罚无效。

❸《中华人民共和国人民警察法》(1995年2月28日公布施行)

第一条 为了维护国家安全和社会治安秩序，保护公民的合法权益，加强人民警察的队伍建设，从严治警，提高人民警察的素质，保障人民警察依法行使职权，保障改革开放和社会主义现代化建设的顺利进行，根据宪法，制定本法。

第二条 人民警察的任务是维护国家安全，维护社会治安秩序，保护公民的人身安全、人身自由和合法财产，保护公共财产，预防、制止和惩治违法犯罪活动。

人民警察包括公安机关、国家安全机关、监狱、劳动教养管理机关的人民警察和人民法院、人民检察院的司法警察。

第三条 人民警察必须依靠人民的支持，保持同人民的密切联系，倾听人民的意见和建议，接受人民的监督，维护人民的利益，全心全意为人民服务。

第四条 人民警察必须以宪法和法律为活动准则，忠于职守，清正廉洁，纪律严明，服从命令，严格执法。

【违反治安管理行为】

违反治安管理行为是指各种扰乱社会秩序，妨害公共安全，侵犯人身权利、财产权利，妨害社会管理，尚不构成犯罪的行为。违反治安管理行为具有以下三个特征：

第一，违反治安管理行为是违反治安管理方面的行政法律、法规的违法行为。首先，违反治安管理行为是一种违反行政法律、法规的行为，这是其区别于犯罪的一个特征。违反治安管理的行为侵犯的客体主要是正常的社会秩序、公共安全、公民的人身权利、公私财产权利等几个方面。这几个方面与刑法规定的相应的几类犯罪行为所侵犯的客体，在性质上是相同的。不同之处在于对社会关系侵害的严重程度。其次，违反治安管理行为是违反治安管理方面的法律、法规的违法行为，并不是所有的侵犯上述几类社会关系的行为都属于违反治安管理行为；也不是所有违反公安机关作为主管部门的法律、法规的违法行为都属于违反治安管理行为。治安管理工作只是公安机关诸多行政管理工作的一个方面，治安管理方面的法律、法规只限于那些与社会治安秩序直接相关的法律、法规。

第二，违反治安管理的行为具有一定社会危害性。法律总是以保护特定的利益为目的，法律保护特定利益的基本方式就是给予违法行为一定的惩罚性后果。违法行为在形式上表现为行为人对法律规定的违反，但法律对违法行为给予惩罚性后果的内在根据，并不是行为人实施了与法律规定不一致的行为，而在于违法行为侵犯了法律规范所保护的特定利益，这就是该违法行为的社会危害性所在。另一方面，违反治安管理行为的社会危害性在程度上又是有一定限定的。违反治安管理行为只是侵犯了治安管理法律、法规所保护的利益，在性质上属于一种违法行为，因而其社会危害性是有限度的，超过了这一限度，就会成为犯罪行为。

第三，违反治安管理行为具有应受治安管理处罚性。任何违法行为都要承担相应的法律后果，但不同性质的违法行为所应当承担的法律后果是不同的。违反治安管理行为应当承担的是行政责任，具体说就是予以治安管理处罚，如警告、拘留、罚款。如果行为情节非常轻微，不应当予以治安管理处罚，那么也就不属于违反治安管理行为；如果行为情节严重，应当予以刑罚的处罚，那就已经属于犯罪行为，而不是违反治安管理行为。

违反治安管理行为的上述三个特征是具有内在有机联系的统一体，一定程度的社会危害性是违反治安管理行为最基本的属性，是违反治安管理法律、法规的内在根据，也是应当予以治安管理处罚的基础；违反治安管理法律、法规是违反治安管理行为的社会危害性的法律表现，也是违反治安管理行为应当予以治安管理处罚的法律依据；应当予以治安管理处罚则是行为的违法性和社会危害性的当然法律后果。

依据指引：

❶《中华人民共和国治安管理处罚法》（2005年8月28日公布，自2006年3月1日起施行）

第二条 扰乱公共秩序，妨害公共安全，侵犯人身权利、财产权利，妨害社会管理，具有社会危害性，依照《中华人民共和国刑法》的规定构成犯罪的，依法追究刑事责任；尚不够刑事处罚的，由公安机关依照本法给予治安管理处罚。

❷《中华人民共和国行政处罚法》（1996年3月17日公布，自1996年10月1日起施行）

第七条 公民、法人或者其他组织因违法受到行政处罚，其违法行为对他人造成损害的，应当依法承担民事责任。

违法行为构成犯罪，应当依法追究刑事责任，不得以行政处罚代替刑事处罚。

第二十二条 违法行为构成犯罪的，行政机关必须将案件移送司法机关，依法追究刑事责任。

❸《中华人民共和国刑法》（1997年3月14日修订公布，自1997年10月1日起施行）

第十三条 一切危害国家主权、领土完整和安全，分裂国家、颠覆人民民主专政的政权和推翻社会主义制度，破坏社会秩序和经济秩序，侵犯国有财产或者劳动群众集体所有的财产，侵犯公民私人所有的财产，侵犯公民的人身权利、民主权利和其他权利，以及其他危害社会的行为，依照法律应当受刑罚处罚的，都是犯罪，但是情节显著轻微危害不大的，不认为是犯罪。

❹《最高人民法院关于办理未成年人刑事案件适用法律的若干问题的解释》（1995年5月2日发布施行）

二、关于刑法第十四条第二款的适用

根据刑法第十四条第二款规定，已满14岁不满16岁的人，犯杀人、重伤、抢劫、放火、惯窃罪或者其他严重破坏社会秩序罪，应当负刑事责任。具体确定已满14岁不满16岁被告人的刑事责任，应根据案件情况慎重考虑。

（一）已满14岁不满16岁的人被胁迫、诱骗参与犯罪，被教唆犯罪，或者属于犯罪预备、中止、未遂，情节一般的，可以免除处罚或者不认为是犯罪。

（二）以下情形，可以不认为是犯罪：

1. 已满14岁不满16岁的人出于以大欺小，以强凌弱，使用语言威胁或者使用轻微暴力强行索要其他未成年人的生活、学习用品或者钱财的；

2. 已满14岁不满16岁的人盗窃财物，数额刚达到或者略过"数额巨大"标准，而其他情节轻微，又系初犯或者偶犯的；盗窃近亲属的财物，其亲属不要求对被告人定罪处罚的；

3. 已满14岁不满16岁的人偶尔与幼女发生性行为，情节轻微、尚未造成严重后果的。

❺《最高人民法院关于审理强奸案件有关问

题的解释》（2000年2月16日发布，自2000年2月24日起施行）

为依法惩处强奸犯罪活动，根据刑法的有关规定，现就审理强奸案件的有关问题解释如下：

对于已满14周岁不满16周岁的人，与幼女发生性关系构成犯罪的，依照刑法第十七条、第二百三十六条第二款的规定，以强奸罪定罪处罚；对于与幼女发生性关系，情节轻微、尚未造成严重后果的，不认为是犯罪。

❻**《最高人民法院关于行为人不明知是不满十四周岁的幼女双方自愿发生性关系是否构成强奸罪问题的批复》**（2003年1月8日由最高人民法院审判委员会第1262次会议通过，自2003年1月24日起施行。）

辽宁省高级人民法院：

你院《关于行为人不明知是不满十四周岁的幼女而与其自愿发生性关系，是否构成强奸罪问题的请示》收悉。经研究，答复如下：

行为人明知是不满十四周岁的幼女而与其发生性关系，不论幼女是否自愿，均应依照刑法第二百三十六条第二款的规定，以强奸罪定罪处罚；行为人确实不知对方是不满十四周岁的幼女，双方自愿发生性关系，未造成严重后果，情节显著轻微的，不认为是犯罪。

【治安管理处罚程序应适用的法律规范】

根据治安管理处罚法的规定，公安机关实施治安管理处罚，应当遵守治安管理处罚法设定的程序。对于治安管理处罚法未作专门的具体规定的，应当依照行政处罚法的有关规定执行。

依法行政是建设社会主义法治国家的重要内容之一。依法行政的基本内涵，一是权力法定，二是程序法定，二者缺一不可。由于作为行政法的调整对象的行政法律关系可谓包罗万象，变动不居，难以制定统一法典，因此多以单行法的形式存在，且多具有实体和程序性规范合一的特点。因为这种立法模式能够更好地实现程序性规范所具有的保障和规范行政权依法行使的目的。治安管理处罚法是治安行政管理领域的一部基本的法律，治安管理事项具有一些不同于其他行政管理和处罚的特点，这就需要在治安管理处罚法中有针对性地规定一些特殊的程序性规定。另一方面，虽然行政管理事项的特点决定了难以制定一部统一的行政法典，但是行政管理领域尤其是行政程序方面的一些基本规律和共性的东西，还是可以把握的，也需要制定一些基本的适用于各个行政管理领域的法律。1996年颁行的行政处罚法是规范行政机关行使行政处罚权的一部基本法律。治安管理处罚在性质上属于行政处罚的一种，因此，治安管理处罚法与行政处罚法之间属于特别法与一般法的关系。治安管理处罚法中的程序性规定，是按照行政处罚法所确立的行政处罚的基本原则，并结合治安管理处罚自身的特点作出的。在具体实施行政处罚时，如果治安管理处罚法已经作出了专门性规定，那就应当遵循该规定；如果治安管理处罚法对某个事项未作专门性规定，那就应当适用行政处罚法的相关规定。

具体分析治安管理处罚法与行政处罚法在处罚程序规定上的特点，可以分为三种情况。一种情况是，治安管理处罚法中有规定，行政处罚法中没有相应规定或者规定不一致。这种情况有的属于该规定是为适应治安管理本身的特点而设定，有的是为了进一步规范公安机关依法履行治安管理职责，增加了一些规定或者作了更为详细的规定。第二种情况是，治安管理处罚法的规定与行政处罚法的规定基本一致。这种情况主要是考虑到，这些规定涉及到行政管理相对人的权利，当事人应当知道。虽然在行政处罚法中已经有规定，但在治安管理处罚法中予以重申，既有利于当事人知悉和保护自己的权利，监督公安机关依法行使职权，也便于公安机关执法时遵守和引用。第三种情况是，治安管理处罚法中没有规定，需要适用行政处罚法的相关规定。这种情况主要是考虑到行政处罚法的规定已经比较详尽，直接适用行政处罚法的规定更为适宜，而且在治安管理处罚法中再作重复性规定也无必要。此外，行政处罚法的这一规定，既有明确治安管理处罚程序的准据法的作用，还有一种兜底的含义。即治安管理处罚法有关处罚程序规定的未尽事宜，都要以行政处罚法为准。这就可以防止因立法的疏漏而导致无法可依的情况。

依据指引：

❶**《中华人民共和国治安管理处罚法》**（2005年8月28日公布，自2006年3月1日起施行）

第三条 治安管理处罚的程序，适用本法的规定；本法没有规定的，适用《中华人民共和国行政处罚法》的有关规定。

❷**《中华人民共和国行政处罚法》**（1996年3月17日公布，自1996年10月1日起施行）

第三十一条 行政机关在作出行政处罚决定之前，应当告知当事人作出行政处罚决定的事实、理由及依据，并告知当事人依法享有的权利。

第三十二条 当事人有权进行陈述和申辩。行政机关必须充分听取当事人的意见，对当事人提出的事实、理由和证据，应当进行复核；当事人提出的事实、理由或者证据成立的，行政机关应当采纳。

行政机关不得因当事人申辩而加重处罚。

第三十三条 违法事实确凿并有法定依据，对公民处以五十元以下、对法人或者其他组织处以一千元以下罚款或者警告的行政处罚的，可以当场作出行政处罚决定。当事人应当依照本法第四十六条、第四十七条、第四十八条的规定履行行政处罚决定。

第三十四条 执法人员当场作出行政处罚决定的，应当向当事人出示执法身份证件，填写预定格式、编有号码的行政处罚决定书。行政处罚决定书应当当场交付当事人。

前款规定的行政处罚决定书应当载明当事人的违法行为、行政处罚依据、罚款数额、时间、地点以及行政机关名称，并由执法人员签名或者盖章。

执法人员当场作出的行政处罚决定，必须报所属行政机关备案。

第三十五条 当事人对当场作出的行政处罚决定不服的，可以依法申请行政复议或者提起行政诉讼。

第三十六条 除本法第三十三条规定的可以当场作出的行政处罚外，行政机关发现公民、法人或者其他组织有依法应当给予行政处罚的行为的，必须全面、客观、公正地调查，收集有关证据；必要时，依照法律、法规的规定，可以进行检查。

第三十七条 行政机关在调查或者进行检查时，执法人员不得少于两人，并应当向当事人或者有关人员出示证件。当事人或者有关人员应当如实回答询问，并协助调查或者检查，不得阻挠。询问或者检查应当制作笔录。

行政机关在收集证据时，可以采取抽样取证的方法；在证据可能灭失或者以后难以取得的情况下，经行政机关负责人批准，可以先行登记保存，并应当在七日内及时作出处理决定，在此期间，当事人或者有关人员不得销毁或者转移证据。

执法人员与当事人有直接利害关系的，应当回避。

第四十条 行政处罚决定书应当在宣告后当场交付当事人；当事人不在场的，行政机关应当在七日内依照民事诉讼法的有关规定，将行政处罚决定书送达当事人。

第四十一条 行政机关及其执法人员在作出行政处罚决定之前，不依照本法第三十一条、第三十二条的规定向当事人告知给予行政处罚的事实、理由和依据，或者拒绝听取当事人的陈述、申辩，行政处罚决定不能成立；当事人放弃陈述或者申辩权利的除外。

第四十二条 行政机关作出责令停产停业、吊销许可证或者执照、较大数额罚款等行政处罚决定之前，应当告知当事人有要求举行听证的权利；当事人要求听证的，行政机关应当组织听证。当事人不承担行政机关组织听证的费用。听证依照以下程序组织：

（一）当事人要求听证的，应当在行政机关告知后三日内提出；

（二）行政机关应当在听证的七日前，通知当事人举行听证的时间、地点；

（三）除涉及国家秘密、商业秘密或者个人隐私外，听证公开举行；

（四）听证由行政机关指定的非本案调查人员主持；当事人认为主持人与本案有直接利害关系的，有权申请回避；

（五）当事人可以亲自参加听证，也可以委托一至二人代理；

（六）举行听证时，调查人员提出当事人违法的事实、证据和行政处罚建议；当事人进行申辩和质证；

（七）听证应当制作笔录；笔录应当交当事人审核无误后签字或者盖章。

当事人对限制人身自由的行政处罚有异议的，依照治安管理处罚条例有关规定执行。

第四十三条 听证结束后，行政机关依照本法第三十八条的规定，作出决定。

第四十四条 行政处罚决定依法作出后，当事人应当在行政处罚决定的期限内，予以履行。

第四十五条 当事人对行政处罚决定不服申请行政复议或者提起行政诉讼的，行政处罚不停止执行，法律另有规定的除外。

第四十六条 作出罚款决定的行政机关应当与收缴罚款的机构分离。

除依照本法第四十七条、第四十八条的规定当场收缴的罚款外，作出行政处罚决定的行政机关及其执法人员不得自行收缴罚款。

当事人应当自收到行政处罚决定书之日起十五日内，到指定的银行缴纳罚款。银行应当收受罚款，并将罚款直接上缴国库。

第四十七条 依照本法第三十三条的规定当场作出行政处罚决定，有下列情形之一的，执法人员可以当场收缴罚款：

（一）依法给予二十元以下的罚款的；

（二）不当场收缴事后难以执行的。

第四十八条 在边远、水上、交通不便地区，行政机关及其执法人员依照本法第三十三条、第三十八条的规定作出罚款决定后，当事人向指定的银行缴纳罚款确有困难，经当事人提出，行政机关及其执法人员可以当场收缴罚款。

第四十九条 行政机关及其执法人员当场收缴罚款的，必须向当事人出具省、自治区、直辖市财政部门统一制发的罚款收据；不出具财政部门统一制发的罚款收据的，当事人有权拒绝缴纳罚款。

第五十条 执法人员当场收缴的罚款，应当自收缴罚款之日起二日内，交至行政机关；在水上当场收缴的罚款，应当自抵岸之日起二日内交至行政机关；行政机关应当在二日内将罚款缴付指定的银行。

第五十一条 当事人逾期不履行行政处罚决定的，作出行政处罚决定的行政机关可以采取下列措施：

（一）到期不缴纳罚款的，每日按罚款数额的百分之三加处罚款；

（二）根据法律规定，将查封、扣押的财物拍卖或者将冻结的存款划拨抵缴罚款；

（三）申请人民法院强制执行。

第五十二条 当事人确有经济困难，需要延期或者分期缴纳罚款的，经当事人申请和行政机关批准，可以暂缓或者分期缴纳。

第五十三条 除依法应当予以销毁的物品外，依法没收的非法财物必须按照国家规定公开拍卖或者按照国家有关规定处理。

罚款、没收违法所得或者没收非法财物拍卖的款项，必须全部上缴国库，任何行政机关或者个人不得以任何形式截留、私分或者变相私分；财政部门不得以任何形式向作出行政处罚决定的行政机关返还罚款、没收的违法所得或者返还没收非法财物的拍卖款项。

【治安管理处罚法的适用范围】

法律的适用范围也就是法律的效力范围，包括法律的时间效力，即法律在什么时间段内发生效力；法律的空间效力，即法律适用的地域范围，以及法律对人的效力，即法律对什么人（包括自然人、法人和其他组织）适用。治安管理处罚法关于适用范围的规定，实际上包含了治安管理处罚法的空间效力和对人的效力两个方面。根据治安管理处罚法的规定，在空间效力上，除法律有特别规定的外，治安管理处罚法适用于我国整个领域内。在对人的效力上，除法律有特别规定的外，治安管理处罚法适用于所有在我国领域内违反治安管理的人。我国领域是指我国国境以内的全部区域，具体包括：领陆，即国境线以内的陆地及陆地下的地层；领水，即内水、领海及其以下的地层；领空，即领陆和领水之上的空间。在我国领域内违反治安管理的人，包括自然人、法人和其他组织。其中自然人包括中国公民、外国人和无国籍的人。这里的“法律有特别规定的”，主要是指《外交特权与豁免条例》、《领事特权与豁免条例》的特别规定。享有外交特权和豁免权、领事特权和豁免权的人，不适用治安管理处罚法，这并不是说这些人员违反治安管理处罚法的行为不属于违法行为，不需要追究法律责任，而是因为根据国际惯例和国际公约、协议，为了保证各国的外交人员正常开展工作，各国本着平等、相互尊重、互惠的原则，相互给予了对方这些人员以一定的特权。对这些人员违反治安管理处罚法的，我们可以按照有关法律、国际公约、协议的规定，通过外交等途径解决；对有严重违反治安管理行为的人，还可以要求派遣国召回，或者由我国政府宣布其为不受欢迎的人，限期出境。

根据治安管理处罚法的规定，我国船舶和航空器内发生的违反治安管理行为，除法律有特别规定的外，也适用治安管理处罚法。按照有关国际惯例和国际法，各国所属的船舶、航空器虽然航行、停泊于其领域外，但应视作其领土的延伸部分，各国仍对其行使主权，包括对发生在其内的违法犯罪行为的管辖权。我国的船舶、航空器（包括飞机和其他航空器），包括军用船舶、航空器，也包括民用的船舶、航空器。

依据指引：

❶《中华人民共和国治安管理处罚法》（2005年8月28日公布，自2006年3月1日起施行）

第四条 在中华人民共和国领域内发生的违反治安管理行为，除法律有特别规定的外，适用本法。

在中华人民共和国船舶和航空器内发生的违反治安管理行为，除法律有特别规定的外，适用本法。

❷《中华人民共和国领海及毗连区法》（1992年2月25日公布施行）

第二条 中华人民共和国领海为邻接中华人民共和国陆地领土和内水的一带海域。

中华人民共和国的陆地领土包括中华人民共和国大陆及其沿海岛屿、台湾及其包括钓鱼岛在内的附属各岛、澎湖列岛、东沙群岛、西沙群岛、中沙群岛、南沙群岛以及其他一切属于中华人民共和国的岛屿。

中华人民共和国领海基线向陆地一侧的水域为中华人民共和国的内水。

第三条 中华人民共和国领海的宽度从领海基线量起为十二海里。

中华人民共和国领海基线采用直线基线法划定，由各相邻基点之间的直线连线组成。

中华人民共和国领海的外部界限为一条其每一点与领海基线的最近点距离等于十二海里的线。

第四条 中华人民共和国毗连区为领海以外邻接领海的一带海域。毗连区的宽度为十二海里。

中华人民共和国毗连区的外部界限为一条其每一点与领海基线的最近点距离等于二十四海里的线。

第五条 中华人民共和国对领海的主权及于领海上空、领海的海床及底土。

❸《中华人民共和国专属经济区和大陆架法》（1998年6月26日公布施行）

第二条 中华人民共和国的专属经济区，为中华人民共和国领海以外并邻接领海的区域，从测算领海宽度的基线量起延至二百海里。

中华人民共和国的大陆架，为中华人民共和

国领海以外依本国陆地领土的全部自然延伸，扩展到大陆边外缘的海底区域的海床和底土；如果从测算领海宽度的基线量起至大陆边外缘的距离不足二百海里，则扩展至二百海里。

中华人民共和国与海岸相邻或者相向国家关于专属经济区和大陆架的主张重叠的，在国际法的基础上按照公平原则以协议划定界限。

第三条 中华人民共和国在专属经济区为勘查、开发、养护和管理海床上覆水域、海床及其底土的自然资源，以及进行其他经济性开发和勘查，如利用海水、海流和风力生产能等活动，行使主权权利。

中华人民共和国对专属经济区的人工岛屿、设施和结构的建造、使用和海洋科学研究、海洋环境的保护和保全，行使管辖权。

本法所称专属经济区的自然资源，包括生物资源和非生物资源。

第四条 中华人民共和国为勘查大陆架和开发大陆架的自然资源，对大陆架行使主权权利。

中华人民共和国对大陆架的人工岛屿、设施和结构的建造、使用和海洋科学研究、海洋环境的保护和保全，行使管辖权。

中华人民共和国拥有授权和管理为一切目的在大陆架上进行钻探的专属权利。

本法所称大陆架的自然资源，包括海床和底土的矿物和其他非生物资源，以及属于定居种的生物，即在可捕捞阶段在海床上或者海床下不能移动或者其躯体须与海床或者底土保持接触才能移动的生物。

④《中华人民共和国外交特权与豁免条例》（1986年9月5日公布施行）

第四条 使馆馆舍不受侵犯。中国国家工作人员进入使馆馆舍，须经使馆馆长或者其授权人员的同意。中国有关机关应当采取适当措施，保护使馆馆舍免受侵犯或者损害。

使馆的馆舍、设备及馆舍内其他财产和使馆交通工具免受搜查、征用、扣押或者强制执行。

第六条 使馆的档案和文件不受侵犯。

第八条 使馆为公务目的可以与派遣国政府以及派遣国其他使馆和领事馆自由通讯。通讯可以采用一切适当方法，包括外交信使、外交邮袋和明码、密码电信在内。

第十条 使馆来往的公文不受侵犯。

外交邮袋不得开拆或者扣留。

外交邮袋以装载外交文件或者公务用品为限，应予加封并附有可资识别的外部标记。

第十一条 外交信使必须持有派遣国主管机关出具的信使证明书。外交信使人身不受侵犯，不受逮捕或者拘留。

临时外交信使必须持有派遣国主管机关出具的临时信使证明书，在其负责携带外交邮袋期间，享有与外交信使同等的豁免。

商业飞机机长受委托可以转递外交邮袋，但机长必须持有委托国官方证明文件，注明所携带的外交邮袋件数。机长不得视为外交信使。使馆应当派使馆人员向机长接交外交邮袋。

第十二条 外交代表人身不受侵犯，不受逮捕或者拘留。中国有关机关应当采取适当措施，防止外交代表的人身自由和尊严受到侵犯。

第十三条 外交代表的寓所不受侵犯，并受保护。

外交代表的文书和信件不受侵犯。外交代表的财产不受侵犯，但第十四条另有规定的除外。

第十四条 外交代表享有刑事管辖豁免。

外交代表享有民事管辖豁免和行政管辖豁免，但下列各项除外：

（一）外交代表以私人身份进行的遗产继承的诉讼；

（二）外交代表违反第二十五条第三项规定在中国境内从事公务范围以外的职业或者商业活动的诉讼。

外交代表免受强制执行，但对前款所列情况，强制执行对其人身和寓所不构成侵犯的，不在此限。

外交代表没有以证人身份作证的义务。

第十七条 外交代表免除一切个人和公共劳务以及军事义务。

第十八条 使馆运进的公务用品、外交代表运进的自用物品，按照中国政府的有关规定免纳关税和其他捐税。

外交代表的私人行李免受查验，但中国有关机关有重大理由推定其中装有不属于前款规定免税的物品或者中国法律和政府规定禁止运进、运出或者检疫法规规定管制的物品的，可以查验。查验时，须有外交代表或者其授权人员在场。

第二十条 与外交代表共同生活的配偶及未

成年子女，如果不是中国公民，享有第十二条至第十八条所规定的特权与豁免。

使馆行政技术人员和与其共同生活的配偶及未成年子女，如果不是中国公民并且不是在中国永久居留的，享有第十二条至第十七条所规定的特权与豁免，但民事管辖豁免和行政管辖豁免，仅限于执行公务的行为。使馆行政技术人员到任后半年内运进的安家物品享有第十八条第一款所规定的免税的特权。

使馆服务人员如果不是中国公民并且不是在中国永久居留的，其执行公务的行为享有豁免，其受雇所得报酬免纳所得税。其到任后半年内运进的安家物品享有第十八条第一款所规定的免税的特权。

使馆人员的私人服务员如果不是中国公民并且不是在中国永久居留的，其受雇所得的报酬免纳所得税。

第二十一条 外交代表如果是中国公民或者获得在中国永久居留资格的外国人，仅就其执行公务的行为，享有管辖豁免和不受侵犯。

第二十二条 下列人员享有在中国过境或者逗留期间所必需的豁免和不受侵犯：

（一）途经中国的外国驻第三国的外交代表和与其共同生活的配偶及未成年子女；

（二）持有中国外交签证或者持有外交护照（仅限互免签证的国家）来中国的外国官员；

（三）经中国政府同意给予本条所规定的特权与豁免的其他来中国访问的外国人士。

对途经中国的第三国外交信使及其所携带的外交邮袋，参照第十条、第十一条的规定办理。

第二十三条 来中国访问的外国国家元首、政府首脑、外交部长及其他具有同等身份的官员，享有本条例所规定的特权与豁免。

第二十四条 来中国参加联合国及其专门机构召开的国际会议的外国代表、临时来中国的联合国及其专门机构的官员和专家、联合国及其专门机构驻中国的代表机构和人员的待遇，按中国已加入的有关国际公约和中国与有关国际组织签订的协议办理。

第二十五条 享有外交特权与豁免的人员：

（一）应当尊重中国的法律、法规；

（二）不得干涉中国的内政；

（三）不得在中国境内为私人利益从事任何职业或者商业活动；

（四）不得将使馆馆舍和使馆工作人员寓所充作与使馆职务不相符合的用途。

第二十六条 如果外国给予中国驻该国使馆、使馆人员以及临时去该国的有关人员的外交特权与豁免，低于中国按本条例给予该国驻中国使馆、使馆人员以及临时来中国的有关人员的外交特权与豁免，中国政府根据对等原则，可以给予该国驻中国使馆、使馆人员以及临时来中国的有关人员以相应的外交特权与豁免。

第二十七条 中国缔结或者参加的国际条约另有规定的，按照国际条约的规定办理，但中国声明保留的条款除外。

中国与外国签订的外交特权与豁免协议另有规定的，按照协议的规定执行。

第二十八条 本条例中下列用语的含义是：

（一）“使馆馆长”是指派遣国委派担任此项职位的大使、公使、代办以及其他同等级别的人；

（二）“使馆人员”是指使馆馆长和使馆工作人员；

（三）“使馆工作人员”是指使馆外交人员、行政技术人员和服务人员；

（四）“使馆外交人员”是指具有外交官衔的使馆工作人员；

（五）“外交代表”是指使馆馆长或者使馆外交人员；

（六）“使馆行政技术人员”是指从事行政和技术工作的使馆工作人员；

（七）“使馆服务人员”是指从事服务工作的使馆工作人员；

（八）“私人服务员”是指使馆人员私人雇用的人员；

（九）“使馆馆舍”是指使馆使用和使馆馆长官邸的建筑物及其附属的土地。

❺《中华人民共和国领事特权与豁免条例》（1990年10月30日公布施行）

第四条 领馆馆舍不受侵犯。中国国家工作人员进入领馆馆舍，须经领馆馆长或者派遣国使馆馆长或者他们两人中一人授权的人员同意。遇有火灾或者其他灾害须迅速采取保护行动时，可以推定领馆馆长已经同意。中国有关机关应当采取适当措施保护领馆馆舍免受侵犯或者损害。

第六条 领馆的档案和文件不受侵犯。

第八条 领馆为公务目的可以同派遣国政府以及派遣国使馆和其他领馆自由通讯。通讯可以采用一切适当方法，包括外交信使或者领事信使、外交邮袋或者领事邮袋和明码、密码电信在内。

第九条 领馆设置和使用无线电收发信机，必须经中国政府同意。领馆运进上述设备，按照中国政府的有关规定办理。

第十条 领事邮袋不得开拆或者扣留。

领事邮袋以装载来往公文、公务文件及公务用品为限，应予加封并附有可资识别的外部标记。如中国有关机关有重大理由认为领事邮袋装有上述物品以外的物品时，可要求领事官员或者其授权的人员在中国有关机关人员在场的情况下开拆；如领事官员拒绝此项要求，领事邮袋应予退回至原发送地点。

第十一条 领事信使必须是具有派遣国国籍的人，并且不得是在中国永久居留的。领事信使必须持有派遣国主管机关出具的信使证明书。领事信使人身不受侵犯，不受逮捕或者拘留。

临时领事信使必须持有派遣国主管机关出具的临时信使证明书，在其负责携带领事邮袋期间享有与领事信使同等的豁免。

商业飞机机长或者商业船舶船长受委托可以转递领事邮袋，但机长或者船长必须持有委托国官方证明文件，注明所携带的领事邮袋件数。机长或者船长不得视为领事信使。经与中国地方人民政府主管机关商定，领馆可以派领馆成员与机长或者船长接交领事邮袋。

第十二条 领事官员人身不受侵犯。中国有关机关应当采取适当措施，防止领事官员的人身自由和尊严受到侵犯。

领事官员不受逮捕或者拘留，但有严重犯罪情形，依照法定程序予以逮捕或者拘留的不在此限。

领事官员不受监禁，但为执行已经发生法律效力的判决的不在此限。

第十三条 领事官员的寓所不受侵犯。

领事官员的文书和信件不受侵犯。

领事官员的财产不受侵犯，但本条例第十四条另有规定的除外。

第十四条 领事官员和领馆行政技术人员执行职务的行为享有司法和行政管辖豁免。领事官员执行职务以外的行为的管辖豁免，按照中国与外国签订的双边条约、协定或者根据对等原则办理。

第十五条 领馆成员可以被要求在司法或者行政程序中到场作证，但没有义务就其执行职务所涉及事项作证。领馆成员有权拒绝以鉴定人身份就派遣国的法律提出证词。

领事官员拒绝作证，不得对其采取强制措施或者给予处罚。

领馆行政技术人员和领馆服务人员除执行职务所涉及事项外，不得拒绝作证。

第十八条 领馆成员免除一切个人和公共劳务以及军事义务。

领事官员和领馆行政技术人员免除中国法律、法规关于外国人登记和居留许可所规定的义务。

第十九条 领馆运进的公务用品，领事官员运进的自用物品和领馆行政技术人员到任后半年内运进的自用物品包括安家物品，按照中国政府的有关规定免纳关税和其他捐税，但保管、运输及类似服务费用除外。

领事官员和领馆行政技术人员运进的前款所述自用物品，不得超过直接需要的数量。

领事官员的私人行李免受查验，但中国有关机关有重大理由认为其中装有不属于本条第一款规定的自用物品或者中国法律和政府规定禁止运进、运出或者管制的物品，可以查验。查验时，须有领事官员或者其授权的人员到场。

第二十条 领馆和领馆成员携带自用的枪支、子弹入出境，必须经中国政府批准，并且按照中国政府的有关规定办理。

第二十一条 与领事官员、领馆行政技术人员、领馆服务人员共同生活的配偶及未成年子女，分别享有领事官员、领馆行政技术人员、领馆服务人员根据本条例第七条、第十七条、第十八条、第十九条的规定所享有的特权与豁免，但身为中国公民或者在中国永久居留的外国人除外。

第二十二条 领事官员如果是中国公民或者在中国永久居留的外国人，仅就其执行职务的行为，享有本条例规定的特权与豁免。

领馆行政技术人员或者领馆服务人员如果是中国公民或者在中国永久居留的外国人，除没有义务就其执行职务所涉及事项作证外，不享有本条例规定的特权与豁免。

私人服务人员不享有本条例规定的特权与豁

免。

第二十三条 下列人员在中国过境或者逗留期间享有所必需的豁免和不受侵犯：

（一）途经中国的外国驻第三国的领事官员和与其共同生活的配偶及未成年子女；

（二）持有中国外交签证或者持有与中国互免签证国家外交护照的外国领事官员。

第二十七条 中国缔结或者参加的国际条约对领事特权与豁免另有规定的，按照国际条约的规定办理，但中国声明保留的条款除外。

中国与外国签订的双边条约或者协定对领事特权与豁免另有规定的，按照条约或者协定的规定执行。

第二十八条 本条例中下列用语的含义是：

（一）"领馆"是指总领事馆、领事馆、副领事馆或者领事代理处；

（二）"领区"是指为领馆执行领事职务而设定的区域；

（三）"领馆馆长"是指派遣国委派领导领馆的总领事、领事、副领事或者领事代理人；

（四）"领事官员"是指总领事、副总领事、领事、副领事、领事随员或者领事代理人；

（五）"领馆行政技术人员"是指从事领馆行政或者技术工作的人员；

（六）"领馆服务人员"是指从事领馆服务工作的人员；

（七）"领馆成员"是指领事官员、领馆行政技术人员和领馆服务人员；

（八）"私人服务人员"是指领馆成员私人雇用的服务人员；

（九）"领馆馆舍"是指专供领馆使用的建筑物或者部分建筑物及其附属的土地。

【以事实为依据原则】

我国是社会主义国家，辩证唯物主义认识论是指导我们各项工作的基本指针。以事实为依据是辩证唯物主义认识论的基本要求，是实事求是原则在司法、行政执法工作中的具体体现，既是我国司法工作多年来所遵循的一项基本原则，也是行政执法工作应当遵循的基本原则。1996 年颁行的行政处罚法也明确规定，设定和实施行政处罚必须以事实为依据。治安管理处罚作为行政处罚的一种，也应当遵循这一原则。以事实为依据作为治安管理处罚的一项基本原则，是贯穿于治安管理处罚的设定、治安案件的立案、调查、裁决的全过程的，因此立法工作、治安管理工作中，都应当自觉遵循这一基本原则。对于立法工作而言，在治安管理处罚的种类、处罚幅度设定、违反治安管理行为的确定、处罚程序和救济程序的设计等各个方面，都要以事实为依据，要重调查研究，广泛听取各方面的意见，从我国当前治安管理的实际出发，而不能凭自己的主观想象或者受部门利益、局部利益左右。对办理治安案件的公安机关及其人民警察来说，以事实为依据原则要求在整个行政执法的各个环节都要本着对事实负责，对当事人负责的精神，始终站在客观公正的立场上，而不能仅凭自己的印象、经验主观臆断。

具体来说，首先要求人民警察将尊重事实作为办理案件的基本态度，从客观公正的立场出发，按照事实的本来面目认识案件、处理案件。在进行事实调查时，要注意收集各种有利于证明案件事实的证据，不偏听偏信，不刻意寻找不利于违法行为人的证据。对违法行为人的陈述和辩解要认真听取和查证，不应视为"狡辩"、"态度不老实"，而忽略任何可能有助于发现案件事实的有用线索和信息。

其次，以事实为依据要求人民警察办理治安案件时，要重证据，重调查研究，不轻信当事人的言词陈述。严禁刑讯逼供或者采用威胁、引诱、欺骗等非法手段收集证据。为了防止过分重视和依赖当事人言词陈述定案，治安管理处罚法明确规定，对于只有本人陈述，没有其他证据证明的，不能作出治安管理处罚决定。另一方面，即使没有本人陈述，但其他证据足以证明案件事实的，可以作出治安管理处罚决定。这一规定正是以事实为依据原则的具体体现。

最后，在进行裁决时要在对整个案件事实和证据进行客观全面的分析、判断的基础上，形成符合事实的处理意见。对违法事实清楚、证据确实充分的，依法作出恰当的处罚决定。对于查明确实没有违法事实的，或者根据调查结果，没有足够的证据能够说明违法事实成立的，应当依法作出不予处罚的决定。不能出于维护面子、怕下不来台、屈从“民意”等因素而“将错就错”，或者因为当事人有一定嫌疑，而降低证据规格和要求。同时，在具体量定处罚时，对有从轻、减轻、从重处罚情节需要考虑的，也要以相应的事实为依据，该轻则轻，该重则重，不能在没有相应的事实和证据的情况下，任意轻重其罚。

依据指引：

❶**《中华人民共和国治安管理处罚法》**（2005年8月28日公布，自2006年3月1日起施行）

第五条 治安管理处罚必须以事实为依据，与违反治安管理行为的性质、情节以及社会危害程度相当。

实施治安管理处罚，应当公开、公正，尊重和保障人权，保护公民的人格尊严。

办理治安案件应当坚持教育与处罚相结合的原则。

❷**《中华人民共和国行政处罚法》**（1996年3月17日公布，自1996年10月1日起施行）

第四条 行政处罚遵循公正、公开的原则。

设定和实施行政处罚必须以事实为依据，与违法行为的事实、性质、情节以及社会危害程度相当。

对违法行为给予行政处罚的规定必须公布；未经公布的，不得作为行政处罚的依据。

【过罚相当原则】

“过罚相当原则”，也就是治安管理处罚应当与违反治安管理行为的性质、情节以及社会危害程度相当，这一原则也是行政处罚法确立的原则之一。违反治安管理行为一旦实施，就成为一种客观事实，其行为性质、情节、对社会造成的危害的程度等都有一定的量的规定性。治安管理处罚作为一种行政法律责任，其本质就是违反治安管理行为人因其特定的违法行为所应承担的法律上的后果。行为人所犯错误与其受到的惩罚相适应，是法律责任与行为人所实施的特定的违法行为相对应的必然要求，也只有这样，行政处罚才能够起到对违法行为人应有的惩罚和教育作用。具体来说，过罚相当原则要求立法在设定治安管理处罚的种类、规定违反治安管理行为及其相应的处罚幅度、确定量定处罚的原则时，要综合考虑各种不同的情况，做到每一项违反治安管理行为与其相应的处罚、各种违反治安管理行为及其处罚之间轻重合理、平衡，罚当其过，不能重过轻罚或者轻过重罚。

对于办理治安案件的公安机关及其人民警察而言，要做到过罚相当，首先要准确地确定违反治安管理行为的性质。治安管理处罚法对各种违反治安管理行为设定的处罚种类和幅度是不同的。只有准确认定每一个特定的违法行为的性质，才谈得到准确地适用法律，处以适当的处罚。

其次，为了体现过罚相当原则，治安管理处罚法对不同的违反治安管理行为规定的处罚种类和幅度不同，有的违反治安管理行为还规定了不止一个幅度。因此，在具体决定应当适用的处罚时，要根据违法行为本身的情节，如行为的手段、时间、地点等，以及违法行为的社会危害的大小，确定应当适用的处罚的种类和幅度。

再次，在确定了应当适用的相应的处罚种类和幅度后，仍然要根据行为的情节和危害程度确定具体的处罚。治安管理处罚法对每种违反治安管理行为都规定了一个处罚的幅度，如二百元以上五百元以下罚款，五日以上十日以下拘留等等。之所以要规定这种幅度，就是因为同样的一种违反治安管理行为，可能在具体的情节和社会危害程度等方面有所不同，这就需要办理案件的公安机关及其人民警察根据个案的具体情况作出裁量。法律赋予公安机关这种自由裁量权，是为了使每一个具体案件得到恰当的处理，并不意味着公安机关在处罚幅度内就可以随心所欲，没有标准地任意处罚，这个标准就是过罚相当原则。依法自由裁量的结果应当是重过重罚、轻过轻罚、罚当其过。

最后，在决定处罚时，对于有法律规定的从轻、从重、减轻处罚情节的，还要考虑如何体现这些要求。

依据指引：

❶**《中华人民共和国治安管理处罚法》**（2005年8月28日公布，自2006年3月1日起施行）

第五条 治安管理处罚必须以事实为依据，与违反治安管理行为的性质、情节以及社会危害程度相当。

实施治安管理处罚，应当公开、公正，尊重和保障人权，保护公民的人格尊严。

办理治安案件应当坚持教育与处罚相结合的原则。

❷**《中华人民共和国行政处罚法》**（1996年3月17日公布，自1996年10月1日起施行）

第四条 行政处罚遵循公正、公开的原则。

设定和实施行政处罚必须以事实为依据，与违法行为的事实、性质、情节以及社会危害程度相当。

对违法行为给予行政处罚的规定必须公布；未经公布的，不得作为行政处罚的依据。

❸**《公安部关于办理赌博违法案件适用法律若干问题的通知》**（2005年5月25日发布施行）

八、对赌博或者为赌博提供条件的处罚，应当与其违法事实、情节、社会危害程度相适应。严禁不分情节轻重，一律顶格处罚；违者，对审批人、审核人、承办人依法予以行政处分。

【处罚公开原则】

处罚公开原则也是行政处罚法确立的行政处罚的一项基本原则。处罚公开包括治安管理处罚的依据公开和治安管理处罚公开两个方面。

治安管理处罚的依据公开，就是公安机关据以认定违反治安管理行为和给予治安管理处罚的规范和依据，应当公之于众。治安管理处罚本身不是目的，其目的在于教育违法行为人不再重犯，也通过对违反治安管理行为人的处罚，防止其他人实施违法行为。将治安管理处罚的依据公开，社会公众才能了解什么样的行为是法律允许的，什么样的行为是法律禁止的，进而自觉用法律作为自己行动的指南，这样才能够实现预防和减少违反治安管理行为的目的。根据我国宪法和立法法的规定，法律、行政法规、部门规章、地方性法规、地方性规章等都要依照相应的程序向社会公布，这也是公开原则的具体体现。治安管理处罚法作为治安管理处罚的基本依据，要由国家主席以主席令公布后方可实施。在治安管理处罚法公布实施以后，国务院或者公安部如果依法制定一些贯彻实施方面的规范性文件，也都必须按照相应的程序公布。各级公安机关及其人民警察在办理治安案件时，应当以这些依照法定程序公布的法律、法规、规章等规范性文件为依据。对于未经公布的一些内部的决定、指示等，不得直接作为治安管理处罚的依据。

处罚公开原则的另一个要求就是治安管理处罚公开，即治安管理处罚的程序、处罚的内容、结果要公开，以便于治安案件的当事人知道处罚的内容，保障其合法权益不受非法侵犯，也便于教育其本人和其他人，便于人民群众监督。处罚公开一般是指对治安案件的当事人公开，治安管理处罚法的具体规定中都有体现。具体来说，第一，实施治安管理处罚的人员身份要公开，即办理治安案件的人民警察在调查和实施处罚时，应当向相对人出示证件，以表明其执法人员的身份；第二，在作出治安管理处罚决定前，应当告知当事人作出治安管理处罚所依据的事实、理由及依据，告知当事人依法享有的权利，要给当事人陈述和申辩的机会；第三，处罚决定公开，即决定予以治安管理处罚的，应当制作处罚决定书并向被处罚人宣布、送达，同时抄告被侵害人。处罚决定书应当载明违法事实和证据、处罚种类和依据、处罚的执行方式和期限、申请行政复议或者提起行政诉讼的途径和期限等。

依据指引：

❶《中华人民共和国治安管理处罚法》(2005年8月28日公布，自2006年3月1日起施行)

第五条 治安管理处罚必须以事实为依据，与违反治安管理行为的性质、情节以及社会危害程度相当。

实施治安管理处罚，应当公开、公正，尊重和保障人权，保护公民的人格尊严。

办理治安案件应当坚持教育与处罚相结合的原则。

❷《中华人民共和国行政处罚法》(1996年3月17日公布，自1996年10月1日起施行)

第四条 行政处罚遵循公正、公开的原则。

设定和实施行政处罚必须以事实为依据，与违法行为的事实、性质、情节以及社会危害程度相当。

对违法行为给予行政处罚的规定必须公布；未经公布的，不得作为行政处罚的依据。

❸《公安机关办理行政案件程序规定》(公安部2003年8月26日发布，自2004年1月1日起施行)

第四条 公安机关办理行政案件应当遵循合法、公正、公开、及时的原则，依法保护公民、法人和其他组织的合法权益。

【处罚公正原则】

处罚公正原则就是在实施治安管理处罚时对当事人要平等对待，不得偏袒。公正是法律的生命，是法的基本精神在处罚制度方面的具体体现。处罚公正包括实体公正和程序公正两个必不可少的方面。

实体公正要求治安管理处罚的结果不偏不倚。这就要求公安机关在处理治安案件时，应当做到相同情况相同处理，不同情况不同处理。具体说，违法行为在情节、社会危害程度等方面基本相当的案件，对行为人的处罚也应当大体相同；违法行为在情节、社会危害程度等方面差异较大的，相应的处罚也应有明显区别。对违法情节、社会危害性相当的行为，施以不同的处罚，或者对违法情节、社会危害性相差悬殊的行为，施以相同的处罚，都是不符合公正原则的。

程序公正是实体公正的实现途径和表现方式，没有程序的公正，实体公正不仅是不完整、不可信的，而且事实上也是难以实现的。程序公正首先要求实施治安管理处罚的公安机关及其人民警察本身处于客观中立的立场上，不得与案件的当事人或者案件的处理结果有任何利害关系，治安管理处罚法规定的回避制度就是这一原则的具体体现。程序公正还要求充分保障被处罚人享有陈述、申辩、要求听证、提起行政复议、行政诉讼等各项权利，以便于被处罚人利用这些法定权利维护自己的合法权益，保证治安管理处罚的公正。

依据指引：

❶《中华人民共和国治安管理处罚法》(2005年8月28日公布，自2006年3月1日起施行)

第五条 治安管理处罚必须以事实为依据，与违反治安管理行为的性质、情节以及社会危害程度相当。

实施治安管理处罚，应当公开、公正，尊重和保障人权，保护公民的人格尊严。

办理治安案件应当坚持教育与处罚相结合的原则。

❷《中华人民共和国行政处罚法》(1996年3月17日公布，自1996年10月1日起施行)

第四条 行政处罚遵循公正、公开的原则。

设定和实施行政处罚必须以事实为依据，与违法行为的事实、性质、情节以及社会危害程度相当。

对违法行为给予行政处罚的规定必须公布；未经公布的，不得作为行政处罚的依据。

❸《公安机关办理行政案件程序规定》(公安部2003年8月26日发布，自2004年1月1日起施行)

第四条 公安机关办理行政案件应当遵循合法、公正、公开、及时的原则，依法保护公民、法人和其他组织的合法权益。

【保障人权原则】

保障人权原则是宪法关于国家尊重和保障人权规定在治安管理处罚法中的具体体现。治安管理处罚法无论是从涉及公民权利的广度还是深度来看，对于贯彻宪法尊重和保障人权精神具有重要意义。治安管理处罚法规定的违反治安管理行为的范围非常广泛，从扰乱公共秩序、妨害公共安全、侵犯人身权利和财产权利，到妨害社会管理，几乎涉及社会生活的各个方面。治安管理处罚法规定的强制措施和处罚手段对公民人身和财产权利的影响也是比较大的，涉及对财产的扣押、收缴、追缴，罚款，对许可证的吊销，尤其是在涉及公民人身自由方面，规定了拘留这种严厉的处罚措施。从执法主体看，治安管理处罚由各级公安机关及其人民警察实施。总体来说，绝大多数公安机关及其人民警察在治安管理工作中能够做到依法办事，但实践中个别公安机关、人民警察违法行使职权，侵犯公民权利的案件时有发生，有的地方问题还比较突出。主要表现是乱罚款、殴打违反治安管理行为人、不尊重违反治安管理行为人人格等。治安管理处罚法强调公安机关及其人民警察实施治安管理处罚，要尊重和保障人权，保护公民的人格尊严，就是针对这些情况的。此外，治安管理处罚法中关于严禁刑讯逼供或者采用威胁、引诱、欺骗等非法手段取证的规定，关于传唤程序和时间的规定，关于不得体罚、虐待、侮辱他人，不得超过传唤时间限制人身自由的规定等，都是这一原则的具体体现。

依据指引：

❶《中华人民共和国治安管理处罚法》(2005年8月28日公布，自2006年3月1日起施行)

第五条 治安管理处罚必须以事实为依据，与违反治安管理行为的性质、情节以及社会危害程度相当。

实施治安管理处罚，应当公开、公正，尊重和保障人权，保护公民的人格尊严。

办理治安案件应当坚持教育与处罚相结合的原则。

❷《中华人民共和国宪法》(1982年12月4日公布施行，经1988年4月12日、1993年3月29日、1999年3月15日、2004年3月14日四次修正)

第三十三条 凡具有中华人民共和国国籍的人都是中华人民共和国公民。

中华人民共和国公民在法律面前一律平等。

国家尊重和保障人权。

任何公民享有宪法和法律规定的权利，同时必须履行宪法和法律规定的义务。

❸《中华人民共和国人民警察法》（1995年2月28日公布施行）

第二十二条 人民警察不得有下列行为：

（一）散布有损国家声誉的言论，参加非法组织，参加旨在反对国家的集会、游行、示威等活动，参加罢工；

（二）泄露国家秘密、警务工作秘密；

（三）弄虚作假，隐瞒案情，包庇、纵容违法犯罪活动；

（四）刑讯逼供或者体罚、虐待人犯；

（五）非法剥夺、限制他人人身自由，非法搜查他人的身体、物品、住所或者场所；

（六）敲诈勒索或者索取、收受贿赂；

（七）殴打他人或者唆使他人打人；

（八）违法实施处罚或者收取费用；

（九）接受当事人及其代理人的请客送礼；

（十）从事营利性的经营活动或者受雇于任何个人或者组织；

（十一）玩忽职守，不履行法定义务；

（十二）其他违法乱纪的行为。

❹《公安机关办理行政案件程序规定》（公安部2003年8月26日发布，自2004年1月1日起施行）

第四条 公安机关办理行政案件应当遵循合法、公正、公开、及时的原则，依法保护公民、法人和其他组织的合法权益。

【教育与处罚相结合原则】

教育与处罚相结合原则，也是我国整个法律处罚制度，包括行政处罚、刑罚的原则。法律作为行为规范，是通过为人们设定义务的方式，来规范和指导人们的行为的。法律区别于道德等其他行为规范的一个重要的属性，就在于法律是以惩罚性后果作为实施后盾的。治安管理处罚法作为一部有关处罚的法律，其主要内容就是关于对各种违反治安管理的行为加以处罚的规定。但是，处罚只是法律的自然属性，并非目的。根据法律设定的义务的不同，可以将法律规范分为命令性规范和禁止性规范两种，命令性规范就是要求人们为一定行为；禁止性规范就是要求人们不得为一定行为。对违反法律要求的行为人施以处罚，其目的在于使违法行为人认识到自己的错误，并按照法律规范的要求调整自己的行为，自觉履行法律命令其实施一定行为的义务，或者遵守法律的禁令，不再实施法律禁止实施的行为。法律处罚对违法行为人的这种教育功能，正是将教育作为法律处罚的目的的内在根据。治安管理处罚法规定教育与处罚相结合的原则，其根据也在于此。按照教育与处罚相结合的原则，在办理治安案件时，要始终注意充分发挥治安管理处罚的教育作用，防止重处罚轻教育，为处罚而处罚的简单化做法。比如，不能将实施治安管理处罚简单理解为“开罚单”，而是要通过对治安案件的调查、处理，使违反治安管理行为人知道自己行为的违法性和社会危害性所在，认识到承担惩罚性后果的必然性。治安管理处罚法规定，公安机关在作出治安管理处罚决定前，应当告知当事人作出治安管理处罚的事实、理由及依据。这一规定不仅仅是为了保护当事人的知情权，它实际上也是为了让公安机关的执法过程成为教育公民知法、守法的活动。此外，如治安管理处罚法规定的，不满十四周岁的人违反治安管理的，不予处罚，但是应当责令其监护人严加管教；对于情节特别轻微的、主动消除或者减轻违法后果的、有自首、立功表现等违反治安管理行为人，减轻处罚或者不予处罚；违反治安管理行为在六个月内没有被公安机关发现的，不再处罚等，都是教育与处罚相结合原则的体现。

依据指引：

❶《中华人民共和国治安管理处罚法》

（2005年8月28日公布，自2006年3月1日起施行）

第五条 治安管理处罚必须以事实为依据，与违反治安管理行为的性质、情节以及社会危害程度相当。

实施治安管理处罚，应当公开、公正，尊重和保障人权，保护公民的人格尊严。

办理治安案件应当坚持教育与处罚相结合的原则。

❷**《中华人民共和国行政处罚法》**（1996年3月17日公布，自1996年10月1日起施行）

第五条 实施行政处罚，纠正违法行为，应当坚持处罚与教育相结合，教育公民、法人或者其他组织自觉守法。

❸**《公安机关办理行政案件程序规定》**（公安部2003年8月26日发布，自2004年1月1日起施行）

第五条 公安机关办理行政案件应当坚持教育与处罚相结合的原则，教育公民、法人和其他组织自觉守法。

【社会治安综合治理】

社会治安综合治理是治安管理处罚法规定的，做好治安管理工作的基本的方针。改革开放以来，我国经济和社会发展取得了很大进步，但也不断面临着新的矛盾和问题需要努力去解决，社会治安问题就是其中之一。针对我国社会治安方面存在的问题，全国人大常委会1991年就在总结改革开放以来维护社会治安秩序工作基本经验的基础上，作出了《关于加强社会治安综合治理的决定》。在随后的十几年中，各地区、部门积极探索综合治理的措施，调动各方面的积极性，注重从源头上解决关系到社会治安秩序的各类问题，形成了各方面齐抓共管，共同维护治安秩序、维护社会稳定的良好局面。这些年来维护社会治安工作的经验证明，必须继续坚持社会治安综合治理的方针，进一步创新社会治安综合治理的措施和工作方法，完善社会治安综合治理工作机制。

对社会治安实行综合治理，要求各级人民政府要采取各种措施，化解社会矛盾，增进社会和谐，维护社会稳定。社会治安问题不仅是一个重大的社会问题，也是一个重大的政治问题。加强社会治安综合治理，关系到改革发展稳定的大局，关系到国家的长治久安。由于我国目前正处在社会转型期，各种社会矛盾相对比较突出，群体性事件时有发生，影响社会治安秩序的隐患比较多。针对这些情况，各级人民政府要进一步提高对社会治安综合治理工作重要性的认识，切实加强组织领导，担负起维护社会治安和稳定、保一方平安的政治责任，扎扎实实地抓好社会治安综合治理工作。

具体来说，第一，各级人民政府要坚持“打防结合，预防为主”的方针，大力加强治安防范工作，切实解决好影响社会稳定和社会治安的重点、难点问题；进一步加强群防群治工作，建立和完善全社会防控体系，下大力气做好预防和减少违法犯罪工作。第二，各级人民政府要加强基层基础建设，把社会治安综合治理各项措施落实到基层。第三，要进一步健全和完善全社会齐抓共管的社会治安综合治理工作机制，针对社会治安的新特点，组织有关部门建立和完善“打、防、控”一体化的工作机制，对社会治安实行动态管理，建立快速反应机制，加强对社会面的控制，堵塞违法犯罪漏洞，减少社会治安问题。第四，要进一步健全和落实社会治安综合治理目标管理责任制、社会治安综合治理领导责任制和社会治安综合治理一票否决权制等各项制度。要严格执行领导责任查究制度，以保证社会治安综合治理的各项措施落到实处。

依据指引：

❶《中华人民共和国治安管理处罚法》（2005年8月28日公布，自2006年3月1日起施行）

第六条　各级人民政府应当加强社会治安综合治理，采取有效措施，化解社会矛盾，增进社会和谐，维护社会稳定。

❷《全国人民代表大会常务委员会关于加强社会治安综合治理的决定》（1991年3月2日）

四、各部门、各单位必须建立综合治理目标管理责任制，做到各尽其职、各负其责、密切配合、互相协调。各级人民政府要把社会治安综合治理纳入两个文明建设的总体规划，切实加强对社会治安综合治理工作的领导。要从人力、物力、财力上给予支持和保障。人民法院、人民检察院和政府的公安、安全、司法行政等职能部门，特别是公安部门，应当在社会治安综合治理中充分发挥骨干作用。要采取有效措施，充实维护社会治安的力量，改进预防和惩治犯罪活动的技术装备，切实提高国家执法队伍的素质。各机关、团体、企业、事业单位应当落实内部各项治安防范措施，严防发生违法犯罪和其他治安问题。各部门应当督促下属单位，结合本身业务，积极参与社会治安的综合治理，充分发挥各自的作用。

五、加强社会治安综合治理，必须发动和依靠广大人民群众。各级人民政府应当动员和组织城镇居民和农村村民以及机关、团体、企业、事业单位的职工、学生，建立群众性自防自治的治安保卫组织，开展各种形式的治安防范活动和警民联防活动。市、县人民武装部门要积极组织民兵参与维护社会治安。要加强基层组织建设和制度建设，把各项措施落实到基层单位，形成群防群治网络。要充分发挥村民委员会、城市居民委员会维护社会治安的积极作用。地方各级人民政府要切实加强对群众性治安保卫组织的指导和监督。治安保卫组织应严格依法办事，保护公民的合法权益。

六、要把社会治安综合治理的责任与单位和个人的政治荣誉、经济利益紧密结合起来，建立奖惩制度。对参与社会治安综合治理工作成绩显著的单位和个人以及与违法犯罪分子斗争的有功人员给予表彰奖励；对与违法犯罪分子斗争中负伤、致残人员要妥善治疗和安置；对与违法犯罪分子斗争中牺牲人员的家属给予抚恤。对因社会治安综合治理措施不落实而发生重大刑事案件和重大治安事件，致使国家利益和人民生命财产遭受重大损失的单位，应当依法追究其直接负责的主管人员的责任。

七、社会治安综合治理工作由各级人民政府统一组织实施，各部门、各方面齐抓共管，积极参与。各级人民政府应当采取组织措施，协调、指导有关部门、方面做好社会治安综合治理工作。

【治安管理工作主管部门】

根据治安管理处罚法的规定，全国的治安管理工作的主管部门是公安部。在地方，治安管理工作的主管部门是县级以上地方各级人民政府公安机关，具体包括各省、直辖市、自治区公安厅（局），各市、州公安局及其公安分局，各县（市）公安局等。治安管理工作是为了维护社会治安秩序而进行的各项行政管理工作的总称，其内容不仅包括对各种违反治安管理行为的查处和打击，还包括对违法犯罪活动的防范工作、对一些与社会治安密切相关的特种行业、物品等的管理工作等。公安部作为国务院治安管理工作主管部门，负有以下职责：研究制订有关治安管理工作的方针、政策、规章，部署全国治安管理工作，并指导、检查、监督地方各级公安机关的贯彻执行情况；研究改革开放中治安管理工作出现的新情况、新问题，推进治安管理工作的改革，探索和确立符合我国国情、具有中国特色的治安管理工作和体制；掌握信息，分析、预测社会治安情况并制定对策；指导、组织、协调重大行动，协调处置重大治安案件和治安事故，做好维护社会稳定和处置突发事件的工作；指导各地公安机关依法开展治安管理工作；规划和指导全国公安机关治安管理队伍建设、教育和训练；组织、指导同外国及港澳地区警方和国际警察组织开展治安管理方面的交往与合作等。地方各级公安机关作为各自行政区域内治安管理工作的主管部门，在本行政区域内应认真贯彻实施治安管理法律、法规、规章，做好各项具体的社会治安管理工作，研究、分析本行政区域内的治安形势和特点，提出相应的对策等。

依据指引：

❶《中华人民共和国治安管理处罚法》(2005年8月28日公布，自2006年3月1日起施行)

第七条 国务院公安部门负责全国的治安管理工作。县级以上地方各级人民政府公安机关负责本行政区域内的治安管理工作。

治安案件的管辖由国务院公安部门规定。

❷《中华人民共和国人民警察法》(1995年2月28日公布施行)

第六条 公安机关的人民警察按照职责分工，依法履行下列职责：

(一) 预防、制止和侦查违法犯罪活动；

(二) 维护社会治安秩序，制止危害社会治安秩序的行为；

(三) 维护交通安全和交通秩序，处理交通事故；

(四) 组织、实施消防工作，实行消防监督；

(五) 管理枪支弹药、管制刀具和易燃易爆、剧毒、放射性等危险物品；

(六) 对法律、法规规定的特种行业进行管理；

(七) 警卫国家规定的特定人员，守卫重要的场所和设施；

(八) 管理集会、游行、示威活动；

(九) 管理户政、国籍、入境出境事务和外国人在中国境内居留、旅行的有关事务；

(十) 维护国（边）境地区的治安秩序；

(十一) 对被判处管制、拘役、剥夺政治权利的罪犯和监外执行的罪犯执行刑罚，对被宣告缓刑、假释的罪犯实行监督、考察；

(十二) 监督管理计算机信息系统的安全保护工作；

(十三) 指导和监督国家机关、社会团体、企业事业组织和重点建设工程的治安保卫工作，指导治安保卫委员会等群众性组织的治安防范工作；

(十四) 法律、法规规定的其他职责。

第七条 公安机关的人民警察对违反治安管理或者其他公安行政管理法律、法规的个人或者组织，依法可以实施行政强制措施、行政处罚。

第八条 公安机关的人民警察对严重危害社会治安秩序或者威胁公共安全的人员，可以强行带离现场、依法予以拘留或者采取法律规定的其他措施。

【违反治安管理行为的民事责任】

根据治安管理处罚法的规定，违反治安管理行为给他人造成损害的，应当由违反治安管理行为的实施者本人，或者由其监护人依法承担民事责任。治安管理处罚法在法律性质上属于行政法的范畴，治安管理处罚法的上述规定，是治安管理处罚法与民事侵权法律之间的衔接条款，是为了保证违反治安管理行为的受害人因违反治安管理行为所遭受的民事损害能够得到及时的赔偿。治安管理处罚法规定的违法行为，很多都可能给他人造成财产的、人身的损害。这些违法行为兼具行政违法性和民事侵权双重特征。除了应当依照治安管理处罚法的相关规定，追究其行政法律责任，予以警告、罚款乃至行政拘留的处罚外，对造成被侵害人人身、财产等合法权益损害的，还应当依照有关民事侵权法律的规定，由责任人依法承担民事责任。只有这样，才能够不仅对违法行为人给予应有的惩戒和教育，而且充分保护被侵害人的合法权益。违反治安管理给他人造成损害，既包括给自然人造成损害的情形，也包括给法人或者其他组织造成损害的情形。从范围来看，既包括因为侵犯他人财产或者人身而给他人造成的财产损失，也包括给他人造成的精神损害。至于民事侵权责任具体应当如何承担，需要根据违反治安管理行为的性质、给被侵害人造成损害的实际情况等来确定。

根据治安管理处罚法的规定，违反治安管理行为的行政法律责任应由违法行为人自己承担，这也是“责任自负，反对株连”法律原则的体现。但是对于违反治安管理行为所导致的民事责任，则有所不同，即特定情况下，违法行为人的监护人也要依法承担民事责任。民法通则对监护人因被监护人的行为而承担民事责任有明确规定，治安管理处罚法也正是根据民法通则的精神作此规定的。需要由监护人承担民事责任的情况有两种：一是违反治安管理行为人是未成年人；二是违反治安管理行为人是精神病人。在上述两种情况下，违反治安管理行为人在民法上属于无民事行为能力人或者限制民事行为能力人。根据民法通则的规定，无民事行为能力人、限制民事行为能力人造成他人损害的，由监护人承担民事责任。当然，民法通则对这种情况下监护人如何承担民事责任，还有具体的规定。如监护人尽到监护责任的，可以减轻其责任等。本条只是一种原则性规定，具体责任的确定还需要依据民事法律规定进行。

依据指引：

❶**《中华人民共和国治安管理处罚法》**（2005 年 8 月 28 日公布，自 2006 年 3 月 1 日起施行）

第八条　违反治安管理的行为对他人造成损害的，行为人或者其监护人应当依法承担民事责任。

❷**《中华人民共和国行政处罚法》**（1996 年 3 月 17 日公布，自 1996 年 10 月 1 日起施行）

第七条　公民、法人或者其他组织因违法受到行政处罚，其违法行为对他人造成损害的，应当依法承担民事责任。

违法行为构成犯罪，应当依法追究刑事责任，不得以行政处罚代替刑事处罚。

❸**《中华人民共和国民法通则》**（1986 年 4 月 12 日公布，自 1987 年 1 月 1 日起施行）

第十六条　未成年人的父母是未成年人的监护人。

未成年人的父母已经死亡或者没有监护能力的，由下列人员中有监护能力的人担任监护人：

（一）祖父母、外祖父母；

（二）兄、姐；

（三）关系密切的其他亲属、朋友愿意承担监护责任，经未成年人的父、母的所在单位或者未成年人住所地的居民委员会、村民委员会同意的。

对担任监护人有争议的，由未成年人的父、母的所在单位或者未成年人住所地的居民委员会、村民委员会在近亲属中指定。对指定不服提起诉讼的，由人民法院裁决。

没有第一款、第二款规定的监护人的，由未成年人的父、母的所在单位或者未成年人住所地的居民委员会、村民委员会或者民政部门担任监护人。

第十七条　无民事行为能力或者限制民事行为能力的精神病人，由下列人员担任监护人：

（一）配偶；

（二）父母；

（三）成年子女；

（四）其他近亲属；

（五）关系密切的其他亲属、朋友愿意承担监护责任，经精神病人的所在单位或者住所地的居民委员会、村民委员会同意的。

对担任监护人有争议的，由精神病人的所在单位或者住所地的居民委员会、村民委员会在近亲属中指定。对指定不服提起诉讼的，由人民法院裁决。

没有第一款规定的监护人的，由精神病人的所在单位或者住所地的居民委员会、村民委员会或者民政部门担任监护人。

第一百零六条　公民、法人违反合同或者不履行其他义务的，应当承担民事责任。

公民、法人由于过错侵害国家的、集体的财

产，侵害他人财产、人身的，应当承担民事责任。

没有过错，但法律规定应当承担民事责任的，应当承担民事责任。

第一百一十七条 侵占国家的、集体的财产或者他人财产的，应当返还财产，不能返还财产的，应当折价赔偿。

损坏国家的、集体的财产或者他人财产的，应当恢复原状或者折价赔偿。

受害人因此遭受其他重大损失的，侵害人并应当赔偿损失。

第一百一十九条 侵害公民身体造成伤害的，应当赔偿医疗费、因误工减少的收入、残废者生活补助费等费用；造成死亡的，并应当支付丧葬费、死者生前扶养的人必要的生活费等费用。

第一百二十条 公民的姓名权、肖像权、名誉权、荣誉权受到侵害的，有权要求停止侵害，恢复名誉，消除影响，赔礼道歉，并可以要求赔偿损失。

法人的名称权、名誉权、荣誉权受到侵害的，适用前款规定。

第一百三十条 二人以上共同侵权造成他人损害的，应当承担连带责任。

第一百三十三条 无民事行为能力人、限制民事行为能力人造成他人损害的，由监护人承担民事责任。监护人尽了监护责任的，可以适当减轻他的民事责任。

有财产的无民事行为能力人、限制民事行为能力人造成他人损害的，从本人财产中支付赔偿费用。不足部分，由监护人适当赔偿，但单位担任监护人的除外。

第一百三十四条 承担民事责任的方式主要有：

（一）停止侵害；

（二）排除妨碍；

（三）消除危险；

（四）返还财产；

（五）恢复原状；

（六）修理、重作、更换；

（七）赔偿损失；

（八）支付违约金；

（九）消除影响、恢复名誉；

（十）赔礼道歉。

以上承担民事责任的方式，可以单独适用，也可以合并适用。

人民法院审理民事案件，除适用上述规定外，还可以予以训诫、责令具结悔过、收缴进行非法活动的财物和非法所得，并可以依照法律规定处以罚款、拘留。

【公安机关调解处理治安案件】

调解是我国长期以来解决纠纷的一种行之有效的方法，也是我国法律制度的一个特色。实践证明，经调解处理的治安案件，由于当事人之间在调解的过程中有充分的交流和沟通的机会，有过错的一方对自己的错误有认识和悔改，对方当事人也往往接受对方的认错，并有谅解的意思；同时，对于违反治安管理行为造成的损害，双方也达成了均可接受的解决方案。这样，双方当事人心服口服，调解协议多能自觉履行，纠纷解决比较彻底。

根据治安管理处罚法的规定，公安机关对因民间纠纷引起的打架斗殴、损毁他人财物等违反治安管理行为，情节较轻的，都可以进行调解。“民间纠纷”是指群众之间在日常生活中发生的各种争议，如发生在家庭、邻里、同事、同学等之间的因琐事引起的争议，或者因排队、就餐、乘车等而引起的争议。因这些争议而引起的打架、损毁财物等行为，一般情节比较轻微，当事人之间熟识，甚至要长期相处，处理不好，矛盾解决不彻底，不仅影响生活、工作，而且还可能会造成矛盾的累积，酿成新的事端，不利于社会稳定、和谐。对这些人予以批评教育，促其认识到自己的错误，向他人赔礼道歉、赔偿损失，就能够解决问题。如果采用简单处罚的方法，行为人由于存在抵触情绪，不愿意赔偿被侵害人损失、向被侵害人赔礼道歉，这样并不利于矛盾的解决。根据治安管理处罚法的规定，公安机关可以调解处理的只是因民间纠纷引起的违反治安管理行为。对于并非民间纠纷引起的各种恶意侵犯他人人身权利、财产权利的违反治安管理行为，应当严格依照法律的规定处理。如对结伙斗殴、追逐、拦截、辱骂他人、强拿硬要、任意毁损财物等寻衅滋事行为，对猥亵他人的行为，盗窃、抢夺他人财物的行为等，就不能调解处理。

公安机关调解处理违反治安管理行为，主要是就违反治安管理行为所造成的被侵害人的人身、财产等权利损害应当如何赔偿等问题，在双方当事人之间进行斡旋。公安机关的调解并不是混淆是非、和稀泥，而是应当在确定事实、分清是非的基础上，通过对当事人进行批评、教育、宣传法律知识等方式，使有过错的一方深刻认识到自己行为的违法性和社会危害性之所在，促其反省并自觉承担赔偿责任，以自己的实际行动补偿被侵害人的经济损失，抚慰其精神损失；同时，也通过做被侵害人的思想工作，使其接受违反治安管理行为人的真诚悔错，谅解其错误行为，给其一个悔改的机会，当然也包括在经济赔偿等方面做出一些必要的让步，如考虑到加害人的经济状况，适当减轻甚至免除其经济赔偿责任等。这种调解在性质上属于国家行政机关居间调解当事人之间的民事争议，并不是对公安机关如何行使行政处罚权进行讨价还价。当然，如果当事人之间就解决民事争议达成协议，那么公安机关的行政处罚权也没有必要再行使了。从这个角度而言，公安机关对该行为可能给予的治安管理处罚的轻重虽然没有作为调解的内容，但却是促成当事人达成和解的重要因素。对治安管理处罚的引而不发，达到甚至超过了处罚可以达到的效果。

调解处理因民间纠纷引起的违反治安管理行为，只是公安机关办理治安案件的一种方式，治安管理处罚法并没有规定，对这些案件都必须通过一个调解程序，而是规定公安机关“可以”调解。具体是否要调解解决，需要公安机关根据案件的情况，当事人的具体情况等综合判断。只要有调解解决的可能，就应当尽力调解，而不能因为怕麻烦而不加调解。对于确实没有调解可能的案件，应当及时处理。对于不能达成调解协议的案件，公安机关应当依照治安管理处罚法的规定，对违反治安管理行为人予以相应的处罚；同时告知当事人如果对民事赔偿等问题有争议的，可以向人民法院提起民事诉讼。对于虽然经调解达成了协议，但是又因反悔等原因不履行调解协议的，也应当依照治安管理处罚法的规定，对违反治安管理行为人予以处罚，并且告知当事人对民事赔偿等问题，可以向人民法院提起民事诉讼。达成协议后不履行，既包括当事人明确表示反悔，拒绝履行的情形，也包括当事人虽不表示拒绝履行，但也不以实际行动履行协议确定的义务的情形。同时，对于履行协议确定的部分义务后，拒绝履行剩余义务的，也应属于拒绝履行协议。

依据指引：

❶《中华人民共和国治安管理处罚法》(2005年8月28日公布，自2006年3月1日起施行)

第九条 对于因民间纠纷引起的打架斗殴或者损毁他人财物等违反治安管理行为，情节较轻的，公安机关可以调解处理。经公安机关调解，当事人达成协议的，不予处罚。经调解未达成协议或者达成协议后不履行的，公安机关应当依照本法的规定对违反治安管理行为人给予处罚，并告知当事人可以就民事争议依法向人民法院提起民事诉讼。

❷《公安机关办理行政案件程序规定》(公安部2003年8月26日发布，自2004年1月1日起施行)

第一百四十五条 公安机关对违反治安管理

的下列行政案件可以调解处理：

（一）因民间纠纷引起的打架斗殴造成轻微伤害的；

（二）因民间纠纷造成他人财物损毁，情节轻微的；

（三）其他因民间纠纷引起的违反治安管理行为，情节轻微的。

对不构成违反治安管理行为的民间纠纷，应当告知纠纷各方向人民法院或者基层人民调解组织申请处理。

第一百四十六条 公安机关调解处理的行政案件，除下列情形外，应当公开进行：

（一）涉及个人隐私的；

（二）违反治安管理行为人和受害人都要求不公开调解的。

第一百四十七条 公安机关进行调解处理时，应当遵循合法、公正、自愿、及时的原则，注重教育和疏导，化解矛盾。

第一百四十八条 当事人中有未成年人的，调解时未成年当事人的父母或者其他监护人应当在场。

第一百四十九条 对因邻里纠纷引起的行政案件进行调解时，可以邀请居委会、村委会的人员或者双方当事人熟悉的人员参加。

第一百五十条 调解一般为一次，必要时可以增加一次。调解达成协议的，双方当事人在调解书上签字，并履行调解协议。

第一百五十一条 调解达成协议并履行的，公安机关不再予以治安处罚。对调解最终未达成协议或者达成协议后在履行之前反悔的，公安机关应当对违反治安管理行为人依法予以处罚；对违法行为造成的损害赔偿纠纷，应当告知纠纷各方向人民法院提起民事诉讼。

第二章　处罚的种类和适用

本章为读者提供与以下题目有关的法律问题的专家意见及法律依据

■ 治安管理处罚的种类　■ 对外国人的限期出境和驱逐出境　■ 办理治安案件查获的物品和财物的处理　■ 未成年人，责任年龄，不予处罚，从轻、减轻处罚　■ 精神病人的责任能力　■ 盲人、又聋又哑的人的责任能力　■ 醉酒人的责任能力　■ 数种违反治安管理行为的并罚　■ 共同违反治安管理行为　■ 单位违反治安管理　■ 减轻处罚、不予处罚、从重处罚　■ 行政拘留处罚的不执行　■ 追究时效

【治安管理处罚的种类】

治安管理处罚是行为人因实施违反治安管理行为所应当承担的法律后果。根据治安管理处罚法的规定，对违反治安管理行为人，根据其所实施的具体的违反治安管理行为，可以给予的处罚有四种，即警告，罚款，行政拘留，吊销公安机关发放的许可证。

警告属于最轻微的一种治安管理处罚，只适用于违反治安管理情节轻微的情形，或者违反治安管理行为人具有法定从轻、减轻处罚的情节的情况。警告具有谴责和训诫两重含义。警告的谴责性体现在，警告是公安机关对违反治安管理行为人的一种否定性评价，对违反治安管理行为人处以警告的处罚，表明了公安机关对其行为的违法性和社会危害性的认定和否定性态度。警告的训诫性体现在，对违反治安管理行为人处以警告处罚，不仅是向其指出行为的违法性和社会危害性所在，对其进行谴责，而且要对其进行警示，训诫其不得再行实施违反治安管理行为。根据治安管理处罚法的规定，警告的处罚由县级以上人民政府公安机关决定，也可以由公安派出所决定。

罚款是给违反治安管理行为人处以支付一定金钱义务的处罚。罚款处罚在治安管理处罚法中规定得比较多，罚款的作用在于通过使违反治安管理行为人在经济上受到损失，起到对其的惩戒和教育作用。治安管理处罚法规定的罚款的幅度，有不同的档次，这是根据各种违反治安管理行为的性质、危害程度以及罚款处罚的有效性等设定的。根据治安管理处罚法的规定，罚款的处罚一般由县级以上人民政府公安机关决定，但是对于五百元以下的罚款，可以由公安派出所决定。

行政拘留是短期内剥夺违反治安管理行为人的人身自由的一种处罚。因此，拘留是对自然人最严厉的一种治安管理处罚。治安管理处罚法关于拘留处罚的幅度的规定，一般分为五日以下、五日以上十日以下、十日以上十五日以下三个档次。根据治安管理处罚法的规定，拘留的处罚只能由县级以上人民政府公安机关决定。对被决定给予行政拘留处罚的人，在处罚决定生效后，由作出拘留决定的公安机关送达拘留所执行。

吊销公安机关发放的许可证，是剥夺违反治安管理人已经取得的、由公安机关依法发放的从事某项与治安管理有关的行政许可事项的许可证，使其丧失继续从事该项行政许可事项的资格的一种处罚。为了维护社会治安秩序，有关的法律、行政法规对一些与治安管理工作关系比较密切的事项，规定实行许可制度，由公安机关依法审核、发放许可证。没有依法取得许可而从事相关业务和活动的，属于违反治安管理行为，应当依法给予相应的处罚。已经依法取得相关许可的，也应当在许可的范围内依照有关规定从事活动，不得超越许可范围或者违反有关规定从事活动。对于超越许可范围或者违反有关规定从事活动，情节严重，不适宜继续享有特许权的，就有必要由公安机关依法吊销其已经取得的许可证，收回其已经取得的特许权。根据治安管理处罚法的规定，吊销公安机关发放的许可证的处罚，应当由县级以上人民政府公安机关决定。

依据指引：

❶《中华人民共和国治安管理处罚法》（2005年8月28日公布，自2006年3月1日起施行）

第十条 治安管理处罚的种类分为：

（一）警告；

（二）罚款；

（三）行政拘留；

（四）吊销公安机关发放的许可证。

对违反治安管理的外国人，可以附加适用限期出境或者驱逐出境。

第十六条 有两种以上违反治安管理行为的，分别裁决，合并执行。行政拘留处罚合并执行的，最长不超过二十日。

❷《中华人民共和国立法法》（2000年3月15日公布，自2000年7月1日起施行）

第七条 全国人民代表大会和全国人民代表大会常务委员会行使国家立法权。

全国人民代表大会制定和修改刑事、民事、国家机构的和其他的基本法律。

全国人民代表大会常务委员会制定和修改除应当由全国人民代表大会制定的法律以外的其他法律；在全国人民代表大会闭会期间，对全国人民代表大会制定的法律进行部分补充和修改，但是不得同该法律的基本原则相抵触。

第八条 下列事项只能制定法律：

（一）国家主权的事项；

（二）各级人民代表大会、人民政府、人民法院和人民检察院的产生、组织和职权；

（三）民族区域自治制度、特别行政区制度、基层群众自治制度；

（四）犯罪和刑罚；

（五）对公民政治权利的剥夺、限制人身自由的强制措施和处罚；

（六）对非国有财产的征收；

（七）民事基本制度；

（八）基本经济制度以及财政、税收、海关、金融和外贸的基本制度；

（九）诉讼和仲裁制度；

（十）必须由全国人民代表大会及其常务委员会制定法律的其他事项。

第九条 本法第八条规定的事项尚未制定法律的，全国人民代表大会及其常务委员会有权作出决定，授权国务院可以根据实际需要，对其中的部分事项先制定行政法规，但是有关犯罪和刑罚、对公民政治权利的剥夺和限制人身自由的强制措施和处罚、司法制度等事项除外。

第十条 授权决定应当明确授权的目的、范围。

被授权机关应当严格按照授权目的和范围行使该项权力。

被授权机关不得将该项权力转授给其他机关。

第十一条 授权立法事项，经过实践检验，制定法律的条件成熟时，由全国人民代表大会及其常务委员会及时制定法律。法律制定后，相应立法事项的授权终止。

❸《中华人民共和国行政处罚法》（1996年3月17日公布，自1996年10月1日起施行）

第八条 行政处罚的种类：

（一）警告；

（二）罚款；
（三）没收违法所得、没收非法财物；
（四）责令停产停业；
（五）暂扣或者吊销许可证、暂扣或者吊销执照；
（六）行政拘留；
（七）法律、行政法规规定的其他行政处罚。

第九条　法律可以设定各种行政处罚。

限制人身自由的行政处罚，只能由法律设定。

第十条　行政法规可以设定除限制人身自由以外的行政处罚。

法律对违法行为已经作出行政处罚规定，行政法规需要作出具体规定的，必须在法律规定的给予行政处罚的行为、种类和幅度的范围内规定。

第十一条　地方性法规可以设定除限制人身自由、吊销企业营业执照以外的行政处罚。

法律、行政法规对违法行为已经作出行政处罚规定，地方性法规需要作出具体规定的，必须在法律、行政法规规定的给予行政处罚的行为、种类和幅度的范围内规定。

第十二条　国务院部、委员会制定的规章可以在法律、行政法规规定的给予行政处罚的行为、种类和幅度的范围内作出具体规定。

尚未制定法律、行政法规的，前款规定的国务院部、委员会制定的规章对违反行政管理秩序的行为，可以设定警告或者一定数量罚款的行政处罚。罚款的限额由国务院规定。

国务院可以授权具有行政处罚权的直属机构依照本条第一款、第二款的规定，规定行政处罚。

第十三条　省、自治区、直辖市人民政府和省、自治区人民政府所在地的市人民政府以及经国务院批准的较大的市人民政府制定的规章可以在法律、法规规定的给予行政处罚的行为、种类和幅度的范围内作出具体规定。

尚未制定法律、法规的，前款规定的人民政府制定的规章对违反行政管理秩序的行为，可以设定警告或者一定数量罚款的行政处罚。罚款的限额由省、自治区、直辖市人民代表大会常务委员会规定。

第十四条　除本法第九条、第十条、第十一条、第十二条以及第十三条的规定外，其他规范性文件不得设定行政处罚。

【对外国人的限期出境和驱逐出境】

根据治安管理处罚法的规定，对违反治安管理的外国人可以附加适用限期出境或者驱逐出境的规定。在我国领域内的外国人，其合法权益受我国法律保护，同时也要尊重和遵守我国法律的规定。近些年来，随着改革开放的不断深入，到我国境内从事旅游、经商等活动的外国人越来越多，外国人违反治安管理的行为也时有发生。对于外国人违反治安管理的案件，如果根据维护我国国家利益、社会公共利益的需要，认为其不适合继续在我国停留的，可以由公安机关责令其限期出境或者将其驱逐出境。

限期出境就是由公安机关责令违反治安管理的外国人在规定的时限内离开我国国（边）境。限期出境属于责令自行离境，但负责执行的公安机关可以监督其离开。

驱逐出境就是强迫违反治安管理的外国人离开我国国（边）境，是比限期出境更为严厉的一种手段，需要由负责执行的公安机关将其强制押解出境。限期出境和驱逐出境只适用于外国人，包括无国籍的人。这两种手段是比较严厉的，因此，公安机关在办理涉外的治安案件时，要根据我国国家利益和社会公共利益的需要，慎重决定适用。至于是否符合我国国家利益和社会公共利益的需要，应由办理案件的公安机关根据案件的具体情况，违反治安管理的外国人本人的情况，以及外交等方面因素，综合考量。

依据指引：

❶《中华人民共和国治安管理处罚法》（2005年8月28日公布，自2006年3月1日起施行）

第十条 治安管理处罚的种类分为：

（一）警告；

（二）罚款；

（三）行政拘留；

（四）吊销公安机关发放的许可证。

对违反治安管理的外国人，可以附加适用限期出境或者驱逐出境。

❷**《中华人民共和国外国人入境出境管理法》**（1985年11月22日公布，自1986年2月1日起施行）

第二十九条 对违反本法规定，非法入境、出境的，在中国境内非法居留或者停留的，未持有效旅行证件前往不对外国人开放的地区旅行的，伪造、涂改、冒用、转让入境、出境证件的，县级以上公安机关可以处以警告、罚款或者十日以下拘留处罚；情节严重，构成犯罪的，依法追究刑事责任。

受公安机关罚款或者拘留处罚的外国人，对处罚不服的，在接到通知之日起十五日内，可以向上一级公安机关提出申诉，由上一级公安机关作出最后的裁决，也可以直接向当地人民法院提起诉讼。

第三十条 有本法第二十九条所列行为情节严重的，公安部可以处以限期出境或者驱逐出境处罚。

第三十一条 本法所称的外国人是指依照《中华人民共和国国籍法》不具有中国国籍的人。

第三十二条 同中国毗邻国家的外国人，居住在两国边境接壤地区的，临时入中国国境、出中国国境，有两国之间协议的按照协议执行，没有协议的按照中国政府的规定执行。

第三十三条 公安部和外交部根据本法制定实施细则，报国务院批准施行。

第三十四条 外国驻中华人民共和国外交代表机关、领事机关成员以及享有特权和豁免的其他外国人入境后的管理，按国务院及其主管机关的有关规定办理。

❸**《公安机关办理行政案件程序规定》**（公安部2003年8月26日发布，自2004年1月1日起施行）

第一百八十六条 县级公安机关对外国人作出行政拘留处罚决定前，应当报上一级公安机关批准。

第一百八十七条 对外国人处以驱逐出境或者限期出境的，由公安部作出决定。

省级以下公安机关承办的行政案件，需要对外国人处以驱逐出境或者限期出境的，由省级公安机关报公安部决定后，由承办机关宣布并执行，同时通报同级人民政府外事部门。

对外国人处以罚款或者行政拘留需并处驱逐出境、限期出境的，其罚款或者行政拘留由承办机关裁决并执行，驱逐出境或者限期出境按本条前两款规定办理。

第一百八十八条 对外国人处以罚款或者行政拘留并处限期出境或者驱逐出境的，应当于罚款或者行政拘留执行完毕之后执行限期出境或者驱逐出境。

第一百八十九条 被决定限期出境、缩短在华停留期限或者取消在华居留资格的外国人，未在指定期限内自动离境的，公安机关可以遣送出境。

第一百九十条 对外国人无力缴纳罚款依法改处行政拘留的，罚款不再执行。

外国人提出行政拘留改处罚款请求的，不予接受。

【办理治安案件查获的物品和财物的处理】

公安机关在办理治安案件时，一般都会查获一定数量的违禁品，以及属于行为人所有或者被行为人实际占有并使用的一些财物或交通工具等，对于这些物品和财物如何处理，不但关系到对治安违法行为的查处，而且也关系到对公民财产权利的保护。治安管理处罚法对治安案件中涉案财物如何处理作了明确规定。

根据治安管理处罚法的规定，对于治安案件中查获的毒品、淫秽物品等违禁物品，赌具、赌资，吸食、注射毒品的用具以及直接用于实施违反治安管理行为的且是属于行为人所有的工具，应当收缴；不是治安违法行为人直接用于治安违法的工具，或者虽是直接用于治安违法但所有权并非属于治安违法行为人的工具，公安机关不得收缴。也就是说，所有权属于治安违法行为人并被其直接用于治安违法的工具，公安机关才能收缴。收缴上述物品后，还应当按照有关规定进行处理。例如收缴的赌资应当上缴国库，淫秽物品应当按照规定登记造册并销毁。

除了上述依法应当收缴的物品、财物外，治安案件中往往还有大量的“赃款赃物”，对于属于被侵害人的财物，治安管理处罚法明确规定，应当予以追缴并退还给被侵害人；没有被侵害人的，或者赃款赃物无人认领的，公安机关应当对涉案财物予以收缴并登记造册。货币金钱，直接上缴国库；物品，应当拍卖变现，所得价款上缴国库；拍卖不成或者不适宜拍卖的，或者容易腐败等无法保管的物品，应当及时处理，或是变卖，或是上交有关部门，或是登记清单予以销毁。对于治安案件中查获的物品或财物，任何单位和个人不得借用、挪用、调换、侵占，否则将被追究有关人员的法律责任。

依据指引：

❶**《中华人民共和国治安管理处罚法》**（2005年8月28日公布，自2006年3月1日起施行）

第十一条　办理治安案件所查获的毒品、淫秽物品等违禁物品，赌具、赌资，吸食、注射毒品的用具以及直接用于实施违反治安管理行为的本人所有的工具，应当收缴，按照规定处理。

违反治安管理所得的财物，追缴退还被侵害人；没有被侵害人的，登记造册，公开拍卖或者按照国家有关规定处理，所得款项上缴国库。

第一百一十六条　人民警察办理治安案件，有下列行为之一的，依法给予行政处分；构成犯罪的，依法追究刑事责任：

（三）不执行罚款决定与罚款收缴分离制度或者不按规定将罚没的财物上缴国库或者依法处理的；

（四）私分、侵占、挪用、故意损毁收缴、扣押的财物的；

（五）违反规定使用或者不及时返还被侵害人财物的；

……

办理治安案件的公安机关有前款所列行为的，对直接负责的主管人员和其他直接责任人员给予相应的行政处分。

❷**《全国人民代表大会常务委员会关于严惩组织、运送他人偷越国（边）境犯罪的补充规定》**（1994年3月5日公布施行）

（根据《刑法》的规定，本《补充规定》中有关刑事责任的规定已经纳入《刑法》，自《刑法》施行之日起适用《刑法》的规定；本《补充规定》中有关行政处罚和行政措施的规定继续有效。——编者注）

七、犯本规定规定之罪的违法所得和供犯罪使用的犯罪分子所有的或者明知他人为犯罪使用而提供其本人所有的运输、通讯工具或者其他财物，一律予以没收。

❸**《全国人民代表大会常务委员会关于禁毒的决定》**（1990年12月28日公布施行）

（根据《刑法》的规定，本《决定》中有关刑事责任的规定已经纳入《刑法》，自《刑法》施行之日起适用《刑法》的规定；本《决定》中有关行政处罚和行政措施的规定继续有效。——编者注）

十二、对查获的毒品、毒品犯罪的非法所得以及由非法所得所获得的收益、供犯罪使用的财物，一律没收。没收的毒品和吸食、注射毒品的器具，依照国家规定销毁或者作其他处理。罚没收入一律上缴国库。

❹**《全国人民代表大会常务委员会关于惩治走私、制作、贩卖、传播淫秽物品的犯罪分子的决定》**（1990年12月28日公布施行）

（根据《刑法》的规定，本《决定》中有关刑事责任的规定已经纳入《刑法》，自《刑法》施行之日起适用《刑法》的规定；本《决定》中有关行政处罚和行政措施的规定继续有效。——编者注）

七、淫秽物品和走私、制作、复制、出版、贩卖、传播淫秽物品的违法所得以及属于本人所有的犯罪工具，予以没收。没收的淫秽物品，按照国家规定销毁。罚没收入一律上缴国库。

❺《公安机关办理行政案件程序规定》（公安部2003年8月26日发布，自2004年1月1日起施行）

第一百五十二条　主要用于违法活动的下列工具、设备或者涉案财物应当收缴：

（一）赌博用的赌具；

（二）制作、复制、传播淫书、淫画、淫秽音像制品和其他淫秽物品使用的设备；

（三）吸食、注射毒品的器具；

（四）倒卖的有价票证或者骗取财物的用品；

（五）其他应当收缴的工具和财物。

第一百五十三条　对淫秽物品、毒品和反动、邪教、迷信印刷品等违禁品，一律收缴。

第一百五十四条　收缴财物应当经县级以上公安机关负责人批准，并制作收缴清单，待处罚决定生效后，按照下列规定分别处理：

（一）应当上交国库的，移交财政部门处理；

（二）属于违禁品的，经县级以上公安机关负责人批准，统一登记造册后予以销毁，其中属于淫秽物品、毒品的，分别由县级以上公安机关治安部门、禁毒部门组织销毁；

（三）属于受害人合法财物的，及时返还受害人。

第一百五十五条　对应当退还原主的财物，应当通知原主在六个月内来领取；对原主不明确的，应当采取公告方式告知原主认领。在通知原主后或者公告认领后六个月内，无人认领的，按无主财物处理，上交国库。如有特殊情况，可酌情延期处理，延长期限最长不超过三个月。

第一百五十六条　对容易腐烂、灭损或者无法保管的其他物品，应当及时退还原主；对找不到原主的，经县级以上公安机关负责人批准，可以在拍照或者录像后变卖，变卖所得按照本规定第一百五十四条、第一百五十五条规定处理。

第一百五十七条　对扣押和收缴的财物，任何单位和个人不得借用、挪用、调换和侵占。

第一百五十八条　行政案件变更管辖时，与案件有关的财物及其孳息应当随案移交。移交财物时，由接收人、移交人当面查点清楚，并在交接单据上共同签名。

❻《公安部关于办理赌博违法案件适用法律若干问题的通知》（2005年5月25日发布施行）

五、赌博活动中用作赌注的款物、换取筹码的款物和通过赌博赢取的款物属于赌资。

在利用计算机网络进行的赌博活动中，分赌场、下级庄家或者赌博参与者在组织或者参与赌博前向赌博组织者、上级庄家或者赌博公司交付的押金，应当视为赌资。

六、赌博现场没有赌资，而是以筹码或者事先约定事后交割等方式代替的，赌资数额经调查属实后予以认定。个人投注的财物数额无法确定时，按照参赌财物的价值总额除以参赌人数的平均值计算。

通过计算机网络实施赌博活动的赌资数额，可以按照在计算机网络上投注或者赢取的总点数乘以每个点实际代表的金额认定。赌博的次数，可以按照在计算机网络上投注的总次数认定。

七、对查获的赌资、赌博违法所得应当依法没收，上缴国库，并按照规定出具法律手续。对查缴的赌具和销售的具有赌博功能的游戏机，一律依法予以销毁、严禁截留、私分或者以其他方式侵吞赌资、赌具、赌博违法所得以及违法行为人的其他财物。违者，对相关责任人员依法予以行政处分；构成犯罪的，依法追究刑事责任。

对参与赌博人员使用的交通、通讯工具未作为赌注的，不得没收。在以营利为目的，聚众赌博、开设赌场，或者采取不经国家批准，擅自发行、销售彩票的方式为赌博提供条件，尚不够刑事处罚的案件中，违法行为人本人所有的用于纠集、联络、运送参赌人员以及用于望风护赌的交通、通讯工具，应当依法没收。

❼《公安部关于对用于毒品犯罪的他人财物是否应予没收的批复》（1992年8月4日）

河南省公安厅：

你厅5月5日《关于对利用公车进行贩毒活动应否将车予以没收的请示》（豫公（刑）[1992]172号）收悉。经商最高人民检察院和最高人民法院，现批复如下：

为了严厉惩处毒品犯罪，对供毒品犯罪使用的财物，应当按照全国人大常委会《关于禁毒的决定》第十二条规定的原则执行，在处理具体案件时要区别对待：对查获的供毒品犯罪使用的财物，可以作为证据暂予扣押。经查明后，属于犯罪分子本人所有的财物，应当一律没收；不属于犯罪分子本人所有，但在财物所有者明知或者借以从中渔利的情况下，供毒品犯罪人使用的财物，也应当没收；行为人盗用他人财物或者违背财物所有者的意愿而利用其财物进行毒品犯罪的，对这类财物不应没收。

在张聚安等人贩毒案中，用于贩毒的公车是被犯罪分子偷开的，本单位并不知情，因此，不宜作没收处理，应当按规定发还原所有的单位。

【未成年人，责任年龄，不予处罚，从轻、减轻处罚】

未成年人，在我国，是指未满十八周岁的公民。未成年人由于其身体、智力、社会阅历、行为控制能力等方面都没有达到成年人的成熟程度，因此，为了充分保护未成年人的权益，我国法律对于未成年人违法犯罪予以处罚作了特殊规定，其核心精神是"教育为主，惩罚为辅"。具体来讲就是，我国法律不但规定没有达到一定的年龄不承担违法责任，而且在达到承担法律责任年龄因违法给予处罚时还规定予以轻罚。

在治安管理领域，未成年人违反治安管理，承担治安违法责任必须年满十四周岁。十四周岁就是我国的治安违法责任年龄。所谓治安违法责任年龄，是指法律规定的应当对自己违反治安管理的行为负担治安违法责任的年龄。没有达到法定的责任年龄的人违反治安管理，不予处罚。不但如此，为了特殊保护未成年人的利益，对未成年人违法犯罪坚持"重在教育"的方针，治安管理处罚法还规定，已满十四周岁不满十八周岁的人违反治安管理的，从轻或者减轻处罚。这里的"从轻处罚"或者"减轻处罚"，是"应当"即"必须"，而不是"可以"从轻处罚或者"可以"减轻处罚。

所谓不予处罚，是指因行为人不具有责任能力或者具备某些特殊情形，虽然违反法律规定，但不给予处罚。所谓从轻处罚，是指在法律规定的处罚种类或者幅度内轻罚，绝对不是法定最高处罚，但也并非必须是法定最低处罚。所谓减轻处罚，是指在法律规定的处罚种类或者幅度以下予以处罚，即减轻处罚一定是在法定最低处罚以下。

这里还应当注意未成年人的周岁问题。这个问题关系到对未成年人的处罚。十四"周岁"或者十八"周岁"，是指实足年龄，计算是以公历的年、月、日为单位，出生的当日不计算，只有从十四岁生日的第二日起为已满十四周岁，从十八岁生日的第二日起为已满十八周岁。也就是说，十四岁生日的当天、十八岁生日的当天，都是不满十四周岁、不满十八周岁。

依据指引：

❶《中华人民共和国治安管理处罚法》（2005年8月28日公布，自2006年3月1日起施行）

第十二条　已满十四周岁不满十八周岁的人违反治安管理的，从轻或者减轻处罚；不满十四周岁的人违反治安管理的，不予处罚，但是应当责令其监护人严加管教。

第二十一条　违反治安管理行为人有下列情形之一，依照本法应当给予行政拘留处罚的，不执行行政拘留处罚：

（一）已满十四周岁不满十六周岁的；

（二）已满十六周岁不满十八周岁，初次违反治安管理的；

……

❷《中华人民共和国未成年人保护法》（1991年9月4日公布，自1992年1月1日起施行）

第二条　本法所称未成年人是指未满十八周岁的公民。

第三十八条　对违法犯罪的未成年人，实行教育、感化、挽救的方针，坚持教育为主、惩罚为辅的原则。

第三十九条　已满十四周岁的未成年人犯罪，因不满十六周岁不予刑事处罚的，责令其家长或者其他监护人加以管教；必要时，也可以由政府收容教养。

❸《中华人民共和国行政处罚法》（1996年3月17日公布，自1996年10月1日起施行）

第二十五条 不满十四周岁的人有违法行为的，不予行政处罚，责令监护人加以管教；已满十四周岁不满十八周岁的人有违法行为的，从轻或者减轻行政处罚。

❹《中华人民共和国预防未成年人犯罪法》（1999年6月28日公布，自1999年11月1日起施行）

第四十四条 对犯罪的未成年人追究刑事责任，实行教育、感化、挽救方针，坚持教育为主、惩罚为辅的原则。

司法机关办理未成年人犯罪案件，应当保障未成年人行使其诉讼权利，保障未成年人得到法律帮助，并根据未成年人的生理、心理特点和犯罪的情况，有针对性地进行法制教育。

对于被采取刑事强制措施的未成年学生，在人民法院的判决生效以前，不得取消其学籍。

第四十五条 人民法院审判未成年人犯罪的刑事案件，应当由熟悉未成年人身心特点的审判员或者审判员和人民陪审员依法组成少年法庭进行。

对于已满十四周岁不满十六周岁未成年人犯罪的案件，一律不公开审理。已满十六周岁不满十八周岁未成年人犯罪的案件，一般也不公开审理。

对未成年人犯罪案件，新闻报道、影视节目、公开出版物不得披露该未成年人的姓名、住所、照片及可能推断出该未成年人的资料。

第四十六条 对被拘留、逮捕和执行刑罚的未成年人与成年人应当分别关押、分别管理、分别教育。未成年犯在被执行刑罚期间，执行机关应当加强对未成年犯的法制教育，对未成年犯进行职业技术教育。对没有完成义务教育的未成年犯，执行机关应当保证其继续接受义务教育。

❺《公安机关办理行政案件程序规定》（公安部2003年8月26日发布，自2004年4月1日起施行）

第六条 公安机关办理未满十八周岁未成年人的行政案件，应当根据未成年人的身心特点，保障他们的合法权益。

第一百二十六条 不满十四周岁的人有违法行为的，不予行政处罚，但是应当责令其监护人严加管教；有违法所得或者非法财物的，应当予以收缴。已满十四周岁不满十八周岁的人有违法行为的，从轻或者减轻行政处罚。

❻《公安机关办理未成年人违法犯罪案件的规定》（公安部1995年10月23日发布施行）

第二条 办理未成年人违法犯罪案件，必须以事实为根据，以法律为准绳，贯彻教育、感化、挽救的方针，应当照顾未成年人的身心特点，尊重其人格尊严，保障其合法权益。

第四条 办理未成年人违法犯罪案件，严禁使用威胁、恐吓、引诱、欺骗等手段获取证据。严禁刑讯逼供。

第五条 办理未成年人违法犯罪案件，应当保护未成年人的名誉，不得公开披露涉案未成年人的姓名、住所和影像。

第七条 本规定是办理未成年人违法犯罪案件的特别规定。规定中未涉及的事项，适用有关法律、法规的规定。

第十五条 办理未成年人违法犯罪案件，应当严格限制和尽量减少使用强制措施。

严禁对违法犯罪的未成年人使用收容审查。

第二十二条 办理未成年人犯罪案件原则上不得使用戒具。对确有行凶、逃跑、自杀、自伤、自残等现实危险，必须使用戒具的，应当以避免和防止危害结果的发生为限度，现实危险消除后，应当立即停止使用。

办理未成年人违法案件严禁使用戒具。

第二十四条 对未成年人违法犯罪案件，应当及时办理。对已采取刑事强制措施的未成年人，应尽量缩短羁押时间和办案时间。超过法定羁押期限不能结案的，对被羁押的被告人应当立即变更或者解除强制措施。

第二十五条 案件办理终结，应当对案情进行全面的分析，充分考虑未成年人的特点，从有利于教育、挽救未成年被告人出发，依法提出处理意见。

对违法犯罪未成年人的处理，应当比照成年人违法犯罪从轻、减轻或者免除处罚。

第二十七条 对违反治安管理的未成年人，应当尽量避免使用治安拘留处罚。对在校学生，一般不得予以治安拘留。

第二十八条　未成年人违法犯罪需要送劳动教养、收容教判的，应当从严控制，凡是可以由其家长负责管教的，一律不送。

第二十九条　对在公安机关关押执行的违法犯罪未成年人，执行的公安机关应当进行法制教育和思想教育，做好挽救工作，坚持依法管理，文明管理，严禁打骂、虐待和侮辱人格。

执行的公安机关对表现突出或者有立功表现的被执行人，应当及时向原决定机关提出减轻处罚、提前予以释放的意见。

第三十条　对被管制、缓刑、假释、保外就医、劳动教养所外执行的违法犯罪未成年人员，执行的公安机关应当及时组成由派出所，被执行人所在学校、单位，街道居民委员会、村民委员会、监护人等参加的教育帮助小组，对其依法监督、帮教、考察，文明管理，并将其表现告诉原判决或者决定机关。对表现好的，应当及时提出减刑或者减少教养期限的意见。

❼《公安部关于办理赌博违法案件适用法律若干问题的通知》（2005年5月25日发布施行）

三、赌博或者为赌博提供条件，并具有下列情形之一的，依照《中华人民共和国治安管理处罚条例》第三十二条的规定，可以从轻或者免予处罚：

（四）未成年人赌博的；

……

对免予处罚的，由公安机关给予批评教育，并责令具结悔过。未成年人有赌博违法行为的，应当责令其父母或者其他监护人严加管教。

❽《最高人民法院关于审理盗窃案件具体应用法律若干问题的解释》（1997年11月4日最高人民法院审判委员会第942次会议通过，1998年3月17日发布施行）

第六条　审理盗窃案件，应当根据案件的具体情形认定盗窃罪的情节：

……

（二）盗窃公私财物虽已达到“数额较大”的起点，但情节轻微，并具有下列情形之一的，可不作为犯罪处理：

1、已满十六周岁不满十八周岁的未成年人作案的；

……

❾最高人民法院关于人民法院审判严重刑事犯罪案件中具体应用法律的若干问题的答复（1985年8月21日）

三、问：刑法第十四条所规定的刑事责任年龄应以日计算，还是以时计算？如果是以日计算，是到生日当天，还是到生日的前一天或者后一天，认为是满周岁？（湖南）

答：刑法第十四条规定的已满十四岁，是指实足年龄，应以日计算，即过了十四周岁生日，从第二天起，才认为已满十四岁。例如，被告人一九六八年七月二十六日生，至一九八二年七月二十七日即认为已满十四岁。对已满十六岁、已满十八岁年龄的计算，亦与此相同。并且一律按公历的年、月、日计算。

❿《最高人民法院研究室关于如何认定被告人犯罪时年龄问题的电话答复》（1991年7月22日）

广东省高级人民法院：

你院粤法刑一（1991）9号《关于如何认定被告人犯罪时年龄问题的请示》已收阅。经研究，答复如下：

在审判中，特别是在处理死刑案件时，必须把被告人犯罪时的实际年龄作为案件的重要事实予以查清。在一般情况下，认定被告人的实际年龄应当以户口登记为基本依据，结合人口普查登记和其他有关资料，并经过认真调查核实后加以确定。对被告人实际年龄有异议或者疑义时，更应当多方查证核实。如果有足够证据认定户口登记册上记载的年龄有误，就应以查明的实际年龄来认定。如果经反复调查，确实查不清的，应当按照从宽的原则予以掌握，以留有余地。

附：广东省高级人民法院关于如何认定被告人犯罪时年龄问题的请示（略）

⓫最高人民法院行政审判庭关于对无财产的已满14岁不满18岁的人违反《治安管理处罚条例》可否适用罚款处罚问题的电话答复（1988年10月21日）

四川省高级法院研究室：

你院川法研（1988）48号请示收悉。关于对无财产的已满14岁不满18岁的人，违反《治安管理处罚条例》可否适用罚款处罚的问题，经研究，我们同意你院的第二种意见。

这个问题条例第九条已作明确规定，已满14岁不满18岁的人违反治安管理的，从轻处罚；不满14岁的人违反治安管理的，免予处罚，但是可以予以训诫，并责令其监护人严加管教。《条例》对无财产的已满14岁不满18岁的人违反治安管理，没有规定，不适用罚款处罚。鉴于监护人对未成年人员有法定的监护责任，所以对无财产的已满14岁不满18岁的人违反治安管理的可以适用罚款处罚，由其监护人支付罚款。

附：四川省高级人民法院关于对无财产的已满14岁未满18岁的人违反《治安管理处罚条例》可否适用罚款处罚的请示（川法研〔1988〕48号）

最高人民法院：

最近，涪陵地区中级人民法院，就无财产的已满14岁未满18岁的人违反《治安管理处罚条例》（以下简称条例）可否适用罚款的问题，请示我院，经我们研究，有两种意见：

第一种意见认为，对无财产的已满14岁未满18岁的人违反《条例》不能适用罚款处罚。因为罚款是对违反《条例》的行为人的一种行政处罚而不是民事赔偿，只能由行为人自己承担责任；如果对无财产的已满14岁未满18岁的人处以罚款，由其监护人支付，对行为人起不到教育处罚的作用，也不符合责任自负的原则。

第二种意见认为，《条例》中没有关于对无财产的已满14岁未满18岁的人违反《条例》不能适用罚款处罚的规定。且其监护人对无财产的已满14岁未满18岁的人负有法律上的监护责任，可以由监护人负担罚款。我们倾向于第一种意见，当否，请批复。

【精神病人的责任能力】

实践中，精神病人通常包括两种情况，一是完全的、真正意义上的精神病人。目前，这种精神病人完全不能辨认或者完全不能控制自己行为，并且这种无辨认能力和无控制能力无法恢复，一直并将永久存在。二是间断性发作的精神病人，也就是通常所说的间歇性精神病人。这种精神病人并非完全不具有辨认和控制自己行为的能力，其辨认和控制行为的能力是随着其身体状况或者说是随着其精神病变情况而决定的。也就是说，间歇性精神病人在不发病的情况下，精神和意识是正常的，辨认和行为控制能力处于正常状态，与其他正常人没有两样；在发病情况下，精神和意识是不正常的，不具有辨认和控制自己行为的能力。因此，对于精神病人这两种情况应当区分对待。

鉴于精神病人的这种情况，我国治安管理处罚法将精神病人的治安违法责任能力分为两种情况：

第一，不能辩认或者不能控制自己行为的精神病人，完全没有治安违法责任能力。治安管理处罚法第13条明确规定："精神病人在不能辩认或者不能控制自己行为的时候违反治安管理的，不予处罚，但是应当责令其监护人严加看管和治疗。"对这种无责任能力的精神人违反治安管理，处理时应当注意两点：一是要依法鉴定违反治安管理行为人是否属于无治安违法责任能力的人；二是对无责任能力的精神人违反治安管理不予处罚，但是应当责令其监护人严加看管和治疗。监护人应当看管好精神病人，有治愈可能的，应当对其予以医治。精神病人违反治安管理造成公私财物损失的，监护人应当依法承担民事赔偿责任。

第二，间歇性的精神病人在精神正常的时候，具有治安违法责任能力。间歇性精神病人的特点是时而发病，时而正常。因此，间歇性精神病人在精神正常的时候违反治安管理，应当承担违反治安管理行为的法律责任。

依据指引：

❶**《中华人民共和国治安管理处罚法》**（2005年8月28日公布，自2006年3月1日起施行）

第十三条 精神病人在不能辩认或者不能控制自己行为的时候违反治安管理的，不予处罚，但是应当责令其监护人严加看管和治疗。间歇性的精神病人在精神正常的时候违反治安管理的，应当给予处罚。

❷**《中华人民共和国行政处罚法》**（1996年3月17日公布，自1996年10月1日起施行）

第二十六条 精神病人在不能辨认或者不能控制自己行为时有违法行为的，不予行政处罚，但应当责令其监护人严加看管和治疗。间歇性精神病人在精神正常时有违法行为的，应当给予行政处罚。

❸**《最高人民法院、最高人民检察院、公安部、司法部、卫生部关于精神疾病司法鉴定暂行规定》**（1989年7月11日发布，自1989年8月1日起施行）

第一章 总 则

第一条 根据《中华人民共和国刑法》、《中华人民共和国刑事诉讼法》、《中华人民共和国民法通则》、《中华人民共和国民事诉讼法（试行）》、《中华人民共和国治安管理处罚条例》及其他有关法规，为司法机关依法正确处理案件，保护精神疾病患者的合法权益，特制定本规定。

第二条 精神疾病的司法鉴定，根据案件事实和被鉴定人的精神状态，作出鉴定结论，为委托鉴定机关提供有关法定能力的科学证据。

第二章 司法鉴定机构

第三条 为开展精神疾病的司法鉴定工作，各省、自治区、直辖市、地区、地级市，应当成立精神疾病司法鉴定委员会，负责审查、批准鉴定人，组织技术鉴定组，协调、开展鉴定工作。

第四条 鉴定委员会由人民法院、人民检察院和公安、司法、卫生机关的有关负责干部和专家若干人组成，人选由上述机关协商确定。

第五条 鉴定委员会根据需要，可以设置若干个技术鉴定组，承担具体鉴定工作，其成员由鉴定委员会聘请、指派。技术鉴定组不得少于两名成员参加鉴定。

第六条 对疑难案件，在省、自治区、直辖市内难以鉴定的，可以由委托鉴定机关重新委托其他省、自治区、直辖市鉴定委员会进行鉴定。

第三章 鉴定内容

第七条 对可能患有精神疾病的下列人员应当进行鉴定：

（一）刑事案件的被告人、被害人；

（二）民事案件的当事人；

（三）行政案件的原告人（自然人）；

（四）违反治安管理应当受拘留处罚的人员；

（五）劳动改造的罪犯；

（六）劳动教养人员；

（七）收容审查人员；

（八）与案件有关需要鉴定的其他人员。

第八条 鉴定委员会根据情况可以接受被鉴定人补充鉴定、重新鉴定、复核鉴定的要求。

第九条 刑事案件中，精神疾病司法鉴定包括：

（一）确定被鉴定人是否患有精神疾病，患何种精神疾病，实施危害行为时的精神状态，精神疾病和所实施的危害行为之间的关系，以及有无刑事责任能力。

（二）确定被鉴定人在诉讼过程中的精神状态以及有无诉讼能力。

（三）确定被鉴定人在服刑期间的精神状态以及对应当采取的法律措施的建议。

第十条 民事案件中精神疾病司法鉴定任务如下：

（一）确定被鉴定人是否患有精神疾病，患何种精神疾病，在进行民事活动时的精神状态，精神疾病对其意思表达能力的影响，以及有无民事行为能力。

（二）确定被鉴定人在调解或审理阶段期间的精神状态，以及有无诉讼能力。

第十一条 确定各类案件的被害人等，在其人身、财产等合法权益遭受侵害时的精神状态，以及对侵犯行为有无辨认能力或者自我防卫、保护能力。

第十二条 确定案件中有关证人的精神状态，以及有无作证能力。

第四章 鉴定人

第十三条 具有下列资格之一的，可以担任鉴定人：

（一）具有五年以上精神科临床经验并具有司法精神病学知识的主治医师以上人员。

（二）具有司法精神病学知识、经验和工作能力的主检法医师以上人员。

第十四条 鉴定人权利

（一）被鉴定人案件材料不充分时，可以要求委托鉴定机关提供所需要的案件材料。

（二）鉴定人有权通过委托鉴定机关，向被鉴定人的工作单位和亲属以及有关证人了解情况。

（三）鉴定人根据需要有权要求委托鉴定机关将被鉴定人移送至收治精神病人的医院住院检查和鉴定。

（四）鉴定机构可以向委托鉴定机关了解鉴定后的处理情况。

第十五条 鉴定人义务

（一）进行鉴定时，应当履行职责，正确、及时地作出鉴定结论。

（二）解答委托鉴定机关提出的与鉴定结论有关的问题。

（三）保守案件秘密。

（四）遵守有关回避的法律规定。

第十六条 鉴定人在鉴定过程中徇私舞弊、故意作虚假鉴定的，应当追究法律责任。

第五章 委托鉴定和鉴定书

第十七条 司法机关委托鉴定时，需有《委托鉴定书》，说明鉴定的要求和目的，并应当提供下列材料：

（一）被鉴定人及其家庭情况；

（二）案件的有关材料；

（三）工作单位提供的有关材料；（四）知情人对被鉴定人精神状态的有关证言；

（五）医疗记录和其他有关检查结果。

第十八条 鉴定结束后，应当制作《鉴定书》。

《鉴定书》包括以下内容：

（一）委托鉴定机关的名称；

（二）案由、案号，鉴定书号；

（三）鉴定的目的和要求；

（四）鉴定的日期、场所、在场人；

（五）案情摘要；

（六）被鉴定人的一般情况；

（七）被鉴定人发案时和发案前后各阶段的精神状态；

（八）被鉴定人精神状态检查和其他检查所见；

（九）分析说明；

（十）鉴定结论；

（十一）鉴定人员签名，并加盖鉴定专用章；

（十二）有关医疗或监护的建议。

第六章 责任能力和行为能力的评定

第十九条 刑事案件被鉴定人责任能力的评定：

被鉴定人实施危害行为时，经鉴定患有精神疾病，由于严重的精神活动障碍，致使不能辨认或者不能控制自己行为的，为无刑事责任能力。

被鉴定人实施危害行为时，经鉴定属于下列情况之一的，为具有责任能力：

1、具有精神疾病的既往史，但实施危害行为时并无精神异常；

2、精神疾病的间歇期，精神症状已经完全消失。

第二十条 民事案件被鉴定人行为能力的评定：

（一）被鉴定人在进行民事活动时，经签定患有精神疾病，由于严重的精神活动障碍，致使不能辨认或者不能保护自己合法权益的，为无民事行为能力。

（二）被鉴定人在进行民事活动时，经鉴定患有精神疾病，由于精神活动障碍，致使不能完全辨认、不能控制或者不能完全保护自己合法权益的、为限制民事行为能力。

（三）被鉴定人在进行民事活动时，经鉴定属于下列情况之一的，为具有民事行为能力：

1、具有精神疾病既往史，但在民事活动时并无精神异常；

2、精精神疾病的间歇期，精神症状已经消失；

3、虽患有精神疾病，但其病理性精神活动具有明显局限性，并对他所进行的民事活动具有辨认能力和能保护自己合法权益的；

4、智能低下，但对自己的合法权益仍具有辨认能力和保护能力的。

第二十一条 诉讼过程中有关法定能力的评定

（一）被鉴定人为刑事案件的被告人，在诉讼过程中，经鉴定患有精神疾病，致使不能行使诉讼权利的，为无诉讼能力。

（二）被鉴定人为民事案件的当事人或者是刑事案件的自诉人，在诉讼过程中经鉴定患有精神疾病，致使不能行使诉讼权利的，为无诉讼能力。

（三）控告人、检举人、证人等提供不符合事实的证言，经鉴定患有精神疾病，致使缺乏对客观事实的理解力或判断力的，为无作证能力。

第二十二条 其他有关法定能力的评定

（一）被鉴定人是女性，经鉴定患有精神疾病，在她的性不可侵犯权遭到侵害时，对自身所受的侵害或严重后果缺乏实质性理解能力的，为无自我防卫能力。

（二）被鉴定人在服刑、劳动教养或者被裁决受治安处罚中，经鉴定患有精神疾病，由于严重的精神活动障碍，致使其无辨认能力或控制能力，为无服刑、受劳动教养能力或者无受处罚能力。

❹《公安机关办理行政案件程序规定》（公安部2003年8月26日发布，自2004年4月1日起施行）

第七十一条 对精神病的医学鉴定，应当由省级人民政府指定的医院进行。

对人身伤害的鉴定应当由法医或者县级以上医院进行。

第七十二条 鉴定人或者鉴定机构鉴定后，应当出具鉴定结论，并签名或者加盖鉴定机构印章。

第七十三条 公安机关应当将鉴定结论复印件交违法嫌疑人和受害人各一份。

违法嫌疑人或者受害人对鉴定结论有异议的，可以提出重新鉴定的申请，经县级以上公安机关负责人批准后，进行重新鉴定。申请重新鉴定以一次为限。

第七十四条 重新鉴定，公安机关应当另行指派或者聘请鉴定人或者鉴定机构。

第七十五条 鉴定费用由公安机关承担。重新鉴定，如果鉴定结论有改变的，鉴定费用由公安机关承担；如果鉴定结论没有改变，鉴定费用由重新鉴定申请人承担。

第一百二十七条 精神病人在不能辨认或者不能控制自己行为时有违法行为的，不予行政处罚，但应当责令其监护人严加看管和治疗。间歇性精神病人在精神正常时有违法行为的，应当给予行政处罚。尚未完全丧失辨认或者控制自己行为能力的精神病人有违法行为的，应当予以行政处罚，但可以从轻或者减轻行政处罚。

❺公安部关于执行《治安管理处罚条例》若干问题的解释（1987年7月7日）

五、如何确定精神病人违反治安管理的责任能力？

精神病人违反治安管理后，应当由精神病鉴定机构进行司法鉴定或者由公安机关指定的精神病院进行鉴定，以确定其有无责任能力。无条件做鉴定的，可以根据其病史和调查、走访认定。双方当事人或监护人对公安机关的认定有异议要求进行司法鉴定的，鉴定费用应由提出鉴定者负担。

【盲人、又聋又哑的人的责任能力】

盲人以及又聋又哑的人属于残疾人，由于其接受教育程度、社会阅历方面受到一定程度的局限，其心理、生理以及行为的自控能力与一般正常人有较大区别，特别是他们对行为或者事物的辨认能力都受到一定限制和影响，因此当他们违反治安管理对其进行处罚时，应当轻于正常人。治安管理处罚法第14条规定："盲人或者又聋又哑的人违反治安管理的，可以从轻、减轻或者不予处罚。"根据这一规定，应当注意以下几点：

1. 所谓"又聋又哑的人"，是指既聋又哑的聋哑人。只聋不哑或者只哑不聋，不属于可以从轻、减轻或者不予处罚的情形。所谓"盲人"，是指双目失去感光功能的人，包括先天的盲人和后天的盲人。一只眼失明的人，不是这里讲的"盲人"，不属于可以从轻、减轻或者不予处罚的情形。

2. 所谓"可以从轻、减轻或者不予处罚"，是指对违反治安管理的盲人、又聋又哑的人可以从轻、减轻或者不予处罚，也可以不从轻、减轻或者不予处罚。对于手段恶劣、情节严重、造成的社会危害严重的，可以不予从轻、减轻或者不予处罚。所谓"从轻处罚"，是指在法律规定的处罚种类或者幅度内轻罚；所谓"减轻处罚"，是指在法律规定的处罚种类或者幅度以下处罚；所谓"不予处罚"，是指因行为人不具有责任能力或者具备某些特殊情形，虽然违反法律规定，但不给予处罚。

依据指引：

《中华人民共和国治安管理处罚法》（2005年8月28日公布，自2006年3月1日起施行）

第十四条 盲人或者又聋又哑的人违反治安管理的，可以从轻、减轻或者不予处罚。

【醉酒人的责任能力】

醉酒，是指人在饮酒过量而不能控制行为或者说控制行为的能力大大降低的一种状态。醉酒的人虽然不能有效地控制自己的行为，但并不是完全丧失行为辨认和控制能力，并且这种状态是完全可以避免的，因为造成醉酒完全是本人在清醒状态时过量饮酒所致，完全是在正常情况下自己意志支配的结果。因此，醉酒的人不属于无责任能力或者限制责任能力的人，醉酒的人违反治安管理的，应当与有完全责任能力的人一样负完全责任。另外，醉酒的人往往由于酒精反应，会出现呕吐等情况，有的会导致窒息等意外的发生。有的醉酒的人有谩骂、追打他人的现象。对于这些对自己或者他人的人身、财产或者公共安全有威胁的醉酒的人，如果找不到其家属照顾和管束的话，按照治安管理处罚法的规定，公安机关可以对其采取保护性约束措施，直至其酒醒。具体采取何种保护性措施，需要根据有关情况决定。这并不是一种处罚措施，而是为了保护其本人或者他人安全，要注意不能采取导致其受伤或者发生其他意外的方法。

依据指引：

❶《中华人民共和国治安管理处罚法》（2005年8月28日公布，自2006年3月1日起施行）

第十五条 醉酒的人违反治安管理的，应当给予处罚。

醉酒的人在醉酒状态中，对本人有危险或者对他人的人身、财产或者公共安全有威胁的，应当对其采取保护性措施约束至酒醒。

❷《公安机关办理行政案件程序规定》（公安部2003年8月26日发布，自2004年4月1日起施行）

第三十八条 违法嫌疑人在醉酒状态中，对本人有危险或者对他人的安全有威胁的，公安机关应当对其约束，也可以直接通知其所属单位或者家属将其领回看管。对行为举止失控的醉酒人，可以使用约束带或者警绳等进行约束，但是不得使用手铐、脚镣等警械。约束过程中，应当注意监护，一旦醉酒人酒醒，立即解除约束。

第七十七条 对有酒后驾驶机动车辆嫌疑的人，交通民警可以对其进行酒精度检测。

❸公安部关于执行《治安管理处罚条例》若干问题的解释（1987年7月7日）

六、对醉酒人的约束能否使用械具？

根据《条例》第十二条的规定，醉酒的人违反治安管理，在醉酒状态中，对其本人有危险或者对他人的安全有威胁，公安机关应当约束，也可以直接通知醉酒人所在单位或者家属将其领回看管。约束时以不伤害醉酒人为原则，可以采用约束带（或警绳）等方法，但是不要使用手铐、脚镣等。约束过程中，应当加强监护，一旦酒醒，立即解除约束。

【数种违反治安管理行为的并罚】

数种违反治安管理行为并罚，是指违反治安管理行为人有两种或者两种以上违反治安管理行为时，分别根据法律的规定，对不同违反治安管理行为予以处罚，将处罚合并执行。治安管理处罚法第16条明确规定："有两种以上违反治安管理行为的，分别决定，合并执行。行政拘留处罚合并执行的，最长不超过二十日。"根据这一规定，行为人有数种违反治安管理行为实行分别裁决，合并执行时应当注意以下两点：

第一，所谓两种以上违反治安管理行为，是指两种以上不同性质的治安违法行为。比如，行为人上午在公交车上实施“扒窃”，下午又在某处“抢夺”他人财物，这是属于本条规定的有两种以上违反治安管理行为的情况。对于这种情况，应当根据行为人实施的多种违反治安管理行为的事实，依法分别决定给予治安管理处罚，并合并所有处罚，决定最终的处罚，即分别裁决，合并执行。比如就上述行为人实施扒窃和抢夺的行为，如果前者给予300元罚款，后者给予500元罚款，合并处罚，就是对行为人执行罚款800元。两种以上违反治安管理行为不是指两个以上违反治安管理的行为，比如行为人连续实施两起“扒窃”，一次在A地，另一次在B地，这属于两次实施同一性质的扒窃行为，不属于有两种以上违反治安管理行为的情况。对于这种情况，应当以一种违反治安管理行为给予治安管理处罚，两次违反治安管理行为可以作为“情节”考虑。

第二，行政拘留处罚，合并执行的，最长不得超过20天。行政拘留是公安机关对违反治安管理行为人依法采取剥夺人身自由的行政处罚。对于剥夺人身自由的，我国刑法对犯罪分子判处拘役的最低刑期为一个月。违反治安管理的行为并不构成犯罪，剥夺人身自由的行政拘留的时间应当低于刑法规定的最低人身自由刑。同时，考虑到给予违反治安管理行为人行政拘留处罚，主要还是警示、教育行为人，剥夺行为人的人身自由的时间不宜过长。因此，治安管理处罚法规定，行政拘留处罚合并执行的，最长不超过20日。

依据指引：

❶《中华人民共和国治安管理处罚法》(2005年8月28日公布，自2006年3月1日起施行)

第十六条 有两种以上违反治安管理行为的，分别决定，合并执行。行政拘留处罚合并执行的，最长不超过二十日。

❷《公安机关办理行政案件程序规定》（公安部2003年8月26日发布，自2004年4月1日起施行）

第一百三十条 一人有两种以上违法行为的，分别裁决，合并执行。

❸ **公安部关于执行《治安管理处罚条例》若干问题的解释**（1987年7月7日）

七、一人有两种以上违反治安管理的行为如何处罚？

《条例》第十三条规定，一人实施了两种以上违反治安管理的行为，分别裁决，合并执行。合并执行的，拘留处罚可以超过十五日；罚款处罚可以超过二百元，其中第三十条、第三十一条、第三十二条罚款处罚可以分别超过五千元和三千元；派出所罚款处罚可以超过五十元，但对其中每一种行为的罚款处罚仍不得超过五十元。

九、如何理解违反治安管理行为的“连续状态”和“继续状态”？

违反治安管理行为的“连续状态”是指行为人在一定时间内连续数次实施《条例》规定的同一种性质完全相同的违反治安管理行为。对连续行为的处罚，不适用《条例》第十三条规定的“分别裁决，合并执行”的原则。

违反治安管理行为的“继续状态”（也叫“持续状态”）是指违反治安管理行为实施之后，在一定时间里其行为的状态仍处于持续之中。“持续状态”不仅是违反治安管理行为的持续，而且由违反治安管理行为所造成的不法状态也处于持续之中，如故意涂改户口证件，隐匿文物等。

“连续状态”与“继续状态”的主要区别是：前者行为有时间上的间隔，是在一定的时间内连续实施数个性质相同的行为，特点主要是数个行为；后者行为处于不间断的持续状态，特点是一个行为。

【共同违反治安管理行为】

共同违反治安管理行为，是指两人以

上共同实施同一违反治安管理的行为。实践中，共同违反治安管理行为人在违反治安管理行为中所起的作用是有不同的，有起主要作用的人和次要作用的人，有策划者、组织者，有参与者，有教唆者，有被教唆、被胁迫、被诱骗者等。因此，对共同违反治安管理行为人，应当根据过罚相当原则，根据他们在违反治安管理行为中的地位主次、作用大小、情节轻重等情况分别给予处罚。特别是对于教唆、胁迫、诱骗他人违反治安管理的行为人，应当按照其教唆、胁迫、诱骗的行为处罚。并且，根据法律的规定，对教唆、胁迫、诱骗他人违反治安管理的，应当从重处罚。

依据指引：

❶《中华人民共和国治安管理处罚法》(2005年8月28日公布，自2006年3月1日起施行)

第十七条 共同违反治安管理的，根据违反治安管理行为人在违反治安管理行为中所起的作用，分别处罚。

教唆、胁迫、诱骗他人违反治安管理的，按照其教唆、胁迫、诱骗的行为处罚。

第二十条 违反治安管理有下列情形之一的，从重处罚：

（一）有较严重后果的；

（二）教唆、胁迫、诱骗他人违反治安管理的；

（三）对报案人、控告人、举报人、证人打击报复的；

（四）六个月内曾受过治安管理处罚的。

❷《公安机关办理行政案件程序规定》(公安部2003年8月26日发布，自2004年4月1日起施行)

第一百二十九条 违法行为人有下列情形之一的，应当从重处罚：

（一）造成严重后果的；

（二）胁迫、诱骗他人或者教唆未成年人实施违法行为的；

（三）传授违法行为方法、手段、技巧的；

（四）对控告人、举报人、证人等打击报复的；

（五）一年内因同一种违法行为受到两次以上处罚的。

【单位违反治安管理】

违反治安管理的主要是自然人，治安管理处罚法关于违反治安管理的行为和处罚的规定中，也主要是以自然人违反治安管理为范本的。但是在实践中，有些情况下单位也会成为违反治安管理的主体。单位违反治安管理是区别于自然人违反治安管理的一种违法形态，是指单位成为违反治安管理行为的主体。如治安管理处罚法规定了对典当业行业经营者，违反治安管理的，可以依法予以处罚。违反治安管理的单位，包括企业、事业单位，机关，团体等。单位违反治安管理也是体现在自然人的行为上，如何定性一个违法行为是单位违反治安管理还是自然人违反治安管理，一般来讲有几个界限：一是单位违法是由单位领导集体决定或者单位的主管领导决定，并组织有关人员实施的，而自然人违法则是由个人决定实施的，即使是个人打着单位的旗号或者以单位名义实施的，也是自然人违法；二是单位违法一般是出于为单位的利益或目的，非法利益归单位所有。自然人违法则一般是出于个人的目的。

治安管理处罚法关于单位违反治安管理的处罚对象和处罚原则有三层含义：一是单位违反治安管理的，处罚其直接负责的主管人员和其他直接责任人员。就是说，对于单位违反治安管理的，首先要处罚单位违反治安管理的直接负责的主管人员和其他直接责任人员。二是对单位违反治安管理的，对单位直接负责的主管人员和其他直接责任人员是按照本法关于对自然人违反治安管理行为的处罚规定去处罚。三是如果其他的法律、行政法规对同一行为规定给予单位处罚的，则应依照其他法律、行政法规规定的处罚种类、处罚幅度，由其他法律、行政法规规定的处罚决定机关，对该单位给予处罚。

依据指引：

《中华人民共和国治安管理处罚法》（2005年8月28日公布，自2006年3月1日起施行）

第十八条 单位违反治安管理的，对其直接负责的主管人员和其他直接责任人员依照本法的规定处罚。其他法律、行政法规对同一行为规定给予单位处罚的，依照其规定处罚。

【减轻处罚、不予处罚、从重处罚】

违反治安管理行为具有一定社会危害性，但违反治安管理行为有情节轻重之分，对违反治安管理行为给予处罚的直接依据是违反治安管理行为的社会危害性以及该行为造成的后果。也就是说，对于违反治安管理行为，应当根据行为的性质、情节、危害后果及其程度、违反治安管理行为人的主观过错等，来决定给予其治安处罚。对于情节特别轻微、认错态度好，投案自首、有立功，或者主观恶性小甚至是因为上当受骗而违反治安管理的情形，应当减轻或者不予处罚；对于情节严重、损害后果严重、累犯等其他主观恶性较深的违反治安管理行为人，应当从重处罚。

所谓减轻处罚，是指在法律规定的处罚种类或者幅度以下予以处罚，即减轻处罚一定是在法定最低处罚以下；所谓“不予处罚”，是指因行为人不具有责任能力或者具备某些特殊情形，虽然违反法律规定，但不给予处罚。我国治安管理处罚法对违反治安管理具有哪些情形应当减轻或者不予处罚，作出了规定，这些情形主要有：情节特别轻微的；主动消除或者减轻违法后果，并取得被侵害人谅解的；出于他人胁迫或者诱骗的；主动投案，向公安机关如实陈述自己的违法行为的；有立功表现的。

所谓从重处罚，是指在法律规定的处罚种类或者幅度内重罚。从重处罚，绝对不是法定最低处罚，可以是法定最高处罚，但不必然是法定最高处罚。我国治安管理处罚法对违反治安管理具有哪些情形应当从重处罚，作出了规定，主要有以下情形：有较严重后果的；教唆、胁迫、诱骗他人违反治安管理的；对报案人、控告人、举报人、证人打击报复的；六个月内曾受过治安管理处罚的。

依据指引：

❶《中华人民共和国治安管理处罚法》（2005年8月28日公布，自2006年3月1日起施行）

第十九条 违反治安管理有下列情形之一的，减轻处罚或者不予处罚：

（一）情节特别轻微的；

（二）主动消除或者减轻违法后果，并取得被侵害人谅解的；

（三）出于他人胁迫或者诱骗的；

（四）主动投案，向公安机关如实陈述自己的违法行为的；

（五）有立功表现的。

第二十条 违反治安管理有下列情形之一的，从重处罚：

（一）有较严重后果的；

（二）教唆、胁迫、诱骗他人违反治安管理的；

（三）对报案人、控告人、举报人、证人打击报复的；

（四）六个月内曾受过治安管理处罚的。

❷《中华人民共和国行政处罚法》（1996年3月17日公布，自1996年10月1日起施行）

第二十七条 当事人有下列情形之一的，应当依法从轻或者减轻行政处罚：

（一）主动消除或者减轻违法行为危害后果

的；

（二）受他人胁迫有违法行为的；

（三）配合行政机关查处违法行为有立功表现的；

（四）其他依法从轻或者减轻行政处罚的。

违法行为轻微并及时纠正，没有造成危害后果的，不予行政处罚。

❸《最高人民法院关于处理自首和立功具体应用法律若干问题的解释》（1998年5月9日发布施行）

为正确认定自首和立功，对具有自首或者立功表现的犯罪分子依法适用刑罚，现就具体应用法律的若干问题解释如下：

第一条 根据刑法第六十七条第一款的规定，犯罪以后自动投案，如实供述自己的罪行的，是自首。

（一）自动投案，是指犯罪事实或者犯罪嫌疑人未被司法机关发觉，或者虽被发觉，但犯罪嫌疑人尚未受到讯问、未被采取强制措施时，主动、直接向公安机关、人民检察院或者人民法院投案。

犯罪嫌疑人向其所在单位、城乡基层组织或者其他有关负责人员投案的；犯罪嫌疑人因病、伤或者为了减轻犯罪后果，委托他人先代为投案，或者先以信电投案的；罪行尚未被司法机关发觉，仅因形迹可疑，被有关组织或者司法机关盘问、教育后，主动交代自己的罪行的；犯罪后逃跑，在被通缉、追捕过程中，主动投案的；经查实确已准备去投案，或者正在投案途中，被公安机关捕获的，应当视为自动投案。

并非出于犯罪嫌疑人主动，而是经亲友规劝、陪同投案的；公安机关通知犯罪嫌疑人的亲友，或者亲友主动报案后，将犯罪嫌疑人送去投案的，也应当视为自动投案。

犯罪嫌疑人自动投案后又逃跑的，不能认定为自首。

（二）如实供述自己的罪行，是指犯罪嫌疑人自动投案后，如实交代自己的主要犯罪事实。

犯有数罪的犯罪嫌疑人仅如实供述所犯数罪中部分犯罪的，只对如实供述部分犯罪的行为，认定为自首。

共同犯罪案件中的犯罪嫌疑人，除如实供述自己的罪行，还应当供述所知的同案犯，主犯则应当供述所知其他同案犯的共同犯罪事实，才能认定为自首。

犯罪嫌疑人自动投案并如实供述自己的罪行后又翻供的，不能认定为自首；但在一审判决前又能如实供述的，应当认定为自首。

第二条 根据刑法第六十七条第二款的规定，被采取强制措施的犯罪嫌疑人、被告人和已宣判的罪犯，如实供述司法机关尚未掌握的罪行，与司法机关已掌握的或者判决确定的罪行属不同种罪行的，以自首论。

第三条 根据刑法第六十七条第一款的规定，对于自首的犯罪分子，可以从轻或者减轻处罚；对于犯罪较轻的，可以免除处罚。具体确定从轻、减轻还是免除处罚，应当根据犯罪轻重，并考虑自首的具体情节。

第四条 被采取强制措施的犯罪嫌疑人、被告人和已宣判的罪犯，如实供述司法机关尚未掌握的罪行，与司法机关已掌握的或者判决确定的罪行属同种罪行的，可以酌情从轻处罚；如实供述的同种罪行较重的，一般应当从轻处罚。

第五条 根据刑法第六十八条第一款的规定，犯罪分子到案后有检举、揭发他人犯罪行为，包括共同犯罪案件中的犯罪分子揭发同案犯共同犯罪以外的其他犯罪，经查证属实；提供侦破其他案件的重要线索，经查证属实；阻止他人犯罪活动；协助司法机关抓捕其他犯罪嫌疑人（包括同案犯）；具有其他有利于国家和社会的突出表现的，应当认定为有立功表现。

第六条 共同犯罪案件的犯罪分子到案后，揭发同案犯共同犯罪事实的，可以酌情予以从轻处罚。

第七条 根据刑法第六十八条第一款的规定，犯罪分子有检举、揭发他人重大犯罪行为，经查证属实；提供侦破其他重大案件的重要线索，经查证属实；阻止他人重大犯罪活动；协助司法机关抓捕其他重大犯罪嫌疑人（包括同案犯）；对国家和社会有其他重大贡献等表现的，应当认定为有重大立功表现。

前款所称“重大犯罪”、“重大案件”、“重大犯罪嫌疑人”的标准，一般是指犯罪嫌疑人、被告人可能被判处无期徒刑以上刑罚或者案件在本省、自治区、直辖市或者全国范围内有较大影响等情形。

❹《公安机关办理行政案件程序规定》（公安部2003年8月26日发布，自2004年4月1日起施行）

第一百二十八条 违法行为人有下列情形之一的，应当依法从轻或者减轻行政处罚：

（一）主动消除或者减轻违法行为危害后果的；

（二）受他人胁迫有违法行为的；

（三）配合公安机关查处违法犯罪行为有立功表现的；

（四）其他依法应当从轻或者减轻行政处罚的。

违法行为轻微并及时纠正，没有造成危害后果的，不予行政处罚。

第一百二十九条 违法行为人有下列情形之一的，应当从重处罚：

（一）造成严重后果的；

（二）胁迫、诱骗他人或者教唆未成年人实施违法行为的；

（三）传授违法行为方法、手段、技巧的；

（四）对控告人、举报人、证人等打击报复的；

（五）一年内因同一种违法行为受到两次以上处罚的。

❺《公安部关于办理赌博违法案件适用法律若干问题的通知》（2005年5月25日发布施行）

三、赌博或者为赌博提供条件，并具有下列情形之一的，依照《中华人民共和国治安管理处罚条例》第三十二条的规定，可以从重处罚：

（一）在工作场所、公共场所或者公共交通工具上赌博的；

（二）一年内曾因赌博或者为赌博提供条件受过治安处罚的；

（三）国家工作人员赌博或者为赌博提供条件的；

（四）引诱、教唆未成年人赌博的；

（五）组织、招引中华人民共和国公民赴境外赌博的；

（六）其他可以依法从重处罚的情形。

四、赌博或者为赌博提供条件，并具有下列情形之一的，依照《中华人民共和国治安管理处罚条例》第三十二条的规定，可以从轻或者免予处罚：

（一）主动交代，表示悔改的；

（二）检举、揭发他人赌博或为赌博提供条件的行为，并经查证属实的；

（三）被胁迫、诱骗赌博或者为赌博提供条件的；

（四）未成年人赌博的；

（五）协助查禁赌博活动，有立功表现的；

（六）其他可以依法从轻或者免予处罚的情形。

对免予处罚的，由公安机关给予批评教育，并责令具结悔过。未成年人有赌博违法行为的，应当责令其父母或者其他监护人严加管教。

【行政拘留处罚的不执行】

行政拘留处罚的不执行，是指行为人违反治安管理，依法应当给予行政拘留，但由于行为人存在某种特殊原因，决定给予其行政拘留处罚不予执行的一种执行制度。行政拘留是短期羁押人身，剥夺人身自由的一种最为严厉的行政处罚。对于一些严重违反治安管理行为人采取行政拘留处罚手段，一定程度上能达到惩罚和教育行为人的目的。但是，行政拘留毕竟是剥夺人身自由的严厉处罚，应当慎重适用，并且为了避免行政拘留给某些人带来消极影响，坚持对未成年人治安处罚为辅教育为主的方针，充分保障老人和未成年人的权益，充分尊重和保障人权，法律规定对某些违反治安管理行为人不执行行政拘留处罚。根据治安管理处罚法的规定，违反治安管理，不执行行政拘留处罚的人有四种：

1．已满14周岁不满16周岁的未成年人。已满14周岁不满16周岁的未成年人是未成年人中比较特殊的群体，一般都没有脱离父母的照管，绝大多数还在上学，特别是这些人正处在身心发育的关键阶段，心智不成熟。因此，他们违反治安管理依法给予治安管理处罚时，应当坚持处罚为辅、教育为主的方针。依法应当给予行政拘留处罚时，不宜执行行政拘留处罚，不宜通过剥夺他们的人身自由来达到教育的目的。

2. 已满16周岁不满18周岁，初次违反治安管理的未成年人。相对于不满16周岁的未成年人来讲，这部分未成年人在心智方面较为成熟，但是他们毕竟还是未成年人。因此，这部分未成年人违反治安管理予以处罚时，同样应当坚持和贯彻重在教育的精神。当然，也有必要区分情况。这部分未成年人初次违反治安管理的，应当避免采取行政拘留处罚这一教育方式，宜通过其他教育方式予以教育；而对于并非初次违反治安管理的，由于其已经具有一定程度的不良习性，如果依法应当给予行政拘留处罚时，还是应当并通过执行行政拘留处罚对这部分未成年人予以帮助教育。

3. 70周岁以上的老年人。从人的身体发展规律上讲，70周岁以上的老年人已经处于人生的晚年阶段，其身体已经开始衰老，行动不是很灵便。当70周岁以上的老年人违反治安管理，应当予以行政拘留处罚的，不执行行政拘留处罚，能够体现社会对老年人的尊重和保护，符合现代社会人道主义和人文关怀精神。

4. 怀孕或者哺乳自己不满1周岁婴儿的妇女。这类人员违反治安管理，规定不执行行政拘留处罚，主要考虑是保护婴幼儿、尊重和保障人权。怀孕的妇女，与一般妇女不同，她有孕在身，行动和生活上会有一些不便，并且为了不影响腹中的胎儿，对违反治安管理的孕妇，如果依法应当给予行政拘留处罚的，不执行行政拘留处罚。同样，为了保障婴儿的健康，对于哺乳自己不满1周岁婴儿的妇女，在其违反治安管理依法应当给予其行政拘留处罚时，同样应当不执行行政拘留处罚。这是符合和体现尊重和保障人权的精神的。

依据指引：

《中华人民共和国治安管理处罚法》（2005年8月28日公布，自2006年3月1日起施行）

第二十一条 违反治安管理行为人有下列情形之一，依照本法应当给予行政拘留处罚的，不执行行政拘留处罚：

（一）已满十四周岁不满十六周岁的；

（二）已满十六周岁不满十八周岁，初次违反治安管理的；

（三）七十周岁以上的；

（四）怀孕或者哺乳自己不满一周岁婴儿的。

【追究时效】

违反治安管理行为责任追究时效，是指违反治安管理行为发生后，没有被公安机关发现的，经过一定时间后不再追究违反治安管理行为人的治安违法责任的制度。治安管理处罚法对违反治安管理行为的追究时效作出了规定，即违反治安管理行为在六个月内没有被公安机关发现的，不再处罚。对六个月的期限，按照治安管理处罚法的规定，应当从违反治安管理行为发生之日起计算；违反治安管理行为有连续或者继续状态的，从行为终了之日起计算。所谓“被公安机关发现”，不能仅仅理解为公安机关直接发现，需由公安机关人民警察亲眼所见，还包括间接发现，如受害人向公安机关报告，单位或者群众举报等。这里的未被“发现”，既包括违反治安管理行为没有被发现，也包括虽然发现了违反治安管理行为，但不知该行为是由何人实施的这两种情形。关于追究时效的期限的计算，一般情况下是从行为发生之日起计算。“行为发生之日”是指违反治安管理行为完成或者停止之日。如非法运输少量未经灭活的罂粟等毒品原植物种子或者幼苗的，在路途上用了三天，应当以第三天将罂粟等运到转交他人起开始计算追究时效的期限。在违反治安管理行为具有连续或者继续状态的特殊情况下，追究期限的起点有所不同：1. 违反治安管理行为处于连续状态的，从行为终了之日起计算。连续状态是指违反治安管理行为人在时间间隔较短的一定时期内，基于同一的或者概括的违法意图，连续实施数个性质相同的违反治安管理行为的情形。如违反治安管理行为人在公共汽车上多次偷窃或者在较短的时期内多次殴打他人等。2. 违反治安管理行为处于继续状态的，从违反治安管理行为终了之日起计算。“继续状态”也就是持续状态，是指行为人实施的同一种违反治安管理行为在一定时期内处于接连不断的状态，没有停止和间断的现象，如非法限制人身自由等。

依据指引：

❶**《中华人民共和国治安管理处罚法》**（2005年8月28日公布，自2006年3月1日起施行）

第二十二条 违反治安管理行为在六个月内没有被公安机关发现的，不再处罚。

前款规定的期限，从违反治安管理行为发生之日起计算；违反治安管理行为有连续或者继续状态的，从行为终了之日起计算。

❷**《中华人民共和国行政处罚法》**（1996年3月17日公布，自1996年10月1日起施行）

第二十九条 违法行为在二年内未被发现的，不再给予行政处罚。法律另有规定的除外。

前款规定的期限，从违法行为发生之日起计算；违法行为有连续或者继续状态的，从行为终了之日起计算。

❸**《公安机关办理行政案件程序规定》**（公安部2003年8月26日发布，自2004年4月1日起施行）

第一百二十三条 违法行为在二年内未被发现的，不再给予行政处罚。法律另有规定的除外。

前款规定的期限，从违法行为发生之日起计算，违法行为有连续或者继续状态的，从行为终了之日起计算。

❹**公安部关于执行《治安管理处罚条例》若干问题的解释**（1987年7月7日）

八、对违反治安管理的人追究法律责任的有效期限如何确定？

《条例》第十八条规定，违反治安管理的行为在六个月内公安机关没有发现的，不再处罚。如果违反治安管理的行为在六个月内已经被公安机关发现，但行为人未被查获或者行为人逃避处罚，六个月后公安机关将其查获的，仍可以处罚。

九、如何理解违反治安管理行为的“连续状态”和“继续状态”？

违反治安管理行为的“连续状态”是指行为人在一定时间内连续数次实施《条例》规定的同一种性质完全相同的违反治安管理行为。对连续行为的处罚，不适用《条例》第十三条规定的“分别裁决，合并执行”的原则。

违反治安管理行为的“继续状态”（也叫“持续状态”）是指违反治安管理行为实施之后，在一定时间里其行为的状态仍处于持续之中。“持续状态”不仅是违反治安管理行为的持续，而且由违反治安管理行为所造成的不法状态也处于持续之中，如故意涂改户口证件，隐匿文物等。

“连续状态”与“继续状态”的主要区别是：前者行为有时间上的间隔，是在一定的时间内连续实施数个性质相同的行为，特点主要是数个行为；后者行为处于不间断的持续状态，特点是一个行为。

第三章 违反治安管理的行为和处罚

第一节 扰乱公共秩序的行为和处罚

本节为读者提供与以下题目有关的法律问题的专家意见及法律依据

■ 扰乱单位秩序 ■ 扰乱公共场所秩序 ■ 扰乱公共交通工具秩序 ■ 非法拦截、扒乘交通工具 ■ 破坏选举秩序 ■ 扰乱大型群众性活动秩序 ■ 以谎报险情、疫情、警情等方法扰乱公共秩序 ■ 投放虚假危险物质 ■ 散布恐怖信息 ■ 寻衅滋事 ■ 利用邪教、封建迷信、会道门扰乱社会秩序 ■ 干扰无线电业务和无线电台站 ■ 危害计算机信息系统安全

【扰乱单位秩序】

根据治安管理处罚法的规定，扰乱单位秩序是指，扰乱机关、团体、企业、事业单位秩序，致使工作、生产、营业、医疗、教学、科研不能正常进行，尚未造成严重损失的行为。扰乱是指造成秩序的混乱，具体表现为使单位秩序的有序性变为无序性。所谓机关是指国家机关，包括立法机关、行政机关、司法机关和军事机关等；团体主要是指人民团体和社会团体；企业、事业单位是指所有的企业、事业单位，既包括国有的企业、事业单位，也包括集体所有的企业、事业单位等。行为人扰乱单位秩序的具体手段是多种多样的，既可以是暴力性的扰乱，也可以是非暴力性的扰乱。如在机关、单位门前、院内哄闹、大肆喧嚣，强占或者封锁机关、单位的办公室、会议室、实验室、生产车间、营业所、教室，辱骂、威胁、殴打负责人或者其他工作人员等。构成该行为还必须使单位的工作不能正常进行，且尚未造成严重损失，否则即应按照聚众扰乱社会秩序罪追究行为人的刑事责任。

在实践中，正确认定和处理扰乱单位秩序行为应该注意划清与聚众扰乱社会秩序罪的界限。聚众扰乱社会秩序罪是指聚众扰乱社会秩序，情节严重，致使工作、生产、营业、医疗、教学、科研无法进行，造成严重损失的行为。二者的主要区别，一是危害程度不同，聚众扰乱社会秩序罪在客观方面实施的扰乱行为必须达到“情节严重”的程度，致使工作、生产、营业、医疗、教学、科研无法进行，造成了严重损失，例如，造成人员重伤、死亡或者公司财产重大损失等。扰乱单位秩序行为在客观方面造成工作、生产、营业、医疗、教学、科研工作不能正常进行，尚未造成“严重损失”。二是处罚对象不同，聚众扰乱社会秩序罪的主体是在扰乱社会

秩序行为中的组织、策划、指挥的首要分子和主动参加扰乱社会秩序活动并在其中起主要作用的积极参加者。扰乱单位秩序行为的主体还包括直接从事扰乱行为的人。

按照治安管理处罚法的规定，对扰乱单位秩序的，处警告或者二百元以下罚款；情节较重的，处五日以上十日以下拘留，可以并处五百元以下罚款。对于聚众实施扰乱单位秩序行为的首要分子，处十日以上十五日以下拘留，可以并处一千元以下罚款。

依据指引：

❶**《中华人民共和国治安管理处罚法》**（2005年8月28日公布，自2006年3月1日起施行）

第二十三条 有下列行为之一的，处警告或者二百元以下罚款；情节较重的，处五日以上十日以下拘留，可以并处五百元以下罚款：

（一）扰乱机关、团体、企业、事业单位秩序，致使工作、生产、营业、医疗、教学、科研不能正常进行，尚未造成严重损失的；

（二）扰乱车站、港口、码头、机场、商场、公园、展览馆或者其他公共场所秩序的；

（三）扰乱公共汽车、电车、火车、船舶、航空器或者其他公共交通工具上的秩序的；

（四）非法拦截或者强登、扒乘机动车、船舶、航空器以及其他交通工具，影响交通工具正常行驶的；

（五）破坏依法进行的选举秩序的。

聚众实施前款行为的，对首要分子处十日以上十五日以下拘留，可以并处一千元以下罚款。

❷**《中华人民共和国刑法》**（1997年3月14日修订公布，自1997年10月1日起施行）

第二百九十条 聚众扰乱社会秩序，情节严重，致使工作、生产、营业和教学、科研无法进行，造成严重损失的，对首要分子，处三年以上七年以下有期徒刑；对其他积极参加的，处三年以下有期徒刑、拘役、管制或者剥夺政治权利。

聚众冲击国家机关，致使国家机关工作无法进行，造成严重损失的，对首要分子，处五年以上十年以下有期徒刑；对其他积极参加的，处五年以下有期徒刑、拘役、管制或者剥夺政治权利。

第三百零九条 聚众哄闹、冲击法庭，或者殴打司法工作人员，严重扰乱法庭秩序的，处三年以下有期徒刑、拘役、管制或者罚金。

❸**《最高人民法院、最高人民检察院关于办理组织和利用邪教组织犯罪案件具体应用法律若干问题的解释》**（1999年10月9日发布施行）

为依法惩处组织和利用邪教组织进行犯罪活动，根据刑法的有关规定，现就办理这类案件具体应用法律的若干问题解释如下：

第一条 刑法第三百条中的“邪教组织”，是指冒用宗教、气功或者其他名义建立，神化首要分子，利用制造、散布迷信邪说等手段蛊惑、蒙骗他人，发展、控制成员，危害社会的非法组织。

第二条 组织和利用邪教组织并具有下列情形之一的，依照刑法第三百条第一款的规定定罪处罚：

（一）聚众围攻、冲击国家机关、企业事业单位，扰乱国家机关、企业事业单位的工作、生产、经营、教学和科研秩序的；

（二）非法举行集会、游行、示威，煽动、欺骗、组织其成员或者其他人聚众围攻、冲击、强占、哄闹公共场所及宗教活动场所，扰乱社会秩序的；

【扰乱公共场所秩序】

扰乱公共场所秩序，是指扰乱车站、港口、码头、机场、商场、公园、展览馆或者其他公共场所秩序的行为。这一违反治安管理行为侵犯的客体是公共场所的秩序，侵犯的对象是公共场所。所谓“公共场所”，是指具有公共性的特点，对公众开放，供不特定的多数人出入、停留、使用的场所，包括：车站、港口、码头、机场、商场、公园、展览馆等。行为具体表现为在公共场所内打架斗殴、损毁财物、制造混乱、阻碍干扰维持秩序人员依法履行职务，影响活动的正常进行等，一般是尚未达到情节严重的程度。这一行为的主体为一般主体，即符合法律规定应当承担违反治安管理职责的任何自然人。实践中正确认定和处理扰乱公共场所秩序行为应注意区分如下界限：

1. 与聚众扰乱公共场所秩序罪的区别。聚众扰乱公共场所秩序罪是指聚众扰乱车站、港口、码头、机场、商场、公园、展览馆或者其他公共场所秩序，情节严重的行为。二者的区别，一是客观方面的危害程度不同。构成聚众扰乱公共场所秩序罪的客观方面，必须达到情节严重的程度。“情节严重”是指扰乱公共场所秩序致人重伤、死亡或者公司财产重大损失的；殴打维持秩序的国家工作人员的；不听制止，坚持扰乱，情节恶劣的；多次聚众扰乱公共场所秩序等。如果聚众扰乱公共场所秩序，情节一般，尚未达到“严重”程度，则不构成扰乱公共场所秩序罪，属于扰乱公共场所秩序行为。二是行为主体不同。聚众扰乱公共场所秩序罪的主体是扰乱公共场所秩序行为的组织、策划、指挥的首要分子。扰乱公共场所秩序行为的主体一般是个人或者共同扰乱行为的共同行为人，或者是聚众扰乱公共场所秩序罪中除首要分子以外的其他参加者。

2. 与扰乱单位秩序行为的区别。一是侵犯的对象不同，扰乱公共场所秩序行为侵犯的是车站、港口、码头、机场、商场、公园、展览馆或者其他公共场所的秩序；扰乱单位秩序行为侵犯的是机关、团体、企业、事业单位的秩序。二是行为实施的地点不同。扰乱公共场所秩序行为发生的地点在车站、港口、码头、机场、商场、公园、展览馆或者其他公共场所。扰乱单位秩序行为发生的地点在机关、团体、企业、事业单位。即发生在不同的地点，构成不同的违反治安管理行为。

根据治安管理处罚法的规定，对扰乱公共场所秩序的，处警告或者二百元以下罚款。情节较重的，处五日以上十日以下拘留，可以并处五百元以下罚款。对聚众实施这一行为的首要分子，处十日以上十五日以下拘留，可以并处一千元以下罚款。

依据指引：

❶**《中华人民共和国治安管理处罚法》**（2005年8月28日公布，自2006年3月1日起施行）

第二十三条 有下列行为之一的，处警告或者二百元以下罚款；情节较重的，处五日以上十日以下拘留，可以并处五百元以下罚款：

（一）扰乱机关、团体、企业、事业单位秩序，致使工作、生产、营业、医疗、教学、科研不能正常进行，尚未造成严重损失的；

（二）扰乱车站、港口、码头、机场、商场、公园、展览馆或者其他公共场所秩序的；

（三）扰乱公共汽车、电车、火车、船舶、航空器或者其他公共交通工具上的秩序的；

（四）非法拦截或者强登、扒乘机动车、船舶、航空器以及其他交通工具，影响交通工具正常行驶的；

（五）破坏依法进行的选举秩序的。

聚众实施前款行为的，对首要分子处十日以上十五日以下拘留，可以并处一千元以下罚款。

❷**《中华人民共和国刑法》**（1997年3月14日修订公布，自1997年10月1日起施行）

第二百九十一条 聚众扰乱车站、码头、民用航空站、商场、公园、影剧院、展览会、运动场或者其他公共场所秩序，聚众堵塞交通或者破坏交通秩序，抗拒、阻碍国家治安管理工作人员依法执行职务，情节严重的，对首要分子，处五年以下有期徒刑、拘役或者管制。

第二百九十八条 扰乱、冲击或者以其他方法破坏依法举行的集会、游行、示威，造成公共秩序混乱的，处五年以下有期徒刑、拘役、管制或者剥夺政治权利。

❸**《最高人民法院、最高人民检察院关于办理组织和利用邪教组织犯罪案件具体应用法律若干问题的解释》**（1999年10月9日发布施行）

为依法惩处组织和利用邪教组织进行犯罪活

动，根据刑法的有关规定，现就办理这类案件具体应用法律的若干问题解释如下：

第一条 刑法第三百条中的“邪教组织”，是指冒用宗教、气功或者其他名义建立，神化首要分子，利用制造、散布迷信邪说等手段蛊惑、蒙骗他人，发展、控制成员，危害社会的非法组织。

第二条 组织和利用邪教组织并具有下列情形之一的，依照刑法第三百条第一款的规定定罪处罚：

（一）聚众围攻、冲击国家机关、企业事业单位，扰乱国家机关、企业事业单位的工作、生产、经营、教学和科研秩序的；

（二）非法举行集会、游行、示威，煽动、欺骗、组织其成员或者其他人聚众围攻、冲击、强占、哄闹公共场所及宗教活动场所，扰乱社会秩序的；

【扰乱公共交通工具秩序】

扰乱公共交通工具秩序，是指扰乱公共汽车、电车、火车、船舶、航空器或者其他公共交通工具上的秩序的行为。扰乱公共交通工具秩序的行为侵犯的是公共交通工具上的秩序，而不是其他交通工具上的秩序，也不是交通管理秩序。公共交通工具是指正在运营的公共汽车、电车、火车、船舶、航空器或者其他公共交通工具。扰乱公共交通工具秩序的行为表现为实施了扰乱公共交通工具上的秩序的行为，影响了公共交通工具的正常运行，一般是尚未达到情节严重的程度。实践中，正确认定和处理扰乱公共交通工具上的秩序的行为应注意划清与扰乱单位秩序行为和扰乱公共场所秩序行为的界限。首先，行为侵犯的对象不同。其次，行为的表现形式不同，主要是行为实施的地点不同。

根据治安管理处罚法的规定，对扰乱公共交通工具上的秩序的，处警告或者二百元以下罚款。情节较重的，处五日以上十日以下拘留，可以并处五百元以下罚款。对聚众实施这一行为的首要分子，处十日以上十五日以下拘留，可以并处一千元以下罚款。

依据指引：

❶**《中华人民共和国治安管理处罚法》**（2005年8月28日公布，自2006年3月1日起施行）

第二十三条 有下列行为之一的，处警告或者二百元以下罚款；情节较重的，处五日以上十日以下拘留，可以并处五百元以下罚款：

（一）扰乱机关、团体、企业、事业单位秩序，致使工作、生产、营业、医疗、教学、科研不能正常进行，尚未造成严重损失的；

（二）扰乱车站、港口、码头、机场、商场、公园、展览馆或者其他公共场所秩序的；

（三）扰乱公共汽车、电车、火车、船舶、航空器或者其他公共交通工具上的秩序的；

（四）非法拦截或者强登、扒乘机动车、船舶、航空器以及其他交通工具，影响交通工具正常行驶的；

（五）破坏依法进行的选举秩序的。

聚众实施前款行为的，对首要分子处十日以上十五日以下拘留，可以并处一千元以下罚款。

❷**《中华人民共和国刑法》**（1997年3月14日修订公布，自1997年10月1日起施行）

第二百九十一条 聚众扰乱车站、码头、民用航空站、商场、公园、影剧院、展览会、运动场或者其他公共场所秩序，聚众堵塞交通或者破坏交通秩序，抗拒、阻碍国家治安管理工作人员依法执行职务，情节严重的，对首要分子，处五年以下有期徒刑、拘役或者管制。

❸**《最高人民法院、最高人民检察院关于办理组织和利用邪教组织犯罪案件具体应用法律若干问题的解释》**（1999年10月9日发布施行）

为依法惩处组织和利用邪教组织进行犯罪活动，根据刑法的有关规定，现就办理这类案件具体应用法律的若干问题解释如下：

第一条 刑法第三百条中的“邪教组织”，是指冒用宗教、气功或者其他名义建立，神化首要分子，利用制造、散布迷信邪说等手段蛊惑、蒙骗他人，发展、控制成员，危害社会的非法组织。

第二条 组织和利用邪教组织并具有下列情形之一的，依照刑法第三百条第一款的规定定罪处罚：

（一）聚众围攻、冲击国家机关、企业事业单位，扰乱国家机关、企业事业单位的工作、生产、经营、教学和科研秩序的；

（二）非法举行集会、游行、示威，煽动、欺骗、组织其成员或者其他人聚众围攻、冲击、强占、哄闹公共场所及宗教活动场所，扰乱社会秩序的；

【非法拦截、扒乘交通工具】

非法拦截、扒乘交通工具，是指非法拦截或者强登、扒乘机动车、船舶、航空器以及其他交通工具，影响交通工具正常行驶的行为。这一行为表现为采用非法拦截或者强登、扒乘等方法影响机动车、船舶、航空器以及其他交通工具的正常行驶。其侵犯的对象包括机动车、船舶、航空器以及其他交通工具，但不限于公共交通工具。本项行为与扰乱公共交通工具秩序行为的区别，在于本项行为侧重于对交通行为本身的扰乱、妨碍，后者侧重于对交通工具秩序的扰乱；本项行为所针对的对象不限于公共交通工具，后者限于公共交通工具。

根据治安管理处罚法的规定，对非法拦截、扒乘交通工具的，处警告或者二百元以下罚款。情节较重的，处五日以上十日以下拘留，可以并处五百元以下罚款。对聚众这一行为的首要分子，处十日以上十五日以下拘留，可以并处一千元以下罚款。

依据指引：

❶**《中华人民共和国治安管理处罚法》**（2005年8月28日公布，自2006年3月1日起施行）

第二十三条 有下列行为之一的，处警告或者二百元以下罚款；情节较重的，处五日以上十日以下拘留，可以并处五百元以下罚款：

（一）扰乱机关、团体、企业、事业单位秩序，致使工作、生产、营业、医疗、教学、科研不能正常进行，尚未造成严重损失的；

（二）扰乱车站、港口、码头、机场、商场、公园、展览馆或者其他公共场所秩序的；

（三）扰乱公共汽车、电车、火车、船舶、航空器或者其他公共交通工具上的秩序的；

（四）非法拦截或者强登、扒乘机动车、船舶、航空器以及其他交通工具，影响交通工具正常行驶的；

（五）破坏依法进行的选举秩序的。

聚众实施前款行为的，对首要分子处十日以上十五日以下拘留，可以并处一千元以下罚款。

❷**《中华人民共和国刑法》**（1997年3月14日修订公布，自1997年10月1日起施行）

第二百九十一条 聚众扰乱车站、码头、民用航空站、商场、公园、影剧院、展览会、运动场或者其他公共场所秩序，聚众堵塞交通或者破坏交通秩序，抗拒、阻碍国家治安管理工作人员依法执行职务，情节严重的，对首要分子，处五年以下有期徒刑、拘役或者管制。

【破坏选举秩序】

破坏选举秩序，是指破坏依法进行的各种选举的正常秩序的行为。这里所谓的选举是广义的，具体是指根据法律的规定，按照法定的程序进行的各种选举。包括各级人民代表大会代表或者国家机关领导人的选举，也包括农村村民委员会、城市居民委员会的选举等。在实践中正确认定和处理破坏选举秩序的行为，需要注意与刑法所规定的破坏选举罪的区别。根据刑法第二百五十六条的规定，破坏选举罪是指以暴力、威胁、欺骗、贿赂、伪造选举文件、虚报选举票数等手段，破坏选举或者妨害选民和代表自由行使选举权和被选举权，情节严重的行为。二者都是对选举制度的破坏，行为主体可以是有选举权的公民，也可以是无选举权的公民等，既可以是一般公民，也可以是负责选举的工作人员，有很多相似之处。二者的区别主要体现在如下两个方面：

一是作为侵害对象的选举不同。破坏选举罪所破坏的选举活动必须是选举各级人民代表大会代表和国家机关领导人员的选举活动。具体包括依照《全国人民代表大会和地方各级人民代表大会选举法》、《关于县级以下人民代表大会代表直接选举的若干规定》、《全国人民代表大会组织法》、《地方各级人民代表大会和地方各级人民政府组织法》等有关法律规定，选举各级人民代表大会代表和国家机关领导人员的选举活动，但不包括根据《村民委员会组织法》所进行的村民委员会的选举，以及根据《城市居民委员会组织法》所进行的城市居民委员会的选举。破坏选举秩序的行为则包括破坏这类选举的行为。

二是造成的危害后果不同。破坏选举罪必须是足以造成破坏选举或者妨害选民和代表自由行使选举权和被选举权的后果，情节严重的行为。所谓"破坏选举"，是指破坏选举工作的正常进行。"妨害选民行使选举权和被选举权"，主要指非法组织选民参加登记，或者迫使、诱骗选民违背自己的意志进行投票，以及使选民放弃自己的被选举权等。"破坏选举"和"妨害选民行使选举权和被选举权"是构成破坏选举罪的两个主要的行为表现。所谓"情节严重"，主要是指破坏选举手段恶劣、后果严重、或者造成恶劣影响等。破坏选举秩序的行为不要求"情节严重"，只要使得选举无法正常进行或者影响正常的选举结果即可。

根据治安管理处罚法的规定，对破坏选举秩序的，处警告或者二百元以下罚款。情节较重的，处五日以上十日以下拘留，可以并处五百元以下罚款。对聚众实施破坏选举秩序的首要分子，处十日以上十五日以下拘留，可以并处一千元以下罚款。

依据指引：

❶《中华人民共和国治安管理处罚法》（2005年8月28日公布，自2006年3月1日起施行）

第二十三条　有下列行为之一的，处警告或者二百元以下罚款；情节较重的，处五日以上十日以下拘留，可以并处五百元以下罚款：

（一）扰乱机关、团体、企业、事业单位秩序，致使工作、生产、营业、医疗、教学、科研不能正常进行，尚未造成严重损失的；

（二）扰乱车站、港口、码头、机场、商场、公园、展览馆或者其他公共场所秩序的；

（三）扰乱公共汽车、电车、火车、船舶、航空器或者其他公共交通工具上的秩序的；

（四）非法拦截或者强登、扒乘机动车、船舶、航空器以及其他交通工具，影响交通工具正常行驶的；

（五）破坏依法进行的选举秩序的。

聚众实施前款行为的，对首要分子处十日以上十五日以下拘留，可以并处一千元以下罚款。

❷《中华人民共和国刑法》（1997年3月14日修订公布，自1997年10月1日起施行）

第二百五十六条　在选举各级人民代表大会代表和国家机关领导人员时，以暴力、威胁、欺骗、贿赂、伪造选举文件、虚报选举票数等手段破坏选举或者妨害选民和代表自由行使选举权和被选举权，情节严重的，处三年以下有期徒刑、拘役或者剥夺政治权利。

第二百九十条　聚众扰乱社会秩序，情节严重，致使工作、生产、营业和教学、科研无法进行，造成严重损失的，对首要分子，处三年以上七年以下有期徒刑；对其他积极参加的，处三年以下有期徒刑、拘役、管制或者剥夺政治权利。

聚众冲击国家机关，致使国家机关工作无法进行，造成严重损失的，对首要分子，处五年以上十年以下有期徒刑；对其他积极参加的，处五年以下有期徒刑、拘役、管制或者剥夺政治权利。

第二百九十八条　扰乱、冲击或者以其他方法破坏依法举行的集会、游行、示威，造成公共秩序混乱的，处五年以下有期徒刑、拘役、管制或者剥夺政治权利。

❸《最高人民法院、最高人民检察院关于办理组织和利用邪教组织犯罪案件具体应用法律若干问题的解释》（1999年10月9日发布施行）

为依法惩处组织和利用邪教组织进行犯罪活动，根据刑法的有关规定，现就办理这类案件具体应用法律的若干问题解释如下：

第一条 刑法第三百条中的“邪教组织”，是指冒用宗教、气功或者其他名义建立，神化首要分子，利用制造、散布迷信邪说等手段蛊惑、蒙骗他人，发展、控制成员，危害社会的非法组织。

第二条 组织和利用邪教组织并具有下列情形之一的，依照刑法第三百条第一款的规定定罪处罚：

（一）聚众围攻、冲击国家机关、企业事业单位，扰乱国家机关、企业事业单位的工作、生产、经营、教学和科研秩序的；

（二）非法举行集会、游行、示威，煽动、欺骗、组织其成员或者其他人聚众围攻、冲击、强占、哄闹公共场所及宗教活动场所，扰乱社会秩序的；

【扰乱大型群众性活动秩序】

大型群众性活动，是指对社会开放的，参加人数众多的文化、体育等活动，如大型运动会、体育比赛、演唱会等。大型群众性活动由于人数众多，如果活动秩序被扰乱而失控，会造成很严重的后果。因此对于各种扰乱大型群众性活动的行为，必须予以必要的治安管理处罚；情节严重的，还应当依法追究刑事责任。关于大型活动的范围，根据公安部1999年1月18日颁布的《群众性文化体育活动治安管理办法》的规定，主要包括在公园、风景游览区、游乐园、广场、体育场（馆）、展览馆、俱乐部、公共道路、居民生活区等公共场所举办的：演唱会、音乐会等文艺活动；游园、灯会、花会、龙舟会等民间传统活动；体育比赛、民间竞技、健身气功等群众性体育活动；在影剧场（院）举办其经营范围之外的活动等。

根据治安管理处罚法的规定，扰乱文化、体育比赛等大型群众性活动秩序主要包括如下几种情形：（一）强行进入场内。这主要是针对有封闭活动场所的大型活动所作的规定；（二）违反规定，在场内燃放烟花爆竹或者其他物品的；（三）展示侮辱性标语、条幅等物品的；（四）围攻裁判员、运动员或者其他工作人员的。这主要是针对体育比赛大型活动所作的规定。裁判员、运动员或者其他工作人员是大型活动的主要参与者，其人身安全应该得到有效保障。同时，围攻裁判员、运动员或者其他工作人员的还可能引发更大范围的混乱，造成更为严重的后果；（五）向场内投掷杂物，不听制止的；（六）扰乱大型群众性活动秩序的其他行为。是指其他妨碍大型群众性活动的秩序，扰乱大型群众性活动正常进行的行为，如不听制止，跳入场内追逐裁判、运动员等行为。

根据治安管理处罚法的规定，扰乱文化、体育等大型群众性活动秩序的，处警告或者二百元以下罚款；情节严重的，处五日以上十日以下拘留，可以并处五百元以下罚款。所谓情节严重，主要是指严重扰乱文化、体育等大型群众性活动的秩序，导致大型活动较长时间中断或者无法继续进行，造成较为恶劣的社会影响等。此外，对于因扰乱体育比赛秩序被处以拘留处罚的人，公安机关还可以同时责令其十二个月内不得进入体育场馆观看同类比赛；违反规定进入体育场馆的，应当强行带离现场。法律作这样的规定，主要是为了避免体育场馆内秩序免受已有“捣乱”记录的人的破坏，使体育比赛能够正常进行。

依据指引：

❶《中华人民共和国治安管理处罚法》（2005年8月28日公布，自2006年3月1日起施行）

第二十四条 有下列行为之一，扰乱文化、体育等大型群众性活动秩序的，处警告或者二百元以下罚款；情节严重的，处五日以上十日以下拘留，可以并处五百元以下罚款：

（一）强行进入场内的；

（二）违反规定，在场内燃放烟花爆竹或者其他物品的；

（三）展示侮辱性标语、条幅等物品的；

（四）围攻裁判员、运动员或者其他工作人员的；

（五）向场内投掷杂物，不听制止的；

（六）扰乱大型群众性活动秩序的其他行为。

因扰乱体育比赛秩序被处以拘留处罚的，可以同时责令其十二个月内不得进入体育场馆观看同类比赛；违反规定进入体育场馆的，强行带离现场。

❷《群众性文化体育活动治安管理办法》（公安部1999年11月18日发布施行）

第十二条 参加群众性文化体育活动的人员必须遵守下列规定：

（一）遵守国家法律、法规和社会公德，尊重人民群众风俗习惯；

（二）遵守活动场所治安、消防等管理制度，服从疏导和管理；

（三）不得妨碍社会治安、影响社会秩序。

第十五条 违反本办法第十二条、第十三条规定的人员，公安机关可以责令其退出活动场所或者强行带离现场，构成违反治安管理行为的，依照《中华人民共和国治安管理处罚条例》予以处罚；构成犯罪的，依法追究刑事责任。

【以谎报险情、疫情、警情等方法扰乱公共秩序】

以谎报险情、疫情、警情等方式扰乱公共秩序，是指通过散布谣言、谎报出现险情、疫情、警情等方式，故意扰乱公共秩序的行为。所谓“散布谣言”，是指捏造并散布没有事实根据的谎言用以迷惑不明真相的群众，扰乱社会公共秩序的行为。“谎报险情、疫情、警情”，是指编造火灾、水灾、地质灾害以及其他危险情况和传染病传播的情况以及有违法犯罪行为发生或者明知是虚假的险情、疫情、警情，向有关部门报告的行为。本违反治安管理行为的主体是达到责任年龄且具有责任能力的公民。本项规定的行为在主观上是出于故意，是为了扰乱社会公共秩序而散布谣言，谎报险情、疫情、警情。如果行为人主观上不是出于故意，则不构成违反治安管理行为。如对道听途说信以为真或者由于认识判断上的失误，而出于责任心向有关部门报错了险情、疫情、警情的，不能视为违反治安管理的行为。此外，还应当明确，无论行为人是否实现扰乱公共秩序的目的，不影响对本项规定的行为的认定。

根据治安管理处罚法的规定，对散布谣言，谎报险情、疫情、警情或者以其他方式故意扰乱公共秩序的，处五日以上十日以下拘留，可以并处五百元以下罚款；情节较轻的，处五日以下拘留或者五百元以下罚款。

依据指引：

❶《中华人民共和国治安管理处罚法》（2005年8月28日公布，自2006年3月1日起施行）

第二十五条 有下列行为之一的，处五日以上十日以下拘留，可以并处五百元以下罚款；情节较轻的，处五日以下拘留或者五百元以下罚款：

（一）散布谣言，谎报险情、疫情、警情或者以其他方法故意扰乱公共秩序的；

（二）投放虚假的爆炸性、毒害性、放射性、腐蚀性物质或者传染病病原体等危险物质扰乱公共秩序的；

（三）扬言实施放火、爆炸、投放危险物质扰乱公共秩序的。

❷《中华人民共和国刑法修正案（三）》（2001年12月29日公布施行）

为了惩治恐怖活动，保障国家和人民生命、财产安全，维护社会秩序，对刑法作如下补充修改：

八、刑法第二百九十一条后增加一条，作为第二百九十一条之一："投放虚假的爆炸性、毒害性、放射性、传染病病原体等物质，或者编造爆炸威胁、生化威胁、放射威胁等恐怖信息，或者明知是编造的恐怖信息而故意传播，严重扰乱社会秩序的，处五年以下有期徒刑、拘役或者管制；造成严重后果的，处五年以上有期徒刑。"

【投放虚假危险物质】

所谓危险物质是指具有爆炸性、毒害性、放射性、腐蚀性的物质或者传染病病原体等物质。投放虚假的危险物质，是指明知是虚假的危险物质而以邮寄、放置等方式，将虚假的类似于爆炸性、毒害性、放射性、腐蚀性物质和传染病病原体等物质，置于他人或者公众面前或者周围的行为，意图使公众产生恐慌，扰乱社会秩序的行为。这种行为虽然不至于发生真正的爆炸、毒害、放射后果以及传染性疾病的传播，但是会造成一定范围的恐慌，严重扰乱社会公共秩序，特别是在恐怖分子投放真的危险物质的情况下，这种投放虚假的危险物质的行为，会使人真假难辨，危害更大，应当予以治安管理处罚。对于严重扰乱社会秩序的，还应当根据刑法的规定追究刑事责任。

本违反治安管理行为与刑法所规定的投放虚假危险物质罪的区别，在于对客观方面危害后果的要求不同，根据刑法规定，构成投放虚假危险物质罪，必须达到严重扰乱社会秩序的程度。而投放虚假危险物质的违反治安管理行为，只要扰乱了社会秩序即可。

根据治安管理处罚法的规定，对以投放虚假危险物质的方式扰乱公共秩序的，处五日以上十日以下拘留，可以并处五百元以下罚款；情节较轻的，处五日以下拘留或者五百元以下罚款。

依据指引：

❶《中华人民共和国治安管理处罚法》（2005年8月28日公布，自2006年3月1日起施行）

第二十五条 有下列行为之一的，处五日以上十日以下拘留，可以并处五百元以下罚款；情节较轻的，处五日以下拘留或者五百元以下罚款：

（一）散布谣言，谎报险情、疫情、警情或者以其他方法故意扰乱公共秩序的；

（二）投放虚假的爆炸性、毒害性、放射性、腐蚀性物质或者传染病病原体等危险物质扰乱公共秩序的；

（三）扬言实施放火、爆炸、投放危险物质扰乱公共秩序的。

❷《中华人民共和国刑法修正案（三）》（2001年12月29日公布施行）

为了惩治恐怖活动，保障国家和人民生命、财产安全，维护社会秩序，对刑法作如下补充修改：

一、将刑法第一百一十四条修改为："放火、决水、爆炸以及投放毒害性、放射性、传染病病原体等物质或者以其他危险方法危害公共安全，尚未造成严重后果的，处三年以上十年以下有期徒刑。"

二、将刑法第一百一十五条第一款修改为："放火、决水、爆炸以及投放毒害性、放射性、传染病病原体等物质或者以其他危险方法致人重伤、死亡或者使公私财产遭受重大损失的，处十年以上有期徒刑、无期徒刑或者死刑。"

八、刑法第二百九十一条后增加一条，作为第二百九十一条之一："投放虚假的爆炸性、毒害性、放射性、传染病病原体等物质，或者编造爆炸威胁、生化威胁、放射威胁等恐怖信息，或者明知是编造的恐怖信息而故意传播，严重扰乱社会秩序的，处五年以下有期徒刑、拘役或者管制；造成严重后果的，处五年以上有期徒刑。”

【散布恐怖信息】

散布恐怖信息，是指扬言实施放火、爆炸、投放危险物质，扰乱公共秩序的行为。本违反治安管理行为的主体是一般主体，年满十四周岁的具有完全的行为能力和责任能力的均可成为本类行为的主体。本行为在客观方面，表现为扬言实施放火、爆炸、投放危险物质。“放火”是指故意纵火焚烧公司财物，严重危害公共安全的行为；“爆炸”是指故意引起爆炸物爆炸，危害公共安全的行为；“投放危险物质”，是指向公共饮用水源、食品或者公共场所、设施或者其他场所投放能够致人死亡或者严重危害人体健康的毒害性、放射性、传染病病原体等物质的行为。所谓“扬言实施”是指以公开表达的方式使人相信其将实施上述行为。构成本行为并非没有程度的要求，除了扬言实施放火、爆炸、投放危险物质之外，客观上还要求该行为达到了扰乱了正常的公共秩序的程度。本行为在主观上是故意，至于行为的动机则各种各样，如有的人是因为个人的某些要求没有得到满足而实施，有的是出于与他人的仇视而实施等。

根据治安管理处罚法的规定，对以扬言实施放火、爆炸、投放危险物质等方式，扰乱共秩序的，处五日以上十日以下拘留，可以并处五百元以下罚款；情节较轻的，处五日以下拘留或者五百元以下罚款。

依据指引：

❶**《中华人民共和国治安管理处罚法》**（2005年8月28日公布，自2006年3月1日起施行）

第二十五条 有下列行为之一的，处五日以上十日以下拘留，可以并处五百元以下罚款；情节较轻的，处五日以下拘留或者五百元以下罚款：

（一）散布谣言，谎报险情、疫情、警情或者以其他方法故意扰乱公共秩序的；

（二）投放虚假的爆炸性、毒害性、放射性、腐蚀性物质或者传染病病原体等危险物质扰乱公共秩序的；

（三）扬言实施放火、爆炸、投放危险物质扰乱公共秩序的。

❷**《中华人民共和国刑法》**（1997年3月14日修订公布，自1997年10月1日起施行）

第一百一十四条 放火、决水、爆炸、投毒或者以其他危险方法破坏工厂、矿场、油田、港口、河流、水源、仓库、住宅、森林、农场、谷场、牧场、重要管道、公共建筑物或者其他公私财产，危害公共安全，尚未造成严重后果的，处三年以上十年以下有期徒刑。

第一百一十五条 放火、决水、爆炸、投毒或者以其他危险方法致人重伤、死亡或者使公私财产遭受重大损失的，处十年以上有期徒刑、无期徒刑或者死刑。

过失犯前款罪的，处三年以上七年以下有期徒刑；情节较轻的，处三年以下有期徒刑或者拘役。

《中华人民共和国刑法修正案（三）》（2001年12月29日公布施行）

为了惩治恐怖活动，保障国家和人民生命、财产安全，维护社会秩序，对刑法作如下补充修改：

一、将刑法第一百一十四条修改为：“放火、决水、爆炸以及投放毒害性、放射性、传染病病原体等物质或者以其他危险方法危害公共安全，尚未造成严重后果的，处三年以上十年以下有期徒刑。”

二、将刑法第一百一十五条第一款修改为：“放火、决水、爆炸以及投放毒害性、放射性、传染病病原体等物质或者以其他危险方法致人重伤、死亡或者使公私财产遭受重大损失的，处十年以上有期徒刑、无期徒刑或者死刑。”

八、刑法第二百九十一条后增加一条，作为第二百九十一条之一：“投放虚假的爆炸性、毒害性、放射性、传染病病原体等物质，或者编造爆炸威胁、生化威胁、放射威胁等恐怖信息，或者明知是编造的恐怖信息而故意传播，严重扰乱社会秩序的，处五年以下有期徒刑、拘役或者管制；造成严重后果的，处五年以上有期徒刑。”

【寻衅滋事】

所谓寻衅滋事，是指在公共场所无事生非，起哄闹事，肆意挑衅，横行霸道，打群架，破坏公共秩序，尚未造成严重后果的行为。寻衅滋事的动机一般不是完全为了某种个人的利害冲突，也不是单纯为了取得某种物质利益，而是为了填补精神上的空虚，或者为寻求精神刺激，发泄对社会的不满，或是为了在某一地区称王称霸、显示威风，为了哥们儿义气进行报复等。寻衅滋事行为多发生在公共场所（也有一些发生在偏僻隐蔽的地方），常常给公民的人身、人格或公私财产造成损害，但是寻衅滋事行为一般侵犯的并不是特定的人身、人格或公私财产，而主要是指向公共秩序，向整个社会挑战，蔑视社会主义道德和法制。根据治安管理处罚法的规定，寻衅滋事行为主要表现为如下几种形式：第一，结伙斗殴；第二，追逐、拦截他人的，是指出于取乐、寻求精神刺激等不健康动机，无故无理追赶、拦挡他人，以及追逐、拦截异性等；第三，强拿硬要或者任意损毁、占用公私财物的；第四，其他寻衅滋事行为，主要是指上述行为以外的其他寻衅滋事扰乱公共秩序的行为。

在实践中，正确认定和处理扰乱寻衅滋事行为，要注意区分结伙斗殴行为与聚众斗殴罪、寻衅滋事行为与寻衅滋事罪、以强拿硬要的形式寻衅滋事的行为与抢劫罪的界限。根据刑法第二百九十二条、第二百九十三条、第二百六十三条的规定，这几类违反治安管理行为与相应的犯罪的界限，主要在于社会危害性程度、行为人的目的、动机等不同。

根据治安管理处罚法的规定，对寻衅滋事的，处五日以上十日以下拘留，可以并处五百元以下罚款；情节较重的，处十日以上十五日以下拘留，可以并处一千元以下罚款。

依据指引：

❶**《中华人民共和国治安管理处罚法》**（2005 年 8 月 28 日公布，自 2006 年 3 月 1 日起施行）

第二十六条 有下列行为之一的，处五日以上十日以下拘留，可以并处五百元以下罚款；情节较重的，处十日以上十五日以下拘留，可以并处一千元以下罚款：

（一）结伙斗殴的；

（二）追逐、拦截他人的；

（三）强拿硬要或者任意损毁、占用公私财物的；

（四）其他寻衅滋事行为。

❷**《中华人民共和国刑法》**（1997 年 3 月 14 日修订公布，自 1997 年 10 月 1 日起施行）

第二百九十二条 聚众斗殴的，对首要分子和其他积极参加的，处三年以下有期徒刑、拘役或者管制；有下列情形之一的，对首要分子和其他积极参加的，处三年以上十年以下有期徒刑：

（一）多次聚众斗殴的；

（二）聚众斗殴人数多，规模大，社会影响恶劣的；

（三）在公共场所或者交通要道聚众斗殴，造成社会秩序严重混乱的；

（四）持械聚众斗殴的。

聚众斗殴，致人重伤、死亡的，依照本法第二百三十四条、第二百三十二条的规定定罪处罚。

第二百九十三条 有下列寻衅滋事行为之一，破坏社会秩序的，处五年以下有期徒刑、拘役或者管制：

（一）随意殴打他人，情节恶劣的；

（二）追逐、拦截、辱骂他人，情节恶劣的；

（三）强拿硬要或者任意损毁、占用公私财物，情节严重的；

（四）在公共场所起哄闹事，造成公共场所

秩序严重混乱的。

第二百九十四条 组织、领导和积极参加以暴力、威胁或者其他手段，有组织地进行违法犯罪活动，称霸一方，为非作恶，欺压、残害群众，严重破坏经济、社会生活秩序的黑社会性质的组织的，处三年以上十年以下有期徒刑；其他参加的，处三年以下有期徒刑、拘役、管制或者剥夺政治权利。

境外的黑社会组织的人员到中华人民共和国境内发展组织成员的，处三年以上十年以下有期徒刑。

犯前两款罪又有其他犯罪行为的，依照数罪并罚的规定处罚。

国家机关工作人员包庇黑社会性质的组织，或者纵容黑社会性质的组织进行违法犯罪活动的，处三年以下有期徒刑、拘役或者剥夺政治权利；情节严重的，处三年以上十年以下有期徒刑。

❸ 全国人民代表大会常务委员会关于《中华人民共和国刑法》第二百九十四条第一款的解释（2002年4月28日）

全国人民代表大会常务委员会讨论了刑法第二百九十四条第一款规定的“黑社会性质的组织”的含义问题，解释如下：

刑法第二百九十四条第一款规定的“黑社会性质的组织”应当同时具备以下特征：

（一）形成较稳定的犯罪组织，人数较多，有明确的组织者、领导者，骨干成员基本固定；

（二）有组织地通过违法犯罪活动或者其他手段获取经济利益，具有一定的经济实力，以支持该组织的活动；

（三）以暴力、威胁或者其他手段，有组织地多次进行违法犯罪活动，为非作恶，欺压、残害群众；

（四）通过实施违法犯罪活动，或者利用国家工作人员的包庇或者纵容，称霸一方，在一定区域或者行业内，形成非法控制或者重大影响，严重破坏经济、社会生活秩序。

❹《最高人民法院关于审理抢劫、抢夺刑事案件适用法律若干问题的意见》（2005年6月8日发布施行）

抢劫、抢夺是多发性的侵犯财产犯罪。1997年刑法修订后，为了更好地指导审判工作，最高人民法院先后发布了《关于审理抢劫案件具体应用法律若干问题的解释》（以下简称《抢劫解释》）和《关于审理抢夺刑事案件具体应用法律若干问题的解释》（以下简称《抢夺解释》）。但是，抢劫、抢夺犯罪案件的情况比较复杂，各地法院在审判过程中仍然遇到了不少新情况、新问题。为准确、统一适用法律，现对审理抢劫、抢夺犯罪案件中较为突出的几个法律适用问题，提出意见如下：

4. 抢劫罪与寻衅滋事罪的界限

寻衅滋事罪是严重扰乱社会秩序的犯罪，行为人实施寻衅滋事的行为时，客观上也可能表现为强拿硬要公私财物的特征。这种强拿硬要的行为与抢劫罪的区别在于：前者行为人主观上还具有逞强好胜和通过强拿硬要来填补其精神空虚等目的，后者行为人一般只具有非法占有他人财物的目的；前者行为人客观上一般不以严重侵犯他人人身权利的方法强拿硬要财物，而后者行为人则以暴力、胁迫等方式作为劫取他人财物的手段。司法实践中，对于未成年人使用或威胁使用轻微暴力强抢少量财物的行为，一般不宜以抢劫罪定罪处罚。其行为符合寻衅滋事罪特征的，可以寻衅滋事罪定罪处罚。

【利用邪教、封建迷信、会道门扰乱社会秩序】

邪教、封建迷信、会道门活动是与现代科学技术相背离的思想活动表现，具有很大的社会危害性，对利用邪教、封建迷信、会道门进行扰乱社会秩序的活动，必须予以治安管理处罚，情节严重的，还应当依法追究刑事责任。根据治安管理处罚法的规定，利用邪教、封建迷信、会道门扰乱社会秩序的行为，包括如下两类表现形式：

一、组织、教唆、胁迫、诱骗、煽动他人从事邪教、会道门活动，或者利用邪教、会道门、迷信活动，扰乱社会秩序、损害他人身体健康。所谓“组织”，是指为组成、建立会道门、邪教组织而开展的鼓动、纠集、纠合他人参加等组织活动，如创设会道门、邪教组织；恢复已查禁的会道门、邪教组织；发展教徒、道徒，招收会员，秘密设坛、设点，等等。所谓“教唆”，是指通过刺激、利诱、怂恿等方法使被教唆者接受教唆意图，并从事某种行为。所谓“胁迫”，是指行为人以将要发生的损害或者以直接实施损害相威胁，对被害人实行精神强制进而使对方当事人产生恐惧而作出违背其真实意愿的行为。所谓“诱骗”，通过物质或者非物质的利益等方式欺骗他人。所谓“煽动”。是指以语言、文字、图像等方式对他人进行鼓动、宣传，意图使他人相信其所煽动的内容，或者意图使他人去实施所煽动的行为。所谓“邪教组织”，是指冒用宗教教义而建立的，不受国家法律承认和保护的非法组织。与宗教组织相比较，其发展教徒、筹集活动经费、传教方式是反社会的、反道德的、是邪恶的，故称之为邪教组织。所谓“会道门”，是封建迷信活动组织的总称，如我国历史上曾经出现的一贯道、九宫道、哥老会、先天道、后天道等组织。这些带有封建迷信色彩或者反社会性质的会道门组织，建国后曾经被彻底取缔，但近年来在有些地方又死灰复燃，秘密进行一些破坏社会秩序的活动。

二、冒用宗教、气功名义进行扰乱社会秩序、损害他人身体健康的活动。我国宪法第三十六条明确规定：“中华人民共和国公民有宗教信仰自由。”正常的宗教活动以及以强身健体为目的的气功活动是受国家保护的。实践中，一些不法分子冒用宗教、气功名义，蛊惑人心、扰乱社会秩序、损害公民身体健康。对这些违反治安管理行为，应当依法追究责任。

根据治安管理处罚法的规定，有上述行为的，处十日以上十五日以下拘留，可以并处一千元以下罚款；情节较轻的，处五日以上十日以下拘留，可以并处五百元以下罚款。

依据指引：

❶**《中华人民共和国治安管理处罚法》**（2005年8月28日公布，自2006年3月1日起施行）

第二十七条 有下列行为之一的，处十日以上十五日以下拘留，可以并处一千元以下罚款；情节较轻的，处五日以上十日以下拘留，可以并处五百元以下罚款：

（一）组织、教唆、胁迫、诱骗、煽动他人从事邪教、会道门活动或者利用邪教、会道门、迷信活动，扰乱社会秩序、损害他人身体健康的；

（二）冒用宗教、气功名义进行扰乱社会秩序、损害他人身体健康活动的。

❷**《中华人民共和国刑法》**（1997年3月14日修订公布，自1997年10月1日起施行）

第三百条 组织和利用会道门、邪教组织或者利用迷信破坏国家法律、行政法规实施的，处三年以上七年以下有期徒刑；情节特别严重的，处七年以上有期徒刑。

组织和利用会道门、邪教组织或者利用迷信蒙骗他人，致人死亡的，依照前款的规定处罚。

组织和利用会道门、邪教组织或者利用迷信奸淫妇女、诈骗财物的，分别依照本法第二百三十六条、第二百六十六条的规定定罪处罚。

❸**《最高人民法院最高人民检察院关于办理组织和利用邪教组织犯罪案件具体应用法律若干问题的解释》**（1999年10月9日发布施行）

为依法惩处组织和利用邪教组织进行犯罪活动，根据刑法的有关规定，现就办理这类案件具体应用法律的若干问题解释如下：

第一条 刑法第三百条中的“邪教组织”，是指冒用宗教、气功或者其他名义建立，神化首要分子，利用制造、散布迷信邪说等手段蛊惑、蒙骗他人，发展、控制成员，危害社会的非法组织。

第二条 组织和利用邪教组织并具有下列情形之一的，依照刑法第三百条第一款的规定定罪处罚：

（一）聚众围攻、冲击国家机关、企业事业单位，扰乱国家机关、企业事业单位的工作、生产、经营、教学和科研秩序的；

（二）非法举行集会、游行、示威，煽动、欺骗、组织其成员或者其他人聚众围攻、冲击、强占、哄闹公共场所及宗教活动场所，扰乱社会秩序的；

（三）抗拒有关部门取缔或者已经被有关部门取缔，又恢复或者另行建立邪教组织，或者继续进行邪教活动的；

（四）煽动、欺骗、组织其成员或者其他人不履行法定义务，情节严重的；

（五）出版、印刷、复制、发行宣扬邪教内容出版物，以及印制邪教组织标识的；

（六）其他破坏国家法律、行政法规实施行为的。

实施前款所列行为，并具有下列情形之一的，属于"情节特别严重"：

（一）跨省、自治区、直辖市建立组织机构或者发展成员的；

（二）勾结境外机构、组织、人员进行邪教活动的；

（三）出版、印刷、复制、发行宣扬邪教内容出版物以及印制邪教组织标识，数量或者数额巨大的；

（四）煽动、欺骗、组织其成员或者其他人破坏国家法律、行政法规实施，造成严重后果的。

第三条 刑法第三百条第二款规定的组织和利用邪教组织蒙骗他人，致人死亡，是指组织和利用邪教组织制造、散布迷信邪说，蒙骗其成员或者其他人实施绝食、自残、自虐等行为，或者阻止病人进行正常治疗，致人死亡的情形。

具有下列情形之一的，属于"情节特别严重"：

（一）造成3人以上死亡的；

（二）造成死亡人数不满3人，但造成多人重伤的；

（三）曾因邪教活动受过刑事或者行政处罚，又组织和利用邪教组织蒙骗他人，致人死亡的；

（四）造成其他特别严重后果的。

第四条 组织和利用邪教组织制造、散布迷信邪说，指使、胁迫其成员或者其他人实施自杀、自伤行为的，分别依照刑法第二百三十二条、第二百三十四条的规定，以故意杀人罪或者故意伤害罪定罪处罚。

第五条 组织和利用邪教组织，以迷信邪说引诱、胁迫、欺骗或者其他手段，奸淫妇女、幼女的，依照刑法第二百三十六条的规定，以强奸罪或者奸淫幼女罪定罪处罚。

第六条 组织和利用邪教组织以各种欺骗手段，收取他人财物的，依照刑法第二百六十六条的规定，以诈骗罪定罪处罚。

第七条 组织和利用邪教组织，组织、策划、实施、煽动分裂国家、破坏国家统一或者颠覆国家政权、推翻社会主义制度的，分别依照刑法第一百零三条、第一百零五条、第一百一十三条的规定定罪处罚。

第八条 对于邪教组织和组织、利用邪教组织破坏法律实施的犯罪分子，以各种手段非法聚敛的财物，用于犯罪的工具、宣传品等，应当依法追缴、没收。

第九条 对组织和利用邪教组织进行犯罪活动的组织、策划、指挥者和屡教不改的积极参加者，依照刑法和本解释的规定追究刑事责任；对有自首、立功表现的，可以依法从轻、减轻或者免除处罚。

对于受蒙蔽、胁迫参加邪教组织并已退出和不再参加邪教组织活动的人员，不作为犯罪处理。

❹《最高人民法院最高人民检察院关于办理组织和利用邪教组织犯罪案件具体应用法律若干问题的解释（二）》（2001年6月4日发布，自2001年6月11日起施行）

为依法办理邪教组织犯罪案件，根据刑法的有关规定，现对办理邪教组织犯罪案件具体应用法律的若干问题，作如下解释：

第一条 制作、传播邪教宣传品，宣扬邪教，破坏法律、行政法规实施，具有下列情形之一的，依照刑法第三百条第一款的规定，以组织、利用邪教组织破坏法律实施罪定罪处罚：

（一）制作、传播邪教传单、图片、标语、报纸300份以上，书刊100册以上，光盘100张以上，录音、录像带100盒以上的；

（二）制作、传播宣扬邪教的DVD、VCD、CD母盘的；

（三）利用互联网制作、传播邪教组织信息的；

（四）在公共场所悬挂横幅、条幅，或者以书写、喷涂标语等方式宣扬邪教，造成严重社会影响的；

（五）因制作、传播邪教宣传品受过刑事处罚或者行政处罚又制作、传播的；

（六）其他制作、传播邪教宣传品，情节严重的。

制作、传播邪教宣传品数量达到前款第（一）项规定的标准五倍以上，或者虽未达到五倍，但造成特别严重社会危害的，属于刑法第三百条第一款规定的“情节特别严重”。

第二条 制作、传播邪教宣传品，煽动分裂国家、破坏国家统一，或者煽动颠覆国家政权、推翻社会主义制度的，依照刑法第一百零三条第二款、第一百零五条第二款的规定，以煽动分裂国家罪或者煽动颠覆国家政权罪定罪处罚。

第三条 制作、传播邪教宣传品，公然侮辱他人或者捏造事实诽谤他人的，依照刑法第二百四十六条的规定，以侮辱罪或者诽谤罪定罪处罚。

第四条 制作、传播的邪教宣传品具有煽动分裂国家、破坏国家统一，煽动颠覆国家政权、推翻社会主义制度，侮辱、诽谤他人，严重危害社会秩序和国家利益，或者破坏国家法律、行政法规实施等内容，其行为同时触犯刑法第一百零三条第二款、第一百零五条第二款、第二百四十六条、第三百条第一款等规定的，依照处罚较重的规定定罪处罚。

第五条 邪教组织被取缔后，仍聚集滋事、公开进行邪教活动，或者聚众冲击国家机关、新闻机构等单位，人数达到20人以上的，或者虽未达到20人，但具有其他严重情节的，对于组织者、策划者、指挥者和屡教不改的积极参加者，依照刑法第三百条第一款的规定，以组织、利用邪教组织破坏法律实施罪定罪处罚。

第六条 为组织、策划邪教组织人员聚集滋事、公开进行邪教活动而进行聚会、串联等活动，对于组织者、策划者、指挥者和屡教不改的积极参加者，依照刑法第三百条第一款的规定定罪处罚。

第七条 邪教组织人员以暴力、威胁方法阻碍国家机关工作人员依法执行职务的，依照刑法第二百七十七条第一款的规定，以妨害公务罪定罪处罚。其行为同时触犯刑法其他规定的，依照处罚较重的规定定罪处罚。

第八条 邪教组织人员为境外窃取、刺探、收买、非法提供国家秘密、情报的，以窃取、刺探、收买方法非法获取国家秘密的，非法持有国家绝密、机密文件、资料、物品拒不说明来源与用途的，或者泄露国家秘密情节严重的，分别依照刑法第一百一十一条为境外窃取、刺探、收买、非法提供国家秘密、情报罪，第二百八十二条第一款非法获取国家秘密罪，第二百八十二条第二款非法持有国家绝密、机密文件、资料、物品罪，第三百九十八条故意泄露国家秘密罪、过失泄露国家秘密罪的规定定罪处罚。

第九条 组织、策划、煽动、教唆、帮助邪教组织人员自杀、自残的，依照刑法第二百三十二条、第二百三十四条的规定，以故意杀人罪、故意伤害罪定罪处罚。

第十条 邪教组织人员以自焚、自爆或者其他危险方法危害公共安全的，分别依照刑法第一百一十四条、第一百一十五条第一款以危险方法危害公共安全罪等规定定罪处罚。

第十一条 人民检察院审查起诉邪教案件，对于犯罪情节轻微，有悔罪表现，确实不致再危害社会的犯罪嫌疑人，根据刑事诉讼法第一百四十二条第二款的规定，可以作出不起诉决定。

第十二条 人民法院审理邪教案件，对于有悔罪表现，不致再危害社会的被告人，可以依法从轻处罚；依法可以判处管制、拘役或者符合适用缓刑条件的，可以判处管制、拘役或者适用缓刑；对于犯罪情节轻微不需要判处刑罚的，可以免予刑事处罚。

第十三条 本规定下列用语的含义是：

（一）“宣传品”，是指传单、标语、喷图、图片、书籍、报刊、录音带、录像带、光盘及其母盘或者其他有宣传作用的物品。

（二）“制作”，是指编写、印制、复制、绘画、出版、录制、摄制、洗印等行为。

（三）“传播”，是指散发、张贴、邮寄、上载、播放以及发送电子信息等行为。

❺《最高人民法院最高人民检察院关于办理组织和利用邪教组织犯罪案件具体应用法律若干问题的解答》（2002年5月20日）

为依法严厉打击邪教组织的犯罪活动，维护社会稳定，现就各地在办理案件，适用《最高人民法院、最高人民检察院关于办理组织和利用邪教组织犯罪案件具体应用法律若干问题的解释

(二)》(以下简称《解释二》)中提出的若干问题,做如下解答:

一、问:怎样认定《解释二》第一条第一款第(六)项规定的"其他制作、传播邪教宣传品,情节严重的"?

答:《解释二》第一条第一款第(六)项规定的"其他制作、传播邪教宣传品,情节严重的",是指实施该条第一款第(一)项至第(五)项的规定中没有列举的其他制作、传播邪教宣传品情节严重的行为,或者制作、传播该条第一款第(一)项列举的邪教宣传品,虽未达到规定的数量标准,但根据制作、传播邪教宣传品的种类、内容、行为方式、次数、传播范围、社会影响以及行为人的主观恶性等情节综合考虑,必须定罪处罚的情形。如:制作、传播一种邪教宣传品的数量接近《解释二》规定的标准,并具有其他严重情节的;利用互联网以外的计算机网络、广播、电视或者利用手机群发短信息、群发IP录音电话、BP机群呼等形式宣扬邪教、传播邪教信息的;将编辑具有邪教内容的录音带、录像带、计算机硬盘、软盘并用于复制、传播的;制作宣扬邪教的横幅、条幅30条以上或不足30条但具有其他严重情节或者大型横幅、条幅3条以上的;制作、传播两种以上邪教宣传品,每一种邪教宣传品虽未达到《解释二》规定的数量标准,但已造成严重社会危害后果的;制作邪教宣传品的模具、版样、文稿的;为制作、传播邪教宣传品而将其内容进行编辑、拷贝在计算机软盘或者传播包含邪教内容的计算机软盘的;因邪教违法犯罪受过行政处罚(含劳动教养,下同)或刑事处罚之后,又制作、传播邪教宣传品的;国家机关工作人员制作、传播邪教宣传品的,等等。

二、问:《解释二》第一条第二款仅对该条第一款第(一)项规定了"情节特别严重"的标准,未规定其他几项"情节特别严重"的标准。《解释二》第五条、第六条也没有规定何种情形属于"情节特别严重"。对此应如何把握?

答:认定《解释二》第一条第一款第(二)项至第(六)项、第五条、第六条规定的情形是否达到"情节特别严重",以及如何适用《解释二》第一条第二款关于"或者虽未达到五倍,但造成特别严重社会危害的",应综合考虑案件的具体情况,如犯罪手段、危害程度、社会影响、行为人的主观恶性等因素加以认定。

对于虽已达到《解释二》第一条第二款规定的数量标准,但其他情节较轻,尚未造成特别严重的社会危害后果的,也可不认定为"情节特别严重"。

三、问:如何确定《解释二》第一条第一款第(一)项规定的邪教宣传品的"份数"?

答:传单、图片、标语、报纸等形式的邪教宣传品,以独立的载体为计算份数的标准。对邮件中装有多份邪教宣传品的,应当根据邮件中所包含的实际份数计算总数。

四、问:制作、传播两种以上的邪教宣传品,对不同种类的邪教宣传品能否换算或累计计算?

答:《解释二》第一条第一款第(一)项中规定的邪教宣传品,传单、图片、标语、报纸属同一种类,书籍、刊物属同一种类,光盘(DVD盘、VCD盘、CD盘等)、录音带、录像带等音像制品属同一种类。

制作、传播两种以上邪教宣传品,同一种类的应当累计计算,不同种类的不能换算,也不能累计计算。

五、问:对于持有、携带邪教宣传品的行为如何定性?

答:为了传播而持有、携带邪教宣传品,且持有、携带的数量达到《解释二》第一条第一款第(一)项规定的数量标准的,根据具体案情,按犯罪预备或未遂论处。

六、问:对于在传播邪教宣传品之前或者传播过程中被当场抓获的,如何处理?

答:对于在传播邪教宣传品之前或者传播过程中被当场抓获的,应当根据不同情况,分别作出处理:查获的邪教宣传品是行为人制作,且已达到《解释二》第一条第一款第(一)项规定的数量标准的,依照刑法第三百条第一款的规定定罪处罚;查获的邪教宣传品不是其制作,而是准备传播,且数量已达到《解释二》第一条第一款第(一)项规定标准的,属于刑法第三百条第一款组织、利用邪教组织破坏法律实施罪的犯罪预备;查获的邪教宣传品不是其制作,而是准备传播且已传播出去一部分,即被抓获的,尚未传播出去的数量或者已经传播出去与尚未传播出去的数量累计达到《解释二》第一条第一款第(一)项规定的数量标准的,按照犯罪既遂处理,对没有传播的部分，可以酌定从轻处罚。

七、问：对邮寄的邪教宣传品被截获的，怎么处理？

答：被截获的邮寄邪教宣传品数量达到《解释二》第一条第一款第（一）项规定数量标准的，按犯罪未遂处理。

八、问：在公共场所书写、喷涂邪教内容标语、图画等过程中，当场被制止的，怎么处理？

答：对上述情形，情节严重的，依照《解释二》第一条第一款第（四）项的规定定罪处罚。

九、问：对散发、提供所谓邪教组织人员"被迫害"的材料、信息的行为，如何处理？

答：对于上述行为造成恶劣影响的，依照刑法第三百条第一款的规定定罪处罚。

十、问：对两人以上共同故意制作、传播邪教宣传品的，怎么处理？

答：对两人以上共同故意制作、传播邪教宣传品，达到《解释二》第一条第一款第（一）项规定数量标准的，或接近《解释二》第一条第一款第（一）项规定的数量标准并具有其他严重情节的，应当认定为共同犯罪，根据共同制作、传播邪教宣传品的数量、情节，依法追究行为人的刑事责任。

十一、问：多次制作、传播邪教宣传品未被处理的，能否累计计算其制作、传播的邪教宣传品的数量？

答：多次制作、传播邪教宣传品未被处理，依法应当追诉的，累计计算其制作、传播的邪教宣传品的数量，达到《解释二》第一条第一款第（一）项规定数量标准的，追究其刑事责任。

十二、问：如何确定《解释二》第一条第一款第（二）项规定的DVD、VCD、CD母盘？如何确定制作、传播邪教母盘的行为？

答：《解释二》第一条第一款第（二）项规定的DVD、VCD、CD母盘，是指经编辑并用于复制、传播邪教组织信息的DVD、VCD、CD的原始盘。

对于将邪教宣传品内容进行编排、拼接并刻录为光盘用于复制的，属于制作邪教DVD、VCD、CD母盘的行为；以制作为目的，将邪教DVD、VCD、CD母盘交给他人的，属于传播邪教DVD、VCD、CD母盘的行为。

十三、问：对于以播放录音、呼喊口号等方式宣扬邪教的行为如何处理？

答：对于在居民区、公园、学校及其他公共场所，以播放录音、录像、光盘或呼喊口号、讲课、演讲、放气球、抛洒乒乓球等方式宣扬邪教，造成严重社会影响的，按照《解释二》第一条第一款第（四）项的规定定罪处罚。

十四、问：从互联网下载邪教组织信息用于制作、传播邪教宣传品的，应如何处理？

答：从互联网下载邪教组织信息，用于制作、传播邪教宣传品的，适用《解释二》第一条第一款第（三）项的规定定罪处罚。

十五、问：对利用广播电视设施、公用电信设施制作、传播邪教组织信息的，如何处理？

答：对利用广播电视设施、公用电信设施制作、传播邪教组织信息的，应分别情形处理：为传播邪教组织信息破坏广播电视设施、公用电信设施，危害公共安全的，依照刑法第一百二十四条的规定，以破坏广播电视设施、公用电信设施罪定罪处罚；利用广播电视设施、公用电信设施制作、传播邪教组织的信息，同时造成广播电视设施、公用电信设施破坏，危害公共安全的，依照刑法第一百二十四条、第三百条第一款的规定，以破坏广播电视设施、公用电信设施罪，利用邪教组织破坏法律实施罪数罪并罚；对利用广播电视设施、公用电信设施制作、传播邪教组织信息，未对广播电视设施、公用电信设施造成破坏的，依照刑法第三百条第一款的规定，以利用邪教组织破坏法律实施罪定罪处罚。

十六、问：对利用信件、电话、互联网等手段恐吓、威胁他人的行为如何处理？

答：对于实施上述行为情节严重的，依照刑法第三百条第一款的规定定罪处罚。同时触犯其他罪名的，依照处刑较重的罪定罪处罚。

十七、问：《解释二》第五条规定的"聚集滋事、公开进行邪教活动"是否也要求"人数达到20人以上"的，才追究刑事责任？怎样掌握该条中的"其他严重情节"？

答：《解释二》第五条规定的"人数达到20人以上"，既是认定"聚众冲击国家机关、新闻机构等单位"的行为构成犯罪的标准，也是认定"聚集滋事、公开进行邪教活动"的行为构成犯罪的标准。

判断是否具有《解释二》第五条所规定的

“其他严重情节”，应当综合考虑聚集滋事的时间、地点、行为方式、造成的后果等因素。对于在重要公共场所、监管场所及国家重大节日、重大活动期间聚集滋事，公开进行邪教活动的，即使人数未达到20人，也可以根据案件的具体情况，对于组织者、策划者、指挥者和屡教不改的积极参加者，依照刑法第三百条第一款和《解释二》第五条的规定，以利用邪教组织破坏法律实施罪定罪处罚。

十八、问：如何理解刑法第三百条第一款规定的“组织、利用邪教组织破坏法律实施罪”中的“组织”行为和《解释二》第五条、第六条中规定的“组织”行为？

答：刑法第三百条第一款规定的“组织、利用邪教组织破坏法律实施罪”的“组织”行为，是指发起、组建邪教组织的行为。《解释二》第五条、第六条规定的“组织”行为，是指邪教组织成立或被依法取缔后，组织他人进行邪教活动的行为。

十九、问：对于非法聚集，以公开“练功”等方式进行“护法”、“弘法”等邪教活动的，如何处理？

答：对于实施上述邪教活动的，依照《解释二》第五条或者第六条的规定，追究组织者、策划者、指挥者和屡教不改的积极参加者的刑事责任。

二十、问：如何理解《解释二》第五条、第六条中关于“屡教不改”的规定，这一规定是否要求前后两种行为均是同种行为？

答：《解释二》第五条、第六条中规定的“屡教不改”，是指曾因组织和利用邪教组织从事某种违法犯罪行为受过行政处罚或者刑事处罚，又以相同或者不同的方式进行邪教犯罪活动的情形。

二十一、问：因制作、传播邪教宣传品受过刑事处罚或者行政处罚又制作、传播的，是否不论数量多少，都要根据《解释二》第一条第一款第（五）项的规定定罪处罚？

答：对于上述行为，一般应定罪处刑。但情节轻微，行为人确有悔改表现的，可以不作为犯罪论处。

二十二、问：对于多次非法聚集、滋事，进行邪教活动的，如何处理？

答：对于上述行为，应追究组织者、策划者、指挥者和屡教不改的积极参加者的刑事责任。

二十三、问：对邪教组织人员到天安门广场等有重要影响的场所打横幅、喊口号、非法聚集、滋事的行为，是否均应依照《解释二》第一条第一款第（四）项的规定定罪处罚？

答：对实施上述行为的，应当区别不同情形，依照《解释二》第一条第一款第（四）项、第五条和第六条的规定，追究组织者、策划者、指挥者和屡教不改的积极参加者以及其他情节严重的实施者的刑事责任。

二十四、问：对非邪教组织人员为他人印制邪教宣传品的以及对于为邪教活动提供保管、运输、经费、场地、工具、食宿、接送、采购及其他便利条件的，怎么处理？

答：非邪教组织人员与邪教组织人员通谋，为其印制邪教宣传品，且达到《解释二》第一条第一款第（一）项规定的数量标准的，或者为其从事邪教活动提供保管、运输、经费、场地、工具、食宿、接送、采购等便利条件，情节严重的，以利用邪教组织破坏法律实施罪的共犯论处。

二十五、问：组织和利用邪教组织犯罪的嫌疑人、被告人向司法机关提供线索，对抓获其他组织和利用邪教组织犯罪的嫌疑人（包括同案犯）起了重要作用的，是否属于立功？

答：对上述情形，可以认定为有立功表现。

二十六、问：对于实施《解释二》规定的行为，是否一律要定罪处罚？

答：对于实施《解释二》规定的行为，但情节轻微，行为人确有悔改表现，不致再危害社会的，可以不以犯罪论处。

二十七、问：对犯组织、利用邪教组织破坏法律实施罪的，是否可以附加剥夺政治权利？

答：对上述犯罪分子，情节特别严重的，依照刑法第五十六条第一款的规定，可以附加剥夺政治权利。

二十八、问：邪教组织违法犯罪人员在监管场所抗拒改造，仍继续进行邪教活动的，如何处理？

答：邪教组织违法犯罪人员在监管场所抗拒改造，继续从事邪教活动，构成犯罪的，应当依法追究刑事责任。

【干扰无线电业务和无线电台站】

无线电频率资源是一种有限的资源，改革开放后，随着信息化社会的到来，无线电频率资源的利用在国防建设和国民经济建设中占有越来越重要的地位。同时，对无线电频率的干扰以及对无线电设施的破坏的行为也日益突出，这些违法犯罪行为不仅会给国家造成经济上的损失，而且会给公共安全及人民群众的生命财产安全造成严重危害。

根据治安管理处罚法的规定，干扰无线电业务的正常进行和干扰无线电台站的行为，是指行为人违反国家规定，故意干扰无线电业务的正常进行，或者对正常运行的无线电台（站）产生有害干扰，经有关主管部门指出后，拒不采取有效措施消除的行为。该行为具有以下特征：一是行为人违反了国家规定，即行为具有违法性。这里的“国家规定”，是指国家有关无线电业务和无线电台站管理的有关法律、行政法规及相关规范性文件，如《电信条例》、《无线电管理条例》、《广播电视管理条例》等。如果行为人没有违反国家规定，即使客观上造成了对无线电业务的干扰，也不属于违反治安管理的行为，应通过技术手段予以解决。二是行为必须具有一定的危害后果，即故意干扰无线电业务的正常进行，或者对正常运行的无线电台（站）产生有害干扰，经有关主管部门指出后，拒不采取有效措施消除。其中后一种行为构成违法的条件是，对正常运转的无线电台（站）产生有害干扰，经有关主管部门指出后，拒不采取有效措施消除予以消除。即要有一个前置条件，否则不构成违反治安管理行为。这里的“主管部门”，是指无线电管理部门，而不是公安机关。根据治安管理处罚法和有关规定，对这种行为，应当先由主管部门予以制止，并可以依法给予行政处罚；对不听制止或者给予行政处罚后仍继续从事违法行为的，才应当由公安机关予以治安管理处罚。“有害干扰”，是指危害无线电导航或者其他安全业务的正常运行，或者严重地损害、阻碍，以及一再阻断按照规定正常开展的无线电业务的干扰。在无线电业务的开展过程中，无线电干扰不可避免地存在着，但只有有害干扰才会达到危害无线电导航或者其他安全业务的正常运行。

根据治安管理处罚法的规定，违反国家规定，故意干扰无线电业务的正常进行，或者对正常运行的无线电台（站）产生有害干扰，经有关主管部门指出后，拒不采取有效措施消除的，处五日以上十日以下拘留；情节严重的，处十日以上十五日以下拘留。

依据指引：

❶**《中华人民共和国治安管理处罚法》**（2005年8月28日公布，自2006年3月1日起施行）

第二十八条 违反国家规定，故意干扰无线电业务正常进行的，或者对正常运行的无线电台（站）产生有害干扰，经有关主管部门指出后，拒不采取有效措施消除的，处五日以上十日以下拘留；情节严重的，处十日以上十五日以下拘留。

❷**《中华人民共和国刑法》**（1997年3月14日修订公布，自1997年10月1日起施行）

第二百八十八条 违反国家规定，擅自设置、使用无线电台（站），或者擅自占用频率，经责令停止使用后拒不停止使用，干扰无线电通讯正常进行，造成严重后果的，处三年以下有期徒刑、拘役或者管制，并处或者单处罚金。

单位犯前款罪的，对单位判处罚金，并对其直接负责的主管人员和其他直接责任人员，依照前款的规定处罚。

❸**《中华人民共和国无线电管理条例》**（国务院1993年9月11日公布施行）

第十一条　设置、使用无线电台（站）的单位和个人，必须提出书面申请，办理设台（站）审批手续，领取电台执照。

第十三条　设置、使用下列无线电台（站），应当按照本条规定报请相应的无线电管理机构审批：

（一）通信范围或者服务区域涉及两个以上的省或者涉及境外的无线电台（站），中央国家机关（含其在京直属单位）设置、使用的无线电台（站），其他因特殊需要设置、使用的无线电台（站），由国家无线电管理机构审批。

（二）在省、自治区范围内跨地区通信或者服务的无线电台（站），省、自治区机关（含其在省、自治区人民政府所在地直属单位）设置使用的无线电台（站），由省、自治区无线电管理机构审批。

在直辖市范围内通信或者服务的无线电台（站），由直辖市无线电管理机构审批。

（三）在设区的市范围内通信或者服务的无线电台（站），由设区的市无线电管理机构审批。

依照前款规定申请设置固定无线电台（站）的，事先还应当经其上级业务主管部门同意。

设置、使用特别业务的无线电台（站），由国家无线电管理机构委托国务院有关部门审批。

第十四条　船舶、机车、航空器上的制式无线电台（站），必须按照有关规定领取电台执照并报国家无线电管理机构或者地方无线电管理机构备案。

第十五条　设置业余无线电台（站），应当按照国家有关业余无线电台（站）管理的规定办理设台（站）审批手续。

第十六条　位于城市规划区内的固定无线电台（站）的建设布局和选址，必须符合城市规划，服从规划管理。城市规划行政主管部门应当统一安排，保证无线电台（站）必要的工作环境。

第十七条　电台呼号由国家无线电管理机构编制和分配，并由国家无线电管理机构、地方无线电管理机构或者国家无线电管理机构委托的国务院有关部门指配。

经国务院有关部门指配的电台呼号，应当抄送无线电台（站）所在省、自治区、直辖市无线电管理机构备案。

经无线电管理机构指配的船舶电台呼号，应当抄送国务院交通主管部门备案。

第十九条　遇有危及人民生命财产安全的紧急情况，可以临时动用未经批准设置使用的无线电设备，但是应当及时向无线电管理机构报告。

第二十条　无线电台（站）经批准使用后，应当按照核定的项目进行工作，不得发送和接收与工作无关的信号；确需变更项目的，必须向原批准机构办理变更手续。

无线电台（站）停用或者撤销时，应当及时向原批准机构办理有关手续。

第二十二条　国家无线电管理机构对无线电频率实行统一划分和分配。

国家无线电管理机构、地方无线电管理机构根据设台（站）审批权限对无线电频率进行指配。

国务院有关部门对分配给本系统使用的频段和频率进行指配，并同时抄送国家无线电管理机构或者有关的地方无线电管理机构备案。

第二十三条　指配和使用频率，必须遵守国家有关频率管理的规定。

业经指配的频率，原指配单位可以在与使用单位协商后调整或者收回。

频率使用期满，需要继续使用的，必须办理续用手续。

任何单位和个人未经国家无线电管理机构或者地方无线电管理机构批准，不得转让频率。禁止出租或者变相出租频率。

第二十四条　因国家安全和重大任务需要实行无线电管制时，管制区域内设有无线电发射设备和其他辐射无线电波设备的单位和个人，必须遵守有关管制的规定。

第二十五条　对依法设置的无线电台（站），无线电管理机构应当保护其使用的频率免受有害干扰。

处理无线电频率相互有害干扰，应当遵循带外让带内、次要业务让主要业务、后用让先用、无规划让有规划的原则；遇特殊情况时，由国家无线电管理机构根据具体情况协调、处理。

第四十三条　对有下列行为之一的单位和个人，国家无线电管理机构或者地方无线电管理机构可以根据具体情况给予警告、查封或者没收设备、没收非法所得的处罚；情节严重的，可以并处一千元以上、五千元以下的罚款或者吊销其电台执照：

（一）擅自设置、使用无线电台（站）的；

（二）违反本条例规定研制、生产、进口无线电发射设备的；

（三）干扰无线电业务的；

（四）随意变更核定项目，发送和接收与工作无关的信号的；

（五）不遵守频率管理的有关规定，擅自出租、转让频率的。

第四十四条 违反本条例规定，给国家、集体或者个人造成重大损失的，应当依法承担赔偿责任；国家无线电管理机构或者地方无线电管理机构并应当追究或者建议有关部门追究直接责任者和单位领导人的行政责任。

❹**《无线电管理处罚规定》**（国家无线电管理委员会1995年10月28日发布施行）

第二条 本规定所称无线电管理处罚，是指无线电管理机构对违反《条例》规定的行为实施的行政处罚。

第四条 对单位和个人（含外国机构和外国人）实施的无线电管理处罚，除有关法律、法规、规章另有规定的外，均适用本规定。

第六条 未经无线电管理机构或者国家无线电管理机构委托或者授权的机构批准，擅自设置、使用无线电台（站）的，给予查封或者没收设备，可以并处五千元以下的罚款或者吊销其电台执照。

违反无线电台（站）设置使用管理规定，有下列行为之一的，给予警告，可以并处一千元以下的罚款；情节严重的，予以查封或者没收设备，可以并处五千元以下罚款：

（一）无线电台（站）虽经无线电管理机构批准设置、使用，但是未在规定时间内领取中华人民共和国无线电台执照的；

（二）无线电台（站）设置、使用手续不全或者已经失效，经督促，超过规定时限仍未办理正式手续的；

（三）船舶、机车、航空器上的制式电台未按照规定领取中华人民共和国无线电台执照或者到无线电管理机构注册登记的；

（四）业余无线电台未按照规定办理设台审批手续或者手续不全的；

（五）违反电台呼号管理规定，编制、使用电台呼号的；

（六）违反电台执照管理规定，转借、涂改、伪造电台执照或者使用作废电台执照的；

（七）紧急情况下动用未经批准的电台，未及时报告的；

（八）无线电台停用或者撤销后，未在规定时间内办理有关手续的；

（九）销售单位进行实效发射试验，未办理临时设台手续的。

第八条 干扰合法的无线电业务，有下列行为之一的，给予警告或者一千元以下的罚款；情节严重，故意干扰合法的无线电业务，造成重大通信事故的，予以查封或者没收设备，可以并处一千元以上五千元以下的罚款，吊销电台执照：

（一）设置、使用的无线电设备不符合无线电管理技术标准及有关规定，对无线电业务产生有害干扰的；

（二）自行改变无线电台核定工作项目，对其他无线电业务产生有害干扰的；

（三）因操作人员渎职、失职或者技术操作事故，造成对其他无线电业务有害干扰的；

（四）使用不合标准的工业、科技、医疗设备及其他非无线电设备，对无线电业务产生有害干扰的；

（五）设置、使用可能产生有害干扰的各类非无线电设施，未征求城市规划部门和当地无线电管理机构同意的；

（六）非无线电设备对无线电台（站）产生有害干扰，经无线电管理机构指出后，仍不采取措施予以消除的；

（七）非无线电设备的无线电波辐射对航空器、船舶安全航行造成危险，经指出后，仍不停止使用的；

（八）擅自与核准通信范围以外的其它电台（站）进行通信，影响他台工作的；

（九）有干扰无线电业务的其他行为的。

第九条 随意变更核定项目，发送、接收与工作无关的信号，有下列行为之一的，给予警告或者一千元以下的罚款；情节严重，造成严重后果的，予以查封或者没收设备，没收非法所得，可以并处一千元以上五千元以下的罚款，吊销电台执照：

（一）擅自变更频率、呼号、台址、服务范围、工作时间、通信对象、天线参数、发射功率等的；

（二）擅自转借、转让电台或者允许他人使用供自己使用的频率、呼号的；

（三）发射、接收与工作无关的信号的；

（四）擅自更换发射设备、工作方式的；

（五）有变更核定项目的其他行为的。

第十条 违反有关频率管理的规定，有下列第（一）项至第（五）项行为之一的，给予警告或者一千元以下罚款；有下列第（六）项、第（七）项行为之一的，予以查封或者没收其设备，没收非法所得，可以并处一千元以上五千元以下的罚款，吊销其电台执照：

（一）使用频率超过核准的带宽，影响他台工作的；

（二）拒不执行经协商后作出的调整或者收回频率决定的；

（三）不参加规定的无线电设备检测的；

（四）使用频率期满，不办理续用手续的；

（五）不按照规定缴纳频率占用费的；

（六）转让、出租或者变相出租频率的；

（七）擅自使用未经批准的频率的。

【危害计算机信息系统安全】

国家对计算机信息系统安全有专门的规定，对危害计算机信息系统安全的违法行为，有的应当由计算机安全主管部门予以罚款等行政处罚；有的情节严重的，应当依法追究刑事责任。对一些情节相对比较严重，但尚不够刑事处罚的违法行为，仅予以一般的行政处罚不足以起到惩戒作用的，还应当予以治安拘留的处罚。根据治安管理处罚法的规定，需要予以治安拘留处罚的危害计算机信息系统安全的行为主要有四种表现形式：违反国家规定，侵入计算机信息系统，造成危害的；违反国家规定，对计算机信息系统功能进行删除、修改、增加、干扰，造成计算机信息系统不能正常运行的；违反国家规定，对计算机信息系统中存储、处理、传输的数据和应用程序进行删除、修改、增加的；故意制作、传播计算机病毒等破坏性程序，影响计算机信息系统正常运行的。"违反国家规定"，是指违反国家关于保护计算机安全的有关规定，目前主要是指违反《中华人民共和国计算机安全保护条例》的规定。侵入计算机信息系统，是指未经授权的非法客户，采用各种手段，擅自进入他人计算机信息系统的行为。"计算机信息系统功能"，是指在计算机中，按照一定的应用目标和规则对信息进行采集、加工、存储、传输和检索的功用和能力。"对计算机信息系统功能进行删除、修改、增加、干扰"，是指将原有的计算机信息系统功能除去，或者进行改动，或者增加某种功能使原有功能受到影响或者破坏，或者用删除、修改、增加以外的其他方法破坏计算机信息系统功能，使其不能正常运行的行为。"不能正常运行"，是指计算机信息系统失去功能，不能运行或者计算机信息系统功能不能按原来设计的要求运行。"计算机信息系统中存储、处理或者传输的数据"，是指在计算机信息系统中实际处理的一切文字、符号、声音、图像等内容有意义的组合。"计算机应用程序"，是用户使用数据库的一种方式，是用户按数据库授予的子模式的逻辑结构，书写对数据进行操作和运算的程序。"对计算机信息系统中存储、处理、传输的数据和应用程序进行删除、修改、增加"，是指将数据和应用程序的全部或者一部删去，或者对数据和应用程序进行改动，或者在计算机信息系统中增加新的数据和应用程序。"计算机病毒"，是指在计算机中编制的或者在计算机程序中插入的破坏计算机功能或者毁坏数据，影响计算机使用，并能自我复制的一组计算机指令或者程序代码，其本质是非授权的程序加载。计算机病毒具有可传播性、可激发性和可潜伏性。“计算机破坏性程序”，是指隐藏在可执行程序中或数据文件中，在计算机内部运行的一种干扰程序，这种破坏性程序的典型是计算机病毒。“故意制作、传播计算机病毒等破坏性程序”，是指通过计算机，编制、设计针对计算机信息系统的破坏性程序，通过计算机信息系统（含网络），直接输入、输出破坏性程序，或者将已输入破坏性程序的软件加以派送、散发、销售的行为。

根据治安管理处罚法的规定，对以上述手段危害计算机信息系统的，处五日以下拘留；情节严重的，处五日以上十日以下拘留。

依据指引：

❶**《中华人民共和国治安管理处罚法》**（2005年8月28日公布，自2006年3月1日起施行）

第二十九条 有下列行为之一的，处五日以下拘留；情节较重的，处五日以上十日以下拘留：

（一）违反国家规定，侵入计算机信息系统，造成危害的；

（二）违反国家规定，对计算机信息系统功能进行删除、修改、增加、干扰，造成计算机信息系统不能正常运行的；

（三）违反国家规定，对计算机信息系统中存储、处理、传输的数据和应用程序进行删除、修改、增加的；

（四）故意制作、传播计算机病毒等破坏性程序，影响计算机信息系统正常运行的。

❷**《中华人民共和国刑法》**（1997年3月14日修订公布，自1997年10月1日起施行）

第二百八十五条 违反国家规定，侵入国家事务、国防建设、尖端科学技术领域的计算机信息系统的，处三年以下有期徒刑或者拘役。

第二百八十六条 违反国家规定，对计算机信息系统功能进行删除、修改、增加、干扰，造成计算机信息系统不能正常运行，后果严重的，处五年以下有期徒刑或者拘役；后果特别严重的，处五年以上有期徒刑。

违反国家规定，对计算机信息系统中存储、处理或者传输的数据和应用程序进行删除、修改、增加的操作，后果严重的，依照前款的规定处罚。

故意制作、传播计算机病毒等破坏性程序，影响计算机系统正常运行，后果严重的，依照第一款的规定处罚。

❸**《全国人民代表大会常务委员会关于维护互联网安全的决定》**（2000年12月28日公布施行）

一、为了保障互联网的运行安全，对有下列行为之一，构成犯罪的，依照刑法有关规定追究刑事责任：

（一）侵入国家事务、国防建设、尖端科学技术领域的计算机信息系统；

（二）故意制作、传播计算机病毒等破坏性程序，攻击计算机系统及通信网络，致使计算机系统及通信网络遭受损害；

（三）违反国家规定，擅自中断计算机网络或者通信服务，造成计算机网络或者通信系统不能正常运行。

❹**《中华人民共和国计算机信息系统安全保护条例》**（国务院1994年2月18日公布施行）

第二条 本条例所称的计算机信息系统，是指由计算机及其相关的和配套的设备、设施（含网络）构成的，按照一定的应用目标和规则对信息进行采集、加工、存储、传输、检索等处理的人机系统。

第三条 计算机信息系统的安全保护，应当保障计算机及其相关的和配套的设备、设施（含网络）的安全，运行环境的安全，保障信息的安全，保障计算机功能的正常发挥，以维护计算机信息系统的安全运行。

第四条 计算机信息系统的安全保护工作，重点维护国家事务、经济建设、国防建设、尖端科学技术等重要领域的计算机信息系统的安全。

第五条 中华人民共和国境内的计算机信息系统的安全保护，适用本条例。

未联网的微型计算机的安全保护办法，另行制定。

第六条 公安部主管全国计算机信息系统安全保护工作。

国家安全部、国家保密局和国务院其他有关

部门，在国务院规定的职责范围内做好计算机信息系统安全保护的有关工作。

第七条 任何组织或者个人，不得利用计算机信息系统从事危害国家利益、集体利益和公民合法利益的活动，不得危害计算机信息系统的安全。

第八条 计算机信息系统的建设和应用，应当遵守法律、行政法规和国家其他有关规定。

第九条 计算机信息系统实行安全等级保护。安全等级的划分标准和安全等级保护的具体办法，由公安部会同有关部门制定。

第十三条 计算机信息系统的使用单位应当建立健全安全管理制度，负责本单位计算机信息系统的安全保护工作。

第十四条 对计算机信息系统中发生的案件，有关使用单位应当在24小时内向当地县级以上人民政府公安机关报告。

第十五条 对计算机病毒和危害社会公共安全的其他有害数据的防治研究工作，由公安部归口管理。

第十七条 公安机关对计算机信息系统安全保护工作行使下列监督职权：

（一）监督、检查、指导计算机信息系统安全保护工作；

（二）查处危害计算机信息系统安全的违法犯罪案件；

（三）履行计算机信息系统安全保护工作的其他监督职责。

第十八条 公安机关发现影响计算机信息系统安全的隐患时，应当及时通知使用单位采取安全保护措施。

第十九条 公安部在紧急情况下，可以就涉及计算机信息系统安全的特定事项发布专项通令。

第二十条 违反本条例的规定，有下列行为之一的，由公安机关处以警告或者停机整顿：

（一）违反计算机信息系统安全等级保护制度，危害计算机信息系统安全的；

（二）违反计算机信息系统国际联网备案制度的；

（三）不按照规定时间报告计算机信息系统中发生的案件的；

（四）接到公安机关要求改进安全状况的通知后，在限期内拒不改进的；

（五）有危害计算机信息系统安全的其他行为的。

第二十三条 故意输入计算机病毒以及其他有害数据危害计算机信息系统安全的，或者未经许可出售计算机信息系统安全专用产品的，由公安机关处以警告或者对个人处以5000元以下的罚款、对单位处以15000元以下的罚款；有违法所得的，除予以没收外，可以处以违法所得1至3倍的罚款。

第二十八条 本条例下列用语的含义：

计算机病毒，是指编制或者在计算机程序中插入的破坏计算机功能或者毁坏数据，影响计算机使用，并能自我复制的一组计算机指令或者程序代码。

计算机信息系统安全专用产品，是指用于保护计算机信息系统安全的专用硬件和软件产品。

❺《最高人民法院关于审理破坏公用电信设施刑事案件具体应用法律若干问题的解释》（2004年12月30日发布，自2005年1月11日起施行）

第一条 采用截断通信线路、损毁通信设备或者删除、修改、增加电信网计算机信息系统中存储、处理或者传输的数据和应用程序等手段，故意破坏正在使用的公用电信设施，具有下列情形之一的，属于刑法第一百二十四条规定的“危害公共安全”，依照刑法第一百二十四条第一款规定，以破坏公用电信设施罪处三年以上七年以下有期徒刑：

（一）造成火警、匪警、医疗急救、交通事故报警、救灾、抢险、防汛等通信中断或者严重障碍，并因此贻误救助、救治、救灾、抢险等，致使人员死亡一人、重伤三人以上或者造成财产损失三十万元以上的；

（二）造成二千以上不满一万用户通信中断一小时以上，或者一万以上用户通信中断不满一小时的；

（三）在一个本地网范围内，网间通信全阻、关口局至某一局向全部中断或网间某一业务全部中断不满二小时或者直接影响范围不满五万（用户×小时）的；

（四）造成网间通信严重障碍，一日内累计二小时以上不满十二小时的；

（五）其他危害公共安全的情形。

第二条 实施本解释第一条规定的行为，具有下列情形之一的，属于刑法第一百二十四条第一款规定的“严重后果”，以破坏公用电信设施罪处七年以上有期徒刑：

（一）造成火警、匪警、医疗急救、交通事故报警、救灾、抢险、防汛等通信中断或者严重障碍，并因此贻误救助、救治、救灾、抢险等，致使人员死亡二人以上、重伤六人以上或者造成财产损失六十万元以上的；

（二）造成一万以上用户通信中断一小时以上的；

（三）在一个本地网范围内，网间通信全阻、关口局至某一局向全部中断或网间某一业务全部中断二小时以上或者直接影响范围五万（用户×小时）以上的；

（四）造成网间通信严重障碍，一日内累计十二小时以上的；

（五）造成其他严重后果的。

❻《计算机病毒防治管理办法》（公安部2000年4月26日发布施行）

第二条 本办法所称的计算机病毒，是指编制或者在计算机程序中插入的破坏计算机功能或者毁坏数据，影响计算机使用，并能自我复制的一组计算机指令或者程序代码。

第三条 中华人民共和国境内的计算机信息系统以及未联网计算机的计算机病毒防治管理工作，适用本办法。

第四条 公安部公共信息网络安全监察部门主管全国的计算机病毒防治管理工作。

地方各级公安机关具体负责本行政区域内的计算机病毒防治管理工作。

第五条 任何单位和个人不得制作计算机病毒。

第六条 任何单位和个人不得有下列传播计算机病毒的行为：

（一）故意输入计算机病毒，危害计算机信息系统安全；

（二）向他人提供含有计算机病毒的文件、软件、媒体；

（三）销售、出租、附赠含有计算机病毒的媒体；

（四）其他传播计算机病毒的行为。

第七条 任何单位和个人不得向社会发布虚假的计算机病毒疫情。

第十条 对计算机病毒的认定工作，由公安部公共信息网络安全监察部门批准的机构承担。

第十一条 计算机信息系统的使用单位在计算机病毒防治工作中应当履行下列职责：

（一）建立本单位的计算机病毒防治管理制度；

（二）采取计算机病毒安全技术防治措施；

（三）对本单位计算机信息系统使用人员进行计算机病毒防治教育和培训；

（四）及时检测、清除计算机信息系统中的计算机病毒，并备有检测、清除的记录；

（五）使用具有计算机信息系统安全专用产品销售许可证的计算机病毒防治产品；

（六）对因计算机病毒引起的计算机信息系统瘫痪、程序和数据严重破坏等重大事故及时向公安机关报告，并保护现场。

第十二条 任何单位和个人在从计算机信息网络上下载程序、数据或者购置、维修、借入计算机设备时，应当进行计算机病毒检测。

第十三条 任何单位和个人销售、附赠的计算机病毒防治产品，应当具有计算机信息系统安全专用产品销售许可证，并贴有“销售许可”标记。

第十四条 从事计算机设备或者媒体生产、销售、出租、维修行业的单位和个人，应当对计算机设备或者媒体进行计算机病毒检测、清除工作，并备有检测、清除的记录。

第十五条 任何单位和个人应当接受公安机关对计算机病毒防治工作的监督、检查和指导。

第十六条 在非经营活动中有违反本办法第五条、第六条第二、三、四项规定行为之一的，由公安机关处以一千元以下罚款。

在经营活动中有违反本办法第五条、第六条第二、三、四项规定行为之一，没有违法所得的，由公安机关对单位处以一万元以下罚款，对个人处以五千元以下罚款；有违法所得的，处以违法所得三倍以下罚款，但是最高不得超过三万元。

违反本办法第六条第一项规定的，依照《中华人民共和国计算机信息系统安全保护条例》第二十三条的规定处罚。

第十七条 违反本办法第七条、第八条规定行为之一的，由公安机关对单位处以一千元以下罚款，对单位直接负责的主管人员和直接责任人员处以五百元以下罚款；对个人处以五百元以下罚款。

第十八条 违反本办法第九条规定的，由公安机关处以警告，并责令其限期改正；逾期不改正的，取消其计算机病毒防治产品检测机构的检测资格。

第十九条 计算机信息系统的使用单位有下列行为之一的，由公安机关处以警告，并根据情况责令其限期改正；逾期不改正的，对单位处以一千元以下罚款，对单位直接负责的主管人员和直接责任人员处以五百元以下罚款：

（一）未建立本单位计算机病毒防治管理制度的；

（二）未采取计算机病毒安全技术防治措施的；

（三）未对本单位计算机信息系统使用人员进行计算机病毒防治教育和培训的；

（四）未及时检测、清除计算机信息系统中的计算机病毒，对计算机信息系统造成危害的；

（五）未使用具有计算机信息系统安全专用产品销售许可证的计算机病毒防治产品，对计算机信息系统造成危害的。

第二十条 违反本办法第十四条规定，没有违法所得的，由公安机关对单位处以一万元以下罚款，对个人处以五千元以下罚款；有违法所得的，处以违法所得三倍以下罚款，但是最高不得超过三万元。

第二十一条 本办法所称计算机病毒疫情，是指某种计算机病毒爆发、流行的时间、范围、破坏特点、破坏后果等情况的报告或者预报。

本办法所称媒体，是指计算机软盘、硬盘、磁带、光盘等。

❼ 公安部关于对破坏未联网的微型计算机信息系统是否适用《刑法》第286条的请示的批复（1998年11月25日）

吉林省公安厅：

你厅《关于“破坏未联网计算机财务系统程序和数据的行为是否适用＜刑法＞第286条故意破坏计算机信息系统数据应有程序罪”的请示》收悉，现批复如下：

《刑法》第286条中的“违反国家规定”是指包括《中华人民共和国计算机信息系统安全保护条例》（以下简称《条例》）在内的有关行政法规、部门规章的规定。《条例》第5条第2款规定的“未联网的微型计算机的安全保护办法，另行规定”，主要是考虑到未联入网络的单台微型计算机系统所处环境和使用情况比较复杂，且基本无安全功能，需针对这些特点另外制定相应的安全管理措施。然而，未联网的计算机信息系统也属计算机信息系统，《条例》第2、3、7条的安全保护原则、规定，对未联网的微型计算机系统完全适用。因此破坏未联网的微型计算机信息系统适用《刑法》第286条。

❽ 公安部关于对《中华人民共和国计算机信息系统安全保护条例》中涉及的“有害数据”问题的批复（1996年5月9日）

内蒙古自治区公安厅：

你厅《关于“计算机有害数据”定义的请示》（内公事〔1996〕30号）收悉。现批复如下：

“有害数据”是指计算机信息系统及其存储介质中存在、出现的，以计算机程序、图象、文字、声音等多种形式表示的，含有攻击人民民主专政、社会主义制度，攻击党和国家领导人，破坏民族团结等危害国家安全内容的信息；含有宣扬封建迷信、淫秽色情、凶杀、教唆犯罪等危害社会治安秩序内容的信息，以及危害计算机信息系统运行和功能发挥，应用软件、数据可靠性、完整性和保密性，用于违法活动的计算机程序（含计算机病毒）。

第二节　妨害公共安全的行为和处罚

本节为读者提供与以下题目有关的法律问题的专家意见及法律依据

■危险物质　■违反危险物质管理　■危险物质被盗、抢、丢失不报告　■非法携带枪支、弹药、弩、匕首等管制器具　■非法携带管制器具进入公共场所、公共交通工具　■盗窃、损毁公共设施　■妨害国（边）界标志、设施或走向　■妨害航空器飞行安全　■妨害铁路运行安全　■妨害列车行车安全　■违反规定安装、使用电网　■不设或者妨害施工防护设施、警示标志　■盗窃、损毁路面井盖、照明等公共设施　■举办大型活动违反治安管理　■公共活动场所违反安全规定

【危险物质】

所谓危险物质是指具有爆炸性、毒害性、放射性、腐蚀性的物质和传染病病原体等物质。具体来说，爆炸性物质是指在受到摩擦、撞击、震动、高温或者其他因素的激发下，能产生激烈的化学反应，在瞬间产生大量的气体和热量并伴有光和声等效应，使周围空气压力急剧上升，发生爆炸的物品。如各种炸药、雷管、导火索、黑火药、烟火剂、民用信号弹和烟花爆竹等。毒害性物质是指少量进入人体，即能使得肌体受到损害或者破坏其正常的生理机能，使其产生暂时或者永久性的病理状态，甚至导致肌体死亡的物质，包括化学性毒物、生物性毒物和微生物类毒物，常见的有氰化钾、砷化氢、磷化氢、砒霜、信石、吗啡、升汞及各种剧毒农药（敌敌畏、乐果）等。放射性物质是指能放射出射线的物质。某些元素和它们的化合物，结构不稳定，衰变时能从原子核中放射出肉眼看不见的、有穿透性的粒子—射线。具有这种特性的元素以及它们的化合物称为放射性物质，如钴－60、铯－137、铀矿沙、硝酸钍等。腐蚀性物质是指硫酸、盐酸等能够严重毁坏其他物品以及人身的物品。传染性病原体是指能在人体或者动物体内生长、繁殖，通过空气、饮食、接触等方式传播，能对人体健康造成危害的传染病菌种和毒种。

依据指引：

《中华人民共和国治安管理处罚法》（2005年8月28日公布，自2006年3月1日起施行）

第二十五条　有下列行为之一的，处五日以上十日以下拘留，可以并处五百元以下罚款；情节较轻的，处五日以下拘留或者五百元以下罚款。

（一）散布谣言，谎报险情、疫情、警情或者以其他方法故意扰乱公共秩序的；

（二）投放虚假的爆炸性、毒害性、放射性、腐蚀性物质和传染病病原体等危险物质扰乱公共秩序的；

（三）扬言实施放火、爆炸、投放危险物质扰乱公共秩序的。

第三十条　违反国家规定，制造、买卖、储存、运输、邮寄、携带、使用、提供、处置爆炸性、毒害性、放射性、腐蚀性物质或者传染病病原体等危险物质的，处十日以上十五日以下拘留；情节较轻的，处五日以上十日以下拘留。

第三十一条　爆炸性、毒害性、放射性、腐蚀性物质或者传染病病原体等危险物质被盗、被

抢或者丢失，未按规定报告的，处五日以下拘留；故意隐瞒不报的，处五日以上十日以下拘留。

【违反危险物质管理】

各种爆炸性、毒害性、放射性、腐蚀性物质以及传染病病原体等危险物质，有的是科研、生产必不可少的，有的则是正常生产活动中不可避免的副产品。这些危险物质，用之得当，可以造福于人类；用之不当，则会给人类带来巨大的灾难。在长期的生产、科研实践中，人们总结出了安全、妥善地处置、保管、运输危险物质，趋利避害的各种操作规程和管理规定。严格遵守这些规定，就能够最大限度地降低危险物质肇事的几率。违反危险物品管理规定的行为，会给公共安全带来极大的隐患，除应由相关主管部门依照有关危险品管理规定，予以罚款等行政处罚外，有的还应当予以治安拘留处罚；情节严重的，应依法追究刑事责任。

根据治安管理处罚法的规定，违反危险物质管理，是指违反国家有关规定，制造、买卖、储存、运输、邮寄、携带、使用、提供、处置爆炸性、毒害性、放射性、腐蚀性物质和传染病病原体等危险物质的行为。这里的“国家规定”，主要是指与危险物质的制造、买卖、储存、运输、使用、进出口以及其他管理的有关法律、行政法规。如《传染病防治法》、《民用爆炸物品管理条例》、《危险化学品安全管理条例》等。对各种危险物质的制造、买卖、储存、运输、邮寄、携带、使用、提供和处置，在这些法律、行政法规、规章中都有相应的专门规定。“制造”，是指行为人违反国家规定，私自以各种方法生产爆炸性、毒害性、放射性、腐蚀性物质和传染病病原体等危险物质的行为。“买卖”，是指行为人非法购买或者出售爆炸性、毒害性、放射性、腐蚀性物质和传染病病原体等危险物质的行为。“储存”是指明知是他人非法制造、买卖、运输、邮寄的枪支、弹药、爆炸物而为其存放的行为。这里所说的“运输”与“邮寄”的主要区别是运输方式的不同，前者要通过一定的交通工具来完成，而后者是通过邮政系统完成的。“携带”，是指行为人违反国家有关规定，随身携带上述危险物质进入公共场所或者乘坐公共交通工具的行为。“使用”，是指行为人违反国家有关规定、擅自使用的行为。“提供”主要是指非法出借、进出口或者赠与危险物质的行为。

根据治安管理处罚法的规定，违反国家规定，制造、买卖、储存、运输、邮寄、携带、使用、提供、处置爆炸性、毒害性、放射性、腐蚀性物质或者传染病病原体等危险物质的，处十日以上十五日以下拘留；情节较轻的，五日以上十日以下拘留。

应当指出的是，行为人实施非法制造、买卖、储存、运输、邮寄、携带、使用、提供、处置爆炸性、毒害性、放射性、腐蚀性物质和传染病病原体等危险物质的行为，必须是情节较轻，尚不够刑事处罚的，才能根据本条的规定给予治安处罚。如果该行为已经危及公共安全的，应当按照刑法第一百二十五条规定的非法制造、买卖、储存、运输危险物质罪和第一百三十条规定的非法携带危险物品危及公共安全罪以及第三百三十八条规定的重大环境污染事故罪等规定定罪处刑。

依据指引：

❶《中华人民共和国治安管理处罚法》(2005年8月28日公布，自2006年3月1日起施行)

第三十条　违反国家规定，制造、买卖、储存、运输、邮寄、携带、使用、提供、处置爆炸性、毒害性、放射性、腐蚀性物质或者传染病病原体等危险物质的，处十日以上十五日以下拘留；情节较轻的，处五日以上十日以下拘留。

❷《中华人民共和国刑法》（1997年3月14日修订公布，自1997年10月1日起施行）

第一百二十五条　非法制造、买卖、运输、邮寄、储存枪支、弹药、爆炸物的，处三年以上十年以下有期徒刑；情节严重的，处十年以上有期徒刑、无期徒刑或者死刑。

非法买卖、运输核材料的，依照前款的规定处罚。

单位犯前两款罪的，对单位判处罚金，并对其直接负责的主管人员和其他直接责任人员，依照第一款的规定处罚。

第一百三十条　非法携带枪支、弹药、管制刀具或者爆炸性、易燃性、放射性、毒害性、腐蚀性物品，进入公共场所或者公共交通工具，危及公共安全，情节严重的，处三年以下有期徒刑、拘役或者管制。

第三百三十八条　违反国家规定，向土地、水体、大气排放、倾倒或者处置有放射性的废物、含传染病病原体的废物、有毒物质或者其他危险废物，造成重大环境污染事故，致使公私财产遭受重大损失或者人身伤亡的严重后果的，处三年以下有期徒刑或者拘役，并处或者单处罚金；后果特别严重的，处三年以上七年以下有期徒刑，并处罚金。

❸《中华人民共和国刑法修正案（三）》（2001年12月29公布施行）

为了惩治恐怖活动犯罪，保障国家和人民生命、财产安全，维护社会秩序，对刑法作如下补充修改：

五、将刑法第一百二十五条第二款修改为："非法制造、买卖、运输、储存毒害性、放射性、传染病病原体等物质，危害公共安全的，依照前款的规定处罚。"

❹《中华人民共和国放射性污染防治法》（2003年6月28日公布，自2003年10月1日起施行）

第四十条　向环境排放放射性废气、废液，必须符合国家放射性污染防治标准。

第四十一条　产生放射性废气、废液的单位向环境排放符合国家放射性污染防治标准的放射性废气、废液，应当向审批环境影响评价文件的环境保护行政主管部门申请放射性核素排放量，并定期报告排放计量结果。

第四十二条　产生放射性废液的单位，必须按照国家放射性污染防治标准的要求，对不得向环境排放的放射性废液进行处理或者贮存。

产生放射性废液的单位，向环境排放符合国家放射性污染防治标准的放射性废液，必须采用符合国务院环境保护行政主管部门规定的排放方式。

禁止利用渗井、渗坑、天然裂隙、溶洞或者国家禁止的其他方式排放放射性废液。

第四十三条　低、中水平放射性固体废物在符合国家规定的区域实行近地表处置。

高水平放射性固体废物实行集中的深地质处置。

α放射性固体废物依照前款规定处置。

禁止在内河水域和海洋上处置放射性固体废物。

第四十五条　产生放射性固体废物的单位，应当按照国务院环境保护行政主管部门的规定，对其产生的放射性固体废物进行处理后，送交放射性固体废物处置单位处置，并承担处置费用。

放射性固体废物处置费用收取和使用管理办法，由国务院财政部门、价格主管部门会同国务院环境保护行政主管部门规定。

第四十六条　设立专门从事放射性固体废物贮存、处置的单位，必须经国务院环境保护行政主管部门审查批准，取得许可证。具体办法由国务院规定。

禁止未经许可或者不按照许可的有关规定从事贮存和处置放射性固体废物的活动。

禁止将放射性固体废物提供或者委托给无许可证的单位贮存和处置。

第五十三条　违反本法规定，生产、销售、使用、转让、进口、贮存放射性同位素和射线装置以及装备有放射性同位素的仪表的，由县级以上人民政府环境保护行政主管部门或者其他有关部门依据职权责令停止违法行为，限期改正；逾期不改正的，责令停产停业或者吊销许可证；有违法所得的，没收违法所得；违法所得十万元以上的，并处违法所得一倍以上五倍以下罚款；没有违法所得或者违法所得不足十万元的，并处一万元以上十万元以下罚款；构成犯罪的，依法追究刑事责任。

第五十四条　违反本法规定，有下列行为之一的，由县级以上人民政府环境保护行政主管部门责令停止违法行为，限期改正，处以罚款；构成犯罪的，依法追究刑事责任：

（一）未建造尾矿库或者不按照放射性污染防治的要求建造尾矿库，贮存、处置铀（钍）矿和伴生放射性矿的尾矿的；

（二）向环境排放不得排放的放射性废气、废液的；

（三）不按照规定的方式排放放射性废液，利用渗井、渗坑、天然裂隙、溶洞或者国家禁止的其他方式排放放射性废液的；

（四）不按照规定处理或者贮存不得向环境排放的放射性废液的；

（五）将放射性固体废物提供或者委托给无许可证的单位贮存和处置的。

有前款第（一）项、第（二）项、第（三）项、第（五）项行为之一的，处十万元以上二十万元以下罚款；有前款第（四）项行为的，处一万元以上十万元以下罚款。

第五十六条　产生放射性固体废物的单位，不按照本法第四十五条的规定对其产生的放射性固体废物进行处置的，由审批该单位立项环境影响评价文件的环境保护行政主管部门责令停止违法行为，限期改正；逾期不改正的，指定有处置能力的单位代为处置，所需费用由产生放射性固体废物的单位承担，可以并处二十万元以下罚款；构成犯罪的，依法追究刑事责任。

第五十七条　违反本法规定，有下列行为之一的，由省级以上人民政府环境保护行政主管部门责令停产停业或者吊销许可证；有违法所得的，没收违法所得；违法所得十万元以上的，并处违法所得一倍以上五倍以下罚款；没有违法所得或者违法所得不足十万元的，并处五万元以上十万元以下罚款；构成犯罪的，依法追究刑事责任：

（一）未经许可，擅自从事贮存和处置放射性固体废物活动的；

（二）不按照许可的有关规定从事贮存和处置放射性固体废物活动的。

❺《营业性演出管理条例》（国务院2005年7月7日公布，自2005年9月1日起施行）

第二十三条　任何人不得携带传染病病原体和爆炸性、易燃性、放射性、腐蚀性等危险物质或者非法携带枪支、弹药、管制器具进入营业性演出现场。

演出场所经营单位应当根据公安部门的要求，配备安全检查设施，并对进入营业性演出现场的观众进行必要的安全检查；观众不接受安全检查或者有前款禁止行为的，演出场所经营单位有权拒绝其进入。

❻《娱乐场所管理条例》（国务院1999年3月26日公布，自1999年7月1日起施行）

第二十七条　任何人不得非法携带枪支、弹药、管制刀具和爆炸性、易燃性、放射性、毒害性、腐蚀性物品进入娱乐场所。

❼《病原微生物实验室生物安全管理条例》（国务院2004年11月12日公布施行）

第二条　对中华人民共和国境内的实验室及其从事实验活动的生物安全管理，适用本条例。

本条例所称病原微生物，是指能够使人或者动物致病的微生物。

本条例所称实验活动，是指实验室从事与病原微生物菌（毒）种、样本有关的研究、教学、检测、诊断等活动。

第七条　国家根据病原微生物的传染性、感染后对个体或者群体的危害程度，将病原微生物分为四类：

第一类病原微生物，是指能够引起人类或者动物非常严重疾病的微生物，以及我国尚未发现或者已经宣布消灭的微生物。

第二类病原微生物，是指能够引起人类或者动物严重疾病，比较容易直接或者间接在人与人、动物与人、动物与动物间传播的微生物。

第三类病原微生物，是指能够引起人类或者动物疾病，但一般情况下对人、动物或者环境不构成严重危害，传播风险有限，实验室感染后很少引起严重疾病，并且具备有效治疗和预防措施的微生物。

第四类病原微生物，是指在通常情况下不会引起人类或者动物疾病的微生物。

第一类、第二类病原微生物统称为高致病性病原微生物。

第八条　人间传染的病原微生物名录由国务院卫生主管部门商国务院有关部门后制定、调整并予以公布；动物间传染的病原微生物名录由国务院兽医主管部门商国务院有关部门后制定、调整并予以公布。

第九条 采集病原微生物样本应当具备下列条件：

（一）具有与采集病原微生物样本所需要的生物安全防护水平相适应的设备；

（二）具有掌握相关专业知识和操作技能的工作人员；

（三）具有有效的防止病原微生物扩散和感染的措施；

（四）具有保证病原微生物样本质量的技术方法和手段。

采集高致病性病原微生物样本的工作人员在采集过程中应当防止病原微生物扩散和感染，并对样本的来源、采集过程和方法等作详细记录。

第十条 运输高致病性病原微生物菌（毒）种或者样本，应当通过陆路运输；没有陆路通道，必须经水路运输的，可以通过水路运输；紧急情况下或者需要将高致病性病原微生物菌（毒）种或者样本运往国外的，可以通过民用航空运输。

第十一条 运输高致病性病原微生物菌（毒）种或者样本，应当具备下列条件：

（一）运输目的、高致病性病原微生物的用途和接收单位符合国务院卫生主管部门或者兽医主管部门的规定；

（二）高致病性病原微生物菌（毒）种或者样本的容器应当密封，容器或者包装材料还应当符合防水、防破损、防外泄、耐高（低）温、耐高压的要求；

（三）容器或者包装材料上应当印有国务院卫生主管部门或者兽医主管部门规定的生物危险标识、警告用语和提示用语。

运输高致病性病原微生物菌（毒）种或者样本，应当经省级以上人民政府卫生主管部门或者兽医主管部门批准。在省、自治区、直辖市行政区域内运输的，由省、自治区、直辖市人民政府卫生主管部门或者兽医主管部门批准；需要跨省、自治区、直辖市运输或者运往国外的，由出发地的省、自治区、直辖市人民政府卫生主管部门或者兽医主管部门进行初审后，分别报国务院卫生主管部门或者兽医主管部门批准。

出入境检验检疫机构在检验检疫过程中需要运输病原微生物样本的，由国务院出入境检验检疫部门批准，并同时向国务院卫生主管部门或者兽医主管部门通报。

通过民用航空运输高致病性病原微生物菌（毒）种或者样本的，除依照本条第二款、第三款规定取得批准外，还应当经国务院民用航空主管部门批准。

有关主管部门应当对申请人提交的关于运输高致性病原微生物菌（毒）种或者样本的申请材料进行审查，对符合本条第一款规定条件的，应当即时批准。

第十二条 运输高致病性病原微生物菌（毒）种或者样本，应当由不少于2人的专人护送，并采取相应的防护措施。

有关单位或者个人不得通过公共电（汽）车和城市铁路运输病原微生物菌（毒）种或者样本。

第十三条 需要通过铁路、公路、民用航空等公共交通工具运输高致病性病原微生物菌（毒）种或者样本的，承运单位应当凭本条例第十一条规定的批准文件予以运输。

承运单位应当与护送人共同采取措施，确保所运输的高致病性病原微生物菌（毒）种或者样本的安全，严防发生被盗、被抢、丢失、泄漏事件。

第十四条 国务院卫生主管部门或者兽医主管部门指定的菌（毒）种保藏中心或者专业实验室（以下称保藏机构），承担集中储存病原微生物菌（毒）种和样本的任务。

保藏机构应当依照国务院卫生主管部门或者兽医主管部门的规定，储存实验室送交的病原微生物菌（毒）种和样本，并向实验室提供病原微生物菌（毒）种和样本。

保藏机构应当制定严格的安全保管制度，作好病原微生物菌（毒）种和样本进出和储存的记录，建立档案制度，并指定专人负责。对高致病性病原微生物菌（毒）种和样本应当设专库或者专柜单独储存。

保藏机构储存、提供病原微生物菌（毒）种和样本，不得收取任何费用，其经费由同级财政在单位预算中予以保障。

保藏机构的管理办法由国务院卫生主管部门会同国务院兽医主管部门制定。

第十五条 保藏机构应当凭实验室依照本条

例的规定取得的从事高致病性病原微生物相关实验活动的批准文件，向实验室提供高致病性病原微生物菌（毒）种和样本，并予以登记。

第十六条 实验室在相关实验活动结束后，应当依照国务院卫生主管部门或者兽医主管部门的规定，及时将病原微生物菌（毒）种和样本就地销毁或者送交保藏机构保管。

保藏机构接受实验室送交的病原微生物菌（毒）种和样本，应当予以登记，并开具接收证明。

第十七条 高致病性病原微生物菌（毒）种或者样本在运输、储存中被盗、被抢、丢失、泄漏的，承运单位、护送人、保藏机构应当采取必要的控制措施，并在2小时内分别向承运单位的主管部门、护送人所在单位和保藏机构的主管部门报告，同时向所在地的县级人民政府卫生主管部门或者兽医主管部门报告，发生被盗、被抢、丢失的，还应当向公安机关报告；接到报告的卫生主管部门或者兽医主管部门应当在2小时内向本级人民政府报告，并同时向上级人民政府卫生主管部门或者兽医主管部门和国务院卫生主管部门或者兽医主管部门报告。

县级人民政府应当在接到报告后2小时内向设区的市级人民政府或者上一级人民政府报告；设区的市级人民政府应当在接到报告后2小时内向省、自治区、直辖市人民政府报告。省、自治区、直辖市人民政府应当在接到报告后1小时内，向国务院卫生主管部门或者兽医主管部门报告。

任何单位和个人发现高致病性病原微生物菌（毒）种或者样本的容器或者包装材料，应当及时向附近的卫生主管部门或者兽医主管部门报告；接到报告的卫生主管部门或者兽医主管部门应当及时组织调查核实，并依法采取必要的控制措施。

第三十三条 从事高致病性病原微生物相关实验活动的实验室的设立单位，应当建立健全安全保卫制度，采取安全保卫措施，严防高致病性病原微生物被盗、被抢、丢失、泄漏，保障实验室及其病原微生物的安全。实验室发生高致病性病原微生物被盗、被抢、丢失、泄漏的，实验室的设立单位应当依照本条例第十七条的规定进行报告。

从事高致病性病原微生物相关实验活动的实验室应当向当地公安机关备案，并接受公安机关有关实验室安全保卫工作的监督指导。

第三十八条 实验室应当依照环境保护的有关法律、行政法规和国务院有关部门的规定，对废水、废气以及其他废物进行处置，并制定相应的环境保护措施，防止环境污染。

第六十二条 未经批准运输高致病性病原微生物菌（毒）种或者样本，或者承运单位经批准运输高致病性病原微生物菌（毒）种或者样本未履行保护义务，导致高致病性病原微生物菌（毒）种或者样本被盗、被抢、丢失、泄漏的，由县级以上地方人民政府卫生主管部门、兽医主管部门依照各自职责，责令采取措施，消除隐患，给予警告；造成传染病传播、流行或者其他严重后果的，由托运单位和承运单位的主管部门对主要负责人、直接负责的主管人员和其他直接责任人员，依法给予撤职、开除的处分；构成犯罪的，依法追究刑事责任。

第六十八条 保藏机构未依照规定储存实验室送交的菌（毒）种和样本，或者未依照规定提供菌（毒）种和样本的，由其指定部门责令限期改正，收回违法提供的菌（毒）种和样本，并给予警告；造成传染病传播、流行或者其他严重后果的，由其所在单位或者其上级主管部门对主要负责人、直接负责的主管人员和其他直接责任人员，依法给予撤职、开除的处分；构成犯罪的，依法追究刑事责任。

❽《危险化学品安全管理条例》（国务院2002年1月26日公布，自2002年3月15日起施行）

第三条 本条例所称危险化学品，包括爆炸品、压缩气体和液化气体、易燃液体、易燃固体、自燃物品和遇湿易燃物品、氧化剂和有机过氧化物、有毒品和腐蚀品等。

危险化学品列入以国家标准公布的《危险货物品名表》（GB12268）；剧毒化学品目录和未列入《危险货物品名表》的其他危险化学品，由国务院经济贸易综合管理部门会同国务院公安、环境保护、卫生、质检、交通部门确定并公布。

第四条 生产、经营、储存、运输、使用危险化学品和处置废弃危险化学品的单位（以下统称危险化学品单位），其主要负责人必须保证本单位危险化学品的安全管理符合有关法律、法规、规章的规定和国家标准的要求，并对本单位危险化学品的安全负责。

危险化学品单位从事生产、经营、储存、运输、使用危险化学品或者处置废弃危险化学品活动的人员，必须接受有关法律、法规、规章和安全知识、专业技术、职业卫生防护和应急救援知识的培训，并经考核合格，方可上岗作业。

第五条 对危险化学品的生产、经营、储存、运输、使用和对废弃危险化学品处置实施监督管理的有关部门，依照下列规定履行职责：

（一）国务院经济贸易综合管理部门和省、自治区、直辖市人民政府经济贸易管理部门，依照本条例的规定，负责危险化学品安全监督管理综合工作，负责危险化学品生产、储存企业设立及其改建、扩建的审查，负责危险化学品包装物、容器（包括用于运输工具的槽罐，下同）专业生产企业的审查和定点，负责危险化学品经营许可证的发放，负责国内危险化学品的登记，负责危险化学品事故应急救援的组织和协调，并负责前述事项的监督检查；设区的市级人民政府和县级人民政府的负责危险化学品安全监督管理综合工作的部门，由各该级人民政府确定，依照本条例的规定履行职责。

（二）公安部门负责危险化学品的公共安全管理，负责发放剧毒化学品购买凭证和准购证，负责审查核发剧毒化学品公路运输通行证，对危险化学品道路运输安全实施监督，并负责前述事项的监督检查。

（三）质检部门负责发放危险化学品及其包装物、容器的生产许可证，负责对危险化学品包装物、容器的产品质量实施监督，并负责前述事项的监督检查。

（四）环境保护部门负责废弃危险化学品处置的监督管理，负责调查重大危险化学品污染事故和生态破坏事件，负责有毒化学品事故现场的应急监测和进口危险化学品的登记，并负责前述事项的监督检查。

（五）铁路、民航部门负责危险化学品铁路、航空运输和危险化学品铁路、民航运输单位及其运输工具的安全管理及监督检查。交通部门负责危险化学品公路、水路运输单位及其运输工具的安全管理，对危险化学品水路运输安全实施监督，负责危险化学品公路、水路运输单位、驾驶人员、船员、装卸人员和押运人员的资质认定，并负责前述事项的监督检查。

（六）卫生行政部门负责危险化学品的毒性鉴定和危险化学品事故伤亡人员的医疗救护工作。

（七）工商行政管理部门依据有关部门的批准、许可文件，核发危险化学品生产、经营、储存、运输单位营业执照，并监督管理危险化学品市场经营活动。

（八）邮政部门负责邮寄危险化学品的监督检查。

第七条 国家对危险化学品的生产和储存实行统一规划、合理布局和严格控制，并对危险化学品生产、储存实行审批制度；未经审批，任何单位和个人都不得生产、储存危险化学品。

设区的市级人民政府根据当地经济发展的实际需要，在编制总体规划时，应当按照确保安全的原则规划适当区域专门用于危险化学品的生产、储存。

第十一条 危险化学品生产、储存企业改建、扩建的，必须依照本条例第九条的规定经审查批准。

第十二条 依法设立的危险化学品生产企业，必须向国务院质检部门申请领取危险化学品生产许可证；未取得危险化学品生产许可证的，不得开工生产。

国务院质检部门应当将颁发危险化学品生产许可证的情况通报国务院经济贸易综合管理部门、环境保护部门和公安部门。

第十三条 任何单位和个人不得生产、经营、使用国家明令禁止的危险化学品。

禁止用剧毒化学品生产灭鼠药以及其他可能进入人民日常生活的化学产品和日用化学品。

第十六条 生产、储存、使用危险化学品的，应当根据危险化学品的种类、特性，在车间、库房等作业场所设置相应的监测、通风、防晒、调温、防火、灭火、防爆、泄压、防毒、消毒、中和、防潮、防雷、防静电、防腐、防渗漏、防护围堤或者隔离操作等安全设施、设备，并按照国家标准和国家有关规定进行维护、保养，保证符合安全运行要求。

第十七条 生产、储存、使用剧毒化学品的单位，应当对本单位的生产、储存装置每年进行一次安全评价；生产、储存、使用其他危险化学品的单位，应当对本单位的生产、储存装置每两年进行一次安全评价。

安全评价报告应当对生产、储存装置存在的安全问题提出整改方案。安全评价中发现生产、储存装置存在现实危险的，应当立即停止使用，予以更换或者修复，并采取相应的安全措施。

安全评价报告应当报所在地设区的市级人民政府负责危险化学品安全监督管理综合工作的部门备案。

第十八条 危险化学品的生产、储存、使用单位，应当在生产、储存和使用场所设置通讯、报警装置，并保证在任何情况下处于正常适用状态。

第十九条 剧毒化学品的生产、储存、使用单位，应当对剧毒化学品的产量、流向、储存量和用途如实记录，并采取必要的保安措施，防止剧毒化学品被盗、丢失或者误售、误用；发现剧毒化学品被盗、丢失或者误售、误用时，必须立即向当地公安部门报告。

第二十条 危险化学品的包装必须符合国家法律、法规、规章的规定和国家标准的要求。

危险化学品包装的材质、型式、规格、方法和单件质量（重量），应当与所包装的危险化学品的性质和用途相适应，便于装卸、运输和储存。

第二十二条 危险化学品必须储存在专用仓库、专用场地或者专用储存室（以下统称专用仓库）内，储存方式、方法与储存数量必须符合国家标准，并由专人管理。

危险化学品出入库，必须进行核查登记。库存危险化学品应当定期检查。

剧毒化学品以及储存数量构成重大危险源的其他危险化学品必须在专用仓库内单独存放，实行双人收发、双人保管制度。储存单位应当将储存剧毒化学品以及构成重大危险源的其他危险化学品的数量、地点以及管理人员的情况，报当地公安部门和负责危险化学品安全监督管理综合工作的部门备案。

第二十三条 危险化学品专用仓库，应当符合国家标准对安全、消防的要求，设置明显标志。危险化学品专用仓库的储存设备和安全设施应当定期检测。

第二十四条 处置废弃危险化学品，依照固体废物污染环境防治法和国家有关规定执行。

第二十五条 危险化学品的生产、储存、使用单位转产、停产、停业或者解散的，应当采取有效措施，处置危险化学品的生产或者储存设备、库存产品及生产原料，不得留有事故隐患。处置方案应当报所在地设区的市级人民政府负责危险化学品安全监督管理综合工作的部门和同级环境保护部门、公安部门备案。负责危险化学品安全监督管理综合工作的部门应当对处置情况进行监督检查。

第二十七条 国家对危险化学品经营销售实行许可制度。未经许可，任何单位和个人都不得经营销售危险化学品。

第三十条 经营危险化学品，不得有下列行为：

（一）从未取得危险化学品生产许可证或者危险化学品经营许可证的企业采购危险化学品；

（二）经营国家明令禁止的危险化学品和用剧毒化学品生产的灭鼠药以及其他可能进入人民日常生活的化学产品和日用化学品；

（三）销售没有化学品安全技术说明书和化学品安全标签的危险化学品。

第三十一条 危险化学品生产企业不得向未取得危险化学品经营许可证的单位或者个人销售危险化学品。

第三十二条 危险化学品经营企业储存危险化学品，应当遵守本条例第二章的有关规定。危险化学品商店内只能存放民用小包装的危险化学品，其总量不得超过国家规定的限量。

第三十三条 剧毒化学品经营企业销售剧毒化学品，应当记录购买单位的名称、地址和购买人员的姓名、身份证号码及所购剧毒化学品的品名、数量、用途。记录应当至少保存1年。

剧毒化学品经营企业应当每天核对剧毒化学品的销售情况；发现被盗、丢失、误售等情况时，必须立即向当地公安部门报告。

第三十四条 购买剧毒化学品，应当遵守下列规定：

（一）生产、科研、医疗等单位经常使用剧毒化学品的，应当向设区的市级人民政府公安部门申请领取购买凭证，凭购买凭证购买；

（二）单位临时需要购买剧毒化学品的，应当凭本单位出具的证明（注明品名、数量、用途）向设区的市级人民政府公安部门申请领取准购证，凭准购证购买；

（三）个人不得购买农药、灭鼠药、灭虫药以外的剧毒化学品。

剧毒化学品生产企业、经营企业不得向个人或者无购买凭证、准购证的单位销售剧毒化学品。剧毒化学品购买凭证、准购证不得伪造、变造、买卖、出借或者以其他方式转让，不得使用作废的剧毒化学品购买凭证、准购证。

剧毒化学品购买凭证和准购证的式样和具体申领办法由国务院公安部门制定。

第三十五条 国家对危险化学品的运输实行资质认定制度；未经资质认定，不得运输危险化学品。

危险化学品运输企业必须具备的条件由国务院交通部门规定。

第三十六条 用于危险化学品运输工具的槽罐以及其他容器，必须依照本条例第二十一条的规定，由专业生产企业定点生产，并经检测、检验合格，方可使用。

质检部门应当对前款规定的专业生产企业定点生产的槽罐以及其他容器的产品质量进行定期的或者不定期的检查。

第三十七条 危险化学品运输企业，应当对其驾驶员、船员、装卸管理人员、押运人员进行有关安全知识培训；驾驶员、船员、装卸管理人员、押运人员必须掌握危险化学品运输的安全知识，并经所在地设区的市级人民政府交通部门考核合格（船员经海事管理机构考核合格），取得上岗资格证，方可上岗作业。危险化学品的装卸作业必须在装卸管理人员的现场指挥下进行。

运输危险化学品的驾驶员、船员、装卸人员和押运人员必须了解所运载的危险化学品的性质、危害特性、包装容器的使用特性和发生意外时的应急措施。运输危险化学品，必须配备必要的应急处理器材和防护用品。

第三十八条 通过公路运输危险化学品的，托运人只能委托有危险化学品运输资质的运输企业承运。

第三十九条 通过公路运输剧毒化学品的，托运人应当向目的地的县级人民政府公安部门申请办理剧毒化学品公路运输通行证。

办理剧毒化学品公路运输通行证，托运人应当向公安部门提交有关危险化学品的品名、数量、运输始发地和目的地、运输路线、运输单位、驾驶人员、押运人员、经营单位和购买单位资质情况的材料。

剧毒化学品公路运输通行证的式样和具体申领办法由国务院公安部门制定。

第四十条 禁止利用内河以及其他封闭水域等航运渠道运输剧毒化学品以及国务院交通部门规定禁止运输的其他危险化学品。

利用内河以及其他封闭水域等航运渠道运输前款规定以外的危险化学品的，只能委托有危险化学品运输资质的水运企业承运，并按照国务院交通部门的规定办理手续，接受有关交通部门（港口部门、海事管理机构，下同）的监督管理。

运输危险化学品的船舶及其配载的容器必须按照国家关于船舶检验的规范进行生产，并经海事管理机构认可的船舶检验机构检验合格，方可投入使用。

第四十一条 托运人托运危险化学品，应当向承运人说明运输的危险化学品的品名、数量、危害、应急措施等情况。

运输危险化学品需要添加抑制剂或者稳定剂的，托运人交付托运时应当添加抑制剂或者稳定剂，并告知承运人。

托运人不得在托运的普通货物中夹带危险化学品，不得将危险化学品匿报或者谎报为普通货物托运。

第四十二条 运输、装卸危险化学品，应当依照有关法律、法规、规章的规定和国家标准的要求并按照危险化学品的危险特性，采取必要的安全防护措施。

运输危险化学品的槽罐以及其他容器必须封口严密，能够承受正常运输条件下产生的内部压力和外部压力，保证危险化学品在运输中不因温度、湿度或者压力的变化而发生任何渗（洒）漏。

第四十三条 通过公路运输危险化学品，必须配备押运人员，并随时处于押运人员的监管之下，不得超装、超载，不得进入危险化学品运输车辆禁止通行的区域；确需进入禁止通行区域的，应当事先向当地公安部门报告，由公安部门为其指定行车时间和路线，运输车辆必须遵守公安部门规定的行车时间和路线。

危险化学品运输车辆禁止通行区域，由设区的市级人民政府公安部门划定，并设置明显的标志。

运输危险化学品途中需要停车住宿或者遇有无法正常运输的情况时，应当向当地公安部门报告。

第四十四条　剧毒化学品在公路运输途中发生被盗、丢失、流散、泄漏等情况时，承运人及押运人员必须立即向当地公安部门报告，并采取一切可能的警示措施。公安部门接到报告后，应当立即向其他有关部门通报情况；有关部门应当采取必要的安全措施。

第四十五条　任何单位和个人不得邮寄或者在邮件内夹带危险化学品，不得将危险化学品匿报或者谎报为普通物品邮寄。

第四十六条　通过铁路、航空运输危险化学品的，按照国务院铁路、民航部门的有关规定执行。

第五十七条　违反本条例的规定，有下列行为之一的，分别由工商行政管理部门、质检部门、负责危险化学品安全监督管理综合工作的部门依据各自的职权予以关闭或者责令停产停业整顿，责令无害化销毁国家明令禁止生产、经营、使用的危险化学品或者用剧毒化学品生产的灭鼠药以及其他可能进入人民日常生活的化学产品和日用化学品；有违法所得的，没收违法所得；违法所得10万元以上的，并处违法所得1倍以上5倍以下的罚款；没有违法所得或者违法所得不足10万元的，并处5万元以上50万元以下的罚款；触犯刑律的，对负有责任的主管人员和其他直接责任人员依照刑法关于危险物品肇事罪、非法经营罪或者其他罪的规定，依法追究刑事责任：

（一）未经批准或者未经工商登记注册，擅自从事危险化学品生产、储存的；

（二）未取得危险化学品生产许可证，擅自开工生产危险化学品的；

（三）未经审查批准，危险化学品生产、储存企业擅自改建、扩建的；

（四）未取得危险化学品经营许可证或者未经工商登记注册，擅自从事危险化学品经营的；

（五）生产、经营、使用国家明令禁止的危险化学品，或者用剧毒化学品生产灭鼠药以及其他可能进入人民日常生活的化学产品和日用化学品的。

第五十八条　危险化学品单位违反本条例的规定，未根据危险化学品的种类、特性，在车间、库房等作业场所设置相应的监测、通风、防晒、调温、防火、灭火、防爆、泄压、防毒、消毒、中和、防潮、防雷、防静电、防腐、防渗漏、防护围堤或者隔离操作等安全设施、设备的，由负责危险化学品安全监督管理综合工作的部门或者公安部门依据各自的职权责令立即或者限期改正，处2万元以上10万元以下的罚款；触犯刑律的，对负有责任的主管人员和其他直接责任人员依照刑法关于危险物品肇事罪、重大责任事故罪或者其他罪的规定，依法追究刑事责任。

第五十九条　违反本条例的规定，有下列行为之一的，由负责危险化学品安全监督管理综合工作的部门、质检部门或者交通部门依据各自的职权责令立即或者限期改正，处2万元以上20万元以下的罚款；逾期未改正的，责令停产停业整顿；触犯刑律的，对负有责任的主管人员和其他直接责任人员依照刑法关于危险物品肇事罪、生产销售伪劣商品罪或者其他罪的规定，依法追究刑事责任：

（一）未经定点，擅自生产危险化学品包装物、容器的；

（二）运输危险化学品的船舶及其配载的容器未按照国家关于船舶检验的规范进行生产，并经检验合格的；

（三）危险化学品包装的材质、型式、规格、方法和单件质量（重量）与所包装的危险化学品的性质和用途不相适应的；

（四）对重复使用的危险化学品的包装物、容器在使用前，不进行检查的；

（五）使用非定点企业生产的或者未经检测、检验合格的包装物、容器包装、盛装、运输危险化学品的。

第六十条　危险化学品单位违反本条例的规定，有下列行为之一的，由负责危险化学品安全监督管理综合工作的部门责令立即或者限期改正，处1万元以上5万元以下的罚款；逾期不改正的，责令停产停业整顿：

（一）危险化学品生产企业未在危险化学品包装内附有与危险化学品完全一致的化学品安全技术说明书，或者未在包装（包括外包装件）上加贴、拴挂与包装内危险化学品完全一致的化学品安全标签的；

（二）危险化学品生产企业发现危险化学品有新的危害特性时，不立即公告并及时修订其安全技术说明书和安全标签的；

（三）危险化学品经营企业销售没有化学品安全技术说明书和安全标签的危险化学品的。

第六十一条 危险化学品单位违反本条例的规定，有下列行为之一的，由负责危险化学品安全监督管理综合工作的部门或者公安部门依据各自的职权责令立即或者限期改正，处1万元以上5万元以下的罚款；逾期不改正的，由原发证机关吊销危险化学品生产许可证、经营许可证和营业执照；触犯刑律的，对负有责任的主管人员和其他直接责任人员依照刑法关于危险物品肇事罪、重大责任事故罪或者其他罪的规定，依法追究刑事责任：

（一）未对其生产、储存装置进行定期安全评价，并报所在地设区的市级人民政府负责危险化学品安全监督管理综合工作的部门备案，或者对安全评价中发现的存在现实危险的生产、储存装置不立即停止使用，予以更换或者修复，并采取相应的安全措施的；

（二）未在生产、储存和使用危险化学品场所设置通讯、报警装置，并保持正常适用状态的；

（三）危险化学品未储存在专用仓库内或者未设专人管理的；

（四）危险化学品出入库未进行核查登记或者入库后未定期检查的；

（五）危险化学品专用仓库不符合国家标准对安全、消防的要求，未设置明显标志，或者未对专用仓库的储存设备和安全设施定期检测的；

（六）危险化学品经销商店存放非民用小包装的危险化学品或者危险化学品民用小包装的存放量超过国家规定限量的；

（七）剧毒化学品以及构成重大危险源的其他危险化学品未在专用仓库内单独存放，或者未实行双人收发、双人保管，或者未将储存剧毒化学品以及构成重大危险源的其他危险化学品的数量、地点以及管理人员的情况，报当地公安部门和负责危险化学品安全监督管理综合工作的部门备案的；

（八）危险化学品生产单位不如实记录剧毒化学品的产量、流向、储存量和用途，或者未采取必要的保安措施防止剧毒化学品被盗、丢失、误售、误用，或者发生剧毒化学品被盗、丢失、误售、误用后不立即向当地公安部门报告的；

（九）危险化学品经营企业不记录剧毒化学品购买单位的名称、地址，购买人员的姓名、身份证号码及所购剧毒化学品的品名、数量、用途，或者不每天核对剧毒化学品的销售情况，或者发现被盗、丢失、误售不立即向当地公安部门报告的。

第六十二条 危险化学品单位违反本条例的规定，在转产、停产、停业或者解散时未采取有效措施，处置危险化学品生产、储存设备、库存产品及生产原料的，由负责危险化学品安全监督管理综合工作的部门责令改正，处2万元以上10万元以下的罚款；触犯刑律的，对负有责任的主管人员和其他直接责任人员依照刑法关于重大环境污染事故罪、危险物品肇事罪或者其他罪的规定，依法追究刑事责任。

第六十三条 违反本条例的规定，有下列行为之一的，由工商行政管理部门责令改正，有违法所得的，没收违法所得；违法所得5万元以上的，并处违法所得1倍以上5倍以下的罚款；没有违法所得或者违法所得不足5万元的，并处2万元以上20万元以下的罚款；不改正的，由原发证机关吊销生产许可证、经营许可证和营业执照；触犯刑律的，对负有责任的主管人员和其他直接责任人员依照刑法关于非法经营罪、危险物品肇事罪或者其他罪的规定，依法追究刑事责任：

（一）危险化学品经营企业从未取得危险化学品生产许可证或者危险化学品经营许可证的企业采购危险化学品的；

（二）危险化学品生产企业向未取得危险化学品经营许可证的经营单位销售其产品的；

（三）剧毒化学品经营企业向个人或者无购买凭证、准购证的单位销售剧毒化学品的。

第六十四条 违反本条例的规定，伪造、变造、买卖、出借或者以其他方式转让剧毒化学品购买凭证、准购证以及其他有关证件，或者使用作废的上述有关证件的，由公安部门责令改正，处1万元以上5万元以下的罚款；触犯刑律的，对负有责任的主管人员和其他直接责任人员依照刑法关于伪造、变造、买卖国家机关公文、证件、印章罪或者其他罪的规定，依法追究刑事责任。

第六十五条 违反本条例的规定，未取得危险化学品运输企业资质，擅自从事危险化学品公路、水路运输，有违法所得的，由交通部门没收违法所得；违法所得5万元以上的，并处违法所得1倍以上5倍以下的罚款；没有违法所得或者违法所得不足5万元的，处2万元以上20万元以下的罚款；触犯刑律的，对负有责任的主管人员和其他直接责任人员依照刑法关于危险物品肇事罪或者其他罪的规定，依法追究刑事责任。

第六十六条 违反本条例的规定，有下列行为之一的，由交通部门处2万元以上10万元以下的罚款；触犯刑律的，依照刑法关于危险物品肇事罪或者其他罪的规定，依法追究刑事责任：

（一）从事危险化学品公路、水路运输的驾驶员、船员、装卸管理人员、押运人员未经考核合格，取得上岗资格证的；

（二）利用内河以及其他封闭水域等航运渠道运输剧毒化学品和国家禁止运输的其他危险化学品的；

（三）托运人未按照规定向交通部门办理水路运输手续，擅自通过水路运输剧毒化学品和国家禁止运输的其他危险化学品以外的危险化学品的；

（四）托运人托运危险化学品，不向承运人说明运输的危险化学品的品名、数量、危害、应急措施等情况，或者需要添加抑制剂或者稳定剂，交付托运时未添加的；

（五）运输、装卸危险化学品不符合国家有关法律、法规、规章的规定和国家标准，并按照危险化学品的特性采取必要安全防护措施的。

第六十七条 违反本条例的规定，有下列行为之一的，由公安部门责令改正，处2万元以上10万元以下的罚款；触犯刑律的，依照刑法关于危险物品肇事罪、重大环境污染事故罪或者其他罪的规定，依法追究刑事责任：

（一）托运人未向公安部门申请领取剧毒化学品公路运输通行证，擅自通过公路运输剧毒化学品的；

（二）危险化学品运输企业运输危险化学品，不配备押运人员或者脱离押运人员监管，超装、超载，中途停车住宿或者遇有无法正常运输的情况，不向当地公安部门报告的；

（三）危险化学品运输企业运输危险化学品，未向公安部门报告，擅自进入危险化学品运输车辆禁止通行区域，或者进入禁止通行区域不遵守公安部门规定的行车时间和路线的；

（四）危险化学品运输企业运输剧毒化学品，在公路运输途中发生被盗、丢失、流散、泄露等情况，不立即向当地公安部门报告，并采取一切可能的警示措施的；

（五）托运人在托运的普通货物中夹带危险化学品或者将危险化学品匿报、谎报为普通货物托运的。

第六十八条 违反本条例的规定，邮寄或者在邮件内夹带危险化学品，或者将危险化学品匿报、谎报为普通物品邮寄的，由公安部门处2000元以上2万元以下的罚款；触犯刑律的，依照刑法关于危险物品肇事罪或者其他罪的规定，依法追究刑事责任。

⑨《中华人民共和国民用爆炸物品管理条例》（国务院1984年1月6日公布施行）

第二条 本条例所称民用爆炸物品，是指非军用的下列爆炸物品：

（一）爆破器材，包括各类炸药、雷管、导火索、导爆索、非电导爆系统、起爆药和爆破剂；

（二）黑火药、烟火剂、民用信号弹和烟花爆竹；

（三）公安部认为需要管理的其它爆炸物品。

民用爆炸物品名单，由公安部会同有关部门制定公布。

第六条 爆炸物品的安全管理，由各生产、储存、销售、运输、使用爆炸物品单位的主管领导人负责。

生产、储存、销售、运输、使用爆炸物品的单位，必须制定爆炸物品安全管理制度和安全技术操作规程，建立安全岗位责任制，教育职工群众严格遵守，并根据需要设置安全管理部门或安全员。

第七条 各级公安机关依照本条例规定，对管辖地区内爆炸物品的安全管理实施监督检查。

第十条 生产爆破器材工厂的厂房建筑必须符合国家有关安全规范的规定，并根据所生产爆破器材的种类和性能，设置相应的通风、降温、防潮、防火、防爆、避雷等安全设施，车间内必须设有适当的太平出口。易于发生危险的各生产工序之间，必须保持一定的距离。对拌药、碾药、烘药、晾药等特别容易发生危险的工序，应建立严格的操作制度，认真执行。生产成品必须随时入库，不得在生产车间存放。

第十二条 试验或试制爆破器材，必须在专门场地或专门试验室进行。严禁在生产车间或仓库内试验或试制。在生产爆破器材工厂外设置试验场地时，必须经所在地县、市公安局批准。

新产品必须经省、市、自治区主管爆破器材生产的部门技术鉴定合格，由兵器工业部批准，并向公安部备案后，才能正式生产。

氯酸盐类混合炸药，除经兵器工业部和公安部共同批准者外，严格禁止生产。

第十三条 爆破器材必须储存在专用的仓库、储存室内，并设专人管理，不准任意存放。严禁将爆破器材分发给承包户或个人保存。

第十四条 储存、销售、运输、使用爆破器材的单位，设立专用爆破器材仓库、储存室时，必须凭县、市以上主管部门批准的文件及设计图纸和专职保管人员登记表，向所在地县、市公安局申请许可。经审查，符合本条例规定的，发给《爆炸物品储存许可证》，方准储存。

第十五条 使用爆破器材的单位，临时存放爆破器材时，要选择安全可靠的地方单独存放，指定专人看管，并报所在地县、市公安局批准。临时小量存放的，向所在地公安派出所备案。没有公安派出所的地方，向乡人民政府备案。

第十六条 储存爆破器材的仓库、储存室，必须做到：

（一）建立出入库检查、登记制度。收存和发放爆破器材必须进行登记，做到帐目清楚，帐物相符。

（二）库房内储存的爆破器材数量不得超过设计容量。性质相抵触的爆破器材，必须分库储存。库房内严禁存放其它物品。

（三）严禁无关人员进入库区。严禁在库区吸烟和用火。严禁把其它容易引起燃烧、爆炸的物品带入仓库。严禁在库房内住宿和进行其它活动。

（四）发现爆破器材丢失、被盗，必须及时报告所在地公安机关。

第十七条 变质和过期失效的爆破器材，应及时清理出库，予以销毁。在销毁前要登记造册，提出实施方案，报上级主管部门批准，并向所在地县、市公安局备案，在县、市公安局指定的适当地点妥善销毁。

第十八条 爆破器材属于国家计划分配物资。县级以上（包括县级，下同）厂矿企业单位需用爆破器材时，应当报经上级主管部门同意，向物资主管部门提出申请，由物资主管部门按计划调拨分配和组织供应。按照国家分配计划签订的爆破器材供销合同，必须经物资主管部门签证盖章，方为有效。合同副本应及时送所在地县、市公安局，以备查验。

严禁自由买卖，严禁企业自销，严禁用爆破器材换取其它物品。

第十九条 县级以下厂矿企业和农村基层生产单位以及科研、文艺、医疗等单位需用爆破器材时，应当报经上级主管部门审查同意，向所在地县、市公安局申请领取《爆炸物品购买证》，凭证向指定的供应点购买。

第二十条 经销爆破器材的供应点，由物资主管部门、公安机关和有关单位协商定点，由所在地县、市公安局核发《爆炸物品销售许可证》，向所在地县、市工商行政管理局办理登记手续，领取营业执照，方准销售。出售爆破器材时，必须验收公安机关签发的《爆炸物品购买证》。

第二十一条 进口或出口爆破器材，必须经兵器工业部审核批准和所在地省、市、自治区公安厅（局）同意，向外贸部门申领进口或出口货物许可证，海关依法实行监管，凭进口或出口货物许可证查验放行。

第二十二条 运输爆破器材，由收货单位凭物资主管部门签证盖章的爆破器材供销合同，写明运输爆破器材的品名、数量和起运及运达地点，向所在地县、市公安局申请领取《爆炸物品运输证》，方准运输。

按照本条例第十九条规定购买爆破器材，需要运输的，应当在申请领取《爆炸物品购买证》的同时，申请领取《爆炸物品运输证》，凭证办理运输。

货物运达目的地后，收货单位或购买单位应当在运输证上签注物品到达情况，将运输证交回原发证公安机关。

在市内短途运输爆破器材时，可以免办《爆炸物品运输证》，但必须事先通知市公安局，并严格执行本条例第二十五条的规定。

第二十三条 进口或出口爆破器材的运输，托运单位应当凭兵器工业部批准的文件和外贸部门签发的进口或出口货物许可证，向收货地或出境口岸所在地县、市公安局申请领取《爆炸物品运输证》，方准运输。

第二十四条 承运单位凭《爆炸物品运输证》，按照运输主管部门的有关规定办理运输。需要派人押运的，托运单位应当派熟悉所运爆破器材性能的人负责押运。

第二十五条 运输爆破器材时，必须严格遵守下列规定：

（一）运载车、船必须符合国家有关运输规则的安全要求。

（二）货物包装应牢固、严密。性质相抵触的爆破器材不准混装在同一车厢、船舱内。装载爆破器材的车厢、船舱内，不准同时载运旅客和其它易燃、易爆物品。

（三）爆破器材应当在远离城市中心区和人烟稠密地区的车站、码头装卸。装卸爆破器材的车站、码头，由当地公安机关会同铁路、交通部门协商确定。

（四）装卸爆破器材，应当尽量在白天进行，要有专人负责组织和指导安全操作。装卸人员必须懂得装卸爆破器材安全常识；不懂安全常识的人，必须事先经过教育。装卸现场，应当设置警戒岗哨，禁止无关人员进入。

（五）在公路上运输爆破器材时，车辆必须限速行驶，前后车辆应当保持避免引起殉爆的距离。经过人烟稠密的城镇，必须事先通知当地公安机关，按公安机关指定的路线和时间通行。

（六）运输爆破器材在途中停歇时，要远离建筑设施和人烟稠密的地方，并有专人看管，严禁在爆破器材附近吸烟和用火。

第二十六条 严禁个人随身携带爆破器材搭乘公共汽车、电车、火车、轮船、飞机。严禁在托运的行李包裹和邮寄的邮件中夹带爆破器材。

第二十七条 使用爆破器材的单位，必须经上级主管部门审查同意，并持说明使用爆破器材的地点、品名、数量、用途、四邻距离的文件和安全操作规程，向所在地县、市公安局申请领取《爆炸物品使用许可证》，方准使用。

第三十三条 严禁任何单位和个人私拿、私用、私藏、赠送、转让、转卖、转借爆破器材。严禁使用爆破器材炸鱼、炸兽。

第三十四条 生产黑火药、烟火剂、民用信号弹和烟花爆竹的企业，必须按照隶属关系报经省、市、自治区主管部门批准，季节性生产烟花爆竹的作坊，必须经所在地县、市主管部门批准；凭批准文件，向所在地县、市公安局申请许可，经审查，符合国家有关安全规定的，发给《爆炸物品安全生产许可证》；然后向所在地县、市工商行政管理局办理登记手续，领取营业执照，方准生产。

第三十五条 严格控制用氯酸盐配制烟火剂。需用氯酸盐配制烟火剂和文艺、体育、狩猎、外贸出口等特需制品时，应当由省、市、自治区主管部门审查同意，经省、市、自治区公安厅（局）批准，指定专门工厂定量生产。

未经批准，严禁任何单位和个人制造拉炮、摔炮、砸炮、打火纸等危险品。

第三十六条 厂矿企业和农村基层生产单位需用黑火药、烟火剂时，海上运输、捕捞及其他作业船需用民用信号弹时，应当报上级主管部门审查同意，向所在地县、市公安局申请领取《爆炸物品购买证》，向指定的供应点购买。

第三十七条 经销黑火药、烟火剂的供应点，由商业部门和公安机关协商定点，由所在地县、市公安局核发《爆炸物品销售许可证》，并向所在地县、市工商行政管理局办理登记手续，领取营业执照，方准销售。出售黑火药、烟火剂时，必须验收《爆炸物品购买证》。

销售烟花爆竹的供应点，由商业部门的公安机关协商定点，由县、市公安局发给《爆炸物品销售许可证》，方准销售。

未经批准，严禁任何单位和个人贩运和销售拉炮、摔炮、砸炮、打火纸等危险品。

第三十八条 狩猎者需要的黑火药和火帽（底火），凭《猎枪证》和所在单位保卫部门或常住地公安派出所的证明，到指定供应点限量购买。销售单位应当将购买人姓名、住址、工作单位、《猎枪证》号码、销售数量及日期登记造册，以备公安机关查验。

第三十九条 运输黑火药、烟火剂和民用信号弹，由购买单位向所在地县、市公安局申请领取《爆炸物品运输证》，方准运输。货物到达目的地后，购买单位应当在运输证上签注物品到达情况，将运输证交回原发证公安机关。

第四十条 违反本条例规定，在生产、储存、销售、运输、使用爆炸物品中，存在不安全隐患，经指出仍不改正的，公安机关有权责令限期进行整改或停业整顿。对屡教不改的，县、市公安局有权吊销其许可证，工商行政管理局同时吊销其营业执照。

⑩《最高人民法院、最高人民检察院关于办理非法制造、买卖、运输、储存毒鼠强等禁用剧毒化学品刑事案件具体应用法律若干问题的解释》（2003年9月4日公布，自2003年10月1日起施行）

为依法惩治非法制造、买卖、运输、储存毒鼠强等禁用剧毒化学品的犯罪活动，维护公共安全，根据刑法有关规定，现就办理这类刑事案件具体应用法律的若干问题解释如下：

第一条 非法制造、买卖、运输、储存毒鼠强等禁用剧毒化学品，危害公共安全，具有下列情形之一的，依照刑法第一百二十五条的规定，以非法制造、买卖、运输、储存危险物质罪，处三年以上十年以下有期徒刑：

（一）非法制造、买卖、运输、储存原粉、原液、原药制剂50克以上，或者饵料2千克以上的；

（二）在非法制造、买卖、运输、储存过程中致人重伤、死亡或者造成公私财产损失10万元以上的。

第三条 单位非法制造、买卖、运输、储存毒鼠强等禁用剧毒化学品的，依照本解释第一条、第二条规定的定罪量刑标准执行。

第五条 本解释施行以前，确因生产、生活需要而非法制造、买卖、运输、储存毒鼠强等禁用剧毒化学品饵料自用，没有造成严重社会危害的，可以依照刑法第十三条的规定，不作为犯罪处理。

本解释施行以后，确因生产、生活需要而非法制造、买卖、运输、储存毒鼠强等禁用剧毒化学品饵料自用，构成犯罪，但没有造成严重社会危害，经教育确有悔改表现的，可以依法从轻、减轻或者免除处罚。

第六条 本解释所称“毒鼠强等禁用剧毒化学品”，是指国家明令禁止的毒鼠强、氟乙酰胺、氟乙酸钠、毒鼠硅、甘氟（见附表）。（附表略）

【危险物质被盗、抢、丢失不报告】

我国对爆炸性、毒害性、放射性、腐蚀性物质和传染病病原体等危险物质实行严格的管理制度，从生产许可、操作规程、储存运输、使用操作、最终处置等各个环节予以严格把关，防止流入社会被不法分子所利用，从而危及人民群众的生命健康和社会公共安全。实践中也曾发生过危险物质被盗被抢甚至丢失的情形，引起了社会的不安，特别是有些放射性危险物质一旦流入社会，由于行为人不知情会严重危及到其自身和其他人的生命健康与安全。因此，我国在对危险物质加强管理的同时，还要求爆炸性、毒害性、放射性、腐蚀性物质和传染病病原体等危险物质被盗、被抢或者丢失的单位或者个人，必须及时向有关部门报告，以便及时采取相应的措施追查。根据治安管理处罚法的规定，危险物质被盗、抢或者丢失不报告行为，包括不报告和故意隐瞒不报两种情形。后者是前者的加重处罚情形。危险物质被盗被抢丢失不报告，主要是指有关单位或者个人，在其经营、管理中的危险物质被盗、被抢或者丢失后，未按照规定的时间或者程序及时向主管部门或者本单位报告的情形。这里“规定”包括法律、法规、规章等规范性文件的规定。如《民用爆炸物品管理条例》第十六条规定：“储存爆破器材的仓库、储存室发现爆破器材丢失、被盗，必须及时报告所在地公安机关。”《核材料管制条例》第十五条规定：“发现核材料被盗、破坏、丢失、非法转让和非法使用的事件，当事单位必须立即追查原因、追回核材料，并迅速报告其上级领导部门、核工业部、国防科学技术工业委员会和国家核安全局。对核材料被盗、破坏、丢失等事物，必须迅速报告当地公安机关”。这里的“故意隐瞒不报”，是指发生危险物质被盗、被抢或者丢失后，有意隐瞒实际情况而不如实报告的行为。这种行为主观方面和客观方面的危害都更大，应当予以从重处罚。

根据治安管理处罚法的规定，危险物质被盗、被抢或者丢失，未按规定报告的，处五日以下拘留；故意隐瞒不报的，处五日以上十日以下拘留。

依据指引：

❶《中华人民共和国治安管理处罚法》(2005年8月28日公布，自2006年3月1日起施行)

第三十一条 爆炸性、毒害性、放射性、腐蚀性物质或者传染病病原体等危险物质被盗、被抢或者丢失，未按规定报告的，处五日以下拘留；故意隐瞒不报的，处五日以上十日以下拘留。

❷《中华人民共和国刑法》(1997年3月14日修订公布，自1997年10月1日起施行)

第一百二十七条 盗窃、抢夺枪支、弹药、爆炸物的，处三年以上十年以下有期徒刑；情节严重的，处十年以上有期徒刑、无期徒刑或者死刑。

抢劫枪支、弹药、爆炸物或者盗窃、抢夺国家机关、军警人员、民兵的枪支、弹药、爆炸物的，处十年以上有期徒刑、无期徒刑或者死刑。

第一百三十六条 违反爆炸性、易燃性、放射性、毒害性、腐蚀性物品的管理规定，在生产、储存、运输、使用中发生重大事故，造成严重后果的，处三年以下有期徒刑或者拘役；后果特别严重的，处三年以上七年以下有期徒刑。

❸《中华人民共和国刑法修正案（三）》(2001年12月29日公布施行)

为了惩治恐怖活动犯罪，保障国家和人民生命、财产安全，维护社会秩序，对刑法作如下补充修改：

六、将刑法第一百二十七条修改为：“盗窃、抢夺枪支、弹药、爆炸物的，或者盗窃、抢夺毒害性、放射性、传染病病原体等物质，危害公共安全的，处三年以上十年以下有期徒刑；情节严重的，处十年以上有期徒刑、无期徒刑或者死刑。

“抢劫枪支、弹药、爆炸物的，或者抢劫毒害性、放射性、传染病病原体等物质，危害公共安全的，或者盗窃、抢夺国家机关、军警人员、民兵的枪支、弹药、爆炸物的，处十年以上有期徒刑、无期徒刑或者死刑。”

❹《中华人民共和国放射性污染防治法》(2003年6月28日公布，自2003年10月1日起施行)

第三十三条 生产、销售、使用、贮存放射源的单位，应当建立健全安全保卫制度，指定专人负责，落实安全责任制，制定必要的事故应急措施。发生放射源丢失、被盗和放射性污染事故时，有关单位和个人必须立即采取应急措施，并向公安部门、卫生行政部门和环境保护行政主管部门报告。

公安部门、卫生行政部门和环境保护行政主管部门接到放射源丢失、被盗和放射性污染事故报告后，应当报告本级人民政府，并按照各自的职责立即组织采取有效措施，防止放射性污染蔓延，减少事故损失。当地人民政府应当及时将有关情况告知公众，并做好事故的调查、处理工作。

第五十五条 违反本法规定，有下列行为之一的，由县级以上人民政府环境保护行政主管部门或者其他有关部门依据职权责令限期改正；逾期不改正的，责令停产停业，并处二万元以上十万元以下罚款；构成犯罪的，依法追究刑事责任：

（一）不按照规定设置放射性标识、标志、中文警示说明的；

（二）不按照规定建立健全安全保卫制度和制定事故应急计划或者应急措施的；

（三）不按照规定报告放射源丢失、被盗情况或者放射性污染事故的。

❺《病原微生物实验室生物安全管理条例》(国务院2004年11月12日公布施行)

第六十二条 未经批准运输高致病性病原微生物菌（毒）种或者样本，或者承运单位经批准运输高致病性病原微生物菌（毒）种或者样本未履行保护义务，导致高致病性病原微生物菌（毒）种或者样本被盗、被抢、丢失、泄漏的，由县级以上地方人民政府卫生主管部门、兽医主管部门依照各自职责，责令采取措施，消除隐患，给予警告；造成传染病传播、流行或者其他严重后果的，由托运单位和承运单位的主管部门对主要负责人、直接负责的主管人员和其他直接责任人员，依法给予撤职、开除的处分；构成犯罪的，依法追究刑事责任。

第六十七条 发生病原微生物被盗、被抢、丢失、泄漏，承运单位、护送人、保藏机构和实验室的设立单位未依照本条例的规定报告的，由所在地的县级人民政府卫生主管部门或者兽医主管部门给予警告；造成传染病传播、流行或者其他严重后果的，由实验室的设立单位或者承运单位、保藏机构的上级主管部门对主要负责人、直接负责的主管人员和其他直接责任人员，依法给予撤职、开除的处分；构成犯罪的，依法追究刑事责任。

⑥《危险化学品安全管理条例》（国务院2002年1月26日公布，自2002年3月15日起施行）

第六十一条 危险化学品单位违反本条例的规定，有下列行为之一的，由负责危险化学品安全监督管理综合工作的部门或者公安部门依据各自的职权责令立即或者限期改正，处1万元以上5万元以下的罚款；逾期不改正的，由原发证机关吊销危险化学品生产许可证、经营许可证和营业执照；触犯刑律的，对负有责任的主管人员和其他直接责任人员依照刑法关于危险物品肇事罪、重大责任事故罪或者其他罪的规定，依法追究刑事责任：

（一）未对其生产、储存装置进行定期安全评价，并报所在地设区的市级人民政府负责危险化学品安全监督管理综合工作的部门备案，或者对安全评价中发现的存在现实危险的生产、储存装置不立即停止使用，予以更换或者修复，并采取相应的安全措施的；

（二）未在生产、储存和使用危险化学品场所设置通讯、报警装置，并保持正常适用状态的；

（三）危险化学品未储存在专用仓库内或者未设专人管理的；

（四）危险化学品出入库未进行核查登记或者入库后未定期检查的；

（五）危险化学品专用仓库不符合国家标准对安全、消防的要求，未设置明显标志，或者未对专用仓库的储存设备和安全设施定期检测的；

（六）危险化学品经销商店存放非民用小包装的危险化学品或者危险化学品民用小包装的存放量超过国家规定限量的；

（七）剧毒化学品以及构成重大危险源的其他危险化学品未在专用仓库内单独存放，或者未实行双人收发、双人保管，或者未将储存剧毒化学品以及构成重大危险源的其他危险化学品的数量、地点以及管理人员的情况，报当地公安部门和负责危险化学品安全监督管理综合工作的部门备案的；

（八）危险化学品生产单位不如实记录剧毒化学品的产量、流向、储存量和用途，或者未采取必要的保安措施防止剧毒化学品被盗、丢失、误售、误用，或者发生剧毒化学品被盗、丢失、误售、误用后不立即向当地公安部门报告的；

（九）危险化学品经营企业不记录剧毒化学品购买单位的名称、地址，购买人员的姓名、身份证号码及所购剧毒化学品的品名、数量、用途，或者不每天核对剧毒化学品的销售情况，或者发现被盗、丢失、误售不立即向当地公安部门报告的。

第六十七条 违反本条例的规定，有下列行为之一的，由公安部门责令改正，处2万元以上10万元以下的罚款；触犯刑律的，依照刑法关于危险物品肇事罪、重大环境污染事故罪或者其他罪的规定，依法追究刑事责任：

（一）托运人未向公安部门申请领取剧毒化学品公路运输通行证，擅自通过公路运输剧毒化学品的；

（二）危险化学品运输企业运输危险化学品，不配备押运人员或者脱离押运人员监管，超装、超载，中途停车住宿或者遇有无法正常运输的情况，不向当地公安部门报告的；

（三）危险化学品运输企业运输危险化学品，未向公安部门报告，擅自进入危险化学品运输车辆禁止通行区域，或者进入禁止通行区域不遵守公安部门规定的行车时间和路线的；

（四）危险化学品运输企业运输剧毒化学品，在公路运输途中发生被盗、丢失、流散、泄露等情况，不立即向当地公安部门报告，并采取一切可能的警示措施的；

（五）托运人在托运的普通货物中夹带危险化学品或者将危险化学品匿报、谎报为普通货物托运的。

❼《中华人民共和国民用爆炸物品管理条例》（国务院1984年1月6日公布施行）

第十六条　储存爆破器材的仓库、储存室，必须做到：

（一）建立出入库检查、登记制度。收存和发放爆破器材必须进行登记，做到帐目清楚，帐物相符。

（二）库房内储存的爆破器材数量不得超过设计容量。性质相抵触的爆破器材，必须分库储存。库房内严禁存放其它物品。

（三）严禁无关人员进入库区。严禁在库区吸烟和用火。严禁把其它容易引起燃烧、爆炸的物品带入仓库。严禁在库房内住宿和进行其它活动。

（四）发现爆破器材丢失、被盗，必须及时报告所在地公安机关。

【非法携带枪支、弹药、弩、匕首等管制器具】

根据治安管理处罚法的规定，非法携带枪支、弹药或者弩、匕首等国家规定的管制器具的，要给予治安管理处罚。这里的“非法”，是指违反有关管制器具管理的法律、法规、规章及相关规范性文件。如《枪支管理法》对可以佩带枪支的人员、配置枪支的单位以及枪支管理、使用等，都作了明确的规定，违反这些规定，携带枪支、弹药的即属于违法；公安部《对部分刀具实行管制的暂行规定》规定，“匕首，除中国人民解放军和人民警察作为武器、警械配备的以外，专业狩猎人员和地质、勘探等野外作业人员必须持有的，须由县以上主管单位出具证明，经县以上公安机关批准，发给《匕首佩带证》，方准持有佩带。”这里的“枪支”，是指以火药或者压缩气体等为动力，利用管制器具发射金属弹丸或者其他物质，足以致人伤亡或者丧失知觉的各种枪支。包括军用的手枪、步枪、冲锋枪、机枪以及射击运动用的各种枪支，还有各种民用的狩猎用枪等。“弹药”，是指上述枪支所使用的子弹、火药等。这里的管制器具是个广义的概念，既包括管制刀具，也包括弩等器具。相对于管制器具，管制刀具是我们多年来约定俗成的概念，且有其特定的范围，考虑到近年来我国正在酝酿对管制刀具的改革，将管制范围扩大到其他一些需要严格管理的器具，因此治安管理处罚法采用了管制器具这一概念。这里的“管制器具”，主要是指国家依法进行管制的如弩、匕首、三棱刮刀、弹簧刀等物品等，其具体范围需要根据相应的国家规定来确定。

根据治安管理处罚法的规定，非法携带枪支、弹药或者弩、匕首等国家规定的管制器具的，处五日以下拘留，可以并处五百元以下罚款；情节较轻的，处警告或者二百元以下罚款。

依据指引：

❶《中华人民共和国治安管理处罚法》（2005年8月28日公布，自2006年3月1日起施行）

第三十二条　非法携带枪支、弹药或者弩、匕首等国家规定的管制器具的，处五日以下拘留，可以并处五百元以下罚款；情节较轻的，处警告或者二百元以下罚款。

非法携带枪支、弹药或者弩、匕首等国家规定的管制器具进入公共场所或者公共交通工具的，处五日以上十日以下拘留，可以并处五百元以下罚款。

❷《中华人民共和国刑法》（1997年3月14日修订公布，自1997年10月1日起施行）

第一百二十八条　违反枪支管理规定，非法持有、私藏枪支、弹药的，处三年以下有期徒刑、拘役或者管制；情节严重的，处三年以上七年以下有期徒刑。

依法配备公务用枪的人员，非法出租、出借枪支的，依照前款的规定处罚。

依法配置枪支的人员，非法出租、出借枪支，造成严重后果的，依照第一款的规定处罚。

单位犯第二款、第三款罪的，对单位判处罚金，并对其直接负责的主管人员和其他直接责任人员，依照第一款的规定处罚。

第一百三十条 非法携带枪支、弹药、管制刀具或者爆炸性、易燃性、放射性、毒害性、腐蚀性物品，进入公共场所或者公共交通工具，危及公共安全，情节严重的，处三年以下有期徒刑、拘役或者管制。

第二百九十七条 违反法律规定，携带武器、管制刀具或者爆炸物参加集会、游行、示威的，处三年以下有期徒刑、拘役、管制或者剥夺政治权利。

❸《中华人民共和国枪支管理法》（1996年7月5日公布，自1996年10月1日起施行）

第二十五条 配备、配置枪支的单位和个人必须遵守下列规定：

（一）携带枪支必须同时携带持枪证件，未携带持枪证件的，由公安机关扣留枪支；

（二）不得在禁止携带枪支的区域、场所携带枪支；

（三）枪支被盗、被抢或者丢失的，立即报告公安机关。

第四十六条 本法所称枪支，是指以火药或者压缩气体等为动力，利用管状器具发射金属弹丸或者其他物质，足以致人伤亡或者丧失知觉的各种枪支。

❹《最高人民法院关于审理非法制造、买卖、运输枪支、弹药、爆炸物等刑事案件具体应用法律若干问题的解释》（2001年5月15日发布，自2001年5月16日起施行）

为依法严惩非法制造、买卖、运输枪支、弹药、爆炸物等犯罪活动，根据刑法有关规定，现就审理这类案件具体应用法律的若干问题解释如下：

第五条 具有下列情形之一的，依照刑法第一百二十八条第一款的规定，以非法持有、私藏枪支、弹药罪定罪处罚：

（一）非法持有、私藏军用枪支一支的；

（二）非法持有、私藏以火药为动力发射枪弹的非军用枪支一支或者以压缩气体等为动力的其他非军用枪支二支以上的；

（三）非法持有、私藏军用子弹二十发以上，气枪铅弹一千发以上或者其他非军用子弹二百发以上的；

（四）非法持有、私藏手榴弹一枚以上的；

（五）非法持有、私藏的弹药造成人员伤亡、财产损失的。

具有下列情形之一的，属于刑法第一百二十八条第一款规定的“情节严重”：

（一）非法持有、私藏军用枪支二支以上的；

（二）非法持有、私藏以火药为动力发射枪弹的非军用枪支二支以上或者以压缩气体等为动力的其他非军用枪支五支以上的；

（三）非法持有、私藏军用子弹一百发以上，气枪铅弹五千发以上或者其他非军用子弹一千发以上的；

（四）非法持有、私藏手榴弹三枚以上的；

（五）达到本条第一款规定的最低数量标准，并具有造成严重后果等其他恶劣情节的。

第七条 非法制造、买卖、运输、邮寄、储存、盗窃、抢夺、持有、私藏、携带成套枪支散件的，以相应数量的枪支计；非成套枪支散件以每三十件为一成套枪支散件计。

第八条 刑法第一百二十五条第一款规定的“非法储存”，是指明知是他人非法制造、买卖、运输、邮寄的枪支、弹药、爆炸物而为其存放的行为。

刑法第一百二十八条第一款规定的“非法持有”，是指不符合配备、配置枪支、弹药条件的人员，违反枪支管理法律、法规的规定，擅自持有枪支、弹药的行为。

刑法第一百二十八条第一款规定的“私藏”，是指依法配备、配置枪支、弹药的人员，在配备、配置枪支、弹药的条件消除后，违反枪支管理法律、法规的规定，私自藏匿所配备、配置的枪支、弹药且拒不交出的行为。

❺最高人民法院对执行《关于审理非法制造、买卖、运输枪支、弹药、爆炸物等刑事案件具体应用法律若干问题的解释》有关问题的通知（2001年9月17日）

各省、自治区、直辖市高级人民法院，解放军军事法院，新疆维吾尔自治区高级人民法院生产建设兵团分院：

我院《关于审理非法制造、买卖、运输枪

支、弹药、爆炸物等刑事案件具体应用法律若干问题的解释》（以下简称《解释》）公布施行后，地方各级人民法院陆续审理了一批非法制造、买卖、运输枪支、弹药、爆炸物等案件，对于推动“治爆缉枪”专项斗争的深入进行，维护社会治安秩序，发挥了积极作用。鉴于此类案件的社会影响较大，为准确适用法律，依法严厉打击涉枪涉爆犯罪活动，现就审理这类案件适用《解释》的有关问题通知如下：

一、对于《解释》施行前，行为人因生产、生活所需非法制造、买卖、运输枪支、弹药、爆炸物没有造成严重社会危害，经教育确有悔改表现的，可以依照刑法第十三条的规定，不作为犯罪处理。

二、对于《解释》施行后发生的非法制造、买卖、运输枪支、弹药、爆炸物等行为，构成犯罪的，依照刑法和《解释》的有关规定定罪处罚。行为人确因生产、生活所需而非法制造、买卖、运输枪支、弹药、爆炸物，没有造成严重社会危害，经教育确有悔改表现的，可依法免除或者从轻处罚。

❻最高人民法院关于97年刑法实施后发生的非法买卖枪支案件，审理时新的司法解释尚未作出，是否可以参照1995年9月20日最高人民法院《关于办理非法制造、买卖、运输非军用枪支、弹药刑事案件适用法律问题的解释》的规定审理案件请示的复函（2003年7月29日）

安徽省高级人民法院：

你院〔2003〕皖刑监字第1号《关于九七刑法实施后发生的非法买卖枪支案件，审理时新的司法解释尚未作出，是否可以参照1995年9月20日最高人民法院〈关于办理非法制造、买卖、运输非军用枪支、弹药刑事案件适用法律问题的解释〉的规定审理案件的请示报告》收悉。经研究，答复如下：

原审被告人侯磊非法买卖枪支的行为发生在修订后的《刑法》实施以后，而该案审理时《最高人民法院关于审理非法制造、买卖、运输枪支、弹药、爆炸物等刑事案件具体应用法律若干问题的解释》尚未颁布，因此，依照我院法发〔1997〕3号《关于认真学习宣传贯彻修订的<中华人民共和国刑法>的通知》的精神，该案应参照1995年9月20日最高人民法院法发〔1995〕20号《关于办理非法制造、买卖、运输非军用枪支、弹药刑事案件适用法律问题的解释》的规定办理。

❼《公安部国家工商行政管理局关于加强弩管理的通知》（1999年9月28日）

各省、自治区、直辖市公安厅、局，工商行政管理局：

弩在古代是一种攻击性、杀伤力都很强的兵器。经过现代科技改进后的弩具有便于携带、射程远、精度高等特点。进口弩还分手枪式、步枪式、冲锋枪式等多种式样。近年来，一些地方陆续发现有些企业和单位批量生产、销售和进口弩，还有的企业以俱乐部的形式开展营业性弩射活动。目前，弩的经营和射击活动呈发展趋势。弩具有枪支、管制刀具的部分功能和特性，属于危险物品，如不严加控制和管理，极易被犯罪分子利用，危害公共安全。新疆公安机关已发现犯罪分子持弩作案，并在犯罪分子窝点中缴获过大量弩。为加强弩的管理，防止其流入社会被犯罪分子利用，危害公共安全，现就有关问题通知如下：

一、各级公安机关要将弩纳入治安管理范围，加强管理。要掌握弩的生产、销售、进口情况和营业性弩射活动情况，监督制造、销售、进口、使用弩的企业和单位在生产、运输、保管、使用等环节落实安全防范措施，实行规范化管理，建立完善的规章制度，严防弩丢失、被盗、被抢及发生安全事故事件。

二、严格对弩的生产、销售、进口的管理

（一）制造、销售弩或营业性射击场开设弩射项目必须经省、自治区、直辖市公安厅、局批准，工商行政管理部门凭公安厅、局的批准文件办理登记注册。除经批准的弩制造、进口企业，其他任何单位和个人不得经营、销售弩。

（二）弩制造企业须在产品及其包装上标明企业名称、地址、联系电话及产品编号。

（三）企业和单位购买弩须持有营业执照和省级公安厅、局开具的购买证明。销售单位必须在查验有关手续后方可售出。严禁将弩销售给个人。

（四）弩的携带和运输须持有营业执照副本和省级公安厅、局开具的携运证明。

（五）弩的进口由省级公安厅、局审批，严格限制品种和数量。

（六）制造、销售、进口、使用弩的企业和单位须使用计算机管理，将弩的品种、数量、编号、进货和销售情况定期向省级公安厅、局备案。

（七）省级公安厅、局和工商行政管理局分别对制造、销售、进口、使用弩的企业和单位实行年度审验。

三、各类运动会设置弩射项目须由主办单位向运动会举办地所在的省级公安厅、局申请，获得批准后方可进行。

四、对非法制造、销售、运输、进口弩或者非法从事营业性弩射活动的单位以及个人持有的弩，一律由公安机关登记收缴；对因经营管理不善致使弩流失社会，被违法犯罪分子利用实施违法犯罪活动的，取消有关企业和单位经营资格并追究其负责人及直接责任人员的责任。

本通知下发前已从事制造、销售、进口、使用弩的企业和单位，经清理整顿后按上述规定补办有关手续。

接此通知后，请结合本地实际制定具体管理办法并报公安部、国家工商行政管理局。

❽《对部分刀具实行管制的暂行规定》（国务院批准，公安部1982年8月30日发布施行）

第二条 本规定所管制的刀具是：匕首、三棱刀（包括机械加工用的三棱刮刀）、带有自锁装置的弹簧刀（跳刀）以及其它相类似的单刃、双刃、三棱尖刀。

第三条 匕首，除中国人民解放军和人民警察作为武器、警械配备的以外，专业狩猎人员和地质、勘探等野外作业人员必须持有的，须由县以上主管单位出具证明，经县以上公安机关批准，发给《匕首佩带证》，方准持有佩带。

佩带匕首人员如果不再从事原来的职业，应将匕首交还配发单位，《匕首佩带证》交回原发证公安机关。

第十二条 少数民族由于生活习惯需要佩带的刀具，由民族自治区地区制订办法管理。

少数民族使用的藏刀、腰刀、靴刀等，只准在民族自治地方（自治区、自治州、自治县）销售。

第十三条 违反本规定，非法制造、销售、携带和私自保存管制范围刀具的，公安机关应予取缔，没收其刀具，并按照《中华人民共和国治安管理处罚条例》有关条款予以治安处罚；有妨害公共安全行为，情节严重，触犯刑律的，依法追究刑事责任。

【非法携带管制器具进入公共场所、公共交通工具】

根据治安管理处罚法的规定，非法携带枪支、弹药或者弩、匕首等国家规定的管制器具进入公共场所或者公共交通工具的，要给予相应的治安管理处罚，因为这些行为会给公共安全带来一定的威胁。构成这一违反治安管理行为的条件，一是行为人具有非法携带枪支、弹药或者管制器具的行为。二是非法携带枪支、弹药或者管制器具进入公共场所或者公共交通工具。“公共场所”，主要是指以下大众进行公开活动的场所：公共活动的中心场所，如中心广场、会堂；商业服务场所，如商店、市场等；文化娱乐场所，如影剧院；体育场所，如体育场、运动场；风景游览场所，如公园、名胜、古迹；交通场所，如车站、码头、街道等。“公共交通工具”，是指列车、轮船、长途客运汽车、公共电汽车、民用航空器等。

值得注意的是，在实践中经常发生有些少数民族公民佩带刀具乘坐火车的情况，对这种情况如何处理？根据公安部《关于对少数民族人员佩带刀具乘坐火车如何处理问题的批复》的规定，少数民族人员只能在民族自治地区佩带、销售和使用藏刀、腰刀、靴刀等民族刀具；在非民族自治地区，只要少数民族人员所携带的刀具属于管制刀具范围，公安机关就应当严格按照相应规定予以管理。少数民族人员违反《铁路法》和《铁路运输安全保护条例》携带管制刀具进入车站、乘坐火车的，由公安机关依法予以没收，但在本少数民族自治地区携带具有特殊纪念意义或者比较珍贵的民族刀具进入车站的，可以由携带人交其亲友带回或者交由车站派出所暂时保存并出具相应手续，携带人返回时领回；对不服从管理，构成违反治安管理行为的，依法予以治安处罚；构成犯罪的，依法追究其刑事责任。当然，凡公安工作中涉及的此类有关少数民族的政策、法律规定，各级公安机关应当积极采取多种形式广泛宣传，特别是要加大在车站等公共场所及公共交通工具上的宣传力度。

根据治安管理处罚法的规定，非法携带枪支、弹药或者弩、匕首等国家规定的管制器具进入公共场所或者公共交通工具的，处五日以上十日以下拘留，可以并处五百元以下罚款。

依据指引：

❶《中华人民共和国治安管理处罚法》（2005年8月28日公布，自2006年3月1日起施行）

第三十二条 非法携带枪支、弹药或者弩、匕首等国家规定的管制器具的，处五日以下拘留，可以并处五百元以下罚款；情节较轻的，处警告或者二百元以下罚款。

非法携带枪支、弹药或者弩、匕首等国家规定的管制器具进入公共场所或者公共交通工具的，处五日以上十日以下拘留，可以并处五百元以下罚款。

❷《中华人民共和国刑法》（1997年3月14日修订公布，自1997年10月1日起施行）

第一百三十条 非法携带枪支、弹药、管制刀具或者爆炸性、易燃性、放射性、毒害性、腐蚀性物品，进入公共场所或者公共交通工具，危及公共安全，情节严重的，处三年以下有期徒刑、拘役或者管制。

第二百九十七条 违反法律规定，携带武器、管制刀具或者爆炸物参加集会、游行、示威的，处三年以下有期徒刑、拘役、管制或者剥夺政治权利。

❸《中华人民共和国枪支管理法》（1996年7月5日公布，自1996年10月1日起施行）

第二十五条 配备、配置枪支的单位和个人必须遵守下列规定：

（一）携带枪支必须同时携带持枪证件，未携带持枪证件的，由公安机关扣留枪支；

（二）不得在禁止携带枪支的区域、场所携带枪支；

（三）枪支被盗、被抢或者丢失的，立即报告公安机关。

第四十四条 违反本法规定，有下列行为之一的，由公安机关对个人或者单位负有直接责任的主管人员和其他直接责任人员处警告或者十五日以下拘留；构成犯罪的，依法追究刑事责任：

（一）未按照规定的技术标准制造民用枪支的；

（二）在禁止携带枪支的区域、场所携带枪支的；

（三）不上缴报废枪支的；

（四）枪支被盗、被抢或者丢失，不及时报告的；

（五）制造、销售仿真枪的。

有前款第（一）项至第（三）项所列行为的，没收其枪支，可以并处五千元以下罚款；有前款第（五）项所列行为的，由公安机关、工商行政管理部门按照各自职责范围没收其仿真枪，可以并处制造、销售金额五倍以下的罚款，情节严重的，由工商行政管理部门吊销营业执照。

第四十六条 本法所称枪支，是指以火药或者压缩气体等为动力，利用管状器具发射金属弹丸或者其他物质，足以致人伤亡或者丧失知觉的各种枪支。

❹《营业性演出管理条例》（国务院2005年7月7日公布，自2005年9月1日起施行）

第二十三条 任何人不得携带传染病病原体和爆炸性、易燃性、放射性、腐蚀性等危险物质或者非法携带枪支、弹药、管制器具进入营业性演出现场。

演出场所经营单位应当根据公安部门的要求，配备安全检查设施，并对进入营业性演出现场的观众进行必要的安全检查；观众不接受安全检查或者有前款禁止行为的，演出场所经营单位有权拒绝其进入。

❺《娱乐场所管理条例》（国务院1999年3月26日公布，自1999年7月1日起施行）

第二十七条 任何人不得非法携带枪支、弹药、管制刀具和爆炸性、易燃性、放射性、毒害性、腐蚀性物品进入娱乐场所。

❻《最高人民法院关于审理非法制造、买卖、运输枪支、弹药、爆炸物等刑事案件具体应用法律若干问题的解释》（2001年5月15日发布，自2001年5月16日起施行）

为依法严惩非法制造、买卖、运输枪支、弹药、爆炸物等犯罪活动，根据刑法有关规定，现就审理这类案件具体应用法律的若干问题解释如下：

第六条 非法携带枪支、弹药、爆炸物进入公共场所或者公共交通工具，危及公共安全，具有下列情形之一的，属于刑法第一百三十条规定的"情节严重"：

（一）携带枪支或者手榴弹的；

（二）携带爆炸装置的；

（三）携带炸药、发射药、黑火药五百克以上或者烟火药一千克以上、雷管二十枚以上或者导火索、导爆索二十米以上的；

（四）携带的弹药、爆炸物在公共场所或者公共交通工具上发生爆炸或者燃烧，尚未造成严重后果的；

（五）具有其他严重情节的。

行为人非法携带本条第一款第（三）项规定的爆炸物进入公共场所或者公共交通工具，虽未达到上述数量标准，但拒不交出的，依照刑法第一百三十条的规定定罪处罚；携带的数量达到最低数量标准，能够主动、全部交出的，可不以犯罪论处。

第七条 非法制造、买卖、运输、邮寄、储存、盗窃、抢夺、持有、私藏、携带成套枪支散件的，以相应数量的枪支计；非成套枪支散件以每三十件为一成套枪支散件计。

❼最高人民法院关于九七刑法实施后发生的非法买卖枪支案件，审理时新的司法解释尚未作出，是否可以参照1995年9月20日最高人民法院《关于办理非法制造、买卖、运输非军用枪支、弹药刑事案件适用法律问题的解释》的规定审理案件请示的复函（2003年7月29日）

安徽省高级人民法院：

你院〔2003〕皖刑监字第1号《关于九七刑法实施后发生的非法买卖枪支案件，审理时新的司法解释尚未作出，是否可以参照1995年9月20日最高人民法院〈关于办理非法制造、买卖、运输非军用枪支、弹药刑事案件适用法律问题的解释〉的规定审理案件的请示报告》收悉。经研究，答复如下：

原审被告人侯磊非法买卖枪支的行为发生在修订后的《刑法》实施以后，而该案审理时《最高人民法院关于审理非法制造、买卖、运输枪支、弹药、爆炸物等刑事案件具体应用法律若干问题的解释》尚未颁布，因此，依照我院法发〔1997〕3号《关于认真学习宣传贯彻修订的〈中华人民共和国刑法〉的通知》的精神，该案应参照1995年9月20日最高人民法院法发〔1995〕20号《关于办理非法制造、买卖、运输非军用枪支、弹药刑事案件适用法律问题的解释》的规定办理。

❽《公安部国家工商行政管理局关于加强弩管理的通知》（1999年9月28日）

各省、自治区、直辖市公安厅、局，工商行政管理局：

弩在古代是一种攻击性、杀伤力都很强的兵器。经过现代科技改进后的弩具有便于携带、射程远、精度高等特点。进口弩还分手枪式、步枪式、冲锋枪式等多种式样。近年来，一些地方陆续发现有些企业和单位批量生产、销售和进口弩，还有的企业以俱乐部的形式开展营业性弩射活动。目前，弩的经营和射击活动呈发展趋势。弩具有枪支、管制刀具的部分功能和特性，属于危险物品，如不严加控制和管理，极易被犯罪分子利用，危害公共安全。新疆公安机关已发现犯罪分子持弩作案，并在犯罪分子窝点中缴获过大量弩。为加强弩的管理，防止其流入社会被犯罪分子利用，危害公共安全，现就有关问题通知如下：

一、各级公安机关要将弩纳入治安管理范围，加强管理。要掌握弩的生产、销售、进口情况和营业性弩射活动情况，监督制造、销售、进口、使用弩的企业和单位在生产、运输、保管、使用等环节落实安全防范措施，实行规范化管理，建立完善的规章制度，严防弩丢失、被盗、被抢及发生安全事故事件。

二、严格对弩的生产、销售、进口的管理

（一）制造、销售弩或营业性射击场开设弩射项目必须经省、自治区、直辖市公安厅、局批准，工商行政管理部门凭公安厅、局的批准文件办理登记注册。除经批准的弩制造、进口企业，其他任何单位和个人不得经营、销售弩。

（二）弩制造企业须在产品及其包装上标明企业名称、地址、联系电话及产品编号。

（三）企业和单位购买弩须持有营业执照和省级公安厅、局开具的购买证明。销售单位必须在查验有关手续后方可售出。严禁将弩销售给个人。

（四）弩的携带和运输须持有营业执照副本和省级公安厅、局开具的携运证明。

（五）弩的进口由省级公安厅、局审批，严格限制品种和数量。

（六）制造、销售、进口、使用弩的企业和单位须使用计算机管理，将弩的品种、数量、编号、进货和销售情况定期向省级公安厅、局备案。

（七）省级公安厅、局和工商行政管理局分别对制造、销售、进口、使用弩的企业和单位实行年度审验。

三、各类运动会设置弩射项目须由主办单位向运动会举办地所在的省级公安厅、局申请，获得批准后方可进行。

四、对非法制造、销售、运输、进口弩或者非法从事营业性弩射活动的单位以及个人持有的弩，一律由公安机关登记收缴；对因经营管理不善致使弩流失社会，被违法犯罪分子利用实施违法犯罪活动的，取消有关企业和单位经营资格并追究其负责人及直接责任人员的责任。

本通知下发前已从事制造、销售、进口、使用弩的企业和单位，经清理整顿后按上述规定补办有关手续。

接此通知后，请结合本地实际制定具体管理办法并报公安部、国家工商行政管理局。

⑨《对部分刀具实行管制的暂行规定》（国务院批准，公安部1982年8月30日发布施行）

第二条 本规定所管制的刀具是：匕首、三棱刀（包括机械加工用的三棱刮刀）、带有自锁装置的弹簧刀（跳刀）以及其它相类似的单刃、双刃、三棱尖刀。

第四条 机械加工使用的三棱刮刀，只限工作人员在工作场所使用，不得随意带出工作场所。

第九条 严禁任何单位和个人非法制造、销售和贩卖匕首、三棱刀、弹簧刀等属于管制范围内的各种刀具。严禁非法携带上述刀具进入车站、码头、机场、公园、商场、影剧院、展览馆或其它公共场所和乘坐火车、汽车、轮船、飞机。

第十二条 少数民族由于生活习惯需要佩带的刀具，由民族自治区地区制订办法管理。

少数民族使用的藏刀、腰刀、靴刀等，只准在民族自治地方（自治区、自治州、自治县）销售。

第十三条 违反本规定，非法制造、销售、携带和私自保存管制范围刀具的，公安机关应予取缔，没收其刀具，并按照《中华人民共和国治安管理处罚条例》有关条款予以治安处罚；有妨害公共安全行为，情节严重，触犯刑律的，依法追究刑事责任。

⑩《公安部关于对少数民族人员佩带刀具乘坐火车如何处理问题的批复》（2001年4月28日）

四川省公安厅：

你厅《关于少数民族人员佩带刀具乘坐火车如何处理的请示》（川公明发〔2001〕323号）收悉。现批复如下：

根据国务院批准、公安部发布的《对部分刀具实行管制的暂行规定》（〔83〕公发（治）31号）的规定，管制刀具是指匕首、三棱刀（包括机械加工用的三棱刮刀）、带有自锁装置的弹簧刀（跳刀）以及其他相类似的单刃、双刃、三棱尖刀。任何人不得非法制造、销售、携带和私自保存管制刀具。少数民族人员只能在民族自治地区佩带、销售和使用藏刀、腰刀、靴刀等民族刀具；在非民族自治地区，只要少数民族人员所携带的刀具属于管制刀具范围，公安机关就应当严格按照相应规定予以管理。凡公安工作中涉及的此类有关少数民族的政策、法律规定，各级公安机关应当积极采取多种形式广泛宣传，特别是要加大在车站等人员稠密的公共场所及公共交通工具上的宣传力度。

少数民族人员违反《铁路法》和《铁路运输安全保护条例》携带管制刀具进入车站、乘坐火车的，由公安机关依法予以没收，但在本少数民族自治地区携带具有特殊纪念意义或者比较珍贵的民族刀具进入车站的，可以由携带人交其亲友带回或者交由车站派出所暂时保存并出具相应手续，携带人返回时领回；对不服从管理，构成违反治安管理行为的，依法予以治安处罚；构成犯罪的，依法追究其刑事责任。

⑪《客船治安管理规定》（交通部、公安部1992年12月14日联合发布施行）

第十三条 严禁旅客携带下列物品上船：

（一）炸药、雷管、导火索、鞭炮、汽油、香蕉水、赛璐璐和其他易燃、易爆物品，以及剧毒、腐蚀、放射性危险物品；

（二）匕首、三棱刀、弹簧刀和其他管制刀具；

（三）反动、迷信、淫秽书刊、画报、音像制品和其他淫秽物品；

（四）违反规定携带的枪支、弹药及警械。

对符合管理规定携带的枪支、弹药及警械，必要时，乘务民警队可以临时集中保管，离船时发还。

（五）其他违禁物品或客运规定不准携带的物品。

【盗窃、损毁公共设施】

公共设施属于为国民经济运行、产业发展、居民生活提供交通、通讯、能源、水务、教育、医疗、文化体育等公共性服务的设施。盗窃、损毁公共设施的行为，如果严重影响公共设施的正常运转和公共安全的，应当给予刑事处罚；对情节相对较轻，尚不够刑事处罚的，应当给予治安管理处罚。根据治安管理处罚法的规定，盗窃、损毁公共设施，主要是指盗窃、损毁油气管道设施，电力电信设施，广播电视设施，水利防汛工程设施，水文监测、测量、气象测报、环境监测、地质监测、地震监测等公共设施的行为。这里的“盗窃”，是指以非法占有为目的，采用秘密窃取等手段窃取，尚不够刑事处罚的行为。损毁，是指行为人出于故意或者过失损坏或者毁坏公私财物的行为。根据《石油天然气管道保护条例》的规定，“油气管道设施”包括：（一）输送石油、天然气（含煤气）的管道；（二）管道防腐保护设施，包括阴极保护站、阴极保护测试桩、阳极地床和杂散电流排流站；（三）管道水工防护构筑物、抗震设施、管堤、管桥及管道专用涵洞和隧道；（四）加压站、加热站、计量站、集油（气）站、输气站、配气站、处理场（站）、清管站、各类阀室（井）及放空设施、油库、装卸栈桥及装卸场；（五）管道标志、标识和穿越公（铁）路检漏装置。根据《电力设施保护条例》的规定，“电力设施”包括：发电设施、变电设施和电力线路设施。根据《电信管理条例》的规定，“电信设施”，是指公用电信网、专用电信网、广播电视传输网的设施，包括所有有线、无线、电信管道和卫星等设施。根据《广播电视设施保护条例》的规定，“广播电视设施”，包括广播电视台、站（包括有线广播电视台、站，下同）和广播电视传输设施。根据《防洪法》及相关法规的规定，“防汛工程设施”，主要包括挡水、泄水建筑物、引水系统、尾水系统、分洪道及其附属建筑物，附属道路、交通设施，供电、供水、供风、供热及制冷设施；水闸、泵站、涵洞、桥梁、道路工程及其管护设施；蓄滞洪区、防护林带、滩区安全建设工程等。“水文监测、测量设施”，是指水利、电力、气象、海洋、农林等部门用于测算水位、流量等数据的水文站、雨量站等设施。“气象测报设施”，是指气象探测设施、气象信息专用传输设施、大型气象专用技术装备等气象仪器、设施、标志。“环境监测设施”，是指用于监控和测量环境资源的质量、污染程度等各项指标设施、设备，如渗沥液监测井、尾气取样孔等。“地震监测设施”，是指地震监测台网的监测设施、设备、仪器和其他依照国务院地震行政主管部门的规定设立的地震监测设施、设备、仪器。

根据治安管理处罚法的规定，盗窃、

损毁油气管道设施，电力电信设施，广播电视设施，水利防汛工程设施或者水文监测、测量、气象测报、环境监测、地质监测、地震监测等公共设施的，处十日以上十五日以下拘留。

依据指引：

❶《中华人民共和国治安管理处罚法》（2005年8月28日公布，自2006年3月1日起施行）

第三十三条　有下列行为之一的，处十日以上十五日以下拘留：

（一）盗窃、损毁油气管道设施、电力电信设施、广播电视设施、水利防汛工程设施或者水文监测、测量、气象测报、环境监测、地质监测、地震监测等公共设施的；

（二）移动、损毁国家边境的界碑、界桩以及其他边境标志、边境设施或者领土、领海标志设施的；

（三）非法进行影响国（边）界线走向的活动或者修建有碍国（边）境管理的设施的。

❷《中华人民共和国刑法》（1997年3月14日修订公布，自1997年10月1日起施行）

第一百一十八条　破坏电力、燃气或者其他易燃易爆设备，危害公共安全，尚未造成严重后果的，处三年以上十年以下有期徒刑。

第一百一十九条　破坏交通工具、交通设施、电力设备、燃气设备、易燃易爆设备，造成严重后果的，处十年以上有期徒刑、无期徒刑或者死刑。

过失犯前款罪的，处三年以上七年以下有期徒刑；情节较轻的，处三年以下有期徒刑或者拘役。

第一百二十四条　破坏广播电视设施、公用电信设施，危害公共安全的，处三年以上七年以下有期徒刑；造成严重后果的，处七年以上有期徒刑。

过失犯前款罪的，处三年以上七年以下有期徒刑；情节较轻的，处三年以下有期徒刑或者拘役。

第三百二十三条　故意破坏国家边境的界碑、界桩或者永久性测量标志的，处三年以下有期徒刑或者拘役。

❸《中华人民共和国水法》（2002年8月29日修订公布，自2002年10月1日起施行）

第四十一条　单位和个人有保护水工程的义务，不得侵占、毁坏堤防、护岸、防汛、水文监测、水文地质监测等工程设施。

第七十二条　有下列行为之一，构成犯罪的，依照刑法的有关规定追究刑事责任；尚不够刑事处罚，且防洪法未作规定的，由县级以上地方人民政府水行政主管部门或者流域管理机构依据职权，责令停止违法行为，采取补救措施，处一万元以上五万元以下的罚款；违反治安管理处罚条例的，由公安机关依法给予治安管理处罚；给他人造成损失的，依法承担赔偿责任：

（一）侵占、毁坏水工程及堤防、护岸等有关设施，毁坏防汛、水文监测、水文地质监测设施的；

（二）在水工程保护范围内，从事影响水工程运行和危害水工程安全的爆破、打井、采石、取土等活动的。

第七十三条　侵占、盗窃或者抢夺防汛物资，防洪排涝、农田水利、水文监测和测量以及其他水工程设备和器材，贪污或者挪用国家救灾、抢险、防汛、移民安置和补偿及其他水利建设款物，构成犯罪的，依照刑法的有关规定追究刑事责任。

❹《中华人民共和国防汛条例》（国务院2005年7月15日修订）

第四十三条　有下列行为之一者，视情节和危害后果，由其所在单位或者上级主管机关给予行政处分；应当给予治安管理处罚的，依照《中华人民共和国治安管理处罚条例》的规定处罚；构成犯罪的，依法追究刑事责任：

（一）拒不执行经批准的防御洪水方案、洪水调度方案，或者拒不执行有管辖权的防汛指挥机构的防汛调度方案或者防汛抢险指令的；

（二）玩忽职守，或者在防汛抢险的紧要关头临阵逃脱的；

（三）非法扒口决堤或者开闸的；

（四）挪用、盗窃、贪污防汛或者救灾的钱款或者物资的；

（五）阻碍防汛指挥机构工作人员依法执行职务的；

（六）盗窃、毁损或者破坏堤防、护岸、闸

坝等水工程建筑物和防汛工程设施以及水文监测、测量设施、气象测报设施、河岸地质监测设施、通信照明设施的；

（七）其他危害防汛抢险工作的。

❺《广播电视设施保护条例》（国务院2000年11月5日发布施行）

第二条 在中华人民共和国境内依法设立的广播电视台、站（包括有线广播电视台、站，下同）和广播电视传输网的下列设施的保护，适用本条例：

（一）广播电视信号发射设施，包括天线、馈线、塔桅（杆）、地网、卫星发射天线及其附属设备等；

（二）广播电视信号专用传输设施，包括电缆线路、光缆线路（以下统称传输线路）、塔桅（杆）、微波等空中专用传输通路、微波站、卫星地面接收设施、转播设备及其附属设备等；

（三）广播电视信号监测设施，包括监测接收天线、馈线、塔桅（杆）、测向场强室及其附属设备等。

传输广播电视信号所利用的公用通信等网络设施的保护和管理，依照有关法律、行政法规的规定执行。

第四条 任何单位和个人均有保护广播电视设施的义务。

禁止任何单位和个人侵占、哄抢、私分、截留、破坏广播电视设施。

任何单位和个人对危害广播电视设施的行为，均有权制止并向有关部门报告。

第六条 禁止危及广播电视信号发射设施的安全和损害其使用效能的下列行为：

（一）拆除或者损坏天线、馈线、地网以及天线场地的围墙、围网及其附属设备、标志物；

（二）在中波天线周围250米范围内建筑施工，或者以天线外250米为计算起点兴建高度超过仰角3度的高大建筑；

（三）在短波天线前方500米范围内种植成林树木、堆放金属物品、穿越架空电力线路、建筑施工，或者以天线外500米为计算起点兴建高度超过仰角3度的高大建筑；

（四）在功率300千瓦以上的定向天线前方1000米范围内建筑施工，或者以天线外1000米为计算起点兴建高度超过仰角3度的高大建筑；

（五）在馈线两侧各3米范围内建筑施工，或者在馈线两侧各5米范围内种植树木、种植高杆作物；

（六）在天线、塔桅（杆）周围5米或者可能危及拉锚安全的范围内挖沙、取土、钻探、打桩、倾倒腐蚀性物品。

第七条 禁止危及广播电视信号专用传输设施的安全和损害其使用效能的下列行为：

（一）在标志埋设地下传输线路两侧各5米和水下传输线路两侧各50米范围内进行铺设易燃易爆液（气）体主管道、抛锚、拖锚、挖沙等施工作业；

（二）移动、损坏传输线路、终端杆、塔桅（杆）及其附属设备、标志物；

（三）在标志埋设地下传输线路的地面周围1米范围内种植根茎可能缠绕传输线路的植物、倾倒腐蚀性物品；

（四）树木的顶端与架空传输线路的间距小于2米；

（五）在传输线路塔桅（杆）、拉线周围1米范围内挖沙、取土，或者在其周围5米范围内倾倒腐蚀性物品、堆放易燃易爆物品；

（六）在传输线路塔桅（杆）、拉线上拴系牲畜、悬挂物品、攀附农作物。

第八条 禁止危及广播电视信号监测设施的安全和损害其使用效能的下列行为：

（一）移动、损坏监测接收天线、塔桅（杆）及其附属设备、标志物；

（二）在监测台、站周围违反国家标准架设架空电力线路，兴建电气化铁路、公路等产生电磁辐射的设施或者设置金属构件；

（三）在监测台、站测向场强室周围150米范围内种植树木、高杆作物、进行对土地平坦有影响的挖掘、施工；

（四）在监测天线周围1000米范围内建筑施工，或者以天线外1000米为计算起点修建高度超过仰角3度的建筑物、构筑物或者堆放超高的物品。

第九条 禁止危及广播电视设施安全和损害其使用效能的下列行为：

（一）在广播电视设施周围500米范围内进行爆破作业；

（二）在天线、馈线、传输线路及其塔桅

（杆）、拉线周围500米范围内进行烧荒；

（三）在卫星天线前方50米范围内建筑施工，或者以天线前方50米为计算起点修建高度超过仰角5度的建筑物、构筑物或者堆放超高的物品；

（四）在发射、监测台、站周围1500米范围内兴建有严重粉尘污染、严重腐蚀性化学气体溢出或者产生放射性物质的设施；

（五）在发射、监测台、站周围500米范围内兴建油库、加油站、液化气站、煤气站等易燃易爆设施。

第十三条 在天线、馈线周围500米范围外进行烧荒等活动，可能危及广播电视设施安全的，应当事先通知广播电视设施管理单位，并采取有效防范措施后，方可进行。

第二十条 违反本条例规定，在广播电视设施保护范围内进行建筑施工、兴建设施或者爆破作业、烧荒等活动的，由县级以上人民政府广播电视行政管理部门或者其授权的广播电视设施管理单位责令改正，限期拆除违章建筑、设施，对个人处1000元以上1万元以下的罚款，对单位处2万元以上10万元以下的罚款；对其直接负责的主管人员及其他直接责任人员依法给予行政处分；违反治安管理规定的，由公安机关依法给予治安管理处罚；构成犯罪的，依法追究刑事责任。

第二十一条 违反本条例规定，损坏广播电视设施的，由县级以上人民政府广播电视行政管理部门或者其授权的广播电视设施管理单位责令改正，对个人处1000元以上1万元以下的罚款，对单位处2万元以上10万元以下的罚款；对其直接负责的主管人员及其他直接责任人员依法给予行政处分；违反治安管理规定的，由公安机关依法给予治安管理处罚；构成犯罪的，依法追究刑事责任。

第二十二条 违反本条例规定，在广播电视设施保护范围内有下列行为之一的，由县级以上人民政府广播电视行政管理部门或者其授权的广播电视设施管理单位责令改正，给予警告，对个人可处以2000元以下的罚款，对单位可处以2万元以下的罚款：

（一）种植树木、农作物的；

（二）堆放金属物品、易燃易爆物品或者设置金属构件、倾倒腐蚀性物品的；

（三）钻探、打桩、抛锚、拖锚、挖沙、取土的；

（四）拴系牲畜、悬挂物品、攀附农作物的。

第二十六条 损坏广播电视设施无法恢复原状的，当事人应当依法承担赔偿责任。

❻《中华人民共和国河道管理条例》（国务院1988年6月10日发布施行）

第二十二条 禁止损毁堤防、护岸、闸坝等水工程建筑物和防汛设施、水文监测和测量设施、河岸地质监测设施以及通信照明等设施。

在防汛抢险期间，无关人员和车辆不得上堤。

因降雨雪等造成堤顶泥泞期间，禁止车辆通行，但防汛抢险车辆除外。

第四十五条 违反本条例规定，有下列行为之一的，县级以上地方人民政府河道主管机关除责令其纠正违法行为、赔偿损失、采取补救措施外，可以并处警告、罚款；应当给予治安管理处罚的，按照《中华人民共和国治安管理处罚条例》的规定处罚；构成犯罪的，依法追究刑事责任：

（一）损毁堤防、护岸、闸坝、水工程建筑物，损毁防汛设施、水文监测和测量设施、河岸地质监测设施以及通信照明等设施；

（二）在堤防安全保护区内进行打井、钻探、爆破、挖筑鱼塘、采石、取土等危害堤防安全的活动的；

（三）非管理人员操作河道上的涵闸闸门或者干扰河道管理单位正常工作的。

❼《最高人民法院关于审理破坏公用电信设施刑事案件具体应用法律若干问题的解释》（2004年12月30日发布，自2005年1月11日起施行）

为维护公用电信设施的安全和通讯管理秩序，依法惩治破坏公用电信设施犯罪活动，根据刑法有关规定，现就审理这类刑事案件具体应用法律的若干问题解释如下：

第一条 采用截断通信线路、损毁通信设备或者删除、修改、增加电信网计算机信息系统中存储、处理或者传输的数据和应用程序等手段，故意破坏正在使用的公用电信设施，具有下列情形之一的，属于刑法第一百二十四条规定的“危害公共安全”，依照刑法第一百二十四条第一款规定，以破坏公用电信设施罪处三年以上七年以下有期徒刑：

（一）造成火警、匪警、医疗急救、交通事故报警、救灾、抢险、防汛等通信中断或者严重障碍，并因此贻误救助、救治、救灾、抢险等，致使人员死亡一人、重伤三人以上或者造成财产损失三十万元以上的；

（二）造成二千以上不满一万用户通信中断一小时以上，或者一万以上用户通信中断不满一小时的；

（三）在一个本地网范围内，网间通信全阻、关口局至某一局向全部中断或网间某一业务全部中断不满二小时或者直接影响范围不满五万（用户×小时）的；

（四）造成网间通信严重障碍，一日内累计二小时以上不满十二小时的；

（五）其他危害公共安全的情形。

第三条 故意破坏正在使用的公用电信设施尚未危害公共安全，或者故意毁坏尚未投入使用的公用电信设施，造成财物损失，构成犯罪的，依照刑法第二百七十五条规定，以故意毁坏财物罪定罪处罚。

盗窃公用电信设施价值数额不大，但是构成危害公共安全犯罪的，依照刑法第一百二十四条的规定定罪处罚；盗窃公用电信设施同时构成盗窃罪和破坏公用电信设施罪的，依照处罚较重的规定定罪处罚。

第四条 指使、组织、教唆他人实施本解释规定的故意犯罪行为的，按照共犯定罪处罚。

第五条 本解释中规定的公用电信设施的范围、用户数、通信中断和严重障碍的标准和时间长度，依据国家电信行业主管部门的有关规定确定。

❽《最高人民法院关于审理盗窃案件具体应用法律若干问题的解释》（1998年3月17日发布施行）

第十二条 审理盗窃案件，应当注意区分盗窃罪与其他犯罪的界限：

（一）盗窃广播电视设施、公用电信设施价值数额不大，但是构成危害公共安全犯罪的，依照刑法第一百二十四条的规定定罪处罚；盗窃广播电视设施、公用电信设施同时构成盗窃罪和破坏广播电视设施、公用电信设施罪的，择一重罪处罚。

（二）盗窃使用中的电力设备，同时构成盗窃罪和破坏电力设备罪的，择一重罪处罚。

❾《公安部关于妨害国（边）境管理犯罪案件立案标准及有关问题的通知》（2000年3月31日）

各省、自治区、直辖市公安厅、局，新疆生产建设兵团公安局：

为贯彻执行《中华人民共和国刑法》、《中华人民共和国刑事诉讼法》、《公安机关办理刑事案件程序规定》和《公安部关于印发〈公安部刑事案件管辖分工规定〉的通知》（公通字〔1998〕80号），现将妨害国（边）境管理犯罪案件立案标准及办理妨害国（边）境管理犯罪案件的有关问题通知如下：

一、立案标准

（七）破坏界碑、界桩案

1. 采取盗取、毁坏、拆除、掩埋、移动等手段破坏国家边境的界碑、界桩的，应当立案侦查。

2. 破坏3个以上界碑、界桩的，或者造成严重后果的，应当立为重大案件。

（八）破坏永久性测量标志案

1. 采取盗取、拆毁、损坏、改变、移动、掩埋等手段破坏永久性测量标志，使其失去原有作用的，应当立案侦查。

2. 破坏3个以上永久性测量标志的，或者造成永久性测量标志严重损毁等严重后果的，应当立为重大案件。

二、案件管辖分工

（一）《刑法》规定的组织他人偷越国（边）境案、运送他人偷越国（边）境案、偷越国（边）境案和破坏界碑、界桩案由公安机关边防部门管辖。边境管理区和沿海地区（限于地、市行政辖区）以外发生的上述案件由刑事侦查部门管辖。刑事侦查部门管辖骗取出境证件案、提供伪造、变造的出入境证件案、出售出入境证件案和破坏永久性测量标志案。

❿《有线电视管理规定》（广播电影电视部1994年2月3日发布施行）

第二十九条 有线电视设施是国家广播电视设施的重要组成部分，受法律保护。对任何破坏有线电视设施的行为，依照国务院发布的《广播电视设施保护条例》追究法律责任。

【妨害国（边）界标志、设施或走向】

治安管理处罚法规定的妨害国（边）界标志、设施和走向的违法行为，包括两种行为方式：一是移动、损毁国家边境的界碑、界桩以及其他边境标志、边境设施或者领土、领海标志设施行为；二是非法进行影响国（边）界线走向的活动或者修建有碍国（边）境管理设施的行为。

界碑、界桩以及其他边境标志是我国领土范围的重要标志，标志着我国的主权和领土完整，事关国家利益。为了我国的领土完整和国家主权，我们必须严格按照有关规定确定我国的界碑、界桩以及其他边境标志的地理位置，防止因移动、损毁国家边境的界碑、界桩以及其他边境标志、边境设施或者领土、领海标志设施而损害我国的主权和领土完整。因此，我国法律对国家边境的界碑、界桩以及其他边境标志予以明确的保护，根据刑法第三百二十三条的规定，故意破坏国家边境的界碑、界桩或者永久性测量标志的，处三年以下有期徒刑或者拘役。对于一些尚不构成犯罪，但仅给予罚款处罚不足以起到惩戒和警示作用的此类违法行为，应当予以治安拘留处罚。根据治安管理处罚法的规定，移动、损毁国家边境的界碑、界桩以及其他边境标志、边境设施或者领土、领海标志设施的行为，都是故意违法行为，即行为人明知是国家设立在边境上的界碑、界桩以及其他边境标志、边境设施或者领土、领海标志设施，而故意予以移动、损毁的，才构成本条所规定的违法行为。“移动、损毁”，是指将界碑、界桩以及其他边境标志、边境设施或者领土、领海标志设施砸毁、拆除、挖掉、盗走、移动或者改变其原样等，从而使其失去其原有的意义和作用的行为。“国家边境的界碑、界桩”，是指我国政府与邻国按照条约规定或者历史上实际形成的管辖范围，在陆地接壤地区里埋设的指示边境分界及走向的标志物。界碑和界桩没有实质的区别，只是形状不同。

非法进行影响国（边）界线走向的活动或者修建有碍国（边）境管理设施，是指行为人违反国家规定，从事生产、施工等活动，影响了国（边）界线走向的行为。如在临近国（边）界线附近挖沙、耕种、采伐树木，而导致客观上影响了国（边）界规定的路线或者方向；在靠近国（边）境位置修建房屋、挖鱼塘等，从而妨碍国家对国（边）境管理。

根据治安管理处罚法的规定，对实施上述妨害国（边）界线标志、设施或走向行为的，处十日以上十五日以下拘留。

依据指引：

❶**《中华人民共和国治安管理处罚法》**（2005年8月28日公布，自2006年3月1日起施行）

第三十三条　有下列行为之一的，处十日以上十五日以下拘留：

（一）盗窃、损毁油气管道设施、电力电信设施、广播电视设施、水利防汛工程设施或者水文监测、测量、气象测报、环境监测、地质监测、地震监测等公共设施的；

（二）移动、损毁国家边境的界碑、界桩以及其他边境标志、边境设施或者领土、领海标志设施的；

（三）非法进行影响国（边）界线走向的活动或者修建有碍国（边）境管理的设施的。

❷**《中华人民共和国刑法》**（1997年3月14日修订公布，自1997年10月1日起施行）

第三百二十三条　故意破坏国家边境的界碑、界桩或者永久性测量标志的，处三年以下有期徒刑或者拘役。

❸**《公安部关于妨害国（边）境管理犯罪案件立案标准及有关问题的通知》**（2000年3月

31日）

各省、自治区、直辖市公安厅、局，新疆生产建设兵团公安局：

为贯彻执行《中华人民共和国刑法》、《中华人民共和国刑事诉讼法》、《公安机关办理刑事案件程序规定》和《公安部关于印发〈公安部刑事案件管辖分工规定〉的通知》（公通字〔1998〕80号），现将妨害国（边）境管理犯罪案件立案标准及办理妨害国（边）境管理犯罪案件的有关问题通知如下：

一、立案标准

（七）破坏界碑、界桩案

1. 采取盗取、毁坏、拆除、掩埋、移动等手段破坏国家边境的界碑、界桩的，应当立案侦查。

2. 破坏3个以上界碑、界桩的，或者造成严重后果的，应当立为重大案件。

（八）破坏永久性测量标志案

1. 采取盗取、拆毁、损坏、改变、移动、掩埋等手段破坏永久性测量标志，使其失去原有作用的，应当立案侦查。

2. 破坏3个以上永久性测量标志的，或者造成永久性测量标志严重损毁等严重后果的，应当立为重大案件。

二、案件管辖分工

（一）《刑法》规定的组织他人偷越国（边）境案、运送他人偷越国（边）境案、偷越国（边）境案和破坏界碑、界桩案由公安机关边防部门管辖。边境管理区和沿海地区（限于地、市行政辖区）以外发生的上述案件由刑事侦查部门管辖。刑事侦查部门管辖骗取出境证件案、提供伪造、变造的出入境证件案、出售出入境证件案和破坏永久性测量标志案。

【妨害航空器飞行安全】

治安管理处罚法规定的妨害航空器飞行安全的违法行为主要有三种表现形式：一是盗窃、损坏、擅自移动航空设施；二是强行进入航空器驾驶舱；三是在使用中的航空器上使用可能影响导航系统正常功能的器具、工具，不听劝阻的。

航空设施是保证飞机安全起飞、降落和飞行的重要保障。盗窃或者故意损毁、移动使用中的航行设施，足以使航空器发生倾覆、毁坏危险的，依照刑法的规定，要追究刑事责任；对于情节相对较轻，尚不构成犯罪的，应当予以治安拘留处罚。“航空设施”是指飞行区设施，包括跑道、升降带、跑道端安全地区、滑行道系统、机坪、目视助航系统设施、机场围界及巡场路、净空障碍物限制等设施；空中交通管理系统，包括航管、通信、导航、气象等设施；以及其他与飞行安全有关的各类设施。“盗窃”，是指行为人以非法占有为目的，秘密窃取航空设施的行为。“损坏”，是指行为人出于故意的心理，实施不当的行为，从而致使有关航空设施的功能失去或者部分失去效能的行为。“擅自移动”，是指行为人未经允许，将有关的航空设施移走、改变方向等行为。根据治安管理处罚法的规定，本行为侵害的对象是正在使用中的航空设施，正在使用中是指投入正常运营，正在发挥作用和功能的各种航空设施；盗窃、损坏尚未投入使用的，或者废弃的航空设施的，一般不会危及飞行安全，应当按照盗窃、损毁公私财物的行为处理。

强行进入航空器驾驶舱，是指航空器上的非机组人员不听劝阻，执意进入航空器驾驶舱的行为。在使用中的航空器内，为了保证驾驶航空器不受任何干扰，驾驶舱与乘务舱、行李舱是分离的。而强行闯入驾驶舱的行为对航空器的正常运行危害特别大，容易干扰航空器驾驶员对航空器的操控，从而影响到航空器的正常驾驶，需要予以相应的法律制裁。这里的“航空器”，主要是民用航空器，即除用于执行军事、海关、警察飞行任务外的民航客机、运输机等。

在使用中的航空器上使用可能影响导航系统正常功能的器具、工具，不听劝阻的违反治安管理行为，需要具备以下条件：一是行为人持主观故意心态，即明知不应使用可能影响导航系统正常功能的器具、工具，仍有意使用；二是在使用中的航空器上使用上述器具、工具。“在使用中的航空器上”，是指在行为时正处于运营状态的航空器，如正在空中飞行的客机。如果该航空器不属于使用中，而是维修保养过程中，或者尚未投入使用，则不构成；三是经劝阻拒不听从，执意使用。

根据治安管理处罚法的规定，盗窃、损坏、擅自移动使用中的航空设施，或者强行进入航空器驾驶舱的，处十日以上十五日以下拘留。在使用中的航空器上使用可能影响导航系统正常功能的器具、工具，不听劝阻的，处五日以下拘留或者五百元以下罚款。

依据指引：

❶**《中华人民共和国治安管理处罚法》**（2005 年 8 月 28 日公布，自 2006 年 3 月 1 日起施行）

第三十四条 盗窃、损坏、擅自移动使用中的航空设施，或者强行进入航空器驾驶舱的，处十日以上十五日以下拘留。

在使用中的航空器上使用可能影响导航系统正常功能的器具、工具，不听劝阻的，处五日以下拘留或者五百元以下罚款。

❷**《中华人民共和国刑法》**（1997 年 3 月 14 日修订公布，自 1997 年 10 月 1 日起施行）

第一百一十六条 破坏火车、汽车、电车、船只、航空器，足以使火车、汽车、电车、船只、航空器发生倾覆、毁坏危险，尚未造成严重后果的，处三年以上十年以下有期徒刑。

第一百一十七条 破坏轨道、桥梁、隧道、公路、机场、航道、灯塔、标志或者进行其他破坏活动，足以使火车、汽车、电车、船只、航空器发生倾覆、毁坏危险，尚未造成严重后果的，处三年以上十年以下有期徒刑。

❸**《中华人民共和国民用航空法》**（1995 年 10 月 30 日通过，自 1996 年 3 月 1 日起施行）

第一百九十七条 盗窃或者故意损毁、移动使用中的航行设施，危及飞行安全，足以使民用航空器发生坠落、毁坏危险，尚未造成严重后果的，依照刑法第一百零八条的规定追究刑事责任；造成严重后果的，依照刑法第一百一十条的规定追究刑事责任。

第二百条 违反本法规定，尚不够刑事处罚，应当给予治安管理处罚的，依照治安管理处罚条例的规定处罚。

【妨害铁路运行安全】

治安管理处罚法规定的妨害铁路运行安全的行为，有四种表现形式：一是盗窃、损毁或者擅自移动铁路设施、设备、机车车辆配件或者安全标志的；二是在铁路线路上放置障碍物，或者故意向列车投掷物品的；三是在铁路线路、桥梁、涵洞处挖掘坑穴、采石取沙的；在铁路线路上私设道口或者平交过道的。

盗窃、损毁或者擅自移动铁路设施、设备、机车车辆配件或者安全标志，在铁路上放置障碍物等行为，严重危及铁路运行安全。根据刑法的规定，即使此类行为尚未造成严重后果，只要足以使列车发生倾覆、毁坏，就要判处三年以上十年以下有期徒刑。对于影响铁路行车安全的程度相对较轻，尚不够刑事处罚的，则应当依照治安管理处罚法的规定，予以治安管理处罚。这里的“铁路设施、设备”，是指构成铁路路网的固定设施、设备，包括线路，桥涵，站场，电力系统，通信信号系统等，如信号机抗流变压器、铁路信号接线盒、钢轨扣件等。“机车车辆配件”，是指蒸汽、内燃、电力机车车轴、油罐车底架、各类机车轮对、主变压器、受电弓、电机座等零部件。

火车属于高速运输工具，向列车投掷物品，击打列车，是一种非常危险的行为。

如果造成他人受伤、死亡的，应当依照刑法关于故意伤害罪、故意杀人罪的规定处罚；对于情节相对比较轻微，没有造成人员伤亡、财产损失的，按治安管理处罚法的规定，予以治安处罚。

铁路路基是铁路运行安全的重要基础，在铁路线路、桥梁、涵洞处挖掘坑穴、采石取沙的行为，会破坏铁路路基的稳固，影响铁路行车安全。根据治安管理处罚法的规定，构成本项违反治安管理行为的主观心态既包括故意，也包括过失，有的行为人明知在铁路线路、桥梁、涵洞处挖掘坑穴、采石取沙，会危及到铁路路基安全，但仍从事该行为。至于挖掘坑穴、采石取沙的目的如何，不影响本项规定的违反治安管理行为的构成。

根据《铁路法》和《铁路运输安全保护条例》等法律、法规的规定，铁路道口、平交过道的设置，要依照规定的程序审批。在铁路线路上私设道口或者平交过道，既影响到铁路运行安全，也关系到过往机动车、非机动车和行人的生命、财产安全。

根据治安管理处罚法的规定，有上述妨害铁路运行安全的行为的，处五日以上十日以下拘留，可以并处五百元以下罚款；情节较轻的，处五日以下拘留或者五百元以下罚款。

依据指引：

❶《中华人民共和国治安管理处罚法》（2005年8月28日公布，自2006年3月1日起施行）

第三十五条 有下列行为之一的，处五日以上十日以下拘留，可以并处五百元以下罚款；情节较轻的，处五日以下拘留或者五百元以下罚款：

（一）盗窃、损毁或者擅自移动铁路设施、设备、机车车辆配件和安全标志的；

（二）在铁路线路上放置障碍物，或者故意向列车投掷物品的；

（三）在铁路线路、桥梁、涵洞处挖掘坑穴、采石取沙的；

（四）在铁路线路上私设道口或者平交过道的。

❷《中华人民共和国铁路法》（1990年9月7日公布，自1991年5月1日起施行）

第二条 本法所称铁路，包括国家铁路、地方铁路、专用铁路和铁路专用线。

国家铁路是指由国务院铁路主管部门管理的铁路。

地方铁路是指由地方人民政府管理的铁路。

专用铁路是指由企业或者其他单位管理，专为本企业或者本单位内部提供运输服务的铁路。

铁路专用线是指由企业或者其他单位管理的与国家铁路或者其他铁路线路接轨的岔线。

第六条 公民有爱护铁路设施的义务。禁止任何人破坏铁路设施，扰乱铁路运输的正常秩序。

第四十六条 在铁路线路和铁路桥梁、涵洞两侧一定距离内，修建山塘、水库、堤坝，开挖河道、干渠，采石挖砂，打井取水，影响铁路路基稳定或者危害铁路桥梁、涵洞安全的，由县级以上地方人民政府责令停止建设或者采挖、打井等活动，限期恢复原状或者责令采取必要的安全防护措施。

在铁路线路上架设电力、通讯线路，埋置电缆、管道设施，穿凿通过铁路路基的地下坑道，必须经铁路运输企业同意，并采取安全防护措施。

在铁路弯道内侧、平交道口和人行过道附近，不得修建妨碍行车瞭望的建筑物和种植妨碍行车瞭望的树木。修建妨碍行车瞭望的建筑物的，由县级以上地方人民政府责令限期拆除。种植妨碍行车瞭望的树木的，由县级以上地方人民政府责令有关单位或者个人限期迁移或者修剪、砍伐。

违反前三款的规定，给铁路运输企业造成损失的单位或者个人，应当赔偿损失。

第四十七条 禁止擅自在铁路线路上铺设平交道口和人行过道。

平交道口和人行过道必须按照规定设置必要的标志和防护设施。

行人和车辆通过铁路平交道口和人行过道时，必须遵守有关通行的规定。

第四十九条 对损毁、移动铁路信号装置及其他行车设施或者在铁路线路上放置障碍物的，铁路职工有权制止，可以扭送公安机关处理。

第六十一条 故意损毁、移动铁路行车信号装置或者在铁路线路上放置足以使列车倾覆的障碍物，尚未造成严重后果的，依照刑法第一百零八条（此为1979年刑法——编者注）的规定追究刑事责任；造成严重后果的，依照刑法第一百一十条（此为1979年刑法——编者注）的规定追究刑事责任。

第六十二条 盗窃铁路线路上行车设施的零件、部件或者铁路线路上的器材，危及行车安全，尚未造成严重后果的，依照刑法第一百零八条（此为1979年刑法——编者注）破坏交通设施罪的规定追究刑事责任；造成严重后果的，依照刑法第一百一十条（此为1979年刑法——编者注）破坏交通设施罪的规定追究刑事责任。

第六十八条 擅自在铁路线路上铺设平交道口、人行过道的，由铁路公安机关或者地方公安机关责令限期拆除，可以并处罚款。

❸《铁路运输安全保护条例》（国务院2004年12月27日公布，自2005年4月1日起施行）

第九条 任何单位和个人不得破坏、损坏或者非法占用铁路运输的设施、设备、铁路标志及铁路用地。

任何单位和个人都有保护铁路运输的设施、设备、铁路标志及铁路用地的义务，发现破坏、损坏或者非法占用铁路运输的设施、设备、铁路标志、铁路用地及其他影响铁路运输安全的行为，应当向国务院铁路主管部门、铁路管理机构、公安机关、地方各级人民政府或者有关部门检举、报告，或者及时通知铁路运输企业。接到检举、报告的部门或者接到通知的铁路运输企业应当根据各自职责及时予以处理。

对维护铁路运输安全作出突出贡献的单位或者个人，应当给予表彰奖励。

第十条 铁路线路两侧应当设立铁路线路安全保护区。铁路线路安全保护区的范围，从铁路线路路堤坡脚、路堑坡项或者铁路桥梁外侧起向外的距离分别为：

（一）城市市区，不少于8米；

（二）城市郊区居民居住区，不少于10米；

（三）村镇居民居住区，不少12米；

（四）其他地区，不少于15米。

铁路线路安全保护区的具体范围，由铁路管理机构提出方案，县级以上地方人民政府按照保障铁路运输安全和节约用地的原则划定。铁路用地能满足前款要求的，由铁路管理机构在铁路用地范围内划定铁路线路安全保护区。

铁路线路安全保护区与公路建筑控制区、河道管理范围或者水利工程管理和保护范围重叠的，由铁路管理机构和公路管理机构、水行政主管部门协商后，报县级以上地方人民政府划定。

铁路运输企业应当在铁路线路安全保护区边界设立标桩，并根据需要设置围墙、栅栏等防护设施。

企业或者单位内部的专用铁路需要划定铁路线路安全保护区的，参照本条第一款的规定划定。

第十一条 在铁路线路安全保护区内，除必要的铁路施工、作业、抢险活动外，任何单位和个人不得实施下列行为：

（一）建造建筑物、构筑物；

（二）取土、挖砂、挖沟；

（三）采空作业；

（四）堆放、悬挂物品。

任何单位和个人不得在铁路线路安全保护区内烧荒、放养牲畜、种植影响铁路线路安全和行车瞭望的树木等植物。

任何单位和个人不得向铁路线路安全保护区排污、排水，倾倒垃圾及其他有害物质。

第十二条 铁路线路安全保护区内已有的建筑物、构筑物，危及铁路运输安全的，由国务院铁路主管部门及铁路管理机构或者县级以上地方人民政府责令采取必要的安全防护措施。对采取安全防护措施后仍不能满足安全要求的，应当按照国家有关规定限期拆除。

拆除铁路线路安全保护区内的建筑物、构筑物的，应当依法给予合理补偿。但是，拆除非法建设的建筑物、构筑物的除外。

第十五条 任何单位和个人不得在铁路桥梁（含道路、铁路两用桥，下同）跨越的河道上下游各1000米范围内围垦造田、抽取地下水、拦河筑坝、架设浮桥，及修建其他影响或者危害铁路桥梁安全的设施。

在前款规定的范围内，确需进行围垦造田、抽取地下水、拦河筑坝、架设浮桥等活动的，应当进行安全论证，有关行政管理部门在批准之前应当征求有关铁路管理机构的意见。

第十六条 任何单位和个人不得在铁路桥梁跨越的河道上下游的下列范围内采砂：

（一）桥长500米以上的铁路桥梁，河道上游500米，下游3000米；

（二）桥长100米以上500米以下的铁路桥梁，河道上游500米，下游2000米；

（三）桥长100米以下的铁路桥梁，河道上游500米，下游1000米。

有关部门依法在铁路桥梁跨越的河道上下游划定的禁采区大于前款规定的禁采范围的，依照其划定的禁采范围执行。

第十七条 任何单位和个人不得在铁路线路两侧距路堤坡脚、路堑坡顶、铁路桥梁外侧200米范围内，或者铁路车站及周围200米范围内，及铁路隧道上方中心线两侧各200米范围内，建造、设立生产、加工、储存和销售易燃、易爆或者放射性物品等危险物品的场所、仓库。但是，根据国家有关规定设立的为铁路运输工具补充燃料的设施及办理危险货物运输的除外。

第十八条 在铁路线路两侧路堤坡脚、路堑坡顶、铁路桥梁外侧起各1000米范围内，及在铁路隧道上方中心线两侧各1000米范围内，禁止从事采矿、采石及爆破作业。

在前款规定的范围内，因修建道路、水利工程等公共工程，确需实施采石、爆破作业的，应当与铁路运输企业协商后，采取必要的安全防护措施。

第二十八条 任何单位和个人不得擅自设置或者拓宽铁路道口、人行过道。

设置或者拓宽铁路道口、人行过道，应当向铁路管理机构提出申请，并按如下程序审批：城市内设置或者拓宽铁路道口、人行过道，由铁路管理机构会同城市规划部门根据国家有关规定自收到申请之日起30日内共同作出批准或者不予批准的决定；城市外设置或者拓宽铁路道口、人行过道，由铁路管理机构会同当地人民政府根据国家有关规定自收到申请之日起30日内共同作出批准或者不予批准的决定。

决定予以批准的，由铁路管理机构发给批准文件；不予批准的，由铁路管理机构书面通知申请人并说明理由。

第五十九条 任何单位或者个人不得实施下列危害铁路运输安全的行为：

（一）非法拦截列车、阻断铁路运输；

（二）扰乱铁路运输调度机构、运输指挥部门及车站、列车的正常秩序；

（三）毁坏铁路线路、站台等设施、设备及路基、护坡、排水沟和防护林木、护坡草坪；

（四）在铁路线路上放置、遗弃障碍物；

（五）击打列车；

（六）擅自移动线路上的机车车辆，或者擅自开启列车车门；

（七）拆盗、损毁或者擅自移动铁路设施、设备、机车车辆配件和安全标志；

（八）在铁路线路上行走、坐卧或者在未设平交道口、人行过道的铁路线路上通过；

（九）在未设置行人通道的铁路桥梁上、隧道内通行；

（十）翻越、损毁、移动铁路线路两侧防护围墙、栅栏或者其他防护设施和标桩；

（十一）开启、关闭列车中货车阀、盖及破坏施封状态；

（十二）开启列车中集装箱箱门，破坏箱体、盖、阀及施封状态；

（十三）松动、解开、移动列车中货物装载加固材料和加固装置；

（十四）钻车、扒车、跳车；

（十五）从列车上抛扔杂物；

（十六）非法出售或者收购铁路器材；

（十七）其他危害铁路运输安全的行为。

第六十条 任何单位或者个人不得实施下列危及铁路通信、信号设施安全的行为：

（一）在埋有地下光（电）缆设施的地面上方进行钻探，堆放重物、垃圾，焚烧物品，倾倒腐蚀性物质；

（二）在地下光（电）缆两侧各1米的范围内建造、搭建建筑物、构筑物；

（三）在地下光（电）缆两侧各1米的范围内挖砂、取土和设置可能引起光（电）缆腐蚀的设施；

（四）在设有过河光（电）缆标志两侧各100米内进行挖砂、抛锚及其他危及光（电）缆安全的作业；

（五）其他可能危及铁路通信、信号设施安全的行为。

第六十一条 任何单位或者个人不得实施下列危害电气化铁路设施的行为：

（一）向电气化铁路接触网抛掷物品；

（二）在铁路电力线路导线两侧各300米的区域内升放风筝、气球；

（三）攀登杆塔、铁路机车车辆或者在杆塔上架设、安装其他设施；

（四）在杆塔、拉线周围20米范围内取土、打桩、钻探或者倾倒有害化学物品；

（五）触碰电气化铁路接触网；

（六）其他危害铁路电力线路设施的行为。

第七十条 违反本条例第十一条规定的，由铁路管理机构责令改正，给予警告，对单位可以并处5000元以上5万元以下的罚款，对个人可以并处200元以上2000元以下的罚款。

第七十二条 违反本条例第十五条规定的，由铁路桥梁所在地的有关水行政主管部门依法给予行政处罚。

第七十三条 违反本条例第十六条规定的，由铁路桥梁所在地的有关部门责令改正，处1万元以上10万元以下的罚款；构成犯罪的，依法追究刑事责任。

第七十四条 违反本条例第十七条规定的，由铁路管理机构责令限期拆除；逾期不拆除的，强制拆除，对单位处2万元以上20万元以下的罚款，对个人处1万元以上10万元以下的罚款；构成犯罪的，依法追究刑事责任。

第七十五条 违反本条例第十八条规定，在铁路线路两侧路堤坡脚、路堑坡顶、铁路桥梁外侧起各1000米范围内，及在铁路隧道上方中心线两侧各1000米范围内，从事采矿的，由地质矿产主管部门依照国家有关矿产资源管理的法律、法规给予行政处罚；从事采石及爆破作业的，由铁路管理机构责令改正，处2万元以上10万元以下的罚款；构成犯罪的，依法追究刑事责任。

第八十二条 违反本条例第二十八条第一款规定的，由公安机关责令限期拆除，依法给予行政处罚。

第九十七条 违反本条例第五十九条、第六十一条规定的，由公安机关对个人处警告，可以并处50元以上200元以下的罚款，情节严重的，处200元以上2000元以下的罚款；对单位处警告，并处5000元以上2万元以下的罚款，对直接负责的主管人员和其他直接责任人员处200元以上2000元以下的罚款；构成违反治安管理行为的，由公安机关依法给予行政处罚；构成犯罪的，依法追究刑事责任。

第九十八条 违反本条例第六十条规定的，由公安机关责令改正，对违法的个人处200元以上2000元以下的罚款；对违法的单位处5000元以上5万元以下的罚款，对直接负责的主管人员和其他直接责任人员处200元以上2000元以下的罚款；构成犯罪的，依法追究刑事责任。

第九十九条 违反本条例规定，给铁路运输企业或者其他单位、个人财产造成损失的，依法承担赔偿责任。

第一百零二条 国务院铁路主管部门及铁路管理机构发现违反本条例规定的行为，但本部门无权处理的，应当及时移送或者通报有权处理的部门，有权处理的部门应当根据职责及时予以处理，并将处理情况通报移送部门。拒不依法处理的，对负有责任的主管人员和其他直接责任人员根据情节轻重，依法给予降级直至开除的行政处分；构成犯罪的，依法追究刑事责任。

【妨害列车行车安全】

列车属于高速运输工具，为了保证行人和列车行车安全，我国很多铁路都设有防护网，将列车和行人隔离开来。在没有设置防护网的路段，也是禁止行人在铁路上行走坐卧的。但实践中这些违法行为经常发生，特别是列车穿越市区某些城市道路时，某些行人为了便利而擅自进入铁路防护网或者列车来临时抢越铁路的行为时有发生。这些违反治安管理行为，不仅危及到行为人本人的安全，而且对公共安全，也造成了威胁，有必要予以处罚。根据治安管理处罚法的规定，妨害列车行车安全的行为主要有以下三种情形：一是擅自进入铁路防护网。二是列车来临时在铁路线路上行走坐卧，影响行车安全的。三是列车来临时抢越铁路，影响行车安全的。这种行为属于妨害列车行车安全的最常见的类型。行为人往往心存侥幸心理，认为自己的速度能抢在列车到达前穿过线路。但列车的速度超出行为人的想象，因而许多列车交通事故由此发生。实践中处理妨害列车行车安全的行为，要本着教育与处罚相结合的原则，以教育为主，不宜一味地强调罚款处罚。

根据治安管理处罚法的规定，对擅自进入铁路防护网或者列车来临时在铁路线路上行走坐卧、抢越铁路，影响行车安全的，处警告或者二百元以下罚款。

依据指引：

❶《中华人民共和国治安管理处罚法》（2005年8月28日公布，自2006年3月1日起施行）

第三十六条 擅自进入铁路防护网或者火车来临时在铁路线路上行走坐卧、抢越铁路，影响行车安全的，处警告或者二百元以下罚款。

❷《铁路运输安全保护条例》（国务院2004年12月27日公布，自2005年4月1日起施行）

第五十九条 任何单位或者个人不得实施下列危害铁路运输安全的行为：

（一）非法拦截列车、阻断铁路运输；

（二）扰乱铁路运输调度机构、运输指挥部门及车站、列车的正常秩序；

（三）毁坏铁路线路、站台等设施、设备及路基、护坡、排水沟和防护林木、护坡草坪；

（四）在铁路线路上放置、遗弃障碍物；

（五）击打列车；

（六）擅自移动线路上的机车车辆，或者擅自开启列车车门；

（七）拆盗、损毁或者擅自移动铁路设施、设备、机车车辆配件和安全标志；

（八）在铁路线路上行走、坐卧或者在未设平交道口、人行过道的铁路线路上通过；

（九）在未设置行人通道的铁路桥梁上、隧道内通行；

（十）翻越、损毁、移动铁路线路两侧防护围墙、栅栏或者其他防护设施和标桩；

（十一）开启、关闭列车中货车阀、盖及破坏施封状态；

（十二）开启列车中集装箱箱门，破坏箱体、盖、阀及施封状态；

（十三）松动、解开、移动列车中货物装载加固材料和加固装置；

（十四）钻车、扒车、跳车；

（十五）从列车上抛扔杂物；

（十六）非法出售或者收购铁路器材；

（十七）其他危害铁路运输安全的行为。

【违反规定安装、使用电网】

为了保卫一些重要场所的安全，有需要使用电网的情况。但电网安装、设置不当，会对公共安全造成威胁。实践中有些单位和个人未经批准，私自安装电网，如在房屋周围、牲畜圈舍、农田、林地周围等地使用电网。有的电网安装不符合规定，没有采取必要的安全防护、警示设施等。这些行为都会危及周围的行人、牲畜等安全。因此，治安管理处罚法对违反规定安装、使用电网的违法行为作了规定。治安管理处罚法规定的违反规定安装、使用电网的行为，具体包括未经批准，安装、使用电网的，和安装、使用电网不符合安全规定的两种情形。根据1983年9月23日水利电力部、公安部《关于严禁在农村安装电网的通告》的规定，安装电网的主管部门是公安机关。根据上述规定，“凡安装电网者，必须将安装地点、理由，并附有安装电网的四邻距离图，以及使用电压等级和采取的预防误触电措施等有关资料，向所在地县（市）公安局申报，经审查批准，方可安装。”“严禁社队企业、作坊安装电网护厂（场）防盗防窃。”“严禁私人安装电网圈拦房舍、园地、谷仓、畜圈、禽舍等。”“严禁用电网捕鱼、狩猎、捕鼠或灭害等。”这里的“安装、使用电网不符合安全规定”，是指虽经过批准，但安装、使用电网不符合安全规定的行为。这里的“安全规定”，是指警示装置、保险设备、电压标准等安全要求。需要注意的是，如果行为人未经批准，安装、使用电网，或者安装、使用电网不符合安全规定，已经造成严重后果的，如造成人身伤死亡的，则应当依照刑法有关过失以危险方法危害公共安全罪或者过失致人死亡罪追究刑事责任。治安管理处罚法处罚的只是违反规定安装、使用电网，尚未造成后果的行政违法行为。

根据治安管理处罚法的规定，未经批准，安装、使用电网的，或者安装、使用电网不符合安全规定的，处五日以下拘留或者五百元以下罚款；情节严重的，处五日以上十日以下拘留，可以并处五百元以下罚款。

依据指引：

❶《中华人民共和国治安管理处罚法》（2005年8月28日公布，自2006年3月1日起施行）

第三十七条 有下列行为之一的，处五日以下拘留或者五百元以下罚款；情节严重的，处五日以上十日以下拘留，可以并处五百元以下罚款：

（一）未经批准，安装、使用电网的，或者安装、使用电网不符合安全规定的；

（二）在车辆、行人通行的地方施工，对沟井坎穴不设覆盖物、防围和警示标志的，或者故意损毁、移动覆盖物、防围和警示标志的；

（三）盗窃、损毁路面井盖、照明等公共设施的。

❷《水利电力部、公安部关于严禁在农村安装电网的通告》（1983年9月23日）

一、凡安装电网者，必须将安装地点、理由，并附有安装电网的四邻距离图，以及使用电压等级和采取的预防误触电措施等有关资料，向所在地县（市）公安局申报，经审查批准，方可安装。

二、严禁社队企业、作坊安装电网护厂（场）防盗防窃。

三、严禁私人安装电网圈拦房舍、园地、谷仓、畜圈、禽舍等。

四、严禁用电网捕鱼、狩猎、捕鼠或灭害等。

五、严禁非法制造、销售带有工作电网的任何设备和器具。

六、凡经批准安装电网者，驻地公安局、派出所要定期进行检查，安装者必须接受检查，不得拒绝。

七、违反本通告者，根据情节轻重，给予治安管理处罚，如发生伤害人身或电死人命，依法追究刑事责任。

【不设或者妨害施工防护设施、警示标志】

在车辆、行人通行的地方施工，施工方必须采取相应的安全防范措施，如要对沟井坎穴设覆盖物、防围和警示标志，以免车辆、行人发生危险。但在实践中，一些施工者在车辆、行人通行的地方施工，对沟井坎穴不设覆盖物、防围和警示标志，致使来往的车辆、行人跌落、受伤、损毁现象时有发生，这种行为严重危及到不特定人的生命健康和财产安全，属于危及公共安全的行为。还有一些违法行为人，出于各种动机和目的，对施工单位在施工场所设置的覆盖物、防围、警示标志等，擅自损毁、移动，导致过往的车辆、行人发生危险。因此，治安管理处罚法规定，在车辆、行人通行的地方施工，对沟井坎穴不设覆盖物、防围和警示标志的，或者故意损毁、移动覆盖物、防围和警示标志的，要给予治安管理处罚。这里的“覆盖物、防围”，是指在道路施工中为了防止非机动车、行人跌落或者机动车损毁的发生，用于遮拦开凿挖掘的沟井坎穴所开的铁板、帆布、毡布、护拦、塑料布等。“警示标志”，是指警示灯、旗帜、标志杆、警告牌等。

根据治安管理处罚法的规定，在车辆、

行人通行的地方施工，对沟井坎穴不设覆盖物、防围和警示标志的，或者故意损毁、移动覆盖物、防围和警示标志的，处五日以下拘留或者五百元以下罚款；情节严重的，处五日以上十日以下拘留，可以并处五百元以下罚款。

依据指引：

❶《中华人民共和国治安管理处罚法》(2005年8月28日公布，自2006年3月1日起施行)

第三十七条 有下列行为之一的，处五日以下拘留或者五百元以下罚款；情节严重的，处五日以上十日以下拘留，可以并处五百元以下罚款：

（一）未经批准，安装、使用电网的，或者安装、使用电网不符合安全规定的；

（二）在车辆、行人通行的地方施工，对沟井坎穴不设覆盖物、防围和警示标志的，或者故意损毁、移动覆盖物、防围和警示标志的；

（三）盗窃、损毁路面井盖、照明等公共设施的。

❷《中华人民共和国道路交通安全法》(2003年10月28日通过，自2004年5月1日起施行)

第三十条 道路出现坍塌、坑漕、水毁、隆起等损毁或者交通信号灯、交通标志、交通标线等交通设施损毁、灭失的，道路、交通设施的养护部门或者管理部门应当设置警示标志并及时修复。

公安机关交通管理部门发现前款情形，危及交通安全，尚未设置警示标志的，应当及时采取安全措施，疏导交通，并通知道路、交通设施的养护部门或者管理部门。

第三十一条 未经许可，任何单位和个人不得占用道路从事非交通活动。

第三十二条 因工程建设需要占用、挖掘道路，或者跨越、穿越道路架设、增设管线设施，应当事先征得道路主管部门的同意；影响交通安全的，还应当征得公安机关交通管理部门的同意。

施工作业单位应当在经批准的路段和时间内施工作业，并在距离施工作业地点来车方向安全距离处设置明显的安全警示标志，采取防护措施；施工作业完毕，应当迅速清除道路上的障碍物，消除安全隐患，经道路主管部门和公安机关交通管理部门验收合格，符合通行要求后，方可恢复通行。

对未中断交通的施工作业道路，公安机关交通管理部门应当加强交通安全监督检查，维护道路交通秩序。

第一百零四条 未经批准，擅自挖掘道路、占用道路施工或者从事其他影响道路交通安全活动的，由道路主管部门责令停止违法行为，并恢复原状，可以依法给予罚款；致使通行的人员、车辆及其他财产遭受损失的，依法承担赔偿责任。

有前款行为，影响道路交通安全活动的，公安机关交通管理部门可以责令停止违法行为，迅速恢复交通。

第一百零五条 道路施工作业或者道路出现损毁，未及时设置警示标志、未采取防护措施，或者应当设置交通信号灯、交通标志、交通标线而没有设置或者应当及时变更交通信号灯、交通标志、交通标线而没有及时变更，致使通行的人员、车辆及其他财产遭受损失的，负有相关职责的单位应当依法承担赔偿责任。

❸《中华人民共和国公路法》(1997年7月3日通过、1999年10月31日、2004年8月28日修正)

第三十二条 改建公路时，施工单位应当在施工路段两端设置明显的施工标志、安全标志。需要车辆绕行的，应当在绕行路口设置标志；不能绕行的，必须修建临时道路，保证车辆和行人通行。

第七十五条 违反本法第二十五条规定，未经有关交通主管部门批准擅自施工的，交通主管部门可以责令停止施工，并可以处五万元以下的罚款。

第七十六条 有下列违法行为之一的，由交通主管部门责令停止违法行为，可以处三万元以下的罚款：

（一）违反本法第四十四条第一款规定，擅自占用、挖掘公路的；

（二）违反本法第四十五条规定，未经同意或者未按照公路工程技术标准的要求修建桥梁、渡槽或者架设、埋设管线、电缆等设施的；

（三）违反本法第四十七条规定，从事危及

公路安全的作业的；

（四）违反本法第四十八条规定，铁轮车、履带车和其他可能损害路面的机具擅自在公路上行驶的；

（五）违反本法第五十条规定，车辆超限使用汽车渡船或者在公路上擅自超限行驶的；

（六）违反本法第五十二条、第五十六条规定，损坏、移动、涂改公路附属设施或者损坏、挪动建筑控制区的标桩、界桩，可能危及公路安全的。

【盗窃、损毁路面井盖、照明等公共设施】

盗窃、损毁路面井盖、照明等公用设施，不仅给人民群众的生活带来不便，更重要的是对公共安全也造成了一定的危险。特别是盗窃路面井盖的行为令人深恶痛绝，必须予以相应的治安处罚。这里的“路面井盖”，包括自来水井盖、污水井盖，也包括电信井盖等。而“等公共设施”，是指其他供社会公众使用的，遭到破坏会给公共安全带来不利影响的公共设施。正确处理这种行为，有两方面问题需要注意：一是要注意与治安管理处罚法规定的盗窃、损毁油气管道设施、电力电信设施等公共设施的违法行为相区分。二是要注意与治安管理处罚法规定的盗窃、损毁公私财物的行为相区分。治安管理处罚法规定盗窃、损毁公共设施的行为，是从危害公共安全的角度考虑的，因此不论盗窃、损毁行为造成的财产损失的数额大小，都应当予以相应的处罚；而治安管理处罚法对盗窃、损毁公私财物的行为，则是从保护公私财产所有权的角度考虑的，需要根据数额确定处罚的轻重。如果行为人盗窃、损毁公共设施的行为，造成的公私财产损失的数额比较大，按照盗窃、损毁公共设施处罚不足以起到惩戒和警示作用的，应当按照从一重处罚的原则，以盗窃、损毁公私财物的行为处罚。

根据治安管理处罚法的规定，盗窃、损毁路面井盖、照明等公共设施的，处五日以下拘留或者五百元以下罚款；情节严重的，处五日以上十日以下拘留，可以并处五百元以下罚款。

依据指引：

❶《中华人民共和国治安管理处罚法》（2005年8月28日公布，自2006年3月1日起施行）

第三十七条 有下列行为之一的，处五日以下拘留或者五百元以下罚款；情节严重的，处五日以上十日以下拘留，可以并处五百元以下罚款：

（一）未经批准，安装、使用电网的，或者安装、使用电网不符合安全规定的；

（二）在车辆、行人通行的地方施工，对沟井坎穴不设覆盖物、防围和警示标志的，或者故意损毁、移动覆盖物、防围和警示标志的；

（三）盗窃、损毁路面井盖、照明等公共设施的。

第三十三条 有下列行为之一的，处十日以上十五日以下拘留：

（一）盗窃、损毁油气管道设施、电力电信设施、广播电视设施、水利防汛工程设施或者水文监测、测量、气象测报、环境监测、地质监测、地震监测等公共设施的；

（二）移动、损毁国家边境的界碑、界桩以及其他边境标志、边境设施或者领土、领海标志设施的；

（三）非法进行影响国（边）界线走向的活动或者修建有碍国（边）境管理的设施的

第四十九条 盗窃、诈骗、哄抢、抢夺、敲诈勒索或者故意损毁公私财物的，处五日以上十日以下拘留，可以并处五百元以下罚款；情节较重的，处十日以上十五日以下拘留，可以并处一千元以下罚款。

【举办大型活动违反治安管理】

大型群众性活动涉及人员众多、身份

复杂；涉及单位、部门多，影响大，敏感性强；易发生重大伤害事故。根据规定，举办大型群众性活动要经过审批程序，活动的组织者或举办单位及负责人，应在公安机关的协助和指导下，拟定安全方案，落实安全措施。这些规定对于预防和减少事故的发生，确保人民群众人身财产安全具有重要意义。根据公安部《群众性文化体育活动治安管理办法》的规定，群众性文化体育活动的范围包括在公园、风景游览区、游乐园、广场、体育场（馆）、展览馆、俱乐部、公共道路、居民生活区等公共场所举办的：（一）演唱会、音乐会等文艺活动；（二）游园、灯会、花会、龙舟会等民间传统活动；（三）体育比赛、民间竞技、健身气功等群众性体育活动；（四）在影剧场（院）举办其经营范围之外的活动；（五）其他群众性文化体育活动。

举办大型活动违反有关规定，主要是指大型活动的组织者违反大型活动安全规定，没有按照规定落实安全防范措施，也包括违反关于大型活动审批的规定，未经许可，擅自举办大型活动。《群众性文化体育活动治安管理办法》第五条规定："申请举办群众性文化体育活动的公民、法人和其他组织，应当对活动的具体内容、安全保卫措施承担全部责任，并制定安全保卫工作方案。安全保卫工作方案应当包括以下内容：（一）活动的时间、地点、人数、规模、内容及组织方式；（二）安全工作人员情况、数量和任务分配、识别标志；（三）场地建筑和设施的消防、安全情况；（四）入场票证的管理、查验措施；（五）场地人员的核定容量；（六）迅速疏散人员的预备措施。"各级公安机关要切实履行职责，加强群众性文化体育活动的审批、检查和安全保卫等方面的工作。对于已批准开展的活动，要在活动举行前对其安全保卫工作方案的落实情况进行实际检查，一旦发现各类不安全隐患要立即通知主办者整改，整改合格后方可举办。要按照"谁主办，谁负责"的原则，积极主动地与主办单位、场地所有单位及体育、文化等有关部门联系，密切配合，共同做好活动期间的各项安全保卫工作。对重大群众性文化体育活动，还应制定应急预案，确保一旦发生事故后能快速处置、救助。

根据治安管理处罚法的规定，举办文化、体育等大型群众性活动，违反有关规定，有发生安全事故危险的，责令停止活动，立即疏散。对组织者处五日以上十日以下拘留，并处二百元以上五百元以下罚款；情节较轻的，处五日以下拘留或者五百元以下罚款。

依据指引：

❶**《中华人民共和国治安管理处罚法》**（2005年8月28日公布，自2006年3月1日起施行）

第三十八条 举办文化、体育等大型群众性活动，违反有关规定，有发生安全事故危险的，责令停止活动，立即疏散；对组织者处五日以上十日以下拘留，并处二百元以上五百元以下罚款；情节较轻的，处五日以下拘留或者五百元以下罚款。

❷**《中华人民共和国消防法》**（1998年4月29日公布，自1998年9月1日起施行）

第十三条 举办大型集会、焰火晚会、灯会等群众性活动，具有火灾危险的，主办单位应当制定灭火和应急疏散预案，落实消防安全措施，并向公安消防机构申报，经公安消防机构对活动现场进行消防安全检查合格后，方可举办。

❸**《群众性文化体育活动治安管理办法》**（公安部1999年11月18日发布施行）

第二条 在公园、风景游览区、游乐园、广场、体育场（馆）、展览馆、俱乐部、公共道路、居民生活区等公共场所举办的下列活动，适用本办法：

（一）演唱会、音乐会等文艺活动；

（二）游园、灯会、花会、龙舟会等民间传统活动；

（三）体育比赛、民间竞技、健身气功等群众性体育活动；

（四）其他群众性文化体育活动。

在影剧场（院）举办其经营范围之外的活动适用本办法。

第三条 举办群众性文化体育活动的公民、法人和其他组织，应当向所在地县级以上公安机关提出书面申请，并在申请时提交以下文件：

（一）活动方案和说明；

（二）活动安全保卫工作方案；

（三）场地管理者出具的同意使用证明；

（四）申请人身份证明及无违法犯罪记录等；

（五）法律、法规和规章规定须经有关主管部门批准的活动，应当同时提交有关批准文件。

第四条 申请举办群众性文化体育活动的法人和其他组织必须具有合法身份。

申请举办群众性文化体育活动的个人，必须具有国家主管部门授予的专业技能资格证明及举办活动的相应条件，具有合法的身份证件。无行为能力人、限制行为能力人或者正在被依法采取限制人身自由措施的人不得申办。

个人举办群众性文化体育活动，必须经有关主管部门批准。

第五条 申请举办群众性文化体育活动的公民、法人和其他组织，应当对活动的具体内容、安全保卫措施承担全部责任，并制定安全保卫工作方案。安全保卫工作方案应当包括以下内容：

（一）活动的时间、地点、人数、规模、内容及组织方式；

（二）安全工作人员情况、数量和任务分配、识别标志；

（三）场地建筑和设施的消防、安全情况；

（四）入场票证的管理、查验措施；

（五）场地人员的核定容量；

（六）迅速疏散人员的预备措施。

第六条 群众性文化体育活动的参加人数在二百人以上三千人以下的，由县级公安机关许可；人数在三千人以上的，由地（市）级公安机关许可；跨地区的群众性文化体育活动，由共同的上一级公安机关许可。作出许可的公安机关应当向上一级公安机关备案。

公安机关应当在接到申请后三十日内，作出许可或者不许可的书面决定。逾期未作答复的视为许可。公安机关在作出决定过程中，必要时应当进行实地检查。

第七条 在举行全国性或者地方性重要会议、重大活动期间，在重点文物保护单位内、航空港、火车站、港口等重要场所，举办群众性文化体育活动的，应当向县级以上人民政府申请。

第八条 申请举办群众性文化体育活动有下列情形之一的，公安机关不予许可：

（一）违反宪法基本原则，危害国家安全和社会稳定的；

（二）侵害少数民族风俗习惯、破坏民族团结、煽动民族分裂的；

（三）宣扬迷信邪说、色情、淫秽或者渲染暴力，有害群众身心健康的；

（四）违背社会公德或者侮辱、诽谤他人的；

（五）申请的公民、法人和其他组织不符合本办法规定条件的；

（六）举办的活动按规定需经有关主管部门批准，而未获批准的；

（七）场地管理者不同意使用其场地的；

（八）在县级以上国家机关周边地区，广播电台、电视台、外国使领馆、军事设施及其他要害部位周边地区举行的；

（九）举办活动场地不符合安全条件，以及举办的活动可能严重妨碍治安交通秩序和社会生产生活秩序的。

第九条 公安机关作出许可决定后，应当在活动举行前对活动安全保卫工作方案的落实情况进行必要的实地检查，发现不安全隐患和需调整补充的措施，应当书面通知举办者予以整改，拒不整改的，责令停止举行活动。

公安机关对许可举办的活动，可以根据具体情况组织相应警力，协助维持现场秩序，指导督促落实安全保卫措施。

第十条 对未经公安机关许可举办的活动，场地管理者不得将场地提供给举办者使用。

第十一条 经公安机关许可举办的群众性文化体育活动，举办者不得擅自变更活动的时间、地点和内容，不得擅自委托或者转让其他单位或者个人举办活动。

因特殊情况需变更活动的时间、地点和内容的，举办者应当在举行日期的五日前向原作出许可决定的公安机关重新提出书面申请。

第十二条 参加群众性文化体育活动的人员必须遵守下列规定：

（一）遵守国家法律、法规和社会公德，尊重人民群众风俗习惯；

（二）遵守活动场所治安、消防等管理制度，服从疏导和管理；

（三）不得妨碍社会治安、影响社会秩序。

第十三条 群众性文化体育活动进行中，遇有下列情形之一的，公安机关可以责令其停止活动：

（一）发生本办法第八条所列情形之一的；

（二）违反本办法第九条规定拒不整改的；

（三）人员严重超过核准人数的；

（四）现场秩序混乱，对群众生命财产安全构成威胁的；

（五）扰乱活动现场的交通秩序，影响车辆、行人通行的；

（六）违反有关规定，影响群众正常工作、生活的；

（七）发生其他可能导致治安事故紧急情况的。

第十四条 未经公安机关许可擅自举办活动的，以及违反本办法第十一条第一款的，公安机关应当责令其立即停止活动，并对举办者和场地管理者分别处一千元以下罚款；对经营性活动没有违法所得的，处五千元以下罚款；有违法所得的，处一万五千元以下罚款，并依法没收非法财物和违法所得。

对拒不停止的，公安机关强行予以解散并按前款规定加倍处罚款。

第十五条 违反本办法第十二条、第十三条规定的人员，公安机关可以责令其退出活动场所或者强行带离现场，构成违反治安管理行为的，依照《中华人民共和国治安管理处罚条例》予以处罚；构成犯罪的，依法追究刑事责任。

第十六条 因举办者或者场地管理者失职等原因造成治安事故的，公安机关应当对其负责人和事故主要责任人处一万元以下罚款，法律、法规另有规定的，按有关规定执行；构成犯罪的，依法追究刑事责任。

第十七条 公安机关应当认真履行本办法所规定的职责，因失职导致发生事故的，应当追究有关责任人员的法律责任。

第十八条 租赁、借用、利用机关、团体、企业事业单位内部设施，举办面向社会的群众性文化体育活动的，适用本办法。

第十九条 公安机关应当对二百人以下的群众性文化体育活动进行监督检查，并参照本办法予以管理。

【公共活动场所违反安全规定】

旅馆、饭店、影剧院、娱乐场、运动场、展览馆或者其他供社会公众活动的场所，是供大众进行消费、娱乐、休闲、运动和进行大型活动的场所。这些场所的安全问题十分重要。已经发生的许多案例已经证明，公众活动场所如果不重视安全，一旦发生事故，会造成众多人员伤亡或者重大财产损失。因此，治安管理处罚法对公共活动场所违反安全规定的行为规定了处罚。治安管理处罚法关于公共活动场所违反安全规定的规定，具有以下特征：一是经营、管理旅馆、饭店、影剧院、娱乐场、运动场、展览馆或者其他供社会公众活动的场所，违反安全规定，有发生安全事故危险的。这里的“违反安全规定”，是指违反国家或者各级人民政府和有关主管部门制定的各种关于安全管理的规章制度。如《消防法》第十四条规定：“机关、团体、企业、事业单位应当履行下列消防安全职责：（一）制定消防安全制度、消防安全操作规程；（二）实行防火安全责任制，确定本单位和所属各部门、岗位的消防安全责任人；（三）针对本单位的特点对职工进行消防宣传教育；（四）组织防火检查，及时消除火灾隐患；（五）按照国家有关规定配置消防设施和器材、设置消防安全标志，并定期组织检验、维修，确保消防设施和器材完好、有效；（六）

保障疏散通道、安全出口畅通，并设置符合国家规定的消防安全疏散标志。”而根据《旅馆业治安管理办法》的规定，开办旅馆，其房屋建筑、消防设备、出入口和通道等，必须符合《消防法》等有关规定，并且要具备必要的防盗安全设施。“有发生安全事故危险”，是指因供社会公众活动的场所违反安全规定，有发生重特大火灾等重大事故的危险，从而危及不特定的多数人的生命、健康和财产安全。二是旅馆、饭店、影剧院、娱乐场、运动场、展览馆或者其他供社会公众活动的场所的经营、管理人员，明知该场所违反安全规定，有发生安全事故危险，并经公安机关责令改正采取措施消除危险，但拒不改正的。这是区分违法与否的重要界限，如果针对公安机关的责令改正通知，这些供社会公众活动的场所能够及时采取相应的整改措施并予以改正，则不在本条调整范围内。这里的“责令改正”，主要是指公安机关通过下达整改通知书等书面通知，要求违反安全规定的社会公众场所采取措施消除事故危险。

根据治安管理处罚法的规定，旅馆、饭店、影剧院、娱乐场、运动场、展览馆或者其他供社会公众活动的场所的经营管理人员，违反安全规定，致使该场所有发生安全事故危险，经公安机关责令改正，拒不改正的，处五日以下拘留。

依据指引：

❶**《中华人民共和国治安管理处罚法》**（2005年8月28日公布，自2006年3月1日起施行）

第三十九条 旅馆、饭店、影剧院、娱乐场、运动场、展览馆或者其他供社会公众活动的场所的经营管理人员，违反安全规定，致使该场所有发生安全事故危险，经公安机关责令改正，拒不改正的，处五日以下拘留。

❷**《中华人民共和国消防法》**（1998年4月29日公布，自1998年9月1日起施行）

第十二条 歌舞厅、影剧院、宾馆、饭店、商场、集贸市场等公众聚集的场所，在使用或者开业前，应当向当地公安消防机构申报，经消防安全检查合格后，方可使用或者开业。

❸**《娱乐场所管理条例》**（国务院1999年3月26日公布，自1999年7月1日起施行）

第三十八条 娱乐场所经营单位违反消防安全规定的，由公安机关依照有关法律、法规的规定处罚。

❹**《旅馆业治安管理办法》**（1987年9月23日国务院批准，1987年11月10日公安部发布施行）

第二条 凡经营接待旅客住宿的旅馆、饭店、宾馆、招待所、客货栈、车马店、浴池等（以下统称旅馆），不论是国营、集体经营，还是合伙经营、个体经营、中外合资、中外合作经营，不论是专营还是兼营，不论是常年经营，还是季节性经营，都必须遵守本办法。

第三条 开办旅馆，其房屋建筑、消防设备、出入口和通道等，必须符合《中华人民共和国消防条例》等有关规定，并且要具备必要的防盗安全设施。

第五条 经营旅馆，必须遵守国家的法律，建立各项安全管理制度，设置治安保卫组织或者指定安全保卫人员。

第三节　侵犯人身权利、财产权利的行为和处罚

本节为读者提供与以下题目有关的法律问题的专家意见及法律依据

■ 组织、胁迫、诱骗他人进行恐怖、残忍表演 ■ 强迫他人劳动 ■ 非法限制人身自由、非法侵入、非法搜查 ■ 胁迫、诱骗或者利用他人乞讨 ■ 以滋扰他人的方式乞讨 ■ 写恐吓信或者以其他方法威胁他人人身安全 ■ 侮辱他人、诽谤他人 ■ 诬告陷害他人 ■ 打击报复证人及其近亲属 ■ 发送淫秽、侮辱、恐吓等信息干扰他人正常生活 ■ 偷窥、偷拍、窃听、散布他人隐私的 ■ 殴打他人、故意伤害他人身体 ■ 猥亵他人 ■ 在公共场所裸露身体 ■ 虐待家庭成员 ■ 遗弃被抚养人 ■ 强迫交易 ■ 破坏民族团结 ■ 侵犯公民通信自由 ■ 盗窃 ■ 诈骗 ■ 哄抢 ■ 抢夺 ■ 敲诈勒索

【组织、胁迫、诱骗他人进行恐怖、残忍表演】

治安管理处罚法规定的组织、胁迫、诱骗他人进行恐怖、残忍表演，是指组织、胁迫、诱骗不满十六周岁的未成年人、残疾人，进行使人感觉恐惧、可怕、血腥、残忍的表演活动的行为。国务院颁布的《营业性演出管理条例》规定，国家鼓励和支持营业性文艺表演团体和个体演员深入群众，努力创作和表演思想性、艺术性统一，具有强烈吸引力、感染力，为广大群众所欢迎的优秀节目。国家禁止举办表演方式恐怖、残忍，摧残演员健康的，或者利用人体缺陷或者以展示人体变异等招徕观众的演出活动。组织、胁迫、诱骗不满十六周岁的人或者残疾人进行恐怖、残忍表演的行为，不仅有害于社会秩序和善良风俗，而且对从事表演的未成年人、残疾人的身心健康也造成伤害，应当依法予以惩治。根据治安管理处罚法的规定，本行为的特征主要有：第一，行为人实施了组织、胁迫、诱骗的行为。所谓"组织"是指行为人通过雇佣、纠集等方式，控制多名不满十六周岁的人、残疾人表演恐怖、残忍节目的行为。"胁迫"是指行为人以暴力或者其他手段，如冻饿、罚跪等，逼迫不满十六周岁的人、残疾人按其要求表演恐怖、残忍节目的行为。"诱骗"是指行为人利用不满十六周岁的人年幼无知的弱点或亲属等其他人身依附关系，或者利用残疾人的自身弱点，以许愿、诱惑、欺骗等手段使不满十六周岁的人、残疾人按其要求表演恐怖、残忍节目的行为。第二，组织、胁迫、诱骗的对象必须是不满十六周岁的人或者残疾人。这里的"残疾人"，是指在心理、生理、人体结构上某种组织、功能丧失或者不正常，全部或者部分丧失以正常方式从事某种活动能力的人。残疾人包括视力残疾、听力残疾、言语残疾、肢体残疾、智力残疾、精神残疾、多重残疾和其他残疾的人。第三，组织、胁迫、诱骗不满十六周岁的人或者残疾人进行的

是恐怖、残忍表演。这里所说的“恐怖”表演，是指营造凶杀、暴力等恐怖气氛的表演项目，如碎尸万段、刀劈活人、大卸人体组织等。“残忍”表演，是指对人的身体进行残酷折磨，以营造残忍气氛的表演项目，如脚踩女孩、人吃活蛇、蛇钻七窍、油锤贯顶、钉板打石、汽车过人、铁钉刺鼻等。

实践中应当注意区分恐怖、残忍表演行为与一般杂技表演的界限。中国杂技源远流长，是我国传统文化的一部分，它不仅具有强身健体的作用，而且在日常生活中，杂技还常常作为一种颇具观赏性的表演节目展现在人们面前。杂技表演虽然也有一些惊险、离奇的动作，但其宗旨是以科学、文明体现自身价值的。而恐怖、残忍表演以表现恐怖、暴力为内容，所追求的是感官刺激、恐怖气氛，并且这类表演大多缺乏必要的安全措施，极易发生危险，尤其是由不满十六周岁的人或者残疾人表演这类节目，对其身心健康会带来极大伤害。

根据治安管理处罚法的规定，组织、胁迫、诱骗未满十六周岁的人或者残疾人进行恐怖、残忍表演的，处十日以上十五日以下拘留，并处五百元以上一千元以下罚款；情节较轻的，处五日以上十日以下拘留，并处二百元以上五百元以下罚款。

依据指引：

❶《中华人民共和国治安管理处罚法》(2005年8月28日公布，自2006年3月1日起施行)

第四十条 有下列行为之一的，处十日以上十五日以下拘留，并处五百元以上一千元以下罚款；情节较轻的，处五日以上十日以下拘留，并处二百元以上五百元以下罚款：

（一）组织、胁迫、诱骗不满十六周岁的人或者残疾人进行恐怖、残忍表演的；

（二）以暴力、威胁或者其他手段强迫他人劳动的；

（三）非法限制他人人身自由、非法侵入他人住宅或者非法搜查他人身体的。

❷《营业性演出管理条例》（国务院2005年7月7日公布，自2005年9月1日起施行）

第二十六条 营业性演出不得有下列情形：

（八）表演方式恐怖、残忍，摧残演员身心健康的；

（九）利用人体缺陷或者以展示人体变异等方式招徕观众的；

（十）法律、行政法规禁止的其他情形。

❸《文化部、公安部关于取缔流散艺人和杂技团体表演恐怖、残忍和摧残少年儿童节目的通知》（1981年10月29日）

各省、市、自治区文化局、公安厅（局）：

近来，我部不断收到人民群众来信，反映、揭发有些流散艺人和个别杂技团体的表演节目中，出现了一些形象恐怖、残忍和严重摧残少年儿童的节目，例如：“吞宝剑”、“吞铁球”、“人吃活蛇”、“蛇钻七窍”、“油锤贯顶”、“铁板打石”、“汽车过人”、“铁钉刺鼻”、“大卸胳膊”、“刀劈小孩”、“脚踩女孩”等等。这类表演，对观众精神刺激很大。特别严重的是，有些节目是用七、八岁到十一、二岁的儿童表演的，严重摧残、损害了孩子们的身心健康，引起了广大观众的愤慨，强烈要求政府取缔这种从儿童身上榨取钱财的卖艺活动。

据此，为保障少年儿童的正当权益和杂技艺术的健康发展，特作如下通知：

（一）各省、市、自治区文化局及地、县各级文化行政领导机关，要加强对杂技团体和个体艺人的管理。个体艺人要向住地县、市文化行政领导机关申请登记，文化领导机关要对其演出节目进行严格审查，合格者发给演出证。凭证演出。

（二）各省、市、自治区文化局及地、县各级文化行政领导机关，要即行通知所属杂技团体，如演有此类节目的，要立即停演。对流散艺人，在发现演出上述这类节目时，要向他们讲明道理，劝其不要再演。对屡劝不听者，要没收这些节目的演出道具，甚至没收其演出证。

（三）文化、公安部门对严重摧残少年儿童的卖艺活动，要坚决予以取缔，没收其演出证。如因此而使少年儿童致残、致死的，要依法追究刑事责任。发现有买卖、拐骗儿童用来搞这类卖艺活动的，要从严惩处。执行情况和问题，希随时报告。

【强迫他人劳动】

《劳动法》规定，劳动者享有平等就业和选择职业的权利、取得劳动报酬的权利、休息休假的权利、获得劳动安全卫生保护的权利、接受职业技能培训的权利、享受社会保险和福利的权利、提请劳动争议处理的权利以及法律规定的其他劳动权利。用人单位应当依法建立和完善规章制度，保障劳动者享有劳动权利和履行劳动义务。对于任何以暴力、威胁或者其他手段强迫他人劳动的行为，严重侵害了他人的人身自由和劳动权利，应当予以惩处。强迫他人劳动主要表现为：第一，行为人必须采用暴力、威胁或者其他手段。所谓“暴力”手段，是指行为人对他人人身实行殴打、捆绑等强制手段，使他人不得不按行为人的要求进行劳动；“威胁”手段，是指行为人对他人实行恐吓、要挟等精神强制手段，如以人身伤害、毁坏财物、损害名誉等相要挟，使他人产生恐惧，不敢做真实的意思表示，而不得不按行为人的要求进行劳动；“其他手段”，是指使用暴力、胁迫以外的使他人不敢抗拒、无法抗拒的强制手段，如禁止离厂、不让回家等。第二，行为人实施了强迫他人劳动的行为。这种强迫他人劳动的行为，是以暴力、威胁或者其他手段，且违背他人的主观意志，强迫他人进行劳动的行为。如果行为人并没有使用暴力、威胁或者其他手段，强迫他人进行劳动，只是对劳动者在工作中进行严格要求，或者劳动者自愿超时间、超负荷地工作，行为人并未对其进行强迫，则不属于强迫他人劳动的违反治安管理行为。

根据治安管理处罚法的规定，以暴力、威胁或者其他手段强迫他人劳动的，处十日以上十五日以下拘留，并处五百元以上一千元以下罚款；情节较轻的，处五日以上十日以下拘留，并处二百元以上五百元以下罚款。

依据指引：

❶**《中华人民共和国治安管理处罚法》**（2005年8月28日公布，自2006年3月1日起施行）

第四十条 有下列行为之一的，处十日以上十五日以下拘留，并处五百元以上一千元以下罚款；情节较轻的，处五日以上十日以下拘留，并处二百元以上五百元以下罚款：

（一）组织、胁迫、诱骗不满十六周岁的人或者残疾人进行恐怖、残忍表演的；

（二）以暴力、威胁或者其他手段强迫他人劳动的；

（三）非法限制他人人身自由、非法侵入他人住宅或者非法搜查他人身体的。

❷**《中华人民共和国宪法》**（1982年12月4日公布施行）

第三十七条 中华人民共和国公民的人身自由不受侵犯。

任何公民，非经人民检察院批准或者决定或者人民法院决定，并由公安机关执行，不受逮捕。

禁止非法拘禁和以其他方法非法剥夺或者限制公民的人身自由，禁止非法搜查公民的身体。

第四十三条 中华人民共和国劳动者有休息的权利。

国家发展劳动者休息和休养的设施，规定职工的工作时间和休假制度。

❸**《中华人民共和国刑法》**（1997年3月14日修订公布，自1997年10月1日起施行）

第二百四十四条 用人单位违反劳动管理法规，以限制人身自由方法强迫职工劳动，情节严重的，对直接责任人员，处三年以下有期徒刑或者拘役，并处或者单处罚金。

❹《中华人民共和国劳动法》（1994年7月5日公布，自1995年1月1日起施行）

第三十二条 有下列情形之一的，劳动者可以随时通知用人单位解除劳动合同：

（一）在试用期内的；

（二）用人单位以暴力、威胁或者非法限制人身自由的手段强迫劳动的；

（三）用人单位未按照劳动合同约定支付劳动报酬或者提供劳动条件的。

第九十六条 用人单位有下列行为之一，由公安机关对责任人员处以十五日以下拘留、罚款或者警告；构成犯罪的，对责任人员依法追究刑事责任：

（一）以暴力、威胁或者非法限制人身自由的手段强迫劳动的；

（二）侮辱、体罚、殴打、非法搜查和拘禁劳动者的。

❺《营业性演出管理条例》（国务院2005年7月7日公布，自2005年9月1日起施行）

第二十六条 营业性演出不得有下列情形：

（八）表演方式恐怖、残忍，摧残演员身心健康的；

（九）利用人体缺陷或者以展示人体变异等方式招徕观众的；

（十）法律、行政法规禁止的其他情形。

❻劳动部关于《中华人民共和国劳动法》若干条文的说明（1994年9月5日发布施行）

第三十二条 有下列情形之一的，劳动者可以随时通知用人单位解除劳动合同：

（一）在试用期内的；

（二）用人单位以暴力、威胁或者非法限制人身自由的强迫劳动的；

（三）用人单位未按照劳动合同约定支付劳动报酬或者提供劳动条件的。

本条中的“非法限制人身自由”是指采用拘留、禁闭或其他强制方法非法剥夺或限制他人按照自己的意志支配自己的身体活动的自由的行为。

【非法限制人身自由、非法侵入、非法搜查】

在我国，对逮捕、拘留、拘传等限制他人人身自由的强制措施有严格的法律规定，必须由专门机关按照法律规定的程序进行。宪法第三十七条规定，中华人民共和国公民的人身自由不受侵犯；任何公民，非经人民检察院批准或者决定或者人民法院决定，并由公安机关执行，不受逮捕。禁止非法拘禁和以其他方法非法剥夺或者限制公民的人身自由。非法限制他人人身自由是一种严重剥夺公民身体自由的行为。任何机关、团体、企业、事业单位和个人不依照法律规定或者不依照法律规定的程序限制他人人身自由都是非法的，应当予以惩处。非法限制他人人身自由的方式多种多样，如捆绑、关押、扣留身份证件不让随意外出或者与外界联系等，其实质就是强制剥夺他人的人身自由。实践中应当注意的是，依据刑事诉讼法及有关法律的规定，公民对正在实施违法犯罪或者违法犯罪后被即时发觉的、通缉在案的、越狱逃跑的、正在被追捕的人有权立即扭送到司法机关。这种扭送行为，包括在途中实施的捆绑、扣留等行为的，不能认为是非法限制他人人身自由的行为。

非法侵入他人住宅的行为。宪法第三十九条规定：“中华人民共和国公民的住宅不受侵犯，禁止非法侵入公民的住宅。”住宅是公民生活的处所，非法侵入他人住宅，必然会使公民的正常生活受到干扰，严重侵犯了公民的合法权益。这里的“非法侵入他人住宅”，是指未经住宅主人同意，非法强行闯入他人住宅，或者无正当理由进入他人住宅，经住宅主人要求其退出仍拒不退出等行为。如果是事先征得住宅主人同意的，或者是司法工作人员为依法执行搜查、逮捕、拘留等任务而进入他人住宅的，或者依法对违法犯罪嫌疑人住所进行搜查、检查而进入他人住宅的，则不是非法侵入他人住宅。

非法搜查他人身体的行为。搜查他人身体，必须有法律依据。刑事诉讼法规定，为了收集犯罪证据、查获犯罪人，侦查人员可以对犯罪嫌疑人的身体进行搜查。治安管理处罚法规定，公安机关对与违反治安管理行为有关的人身可以进行检查。除法律赋予了搜查、检查权利的人员，按照法律规定的程序进行外，其他任何单位和个人都无权对公民身体进行搜查、检查。这里的“非法搜查”有两层意思：一层意思是指无权进行搜查的单位和个人，非法对他人身体进行搜查；另一层意思是指有搜查权的国家工作人员，滥用职权，擅自决定对他人身体进行搜查或者搜查的程序和手续不符合法律规定。

根据治安管理处罚法的规定，对非法限制他人人身自由的、非法侵入他人住宅或者非法搜查他人身体的，处十日以上十五日以下拘留，并处五百元以上一千元以下罚款；情节较轻的，处五日以上十日以下拘留，并处二百元以上五百元以下罚款。

依据指引：

❶**《中华人民共和国治安管理处罚法》**（2005年8月28日公布，自2006年3月1日起施行）

第四十条 有下列行为之一的，处十日以上十五日以下拘留，并处五百元以上一千元以下罚款；情节较轻的，处五日以上十日以下拘留，并处二百元以上五百元以下罚款：

（一）组织、胁迫、诱骗不满十六周岁的人或者残疾人进行恐怖、残忍表演的；

（二）以暴力、威胁或者其他手段强迫他人劳动的；

（三）非法限制他人人身自由、非法侵入他人住宅或者非法搜查他人身体的。

❷**《中华人民共和国宪法》**（1982年12月4日公布施行）

第三十七条 中华人民共和国公民的人身自由不受侵犯。

任何公民，非经人民检察院批准或者决定或者人民法院决定，并由公安机关执行，不受逮捕。

禁止非法拘禁和以其他方法非法剥夺或者限制公民的人身自由，禁止非法搜查公民的身体。

第三十九条 中华人民共和国公民的住宅不受侵犯。禁止非法搜查或者非法侵入公民的住宅。

❸**《中华人民共和国刑法》**（1997年3月14日修订公布，自1997年10月1日起施行）

第二百三十八条 非法拘禁他人或者以其他方法非法剥夺他人人身自由的，处三年以下有期徒刑、拘役、管制或者剥夺政治权利。具有殴打、侮辱情节的，从重处罚。

犯前款罪，致人重伤的，处三年以上十年以下有期徒刑；致人死亡的，处十年以上有期徒刑。使用暴力致人伤残、死亡的，依照本法第二百三十四条、第二百三十二条的规定定罪处罚。

为索取债务非法扣押、拘禁他人的，依照前两款的规定处罚。

国家机关工作人员利用职权犯前三款罪的，依照前三款的规定从重处罚。

第二百四十四条 用人单位违反劳动管理法规，以限制人身自由方法强迫职工劳动，情节严重的，对直接责任人员，处三年以下有期徒刑或者拘役，并处或者单处罚金。

第二百四十五条 非法搜查他人身体、住宅，或者非法侵入他人住宅的，处三年以下有期徒刑或者拘役。

司法工作人员滥用职权，犯前款罪的，从重处罚。

❹**《中华人民共和国劳动法》**（1994年7月5日公布，自1995年1月1日起施行）

第三十二条 有下列情形之一的，劳动者可以随时通知用人单位解除劳动合同：

（一）在试用期内的；

（二）用人单位以暴力、威胁或者非法限制人身自由的手段强迫劳动的；

（三）用人单位未按照劳动合同约定支付劳动报酬或者提供劳动条件的。

第九十六条 用人单位有下列行为之一，由公安机关对责任人员处以十五日以下拘留、罚款或者警告；构成犯罪的，对责任人员依法追究刑事责任：

（一）以暴力、威胁或者非法限制人身自由的手段强迫劳动的；

（二）侮辱、体罚、殴打、非法搜查和拘禁劳动者的。

❺《中华人民共和国民事诉讼法》（1991年4月9日公布施行）

第一百零六条 采取对妨害民事诉讼的强制措施必须由人民法院决定。任何单位和个人采取非法拘禁他人或者非法私自扣押他人财产追索债务的，应当依法追究刑事责任，或者予以拘留、罚款。

❻《最高人民法院关于对为索取法律不予保护的债务，非法拘禁他人行为如何定罪问题的解释》（2000年7月13日发布，自2000年7月19日施行）

为了正确适用刑法，现就为索取高利贷、赌债等法律不予保护的债务，非法拘禁他人行为如何定罪问题解释如下：

行为人为索取高利贷、赌债等法律不予保护的债务，非法扣押、拘禁他人的，依照刑法第二百三十八条的规定定罪处罚。

❼《最高人民法院行政审判庭关于公安机关未具法定立案搜查手续对公民进行住宅人身搜查被搜查人提起诉讼人民法院可否按行政案件受理问题的电话答复》（1991年6月18日）

四川省高级人民法院：

你院川法研〔1991〕22号请示收悉。经研究，同意请示中第一种意见。公安机关在侦破刑事案件中，对公民的住宅、人身进行搜查，属于刑事侦查措施。对于刑事侦查措施不服提起诉讼的，不属于行政诉讼调整范围。如果公安机关在采取上述措施时违反法定程序，可以向该公安机关或其上级机关及有关部门反映解决，人民法院不应作为行政案件受理。

附：四川省高级人民法院关于公安机关未具法定立案搜查手续对公民进行住宅人身搜查，被搜查人提起诉讼人民法院可否按行政案件受理的请示（川法研〔1991〕22号）

最高人民法院：

我省有的公安机关主要的是公安派出所，接到群众和单位被盗的报案后，没有立案，也未具有合法搜查手续，在没有掌握任何证据的情况下，即对作案怀疑对象的住宅、人身进行搜查。被搜查人以公安机关非法搜查侵犯住宅、人身权利为由向法院提起诉讼，要求公安机关恢复名誉，消除影响。对此类诉讼，法院可否按行政案件受理，我们在讨论中有两种意见：

第一种意见认为，这种搜查住宅、人身的行为，虽不符法定手续，但仍属刑事侦查措施，不属行政诉讼法调整的范围，应告知被搜查人向其上级公安机关反映解决，或向检察机关提出控告，人民法院不应按行政案件受理。

第二种意见认为，刑事侦查措施应当按照刑事诉讼法的规定采取，公安机关既未依法立案，又未具备合法搜查手续，即对公民的住宅、人身进行搜查，侵犯了公民的人身权利，根据行政诉讼法第十一条第八项的规定，行政机关及其工作人员在执行职务中侵犯了公民的人身权、财产权，应属行政案件的受案范围，人民法院应按行政案件受理。在判决方式上，可宣告公安机关搜查违反刑事诉讼法的规定，造成对公民名誉权的损害，责令公安机关赔礼道歉，恢复名誉，消除影响。如果搜查中造成公民人身伤害和财产损失的，应按行政侵权赔偿一并审理。

我们倾向于第一种意见，当否，请批复。

❽劳动部关于《中华人民共和国劳动法》若干条文的说明（1994年9月5日发布施行）

第三十二条 有下列情形之一的，劳动者可以随时通知用人单位解除劳动合同：

（一）在试用期内的；

（二）用人单位以暴力、威胁或者非法限制人身自由的强迫劳动的；

（三）用人单位未按照劳动合同约定支付劳动报酬或者提供劳动条件的。

本条中的“非法限制人身自由”是指采用拘留、禁闭或其他强制方法非法剥夺或限制他人按照自己的意志支配自己的身体活动的自由的行为。

❾《公安部关于严禁公安机关插手经济纠纷违法抓人的通知》（1992年1月1日）

各省、自治区、直辖市公安厅、局：

1989年，公安部下发的《关于公安机关不得非法越权干预经济纠纷案件处理的通知》（〔89〕

公（治）字30号）中严令各地公安机关不得插手经济纠纷案件，更不得从中牟利。大多数地方令行禁止，纠正得力，维护了公安机关依法办事为警清廉的形象。但是近来发现一些地方公安机关在办案中又重犯此类错误。主要表现在：（一）超越公安机关权限，插手合同、债务等经济纠纷案件；（二）乱用收审手段拘禁企业法人代表和有关经办人作“人质”，强行索还款物；（三）到外地抓人追赃不办法律手续，也不通过当地公安机关，搞“绑架式”行动，非法搜查住宅、侵犯公民人身权利；（四）对当事人拷打虐待、逼迫“退赃”和承认“诈骗”；（五）有的公安机关袒护本地犯罪分子，对外地来人正常办案不予配合，以种种借口设置障碍，横加阻挠，不让依法拘留逮捕本地的犯罪分子，不让追赃；（六）对明显的诈骗、投机倒把案件，不认真侦察调查，只追赃罚款，甚至与犯罪分子谈判“私了”，“退款放人”；（七）向受害单位和当事人索取“办案费”，要款要物等。

必须充分认识上述这些问题，既是严重的不正之风，更是严重的违法违纪行为。它严重损害公安机关的形象和声誉，造成很坏的社会影响，引起当事人的不满和愤怒对立情绪，有的甚至引发一些不安定因素。近来，已有些当事人的单位或亲属接连向公安部和一些省、市公安机关打电话，发电报或送控告材料，强烈要求解决扣押“人质”问题和惩治违法违纪的干警，有的甚至申请到北京上访和跨省游行。这些问题已引起有关方面和社会舆论的关注。务请各地公安机关的领导认真重视，采取坚决措施，彻底纠正。

为此，再次重申：

一、各地公安机关承办经济犯罪案件，必须严格执行最高人民法院、最高人民检察院、公安部关于案件管辖的规定。要正确区分诈骗、投机倒把、走私等经济犯罪与经济合同纠纷的界限，准确定性。凡属债务、合同等经济纠纷，公安机关绝对不得介入。

二、严禁滥用收容审查手段。在办理经济犯罪案件中，对于不符合国务院和公安部规定的收审条件的人，不得使用收审手段。对来华的外国人中犯诈骗罪或有重大经济犯罪嫌疑者，应依法采取刑事强制措施，不得采用收容审查手段。

三、坚决杜绝强行抓捕收审经济纠纷当事人作“人质”逼债索要款物，彻底纠正“以收代侦”“退款放人”的非法做法。

四、各地公安机关不得以任何借口向报案单位和当事人索要办案经费，不准截留缴获的赃款用作办案经费和其他经费，不允许搞”办案提成”。

五、公安机关派人到外地执行办案任务．要依照规定持完备的法律手续，并同当地公安机关取得联系，在其协助下开展工作，严禁超越管辖区，避开外地公安机关自行抓捕案犯。对外地公安机关来本地办案的，要积极支持，热情配合协助；对依法执行调查取证、拘留逮捕案犯和追缴赃款赃物任务的，不得以任何理由推延阻挠。

以上通知，各地公安机关务必严格遵照执行。对于已经发生的干警严重违法乱纪行为，要坚决严肃处理，情节严重构成犯罪的，要坚决绳之以法；今后违反本通知的，更要从严处理。

请各地将本通知立即报告当地党委和政府．同时转发至县级公安机关。

【胁迫、诱骗或者利用他人乞讨】

乞讨作为一种社会现象，在任何国家、任何社会都不同程度地存在。由于我国正处在经济快速发展阶段，存在贫富差别、城乡居民收入和生活水平的差距加大等问题，一部分人在工作无着、生活困难的情况下，选择了流浪乞讨的生存方式。但也有一些人，诱骗、利用他人乞讨为自己谋取利益，有的甚至采用胁迫的手段，控制他人从事乞讨活动，为自己谋取利益。这些行为严重损害他人的合法权益，破坏社会秩序，应当予以处罚。治安管理处罚法规定的胁迫、诱骗、利用他人乞讨的行为，需要具备以下条件：第一，行为人必须采用胁迫、诱骗或者利用的手段。所谓“胁迫”他人乞讨，是指行为人以立即实施暴力或其他有损身心健康的行为，如冻饿、罚跪等相要挟，逼迫他人进行乞讨的行为。“诱骗”他人乞讨，是指行为人利用他人的弱点或亲属等人身依附关系，或者以许愿、诱惑、欺骗等手段指使他人进行乞讨的行为。“利用”他人乞讨，是指行为人怀有个人私利，使用各种手段让他人自愿地按其要求进行乞讨的行为。第二，行为人实施了胁迫、诱骗或者利用他人乞讨，为自己牟取利益的行为。乞讨者进行乞讨并不是出于本人自愿，而是被行为人胁迫、诱骗或者利用而进行乞讨的，行为人胁迫、诱骗或者利用他人乞讨的目的是为了给自己牟取利益，将他人乞讨来的财物据为已有。

根据治安管理处罚法的规定，胁迫、诱骗或者利用他人乞讨的，处十日以上十五日以下拘留，可以并处一千元以下罚款。

依据指引：

❶《中华人民共和国治安管理处罚法》(2005年8月28日公布，自2006年3月1日起施行)

第四十一条　胁迫、诱骗或者利用他人乞讨的，处十日以上十五日以下拘留，可以并处一千元以下罚款。

反复纠缠、强行讨要或者以其他滋扰他人的方式乞讨的，处五日以下拘留或者警告。

【以滋扰他人的方式乞讨】

治安管理处罚法规定的以滋扰他人的方式乞讨，是指行为人以反复纠缠、强行讨要或者其他滋扰他人的方式乞讨的行为。选择乞讨是个人的自由和权利，但任何人在行使自己的权利时都不得侵犯他人的权利。实践中有许多乞讨者在公共场所反复纠缠、强行讨要、滋扰他人，侵犯了他人的权利和正常生活，对这种违反治安管理行为，应当依法予以处罚。根据治安管理处罚法的规定，以滋扰他人的方式乞讨的行为的构成条件是：行为人必须采用反复纠缠、强行讨要或者以其他滋扰他人的方式。这里所说的“反复纠缠”是指一次又一次、不断地缠着他人进行乞讨的行为。具体表现为拽衣服、抱腿、不给钱就不松手等方式纠缠路人。“强行讨要”是指以蛮不讲理的方式，向他人乞讨，致使他人不得不满足其乞讨要求的行为。“其他滋扰他人的方式”是指采用除反复纠缠、强行讨要以外的其他方式进行乞讨的行为。

根据治安管理处罚法的规定，反复纠缠、强行讨要或者以其他滋扰他人的方式乞讨的，处五日以下拘留或者警告。

依据指引：

❶《中华人民共和国治安管理处罚法》(2005年8月28日公布，自2006年3月1日起施行)

第四十一条　胁迫、诱骗或者利用他人乞讨的，处十日以上十五日以下拘留，可以并处一千元以下罚款。

反复纠缠、强行讨要或者以其他滋扰他人的方式乞讨的，处五日以下拘留或者警告。

【写恐吓信或者以其他方法威胁他人人身安全】

写恐吓信是比较常见的一种威胁他人人身安全的方式，易使他人产生恐惧，造成不安定因素，扰乱社会治安，有一定的社会危害性。恐吓信的内容大多具有扬言使用暴力或其他方法恐吓、威胁他人的内容。当然，除写恐吓信以外，还可采取其他方式威胁他人人身安全，如投寄恐吓物、子弹，在夜晚往他人卧室的窗户扔砖头，携带管制刀具尾随他人等。其目的是为了使他人在内心产生恐惧，担忧自己或其家人、亲属的人身安全受到伤害。这种行为侵犯了他人的合法权益，应当受到处罚。

根据治安管理处罚法的规定，写恐吓信或者以其他方法威胁他人人身安全的，处五日以下拘留或者五百元以下罚款；情节较重的，处五日以上十日以下拘留，可以并处五百元以下罚款。

依据指引：

❶《中华人民共和国治安管理处罚法》（2005年8月28日公布，自2006年3月1日起施行）

第四十二条 有下列行为之一的，处五日以下拘留或者五百元以下罚款；情节较重的，处五日以上十日以下拘留，可以并处五百元以下罚款：

（一）写恐吓信或者以其他方法威胁他人人身安全的；

（二）公然侮辱他人或者捏造事实诽谤他人的；

（三）捏造事实诬告陷害他人，企图使他人受到刑事追究或者受到治安管理处罚的；

（四）对证人及其近亲属进行威胁、侮辱、殴打或者打击报复的；

（五）多次发送淫秽、侮辱、恐吓或者其他信息，干扰他人正常生活的；

（六）偷窥、偷拍、窃听、散布他人隐私的。

【侮辱他人、诽谤他人】

侮辱或者诽谤他人都是损害他人人格和名誉的行为，人格和名誉是公民的基本权利，宪法第三十八条规定，中华人民共和国公民的人格尊严不受侵犯。禁止用任何方法对公民进行侮辱、诽谤和诬告陷害。治安管理处罚法规定的侮辱他人的主要特征：一是行为人实施了侮辱他人的行为。这里所说的“侮辱”，是指公然诋毁他人人格，破坏他人名誉。侮辱的方法可以是暴力，如给他人身上涂抹大便，也可以是暴力以外的其他方法，如谩骂等。二是侮辱他人的行为必须是公然进行的。所谓“公然”是指当众或者利用能够使多人听到或看到的方式，对他人进行侮辱。三是侮辱他人的行为必须是明确地针对某特定的人实施。如果不是针对特定的人，而是一般的谩骂等，不属于违反治安管理行为。所谓针对特定人，并不一定要指名道姓，即使没有指名道姓，但根据行为人的语言、动作等，使他人能够知道其侮辱的系何人即可。

实践中应当注意把握正当的舆论监督与文字侮辱的界限；划清正当的文字创作与贬损人格、破坏名誉的界限；划清当事人所在单位依职权对个人的政绩、品德等所作的考核、评价、审查行为与侮辱行为的界限；划清通过正当、合法的渠道向有关部门反映、举报、揭发不道德行为、违法行为、犯罪行为与侮辱行为的界限；划清出于善意的批评同恶意的侮辱行为的界限等等。

诽谤他人的行为特征，一是行为人实施故意捏造事实。如果不是捏造事实，而是客观存在的事实，则不是诽谤的行为，但有可能构成散布他人隐私的行为。所谓“捏造事实”，就是无中生有，凭空制造虚假的事实。二是对捏造的事实进行散布，损害他人人格和名誉。如果只是私下里谈论不实事实，不属于诽谤行为。诽谤他人的形式可以是多种多样的，如使用言语文字，通过大字报、小字报、图画、报刊、图书、书信、网络等方法散布等。三是诽谤行为必须是针对特定的人进行的，但不一定要指名道姓，只要从诽谤的内容上知道是谁或者可以推断出或者明显地影射特定的人，就可以构成诽谤行为，如果行为人散布的事实没有特定的对象，不可能贬损某人的人格、名誉，就不能以诽谤行为论处。实际执法中要注意区分诽谤他人的行为与民事侵权行为的界限，诽谤他人的行为散布的必须是捏造的虚假的事实，如果散布的是客观存在的事实，虽然有损于他人人格、名誉，但不能构成诽谤他人的行为；而名誉侵权行为，即使所述的内容是真实的，但只要是法律禁止公开宣扬的，或者公开了将有损于他人人格、名誉，都属于名誉侵权行为，如泄露并宣扬他人隐私，给他人名誉造成不良影响的，属于侵害名誉权行为，不属于诽谤他人的行为。

根据治安管理处罚法的规定，公然侮辱他人或者捏造事实诽谤他人的，处五日以下拘留或者五百元以下罚款；情节严重的，处五日以上十日以下拘留，可以并处五百元以下罚款。

依据指引：

❶**《中华人民共和国治安管理处罚法》**（2005年8月28日公布，自2006年3月1日起施行）

第四十二条 有下列行为之一的，处五日以下拘留或者五百元以下罚款；情节较重的，处五日以上十日以下拘留，可以并处五百元以下罚款：

（一）写恐吓信或者以其他方法威胁他人人身安全的；

（二）公然侮辱他人或者捏造事实诽谤他人的；

（三）捏造事实诬告陷害他人，企图使他人受到刑事追究或者受到治安管理处罚的；

（四）对证人及其近亲属进行威胁、侮辱、殴打或者打击报复的；

（五）多次发送淫秽、侮辱、恐吓或者其他信息，干扰他人正常生活的；

（六）偷窥、偷拍、窃听、散布他人隐私的。

❷**《中华人民共和国宪法》**（1982年12月4日公布施行）

第三十八条 中华人民共和国公民的人格尊严不受侵犯。禁止用任何方法对公民进行侮辱、诽谤和诬告陷害。

❸**《中华人民共和国刑法》**（1997年3月14日修订公布，自1997年10月1日起施行）

第二百四十三条 捏造事实诬告陷害他人，意图使他人受刑事追究，情节严重的，处三年以下有期徒刑、拘役或者管制；造成严重后果的，处三年以上十年以下有期徒刑。

国家机关工作人员犯前款罪的，从重处罚。

不是有意诬陷，而是错告，或者检举失实的，不适用前两款的规定。

第二百四十六条 以暴力或者其他方法公然侮辱他人或者捏造事实诽谤他人，情节严重的，处三年以下有期徒刑、拘役、管制或者剥夺政治权利。

前款罪，告诉的才处理，但是严重危害社会秩序和国家利益的除外。

❹**《全国人民代表大会常务委员会关于维护互联网安全的决定》**（2000年12月28日公布施行）

四、为了保护个人、法人和其他组织的人身、财产等合法权利，对有下列行为之一，构成犯罪的，依照刑法有关规定追究刑事责任：

（一）利用互联网侮辱他人或者捏造事实诽谤他人；

……

❺**《中华人民共和国民法通则》**（1986年4月12日公布，自1987年1月1日起施行）

第九十八条 公民享有生命健康权。

第一百零一条 公民、法人享有名誉权，公民的人格尊严受法律保护，禁止用侮辱、诽谤等方式损害公民、法人的名誉。

第一百零二条 公民、法人享有荣誉权，禁止非法剥夺公民、法人的荣誉称号。

第一百二十条 公民的姓名权、肖像权、名誉权、荣誉权受到侵害的，有权要求停止侵害，恢复名誉，消除影响，赔礼道歉，并可以要求赔偿损失。

法人的名称权、名誉权、荣誉权受到侵害的，适用前款规定。

❻**《最高人民法院关于确定民事侵权精神损害赔偿责任若干问题的解释》**（2001年3月8日发布，自2001年3月10日起施行）

为在审理民事侵权案件中正确确定精神损害赔偿责任，根据《中华人民共和国民法通则》等有关法律规定，结合审判实践经验，对有关问题作如下解释：

第一条 自然人因下列人格权利遭受非法侵害，向人民法院起诉请求赔偿精神损害的，人民法院应当依法予以受理：

（一）生命权、健康权、身体权；

（二）姓名权、肖像权、名誉权、荣誉权；

（三）人格尊严权、人身自由权。

违反社会公共利益、社会公德侵害他人隐私

或者其他人格利益，受害人以侵权为由向人民法院起诉请求赔偿精神损害的，人民法院应当依法予以受理。

❼《最高人民法院关于审理非法出版物刑事案件具体应用法律若干问题的解释》（1998年12月17日发布，自1998年12月23日起施行）

为依法惩治非法出版物犯罪活动，根据刑法的有关规定，现对审理非法出版物刑事案件具体应用法律的若干问题解释如下：

第六条 在出版物中公然侮辱他人或者捏造事实诽谤他人，情节严重的，依照刑法第二百四十六条的规定，分别以侮辱罪或者诽谤罪定罪处罚。

【诬告陷害他人】

诬告陷害他人，是指捏造事实诬告陷害他人，企图使他人受到刑事追究或者受到治安管理处罚的行为。该行为的主要特征：一是行为人必须是捏造事实。如果不是捏造事实，而是客观存在的事实，则不属于诬告陷害他人的行为。二是行为人必须是以企图使他人受到刑事追究或者受到治安管理处罚为目的，且足以使他人受到刑事追究或者受到治安管理处罚。如果只是以败坏他人名誉、阻止他人得到奖励或者升职等为目的，或者捏造的事实不足以使他人受到刑事追究或者受到治安管理处罚的，也不属于违反治安管理行为。三是不仅捏造了他人的违法犯罪事实，而且意图使有关机关对所捏造事实进行追查。四是行为必须要有明确的对象，如果行为人只是捏造了某种违法犯罪事实，向有关机关告发，并没有具体的告发对象，这种行为虽然也侵犯了司法机关的正常活动，但并未直接侵犯他人的人身权利，不属于诬告陷害他人的行为。五是行为人必须是故意的。如果不是有意诬陷，而是错告，或者检举失实的，则不属于诬告陷害他人的行为。

根据治安管理处罚法的规定，捏造事实诬告陷害他人，企图使他人受到刑事追究或者受到治安管理处罚的，处五日以下拘留或者五百元以下罚款；情节严重的，处五日以上十日以下拘留，可以并处五百元以下罚款。

依据指引：

❶《中华人民共和国治安管理处罚法》（2005年8月28日公布，自2006年3月1日起施行）

第四十二条 有下列行为之一的，处五日以下拘留或者五百元以下罚款；情节较重的，处五日以上十日以下拘留，可以并处五百元以下罚款：

（一）写恐吓信或者以其他方法威胁他人人身安全的；

（二）公然侮辱他人或者捏造事实诽谤他人的；

（三）捏造事实诬告陷害他人，企图使他人受到刑事追究或者受到治安管理处罚的；

（四）对证人及其近亲属进行威胁、侮辱、殴打或者打击报复的；

（五）多次发送淫秽、侮辱、恐吓或者其他信息，干扰他人正常生活的；

（六）偷窥、偷拍、窃听、散布他人隐私的。

❷《中华人民共和国宪法》（1982年12月4日公布施行）

第三十八条 中华人民共和国公民的人格尊严不受侵犯。禁止用任何方法对公民进行侮辱、诽谤和诬告陷害。

❸《中华人民共和国刑法》（1997年3月14日修订公布，自1997年10月1日起施行）

第二百四十三条 捏造事实诬告陷害他人，意图使他人受刑事追究，情节严重的，处三年以下有期徒刑、拘役或者管制；造成严重后果的，处三年以上十年以下有期徒刑。

国家机关工作人员犯前款罪的，从重处罚。

不是有意诬陷，而是错告，或者检举失实的，不适用前两款的规定。

【打击报复证人及其近亲属】

为了保证行政机关、司法机关查明事

实，正确适用法律，及时处理行政案件、审理刑事和民事案件，保护当事人的合法权益，维护社会秩序、经济秩序，相关法律规定了证人作证的义务。证人自觉作证的重要前提之一，就是证人的合法权益能够得到确实的保护。从我国目前的司法实践看，证人出庭作证的比例相当低，很多群众不愿意做证人，其中很重要的一个原因就是怕其本人或者亲友遭到打击报复。打击报复证人及其亲友的行为，不仅侵犯了证人及其亲友的人身权利，更重要的是严重阻碍了国家行政机关、司法机关的执法、司法活动，必须予以惩治。根据我国刑法的规定，打击报复证人的，要处三年以下有期徒刑或者拘役；情节严重的，处三年以上七年以下有期徒刑追究刑事责任。但是对一些情节相对较轻，尚不够刑事处罚的行为人，也有必要予以治安管理处罚。治安管理处罚法规定的打击报复证人及其近亲属的行为的主要特征是：第一，行为侵害的对象必须是证人及其近亲属。“证人”不仅包括刑事诉讼中的证人，也包括民事诉讼、行政诉讼中的证人以及行政执法活动中涉及的证人。“近亲属”，是指夫妻、父母、祖父母、子女、孙子女、兄弟姊妹。第二，行为人对证人及其近亲属实施威胁、侮辱、殴打或者打击报复的行为。“威胁”是指实行恐吓、要挟等精神强制手段，如以伤害、毁坏财物、损害名誉等相要挟，使人产生恐惧；“侮辱”是指公然诋毁证人及其近亲属人格，破坏其名誉；“殴打”是指采用拳打脚踢等方式打人；“打击报复”包括多种方式，如利用职权降薪、降职、辞退等。

根据治安管理处罚法的规定，对证人及其近亲属进行威胁、侮辱、殴打或者打击报复的，处五日以上十日以下拘留，可以并处五百元以下罚款。

依据指引：

❶《中华人民共和国治安管理处罚法》（2005年8月28日公布，自2006年3月1日起施行）

第四十二条 有下列行为之一的，处五日以下拘留或者五百元以下罚款；情节较重的，处五日以上十日以下拘留，可以并处五百元以下罚款：

（一）写恐吓信或者以其他方法威胁他人人身安全的；

（二）公然侮辱他人或者捏造事实诽谤他人的；

（三）捏造事实诬告陷害他人，企图使他人受到刑事追究或者受到治安管理处罚的；

（四）对证人及其近亲属进行威胁、侮辱、殴打或者打击报复的；

（五）多次发送淫秽、侮辱、恐吓或者其他信息，干扰他人正常生活的；

（六）偷窥、偷拍、窃听、散布他人隐私的。

❷《中华人民共和国刑法》（1997年3月14日修订公布，自1997年10月1日起施行）

第三百零八条 对证人进行打击报复的，处三年以下有期徒刑或者拘役；情节严重的，处三年以上七年以下有期徒刑

【发送淫秽、侮辱、恐吓等信息干扰他人正常生活】

随着通信技术的不断发展，人们可以通过信件、电话、手机和网络等多种途径加强联系，增进友谊。但是，实际生活中有些人利用先进的通信工具，发送一些淫秽、侮辱、恐吓或者其他信息，干扰了他人的正常生活，对这种行为应当予以严厉地打击。发送淫秽、侮辱、恐吓或者其他信息，是指通过信件、电话、网络等途径多次发送淫秽、侮辱、恐吓或者其他信息，干扰他人正常生活的行为。其行为特征：一是行为人通过信件、电话、手机、网络等途径实施了多次发送淫秽、侮辱、恐吓

或者其他信息的行为。这里的“淫秽”信息，根据刑法的规定，是指具体描绘性行为或者露骨宣扬色情的诲淫性的信息；“侮辱”信息，是指诋毁他人人格，破坏他人名誉的信息；“恐吓”信息，是指威胁或要挟他人，使他人精神感到恐慌的信息；“其他信息”既包括违法信息，如虚假广告、虚假中奖、倒卖违禁品等违法信息，也包括合法信息，如商品、服务广告等；“多次”一般是指三次以上。二是行为人发送的信息必须是已经干扰了他人的正常生活，即行为人发送的信息足以使他人由于收到淫秽、侮辱、恐吓或者其他信息，影响了正常的工作和生活。通常表现为：行为人反复、经常发送淫秽、侮辱、恐吓等信息或其行为遭到斥责、拒绝后仍然不停地发送，或者在夜间他人入睡以后发送等情形。

根据治安管理处罚法的规定，多次发送淫秽、侮辱、恐吓或者其他信息，干扰他人正常生活的，处五日以下拘留或者五百元以下罚款；情节严重的，处五日以上十日以下拘留，可以并处五百元以下罚款。

依据指引：

❶《中华人民共和国治安管理处罚法》（2005年8月28日公布，自2006年3月1日起施行）

第四十二条 有下列行为之一的，处五日以下拘留或者五百元以下罚款；情节较重的，处五日以上十日以下拘留，可以并处五百元以下罚款：

（一）写恐吓信或者以其他方法威胁他人人身安全的；

（二）公然侮辱他人或者捏造事实诽谤他人的；

（三）捏造事实诬告陷害他人，企图使他人受到刑事追究或者受到治安管理处罚的；

（四）对证人及其近亲属进行威胁、侮辱、殴打或者打击报复的；

（五）多次发送淫秽、侮辱、恐吓或者其他信息，干扰他人正常生活的；

（六）偷窥、偷拍、窃听、散布他人隐私的。

❷《中华人民共和国宪法》（1982年12月4日公布施行）

第三十八条 中华人民共和国公民的人格尊严不受侵犯。禁止用任何方法对公民进行侮辱、诽谤和诬告陷害。

❸《全国人民代表大会常务委员会关于维护互联网安全的决定》（2000年12月28日公布施行）

四、为了保护个人、法人和其他组织的人身、财产等合法权利，对有下列行为之一，构成犯罪的，依照刑法有关规定追究刑事责任：

（一）利用互联网侮辱他人或者捏造事实诽谤他人；

……

❹《中华人民共和国民法通则》（1986年4月12日公布，自1987年1月1日起施行）

第九十八条 公民享有生命健康权。

第一百零一条 公民、法人享有名誉权，公民的人格尊严受法律保护，禁止用侮辱、诽谤等方式损害公民、法人的名誉。

第一百零二条 公民、法人享有荣誉权，禁止非法剥夺公民、法人的荣誉称号。

第一百二十条 公民的姓名权、肖像权、名誉权、荣誉权受到侵害的，有权要求停止侵害，恢复名誉，消除影响，赔礼道歉，并可以要求赔偿损失。

法人的名称权、名誉权、荣誉权受到侵害的，适用前款规定。

❺《最高人民法院关于确定民事侵权精神损害赔偿责任若干问题的解释》（2001年3月8日发布，自2001年3月10日起施行）

为在审理民事侵权案件中正确确定精神损害赔偿责任，根据《中华人民共和国民法通则》等有关法律规定，结合审判实践经验，对有关问题作如下解释：

第一条 自然人因下列人格权利遭受非法侵害，向人民法院起诉请求赔偿精神损害的，人民法院应当依法予以受理：

（一）生命权、健康权、身体权；

（二）姓名权、肖像权、名誉权、荣誉权；

（三）人格尊严权、人身自由权。

违反社会公共利益、社会公德侵害他人隐私或者其他人格利益，受害人以侵权为由向人民法院起诉请求赔偿精神损害的，人民法院应当依法予以受理。

❻**《最高人民法院关于审理非法出版物刑事案件具体应用法律若干问题的解释》**（1998年12月17日发布，自1998年12月23日起施行）

为依法惩治非法出版物犯罪活动，根据刑法的有关规定，现对审理非法出版物刑事案件具体应用法律的若干问题解释如下：

第六条 在出版物中公然侮辱他人或者捏造事实诽谤他人，情节严重的，依照刑法第二百四十六条的规定，分别以侮辱罪或者诽谤罪定罪处罚。

【偷窥、偷拍、窃听、散布他人隐私的】

偷窥、偷拍、窃听、散布他人隐私的行为主要特征是：一是行为侵害的对象必须是他人的隐私。隐私权是公民合法权利的一个组成部分，受法律保护。所谓“隐私”是指不愿意让他人知道的、属于个人的生活私密，如两性关系、生育能力等。一旦公开，将会给当事人的生活、工作带来心理压力。二是行为人必须采用偷窥、偷拍、窃听、散布等手段。这里的“偷窥”他人隐私，是指对他人的隐私活动进行偷看的行为；“偷拍”他人隐私，是指对他人的隐私进行摄录、拍照的行为；“窃听”他人隐私，是指未经允许，对他人的谈话或者通话等进行偷听、录音的行为；“散布”他人隐私，是指以文字、语言或者其他手段将他人的隐私在社会或一定范围内加以传播的行为，包括口头散布，或者通过媒体、信函、短信、网络等书面方式散布。

根据治安管理处罚法的规定，偷窥、偷拍、窃听、散布他人隐私的，处五日以下拘留或者五百元以下罚款；情节严重的，处五日以上十日以下拘留，可以并处五百元以下罚款。

依据指引：

❶**《中华人民共和国治安管理处罚法》**（2005年8月28日公布，自2006年3月1日起施行）

第四十二条 有下列行为之一的，处五日以下拘留或者五百元以下罚款；情节较重的，处五日以上十日以下拘留，可以并处五百元以下罚款：

（一）写恐吓信或者以其他方法威胁他人人身安全的；

（二）公然侮辱他人或者捏造事实诽谤他人的；

（三）捏造事实诬告陷害他人，企图使他人受到刑事追究或者受到治安管理处罚的；

（四）对证人及其近亲属进行威胁、侮辱、殴打或者打击报复的；

（五）多次发送淫秽、侮辱、恐吓或者其他信息，干扰他人正常生活的；

（六）偷窥、偷拍、窃听、散布他人隐私的。

❷**《中华人民共和国刑法》**（1997年3月14日修订公布，自1997年10月1日起施行）

第二百八十四条 非法使用窃听、窃照专用器材，造成严重后果的，处二年以下有期徒刑、拘役或者管制。

❸**《中华人民共和国民法通则》**（1986年4月12日公布，自1987年1月1日起施行）

第九十八条 公民享有生命健康权。

第一百零一条 公民、法人享有名誉权，公民的人格尊严受法律保护，禁止用侮辱、诽谤等方式损害公民、法人的名誉。

第一百零二条 公民、法人享有荣誉权，禁止非法剥夺公民、法人的荣誉称号。

第一百二十条 公民的姓名权、肖像权、名誉权、荣誉权受到侵害的，有权要求停止侵害，恢复名誉，消除影响，赔礼道歉，并可以要求赔偿损失。

法人的名称权、名誉权、荣誉权受到侵害的，适用前款规定。

❹**《最高人民法院关于确定民事侵权精神损害赔偿责任若干问题的解释》**（2001年3月8日

发布，自2001年3月10日起施行）

为在审理民事侵权案件中正确确定精神损害赔偿责任，根据《中华人民共和国民法通则》等有关法律规定，结合审判实践经验，对有关问题作如下解释：

第一条 自然人因下列人格权利遭受非法侵害，向人民法院起诉请求赔偿精神损害的，人民法院应当依法予以受理：

（一）生命权、健康权、身体权；

（二）姓名权、肖像权、名誉权、荣誉权；

（三）人格尊严权、人身自由权。

违反社会公共利益、社会公德侵害他人隐私或者其他人格利益，受害人以侵权为由向人民法院起诉请求赔偿精神损害的，人民法院应当依法予以受理。

【殴打他人、故意伤害他人身体】

“殴打他人”，是一种比较典型的以强凌弱的行为。起因虽然有不同，有的或因一些小事或口角引起，有的纯粹是毫无道理地逞强耍威风，稍有一点看不顺眼就大打出手。其行为方式主要是采用拳打脚踢，一般只是造成他人身体皮肉暂时的疼痛或者很轻微的伤害。这种行为虽然对被殴打的人造成的实际伤害不是很重，但是动辄动手打人，是一种严重侵犯他人人权的行为，必须予以惩处。实践中要注意区分殴打他人与结伙斗殴的界限。殴打他人，是指一方的一人或几人殴打对方的一人或几人的行为，属于一种侵犯公民人身权利的行为；而结伙斗殴，是指成群结队、互相殴打的行为，是双方都有多人参加的扰乱公共秩序的行为。由于二者性质不同，决定了对这两种情况的处罚的对象不同，一般而言，殴打他人只是单方的过错，应处罚打人者，而结伙斗殴则是双方都违反治安管理的行为，一般对双方行为人都要给予处罚。

“故意伤害他人身体”是指非法损害他人身体健康的行为。伤害他人的形式是多种多样的，包括用石头、棍棒打人、驱使动物咬人、用针扎人、开水烫人等。这种伤害行为已经给他人的身体造成了轻微伤害，但尚不够刑事处罚。治安管理处罚法还对殴打他人、故意伤害他人身体的行为规定了加重处罚的情形，即：结伙殴打、伤害他人的行为；殴打、伤害残疾人、孕妇、不满十四周岁的人或者六十周岁以上的人的行为；多次殴打、伤害他人或者一次殴打、伤害多人的行为。这几种情形，不论是行为给受侵害人造成的客观危害，还是行为人本人的主观方面的恶性，都相对比较严重，因此需要给予相对较重的处罚。

根据治安管理处罚法的规定，殴打他人的或者故意伤害他人身体的，处五日以上十日以下拘留，并处二百元以上五百元以下罚款；情节较轻的，处五日以下拘留或者五百元以下罚款。对于结伙殴打、伤害他人的，或者殴打、伤害残疾人、孕妇、不满十四周岁的人或者六十周岁以上的人的，或者多次殴打、伤害他人或者一次殴打、伤害多人的，处十日以上十五日以下拘留，并处五百元以上一千元以下罚款。

依据指引：

❶**《中华人民共和国治安管理处罚法》**（2005年8月28日公布，自2006年3月1日起施行）

第四十三条 殴打他人的，或者故意伤害他人身体的，处五日以上十日以下拘留，并处二百元以上五百元以下罚款；情节较轻的，处五日以下拘留或者五百元以下罚款。

有下列情形之一的，处十日以上十五日以下拘留，并处五百元以上一千元以下罚款：

（一）结伙殴打、伤害他人的；

（二）殴打、伤害残疾人、孕妇、不满十四周岁的人或者六十周岁以上的人的；

（三）多次殴打、伤害他人或者一次殴打、

伤害多人的。

第七十五条 饲养动物，干扰他人正常生活的，处警告；警告后不改正的，或者放任动物恐吓他人的，处二百元以上五百元以下罚款。

驱使动物伤害他人的，依照本法第四十三条第一款的规定处罚。

❷《中华人民共和国刑法》（1997年3月14日修订公布，自1997年10月1日起施行）

第二百三十四条 故意伤害他人身体的，处三年以下有期徒刑、拘役或者管制。

犯前款罪，致人重伤的，处三年以上十年以下有期徒刑；致人死亡或者以特别残忍手段致人重伤造成严重残疾的，处十年以上有期徒刑、无期徒刑或者死刑。本法另有规定的，依照规定。

❸《中华人民共和国民法通则》（1986年4月12日公布，自1987年1月1日起施行）

第一百一十九条 侵害公民身体造成伤害的，应当赔偿医疗费、因误工减少的收入、残废者生活补助费等费用；造成死亡的，并应当支付丧葬费、死者生前扶养的人必要的生活费等费用。

❹《人体轻伤鉴定标准（试行）》（最高人民法院、最高人民检察院、公安部、司法部1990年6月20日联合发布，自1990年7月1日起施行）

第一章 总 则

第一条 本标准根据《中华人民共和国刑法》有关规定，以医学和法医学的理论与技术为基础，结合法医检案的实践经验制定，为轻伤鉴定提供依据。

第二条 轻伤是指物理、化学及生物等各种外界因素作用于人体，造成组织、器官结构的一定程度的损害或者部分功能障碍，尚未构成重伤又不属轻微伤害的损伤.

第三条 鉴定损伤程度，应该以外界因素对人体直接造成的原发性损害及后果为依据，包括损伤当时的伤情、损伤后引起的并发症和后遗症等，全面分析，综合评定。

第四条 鉴定人应当由法医师或者具有法医学鉴定资格的人员担任；也可以由司法机关聘请或者委托的主治医师以上人员担任。

鉴定人有权了解案情、调阅案卷、病历和勘验现场，有关单位有责任予以配合。

鉴定人必须坚持实事求是的原则，应用科学的检测方法，保守案件秘密，遵守有关法律规定。

第二章 头颈部损伤

第五条 帽状腱膜下血肿

头皮撕脱伤面积达20平方厘米（儿童达10平方厘米）；头皮外伤性缺损面积达10平方厘米（儿童达5平方厘米）。

第六条 头皮锐器创口累计长度达8厘米，儿童达6厘米；钝器创口累计长度达6厘米，儿童达4厘米。

第七条 颅骨单纯性骨折。

第八条 头部损伤确证出现短暂的意识障碍和近事遗忘。

第九条 眼损伤

（一）眼睑损伤影响面容或者功能的；

（二）眶部单纯性骨折；

（三）泪器部分损伤及功能障碍；

（四）眼球部分结构损伤，影响面容或者功能的；

（五）损伤致视力减退，两眼矫正视力减退至0.7以下（较伤前视力下降0.2以上），单眼矫正视力减退至0.5以下（较伤前视力下降0.3以上）；原单眼为低视力者，伤后视力减退1个级别。

视野轻度缺损；

（六）外伤性斜视。

第十条 鼻损伤

（一）鼻骨粉碎性骨折，或者鼻骨线形骨折伴有明显移位的；

（二）鼻损伤明显影响鼻外形或者功能的。

第十一条 耳损伤

（一）耳廓损伤致明显变形；一侧耳廓缺损达一耳的10%，或者两侧耳廓缺损累计达一耳的15%；

（二）外伤性鼓膜穿孔；

（三）外耳道损伤致外耳道狭窄；

（四）耳损伤造成一耳听力减退达41分贝，两耳听力减退达30分贝。

第十二条 口腔损伤

（一）口唇损伤影响面容、发音或者进食；

（二）牙齿脱落或者折断2枚以上；

（三）口腔组织、器官损伤，影响语言、咀嚼或者吞咽功能的；

（四）涎腺损伤伴有功能障碍。

第十三条 颧骨骨折或者上、下颌骨骨折；

颞下颌关节损伤致张口度（上下切牙切缘间距）小于3厘米。

第十四条 面部软组织单个创口长度达3.5厘米（儿童达3厘米），或者创口累计长度达5厘米（儿童达4厘米）或者颌面部穿透创。

第十五条 面部损伤后留有明显瘢痕，单条长3厘米或者累计长度达4厘米；单块面积2平方厘米或者累计面积达3平方厘米；影响面容的色素改变6平方厘米。

第十六条 面神经损伤致使部分面肌瘫痪影响面容及功能的。

第十七条 颈部软组织单个创口长度达5厘米或者累计创口长度达8厘米。

未达到上款规定但有运动功能障碍的。

第十八条 颈部损伤出现窒息征象的。

第十九条 颈部损伤伤及甲状腺、咽喉、气管或者食管的。

第三章 肢体损伤

第二十条 肢体软组织挫伤占体表总面积6%以上。

第二十一条 肢体皮肤及皮下组织单个创口长度达10厘米（儿童达8厘米）或者创口累计总长度达15厘米（儿童达12厘米）；伤及感觉神经、血管、肌腱影响功能的。

第二十二条 皮肤外伤性缺损须植皮的。

第二十三条 手损伤

（一）1节指骨（不含第2至5指末节）粉碎性骨折或者2节指骨线形骨折；

（二）缺失半个指节；

（三）损伤后出现轻度挛缩、畸形、关节活动受限或者侧方不稳；

（四）舟骨骨折、月骨脱位或者掌骨完全性骨折。

第二十四条 足损伤

（一）2节趾骨骨折；

（二）缺失1个趾节；

（三）庶骨2节骨折；跗骨、距骨、跟骨骨折；踝关节骨折或者庶跗关节脱位。撕脱骨折除外。

第二十五条 四肢长骨骨折；髌骨骨折。

第二十六条 肢体大关节脱位、关节韧带部分撕裂、半月板损伤或者肢体软组织损伤后瘢痕挛缩致关节功能障碍。

第四章 躯干部和会阴部损伤

第二十七条 躯干部软组织挫伤比照第二十条。

第二十八条 躯干部创口比照第二十一条。

第二十九条 躯干部穿透创未伤及内脏器官或者重要血管、神经的。

第三十条 胸部损伤引起气胸、血胸或者较大面积的单纯性皮下气肿，未出现呼吸困难。

第三十一条 胸部受挤压，出现窒息征象。

第三十二条 肩胛骨、锁骨或者胸骨骨折；胸锁关节或者肩锁关节脱位.

第三十三条 肋骨骨折（一处单纯性肋骨线形骨折除外）。

第三十四条 女性乳房损伤导致一侧乳房明显变形或者部分缺失；一侧乳房乳腺导管损伤。

第三十五条 腹部闭合性损伤确证胃、肠、肝、脾或者胰挫伤。

第三十六条 外伤性血尿（显微镜检查红细胞>10/高倍视野）持续时间超过二周。

第三十七条 会阴部软组织挫伤达10平方厘米（儿童酌减）或者血肿二周内不能完全吸收的。

第三十八条 阴茎挫伤致排尿困难；阴茎部分缺损、畸形；阴囊撕脱伤、阴囊血肿、鞘膜积血；一侧睾丸脱位、扭转或者萎缩。

第三十九条 会阴、阴囊创口长度达2厘米；阴茎创口长度达1厘米。

第四十条 外伤性肛裂、肛瘘或者肛管狭窄。

第四十一条 阴道撕裂伤、子宫或者附件损伤。

第四十二条 损伤致孕妇难免流产。

第四十三条 外伤性脊柱骨折或者脱位；外伤性椎间盘突出；外伤影响脊髓功能，短期内能恢复的。

第四十四条 骨盆骨折。

第五章 其他损伤

第四十五条 烧、烫伤

（一）烧烫伤占体表面积

浅二度5%以上（儿童3%以上）；

深二度2%以上（儿童1%以上）；

三度0.1%以上。

（二）头、手、会阴部二度以上烧烫伤，影响外形、容貌或者活动功能的。

（三）呼吸道烧烫伤。

第四十六条 冻伤比照本标准相关条文。

第四十七条 电烧伤当时伴有意识障碍或者全身抽搐。

第四十八条 损伤致异物存留深部软组织内。

第四十九条 各种损伤出血出现休克前期症状体征的。

第五十条 多部位软组织挫伤比照第二十条。

第五十一条 多部位软组织创伤比照第二十一条。

第五十二条 其他物理性、化学性、生物性损伤，致人体组织、器官结构轻度损害或者部分功能障碍的比照本标准相关条文。

第六章 附则

第五十三条 多种损伤均未达本标准的，不能简单相加作为轻伤。若有三种（类）损伤均接近本标准的，可视具体情况，综合评定。

第五十四条 本标准所定各种数据冠有“以上”或者“以下”的均含本数。

第五十五条 本标准适用于《中华人民共和国刑法》规定的伤害他人身体健康的法医学鉴定。

第五十六条 本标准自1990年7月1日起试行。

【猥亵他人】

猥亵他人，是指以强制或者非强制的方法，违背对方意志，实施的正常性接触以外的能够满足行为人淫秽下流欲望的行为，主要包括以抠摸、指奸、鸡奸等淫秽下流的手段对他人身体的性接触行为。如果行为人只是追逐、堵截他人，或者向他人身上泼洒腐蚀物、涂抹污物，或者用下流的语言辱骂他人等，则不属于猥亵他人。行为人必须是故意实施猥亵他人的行为，其动机上通常表现在为了刺激、满足行为人的或者第三人的性欲的倾向，必须具有违背他人意志的特征，如果对方对于行为人的猥亵行为表示同意，则不是猥亵他人的行为。

根据治安管理处罚法的规定，猥亵他人的，处五日以上十日以下拘留。此外，治安管理处罚法对猥亵行为还规定了加重处罚的情形。即猥亵智力残疾人、精神病人、不满十四周岁的人或者有其他严重情节的行为，处十日以上十五日以下拘留。这是针对特殊的群体所作的特别规定，主要考虑到智力残疾人、精神病人、不满十四周岁的人对社会各方面的认知能力较弱，尤其是对性的认识能力很欠缺。猥亵这些弱势群体的行为，无论是客观危害，还是行为人主观方面的恶性，都相对比较大，应当予以较重的处罚。“智力残疾人”，是指人的智力明显低于一般人水平，并显示适应行为障碍，包括在智力发育期间由于各种原因导致的智力低下和智力发育成熟以后由于各种原因引起的智力损伤或老年期的智力明显衰退。根据中国残联制定的《中国残疾人实用评定标准》的规定，智力残疾分为四级：智商小于20者为一级智力残疾（重度残疾）；智商在20至34者为二级智力残疾（重度残疾）；智商在35至49者为三级智力残疾（中度残疾）；智商在50至69者为四级智力残疾（轻度残疾）。“精神病人”，是指神经活动失调，不能辨认或者控制自己行为的人，包括完全丧失辨认或者控制自己行为的精神病人、间歇性精神病人和尚未完全丧失辨认或者控制自己行为的精神病人。精神病的病因复杂，如先天遗传、精神受刺激、中毒、脑外伤等，病状表现为言语、动作、情绪的明显失常。“其他严重情节”包括猥亵孕妇，或者在众人面前猥亵他人，或者猥亵行为给他人精神上造成伤害，或者猥亵行为在社会上造成恶劣影响等。

实践中应当注意划清以下两个方面的界限：一是要区分猥亵他人与侮辱他人的界限。猥亵具有更为明显的性内容，是一种非自然的行为，只能通过身体动作实施；而侮辱一般不直接表现为性行为，且既可以是身体动作实施，也可以用语言进行。二是要区分猥亵他人与一般的对他人表示“亲昵”行为的界限。猥亵他人是出于行为人淫秽下流的欲望，往往对他人的身体或者思想、认识造成伤害或者不良影响，其行为一般为当地的风俗、习惯所不容；而对他人表示“亲昵”的行为，一般表现为出于喜爱或爱护对方而作出的亲昵动作，如亲吻或拥抱未成年人等。

依据指引：

❶**《中华人民共和国治安管理处罚法》**（2005年8月28日公布，自2006年3月1日起施行）

第四十四条 猥亵他人的，或者在公共场所故意裸露身体，情节恶劣的，处五日以上十日以下拘留；猥亵智力残疾人、精神病人、不满十四周岁的人或者有其他严重情节的，处十日以上十五日以下拘留。

❷**《中华人民共和国刑法》**（1997年3月14日修订公布，自1997年10月1日起施行）

第二百三十七条 以暴力、胁迫或者其他方法强制猥亵妇女或者侮辱妇女的，处五年以下有期徒刑或者拘役。

聚众或者在公共场所当众犯前款罪的，处五年以上有期徒刑。

猥亵儿童的，依照前两款的规定从重处罚。

【在公共场所裸露身体】

治安管理处罚法规定，在公共场所故意裸露身体，情节恶劣的，处五日以上十日以下拘留。实际生活中，有些人在公共场所故意赤身裸体，或者暴露阴私部位，在社会上造成极其恶劣的影响，对这种流氓下流的行为必须予以惩处。根据治安管理处罚法的规定，这种行为的特征是：行为人必须是在公共场所故意实施赤身裸体，情节恶劣的行为。这里的“公共场所”主要是指公众进行公开活动的场所，如商店、影剧院、体育场、公共交通工具、街道等场所。这里的“赤身裸体”，不仅包括赤裸全身，也包括比较常见的赤裸下身或者暴露阴私部位，或者女性赤裸上身等情形。

依据指引：

❶**《中华人民共和国治安管理处罚法》**（2005年8月28日公布，自2006年3月1日起施行）

第四十四条 猥亵他人的，或者在公共场所故意裸露身体，情节恶劣的，处五日以上十日以下拘留；猥亵智力残疾人、精神病人、不满十四周岁的人或者有其他严重情节的，处十日以上十五日以下拘留。

❷**《中华人民共和国刑法》**（1997年3月14日修订公布，自1997年10月1日起施行）

第二百三十七条 以暴力、胁迫或者其他方法强制猥亵妇女或者侮辱妇女的，处五年以下有期徒刑或者拘役。

聚众或者在公共场所当众犯前款罪的，处五年以上有期徒刑。

猥亵儿童的，依照前两款的规定从重处罚。

【虐待家庭成员】

维护家庭成员之间的平等互爱，是建立和谐社会的根本保障。婚姻法规定，家庭成员间应当敬老爱幼，互相帮助，维护平等、和睦、文明的婚姻家庭关系，禁止家庭成员间的虐待。虐待家庭成员的违法行为，是把家庭成员间的互爱关系，变为一个或一部分家庭成员对另一个或另一部分家庭成员进行压制的关系，它不仅侵犯了公民在家庭中应当享有的权利，而且对公民的人身甚至生命造成一定的威胁，应当依法予以惩处。虐待家庭成员，是指经常用打骂、冻饿、禁闭、强迫过度劳动、有病不给治疗等方法，摧残、折磨家庭成员，尚不够刑事处罚的行为。根据治安管理处罚法的规定，虐待家庭成员行为的构成条件：一是发生在家庭成员之间，如夫妻、父母、子女、兄弟姐妹等等。虐待者都是具有一定的抚养义务，并在经济上或者家庭地位中占一定优势的成员。非家庭成员，不能成为本行为的主体。二是行为人实施了虐待家庭成员的行为，其手段是多种多样的，如殴打、谩骂、捆绑、冻饿、侮辱、有病不给医、强迫超体力劳动、限制自由等。三是必须是被虐待人要求处理的。只有被虐待人向公安机关提出控告要求公安机关处理的，公安机关才能够予以处罚，对于被虐待人没有提出控告的，公安机关不能主动给予行为人处罚。被虐待人的亲属、朋友以及邻里提出来要求公安机关给予处罚的，也不能给予处罚。法律这样规定主要考虑到行为人和被虐待人之间具有特定的亲属关系和经济关系，他们生活在同一个家庭中，在多数情况下，被虐待人或是年幼或是丧失劳动能力，他们需要行为人在生活上和精神上的照顾。一旦行为人被处罚，被虐待人可能就会失去经济来源，生活就会陷入困境，而且被虐待人向公安机关告发行为人，往往也只是希望政府对行为人进行批评、教育，使行为人改正错误，而不是希望对行为人给予处罚。

实践中应当注意划清虐待家庭成员与父母管教子女不当的界限。虐待家庭成员是经常性地对家庭成员进行肉体或精神上的折磨；而日常生活中父母为管教子女而采取打骂等方式，不能作为虐待行为进行处罚，因为在这种情况下，父母主观上多出于望子成龙的好意，不具有折磨、伤害子女的故意，只是管教方法不当，当然对于这种不当的管教行为也应予以遣责与制止。

根据治安管理处罚法的规定，虐待家庭成员，被虐待人要求处理的，处五日以下拘留或者警告。

依据指引：

❶《中华人民共和国治安管理处罚法》（2005年8月28日公布，自2006年3月1日起施行）

第四十五条 有下列行为之一的，处五日以下拘留或者警告：

（一）虐待家庭成员，被虐待人要求处理的；

（二）遗弃没有独立生活能力的被扶养人的。

❷《中华人民共和国宪法》（1982年12月4日公布施行）

第四十九条 婚姻、家庭、母亲和儿童受国家的保护。

夫妻双方有实行计划生育的义务。

父母有抚养教育未成年子女的义务，成年子女有赡养扶助父母的义务。

禁止破坏婚姻自由，禁止虐待老人、妇女和儿童。

❸《中华人民共和国刑法》（1997年3月14日修订公布，自1997年10月1日起施行）

第二百六十条 虐待家庭成员，情节恶劣的，处二年以下有期徒刑、拘役或者管制。

犯前款罪，致使被害人重伤、死亡的，处二年以上七年以下有期徒刑。

第一款罪，告诉的才处理。

❹《中华人民共和国婚姻法》（2001年4月28日修正公布施行）

第三条 禁止包办、买卖婚姻和其他干涉婚姻自由的行为。禁止借婚姻索取财物。

禁止重婚。禁止有配偶者与他人同居。禁止家庭暴力。禁止家庭成员间的虐待和遗弃。

第四十四条 对遗弃家庭成员，受害人有权提出请求，居民委员会、村民委员会以及所在单位应当予以劝阻、调解。

对遗弃家庭成员，受害人提出请求的，人民法院应当依法作出支付扶养费、抚养费、赡养费的判决。

第四十五条 对重婚的，对实施家庭暴力或虐待、遗弃家庭成员构成犯罪的，依法追究刑事责任。受害人可以依照刑事诉讼法的有关规定，向人民法院自诉；公安机关应当依法侦查，人民检察院应当依法提起公诉。

❺《中华人民共和国预防未成年人犯罪法》（1999年6月28日公布，自1999年11月1日起施行）

第四十一条 被父母或者其他监护人遗弃、虐待的未成年人，有权向公安机关、民政部门、共产主义青年团、妇女联合会、未成年人保护组织或者学校、城市居民委员会、农村村民委员会请求保护。被请求的上述部门和组织都应当接受，根据情况需要采取救助措施的，应当先采取救助措施。

❻《中华人民共和国老年人权益保障法》（1996年8月29日公布，自1996年10月1日起施行）

第四条 国家保护老年人依法享有的权益。

老年人有从国家和社会获得物质帮助的权利，有享受社会发展成果的权利。

禁止歧视、侮辱、虐待或者遗弃老年人。

❼《中华人民共和国未成年人保护法》（1991年9月4日公布，自1992年1月1日起施行）

第八条 父母或者其他监护人应当依法履行对未成年人的监护职责和抚养义务，不得虐待、遗弃未成年人；不得歧视女性未成年人或者有残疾的未成年人；禁止溺婴、弃婴。

❽《中华人民共和国残疾人保障法》（1990年12月28日公布，自1991年5月15日起施行）

第九条 残疾人的法定扶养人必须对残疾人履行扶养义务。

残疾人的监护人必须履行监护职责，维护被监护人的合法权益。

残疾人的亲属、监护人应当鼓励和帮助残疾人增强自立能力。

禁止虐待和遗弃残疾人。

【遗弃被抚养人】

尊老爱幼向来是中华民族的传统美德，但是实践中不履行扶养义务遗弃家庭成员的现象时有发生，不但会直接给他们的生活造成困难，甚至往往会危及这些家庭成员的健康乃至生命。治安管理处罚法规定的遗弃没有独立生活能力的被扶养人的行为，其主要特征：一是遗弃的对象是没有独立生活能力的被扶养人。这里所说的“没有独立生活能力”是指不具备或者丧失劳动能力，无生活来源而需要他人照顾等情况，包括年老、年幼、患病或者其他没有独立生活能力的人。二是行为人负有对被扶养人的扶养义务，包括在经济、生活等方面予以供给、照顾、帮助，以维护其正常的生活等。三是行为人拒绝履行扶养义务，有遗弃行为。这里的“遗弃”是指对于年老、年幼、患病或者其他没有独立生活能力的人，负有扶养义务而拒绝扶养的行为。由于行为人不履行自己的法定义务，可能使被扶养人得不到经济上的保障或者生活上的必要照顾和帮助，生命和健康受到较为严重的威胁和损害。当然行为人必须是负有扶养义务的人，如果对没有独立生活能力的人不负有扶养义务，就不存在拒绝扶养的问题。关于公民的扶养义务，法律有明确的规定。婚姻法第二十条规定：“夫妻有互相扶养的义务。一方不履行扶养义务时，需要扶养的一方，有要求对方付给扶养费的权利。”第二十一条规定：“父母对子女有抚养教育的义务；子女对父母有赡养扶助的义务。父母不履行抚养义务时，未成年的或不能独立生活的子女，有要求父母付给抚养费的权利。子女不履行赡养义务时，无劳动能力的或生活困难的父母，有要求子女付给赡养费的权利。”因此，扶养义务是基于抚养与被抚养、扶养与被扶养以及赡养与被赡养这三种家庭成员之间不同的权利义务关系而产生的。

根据治安管理处罚法的规定，遗弃没有独立生活能力的被扶养人的，处五日以下拘留或者警告。

依据指引：

❶《中华人民共和国治安管理处罚法》(2005年8月28日公布，自2006年3月1日起施行)

第四十五条 有下列行为之一的，处五日以下拘留或者警告：

(一) 虐待家庭成员，被虐待人要求处理的；

(二) 遗弃没有独立生活能力的被扶养人的。

❷《中华人民共和国宪法》(1982年12月4日公布施行)

第四十九条 婚姻、家庭、母亲和儿童受国家的保护。

夫妻双方有实行计划生育的义务。

父母有抚养教育未成年子女的义务，成年子女有赡养扶助父母的义务。

禁止破坏婚姻自由，禁止虐待老人、妇女和儿童。

❸《中华人民共和国刑法》(1997年3月14日修订公布，自1997年10月1日起施行)

第二百六十一条 对于年老、年幼、患病或者其他没有独立生活能力的人，负有扶养义务而拒绝扶养，情节恶劣的，处五年以下有期徒刑、拘役或者管制。

❹《中华人民共和国婚姻法》(2001年4月28日修正公布施行)

第三条 禁止包办、买卖婚姻和其他干涉婚姻自由的行为。禁止借婚姻索取财物。

禁止重婚。禁止有配偶者与他人同居。禁止家庭暴力。禁止家庭成员间的虐待和遗弃。

第四十四条 对遗弃家庭成员，受害人有权提出请求，居民委员会、村民委员会以及所在单位应当予以劝阻、调解。

对遗弃家庭成员，受害人提出请求的，人民法院应当依法作出支付扶养费、抚养费、赡养费的判决。

第四十五条 对重婚的，对实施家庭暴力或虐待、遗弃家庭成员构成犯罪的，依法追究刑事责任。受害人可以依照刑事诉讼法的有关规定，向人民法院自诉；公安机关应当依法侦查，人民检察院应当依法提起公诉。

❺《中华人民共和国预防未成年人犯罪法》(1999年6月28日公布，自1999年11月1日起施行)

第四十一条 被父母或者其他监护人遗弃、虐待的未成年人，有权向公安机关、民政部门、共产主义青年团、妇女联合会、未成年人保护组织或者学校、城市居民委员会、农村村民委员会请求保护。被请求的上述部门和组织都应当接受，根据情况需要采取救助措施的，应当先采取救助措施。

❻《中华人民共和国老年人权益保障法》(1996年8月29日公布，自1996年10月1日起施行)

第四条 国家保护老年人依法享有的权益。

老年人有从国家和社会获得物质帮助的权利，有享受社会发展成果的权利。

禁止歧视、侮辱、虐待或者遗弃老年人。

❼《中华人民共和国未成年人保护法》(1991年9月4日公布，自1992年1月1日起施行)

第八条 父母或者其他监护人应当依法履行对未成年人的监护职责和抚养义务，不得虐待、遗弃未成年人；不得歧视女性未成年人或者有残疾的未成年人；禁止溺婴、弃婴。

❽《中华人民共和国残疾人保障法》(1990年12月28日公布，自1991年5月15日起施行)

第九条 残疾人的法定扶养人必须对残疾人履行扶养义务。

残疾人的监护人必须履行监护职责，维护被监护人的合法权益。

残疾人的亲属、监护人应当鼓励和帮助残疾人增强自立能力。

禁止虐待和遗弃残疾人。

【强迫交易】

平等自愿是从事民事活动的基本原则。接受或者提供商品与服务，作为一种民事交易活动，应当建立在双方当事人平等协商、自愿选择的基础上。《民法通则》规定，当事人在民事活动中的地位平等；民事活动应当遵循自愿、公平、等价有偿、诚实信用的原则。《反不正当竞争法》规定，经营者在市场交易中，应当遵循自愿、平等、公平、诚实信用的原则，遵守公认的商业道德。《消费者权益保护法》规定，消费者享有公平交易的权利；消费者在购买商品或者接受服务时，有权获得质量保障、价格合理、计量正确等公平交易条件，有权拒绝经营者的强制交易行为。因此，强买强卖商品、强迫他人提供服务或者接受服务等不规范的交易行为，势必严重扰乱正常的市场秩序，为了维护市场经营的正常发展，必须予以惩治。

治安管理处罚法规定的强迫交易行为具有以下特征：第一，行为人违背自愿、平等、公平、诚实信用等民事活动基本原则，使他人违背意愿与其进行交易，从而扰乱了正常的市场秩序，侵犯了他人合法权益。第二，从交易内容看，往往具有价格显失公允的特征。如低价买高价卖、低价享受服务、高价提供服务等。第三，从强迫交易行为的手段看，行为人一般是通过暴力或者以暴力相威胁或者其他强制力，使他人不敢或者不能抗拒的方式，达成不平等交易。具体表现为强买强卖商品、强迫他人提供服务或者强迫他人接受服务。

实践中应当注意一般交易纠纷与强迫交易行为的区别。强迫交易行为，是以非法手段实施强买强卖商品、强迫他人提供服务或者强迫他人接受服务的行为，行为人使用非法手段是为了达成不公平的交易。如果在正常的平等自愿交易过程中，双方当事人因为商品的质量、数量、计量器具、价格以及运送方式等发生产生不同意见的，则属于一般交易纠纷。

根据治安管理处罚法的规定，强买强卖商品，强迫他人提供服务或者强迫他人接受服务的，处五日以上十日以下拘留，并处二百元以上五百元以下罚款；情节较轻的，处五日以下拘留或者五百元以下罚款。

依据指引：

❶**《中华人民共和国治安管理处罚法》**（2005年8月28日公布，自2006年3月1日起施行）

第四十六条 强买强卖商品，强迫他人提供服务或者强迫他人接受服务的，处五日以上十日以下拘留，并处二百元以上五百元以下罚款；情节较轻的，处五日以下拘留或者五百元以下罚款。

❷**《中华人民共和国刑法》**（1997年3月14日修订公布，自1997年10月1日起施行）

第二百二十六条 以暴力、威胁手段强买强卖商品、强迫他人提供服务或者强迫他人接受服务，情节严重的，处三年以下有期徒刑或者拘役，并处或者单处罚金。

❸**《国务院关于禁止在市场经济活动中实行地区封锁的规定》**（2001年4月21日发布）

第二十四条 采取暴力、威胁等手段，欺行霸市、强买强卖，阻碍外地产品或者服务进入本地市场，构成违反治安管理行为的，由公安机关依照《中华人民共和国治安管理处罚条例》的规定予以处罚；构成犯罪的，依法追究刑事责任。

经营单位有前款规定行为的，并由工商行政管理部门依法对该经营单位予以处罚，直至责令停产停业、予以查封并吊销其营业执照。

❹**《最高人民法院关于审理抢劫、抢夺刑事案件适用法律若干问题的意见》**（2005年6月8日发布施行）

九、关于抢劫罪与相似犯罪的界限

2. 以暴力、胁迫手段索取超出正常交易价钱、费用的钱财的行为定性

从事正常商品买卖、交易或者劳动服务的人，以暴力、胁迫手段迫使他人交出与合理价钱、费用相差不大钱物，情节严重的，以强迫交易罪定罪处罚；以非法占有为目的，以买卖、交易、服务为幌子采用暴力、胁迫手段迫使他人交出与合理价钱、费用相差悬殊的钱物的，以抢劫罪定罪处刑。在具体认定时，既要考虑超出合理价钱、费用的绝对数额，还要考虑超出合理价钱、费用的比例，加以综合判断。

❺**《港口治安管理规定》**（公安部、交通部1989年3月4日发布，自1989年4月1日起施

行）

第十六条 在客运站（点）设置商业摊点，须持有工商部门核发的营业执照，经港口有关部门批准，在指定地点营业。各类商贩、搬运人员不准围船叫卖、强买强卖、强拉生意、欺行霸市、敲诈勒索、扰乱客运秩序。

【破坏民族团结】

我国是一个统一的多民族的国家，实现各民族的共同繁荣，是我国处理民族问题的根本立场，也是各族人民所追求的最高目标。宪法明确规定，“中华人民共和国各民族一律平等。国家保障各少数民族的合法的权利和利益，维护和发展各民族的平等、团结、互助关系。禁止对任何民族的歧视和压迫，禁止破坏民族团结和制造民族分裂的行为。”为了维护民族团结，治安管理处罚法规定了对“煽动民族仇恨、民族歧视”和“在出版物、计算机信息网络中刊载民族歧视、侮辱内容”，破坏民族团结的行为规定了处罚。

这里所说的“煽动民族仇恨、民族歧视”，是指以激起民族之间的仇恨、歧视为目的，公然以语言、文字等方式诱惑、鼓动不同民族群众之间相互敌对、仇视，或者相互排斥、限制、损害民族平等地位的活动。这种行为的目的是破坏民族团结，实践中要注意与那些由于不懂民族政策，不了解民族心理、风俗及社会发展状况，或者由于工作中的渎职，造成了损害民族关系、伤害民族感情的错误行为相区别。

“出版物”，主要是指报纸、期刊、图书、音像制品和电子出版物等。“计算机信息网络”，主要包括专用网和互联网。其中“专用网”，根据专用网与公用网联网的暂行规定，是指区域性专用网络，即一个单位自建的，供本单位以指挥调度为主内部使用的，具有两个（含两个）交换点以上内部相联的在一个或若干个相邻地市行政区内组成的网络。“互联网”，根据计算机信息网络国际联网管理暂行规定，是指直接进行国际联网的信息网络。“刊载”，包括发表、制作、转载等。“民族歧视、侮辱内容”，是指针对民族的来源、历史、风俗习惯等，进行贬低、诬蔑、嘲讽、辱骂以及其他歧视、侮辱的行为。

根据治安管理处罚法的规定，煽动民族仇恨、民族歧视，或者在出版物、计算机信息网络中刊载民族歧视、侮辱内容的，处十日以上十五日以下拘留，可以并处一千元以下罚款。

依据指引：

❶《中华人民共和国治安管理处罚法》（2005年8月28日公布，自2006年3月1日起施行）

第四十七条 煽动民族仇恨、民族歧视，或者在出版物、计算机信息网络中刊载民族歧视、侮辱内容的，处十日以上十五日以下拘留，可以并处一千元以下罚款。

❷《中华人民共和国刑法》（1997年3月14日修订公布，自1997年10月1日起施行）

第二百四十九条 煽动民族仇恨、民族歧视，情节严重的，处三年以下有期徒刑、拘役、管制或者剥夺政治权利；情节特别严重的，处三年以上十年以下有期徒刑。

第二百五十条 在出版物中刊载歧视、侮辱少数民族的内容，情节恶劣，造成严重后果的，对直接责任人员，处三年以下有期徒刑、拘役或者管制。

第二百五十一条 国家机关工作人员非法剥夺公民的宗教信仰自由和侵犯少数民族风俗习惯，情节严重的，处二年以下有期徒刑或者拘役。

❸《全国人民代表大会常务委员会关于维护互联网安全的决定》（2000年12月28日公布施行）

二、为了维护国家安全和社会稳定，对有下列行为之一，构成犯罪的，依照刑法有关规定追究刑事责任：

……

（三）利用互联网煽动民族仇恨、民族歧视，破坏民族团结；

……

❹《**营业性演出管理条例**》（国务院2005年7月7日公布，自2005年9月1日起施行）

第二十六条 营业性演出不得有下列情形：

……

（三）煽动民族仇恨、民族歧视，侵害民族风俗习惯，伤害民族感情，破坏民族团结，违反宗教政策的；

……

❺《**音像制品管理条例**》（国务院2001年12月25日公布，自2002年2月1日起施行）

第三条 出版、制作、复制、进口、批发、零售、出租音像制品，应当遵守宪法和有关法律、法规，坚持为人民服务和为社会主义服务的方向，传播有益于经济发展和社会进步的思想、道德、科学技术和文化知识。

音像制品禁止载有下列内容：

……

（四）煽动民族仇恨、民族歧视，破坏民族团结，或者侵害民族风俗、习惯的；

……

❻《**出版管理条例**》（国务院2001年12月25日公布，自2002年2月1日起施行）

第二十六条 任何出版物不得含有下列内容：

……

（四）煽动民族仇恨、民族歧视，破坏民族团结，或者侵害民族风俗、习惯的；

……

❼《**最高人民法院关于审理非法出版物刑事案件具体应用法律若干问题的解释**》（1998年12月17日发布，自1998年12月23日起施行）

为依法惩治非法出版物犯罪活动，根据刑法的有关规定，现对审理非法出版物刑事案件具体应用法律的若干问题解释如下：

第七条 出版刊载歧视、侮辱少数民族内容的作品，情节恶劣，造成严重后果的，依照刑法第二百五十条的规定，以出版歧视、侮辱少数民族作品罪定罪处罚。

【侵犯公民通信自由】

保障公民的通信自由和通信秘密对于保护公民的合法权益，维护社会稳定，维护正常的社会生活秩序具有重要意义。我国宪法第四十条规定："中华人民共和国公民的通信自由和通信秘密受法律的保护。除因国家安全或者追查刑事犯罪的需要，由公安机关或者检察机关依照法律规定的程序对通信进行检查外，任何组织或者个人不得以任何理由侵犯公民的通信自由和通信秘密。"刑法对侵犯公民通信自由，情节严重的行为，规定处一年以下有期徒刑或者拘役。治安管理处罚法为保护公民通信自由，也对侵犯公民通信自由的行为规定了处罚。治安管理处罚法规定的侵犯公民通信自由的行为，是指冒领、隐匿、毁弃、私自开拆或者非法检查他人邮件的行为。"邮件"包括电报、信函、包裹、邮寄汇款、电子邮件等。"冒领"是指假冒他人名义领取邮件的行为。"隐匿"是指将他人投寄的邮件秘密隐匿起来，使收件人无法查收的行为。"毁弃"是指将他人的邮件予以丢弃、撕毁、焚毁等，致使他人无法查收的行为。"非法开拆"是指违反国家有关规定，未经投寄人或者收件人的同意，私自开拆他人邮件的行为。"非法检查"是指违反国家有关规定，擅自查看他人邮件的行为。如果行为人误将他人的邮件当作自己的邮件拿走，或者误将他人的邮件当作自己的而开拆，或因疏忽大意丢失他人邮件等行为，不属于违反治安管理行为。

根据治安管理处罚法的规定，冒领、隐匿、毁弃、私自开拆或者非法检查他人邮件的，处五日以下拘留或者五百元以下罚款。

依据指引：

❶《中华人民共和国治安管理处罚法》（2005年8月28日公布，自2006年3月1日起施行）

第四十八条 冒领、隐匿、毁弃、私自开拆或者非法检查他人邮件的，处五日以下拘留或者五百元以下罚款。

❷《中华人民共和国宪法》（1982年12月4日公布施行）

第四十条 中华人民共和国公民的通信自由和通信秘密受法律的保护。除因国家安全或者追查刑事犯罪的需要，由公安机关或者检察机关依照法律规定的程序对通信进行检查外，任何组织或者个人不得以任何理由侵犯公民的通信自由和通信秘密。

❸《中华人民共和国刑法》（1997年3月14日修订公布，自1997年10月1日起施行）

第二百五十二条 隐匿、毁弃或者非法开拆他人信件，侵犯公民通信自由权利，情节严重的，处一年以下有期徒刑或者拘役。

第二百五十三条 邮政工作人员私自开拆或者隐匿、毁弃邮件、电报的，处二年以下有期徒刑或者拘役。

犯前款罪而窃取财物的，依照本法第二百六十四条的规定定罪从重处罚。

❹《全国人民代表大会常务委员会关于维护互联网安全的决定》（2000年12月28日公布施行）

四、为了保护个人、法人和其他组织的人身、财产等合法权利，对有下列行为之一，构成犯罪的，依照刑法有关规定追究刑事责任：

（二）非法截获、篡改、删除他人电子邮件或者其他数据资料，侵犯公民通信自由和通信秘密；

……

❺《中华人民共和国邮政法》（1986年12月2日公布，自1987年1月1日起施行）

第四条 通信自由和通信秘密受法律保护。除因国家安全或者追查刑事犯罪的需要，由公安机关、国家安全机关或者检察机关依照法律规定的程序对通信进行检查外，任何组织或者个人不得以任何理由侵犯他人的通信自由和通信秘密。

第五条 用户交寄的邮件、交汇的汇款和储蓄的存款受法律保护。除法律另有规定外，任何组织或者个人不得检查、扣留。

第三十六条 隐匿、毁弃或者非法开拆他人信件，侵犯公民通信自由权利，情节严重的，依照《中华人民共和国刑法》第一百四十九条（1979年刑法——编者注）的规定追究刑事责任；尚不够刑事处罚的，依照《中华人民共和国治安管理处罚条例》第二十二条的规定处罚。

第三十七条 邮政工作人员私自开拆或者隐匿、毁弃邮件的，依照《中华人民共和国刑法》第一百九十一条第一款（1979年刑法——编者注）的规定追究刑事责任。

犯前款罪而窃取财物的，依照《中华人民共和国刑法》第一百九十一条第二款（1979年刑法——编者注）的规定，按贪污罪从重处罚。

❻《中华人民共和国邮政法实施细则》（国务院1990年11月12日公布施行）

第七条 邮政企业应当为用户提供迅速、准确、安全、方便的邮政服务，保障用户使用邮政的合法权益。

任何单位或者个人均负有保护通信自由、通信秘密和邮件安全的责任；任何单位或者个人不得利用邮政业务进行法律、法规和政策所禁止的活动。

除因国家安全或者追查刑事犯罪需要，由公安机关、国家安全机关或者检察机关依法对通信进行检查外，邮件在运输、传递过程中，任何单位或者个人不得以任何理由检查、扣留。

第八条 因国家安全或者追查刑事犯罪需要，公安机关、国家安全机关、检察机关检查、扣留邮件，冻结汇款、储蓄存款时，必须依法向相关县或者县级以上的邮政企业、邮电管理局出具相应的检查、扣留、冻结通知书，并开列邮件、汇款、储蓄存款的具体节目，办理检查、扣留、冻结手续后，由邮政企业指派专人负责拣出，逐件登记后办理交接手续；对于不需要继续检查、扣留、冻结或者查明与案件无关的邮件、汇款、储蓄存款，应当及时退还邮政企业。邮件、汇款、储蓄存款在检查、扣留、冻结期间造成丢失、损毁的，由相关的公安机关、国家安全机关、检察机关负责赔偿。

第九条 人民法院、检察机关依法没收国内邮件、汇款、储蓄存款时，必须出具法律文书，向相关县或者县级以上邮政企业、邮电管理局办理手续。没收进出口国际邮递物品应当由海关作出决定，并办理手续。

第十条 有关单位依照法律规定需要收集、调取证据、查阅邮政业务档案时，必须凭相关邮政企业所在地的公安机关、国家安全机关、检察机关、人民法院出具的书面证明，并开列邮件具体节目，向相关县或者县级以上的邮政企业、邮电管理局办理手续。

第十一条 任何单位或者个人不得从事下列行为妨害邮政工作的正常进行：

（一）损坏邮政设施；

（二）在邮政企业及分支机构门前或者出入通道设摊、堆物，妨害用户用邮或者影响运邮车辆通行；

（三）在办理邮政业务的场所无理取闹或者扰乱正常秩序；

（四）阻碍邮政工作人员依法执行公务或者寻衅滋事；

（五）拦截邮政运输工具、非法阻碍邮件运递或者强行登乘邮政运输工具；

（六）非法检查或者截留邮件；

（七）其他妨害邮政企业及分支机构或者邮政工作人员正常工作的行为。

❼《最高人民检察院关于非邮电工作人员非法开拆他人信件并从中窃取财物案件定性问题的批复》（1989年9月15日）

广东省人民检察院：

你院粤检法字［1989］64号文《关于对非邮电工作人员私拆他人信件窃取财物案件定性和处理意见的请示》收悉，经研究并商最高人民法院同意，现批复如下：

一、非邮电工作人员非法开拆他人信件，侵犯公民通信自由权利，情节严重，并从中窃取少量财物，或者窃取汇票、汇款支票，骗取汇兑款数额不大的，依照刑法关于侵犯公民通信自由罪的规定，从重处罚。

二、非邮电工作人员非法开拆他人信件，侵犯公民通信自由权利，情节严重，并从中窃取财物数额较大的，应按照重罪吸收轻罪的原则，依照刑法关于盗窃罪的规定从重处罚。

三、非邮电工作人员非法开拆他人信件，侵犯公民通信自由权利，情节严重，并从中窃取汇票或汇款支票，冒名骗取汇兑款数额较大的，应依照刑法关于侵犯公民通信自由罪和诈骗罪的规定，依法实行数罪并罚。

【盗窃】

治安管理处罚法规定的盗窃，是指以非法占有为目的，秘密窃取他人少量财物的行为。这种行为不仅侵犯了被侵害人的财产权益，而且严重影响会治安秩序，影响群众安全感，使广大群众不能够安居乐业。因此，这种行为应当属于治安管理处罚法重点打击的对象。构成盗窃行为必须具备以下条件：第一，行为人具有非法占有公私财物的目的。行为人如果没有非法占有公私财物的目的，如将他人的财物误认为是自己的而占用的，或者明知是他人财物不问自取，用后立即归还的，不属于盗窃行为。第二，行为人实施了秘密窃取的行为。秘密窃取就是行为人采用不易被财物所有人、保管人或者其他人发现的方法，将公私财物非法占有的行为，如溜门撬锁、挖洞跳墙、潜入他人室内窃取财物、在公共场所掏兜割包等。第三，行为侵犯的对象是公私财物。“公私财物”包括国有财产、劳动群众集体所有的财产和私人所有的财产。第四，窃取的财物数额较小，或者不属于多次盗窃的情形，尚不够刑事处罚。如果窃取的数额达到较大以上，或者多次盗窃的，按照刑法第二百六十四条的规定，属于犯罪行为，应当依法追究刑事责任。

根据治安管理处罚法的规定，盗窃他人财物的，处五日以上十日以下拘留，可以并处五百元以下罚款；情节较重的，处十日以上十五日以下拘留，可以并处一千元以下罚款。

依据指引：

❶《中华人民共和国治安管理处罚法》（2005年8月28日公布，自2006年3月1日起施行）

第四十九条 盗窃、诈骗、哄抢、抢夺、敲诈勒索或者故意损毁公私财物的，处五日以上十日以下拘留，可以并处五百元以下罚款；情节较重的，处十日以上十五日以下拘留，可以并处一千元以下罚款。

❷《中华人民共和国刑法》（1997年3月14日修订公布，自1997年10月1日起施行）

第二百六十四条 盗窃公私财物，数额较大或者多次盗窃的，处三年以下有期徒刑、拘役或者管制，并处或者单处罚金；数额巨大或者有其他严重情节的，处三年以上十年以下有期徒刑，并处罚金；数额特别巨大或者有其他特别严重情节的，处十年以上有期徒刑或者无期徒刑，并处罚金或者没收财产；有下列情形之一的，处无期徒刑或者死刑，并处没收财产：

（一）盗窃金融机构，数额特别巨大的；

（二）盗窃珍贵文物，情节严重的。

第二百六十五条 以牟利为目的，盗接他人通信线路、复制他人电信码号或者明知是盗接、复制的电信设备、设施而使用的，依照本法第二百六十四条的规定定罪处罚。

第二百六十九条 犯盗窃、诈骗、抢夺罪，为窝藏赃物、抗拒抓捕或者毁灭罪证而当场使用暴力或者以暴力相威胁的，依照本法第二百六十三条的规定定罪处罚。

第三百二十八条 盗掘具有历史、艺术、科学价值的古文化遗址、古墓葬的，处三年以上十年以下有期徒刑，并处罚金；情节较轻的，处三年以下有期徒刑、拘役或者管制，并处罚金；有下列情形之一的，处十年以上有期徒刑、无期徒刑或者死刑，并处罚金或者没收财产：

（一）盗掘确定为全国重点文物保护单位和省级文物保护单位的古文化遗址、古墓葬的；

（二）盗掘古文化遗址、古墓葬集团的首要分子；

（三）多次盗掘古文化遗址、古墓葬的；

（四）盗掘古文化遗址、古墓葬，并盗窃珍贵文物或者造成珍贵文物严重破坏的。

盗掘国家保护的具有科学价值的古人类化石和古脊椎动物化石的，依照前款的规定处罚。

❸《全国人民代表大会常务委员会关于维护互联网安全的决定》（2000年12月28日公布施行）

四、为了保护个人、法人和其他组织的人身、财产等合法权利，对有下列行为之一，构成犯罪的，依照刑法有关规定追究刑事责任：

（三）利用互联网进行盗窃、诈骗、敲诈勒索。

❹《最高人民法院、最高人民检察院、公安部关于铁路运输过程中盗窃罪数额认定标准问题的规定》（1999年2月4日发布施行）

各省、自治区、直辖市高级人民法院，人民检察院，公安厅、局，解放军军事法院、军事检察院：

根据《刑法》第二百六十四条的规定，结合铁路运输的治安状况和盗窃案件特点，现对铁路运输过程中盗窃罪数额认定标准规定如下：

一、个人盗窃公私财物“数额较大”，以一千元为起点；

二、个人盗窃公私财物“数额巨大”，以一万元为起点；

三、个人盗窃公私财物“数额特别巨大”，以六万元为起点。

❺《最高人民法院、最高人民检察院、公安部关于盗窃罪数额认定标准问题的规定》（1998年3月26日发布施行）

各省、自治区、直辖市高级人民法院、人民检察院、公安厅（局），解放军军事法院，军事检察院：

根据刑法第二百六十四条的规定，结合当前的经济发展水平和社会治安状况，现对盗窃罪数额认定标准规定如下：

一、个人盗窃公私财物“数额较大”，以五百元至二千元为起点。

二、个人盗窃公私财物“数额巨大”，以五千元至二万元为起点。

三、个人盗窃公私财物“数额特别巨大”，以三万元至十万元为起点。

各省、自治区、直辖市高级人民法院、人民检察院、公安厅（局），可以根据本地区经济发展状况，并考虑社会治安状况，在上述数额幅度内，共同研究确定本地区执行的盗窃罪“数额较大”、“数额巨大”、“数额特别巨大”的具体数额标准，并分别报最高人民法院、最高人民检察院、公安部备案。

❻《最高人民法院关于审理盗窃案件具体应用法律若干问题的解释》（1998年3月17日发布施行）

为依法惩处盗窃犯罪活动，根据刑法有关规定，现就审理盗窃案件具体应用法律的若干问题解释如下：

第一条 根据刑法第二百六十四条的规定，以非法占有为目的，秘密窃取公私财物数额较大或者多次盗窃公私财物的行为，构成盗窃罪。

（一）盗窃数额，是指行为人窃取的公私财物的数额。

（二）盗窃未遂，情节严重，如以数额巨大的财物或者国家珍贵文物等为盗窃目标的，应当定罪处罚。

（三）盗窃的公私财物，包括电力、煤气、天然气等。

（四）偷拿自己家的财物或者近亲属的财物，一般可不按犯罪处理；对确有追究刑事责任必要的，处罚时也应与在社会上作案的有所区别。

第二条 刑法第二百六十五条规定的“以牟利为目的”，是指为了出售、出租、自用、转让等谋取经济利益的行为。

第三条 盗窃公私财物“数额较大”、“数额巨大”、“数额特别巨大”的标准如下：

（一）个人盗窃公私财物价值人民币五百元至二千元以上的，为“数额较大”。

（二）个人盗窃公私财物价值人民币五千元至二万元以上的，为“数额巨大”。

（三）个人盗窃公私财物价值人民币三万元至十万元以上的，为“数额特别巨大”。

各省、自治区、直辖市高级人民法院可根据本地区经济发展状况，并考虑社会治安状况，在前款规定的数额幅度内，分别确定本地区执行的“数额较大”、“数额巨大”、“数额特别巨大”的标准。

第四条 对于一年内入户盗窃或者在公共场所扒窃三次以上的，应当认定为“多次盗窃”，以盗窃罪定罪处罚。

第五条 被盗物品的数额，按照下列方法计算：

（一）被盗物品的价格，应当以被盗物品价格的有效证明确定。对于不能确定的，应当区别情况，根据作案当时、当地的同类物品的价格，并按照下列核价方法，以人民币分别计算：

1. 流通领域的商品，按市场零售价的中等价格计算；属于国家定价的，按国家定价计算；属于国家指导价的，按指导价的最高限价计算。

2. 生产领域的产品，成品按本项之1规定的方法计算；半成品比照成品价格折算。

3. 单位和公民的生产资料、生活资料等物品，原则上按购进价计算，但作案当时市场价高于原购进价的，按当时市场价的中等价格计算。

4. 农副产品，按农贸市场同类产品的中等价格计算。

大牲畜，按交易市场同类同等大牲畜的中等价格计算。

5. 进出口货物、物品，按本项之1规定的方法计算。

6. 金、银、珠宝等制作的工艺品，按国有商店零售价格计算；国有商店没有出售的，按国家主管部门核定的价格计算。

黄金、白银按国家定价计算。

7. 外币，按被盗当日国家外汇管理局公布的外汇卖出价计算。

8. 不属于馆藏三级以上的一般文物，包括古玩、古书画等，按国有文物商店的一般零售价计算，或者按国家文物主管部门核定的价格计算。

9. 以牟利为目的，盗接他人通信线路、复制他人电信码号的，盗窃数额按当地邮电部门规定的电话初装费、移动电话入网费计算；销赃数额高于电话初装费、移动电话入网费的，盗窃数额按销赃数额计算。移动电话的销赃数额，按减去裸机成本价格计算。

10. 明知是盗接他人通信线路、复制他人电信码号的电信设备、设施而使用的，盗窃数额按合法用户为其支付的电话费计算。盗窃数额无法直接确认的，应当以合法用户的电信设备、设施被盗接、复制后的月缴费额减去被复制前6个月的平均电话费推算；合法用户使用电信设备、设施不足6个月的，按实际使用的月平均电话费推算。

11. 盗接他人通信线路后自己使用的，盗窃数额按本项之10的规定计算；复制他人电信码号后自己使用的，盗窃数额按本项之9、10规定的盗窃数额累计计算。

（二）有价支付凭证、有价证券、有价票证，按下列方法计算：

1. 不记名、不挂失的有价支付凭证、有价证券、有价票证，不论能否即时兑现，均按票面数额和案发时应得的孳息、奖金或者奖品等可得收益一并计算。股票按被盗当日证券交易所公布的该种股票成交的平均价格计算。

2. 记名的有价支付凭证、有价证券、有价票证，如果票面价值已定并能即时兑现的，如活期存折、已到期的定期存折和已填上金额的支票，以及不需证明手续即可提取货物的提货单等，按票面数额和案发时应得的利息或者可提货物的价值计算。如果票面价值未定，但已经兑现的，按实际兑现的财物价值计算；尚未兑现的，可作为定罪量刑的情节。

不能即时兑现的记名有价支付凭证、有价证券、有价票证或者能即时兑现的有价支付凭证、有价证券、有价票证已被销毁、丢弃，而失主可以通过挂失、补领、补办手续等方式避免实际损失的，票面数额不作为定罪量刑的标准，但可作为定罪量刑的情节。

（三）邮票、纪念币等收藏品、纪念品，按国家有关部门核定的价格计算。

（四）同种类的大宗被盗物品，失主以多种价格购进，能够分清的，分别计算；难以分清的，应当按此类物品的中等价格计算。

（五）被盗物品已被销赃、挥霍、丢弃、毁坏的，无法追缴或者几经转手，最初形态被破坏的，应当根据失主、证人的陈述、证言和提供的有效凭证以及被告人的供述，按本条第（一）项规定的核价方法，确定原被盗物品的价值。

（六）失主以明显低于被盗当时、当地市场零售价购进的物品，应当按本条第（一）项规定的核价方法计算。

（七）销赃数额高于按本解释计算的盗窃数额的，盗窃数额按销赃数额计算。

（八）盗窃违禁品，按盗窃罪处理的，不计数额，根据情节轻重量刑。

（九）被盗物品价格不明或者价格难以确定的，应当按国家计划委员会、最高人民法院、最高人民检察院、公安部《扣押、追缴、没收物品估价管理办法》的规定，委托指定的估价机构估价。

（十）对已陈旧、残损或者使用过的被盗物品，应当结合作案当时、当地同类物品的价格和被盗时的残旧程度，按本条第（九）项的规定办理。

（十一）残次品，按主管部门核定的价格计算；废品，按物资回收利用部门的收购价格计算；假、劣物品，有价值的，按本条第（九）项的规定办理，以实际价值计算。

（十二）多次盗窃构成犯罪，依法应当追诉的，或者最后一次盗窃构成犯罪，前次盗窃行为在一年以内的，应当累计其盗窃数额。

（十三）盗窃行为给失主造成的损失大于盗窃数额的，损失数额可作为量刑的情节。

第六条 审理盗窃案件，应当根据案件的具体情形认定盗窃罪的情节：

（一）盗窃公私财物接近“数额较大”的起点，具有下列情形之一的，可以追究刑事责任：

1. 以破坏性手段盗窃造成公私财产损失的；

2. 盗窃残疾人、孤寡老人或者丧失劳动能力人的财物的；

3. 造成严重后果或者具有其他恶劣情节的。

（二）盗窃公私财物虽已达到“数额较大”的起点，但情节轻微，并具有下列情形之一的，可不作为犯罪处理：

1. 已满十六周岁不满十八周岁的未成年人作案的；

2. 全部退赃、退赔的；

3. 主动投案的；

4. 被胁迫参加盗窃活动，没有分赃或者获赃较少的；

5. 其他情节轻微、危害不大的。

（三）盗窃数额达到“数额较大”或者“数额巨大”的起点，并具有下列情形之一的，可以分别认定为“其他严重情节”或者“其他特别严重情节”：

1. 犯罪集团的首要分子或者共同犯罪中情节严重的主犯；

2. 盗窃金融机构的；

3. 流窜作案危害严重的；

4. 累犯；

5. 导致被害人死亡、精神失常或者其他严重后果的；

6. 盗窃救灾、抢险、防汛、优抚、扶贫、移民、救济、医疗款物，造成严重后果的；

7. 盗窃生产资料，严重影响生产的；

8. 造成其他重大损失的。

第七条 审理共同盗窃犯罪案件，应当根据案件的具体情形对各被告人分别作出处理：

（一）对犯罪集团的首要分子，应当按照集团盗窃的总数额处罚。

（二）对共同犯罪中的其他主犯，应当按照其所参与的或者组织、指挥的共同盗窃的数额处罚。

（三）对共同犯罪中的从犯，应当按照其所参与的共同盗窃的数额确定量刑幅度，并依照刑法第二十七条第二款的规定，从轻、减轻处罚或者免除处罚。

第九条 盗窃国家三级文物的，处三年以下有期徒刑、拘役或者管制，并处或者单处罚金；盗窃国家二级文物的，处三年以上十年以下有期徒刑，并处罚金；盗窃国家一级文物的，处十年以上有期徒刑或者无期徒刑，并处罚金或者没收财产。

一案中盗窃三级以上不同等级文物的，按照所盗文物中高级别文物的量刑幅度处罚；一案中盗窃同级文物三件以上的，按照盗窃高一级文物的量刑幅度处罚。

刑法第二百六十四条规定的“盗窃珍贵文物，情节严重”，主要是指盗窃国家一级文物后造成损毁、流失，无法追回；盗窃国家二级文物三件以上或者盗窃国家一级文物一件以上，并具有本解释第六条第（三）项第1、3、4、8目规定情形之一的行为。

第十条 根据刑法第一百九十六条第三款的规定，盗窃信用卡并使用的，以盗窃罪定罪处罚。其盗窃数额应当根据行为人盗窃信用卡后使用的数额认定。

第十一条 根据刑法第二百一十条第一款的规定，盗窃增值税专用发票或者可以用于骗取出口退税、抵扣税款的其他发票的，以盗窃罪定罪处罚。盗窃上述发票数量在二十五份以上的，为“数额较大”；数量在二百五十份以上的，为“数额巨大”；数量在二千五百份以上的，为“数额特别巨大”。

第十二条 审理盗窃案件，应当注意区分盗窃罪与其他犯罪的界限：

（一）盗窃广播电视设施、公用电信设施价值数额不大，但是构成危害公共安全犯罪的，依照刑法第一百二十四条的规定定罪处罚；盗窃广播电视设施、公用电信设施同时构成盗窃罪和破坏广播电视设施、公用电信设施罪的，择一重罪处罚。

（二）盗窃使用中的电力设备，同时构成盗窃罪和破坏电力设备罪的，择一重罪处罚。

（三）为盗窃其他财物，盗窃机动车辆当犯罪工具使用的，被盗机动车辆的价值计入盗窃数额；为实施其他犯罪盗窃机动车辆的，以盗窃罪和所实施的其他犯罪实行数罪并罚。为实施其他犯罪，偷开机动车辆当犯罪工具使用后，将偷开的机动车辆送回原处或者停放到原处附近，车辆未丢失的，按照其所实施的犯罪从重处罚。

（四）为练习开车、游乐等目的，多次偷开机动车辆，并将机动车辆丢失的，以盗窃罪定罪处罚；在偷开机动车辆过程中发生交通肇事构成犯罪，又构成其他罪的，应当以交通肇事罪和其他罪实行数罪并罚；偷开机动车辆造成车辆损坏的，按照刑法第二百七十五条的规定定罪处罚；偶尔偷开机动车辆，情节轻微的，可以不认为是犯罪。

（五）实施盗窃犯罪，造成公私财物损毁的，以盗窃罪从重处罚；又构成其他犯罪的，择一重罪从重处罚；盗窃公私财物未构成盗窃罪，但因采用破坏性手段造成公私财物损毁数额较大的，以故意毁坏财物罪定罪处罚。盗窃后，为掩盖盗窃罪行或者报复等，故意破坏公私财物构成犯罪的，应当以盗窃罪和构成的其他罪实行数罪并罚。

（六）盗窃技术成果等商业秘密的，按照刑法第二百一十九条的规定定罪处罚。

【诈骗】

诈骗也是一种常见、多发的侵犯公私财产权利的违法犯罪行为。刑法第二百六十六条规定，诈骗公私财物，数额较大的，处三年以下有期徒刑、拘役或者管制，并处或者单处罚金。对于诈骗公私少量财物，尚不构成犯罪的，属于违反治安管理行为，应当给予治安管理处罚。治安管理处罚法规定的诈骗，是指以非法占有为目的，用虚构事实或者隐瞒真相的方法，骗取少量公私财物的行为。诈骗行为的主要特征是：行为人实施了以虚构事实或隐瞒真相的欺骗方法，使财物所有人、管理人产生错觉，信以为真，从而似乎“自愿地”交出财物的行为。虚构事实就是捏造不存在的事实，骗取被侵害人的信任，虚构的事实可以是部分虚构，也可以是全部虚构。隐瞒真相就是对财物所有人、管理人掩盖客观存在的某种事实，以此哄骗其交出财物。在上述情况下，财物所有人、管理人由于受骗，不了解事实真相，表面上看是“自愿地”交出财物，实质上是违反其本意的。诈骗财物的形式、手段，多种多样，比较常见的有：编造谎言，假冒身份，诈骗财物；伪造、涂改单据，冒领财物；伪造公文、证件，诈骗财物；以帮助看管、提拿东西为名，骗走财物；以恋爱、结婚、介绍工作等名义相诱惑，诈骗财物；所谓专向老年人兜售的低价转让传世文物；以清点钞票为名，实则诈骗切汇等。

实际执法中要注意区分诈骗行为与债务纠纷的界限：二者的根本区别在于债务纠纷不具有非法占有的目的，只是由于客观原因，一时无法偿还债务；诈骗行为是以非法占有为目的，不是因为客观的原因不能归还，而是根本不打算偿还。

根据治安管理处罚法的规定，诈骗他人财物的，处五日以上十日以下拘留，可以并处五百元以下罚款；情节较重的，处十日以上十五日以下拘留，可以并处一千元以下罚款。

依据指引：

❶《中华人民共和国治安管理处罚法》(2005 年 8 月 28 日公布，自 2006 年 3 月 1 日起施行)

第四十九条 盗窃、诈骗、哄抢、抢夺、敲诈勒索或者故意损毁公私财物的，处五日以上十日以下拘留，可以并处五百元以下罚款；情节较重的，处十日以上十五日以下拘留，可以并处一千元以下罚款。

❷**《中华人民共和国刑法》**(1997 年 3 月 14 日修订公布，自 1997 年 10 月 1 日起施行)

第一百九十二条 以非法占有为目的，使用诈骗方法非法集资，数额较大的，处五年以下有期徒刑或者拘役，并处二万元以上二十万元以下罚金；数额巨大或者有其他严重情节的，处五年以上十年以下有期徒刑，并处五万元以上五十万元以下罚金；数额特别巨大或者有其他特别严重情节的，处十年以上有期徒刑或者无期徒刑，并处五万元以上五十万元以下罚金或者没收财产。

第一百九十三条 有下列情形之一，以非法占有为目的，诈骗银行或者其他金融机构的贷款，数额较大的，处五年以下有期徒刑或者拘役，并处二万元以上二十万元以下罚金；数额巨大或者有其他严重情节的，处五年以上十年以下有期徒刑，并处五万元以上五十万元以下罚金；数额特别巨大或者有其他特别严重情节的，处十年以上有期徒刑或者无期徒刑，并处五万元以上五十万元以下罚金或者没收财产：

(一) 编造引进资金、项目等虚假理由的；

(二) 使用虚假的经济合同的；

(三) 使用虚假的证明文件的；

(四) 使用虚假的产权证明作担保或者超出抵押物价值重复担保的；

(五) 以其他方法诈骗贷款的。

第一百九十四条 有下列情形之一，进行金融票据诈骗活动，数额较大的，处五年以下有期徒刑或者拘役，并处二万元以上二十万元以下罚金；数额巨大或者有其他严重情节的，处五年以上十年以下有期徒刑，并处五万元以上五十万元以下罚金；数额特别巨大或者有其他特别严重情节的，处十年以上有期徒刑或者无期徒刑，并处五万元以上五十万元以下罚金或者没收财产：

(一) 明知是伪造、变造的汇票、本票、支票而使用的；

(二) 明知是作废的汇票、本票、支票而使用的；

（三）冒用他人的汇票、本票、支票的；

（四）签发空头支票或者与其预留印鉴不符的支票，骗取财物的；

（五）汇票、本票的出票人签发无资金保证的汇票、本票或者在出票时作虚假记载，骗取财物的。

使用伪造、变造的委托收款凭证、汇款凭证、银行存单等其他银行结算凭证的，依照前款的规定处罚。

第一百九十五条 有下列情形之一，进行信用证诈骗活动的，处五年以下有期徒刑或者拘役，并处二万元以上二十万元以下罚金；数额巨大或者有其他严重情节的，处五年以上十年以下有期徒刑，并处五万元以上五十万元以下罚金；数额特别巨大或者有其他特别严重情节的，处十年以上有期徒刑或者无期徒刑，并处五万元以上五十万元以下罚金或者没收财产：

（一）使用伪造、变造的信用证或者附随的单据、文件的；

（二）使用作废的信用证的；

（三）骗取信用证的；

（四）以其他方法进行信用证诈骗活动的。

第一百九十六条 有下列情形之一，进行信用卡诈骗活动，数额较大的，处五年以下有期徒刑或者拘役，并处二万元以上二十万元以下罚金；数额巨大或者有其他严重情节的，处五年以上十年以下有期徒刑，并处五万元以上五十万元以下罚金；数额特别巨大或者有其他特别严重情节的，处十年以上有期徒刑或者无期徒刑，并处五万元以上五十万元以下罚金或者没收财产：

（一）使用伪造的信用卡的；

（二）使用作废的信用卡的；

（三）冒用他人信用卡的；

（四）恶意透支的。

前款所称恶意透支，是指持卡人以非法占有为目的，超过规定限额或者规定期限透支，并且经发卡银行催收后仍不归还的行为。

盗窃信用卡并使用的，依照本法第二百六十四条的规定定罪处罚。

第一百九十七条 使用伪造、变造的国库券或者国家发行的其他有价证券，进行诈骗活动，数额较大的，处五年以下有期徒刑或者拘役，并处二万元以上二十万元以下罚金；数额巨大或者有其他严重情节的，处五年以上十年以下有期徒刑，并处五万元以上五十万元以下罚金；数额特别巨大或者有其他特别严重情节的，处十年以上有期徒刑或者无期徒刑，并处五万元以上五十万元以下罚金或者没收财产。

第一百九十八条 有下列情形之一，进行保险诈骗活动，数额较大的，处五年以下有期徒刑或者拘役，并处一万元以上十万元以下罚金；数额巨大或者有其他严重情节的，处五年以上十年以下有期徒刑，并处二万元以上二十万元以下罚金；数额特别巨大或者有其他特别严重情节的，处十年以上有期徒刑，并处二万元以上二十万元以下罚金或者没收财产：

（一）投保人故意虚构保险标的，骗取保险金的；

（二）投保人、被保险人或者受益人对发生的保险事故编造虚假的原因或者夸大损失的程度，骗取保险金的；

（三）投保人、被保险人或者受益人编造未曾发生的保险事故，骗取保险金的；

（四）投保人、被保险人故意造成财产损失的保险事故，骗取保险金的；

（五）投保人、受益人故意造成被保险人死亡、伤残或者疾病，骗取保险金的。

有前款第四项、第五项所列行为，同时构成其他犯罪的，依照数罪并罚的规定处罚。

单位犯第一款罪的，对单位判处罚金，并对其直接负责的主管人员和其他直接责任人员，处五年以下有期徒刑或者拘役；数额巨大或者有其他严重情节的，处五年以上十年以下有期徒刑；数额特别巨大或者有其他特别严重情节的，处十年以上有期徒刑。

保险事故的鉴定人、证明人、财产评估人故意提供虚假的证明文件，为他人诈骗提供条件的，以保险诈骗的共犯论处。

第二百六十六条 诈骗公私财物，数额较大的，处三年以下有期徒刑、拘役或者管制，并处或者单处罚金；数额巨大或者有其他严重情节的，处三年以上十年以下有期徒刑，并处罚金；数额特别巨大或者有其他特别严重情节的，处十年以上有期徒刑或者无期徒刑，并处罚金或者没收财产。本法另有规定的，依照规定。

第二百六十九条 犯盗窃、诈骗、抢夺罪，为窝藏赃物、抗拒抓捕或者毁灭罪证而当场使用暴力或者以暴力相威胁的，依照本法第二百六十三条的规定定罪处罚。

❸《中华人民共和国刑法修正案（五）》（2005年2月28日公布施行）

一、在刑法第一百七十七条后增加一条，作为第一百七十七条之一："有下列情形之一，妨害信用卡管理的，处三年以下有期徒刑或者拘役，并处或者单处一万元以上十万元以下罚金；数量巨大或者有其他严重情节的，处三年以上十年以下有期徒刑，并处二万元以上二十万元以下罚金：

"（一）明知是伪造的信用卡而持有、运输的，或者明知是伪造的空白信用卡而持有、运输，数量较大的；

"（二）非法持有他人信用卡，数量较大的；

"（三）使用虚假的身份证明骗领信用卡的；

"（四）出售、购买、为他人提供伪造的信用卡或者以虚假的身份证明骗领的信用卡的。

"窃取、收买或者非法提供他人信用卡信息资料的，依照前款规定处罚。

"银行或者其他金融机构的工作人员利用职务上的便利，犯第二款罪的，从重处罚。"

二、将刑法第一百九十六条修改为："有下列情形之一，进行信用卡诈骗活动，数额较大的，处五年以下有期徒刑或者拘役，并处二万元以上二十万元以下罚金；数额巨大或者有其他严重情节的，处五年以上十年以下有期徒刑，并处五万元以上五十万元以下罚金；数额特别巨大或者有其他特别严重情节的，处十年以上有期徒刑或者无期徒刑，并处五万元以上五十万元以下罚金或者没收财产：

"（一）使用伪造的信用卡，或者使用以虚假的身份证明骗领的信用卡的；

"（二）使用作废的信用卡的；

"（三）冒用他人信用卡的；

"（四）恶意透支的。

"前款所称恶意透支，是指持卡人以非法占有为目的，超过规定限额或者规定期限透支，并且经发卡银行催收后仍不归还的行为。

"盗窃信用卡并使用的，依照本法第二百六十四条的规定定罪处罚。"

……

❹《全国人民代表大会常务委员会关于维护互联网安全的决定》（2000年12月28日公布施行）

四、为了保护个人、法人和其他组织的人身、财产等合法权利，对有下列行为之一，构成犯罪的，依照刑法有关规定追究刑事责任：

（三）利用互联网进行盗窃、诈骗、敲诈勒索。

❺《最高人民法院关于审理抢劫、抢夺刑事案件适用法律若干问题的意见》（2005年6月8日发布施行）

五、关于转化抢劫的认定

行为人实施盗窃、诈骗、抢夺行为，未达到"数额较大"，为窝藏赃物、抗拒抓捕或者毁灭罪证当场使用暴力或者以暴力相威胁，情节较轻、危害不大的，一般不以犯罪论处；但具有下列情节之一的，可依照刑法第二百六十九条的规定，以抢劫罪定罪处罚。

（1）盗窃、诈骗、抢夺接近"数额较大"，标准的；

（2）入户或在公共交通工具上盗窃、诈骗、抢夺后在户外或交通工具外实施上述行为的；

（3）使用暴力致人轻微伤以上后果的；

（4）使用凶器或以凶器相威胁的；

（5）具有其他严重情节的。

❻《最高人民法院关于审理诈骗案件具体应用法律的若干问题的解释》（1996年12月16日发布施行）

为依法惩治诈骗犯罪活动，根据《中华人民共和国刑法》（此处为1979年《刑法》——编者注）（以下简称《刑法》）和《全国人民代表大会常务委员会关于惩治破坏金融秩序犯罪的决定》（以下简称《决定》）的有关规定，现就审理诈骗案件的几个具体问题解释如下：

一、根据《刑法》第一百五十一条和第一百五十二条的规定，诈骗公私财物数额较大的，构成诈骗罪。

个人诈骗公私财物2千元以上的，属于"数额较大"；个人诈骗公私财物3万元以上的，属于"数额巨大"。

个人诈骗公私财物20万元以上的，属于诈骗数额特别巨大。诈骗数额特别巨大是认定诈骗犯罪"情节特别严重"的一个重要内容，但不是唯一情节。诈骗数额在10万元以上，又具有下列情形之一的，也应认定为“情节特别严重”：

（1）诈骗集团的首要分子或者共同诈骗犯罪中情节严重的主犯；

（2）惯犯或者流窜作案危害严重的；

（3）诈骗法人、其他组织或者个人急需的生产资料，严重影响生产或者造成其他严重损失的；

（4）诈骗救灾、抢险、防汛、优抚、救济、医疗款物，造成严重后果的；

（5）挥霍诈骗的财物，致使诈骗的财物无法返还的；

（6）使用诈骗的财物进行违法犯罪活动的；

（7）曾因诈骗受过刑事处罚的；

（8）导致被害人死亡、精神失常或者其他严重后果的；

（9）具有其他严重情节的。

单位直接负责的主管人员和其他直接责任人员以单位名义实施诈骗行为，诈骗所得归单位所有，数额在5万至10万元以上的，应当依照《刑法》第一百五十一条的规定追究上述人员的刑事责任；数额在20万至30万元以上的，依照《刑法》第一百五十二条的规定追究上述人员的刑事责任。

对共同诈骗犯罪，应当以行为人参与共同诈骗的数额认定其犯罪数额，并结合行为人在共同犯罪中的地位、作用和非法所得数额等情节依法处罚。

已经着手实行诈骗行为，只是由于行为人意志以外的原因而未获取财物的，是诈骗未遂。诈骗未遂，情节严重的，也应当定罪并依法处罚。

各省、自治区、直辖市高级人民法院可根据本地区经济发展状况，并考虑社会治安状况，在“2千元至4千元”、“3万元至5万元”的幅度内，分别确定本地区执行的个人诈骗“数额较大”、“数额巨大”，以及单位实施诈骗，追究有关人员刑事责任，参照本条第四款规定的数额，确定适用《刑法》第一百五十一条或者第一百五十二条的具体数额标准，并报最高人民法院备案。

九、对于多次进行诈骗，并以后次诈骗财物归还前次诈骗财物，在计算诈骗数额时，应当将案发前已经归还的数额扣除，按实际未归还的数额认定，量刑时可将多次行骗的数额作为从重情节予以考虑。

十二、本解释中使用的货币数额是指人民币的数额。审理具体案件涉及外币的，应当依照案发当日国家外汇管理局公布的外汇牌价折算成人民币。

十三、本解释所称“以上”包括本数在内。

【哄抢】

治安管理处罚法规定的哄抢，是指以非法占有为目的，多人公然夺取公私财物，尚不构成犯罪的行为。哄抢行为具有以下特征：第一，行为人明知是国家、集体、公民所有的财物，出于非法占有的目的，一哄而上，乘乱或者乘危急抢走公私财物。至于行为人的动机则是多种多样的，有的是出于泄愤报复，有的出于眼红嫉妒，有的是出于占便宜的心理等。第二，参加哄抢的人数较多。少则几个人，十几个人，多则上百人、上千人。第三，行为在客观方面表现为趁公私财物的所有人、保管人无法阻止、无力阻止而乱拿乱抢，公然夺取，但没有使用暴力、威胁手段。

根据治安管理处罚法的规定，哄抢公私财物的，处五日以上十日以下拘留，可以并处五百元以下罚款；情节较重的，处十日以上十五日以下拘留，可以并处一千元以下罚款。

依据指引：

❶《中华人民共和国治安管理处罚法》（2005年8月28日公布，自2006年3月1日起施行）

第四十九条 盗窃、诈骗、哄抢、抢夺、敲诈勒索或者故意损毁公私财物的，处五日以上十日以下拘留，可以并处五百元以下罚款；情节较重的，处十日以上十五日以下拘留，可以并处一千元以下罚款。

❷《中华人民共和国刑法》（1997年3月14日修订公布，自1997年10月1日起施行）

第二百六十八条 聚众哄抢公私财物，数额较大或者有其他严重情节的，对首要分子和积极参加的，处三年以下有期徒刑、拘役或者管制，并处罚金；数额巨大或者有其他特别严重情节的，处三年以上十年以下有期徒刑，并处罚金。

❸《最高人民法院关于审理破坏森林资源刑事案件具体应用法律若干问题的解释》（2000年11月22日发布，自2000年12月11日起施行）

为依法惩处破坏森林资源的犯罪活动，根据刑法的有关规定，现就审理这类案件具体应用法律的若干问题解释如下：

第十四条 聚众哄抢林木五立方米以上的，属于聚众哄抢“数额较大”；聚众哄抢林木二十立方米以上的，属于聚众哄抢“数额巨大”，对首要分子和积极参加的，依照刑法第二百六十八条的规定，以聚众哄抢罪定罪处罚。

【抢夺】

治安管理处罚法规定的抢夺，是指以非法占有为目的，公然夺取少量公私财物的行为。抢夺是一种比较常见的侵犯财产权利的违反治安管理行为，不仅侵犯公私财产的所有权，而且影响社会治安秩序，应当予以重点打击。抢夺行为的主要特征是：第一，行为人主观上出于故意，并且以非法占有公私财物为目的。如果行为人不是为了非法占有财物为目的，而是为了戏弄他人取乐夺取他人财物的行为，如把他人的头巾、帽子等物抢了就跑，逗引他人追赶，事后归还等，则不属于抢夺行为。第二，行为人实施了乘人不备，公然夺取他人财物的行为。所谓公然夺取公私财物，一般理解为行为人当着公私财物所有人或者保管人的面，乘其不备，公开夺取其财物。抢夺与哄抢均有公然性，但不同之处在于，抢夺是趁财物的所有人、保管人不备，且不需要多人同时实施；而哄抢则是利用财物所有人、保管人客观上因为某种危难或者困难，无力看管财物，无法约束、制止他人夺取财物的状况，多人同时实施。

根据治安管理处罚法的规定，抢夺公私财物的，处五日以上十日以下拘留，可以并处五百元以下罚款；情节较重的，处十日以上十五日以下拘留，可以并处一千元以下罚款。

依据指引：

❶《中华人民共和国治安管理处罚法》（2005年8月28日公布，自2006年3月1日起施行）

第四十九条 盗窃、诈骗、哄抢、抢夺、敲诈勒索或者故意损毁公私财物的，处五日以上十日以下拘留，可以并处五百元以下罚款；情节较重的，处十日以上十五日以下拘留，可以并处一千元以下罚款。

❷《中华人民共和国刑法》（1997年3月14日修订公布，自1997年10月1日起施行）

第二百六十七条 抢夺公私财物，数额较大的，处三年以下有期徒刑、拘役或者管制，并处或者单处罚金；数额巨大或者有其他严重情节的，处三年以上十年以下有期徒刑，并处罚金；数额特别巨大或者有其他特别严重情节的，处十年以上有期徒刑或者无期徒刑，并处罚金或者没收财产。

携带凶器抢夺的，依照本法第二百六十三条的规定定罪处罚。

第二百六十九条 犯盗窃、诈骗、抢夺罪，为窝藏赃物、抗拒抓捕或者毁灭罪证而当场使用暴力或者以暴力相威胁的，依照本法第二百六十三条的规定定罪处罚。

❸《最高人民法院关于审理抢劫、抢夺刑事案件适用法律若干问题的意见》（2005年6月8日发布施行）

抢劫、抢夺是多发性的侵犯财产犯罪。1997年刑法修订后，为了更好地指导审判工作，最高人民法院先后发布了《关于审理抢劫案件具体应用法律若干问题的解释》（以下简称《抢劫解释》）和《关于审理抢夺刑事案件具体应用法律若干问题的解释》（以下简称《抢夺解释》）。但是，抢劫、抢夺犯罪案件的情况比较复杂，各地法院在审判过程中仍然遇到了不少新情况、新问题。为准确、统一适用法律，现对审理抢劫、抢夺犯罪案件中较为突出的几个法律适用问题，提出意见如下：

四、关于“携带凶器抢夺”的认定

《抢劫解释》第六条规定，“携带凶器抢夺”，是指行为人随身携带枪支、爆炸物、管制刀具等国家禁止个人携带的器械进行抢夺或者为了实施犯罪而携带其他器械进行抢夺的行为。行为人随身携带国家禁止个人携带的器械以外的其他器械抢夺，但有证据证明该器械确实不是为了实施犯罪准备的，不以抢劫罪定罪；行为人将随身携带凶器有意加以显示、能为被害人察觉到的，直接适用刑法第二百六十三条的规定定罪处罚；行为人携带凶器抢夺后，在逃跑过程中为窝藏赃物、抗拒抓捕或者毁灭罪证而当场使用暴力或者以暴力相威胁的，适用刑法第二百六十七条第二款的规定定罪处罚。

五、关于转化抢劫的认定

行为人实施盗窃、诈骗、抢夺行为，未达到“数额较大”，为窝藏赃物、抗拒抓捕或者毁灭罪证当场使用暴力或者以暴力相威胁，情节较轻、危害不大的，一般不以犯罪论处；但具有下列情节之一的，可依照刑法第二百六十九条的规定，以抢劫罪定罪处罚。

(1) 盗窃、诈骗、抢夺接近“数额较大”，标准的；

(2) 入户或在公共交通工具上盗窃、诈骗、抢夺后在户外或交通工具外实施上述行为的；

(3) 使用暴力致人轻微伤以上后果的；

(4) 使用凶器或以凶器相威胁的；

(5) 具有其他严重情节的。

十一、驾驶机动车、非机动车夺取他人财物行为的定性

对于驾驶机动车、非机动车（以下简称“驾驶车辆”）夺取他人财物的，一般以抢夺罪从重处罚。但具有下列情形之一，应当以抢劫罪定罪处罚：

(1) 驾驶车辆，逼挤、撞击或强行逼倒他人以排除他人反抗，乘机夺取财物的；

(2) 驾驶车辆强抢财物时，因被害人不放手而采取强拉硬拽方法劫取财物的；

(3) 行为人明知其驾驶车辆强行夺取他人财物的手段会造成他人伤亡的后果，仍然强行夺取并放任造成财物持有人轻伤以上后果的。

❹**《最高人民法院关于审理抢夺刑事案件具体应用法律若干问题的解释》**（2002年7月16日公布，自2002年7月20日起施行）

为依法惩治抢夺犯罪活动，根据刑法有关规定，现就审理这类案件具体应用法律的若干问题解释如下：

第一条 抢夺公私财物“数额较大”、“数额巨大”、“数额特别巨大”的标准如下：

（一）抢夺公私财物价值人民币五百元至二千元以上的，为“数额较大”；

（二）抢夺公私财物价值人民币五千元至二万元以上的，为“数额巨大”；

（三）抢夺公私财物价值人民币三万元至十万元以上的，为“数额特别巨大”。

第二条 抢夺公私财物达到本解释第一条第（一）项规定的“数额较大”的标准，具有下列情形之一的，可以依照刑法第二百六十七条第一款的规定，以抢夺罪从重处罚；

（一）抢夺残疾人、老年人、不满十四周岁未成年人的财物的；

（二）抢夺救灾、抢险、防汛、优抚、扶贫、移民、救济等款物的；

（三）一年内抢夺三次以上的；

（四）利用行驶的机动车辆抢夺的。

抢夺公私财物，未经行政处罚处理，依法应当追诉的，抢夺数额累计计算。

第三条 抢夺公私财物虽然达到本解释第一条第（一）项规定的“数额较大”的标准，但具有下列情形之一的，可以视为刑法第三十七条规定的“犯罪情节轻微不需要判处刑罚”，免予刑事处罚：

（一）已满十六周岁不满十八周岁的未成年人作案，属于初犯或者被教唆犯罪的；

（二）主动投案、全部退赃或者退赔的；

（三）被胁迫参加抢夺，没有分赃或者获赃较少的；

（四）其他情节轻微，危害不大的。

第四条 抢夺公私财物，数额接近本解释第一条第（二）项、第（三）项规定的“数额巨大”、“数额特别巨大”的标准，并具有本解释第二条规定的情形之一的，可以分别认定为“其他严重情节”或者“其他特别严重情节”。

第五条 实施抢夺公私财物行为，构成抢夺

罪，同时造成被害人重伤、死亡等后果，构成过失致人重伤罪、过失致人死亡罪等犯罪的，依照处罚较重的规定定罪处罚。

第六条 各省、自治区、直辖市高级人民法院可以根据本地区经济发展状况，并考虑社会治安状况，在本解释第一条规定的数额幅度内，分别确定本地区执行的具体标准，并报最高人民法院备案。

【敲诈勒索】

治安管理处罚法规定的敲诈勒索，是指以非法占有为目的，对公私财物的所有人、保管人使用威胁或者要挟的方法，勒索少量财物的行为。敲诈勒索必须符合以下条件：第一，行为人必须使用威胁或者要挟的方法勒索财物，这是敲诈勒索的最主要的特点。威胁或者要挟，是指通过对公私财物所有人、保管人及其亲属实行精神上的强制，使其在心理上产生恐惧或者压力，不得已而交出财物。威胁或者要挟的内容可能涉及被侵害人诸多方面，包括合法与非法利益，如以将对被侵害人及其亲友的人身实施暴力相威胁；以将毁坏被侵害人人格、名誉相威胁；以将毁坏财物相威胁；以揭发被侵害人的隐私或弱点相威胁；以栽赃陷害相威胁等。威胁或者要挟的形式可以是书面的，也可以是口头的，还可以通过第三者转达；可以是明示，也可以是暗示。第二，行为人必须具有非法占有他人财物的目的，如果是其他目的，如债权人为讨债而威胁债务人的，则不属于敲诈勒索行为。

依据指引：

❶**《中华人民共和国治安管理处罚法》**（2005年8月28日公布，自2006年3月1日起施行）

第四十九条 盗窃、诈骗、哄抢、抢夺、敲诈勒索或者故意损毁公私财物的，处五日以上十日以下拘留，可以并处五百元以下罚款；情节较重的，处十日以上十五日以下拘留，可以并处一千元以下罚款。

❷**《中华人民共和国刑法》**（1997年3月14日修订公布，自1997年10月1日起施行）

第二百七十四条 敲诈勒索公私财物，数额较大的，处三年以下有期徒刑、拘役或者管制；数额巨大或者有其他严重情节的，处三年以上十年以下有期徒刑。

第四节　妨害社会管理的行为和处罚

本节为读者提供与以下题目有关的法律问题的专家意见及法律依据

■ 妨害公务　■ 招摇撞骗　■ 妨害印章、文件、票证等的管理　■ 船舶擅自进入、停靠国家禁止、限制进入的水域、岛屿　■ 非法社团活动　■ 妨害治安许可管理　■ 煽动策划非法集会游行示威　■ 旅馆业工作人员违反治安管理规定　■ 房屋出租人违反治安管理规定　■ 制造噪声干扰他人正常生活　■ 典当业违反治安管理　■ 废旧收购业违反治安管理　■ 妨害行政执法机关查封扣押冻结措施　■ 妨害证据、伪证　■ 窝赃　■ 监外执行中的罪犯违反治安管理　■ 妨害国边境管理　■ 妨害文物管理　■ 偷开他人机动车、机动船舶、航空器　■ 无证驾驶机动船舶、航空器　■ 妨害死者安宁　■ 卖淫嫖娼　■ 在公共场所拉客招嫖　■ 引诱、介绍、容留卖淫　■ 淫秽物品、淫秽信息　■ 赌博　■ 妨害毒品原植物管理　■ 妨害毒品管理　■ 教唆、引诱、欺骗他人吸食、注射毒品　■ 强制性教育措施

【妨害公务】

治安管理处罚法规定的妨害公务活动的行为包括四种类型：一是拒不执行人民政府在紧急状态情况下依法发布的决定、命令；二是阻碍国家机关工作人员依法执行职务；三是阻碍执行紧急任务的消防车、救护车、工程抢险车、警车等车辆通行；四是强行冲闯公安机关设置的警戒带、警戒区。

拒不执行人民政府在紧急状态情况下依法发布的决定、命令行为，需要具备以下二个条件：一是有拒不执行决定、命令的行为。这里所说的“拒不执行”，是指明知人民政府依法发布的决定、命令的内容，而执意不履行其法定义务的行为。“拒不执行”一般主要表现为经劝说、警告或者处罚后仍不履行法定义务的行为。二是拒不执行的是人民政府在紧急状态情况下依法发布的决定、命令。

这一项内容是治安管理处罚法新增加的。2004年3月，第十届全国人民代表大会第二次会议通过的宪法修正案规定，全国人民代表大会常务委员会决定全国或者个别省、自治区、直辖市进入紧急状态；中华人民共和国主席根据全国人民代表大会的决定和全国人民代表大会常务委员会的决定，宣布进入紧急状态；国务院依照法律规定决定省、自治区、直辖市的范围内部分地区进入紧急状态。如何在紧急状态期间始终坚持依法办事的原则，是衡量一个社会法治化水平的标志。过去我们只是对在发生危及国家的统一、安全或者社会公共安全的动乱、暴乱或者严重骚乱，不采取措施不足以维护社会秩序、保护人民的生命和财产安全时，规定可以采取戒严措施，而对在自然灾害等紧急情况下引起的紧急状态下国家机关如何行使职权，缺少明确的宪法根据，在实践中一旦发生，就很难依法迅速、有效地采取应急措施来加以应对。为此，在总结了2003年发生的

抗击非典的经验教训，并借鉴了国际上的作法，为了应对严重的自然灾害、突发公共卫生事件、人为重大事故等紧急状态，在2004年3月我国宪法对相应的法律条款作了修改，将“戒严”修改为“紧急状态”。

阻碍国家机关工作人员依法执行职务行为，需要具备以下三个特征：一是实施了阻碍行为。这里规定的“阻碍”，是指行为人以各种方法和手段，实施的阻挠、妨碍行为。二是阻碍的对象是国家机关工作人员。三是阻碍的是依法执行职务的行为。这里规定的“依法执行职务”，是指国家机关工作人员依照法律、法规规定所进行的职务行为。如果阻碍的不是国家机关工作人员的职务活动，或者不是依法进行的职务活动，都不是本项所规定的行为。应当强调的是，本项对阻碍国家机关工作人员依法执行职务的行为在方式上没有做出限定，即不要求以暴力、威胁方法为条件，这也是本项规定与刑法第二百七十七条妨害公务罪的规定的主要区别。刑法第二百七十七条妨害公务罪要求行为人阻碍国家机关工作人员依法执行职务的行为方式，必须是以暴力、威胁的方法进行。

阻碍执行紧急任务的消防车、救护车、工程抢险车、警车等车辆通行的行为，需要符合以下三个特征：一是实施了阻碍车辆通行的行为。这里规定的“阻碍”，是指行为人以各种方法和手段，实施的阻挠、妨碍车辆通行的行为。二是阻碍车辆通行的对象是消防车、救护车、工程抢险车、警车等车辆。三是上述车辆处于执行紧急任务的状态。如果上述特种车辆不是在执行紧急任务，只是执行一般的公务活动，甚至是私事，尽管其属于特种车辆，也不属于本项所要处罚的行为范畴。

强行冲闯公安机关设置的警戒带、警戒区的行为，需要符合以下二个特征：一是实施了强行冲闯行为。也就是行为人明知道路上设置了警戒带、警戒区，却不听劝阻，强行通过。二是冲闯的对象是由公安机关设置的警戒带、警戒区。根据国家有关法律、法规的规定，为保障公共安全，处理突发事件，维护社会秩序，防止对社会造成不稳定，公安机关可以在一些特定的场所、地区设置警戒带，划设警戒区。由一些单位自行设置的所谓“警戒带”、“警戒区”不属于治安管理处罚法要保护的对象。

根据治安管理和处罚法的规定，对实施上述妨害公务行为的，处警告或者二百元以下罚款；情节严重的，处五日以上十日以下拘留，可以并处五百元以下罚款。此外，对阻碍人民警察依法执行职务的，要从重处罚。

依据指引：

❶**《中华人民共和国治安管理处罚法》**（2005年8月28日公布，自2006年3月1日起施行）

第五十条 有下列行为之一的，处警告或者二百元以下罚款；情节严重的，处五日以上十日以下拘留，可以并处五百元以下罚款：

（一）拒不执行人民政府在紧急状态情况下依法发布的决定、命令的；

（二）阻碍国家机关工作人员依法执行职务的；

（三）阻碍执行紧急任务的消防车、救护车、工程抢险车、警车等车辆通行的；

（四）强行冲闯公安机关设置的警戒带、警戒区的。

阻碍人民警察依法执行职务的，从重处罚。

❷**《中华人民共和国刑法》**（1997年3月14日修订公布，自1997年10月1日起施行）

第二百七十七条 以暴力、威胁方法阻碍国家机关工作人员依法执行职务的，处三年以下有期徒刑、拘役、管制或者罚金。

以暴力、威胁方法阻碍全国人民代表大会和

地方各级人民代表大会代表依法执行代表职务的，依照前款的规定处罚。

在自然灾害和突发事件中，以暴力、威胁方法阻碍红十字会工作人员依法履行职责的，依照第一款的规定处罚。

故意阻碍国家安全机关、公安机关依法执行国家安全工作任务，未使用暴力、威胁方法，造成严重后果的，依照第一款的规定处罚。

第二百七十八条 煽动群众暴力抗拒国家法律、行政法规实施的，处三年以下有期徒刑、拘役、管制或者剥夺政治权利；造成严重后果的，处三年以上七年以下有期徒刑。

❸《公安机关警戒带使用管理办法》（公安部1998年3月21日发布施行）

第二条 本办法所称警戒带，是指公安机关按照规定装备，用于依法履行职责在特定场所设置禁止进入范围的专用标志物。

第五条 公安机关及其人民警察履行职责时，可以根据现场需要经公安机关现场负责人批准，在下列场所使用警戒带：

（一）警卫工作需要；

（二）集会、游行、示威活动的场所；

（三）治安事件的现场；

（四）刑事案件的现场；

（五）交通事故或交通管制的现场；

（六）灾害事故的现场；

（七）爆破或危险品实（试）验的现场；

（八）重大的文体、商贸等活动的现场；

（九）其他需要使用警戒带的场所。

第六条 公安机关及其人民警察依法使用警戒带的行为，受法律保护。任何单位和个人不得阻碍、干扰公安机关及其人民警察依法使用警戒带。

第七条 公安机关及其人民警察在使用警戒带设置警戒区时，在场人员应当服从人民警察的指令，无关人员应当及时退出警戒区；未经允许任何人不得跨越警戒带、进入警戒区。

第九条 对破坏、冲闯警戒带或擅自进入警戒区的，经警告无效，可以强制带离现场，并可依照《中华人民共和国治安管理处罚条例》的规定予以处罚。构成犯罪的，依法追究刑事责任。

【招摇撞骗】

治安管理处罚法规定的招摇撞骗行为，是指为了谋取非法利益，以假冒国家机关工作人员身份或者编造虚假身份头衔的方式，利用人们对国家机关工作人员和那些在社会上具有一定影响力的人员的信任和影响，骗取地位、荣誉、待遇以及玩弄女性等的违法活动。根据治安管理处罚法的规定，构成招摇撞骗的违反治安管理行为，必须同时符合以下几个条件：一、必须有冒充国家机关工作人员或者编造其他虚假身份的行为。冒充国家机关工作人员，是指非国家机关工作人员假冒国家机关工作人员的身份、地位，或者某一国家机关工作人员冒用其他国家机关工作人员的身份、地位的行为。编造虚假身份，是指假冒国家机关工作人员以外的人员的身份进行的欺骗行为，如冒充律师、记者、教授、高干子弟、企业家等，进行招摇撞骗活动。二、行为人必须实施了招摇撞骗行为，侵犯了国家机关的威信和公信力以及社会的正常秩序。由于行为人采用的是冒充国家机关工作人员或者假冒编造的虚假身份的手段，致使人民群众误以为这些违法行为是国家机关工作人员或他人或某一类职业的人所为，因而直接破坏了国家机关形象、威信和社会秩序，扰乱了社会公共秩序。这既是其行为的本质特征，也是其行为最实质的危害所在。三、其违法行为的目的是为了谋取非法利益。这里所说的“非法利益”既包括物质利益，也包括非物质利益。如为了谋取某种政治待遇或者荣誉，或者以谈恋爱为名，达到玩弄异性的目的等。当然，冒充国家机关工作人员招摇撞骗的行为，构成违反治安管理处罚的，还需一个条件就是要情节轻微，危害不大。这既是构成违反本款处罚规定的条件之一，也是区分与刑法规定的招摇撞骗罪的标准。根据我国刑法第二百七十九条的规定，冒充国家机关工作人员招摇撞骗的，处三年以下有期徒刑、拘役、管制或者剥夺政治权利；情节严重的，处三年以上十年以下有期徒刑。二者在行为特征上是相似的，区别就在于行为的情节和危害后果不同，情节轻微，危害后果不大的，属于治安管理处罚行为；情节严重，危害较大的，则构成了刑法所规定的犯罪要件，应当依照刑法的规定，追究刑事责任。

根据治安管理处罚法的规定，冒充国家机关工作人员或者以其他虚假身份招摇撞骗的，处五日以上十日以下拘留，可以并处五百元以下罚款；情节较轻的，处五日以下拘留或者五百元以下罚款。此外，对冒充军警人员招摇撞骗的，治安管理处罚法规定要予以从重处罚。这一规定体现了对军警人员声誉的特别保护。

依据指引：

❶《中华人民共和国治安管理处罚法》（2005年8月28日公布，自2006年3月1日起施行）

第五十一条　冒充国家机关工作人员或者以其他虚假身份招摇撞骗的，处五日以上十日以下拘留，可以并处五百元以下罚款；情节较轻的，处五日以下拘留或者五百元以下罚款。

冒充军警人员招摇撞骗的，从重处罚。

❷《中华人民共和国刑法》（1997年3月14日修订公布，自1997年10月1日起施行）

第二百七十九条　冒充国家机关工作人员招摇撞骗的，处三年以下有期徒刑、拘役、管制或者剥夺政治权利；情节严重的，处三年以上十年以下有期徒刑。

冒充人民警察招摇撞骗的，依照前款的规定从重处罚。

❸《最高人民法院关于审理抢劫、抢夺刑事案件适用法律若干问题的意见》（2005年6月8日发布施行）

九、关于抢劫罪与相似犯罪的界限

1. 冒充正在执行公务的人民警察、联防人员，以抓卖淫嫖娼、赌博等违法行为为名非法占有财物的行为定性

行为人冒充正在执行公务的人民警察“抓赌”、“抓嫖”，没收赌资或者罚款的行为，构成犯罪的，以招摇撞骗罪从重处罚；在实施上述行为中使用暴力或者暴力威胁的，以抢劫罪定罪处罚。行为人冒充治安联防队员“抓赌”、“抓嫖”、没收赌资或者罚款的行为，构成犯罪的，以敲诈勒索罪定罪处罚；在实施上述行为中使用暴力或者暴力威胁的，以抢劫罪定罪处罚。

❹《打击非法行医专项行动方案》（卫生部、科技部、公安部、监察部、国家人口计生委、国家中医药局、总后勤部卫生部2005年4月19日联合发布）

为认真贯彻落实《国务院办公厅关于开展打击商业欺诈专项行动的通知》（国办发〔2005〕21号）精神，根据《中华人民共和国执业医师法》、《中华人民共和国母婴保健法》、《中华人民共和国人口与计划生育法》、《医疗机构管理条例》、《中医药条例》、《乡村医生从业管理条例》、《计划生育技术服务管理条例》、《护士管理办法》等法律法规，结合各部门工作职责，制定本方案。

二、工作内容和重点

（一）严厉打击无证行医行为。重点打击未取得《医疗机构执业许可证》擅自开展诊疗活动的“黑诊所”，打击无任何行医资格的游医、假医，以及借助虚假宣传、招摇撞骗，或打着医学科研、军队、武警的幌子误导和欺骗患者，严重危害人民群众身体健康和生命安全的非法行医活动。

（二）严肃查处医疗机构聘用非卫生技术人员行医的违法行为，清除医疗机构中的假医生。

（三）严肃查处医疗机构出租、承包科室的行为。重点查处医疗机构将科室或房屋出租、承包给非本医疗机构人员或者其他机构，打着医疗机构的幌子利用欺诈手段开展诊疗活动的行为。

（四）严肃查处非法从事性病诊疗活动的行为。重点查处未取得《医疗机构执业许可证》擅自开展诊疗活动的“地下性病诊所”和未经审批擅自从事性病诊疗活动的医疗机构。

（五）严肃查处利用B超非法鉴定胎儿性别

和选择性别的终止妊娠手术的行为。重点查处医疗机构和计划生育技术服务机构的工作人员非法为他人进行胎儿性别鉴定或选择性别的终止妊娠手术的行为。

❺《人事部办公厅关于防止冒用人事部领导名义要求地方人事部门办事有关问题的通知》（2003年11月26日）

各省、自治区、直辖市人事厅（局）、新疆生产建设兵团人事局，副省级市人事局：

最近，接连发生有人打着人事部领导或领导秘书的旗号，给地方人事部门打电话，要求推销产品或办理人事调动等方面的事情。此类事情纯属招摇撞骗。为维护国家机关的威信，防止行骗人得逞，现将有关事项重申如下：

一、人事部领导严格遵守廉洁自律有关规定，决不要求地方人事部门为自己办理私事。凡接到以人事部领导或领导秘书名义打电话或以其他方式推销产品、要求办理私事的，一定要提高警惕，坚决予以拒绝，谨防上当受骗。

二、遇有此类事情，请及时报告当地有关部门，请其协助调查处理，并问清来电人姓名、单位、联系电话等，以便追查；同时请将处理的有关情况及时报人事部办公厅。

三、人事部在工作中需要地方人事部门予以协助的事项，会严格按照正常的工作程序办理，必要时部领导会亲自给厅局领导打电话进行联系。

四、请将此通知精神及时转告各市（地）、县人事部门。

❻《水利部关于禁止以各种名义向各级水利部门摊派、拉赞助等有关问题的通知》（2003年4月3日）

近期以来，据有的地方水利部门反映，一些单位和个人以各种名义，强行向各级水利部门摊派、推销、拉广告、拉赞助，索取费用，造成了不良影响。我部曾就此问题作出过要求，并转发过相关文件，现重申如下：

一、请各级水利部门认真贯彻落实《关于认真贯彻〈中共中央、国务院关于治理向企业乱收费、乱罚款和各种摊派等问题的决定〉的通知》（水经济〔1997〕346号），禁止一切政府部门和单位以各种名义强行向各级水利部门摊派、拉广告、拉赞助和推销书报、刊物和音像等制品。

二、对打着领导同志或党政机关的旗号招摇撞骗的，要坚决依法追究有关人员的责任，触犯刑律的要移交司法机关依法处理。

❼《国家计委办公厅关于严厉打击伪造国家发展计划委员会文件和公章进行招摇撞骗的通知》（2002年12月30日）

各省、自治区、直辖市及计划单列市、副省级省会城市、新疆生产建设兵团计委、物价局：

最近，我们发现有人伪造国家发展计划委员会文件和公章进行招摇撞骗，在社会上造成了极其恶劣的影响和十分严重的后果。为维护政府机关形象，严防不法分子扰乱经济秩序，防止有关地区和单位上当受骗，现就有关事项通知如下：

一、自1998年以来，我委从未就有关石油企业的购油手续和生产调拨计划下发过文件。最近发现的“中华人民共和国国家计划发展委员会内部传送文件《关于国务院（油字42号）文件的通知》（中计油字2002－10－253）”和“中华人民共和国国家计划发展委员会”公章均系伪造。

二、任何单位和个人肆意篡改或伪造国家发展计划委员会文件和伪造国家发展计划委员会公章的行为都是违法行为。各地计划、物价部门及有关单位要高度警惕，一经发现伪造国家发展计划委员会文件、公章和擅自使用国家发展计划委员会或国家发展计划委员会领导名义进行招摇撞骗的违法行为，要及时向我委办公厅报告，并积极配合公安、司法机关对此进行严肃查处、严厉打击。

三、对伪造国家发展计划委员会文件和公章、擅自使用国家发展计划委员会或国家发展计划委员会领导名义，甚至肆意篡改国家发展计划委员会文件和领导批示，并以此进行招摇撞骗的，我们将依法追究其刑事责任。

❽《新闻出版总署关于进一步加强对报社记者站管理的通知》（2001年6月25日）

各省、自治区、直辖市新闻出版局：

记者站是各报社在报社所在地以外的地区为本报提供新闻资源、组织新闻稿件、扩大报纸发行的工作机构。自新闻出版署1992年颁布《报社记者站管理暂行办法》以来，各报社的记者站在宣传党的方针政策，增强报道的针对性，扩大本报的影响力等方面起了积极作用。但有些报社的记者站在工作与管理上存在严重问题，主要表现在：未经批准，擅自建站或扩大工作范围；从事新闻业务以外的活动（如强行或变相摊派广告、拉赞助或从事经营活动）；有的报社对记者站下达经济指标，把记者站作为报社的创收部门；有的记者站的个别人打着记者站旗号，招摇撞骗、索取钱财。这些问题造成了极坏的社会影响，干扰了正常的新闻活动秩序。为规范报社记者站的正常工作秩序，进一步加强对记者站的管理，现通知如下：

一、记者站是报社因新闻活动需要在常驻编辑部以外地区的派出工作机构。其他以新闻业务为主的办事处、工作站、通联站、发行站、采访站等机构须统一规范为记者站。记者站不具有法人资格，不得再设立分支机构。

省以下报社一律不得设立分社。因特殊情况需要建分社的，中央单位的报社由报社及主管主办单位报经新闻出版总署批准；地方单位的报社由报社及主管主办单位向省级新闻出版局申请，经省级新闻出版局审核后报新闻出版总署审核批准。

二、报社建立记者站应符合新闻出版署《报社记者站管理暂行办法》中的有关规定，经所在地省级新闻出版行政管理部门批准，并履行登记注册手续后方可设立。各报社的记者站数量要严格控制，并须逐一报批。

三、按照《报社记者站管理暂行办法》等有关规定，记者站必须在国家法律、法规和政策允许的范围内开展采访、组稿、通联等新闻业务活动及本报的发行。

四、各报社不得以记者站名义从事新闻业务以外的其他活动，不得以记者站名义从事广告业务、开办经济实体等经营活动。

五、各报社及主管主办单位应根据国家及新闻出版的有关法规、规章对所属记者站切实行使领导和管理责任，对记者站的人员素质应有严格的要求。记者站要主动接受当地新闻出版管理部门的监督和管理，并按管理部门要求如实报告有关情况。

六、各省、自治区、直辖市新闻出版局应严格按《报社记者站管理暂行办法》及本通知的有关要求对记者站进行审批和管理，切实做好记者站的年检工作。对违反管理规定的记者站，视其情节可给予批评、通报批评、警告，直至注销登记的处罚。

⑨《公安部关于进一步查处非法生产、销售警服、警用标志，打击假冒警察违法活动的通知》（1994年5月18日）

各省、自治区、直辖市公安厅、局：

去年6月，公安部下发了《关于严禁非法生产、销售警服、警用标志，打击假冒警察违法活动的通知》（公政治［1993］96号），各级公安机关按照通知精神，在查处非法生产、销售警服、警用标志，打击假冒警察等活动中，做了大量工作，收到了一定效果。据北京、天津、河北、山西、内蒙古、吉林、黑龙江、江苏、安徽、福建、山东、河南、湖北、湖南、广东、广西、甘肃、青海、新疆等19个省、自治区、直辖市公安机关不完全统计，先后查处非法生产、销售警服的工厂96家，门市部、摊点2200余个，收缴警服5.8万余套（件）、警帽7230余顶、警衔标志6500余付、警服装具3万余枚，查处假冒警察违法犯罪活动的案件108起、383人，破获假警察犯罪团伙6个。但是一些厂家、单位非法生产、销售警服、警衔标志、警服装具的问题仍然十分严重，少数假冒警察的违法犯罪活动也十分突出。究其原因主要是少数公安机关定点和一些社会上的被装、标牌厂，无视国家法令法规，为了赚钱，非法生产、销售；少数公安机关扩大着装范围，擅自到生产厂家订购警服和警用标志；一些经文保系统的保卫处、科乱购乱着警服；公安机关经常性的管理工作跟不上，对非法生产、销售、乱着警服查处不力。由于乱穿滥着警服，造成警民不分，严重妨碍公安干警的执法活动。一些犯罪分子穿着买来的警服，冒充警察进行违法犯罪活动，给社会治安带来严重危害，破坏了人民警察的声誉，必须坚决依法予以查处和打击。公安部决定，在加强日常查处和打击工作的同时，今年7、8月份在全国集中开展一次查处非法生产、销售警服、警用标志，严厉打击假冒警察的活动。现将有关事项通知如下：

三、严禁非法生产、销售、穿着、佩带警服和警察专用标志。人民警察穿着警服是依法执行警务的需要，非人民警察一律不准穿着警服。人民警察服装和专用标志，是由公安部统一定点生产、计划供应的专用装备物资，任何单位（包括公安机关的劳动服务公司）和个人不准私自生产和销售。严禁公安机关擅自扩大着装范围，购买警服和警衔标志。对违反上述规定的单位和个人，一经发现，必须坚决处理。

五、对非法穿着警服、佩带警用标志的人员，要采取适当方式没收其警服和警用标志，并进行批评教育。对拒不服从、抗拒没收的，依照《治安管理处罚条例》第十九条第（七）项处理。以暴力、威胁方法阻碍没收的，依照《刑法》第一百五十七条（此为1979年《刑法》——编者注）处理。

六、对假冒警察招摇撞骗，尚不够刑事处罚的，依照《治安管理处罚条例》第二十四条第（八）项处理；构成犯罪的，依照《刑法》第一百六十六条（此为1979年《刑法》——编者注）进行处理；冒充警察进行抢劫、敲诈勒索或者其他犯罪行为的，依照《刑法》（此为1979年《刑法》——编者注）有关规定从严惩处。

⑩**《公安部关于严禁非法生产销售警服、警用标志，打击假冒警察违法活动的通知》**（1993年6月10日）

各省、自治区、直辖市公安厅、局：

近来，一些地方非法生产、销售人民警察服装和警用标志，非法穿着人民警察服装的问题又趋严重。浙江苍南县、永嘉县和江苏南京、辽宁沈阳等地一些企业，竟明目张胆地向全国各地发出兜售非法生产的公安新臂章、警衔标志的订货合同单。一些非法穿着警服的人行为不端，严重损害了人民警察的形象，破坏了警民关系。更为严重的是，一些人穿着买来的警服冒充警察进行违法犯罪活动，给社会治安造成了严重危害，给公安机关带来了恶劣的影响。对此，各地公安机关要高度重视。要继续贯彻执行1990年公安部《关于切实整顿私自生产、销售和滥着人民警察服装的通知》（公通字［1990］91号）、《关于禁止非法穿着和生产、销售人民警察服装的通告》和国家工商行政管理局、公安部等五个部门《关于严禁擅自生产、销售工商行政管理、公安、检察、法院专用制服、标志和擅自提高制装标准的通知》（工商［1990］412号），在近期内着重做好以下工作：

一、坚决堵住非法生产、销售警服和警用标志的源头和渠道。警服和警用标志由公安部定点生产，并按计划价拨供应，公安机关装备部门严格按人民警察着装规定和授衔范围上报计划和下发。对定点生产警服、警用标志工厂要严格管理，凡违反规定，除严肃处理外，一律取消其定点生产资格。其他任何单位和个人一律严禁生产、销售警服和警用标志。各地公安机关一经发现，务必立即取缔并严加查处。公安机关管理的保安公司、劳动服务公司等单位不准经销和购买警服、警衔标志，如有发现，一律没收并追究责任。公安机关、企业事业公安机构和干警不准从社会上购买警服和警衔标志、肩章、臂章，如有违反，要严肃处理，并追究其领导的责任。

二、严禁非法穿着人民警察服装。凡不属于公安部、财政部规定的穿着人民警察服装范围的人员，一律不准穿着警服和佩带警衔标志，凡非法穿着警服的，随发现随查处。

三、对假冒警察进行违法犯罪活动的，要露头就打，严厉惩处。对非公安人员着警服在公路上拦车罚款、在街上或集市上乱罚款的，要坚决制止并查清其来历，依法处理。切实杜绝非警人员滥穿警服的现象。同时通过新闻媒介予以暴光。

四、要经常对全体干警进行警容风纪的教育。特别是评授警衔后，更要养成严整警容风纪，讲究文明礼貌，严格依法办事的良好作风，用实际行动在人民群众中树立人民警察的权威和良好形象。各级公安机关要有专人负责警容风纪纠察工作，日常检查工作可由治安巡逻民警和列车乘警承担，有条件的地方也可成立警容风纪纠察队，问题突出的地方要派人指导。

【妨害印章、文件、票证等的管理】

治安管理处罚法规定的妨害印章、文件票证等的管理行为，是指伪造、变造或者买卖国家机关等单位的公文、证件、证明文件、有价票证、凭证、船舶户牌等违法活动。具体包括四类行为：1. 伪造、变造或者买卖国家机关、人民团体、企业、事业单位或者其他组织的公文、证件、证明文件、印章，本条规定了四项应当受到处罚的行为。2. 买卖或者使用伪造、变造的国家机关、人民团体、企业、事业单位或者其他组织的公文、证件、证明文件的行为。3. 伪造、变造、倒卖车票、船票、航空客票、文艺演出票、体育比赛入场券或者其他有价票证、凭证的行为。4. 伪造、变造船舶户牌，买卖或者使用伪造、变造的船舶户牌，或者涂改船舶发动机号码的行为。

伪造是指未经授权，非法制作。变造是指用涂改、擦消、拼接等方法，对真实票证、文件等进行改制，变更其原来真实内容的行为。这里的公文包括国家机关、人民团体、企业、事业单位或者其他组织在其职权内，以其名义制作的指示工作、处理问题或者联系事务的各种书面文件，如决定、命令、决议、指示、通知、报告、信函、电文等。这里的证件包括国家机关、人民团体、企业、事业单位及其他组织制作、颁发的用以证明身份、权利、义务关系或者有关事实的各种凭证、证件、证书等。这里的证明文件是指由国家机关、人民团体、企业、事业单位及其他组织开具的证明身份的文书等，如介绍信。这里的印章，是指刻有国家机关、人民团体、企业、事业单位或者其他组织名称的公章或者有某种特殊用途的专用章。使用伪造、变造的国家机关、人民团体、企业、事业单位或者其他组织的公文、证件、证明文件的行为，是指行为人明知其所用的公文、证件、证明文件是虚假的，是经过伪造或者变造的，而继续使用，欺骗他人的行为。本条第三项规定的应予以处罚的行为是，伪造、变造、倒卖车票、船票、航空客票、文艺演出票、体育比赛入场券或者其他有价票证、凭证的行为。

这里的船舶，是指各类需要登记，领取号牌的船、艇、筏、水上飞行器、潜水器、移动式平台以及其他水上移动装置。

根据治安管理处罚法的规定，对有上述四类妨害有关印章、票证等管理的违法行为的，处十日以上十五日以下拘留，可以并处一千元以下罚款；情节较轻的，处五日以上十日以下拘留，可以并处五百元以下罚款。

依据指引：

❶**《中华人民共和国治安管理处罚法》**（2005年8月28日公布，自2006年3月1日起施行）

第五十二条 有下列行为之一的，处十日以上十五日以下拘留，可以并处一千元以下罚款；情节较轻的，处五日以上十日以下拘留，可以并处五百元以下罚款：

（一）伪造、变造或者买卖国家机关、人民团体、企业、事业单位或者其他组织的公文、证件、证明文件、印章的；

（二）买卖或者使用伪造、变造的国家机关、人民团体、企业、事业单位或者其他组织的公文、证件、证明文件的；

（三）伪造、变造、倒卖车票、船票、航空客票、文艺演出票、体育比赛入场券或者其他有价票证、凭证的；

（四）伪造、变造船舶户牌，买卖或者使用伪造、变造的船舶户牌，或者涂改船舶发动机号码的。

❷**《中华人民共和国刑法》**（1997年3月14日修订公布，自1997年10月1日起施行）

第一百七十四条 未经中国人民银行批准，擅自设立商业银行或者其他金融机构的，处三年以下有期徒刑或者拘役，并处或者单处二万元以上二十万元以下罚金；情节严重的，处三年以上十年以下有期徒刑，并处五万元以上五十万元以下罚金。

伪造、变造、转让商业银行或者其他金融机构经营许可证的，依照前款的规定处罚。

单位犯前两款罪的，对单位判处罚金，并对其直接负责的主管人员和其他直接责任人员，依照第一款的规定处罚。

第二百二十七条 伪造或者倒卖伪造的车票、船票、邮票或者其他有价票证，数额较大的，处二年以下有期徒刑、拘役或者管制，并处或者单处票证价额一倍以上五倍以下罚金；数额巨大的，处二年以上七年以下有期徒刑，并处票证价额一倍以上五倍以下罚金。

倒卖车票、船票，情节严重的，处三年以下有期徒刑、拘役或者管制，并处或者单处票证价额一倍以上五倍以下罚金。

第二百八十条 伪造、变造、买卖或者盗窃、抢夺、毁灭国家机关的公文、证件、印章的，处三年以下有期徒刑、拘役、管制或者剥夺政治权利；情节严重的，处三年以上十年以下有期徒刑。

伪造公司、企业、事业单位、人民团体的印章的，处三年以下有期徒刑、拘役、管制或者剥夺政治权利。

伪造、变造居民身份证的，处三年以下有期徒刑、拘役、管制或者剥夺政治权利；情节严重的，处三年以上七年以下有期徒刑。

❸《中华人民共和国刑法修正案》（1999年12月25日公布施行）

为了惩治破坏社会主义市场经济秩序的犯罪，保障社会主义现代化建设的顺利进行，对刑法作如下补充修改：

三、将刑法第一百七十四条修改为："未经国家有关主管部门批准，擅自设立商业银行、证券交易所、期货交易所、证券公司、期货经纪公司、保险公司或者其他金融机构的，处三年以下有期徒刑或者拘役，并处或者单处二万元以上二十万元以下罚金；情节严重的，处三年以上十年以下有期徒刑，并处五万元以上五十万元以下罚金。

"伪造、变造、转让商业银行、证券交易所、期货交易所、证券公司、期货经纪公司、保险公司或者其他金融机构的经营许可证或者批准文件的，依照前款的规定处罚。

"单位犯前两款罪的，对单位判处罚金，并对其直接负责的主管人员和其他直接责任人员，依照第一款的规定处罚。"

❹《全国人民代表大会常务委员会关于惩治骗购外汇、逃汇和非法买卖外汇犯罪的决定》（1998年12月29日公布施行）

为了惩治骗购外汇、逃汇和非法买卖外汇的犯罪行为，维护国家外汇管理秩序，对刑法作如下补充修改：

一、有下列情形之一，骗购外汇，数额较大的，处五年以下有期徒刑或者拘役，并处骗购外汇数额百分之五以上百分之三十以下罚金；数额巨大或者有其他严重情节的，处五年以上十年以下有期徒刑，并处骗购外汇数额百分之五以上百分之三十以下罚金；数额特别巨大或者有其他特别严重情节的，处十年以上有期徒刑或者无期徒刑，并处骗购外汇数额百分之五以上百分之三十以下罚金或者没收财产：

（一）使用伪造、变造的海关签发的报关单、进口证明、外汇管理部门核准件等凭证和单据的；

（二）重复使用海关签发的报关单、进口证明、外汇管理部门核准件等凭证和单据的；

（三）以其他方式骗购外汇的。

伪造、变造海关签发的报关单、进口证明、外汇管理部门核准件等凭证和单据，并用于骗购外汇的，依照前款的规定从重处罚。

明知用于骗购外汇而提供人民币资金的，以共犯论处。

单位犯前三款罪的，对单位依照第一款的规定判处罚金，并对其直接负责的主管人员和其他直接责任人员，处五年以下有期徒刑或者拘役；数额巨大或者有其他严重情节的，处五年以上十年以下有期徒刑；数额特别巨大或者有其他特别严重情节的，处十年以上有期徒刑或者无期徒刑。

二、买卖伪造、变造的海关签发的报关单、进口证明、外汇管理部门核准件等凭证和单据或者国家机关的其他公文、证件、印章的，依照刑法第二百八十条的规定定罪处罚。

❺《中华人民共和国公证法》（2005年8月28日公布，自2006年3月1日起施行）

第四十四条 当事人以及其他个人或者组织有下列行为之一，给他人造成损失的，依法承担民事责任；违反治安管理的，依法给予治安管理处罚；构成犯罪的，依法追究刑事责任：

（一）提供虚假证明材料，骗取公证书的；

（二）利用虚假公证书从事欺诈活动的；

（三）伪造、变造或者买卖伪造、变造的公证书、公证机构印章的。

❻《中华人民共和国居民身份证法》（2003年6月28日公布，自2004年1月1日起施行）

第十七条 有下列行为之一的，由公安机关处二百元以上一千元以下罚款，或者处十日以下拘留，有违法所得的，没收违法所得：

（一）冒用他人居民身份证或者使用骗领的居民身份证的；

（二）购买、出售、使用伪造、变造的居民身份证的。

伪造、变造的居民身份证和骗领的居民身份证，由公安机关予以收缴。

❼《中华人民共和国民办教育促进法》（2002年12月28日公布，自2003年9月1日起施行）

第六十二条 民办学校有下列行为之一的，由审批机关或者其他有关部门责令限期改正，并予以警告；有违法所得的，退还所收费用后没收违法所得；情节严重的，责令停止招生、吊销办学许可证；构成犯罪的，依法追究刑事责任：

（一）擅自分立、合并民办学校的；

（二）擅自改变民办学校名称、层次、类别和举办者的；

（三）发布虚假招生简章或者广告，骗取钱财的；

（四）非法颁发或者伪造学历证书、结业证书、培训证书、职业资格证书的；

（五）管理混乱严重影响教育教学，产生恶劣社会影响的；

（六）提交虚假证明文件或者采取其他欺诈手段隐瞒重要事实骗取办学许可证的；

（七）伪造、变造、买卖、出租、出借办学许可证的；

（八）恶意终止办学、抽逃资金或者挪用办学经费的。

❽《中华人民共和国人口与计划生育法》（2001年12月29日公布，自2002年9月1日起施行）

第三十七条 伪造、变造、买卖计划生育证明，由计划生育行政部门没收违法所得，违法所得五千元以上的，处违法所得二倍以上十倍以下的罚款；没有违法所得或者违法所得不足五千元的，处五千元以上二万元以下的罚款；构成犯罪的，依法追究刑事责任。

以不正当手段取得计划生育证明的，由计划生育行政部门取消其计划生育证明；出具证明的单位有过错的，对直接负责的主管人员和其他直接责任人员依法给予行政处分。

❾《中华人民共和国药品管理法（修订）》（2001年2月28日修订公布，自2001年12月1日起施行）

第八十二条 伪造、变造、买卖、出租、出借许可证或者药品批准证明文件的，没收违法所得，并处违法所得一倍以上三倍以下的罚款；没有违法所得的，处二万元以上十万元以下的罚款；情节严重的，并吊销卖方、出租方、出借方的《药品生产许可证》、《药品经营许可证》、《医疗机构制剂许可证》或者撤销药品批准证明文件；构成犯罪的，依法追究刑事责任。

❿《营业性演出管理条例》（国务院令第439号2005年7月7日公布，自2005年9月1日起施行）

第三十二条 任何单位或者个人不得伪造、变造、出租、出借或者买卖营业性演出许可证、批准文件或者营业执照，不得伪造、变造营业性演出门票或者倒卖伪造、变造的营业性演出门票。

第五十一条 有下列行为之一的，由公安部门或者公安消防机构依据法定职权依法予以处罚；构成犯罪的，依法追究刑事责任：

（一）违反本条例安全、消防管理规定的；

（二）伪造、变造营业性演出门票或者倒卖伪造、变造的营业性演出门票的。

⓫《最高人民法院、最高人民检察院关于办理侵犯知识产权刑事案件具体应用法律若干问题的解释》（2004年12月8日发布，自2004年12月22日施行）

第十条 实施下列行为之一的，属于刑法第二百一十六条规定的“假冒他人专利”的行为：

（四）伪造或者变造他人的专利证书、专利文件或者专利申请文件的。

⓬《最高人民检察院法律政策研究室关于伪造、变造、买卖政府设立的临时性机构的公文、证件、印章行为如何适用法律问题的答复》（2003年6月3日）

江苏省人民检察院研究室：

你院《关于伪造、变造、买卖政府设立的临时性机构公文、证件、印章的行为能否适用刑法第二百八十条第一款规定的请示》（苏检发研字〔2003〕4号）收悉。经研究，答复如下：

伪造、变造、买卖各级人民政府设立的行使行政管理权的临时性机构的公文、证件、印章行为，构成犯罪的，应当依照刑法第二百八十条第一款的规定，以伪造、变造、买卖国家机关公文、证件、印章罪追究刑事责任。

⑬《最高人民检察院关于非法制作、出售、使用IC电话卡行为如何适用法律问题的答复》(2003年4月2日)

辽宁省人民检察院研究室：

你院《关于非法制作、出售IC电话卡的行为如何认定的请示》（辽检发研字〔2002〕8号收悉。经研究，答复如下：

非法制作或者出售非法制作的IC电话卡，数额较大的，应当依照刑法第二百二十七条第一款的规定，以伪造、倒卖伪造的有价票证罪追究刑事责任，犯罪数额可以根据销售数额认定；明知是非法制作的IC电话卡而使用或者购买并使用，造成电信资费损失数额较大的，应当依照刑法第二百六十四条的规定，以盗窃罪追究刑事责任。

⑭《最高人民法院、最高人民检察院关于办理伪造、贩卖伪造的高等院校学历、学位证明刑事案件如何适用法律问题的解释》（2001年7月3日发布，自2001年7月5日起施行）

为依法惩处伪造、贩卖伪造的高等院校学历、学位证明的犯罪活动，现就办理这类案件适用法律的有关问题解释如下：

对于伪造高等院校印章制作学历、学位证明的行为，应当依照刑法第二百八十条第二款的规定，以伪造事业单位印章罪定罪处罚。

明知是伪造高等院校印章制作的学历、学位证明而贩卖的，以伪造事业单位印章罪的共犯论处。

⑮《最高人民法院关于对变造、倒卖变造邮票行为如何适用法律问题的解释》（2000年11月15日最高人民法院审判委员会第1139次会议通过，2000年12月5日发布，自2000年12月9日施行）

为了正确适用刑法，现对审理变造、倒卖变造邮票案件如何适用法律问题解释如下：

对变造或者倒卖变造的邮票数额较大的，应当依照刑法第二百二十七条第一款的规定定罪处罚

⑯《最高人民法院关于审理骗购外汇、非法买卖外汇刑事案件具体应用法律若干问题的解释》（1998年8月28日由最高人民法院审判委员会第1018次会议通过，现予公布，自1998年9月1日起施行）

为依法惩处骗购外汇、非法买卖外汇的犯罪行为，根据刑法的有关规定，现对审理骗购外汇、非法买卖外汇案件具体应用法律的若干问题解释如下：

第一条 以进行走私、逃汇、洗钱、骗税等犯罪活动为目的，使用虚假、无效的凭证、商业单据或者采取其他手段向外汇指定银行骗购外汇的，应当分别按照刑法分则第三章第二节、第一百九十条、第一百九十一条和第二百零四条等规定定罪处罚。

非国有公司、企业或者其他单位，与国有公司、企业或者其他国有单位勾结逃汇的，以逃汇罪的共犯处罚。

第二条 伪造、变造、买卖海关签发的报关单、进口证明、外汇管理机关的核准件等凭证或者购买伪造、变造的上述凭证的，按照刑法第二百八十条第一款的规定定罪处罚。

⑰《最高人民法院关于审理倒卖车票刑事案件有关问题的解释》（1999年9月6日发布，自1999年9月14日起施行）

为依法惩处倒卖车票的犯罪活动，根据刑法的有关规定，现就审理倒卖车票刑事案件的有关问题解释如下：

第一条 高价、变相加价倒卖车票或者倒卖坐席、卧铺签字号及订购车票凭证，票面数额在五千元以上，或者非法获利数额在二千元以上的，构成刑法第二百二十七条第二款规定的“倒卖车票情节严重”。

第二条 对于铁路职工倒卖车票或者与其他人员勾结倒卖车票；组织倒卖车票的首要分子；曾因倒卖车票受过治安处罚两次以上或者被劳动教养一次以上，两年内又倒卖车票，构成倒卖车票罪的，依法从重处罚。

⑱《伪造货币、有价证券犯罪案件立案标准（试行）》（公安部1992年11月19日发布施行）

根据《中华人民共和国刑法》和公安部《关于刑事侦察部门分管的刑事案件及其立案标准和管理制度的规定》（公发〔1979〕182号文件）等有关规定，结合各地公安机关办理伪造案件的实际情况，经征求最高人民法院、最高人民检察院有关部门的意见，对伪造货币、有价证券犯罪案件立案标准试行如下：

一、具有下列情形之一的，应予立案侦查：

1. 伪造国家货币和国家财政金融债券的；

2. 伪造其他有价证券和票据总面值在300元（含本数在内，下同）以上的；

3. 贩卖、运输、窝藏伪造的国家货币、国家财政金融债券的；

4. 明知是伪造的国家货币、国家财政金融债券而使用、存储、夹寄，数额在300元或10张以上的；

5. 故意使用、贩卖、窝藏伪造的其他有价证券和票据，非法获利500元以上的；

6. 教唆他人伪造、贩卖、运输、窝藏、使用、存储、夹寄伪造的国家货币或有价证券和票据的；

7. 走私伪造国家货币的；

8. 窝藏或出具伪证，包庇伪造国家货币或国家财政金融债券犯罪分子的；包庇贩运或大量投放假币犯罪分子的。

二、具有下列情形之一的，立为重大案件：

1. 以手工印刷方式伪造国家货币或国家财政金融债券的；

2. 以其他手工方式伪造国有货币或国家财政金融债券的，数额在1000元或100张以上的；

3. 伪造其他有价证券和票据总面额在1000元以上的；

4. 运输、贩卖、窝藏伪造的国家货币或国家财政金融债券，数额在1000元或100张以上的；

5. 明知是伪造的国家货币或国家财政金融债券而使用、存储、夹寄，数额在2000元或200张以上的；

6. 故意使用、贩卖、窝藏伪造的其他有价证券和票据，非法获利2000元以上的；

7. 传授伪造技术或方法的；

8. 集团犯罪的；

9. 走私伪造的国家货币数额在1000元或100张以上的。

三、具有下列情形之一的，立为特别重大案件：

1. 以机构印刷方法伪造国家货币或国家财政金融债券的；

2. 以手工方式伪造国家货币或国家财政金融债券，数额在10000元或1000张以上的；

3. 伪造其他有价证券和票据总面额在10000元以上的；

4. 武装贩运伪造的国家货币或国家财政金融债券的；

5. 传授伪造技术或方法，造成危害特别严重的；

6. 运输、贩卖、窝藏伪造的国家货币或国家财政金融债券，数额在10000元或1000张以上的；

7. 金融、财会工作人员利用职务之便伪造或贩运、投放伪造的国家货币或国家财政金融债券的；

8. 走私伪造的国家货币数额在10000元或1000张以上的；

9. 各省、自治区、直辖市公安厅、局认为构成特别重大案件的。

四、对上述规定的几点说明：

1. "国家货币"是指人民币。

2. 伪造、贩运、投放在中国境内合法兑换的外币及被我边境地区居民普遍使用的外币，参照伪造国家货币和贩运伪造的国家货币案件的立案标准立案。外币面值按发案时国家公布的外汇兑换比价计算。

3. 购买、窝藏、夹寄伪造的货币，按贩运伪造的国家货币罪立案。

4. "国家财政金融债券"是指中央财政金融部门依法发行的国家公债券、国库券、金融债券等有价证券。

5. "其他有价证券和票据"是指由财政、金融、工商、税务等国家职能部门发放或统一管理的支票、股票等有价证券，以及刑法第一百二十四条（此处为1979年《刑法》）所列各种有价凭证。

6. "其他手工方式"是指用描绘、拓印等手工技能伪造货币、有价证券的或用剪贴、粘补、拼接、揭页等方法改变货币和有价证券形式，使之"升值"的伪造方法。

7. "机构印刷方法"是利用印刷机、复印机或其它先进机器和科学仪器伪造货币、有价证券的方法。

【船舶擅自进入、停靠国家禁止、限制进入的水域、岛屿】

这一违法行为是治安管理处罚法新增

加的。为了维护我国沿海地区及海上治安秩序，加强沿海船舶的边防治安管理，促进沿海地区的经济发展，保障船员和渔民的合法权益，公安部于1999年8月20日颁布，2000年5月1日起施行的《沿海船舶边防治安管理规定》对各类船舶的管理作了明确规定。该规定第十三条规定，各类船舶进出港口时，应当办理进出港边防签证手续。进出非本船籍港时，必须到当地公安边防部门或者其授权的船舶签证点，办理签证手续，接受检查。第十七条规定，出海船舶和人员不得擅自进入国家禁止或者限制进入的海域或者岛屿，不得擅自搭靠外国籍或者香港、澳门特别行政区以及台湾地区的船舶。

治安管理处罚法规定要予以处罚的行为，就是船舶擅自进入、停靠国家禁止、限制进入的水域或者岛屿的行为；处罚的对象，是有上述这些行为的船舶负责人及有关责任人员。处罚的幅度有两个档次：一是处五百元以上一千元以下罚款。二是处五日以下拘留，并处五百元以上一千元以下罚款。

依据指引：

❶《中华人民共和国治安管理处罚法》（2005年8月28日公布，自2006年3月1日起施行）

第五十三条 船舶擅自进入、停靠国家禁止、限制进入的水域或者岛屿的，对船舶负责人及有关责任人员处五百元以上一千元以下罚款；情节严重的，处五日以下拘留，并处五百元以上一千元以下罚款。

❷《沿海船舶边防治安管理规定》（公安部令第47号，自2000年5月1日起施行）

第一章 总 则

第一条 为了维护我国沿海地区及海上治安秩序，加强沿海船舶的边防治安管理，促进沿海地区经济发展，保障船员和渔民的合法权益，制定本规定。

第二条 本规定适用于在我国领海海域内停泊、航行和从事生产作业的各类船舶。我国军用船舶、公务执法船舶及国家另有规定的除外。

国有航运企业船舶、外国籍船舶的管理，依照国家有关规定执行。

第三条 公安边防部门是沿海船舶边防治安管理的主管部门。

第二章 出海证件管理

第四条 出海船舶除依照规定向主管部门领取有关证件外，应当向船籍港或者船舶所在地公安边防部门申请办理船舶户籍注册，领取《出海船舶户口簿》。

渔政渔港监督管理机关、海事行政主管部门依照国家有关规定不发给有关证书的其他小型沿海船舶，应当向公安边防部门申领《出海船舶边防登记簿》。

内地经营江海运输的个体所有的船舶，按协议到沿海地区从事运输的，应当由所在地县级以上公安机关出具证明，持有关船舶、船员等有效证件，到其协议从事运输的沿海县（市）级以上公安边防部门办理《出海船舶户口簿》《出海船民证》。

第五条 年满十六周岁的未持有《中华人民共和国海员证》或者《船员服务簿》的人员、渔民出海，应当向船籍港或者船舶所在地公安边防部门申领《出海船民证》。临时出海作业的人员，持常住户口所在地公安机关出具的有效证明和《中华人民共和国居民身份证》，向其服务船舶所在地的公安边防部门申领《出海船民证》，发证机关应当注明有效时限。《出海船民证》与《中华人民共和国居民身份证》同时使用。

第六条 公安边防部门对《出海船舶户口簿》《出海船舶边防登记簿》和《出海船民证》实行年度审验制度。未经年度审验的证件无效。

第七条 出海证件应当妥善保管，不得涂改、伪造、冒用、出借。

第八条 有下列情形之一的，公安边防部门不发给出海证件：

（一）刑事案件的被告人和公安机关、国家安全机关、人民检察院、人民法院认定的犯罪嫌疑人；

（二）被判处管制、有期徒刑缓刑、假释和保外就医的罪犯；

（三）人民法院通知有未了结的经济、民事案件的；

（四）出海后将对国家安全造成危害或者对国家利益造成重大损失的；

（五）利用船舶进行过走私或者运送偷渡人员的；

（六）其他不宜从事出海生产作业的。

第九条 领取《出海船舶户口簿》的船舶更新改造、买卖、转让、租借、报废、灭失及船员的变更，除依照规定在船舶主管部门办理有关手续外，还应当到当地公安边防部门办理船舶户口以及《出海船民证》的变更、注销手续。

船员、渔民终止出海的，应当立即向原发证机关缴销出海证件。

第十条 出海船舶及其渔民、船民应当随船携带有关出海证件，并接受公安边防部门的检查和管理。

第三章 船舶及其人员管理

第十一条 各类船舶应当依照船舶主管部门的规定编刷船名、船号；未编刷船名、船号或者船名、船号模糊不清的，禁止出海。

船名、船号不得擅自拆换、遮盖、涂改、伪造。禁止悬挂活动船牌号。

第十二条 出海船舶实行船长负责制。出海人员的管理工作由船长负责。

第十三条 各类船舶进出港口时，除依照规定向渔港监督或者各级海事行政主管部门办理进出港签证手续外，还应当办理进出港边防签证手续。进出非本船籍港时，必须到当地公安边防部门或者其授权的船舶签证点，办理边防签证手续，接受检查。

第十四条 出海的船舶，未经当地公安边防部门许可，不得容留非出海人员在船上作业、住宿。

第十五条 沿海船舶集中停泊的地点，应当建立船舶治安保卫组织，在当地公安边防部门指导下进行船舶治安管理工作。

第十六条 船舶失踪、被盗、被劫持，应当立即向就近的公安机关和原发证的公安边防部门报告。

第十七条 出海船舶和人员不得擅自进入国家禁止或者限制进入的海域或岛屿，不得擅自搭靠外国籍或者香港、澳门特别行政区以及台湾地区的船舶。

因避险及其他不可抗力的原因发生前款情形的，应当在原因消除后立即离开，抵港后及时向公安边防部门报告。

第十八条 出海船舶和人员不准携带违禁物品。在海上拣拾的违禁物品，必须上交公安边防部门，不得隐匿、留用或者擅自处理。

第十九条 任何船舶或者人员不准非法拦截、强行靠登、冲撞或者偷开他人船舶。

第二十条 发生海事、渔事纠纷，应当依法处理，任何一方不得扣押对方人员、船舶或者船上物品。

第二十一条 任何船舶或者人员未经许可，不得将外国籍和香港、澳门特别行政区以及台湾地区的船舶引航到未对上述船舶开放的港口、锚地停靠。

第二十二条 严禁利用船舶进行走私、贩毒、贩运枪支弹药或者接驳、运送他人偷越国（边）境以及其他违法犯罪活动。

第四章 对合资、合作经营船舶和船员以及香港、澳门特别行政区船舶和船员的管理

第二十三条 经省、自治区、直辖市人民政府和有关部门批准，与外国或者香港、澳门特别行政区合资或者合作生产经营，在我国领海海域作业，并悬挂中华人民共和国国旗的船舶，应当到船籍港公安边防部门申领《出海船舶边防登记簿》，在规定的海区作业，在指定的港口停泊、上下人员以及装卸货物，接受公安边防部门的检查、管理。

随船的外国籍和香港、澳门特别行政区的船员凭公安边防部门签发的《合资船船员登陆证》上岸，随船的中国籍大陆船员持公安边防部门签发的《合资船船员登轮证》登轮作业。

第二十四条 航行于内地与香港、澳门特别行政区之间的小型船舶，应当向公安边防检查部门申办《航行港澳船舶证明书》和《航行港澳小型船舶查验簿》，在指定的港口停泊、上下人员以及装卸货物。

第二十五条 具有广东省和香港、澳门特别行政区双重户籍的粤港、粤澳流动渔船，应当按照广东省指定的港口入户和停泊，在规定的海域生产作业。

粤港、粤澳流动渔船，可以就近进入广东省

以外沿海港口避风、维修或者补给，但不得装卸货物。船员需要上岸时，必须经当地公安边防部门批准并办理登陆手续。

第五章　法律责任

第二十六条　违反本规定，有下列情形之一的，对船舶负责人及其直接责任人员处二百元以下罚款或者警告：

（一）未随船携带公安边防部门签发的出海证件或者持未经年度审验的证件出海的；

（二）领取《出海船舶户口簿》的船舶更新改造、买卖、转让、租借、报废、灭失或者船员变更，未到公安边防部门办理出海证件变更或者注销手续的；

（三）未依照规定办理船舶进出港边防签证手续的；

（四）擅自容留非出海人员在船上作业、住宿的。

第二十七条　违反本规定，有下列情形之一的，对船舶负责人及其直接责任人员处五百元以下罚款：

（一）未申领《出海船舶户口簿》《出海船舶边防登记簿》或者《出海船民证》擅自出海的；

（二）涂改、伪造、冒用、转借出海证件的；

（三）未编刷船名船号，经通知不加改正或者擅自拆换、遮盖、涂改船名船号以及悬挂活动船牌号的；

（四）未经许可，私自载运非出海人员出海的。

第二十八条　违反本规定，有下列情形之一的，对船舶负责人及其有关责任人员处一千元以下罚款：

（一）非法进入国家禁止或者限制进入的海域或者岛屿的；

（二）未经许可，将外国籍或者香港、澳门特别行政区、台湾地区的船舶引航到未对上述船舶开放的港口、锚地的；

（三）擅自搭靠外国籍或者香港、澳门特别行政区以及台湾地区船舶的，或者因避险及其他不可抗力的原因被迫搭靠，事后未及时向公安边防部门报告的；

（四）航行于内地与香港、澳门特别行政区之间的小型船舶擅自在非指定的港口停泊、上下人员或者装卸货物的。

第二十九条　违反本规定，有下列情形之一的，对船舶负责人及其直接责任人员处五百元以上一千元以下罚款：

（一）携带、隐匿、留用或者擅自处理违禁物品的；

（二）非法拦截、强行靠登、冲撞或者偷开他人船舶的；

（三）非法扣押他人船舶或者船上物品的。

第三十条　船舶无船名船号、无船籍港、无船舶证书擅自出海从事生产、经营等活动的，依照国务院有关规定没收船舶，并可以对船主处船价二倍以下的罚款。

第三十一条　本规定的处罚权限如下：

（一）公安边防派出所、边防工作站或者船舶公安检查站可以裁决警告、二百元以下罚款；

（二）县级（含本级）以上公安边防部门可以裁决一千元以下罚款；

（三）对依照本规定第三十条作出的处罚，由地（市）级（含本级）以上公安边防部门裁决。

第三十二条　被处罚人对公安边防部门作出的处罚决定不服的，可以依法申请行政复议或者提起行政诉讼。

第三十三条　违反本规定构成违反治安管理行为的，依照《中华人民共和国治安管理处罚条例》的规定处罚；构成犯罪的，依法追究刑事责任。

第三十四条　有下列情形之一的，公安边防部门及其他有关部门应当依照国家有关法律、法规及时查处；构成犯罪的，依法追究刑事责任：

（一）非法买卖、运输、携带毒品、淫秽物品的；

（二）参予或者帮助他人非法出入境的；

（三）进行其他违法犯罪活动的。

第三十五条　公安边防部门在执行职务中，发现船舶或者人员有违反海事管理、渔政管理等行为的，有权予以制止，并移交或者通知有关部门处理。

第三十六条　公安边防部门及其执法人员应当严格执行本规定，秉公执法。对滥用职权、徇私舞弊、玩忽职守的，依照有关规定给予行政处分；构成犯罪的，依法追究刑事责任。

第三十七条　对违反本规定的行为，应当将违法情况记入《出海船舶户口簿》或者《出海船舶边防登记簿》内，加盖处罚单位印章。

第六章　附　　则

第三十八条　对我国海域内沿海船舶的治安管理，除法律、法规另有规定外，执行本规定。

第三十九条　对我国陆地界江、界河、界湖船舶的边防治安管理，参照本规定执行。

第四十条　本规定中的《出海船舶户口簿》《出海船舶边防登记簿》《出海船民证》《合资船船员登陆证》《合资船船员登轮证》等，由公安部确定式样，统一印制。

第四十一条　本规定中的以下，包括本数在内。

第四十二条　本规定自2000年5月1日起施行。

【非法社团活动】

治安管理处罚法规定的非法社团活动包括两类情形：一是违反国家规定，未经注册登记，以社会团体名义进行活动，被取缔后仍进行活动的行为；二是被依法撤销登记的社会团体，仍以社会团体的名义进行活动的行为。

我国宪法第三十五条规定，公民有结社的自由。社会团体的合法活动，对于我国政治民主的发展和促进社会主义精神文明、物质文明的建设，有着积极的作用。但是公民权利的行使必须要遵守国家的法律，在法律的保障下进行。成立社会团体或者以社会团体的名义开展活动，首先要依法履行登记手续，经批准后进行活动。根据1998年10月25日国务院颁布实施的《社会团体登记管理条例》的规定，成立社会团体，应当经其业务主管单位审查同意，并依照规定进行登记。违反国家上述关于社会团体管理、登记等方面的规定，未经注册，即以社会团体名义活动的，属于违反社会团体登记管理规定的行为，应当由有关主管机关予以取缔。实践中有一些非法社会团体被主管部门依法取缔后，仍进行活动，从而扰乱了社会管理秩序，这就需要由公安机关予以治安管理处罚。根据治安管理处罚法的规定，这类行为需同时具备以下两个条件：一是未经依法注册登记即以社会团体名义活动；二是被有关主管部门依法取缔后，仍进行活动。

治安管理处罚法规定的另一种非法社团活动，是被依法撤销登记的社会团体，仍以社会团体名义进行活动的行为。这类行为是指，社团在当初成立时，依法进行过注册登记，但在开展活动中，严重违反了国家关于社团管理的规定，被有关主管部门予以撤销登记的。但违法行为人在被撤销登记后仍然以社团名义进行活动。这种行为的实质与不进行社团登记就擅自开展活动对社会造成的危害是一样的，都应受到惩处。

根据治安管理处罚法的规定，对实施上述非法社团活动的，处十日以上十五日以下拘留，并处五百元以上一千元以下罚款；情节较轻的，处五日以下拘留或者五百元以下罚款。

依据指引：

❶《中华人民共和国治安管理处罚法》（2005年8月28日公布，自2006年3月1日起施行）

第五十四条　有下列行为之一的，处十日以上十五日以下拘留，并处五百元以上一千元以下罚款；情节较轻的，处五日以下拘留或者五百元以下罚款：

（一）违反国家规定，未经注册登记，以社会团体名义进行活动，被取缔后，仍进行活动的；

（二）被依法撤销登记的社会团体，仍以社会团体名义进行活动的；

（三）未经许可，擅自经营按照国家规定需要由公安机关许可的行业的；

有前款第三项行为的，予以取缔。

取得公安机关许可的经营者，违反国家有关

管理规定，情节严重的，公安机关可以吊销许可证。

❷《社会团体登记管理条例》（1998年9月25日国务院第8次常务会议通过，1998年10月25日公布施行）

第二条 本条例所称社会团体，是指中国公民自愿组成，为实现会员共同意愿，按照其章程开展活动的非营利性社会组织。

国家机关以外的组织可以作为单位会员加入社会团体。

第三条 成立社会团体，应当经其业务主管单位审查同意，并依照本条例的规定进行登记。

社会团体应当具备法人条件。

下列团体不属于本条例规定登记的范围：

（一）参加中国人民政治协商会议的人民团体；

（二）由国务院机构编制管理机关核定，并经国务院批准免于登记的团体；

（三）机关、团体、企业事业单位内部经本单位批准成立、在本单位内部活动的团体。

第九条 申请成立社会团体，应当经其业务主管单位审查同意，由发起人向登记管理机关申请筹备。

第十条 成立社会团体，应当具备下列条件：

（一）有50个以上的个人会员或者30个以上的单位会员；个人会员、单位会员混合组成的，会员总数不得少于50个；

（二）有规范的名称和相应的组织机构；

（三）有固定的住所；

（四）有与其业务活动相适应的专职工作人员；

（五）有合法的资产和经费来源，全国性的社会团体有10万元以上活动资金，地方性的社会团体和跨行政区域的社会团体有3万元以上活动资金；

（六）有独立承担民事责任的能力。

社会团体的名称应当符合法律、法规的规定，不得违背社会道德风尚。社会团体的名称应当与其业务范围、成员分布、活动地域相一致，准确反映其特征。全国性的社会团体的名称冠以“中国”、“全国”、“中华”等字样的，应当按照国家有关规定经过批准，地方性的社会团体的名称不得冠以“中国”、“全国”、“中华”等字样。

第三十二条 社会团体在申请登记时弄虚作假，骗取登记的，或者自取得《社会团体法人登记证书》之日起1年未开展活动的，由登记管理机关予以撤销登记。

第三十三条 社会团体有下列情形之一的，由登记管理机关给予警告，责令改正，可以限期停止活动，并可以责令撤换直接负责的主管人员；情节严重的，予以撤销登记；构成犯罪的，依法追究刑事责任：

（一）涂改、出租、出借《社会团体法人登记证书》，或者出租、出借社会团体印章的；

（二）超出章程规定的宗旨和业务范围进行活动的；

（三）拒不接受或者不按照规定接受监督检查的；

（四）不按照规定办理变更登记的；

（五）擅自设立分支机构、代表机构，或者对分支机构、代表机构疏于管理，造成严重后果的；

（六）从事营利性的经营活动的；

（七）侵占、私分、挪用社会团体资产或者所接受的捐赠、资助的；

（八）违反国家有关规定收取费用、筹集资金或者接受、使用捐赠、资助的。

前款规定的行为有违法经营额或者违法所得的，予以没收，可以并处违法经营额1倍以上3倍以下或者违法所得3倍以上5倍以下的罚款。

第三十四条 社会团体的活动违反其他法律、法规的，由有关国家机关依法处理；有关国家机关认为应当撤销登记的，由登记管理机关撤销登记。

第三十五条 未经批准，擅自开展社会团体筹备活动，或者未经登记，擅自以社会团体名义进行活动，以及被撤销登记的社会团体继续以社会团体名义进行活动的，由登记管理机关予以取缔，没收非法财产；构成犯罪的，依法追究刑事责任；尚不构成犯罪的，依法给予治安管理处罚。

❸《宗教事务条例》（国务院2004年11月30日公布，自2005年3月1日起施行）

第六条 宗教团体的成立、变更和注销，应当依照《社会团体登记管理条例》的规定办理登记。

宗教团体章程应当符合《社会团体登记管理

条例》的有关规定。

宗教团体按照章程开展活动，受法律保护。

【妨害治安许可管理】

为了保障社会的稳定，维护社会治安秩序，国家对一些直接涉及社会治安秩序的行业，由公安机关实施治安许可管理，以预防极易出现的违法犯罪活动。这类行业目前主要包括旅馆业、公章刻制业、典当业等。治安管理处罚法并没有明确规定需要实行治安许可管理的事项的种类，这主要是考虑到这些事项的确定、取消等，需要根据社会治安形势和管理的需要，随时调整。有的目前保留的许可事项，可能有必要取消；有的目前尚未实行许可管理的事项，有可能要增加进来。

治安管理处罚法规定的妨害治安许可管理的行为分为两类情形：一类是未经许可，擅自经营按照国家规定需要由公安机关许可的行业的；另一类是已经依法取得公安机关许可，从事上述行业的经营者，违反国家有关管理规定，情节严重，需要取消其经营资格的情形。

根据治安管理处罚法的规定，擅自经营按照国家规定需要由公安机关许可的行业的，予以取缔；处十日以上十五日以下拘留，并处五百元以上一千元以下罚款；情节较轻的，处五日以下拘留或者五百元以下罚款。取得经营许可的经营者，违反国家有关管理规定，情节严重的，可以由公安机关吊销许可证。

依据指引：

❶**《中华人民共和国治安管理处罚法》**（2005年8月28日公布，自2006年3月1日起施行）

第五十四条 有下列行为之一的，处十日以上十五日以下拘留，并处五百元以上一千元以下罚款；情节较轻的，处五日以下拘留或者五百元以下罚款：

（一）违反国家规定，未经注册登记，以社会团体名义进行活动，被取缔后，仍进行活动的；

（二）被依法撤销登记的社会团体，仍以社会团体名义进行活动的；

（三）未经许可，擅自经营按照国家规定需要由公安机关许可的行业的；

有前款第三项行为的，予以取缔。

取得公安机关许可的经营者，违反国家有关管理规定，情节严重的，公安机关可以吊销许可证。

❷**《中华人民共和国枪支管理法》**（1996年7月5日公布，自1996年10月1日起施行）

第十三条 国家对枪支的制造、配售实行特别许可制度。未经许可，任何单位或者个人不得制造、买卖枪支。

第十四条 公务用枪，由国家指定的企业制造。

第十五条 制造民用枪支的企业，由国务院有关主管部门提出，由国务院公安部门确定。

配售民用枪支的企业，由省级人民政府公安机关确定。

制造民用枪支的企业，由国务院公安部门核发民用枪支制造许可证件。配售民用枪支的企业，由省级人民政府公安机关核发民用枪支配售许可证件。

民用枪支制造许可证件、配售许可证件的有效期为三年；有效期届满，需要继续制造、配售民用枪支的，应当重新申请领取许可证件。

第四十条 依法被指定、确定的枪支制造企业、销售企业，违反本法规定，有下列行为之一的，对单位判处罚金，并对其直接负责的主管人员和其他直接责任人员依照刑法第一百一十二条的规定追究刑事责任；公安机关可以责令其停业整顿或者吊销其枪支制造许可证件、枪支配售许可证件：

（一）超过限额或者不按照规定的品种制造、配售枪支的；

（二）制造无号、重号、假号的枪支的；

（三）私自销售枪支或者在境内销售为出口制造的枪支的。

❸**《报废汽车回收管理办法》**（2001年6月

13日国务院第41次常务会议通过，2001年6月16日公布施行）

第六条 国家对报废汽车回收业实行特种行业管理，对报废汽车回收企业实行资格认定制度。

除取得报废汽车回收企业资格认定的外，任何单位和个人不得从事报废汽车回收活动。

不具备条件取得报废汽车回收企业资格认定或者未取得报废汽车回收企业资格认定，从事报废汽车回收活动的，任何单位和个人均有权举报。

第八条 拟从事报废汽车回收业务的，应当向省、自治区、直辖市人民政府经济贸易管理部门提出申请。省、自治区、直辖市人民政府经济贸易管理部门应当自收到申请之日起30个工作日内，按照本办法第七条规定的条件对申请审核完毕；特殊情况下，可以适当延长，但延长的时间不得超过30个工作日。经审核符合条件的，颁发《资格认定书》；不符合条件的，驳回申请并说明理由。

申请人取得《资格认定书》后，应当依照废旧金属收购业治安管理办法的规定向公安机关申领《特种行业许可证》。

申请人持《资格认定书》和《特种行业许可证》向工商行政管理部门办理登记手续，领取营业执照后，方可从事报废汽车回收业务。

省、自治区、直辖市经济贸易管理部门应当将本行政区域内取得资格认定的报废汽车回收企业，报国家经济贸易委员会备案，并由国家经济贸易委员会予以公布。

第九条 经济贸易管理、公安、工商行政管理等部门必须严格依照本办法和其他有关法律、行政法规的规定，依据各自的职责对从事报废汽车回收业务的申请进行审查；不符合规定条件的，不得颁发有关证照。

第十三条 报废汽车回收企业对回收的报废汽车应当逐车登记；发现回收的报废汽车有盗窃、抢劫或者其他犯罪嫌疑的，应当及时向公安机关报告。

报废汽车回收企业不得拆解、改装、拼装、倒卖有犯罪嫌疑的汽车及其"五大总成"和其他零配件。

第二十一条 违反本办法第十一条的规定，买卖或者伪造、变造《报废汽车回收证明》的，由公安机关没收违法所得，并处1万元以上5万元以下的罚款；属报废汽车回收企业，情节严重的，由原审批发证部门分别吊销《资格认定书》、《特种行业许可证》、营业执照。

❹《印刷业管理条例》（2001年7月26日国务院第43次常务会议通过，2001年8月2日公布施行）

第九条 设立从事出版物、包装装潢印刷品和其他印刷品印刷经营活动的企业，应当向所在地省、自治区、直辖市人民政府出版行政部门提出申请；其中，设立专门从事名片印刷的企业，应当向所在地县级人民政府出版行政部门提出申请。申请人经审核批准的，取得印刷经营许可证；并按照国家有关规定持印刷经营许可证向公安部门提出申请，经核准，取得特种行业许可证后，持印刷经营许可证、特种行业许可证向工商行政管理部门申请登记注册，取得营业执照。

个人不得从事出版物、包装装潢印刷品印刷经营活动；个人从事其他印刷品印刷经营活动的，依照前款的规定办理审批手续。

第四十一条 有下列行为之一的，由公安部门给予警告，没收印刷品和违法所得，违法经营额1万元以上的，并处违法经营额5倍以上10倍以下的罚款；违法经营额不足1万元的，并处1万元以上5万元以下的罚款；情节严重的，责令停业整顿或者吊销特种行业许可证：

（一）印刷布告、通告、重大活动工作证、通行证、在社会上流通使用的票证，印刷企业没有验证主管部门的证明和公安部门的准印证明的，或者再委托他人印刷上述印刷品的；

（二）不是公安部门指定的印刷企业，擅自印刷布告、通告、重大活动工作证、通行证、在社会上流通使用的票证的；

（三）印刷业经营者伪造、变造学位证书、学历证书等国家机关公文、证件或者企业事业单位、人民团体公文、证件的。

印刷布告、通告、重大活动工作证、通行证、在社会上流通使用的票证，委托印刷单位没有取得主管部门证明的，或者没有按照国家有关规定向印刷企业所在地公安部门办理准印手续的，或者未在公安部门指定的印刷企业印刷的，由县级以上人民政府公安部门处以500元以上5000元以下的罚款。

❺《娱乐场所管理条例》（1999年3月17

日国务院第15次常务会议通过，1999年3月26日公布，自1999年7月1日起施行）

第二十三条 娱乐场所经营单位应当建立、健全各项安全制度，按照国家有关规定配备保安人员。

保安人员须经县级以上地方人民政府公安机关培训；经培训并取得资格证书的，方可上岗。

❻**《典当管理办法》**（商务部部务会议审议通过，并经公安部同意，2005年2月9日公布，自2005年4月1日起施行）

第三条 本办法所称典当，是指当户将其动产、财产权利作为当物质押或者将其房地产作为当物抵押给典当行，交付一定比例费用，取得当金，并在约定期限内支付当金利息、偿还当金、赎回当物的行为。

本办法所称典当行，是指依照本办法设立的专门从事典当活动的企业法人，其组织形式与组织机构适用《中华人民共和国公司法》的有关规定。

第四条 商务主管部门对典当业实施监督管理，公安机关对典当业进行治安管理。

第十五条 收到设立典当行或者典当行申请设立分支机构的申请后，设区的市（地）级商务主管部门应当报省级商务主管部门审核，省级商务主管部门将审核意见和申请材料报送商务部，由商务部批准并颁发《典当经营许可证》。省级商务主管部门应当在收到商务部批准文件后5日（工作日，下同）内将有关情况通报同级人民政府公安机关。省级人民政府公安机关应当在5日内将通报情况通知设区的市（地）级人民政府公安机关。

第十六条 申请人领取《典当经营许可证》后，应当在10日内向所在地县级人民政府公安机关申请典当行《特种行业许可证》，并提供下列材料：

（一）申请报告；

（二）《典当经营许可证》及复印件；

（三）法定代表人、个人股东和其他高级管理人员的简历及有效身份证件复印件；

（四）法定代表人、个人股东和其他高级管理人员的户口所在地县级人民政府公安机关出具的无故意犯罪记录证明；

（五）典当行经营场所及保管库房平面图、建筑结构图；

（六）录像设备、防护设施、保险箱（柜、库）及消防设施安装、设置位置分布图；

（七）各项治安保卫、消防安全管理制度；

（八）治安保卫组织或者治安保卫人员基本情况。

第十七条 所在地县级人民政府公安机关受理后应当在10日内将申请材料及初步审核结果报设区的市（地）级人民政府公安机关审核批准，设区的市（地）级人民政府公安机关应当在10日内审核批准完毕。经批准的，颁发《特种行业许可证》。

设区的市（地）级人民政府公安机关直接受理的申请，应当在20日内审核批准完毕。经批准的，颁发《特种行业许可证》。

设区的市（地）级人民政府公安机关应当在发证后5日内将审核批准情况报省级人民政府公安机关备案；省级人民政府公安机关应当在5日内将有关情况通报同级商务主管部门。

申请人领取《特种行业许可证》后，应当在10日内到工商行政管理机关申请登记注册，领取营业执照后，方可营业。

第二十一条 无正当理由未按照规定办理《特种行业许可证》及营业执照的，或者自核发营业执照之日起无正当理由超过6个月未营业，或者营业后自行停业连续达6个月以上的，省级商务主管部门、设区的市（地）级人民政府公安机关应当分别收回《典当经营许可证》、《特种行业许可证》，原批准文件自动撤销。收回的《典当经营许可证》应当交回商务部。

省级商务主管部门收回《典当经营许可证》，或者设区的市（地）级人民政府公安机关收回《特种行业许可证》的，应当在10日内通过省级人民政府公安机关相互通报情况。

许可证被收回后，典当行应当依法向工商行政管理机关申请注销登记。

第二十三条 典当行清算结束后，清算组应当将清算报告报省级商务主管部门确认，由省级商务主管部门收回《典当经营许可证》，并在5日内通报同级人民政府公安机关。

省级人民政府公安机关应当在5日内通知作出原批准决定的设区的市（地）级人民政府公安机关收回《特种行业许可证》。

典当行在清算结束后，应当依法向工商行政管理机关申请注销登记。

第二十七条 典当行不得收当下列财物：

（一）依法被查封、扣押或者已经被采取其他保全措施的财产；

（二）赃物和来源不明的物品；

（三）易燃、易爆、剧毒、放射性物品及其容器；

（四）管制刀具，枪支、弹药，军、警用标志、制式服装和器械；

（五）国家机关公文、印章及其管理的财物；

（六）国家机关核发的除物权证书以外的证照及有效身份证件；

（七）当户没有所有权或者未能依法取得处分权的财产；

（八）法律、法规及国家有关规定禁止流通的自然资源或者其他财物。

第五十一条 典当行应当如实记录、统计质押当物和当户信息，并按照所在地县级以上人民政府公安机关的要求报送备查。

第五十二条 典当行发现公安机关通报协查的人员或者赃物以及本办法第二十七条所列其他财物的，应当立即向公安机关报告有关情况。

第五十三条 对属于赃物或者有赃物嫌疑的当物，公安机关应当依法予以扣押，并依照国家有关规定处理。

第五十八条 非法设立典当行及分支机构或者以其他方式非法经营典当业务的，依据国务院《无照经营查处取缔办法》予以处罚。

第六十三条 典当行违反本办法第二十七条规定的，由县级以上人民政府公安机关责令改正，并处5000元以上3万元以下罚款；构成犯罪的，依法追究刑事责任。

第六十五条 典当行违反本办法第三十五条第三款或者第五十一条规定的，由县级以上人民政府公安机关责令改正，并处200元以上1000元以下罚款。

第六十六条 典当行违反本办法第五十二条规定的，由县级以上人民政府公安机关责令改正，并处2000元以上1万元以下罚款；造成严重后果或者屡教不改的，处5000元以上3万元以下罚款。

对明知是赃物而窝藏、销毁、转移的，依法给予治安管理处罚；构成犯罪的，依法追究刑事责任。

第六十七条 典当行采用暴力、威胁手段强迫他人典当，或者以其他不正当手段侵犯当户合法权益，构成违反治安管理行为的，由公安机关依法给予治安管理处罚；构成犯罪的，依法追究刑事责任。

⑦《废旧金属收购业治安管理办法》（公安部1994年1月25日发布施行）

第二条 本办法所称废旧金属，是指生产性废旧金属和非生产性废旧金属。生产性废旧金属和非生产性废旧金属的具体分类由公安部会同有关部门规定。

第三条 生产性废旧金属，按照国务院有关规定由有权经营生产性废旧金属收购业的企业收购。收购废旧金属的其他企业和个体工商户只能收购非生产性废旧金属，不得收购生产性废旧金属。

第四条 收购生产性废旧金属的企业，应当经其业务主管部门审查同意，向所在地县级人民政府公安机关申请核发特种行业许可证，并向同级工商行政管理部门申请登记，领取特种行业许可证和营业执照后，方准开业。

收购非生产性废旧金属的企业和个体工商户，应当向所在地县级人民政府工商行政管理部门申请登记，领取营业执照，并向同级公安机关备案后，方准开业。

第六条 收购废旧金属的企业和个体工商户有关闭、歇业、合并、迁移、改变名称、变更法定代表人等情形之一时，应当在15日前向原发证的公安机关申请办理注销、变更手续或者向原备案的公安机关办理注销、变更的备案手续，并向工商行政管理部门办理注销、变更登记。

第八条 收购废旧金属的企业在收购生产性废旧金属是，应当查验出售单位开具的证明，对出售单位的名称和经办人的姓名、住址、身份证号码以及物品的名称、数量、规格、新旧程序等如实进行登记。

第九条 收购废旧金属的企业和个体工商户不得收购下列金属物品：

（一）枪支、弹药和爆炸物品；

（二）剧毒、放射性物品及其容器；

（三）铁路、油田、供电、电信通讯、矿山、水利、测量和城市公用设施等专用器材；

（四）公安机关通报寻查的赃物或者有赃物嫌疑的物品。

第十条　收购废旧金属的企业和个体工商户发现有出售公安机关通报寻查的赃物或者有赃物嫌疑的物品的，应当立即报告公安机关。

公安机关对赃物或者有赃物嫌疑的物品应当予以扣留，并开付收据。有赃物嫌疑的物品经查明不是赃物的，应当及时退还；赃物或者有赃物嫌疑的物品经查明确属赃物的，依照国家有关规定处理。

第十一条　公安机关应当对收购废旧金属的企业和个体工商户进行治安业务指导和检查。收购企业和个体工商户应当协助公安人员查处违法犯罪分子，据实反映情况，不得知情不报或者隐瞒包庇。

第十二条　公安机关对领取特种行业许可证的收购企业实行年审制度。

第十三条　有下列情形之一的，由公安机关给予相应处罚：

（一）违反本办法第四条第一款规定，未领取特种行业许可证收购生产性废旧金属时，予以取缔，没收非法收购的物品及非法所得，可以并处5000元以上10000元以下的罚款；

（二）违反本办法第四条第二款规定，未履行备案手续收购非行产性废旧金属的，予以警告或者处以500元以下的罚款；

（三）违反本办法第六条规定，未向公安机关办理注销、变更手续的，予以警告或者处以200元以下的罚款；

（四）违反本办法第七条规定，非法设点收购废旧金属的，予以取缔，没收非法收购的物品及非法所得，可以并处5000元以上10000元以下的罚款；

（五）违反本办法第八条规定，收购生产性废旧金属时未如实登记的，视情节轻重，处以2000元以上5000元以下的罚款、责令停业整顿或者吊销特种行业许可证；

（六）违反本办法第九条规定，收购禁止收购的金属物品的，视情节轻重，处以2000元以上10000元以下的罚款、责令停业整顿或者吊销特种行业许可证。

有前款所列第（一）、（二）、（四）、（五）、（六）项情形之一，构成犯罪的，依法追究刑事责任。

第十四条　当事人对公安机关作出的具体行政行为不服的，可以自得知该具体行政行为之日起15日内向上一级公安机关申请复议；对复议决定不服的，可以自接到复议决定通知之日起15日内向人民法院提起诉讼。

❽《公安部关于对废旧金属收购业治安管理中有关问题的批复》（1997年6月25日）

安徽省公安厅：

你厅《关于生产性废旧金属收购业治安管理中两个问题的请示》（皖公明发〔1997〕528号）收悉。现批复如下：

一、按照国内贸易部、公安部制定的《生产性废旧金属和非生产性废旧金属分类》，铝渣属有色金属屑末，是废有色金属的一种，属于生产性废旧金属。

二、根据《废旧金属收购业治安管理办法》第四、五条的规定，收购生产性废旧金属的企业，应当在其办理《特种行业许可证》的行政区域内从事收购业务。违者，应视为无证收购，并按照《废旧金属收购业治安管理办法》有关规定予以处罚。

❾《公安部、国家工商行政管理局关于坚决取缔非法刻制印章摊点严厉查处伪造印章违法犯罪活动的通知》（1995年3月16日）

各省、自治区、直辖市公安厅（局）、工商行政管理局：

近一时期，伪造印章的违法犯罪活动又有抬头，一些流动人员在路边、桥头非法摆摊设点，或由其他人员帮助收活、再到秘密窝点非法刻制公章；不法分子利用伪造的印章大肆进行诈骗活动，严重扰乱国家经济秩序，有的还造成很坏的政治影响。对此，国务院领导同志非常重视。为严厉打击伪造印章违法犯罪活动，进一步加强印章业的管理，特通知如下：

一、认真清理、坚决取缔非法刻字摊点。各地公安、工商行政管理部门要在党委、政府的领导下，会同有关部门，集中时间，统一行动，对本地的刻字摊点进行一次全面清理，坚决取缔非法承制印章的摊点；对为非法刻字人员承接、介绍刻字业务和非法买卖印章的，要依法严肃处理；合法持有特种行业许可证和营业执照的个体刻字工商户，只能在指定地点营业，不得在路边、桥头等地乱设摊点，并不得承制公章。

二、严厉查处伪造印章违法犯罪活动。各地公安机关要结合目前正在开展的春季严打攻势，把严厉打击伪造印章犯罪活动作为一项重要内容抓紧抓好；要从破获的案件中，注意发现和深挖伪造印章犯罪线索，对有伪造印章行为的，要坚决追查到底，依法追究委刻方和承制方的刑事责任。对流动摆摊设点非法刻制印章的，除坚决取缔外，公安、工商行政管理部门应按照国务院《城乡个体工商户管理暂行条例》和1993年公安部《关于加强刻字业治安管理打击伪造印章犯罪活动的通告》的规定予以处罚；对符合收容审查条件的，可由公安机关收容审查，构成犯罪的，依法追究刑事责任。

三、加强对刻字业的日常管理。公安机关要严格掌握刻字业的开业审批条件，对无本地常住户口和曾受到刑事处分以及无固定经营场所的，不予批准；无公安机关特种行业许可证的，工商行政管理部门不得核发营业执照。对经批准合法经营的刻字单位，要指导、督促其建立健全安全防范制度，严格管理，严禁非法承制印章，严防公章坯料流入不法分子手中。公安派出所、工商所要把本辖区内刻字业的管理纳入工作视线，明确责任，对非法承制印章的摊点，发现一个，取缔一个，绝不允许其存在和蔓延。

⑩《公安部关于加强刻字业治安管理打击伪造印章犯罪活动的通告》（1993年10月27日）

为了保障刻字业的合法经营，预防和打击伪造印章的违法犯罪活动，维护社会秩序，根据国家法律和有关规定，特通告如下：

一、凡经营刻字业务的单位和个人，须经所在地县、市（区）以上公安机关审查同意，申请经营原子印章的，还须经所在地省、自治区、直辖市公安厅、局审查批准，向工商行政管理部门申请登记、领取营业执照后，方准开业。未经审查、核准登记的单位和个人一律不准从事刻制公章业务。

二、禁止在公共场所摆摊经营刻字业务；个体刻字人员须在当地公安机关指定的地点经营刻字业务。

三、需要刻制公章的单位，须凭上一级主管部门出具的证明或工商行政管理部门核发的营业执照，到所在地县、市（区）以上公安机关办理准刻手续。需要跨省、市、县刻制公章的，须凭单位所在地县、市（区）以上公安机关出具的证明，到刻制地同级公安机关办理准刻手续。

四、刻字厂、点和门市部承接公章，须查验公安机关出具的准刻证明，对委刻单位和经办人的姓名、住址、居民身份证号码和刻制公章的名称、数量、规格等要逐项登记；不得承接手续不全、无公安机关出具准刻证明的公章；在承接公章中发现有违法犯罪嫌疑人员或公安机关查缉的案犯，要及时向公安机关报告，不得隐瞒、包庇。

五、对无照经营刻字业务的单位和个人，公安机关予以取缔，并没收制作工具和非法所得；对违章违法经营刻字业务的单位和个人，公安机关视情节轻重，除没收非法所得外，可处五千元以下罚款、停业整顿、吊销特种行业许可证等处理；构成犯罪的，依法追究刑事责任。

【煽动策划非法集会游行示威】

集会、游行、示威是公民表达个人意愿和反映要求的一种方式，是公民的基本政治权利。为了保障公民依法行使集会、游行、示威的权利，维护社会安定和公共秩序，全国人大常委会于1989年10月颁布了《集会游行示威法》，对公民集会、游行、示威的申请和许可，对集会、游行、示威的举行，对公民在集会、游行、示威活动中，享有的权利以及应当承担的法律义务和法律责任都作了明确规定。

我们是社会主义国家，公民可以通过各种不同的方式，表达自己的意愿和要求，发表对国家、对社会的富有建设性的意见；对涉及国家安全、尊严、荣誉和利益的事情，表明自己的态度，这是社会主义民主的具体体现。因此，集会、游行、示威作为宪法赋予公民的权利，各级人民政府应当依法予以保障。同时，每一个公民都应以主人翁的自觉性和对国家和社会的高度责任感，从国家的大局出发，珍惜目前来之不易的安定团结局面，尊重他人的自由和权利，自觉地维护社会安定和公共秩序，不做有损国家和人民利益的事情。特别是应当谨防一些不法分子利用我们在工作中出现的一些问题，趁机煽动群众，以集会、游行、示威的方式制造事端，危害国家的稳定和安全。

根据治安管理处罚法的规定，煽动、策划非法游行、集会、示威行为，需要符合以下几个条件：1、主体是非法集会、游行、示威煽动者、策划者。2、集会、游行、示威活动属于非法。集会是指聚集于露天公共场所，发表意见、表达意愿的活动；游行是指在公共道路、露天公共场所列队行进、表达共同意愿的活动；示威是指在露天公共场所或者公共道路上以集会、游行、静坐等方式，表达要求、抗议或者支持、声援等共同意愿的活动。有关法律对集会、游行、示威活动的程序等都有明确规定，违反这些规定擅自进行的集会、游行、示威活动，就是非法集会、游行、示威。3、有不听劝阻的情节，这是能否适用治安管理处罚的前提条件。对于那些在国家有关机关及时制止后，主动停止自己行为，避免了其不法行为带来的社会危害后果的，不适用治安管理处罚。

根据治安管理处罚法的规定，煽动、策划非法集会、游行、示威，不听劝阻的，处十日以上十五日以下拘留。

依据指引：

❶《中华人民共和国治安管理处罚法》（2005年8月28日公布，自2006年3月1日起施行）

第五十五条 煽动、策划非法集会、游行、示威，不听劝阻的，处十日以上十五日以下拘留。

❷《中华人民共和国刑法》（1997年3月14日修订公布，自1997年10月1日起施行）

第二百九十六条 举行集会、游行、示威，未依照法律规定申请或者申请未获许可，或者未按照主管机关许可的起止时间、地点、路线进行，又拒不服从解散命令，严重破坏社会秩序的，对集会、游行、示威的负责人和直接责任人员，处五年以下有期徒刑、拘役、管制或者剥夺政治权利。

第二百九十七条 违反法律规定，携带武器、管制刀具或者爆炸物参加集会、游行、示威的，处三年以下有期徒刑、拘役、管制或者剥夺政治权利。

第二百九十八条 扰乱、冲击或者以其他方法破坏依法举行的集会、游行、示威，造成公共秩序混乱的，处五年以下有期徒刑、拘役、管制或者剥夺政治权利。

❸《中华人民共和国集会游行示威法》（1989年10月31日公布施行）

第六条 集会、游行、示威的主管机关，是集会、游行、示威举行地的市、县公安局、城市公安分局；游行、示威路线经过两个以上区、县的，主管机关为所经过区、县的公安机关的共同上一级公安机关。

第七条 举行集会、游行、示威，必须依照本法规定向主管机关提出申请并获得许可。

下列活动不需申请：

（一）国家举行或者根据国家决定举行的庆祝、纪念等活动；

（二）国家机关、政党、社会团体、企业事业组织依照法律、组织章程举行的集会。

第八条 举行集会、游行、示威，必须有负责人。

依照本法规定需要申请的集会、游行、示威，其负责人必须在举行日期的五日前向主管机关递交书面申请。申请书中应当载明集会、游行、示威的目的、方式、标语、口号、人数、车辆数、使用音响设备的种类与数量、起止时间、地点（包括集合地和解散地）、路线和负责人的姓名、职业、住址。

第九条 主管机关接到集会、游行、示威申请书后，应当在申请举行日期的二日前，将许可或者不许可的决定书面通知其负责人。不许可的，应当说明理由。逾期不通知的，视为许可。

确因突然发生的事件临时要求举行集会、游行、示威的，必须立即报告主管机关；主管机关接到报告后，应当立即审查决定许可或者不许可。

第十四条 集会、游行、示威的负责人在提出申请后接到主管机关通知前，可以撤回申请；接到主管机关许可的通知后，决定不举行集会、游行、示威的，应当及时告知主管机关，参加人已经集合的，应当负责解散。

第十五条 公民不得在其居住地以外的城市发动、组织、参加当地公民的集会、游行、示威。

第十六条 国家机关工作人员不得组织或者参加违背有关法律、法规规定的国家机关工作人员职责、义务的集会、游行、示威。

第二十六条 举行集会、游行、示威，不得违反治安管理法规，不得进行犯罪活动或者煽动犯罪。

第二十七条 举行集会、游行、示威，有下列情形之一的，人民警察应当予以制止：

（一）未依照本法规定申请或者申请未获许可的；

（二）未按照主管机关许可的目的、方式、标语、口号、起止时间、地点、路线进行的；

（三）在进行中出现危害公共安全或者严重破坏社会秩序情况的。

有前款所列情形之一，不听制止的，人民警察现场负责人有权命令解散；拒不解散的，人民警察现场负责人有权依照国家有关规定决定采取必要手段强行驱散，并对拒不服从的人员强行带离现场或者立即予以拘留。

第二十八条 举行集会、游行、示威，有违反治安管理行为的，依照治安管理处罚条例有关规定予以处罚。

举行集会、游行、示威，有下列情形之一的，公安机关可以对其负责人和直接责任人员处以警告或者十五日以下拘留：

（一）未依照本法规定申请或者申请未获许可的；

（二）未按照主管机关许可的目的、方式、标语、口号、起止时间、地点、路线进行，不听制止的。

第二十九条 举行集会、游行、示威，有犯罪行为的，依照刑法有关规定追究刑事责任。

携带武器、管制刀具或者爆炸物的，比照刑法第一百六十三条的规定追究刑事责任。

未依照本法规定申请或者申请未获许可，或者未按照主管机关许可的起止时间、地点、路线进行，又拒不服从解散命令，严重破坏社会秩序的，对集会、游行、示威的负责人和直接责任人员依照刑法第一百五十八条的规定追究刑事责任。

包围、冲击国家机关，致使国家机关的公务活动或者国事活动不能正常进行的，对集会、游行、示威的负责人和直接责任人员依照刑法第一百五十八条的规定追究刑事责任。

占领公共场所、拦截车辆行人或者聚众堵塞交通，严重破坏公共场所秩序、交通秩序的，对集会、游行、示威的负责人和直接责任人员依照刑法第一百五十九条的规定追究刑事责任。

第三十三条 公民在本人居住地以外的城市发动、组织当地公民的集会、游行、示威的，公安机关有权予以拘留或者强行遣回原地。

【旅馆业工作人员违反治安管理规定】

加强对旅馆等公共场所的管理是维护社会治安秩序的重要管理措施。治安管理处罚法规定的旅馆业工作人员违反治安管理的行为主要有三种表现形式：对住宿的旅客不按规定登记姓名、身份证件种类和号码的；明知住宿旅客将危险物质带入旅馆，不予制止的；明知住宿旅客是犯罪嫌疑人员或者被公安机关通缉的人员，不向公安机关报告的。

对住宿旅客进行登记，是旅馆业管理的基本工作，也是预防和打击违法犯罪活动的有效手段。根据1987年11月公安部颁布的《旅馆业治安管理办法》的规定，旅馆接待旅客住宿必须登记。登记时，应当查验旅客的身份证件，按规定的项目如实登记。一些旅馆业的工作人员单纯追求经济利益，不认真履行安全防范责任，对住宿的旅客不按规定登记姓名、身份证件种类和号码，使犯罪分子可能逃避公安机关的打击。因此，强化旅馆业的工作人员的责任，加强旅馆业的工作人员对旅客住宿登记的管理，是保障社会治安稳定的重要手段。

我国对危险物质的管理是非常严格的，其目的是为了防止这些危险物质危害到公共安全。旅馆作为一个聚集着众多流动人口的地方，直接涉及公共安全，因此，《旅馆业治安管理办法》规定，严禁旅客将易燃、易爆、剧毒、腐蚀性和放射性等危险物品带入旅馆。也就是说，法律、法规授权旅馆业的工作人员，对住宿其旅馆的旅客将危险物质带入旅馆的行为，有权加以制止。这一规定对旅馆业的工作人员的法律责任要求是明确的，即：一是主观上必须明知，要求旅馆业的工作人员对旅客携带的危险物质必须是明确知道的，而不仅是怀疑有危险物质，或者估计可能有危险物质；二是旅馆业的工作人员明知住宿旅客将危险物质带入旅馆不加制止。法律没有要求旅馆业的工作人员的这种制止行为一定要达到何种结果，但要求旅馆业的工作人员必须要履行这一职责，而且要求履行这一职责的标准，并不是只是口头上说说，而是要有具体的行为，对旅客不听制止的，不是简单的放弃，而应当及时报告有关部门，防止危险物质的扩散，保障公共安全。

根据《旅馆业治安管理办法》的规定，旅馆工作人员发现违法犯罪分子，形迹可疑的人员和被公安机关通缉的罪犯，应当立即向当地公安机关报告，不得知情不报或者隐瞒包庇。向公安机关及时报告，不仅是旅馆业的工作人员的责任，也是公安机关打击犯罪、防止犯罪分子再度危害社会的有效途径。

上述违法行为的主体是旅馆业的工作人员，既包括单位经营者，也包括个人经营者；既包括作为投资人的老板、股东，也包括被老板聘用的经营管理人员。

根据治安管理处罚法第五十六条的规定，旅馆业的工作人员对住宿的旅客不按规定登记姓名、身份证件种类和号码的，或者明知住宿旅客将危险物质带入旅馆，不予制止的，处警告或者二百元以下罚款。明知住宿的旅客是犯罪嫌疑人员或者被公安机关通缉的人员，不向公安机关报告的，处二百元以上五百元以下罚款；情节严重的，处五日以下拘留，可以并处五百元以下罚款。

依据指引：

❶**《中华人民共和国治安管理处罚法》**（2005年8月28日公布，自2006年3月1日起施行）

第五十六条　旅馆业的工作人员对住宿的旅客不按规定登记姓名、身份证件种类和号码的，或者明知住宿的旅客将危险物质带入旅馆，不予制止的，处二百元以上五百元以下罚款。

旅馆业的工作人员明知住宿的旅客是犯罪嫌疑人员或者被公安机关通缉的人员，不向公安机关报告的，处二百元以上五百元以下罚款；情节严重的，处五日以下拘留，可以并处五百元以下罚款。

❷**《旅馆业治安管理办法》**（1987年9月23日国务院批准，1987年11月10日公安部发布施行）

第二条　凡经营接待旅客住宿的旅馆、饭店、宾馆、招待所、客货栈、车马店、浴池等（以下统称旅馆），不论是国营、集体经营，还是合伙经营、个体经营、中外合资、中外合作经营，不论是专营还是兼营，不论是常年经营，还是季节性经营，都必须遵守本办法。

第六条　旅馆接待旅客住宿必须登记。登记时，应当查验旅客的身份证件，按规定的项目如实登记。

接待境外旅客住宿，还应当在二十四小时内向当地公安机关报送住宿登记表。

第七条　旅馆应当设置旅客财物保管箱、柜或者保管室、保险柜，指定专人负责保管工作。对旅客寄存的财物，要建立登记、领取和交接制度。

第八条　旅馆对旅客遗留的物品，应当妥为保管，设法归还原主或揭示招领；经招领三个月后无人认领的，要登记造册，送当地公安机关按拾遗物品处理。对违禁物品和可疑物品，应当及时报告公安机关处理。

第九条 旅馆工作人员发现违法犯罪分子，行迹可疑的人员和被公安机关通缉的罪犯，应当立即向当地公安机关报告，不得知情不报或隐瞒包庇。

第十七条 违反本办法第六、十一、十二条规定的，依照《中华人民共和国治安管理处罚条例》有关条款的规定，处罚有关人员；发生重大事故、造成严重后果构成犯罪的，依法追究刑事责任。

【房屋出租人违反治安管理规定】

出租房屋管理是社会管理和治安管理的一项重要基础性工作。一些不法分子利用出租房屋从事违法犯罪活动问题时有发生。为了加强对出租房屋的治安管理，治安管理处罚法规定了房屋出租人违反治安管理的违法行为。治安管理处罚法规定的房屋出租人违反治安管理的行为，主要有三种表现形式：将房屋出租给无身份证件的人居住的；不登记承租人姓名、身份证件的种类和号码的；明知承租人利用出租房屋进行犯罪活动，不向公安机关报告的。

根据《租赁房屋治安管理规定》的规定，私有房屋和单位房屋出租，经审核符合规定出租条件的，房屋出租人必须向公安机关签订治安责任保证书。房屋出租人不得将房屋出租给无合法有效证件的承租人。同时，对房屋承租人也有明确要求，要求其在租赁房屋时，必须持有本人居民身份证或者其他合法身份证件，方可承租他人住房。房屋出租人认真查验承租人的身份证件，是其了解承租人基本情况的一项基本要求，这既是其应当履行的社会责任，也是保障其房屋出租利益所需要的。对房屋出租人而言，也是容易和应该作到的。

掌握了解房屋承租人的基本情况，其中一个重要手段就是将承租人提供的身份证件的种类、进行登记，这是确认房屋承租人身份的一项基本工作，加强对出租房屋的管理，及时全面掌握出租房屋的底数和有关情况，严密防范和依法打击不法分子利用出租房屋进行的各类违法犯罪活动，对于保护公民的合法权益，维护社会治安秩序，促进房屋租赁业的健康发展，具有十分重要的意义。

不法分子利用出租房屋进行违法犯罪活动是当前在房屋出租行业中一个比较突出的问题，必须切实加以解决，使违法犯罪分子无机可乘。根据《租赁房屋治安管理规定》的规定，房屋出租人发现承租人有违法犯罪活动或者有违法犯罪嫌疑的，应当及时报告公安机关。房屋的出租方和承租方是房屋租赁合同的当事人，联系密切，容易发现问题。根据治安管理处罚法的规定，房屋出租人违反治安管理的构成条件，一是出租人主观上必须是明知。房屋出租人对房屋承租人利用出租房屋进行的犯罪活动不知道的，不属于本违法行为。二是承租人利用承租的房屋进行违法犯罪活动，如承租人利用其承租的房屋进行组织、介绍、容留他人卖淫或者开设赌场进行赌博等犯罪活动。如果承租人进行的犯罪活动不是在其承租的房屋里进行，而是在其他地点，房屋出租人没有报告的，不属于本违法行为。三是发现承租人利用出租房屋进行犯罪活动，不及时向公安机关报告。

根据治安管理处罚法第五十七条的规定，房屋出租人将房屋出租给无身份证件的人居住的，或者不按规定登记承租人姓名、身份证件种类和号码的，处二百元以上五百元以下罚款。明知承租人利用出租房屋进行犯罪活动，不向公安机关报告的，处二百元以上五百元以下罚款；情节严重的，处五日以下拘留，可以并处五百元以下罚款。

依据指引：

❶**《中华人民共和国治安管理处罚法》**（2005年8月28日公布，自2006年3月1日起施行）

第五十七条　房屋出租人将房屋出租给无身份证件的人居住的，或者不按规定登记承租人姓名、身份证件种类和号码的，处二百元以上五百元以下罚款。

房屋出租人明知承租人利用出租房屋进行犯罪活动，不向公安机关报告的，处二百元以上五百元以下罚款；情节严重的，处五日以下拘留，可以并处五百元以下罚款。

❷**《租赁房屋治安管理规定》**（1994年10月22日公安部部长会议通过，1995年3月6日发布施行）

第二条　本规定所称的租赁房屋，是指旅馆业以外以营利为目的，公民私有和单位所有出租用于他人居住的房屋。

第三条　公安机关对租赁房屋实行治安管理，建立登记、安全检查等管理制度。

第六条　私有房屋出租的，出租人须持房屋所有权证或者其他合法证明、居民身份证、户口簿，向房屋所在地公安派出所申请登记；单位房屋出租的，出租人须持房屋所有权证、单位介绍信，到房屋所在地公安派出所申请登记，经审核符合本规定出租条件的，由出租人向公安派出所签订治安责任保证书。

第七条　房屋出租人的治安责任：

（一）不准将房屋出租给无合法有效证件的承租人；

（二）与承租人签订租赁合同，承租人是外来暂住人员的，应当带领其到公安派出所申报暂住户口登记，并办理暂住证；

（三）对承租人的姓名、性别、年龄、常住户口所在地、职业或者主要经济来源、服务处所等基本情况进行登记并向公安派出所备案；

（四）发现承租人有违法犯罪活动或者有违法犯罪嫌疑的，应当及时报告公安机关；

（五）对出租的房屋经常进行安全检查，及时发现和排除不安全隐患，保障承租人的居住安全；

（六）房屋停止租赁的，应当到公安派出所办理注销手续；

（七）房屋出租单位或者个人委托代理人管理出租房屋的，代理人必须遵守有关规定，承担相应责任。

第九条　违反本规定的行为，由县（市）公安局或者城市公安分局予以处罚：

（一）出租人未向公安机关办理登记手续或者未签订治安责任保证书出租房屋的，责令限期补办手续并没收非法所得，情节严重的可以并处月租金五倍以下的罚款；

（二）出租人将房屋出租给无合法有效证件承租人的，处以警告、月租金三倍以下的罚款；

（三）出租人不履行治安责任，发现承租人利用所租房屋进行违法犯罪活动或者有违法犯罪嫌疑不制止、不报告，或者发生案件、治安灾害事故的，责令停止出租，可以并处月租金十倍以下的罚款；

（四）承租人将承租房屋转租、转借他人未按规定报告公安机关的，处以警告，没收非法所得；

（五）承租人利用出租房屋非法生产、储存、经营易燃、易爆、有毒等危险物品的，没收物品，处月租金十倍以下罚款。

第十条　对出租或承租的单位违反规定的，依照本规定第九条由县（市）公安局或者城市公安分局予以处罚，同时对单位的主管负责人或者直接责任人处以月工资两倍以下的罚款。

第十一条　违反本规定构成违反治安管理行为的，依照《中华人民共和国治安管理处罚条例》有关规定处罚；构成犯罪的，依法追究刑事责任。

❸**《关于进一步加强和改进出租房屋管理工作有关问题的通知》**（公安部、中央社会治安综合治理委员会办公室、民政部、建设部、国家税务总局、国家工商行政管理总局2004年11月12日联合发布）

各省、自治区、直辖市公安厅（局）、综治办、民政厅（局）、建设厅（建委、房地局）、国家税务局、地方税务局、工商行政管理局，新疆生产建设兵团公安局、综治办、民政局、建设局、财务局、工商行政管理局：

近年来，随着我国城乡经济的迅速发展，流动人口日益增多，房屋租赁业发展迅速。由于一些地方管理措施未能有效落实，不法分子利用出租房屋从事违法犯罪活动问题日益突出。随着行政审批制度改革工作的不断深入，原有的出租房屋管理方法、方式和机制受到冲击，出租房屋管理工作面临更大的压力和挑战。为进一步加强和改进出租房屋管理工作，维护社会治安秩序，促进房屋租赁业的健康发展，现就有关问题通知如下：

三、依法加强对出租房屋的管理。各部门要加大工作力度，规范房屋租赁活动。对房主违反出租房屋管理规定的行为，按照下列规定严肃查处：

（一）符合出租条件但未办理租赁登记备案手续的，由房地产管理部门责令补办手续。

（二）不符合出租条件而出租的，由房地产管理部门依法给予处罚。

（三）办理房屋租赁登记备案后未到房屋所在地公安派出所签订治安责任保证书，经通知拒不改正的，由公安部门依照《租赁房屋治安管理规定》第九条第（一）项的规定予以处罚。

（四）将房屋出租给无合法有效证件人员的，由公安部门依照《租赁房屋治安管理规定》第九条第（二）项的规定予以处罚。

（五）明知承租人违反爆炸、剧毒、易燃、放射性等危险物品管理规定，利用出租房屋生产、销售、储存、使用危险物品，不及时制止、报告，尚未造成严重后果的，由公安部门依照《租赁房屋治安管理规定》第九条第（三）项的规定予以处罚；构成犯罪的，依照《中华人民共和国刑法》第一百三十六条的规定追究刑事责任。

（六）明知是赃物而窝藏的，由公安部门依照《中华人民共和国治安管理处罚条例》第二十四条第（一）项的规定予以处罚；构成犯罪的，依照《中华人民共和国刑法》第三百一十二条的规定追究刑事责任。

（七）违反消防安全规定，占用防火间距的，由公安消防机构依照《中华人民共和国消防法》第四十八条第（二）项的规定予以处罚。

（八）出租房屋有重大火灾隐患，经公安部门通知不加改正的，由公安部门依照《中华人民共和国治安管理处罚条例》第二十六条第（八）项的规定予以处罚。

（九）不按照规定为暂住人员申报暂住户口登记的，由公安部门依照《中华人民共和国治安管理处罚条例》第二十九条第（五）项的规定予以处罚。

（十）介绍或者容留卖淫的，由公安部门依照《中华人民共和国治安管理处罚条例》第三十条的规定予以处罚；构成犯罪的，依照《中华人民共和国刑法》第三百五十九条的规定追究刑事责任。

（十一）为他人进行赌博活动提供出租房屋的，由公安部门依照《中华人民共和国治安管理处罚条例》第三十二条第（一）项的规定予以处罚；构成犯罪的，依照《中华人民共和国刑法》第三百零三条的规定追究刑事责任。

（十二）为他人制作、贩卖淫秽图书、光盘或者其他淫秽物品提供出租房屋的，由公安部门依照《中华人民共和国治安管理处罚条例》第三十二条第（二）项的规定予以处罚；构成犯罪的，依照《中华人民共和国刑法》第三百六十三条的规定追究刑事责任。

（十三）明知是有犯罪行为的人而为其提供出租房屋，帮助其逃避或者为其作假证明的，由公安部门依照《中华人民共和国刑法》第三百一十条的规定追究刑事责任。

（十四）有税收违法行为的，由税务部门依法给予处罚。

【制造噪声干扰他人正常生活】

治安管理处罚法规定的制造噪声干扰他人正常生活的违法行为，是指违反关于社会生活噪声污染防治的法律规定，制造噪声干扰他人正常生活的行为。根据噪声污染防治法的规定，噪声是指在工业生产、建筑施工、交通运输和社会生活中所产生的干扰周围生活环境的声音。也就是说，广义上的噪声，既包括工业噪声，还包括建筑噪声、交通运输噪声和社会生活噪声。工业噪声是指在工业生产活动中使用固定的设备时产生的干扰周围生活环境的声音。建筑施工噪声是指在建筑施工过程中产生的干扰周围生活环境的声音。交通运输噪声是指机动车辆、铁路机车、机动船舶、航空器等交通运输工具在运行时所产生的干扰周围生活环境的声音。社会生活噪声是指人为活动所产生的除工业噪声、建筑施工噪声和交通运输噪声之外的干扰周围生活环境的声音。治安管理处罚法规定要予以治安管理处罚的，是违反社会生活噪声污染防治的规定，干扰他人正常生活的行为。

治安管理处罚法对制造噪声干扰他人生活的行为，规定了两个层次的处罚。即首先处警告，因为噪声的危害只要及时停止，危害后果即可以停止发生，因此要求公安机关要及时制止，对其行为予以警告。如果行为人经公安机关警告后，拒不改正的，处二百元以上五百元以下罚款。

应当强调指出的是，对于其制造噪声干扰他人生活的行为同时还违反了其他法律、法规规定的，除予以治安管理处罚外，还应当由有关主管部门依据其他法律、法规的规定，给予相应的行政处罚。

依据指引：

❶《中华人民共和国治安管理处罚法》(2005年8月28日公布，自2006年3月1日起施行)

第五十八条　违反关于社会生活噪声污染防治的法律规定，制造噪声干扰他人正常生活的，处警告；警告后不改正的，处二百元以上五百元以下罚款。

❷《中华人民共和国环境噪声污染防治法》(1996年10月29日公布，自1997年3月1日起施行)

第六章　社会生活噪声污染防治

第四十一条　本法所称社会生活噪声，是指人为活动所产生的除工业噪声、建筑施工噪声和交通运输噪声之外的干扰周围生活环境的声音。

第四十二条　在城市市区噪声敏感建筑物集中区域内，因商业经营活动中使用固定设备造成环境噪声污染的商业企业，必须按照国务院环境保护行政主管部门的规定，向所在地的县级以上地方人民政府环境保护行政主管部门申报拥有的造成环境噪声污染的设备的状况和防治环境噪声污染的设施的情况。

第四十三条　新建营业性文化娱乐场所的边界噪声必须符合国家规定的环境噪声排放标准；不符合国家规定的环境噪声排放标准的，文化行政主管部门不得核发文化经营许可证，工商行政管理部门不得核发营业执照。

经营中的文化娱乐场所，其经营管理者必须采取有效措施，使其边界噪声不超过国家规定的环境噪声排放标准。

第四十四条　禁止在商业经营活动中使用高音广播喇叭或者采用其他发出高噪声的方法招揽顾客。

在商业经营活动中使用空调器、冷却塔等可能产生环境噪声污染的设备、设施的，其经营管理者应当采取措施，使其边界噪声不超过国家规定的环境噪声排放标准。

第四十五条　禁止任何单位、个人在城市市区噪声敏感建筑物集中区域内使用高音广播喇叭。

在城市市区街道、广场、公园等公共场所组织娱乐、集会等活动，使用音响器材可能产生干扰周围生活环境的过大音量的，必须遵守当地公安机关的规定。

第四十六条　使用家用电器、乐器或者进行其他家庭室内娱乐活动时，应当控制音量或者采取其他有效措施，避免对周围居民造成环境噪声污染。

第四十七条　在已竣工交付使用的住宅楼进行室内装修活动，应当限制作业时间，并采取其他有效措施，以减轻、避免对周围居民造成环境噪声污染。

第五十八条　违反本法规定，有下列行为之一的，由公安机关给予警告，可以并处罚款：

(一) 在城市市区噪声敏感建筑物集中区域内使用高音广播喇叭；

(二) 违反当地公安机关的规定，在城市市区街道、广场、公园等公共场所组织娱乐、集会等活动，使用音响器材，产生干扰周围生活环境的过大音量的；

（三）未按本法第四十六条和第四十七条规定采取措施，从家庭室内发出严重干扰周围居民生活的环境噪声的。

第五十九条 违反本法第四十三条第二款、第四十四条第二款的规定，造成环境噪声污染的，由县级以上地方人民政府环境保护行政主管部门责令改正，可以并处罚款。

第六十条 违反本法第四十四条第一款的规定，造成环境噪声污染的，由公安机关责令改正，可以并处罚款。

省级以上人民政府依法决定由县级以上地方人民政府环境保护行政主管部门行使前款规定的行政处罚权的，从其决定。

第六十一条 受到环境噪声污染危害的单位和个人，有权要求加害人排除危害；造成损失的，依法赔偿损失。

赔偿责任和赔偿金额的纠纷，可以根据当事人的请求，由环境保护行政主管部门或者其他环境噪声污染防治工作的监督管理部门、机构调解处理；调解不成的，当事人可以向人民法院起诉。当事人也可以直接向人民法院起诉。

第六十三条 本法中下列用语的含义是：

（一）"噪声排放"是指噪声源向周围生活环境辐射噪声。

（二）"噪声敏感建筑物"是指医院、学校、机关、科研单位、住宅等需要保持安静的建筑物。

（三）"噪声敏感建筑物集中区域"是指医疗区、文教科研区和以机关或者居民住宅为主的区域。

（四）"夜间"是指晚二十二点至晨六点之间的期间。

（五）"机动车辆"是指汽车和摩托车。

❸《娱乐场所管理条例》（1999年3月17日国务院第15次常务会议通过，1999年3月26日公布，自1999年7月1日起施行）

第九条 娱乐场所不得在可能干扰学校、医院、机关正常学习、工作秩序的地点设立。

娱乐场所的边界噪声必须符合国家规定的标准。

❹《国家环境保护总局、公安部、国家工商行政管理局关于加强社会生活噪声污染管理的通知》（1999年9月15日）

各省、自治区、直辖市环境保护局、公安厅、工商局：

《中华人民共和国环境噪声污染防治法》执行两年多来，各地在防治环境噪声污染方面取得了一定成效。但社会生活噪声污染仍是群众反映最强烈的环境问题。为保证群众有一个良好的生活环境，加强对社会生活噪声污染的管理，现通知如下：

一、在城镇人口集中区建设有可能产生环境噪声污染的营业性饮食、服务单位和娱乐场所，必须采取有效的防治环境噪声污染的措施，使其边界噪声达到国家规定的环境噪声排放标准；娱乐场所不得在可能干扰学校、医院、机关正常学习、工作秩序的地点设立。对于不符合要求的，当地环保部门不得同意其建设，工商行政管理部门不得核发其营业执照。

二、已建成的位于城镇人口集中区的营业性饮食、服务单位和娱乐场所的边界噪声必须符合国家环境噪声排放标准；居民区内有噪声排放的单位，必须采取相应的降噪措施，不得超过国家规定的噪声排放标准，并严格限制夜间工作时间；在经营活动中使用空调器、冷却塔等可能产生环境噪声污染的设备、设施的单位应采取措施，使其场所边界噪声不超过国家环境噪声排放标准。

对违反上述规定造成严重环境噪声污染的单位，当地环保部门应依法责令其限期治理；对经限期治理逾期仍未达到环保要求的单位，除按国家规定收取超标准排污费和处以罚款外，当地环保部门应向县级以上人民政府报告，按照规定的权限，责令其停业、搬迁或关闭。同时，由当地工商行政管理部门对其依法办理变更登记或注销登记。

三、禁止任何单位和个人在城市市区噪声敏感建筑物集中区域内使用高音喇叭；禁止在商业经营活动中使用高音喇叭或其他发出高噪声的方法招揽顾客；禁止在城市市区街道、广场、公园等公共场所组织的娱乐、集会等活动中，使用音量过大、严重干扰周围生活环境的音响器材；在已交付使用的住宅楼进行室内装修活动时，严禁施工人员在夜间和午间休息时间进行噪声扰民作业。

对违反上述规定的，由当地公安机关依据

《中华人民共和国环境噪声污染防治法》予以处罚，构成违反治安管理行为的，依照《中华人民共和国治安管理处罚条例》予以处罚。

四、工商行政管理部门在审核营业性饮食、服务单位和娱乐场所申请执照的监督管理工作中，可要求其对环境噪声污染及其防治情况作出说明。发现有可能产生污染或已经存在污染的，要及时向环保部门通报情况及采取措施。

五、任何单位和个人有权向当地环保、公安、工商行政管理部门投诉营业性饮食、服务单位和娱乐场所造成环境噪声污染的行为，有关部门接到投诉后应及时予以答复和处理。

❺《国家环境保护总局关于限制营业性饮食服务单位和娱乐场所夜间工作时间的复函》（2004年7月27日）

湖北省环境保护局：

你局《关于限制营业性饮食服务单位和娱乐场所夜间工作时间的请示》（鄂环保文〔2004〕94号）收悉。经研究，函复如下：

一、法律及相关规章对营业性饮食服务单位和娱乐场所管理的有关规定

《环境噪声污染防治法》第43条规定：经营性文化娱乐场所，其经营管理者必须采取有效措施，使边界噪声不超过国家规定的环境噪声排放标准。

国家环保总局、公安部、国家工商局1999年6月25日联合发布的《关于加强社会生活噪声污染管理的通知》规定：已建成的位于城镇人口集中区的营业性饮食服务单位和娱乐场所的边界噪声必须符合国家环境噪声排放标准；居民区内有噪声排放的单位，必须采取相应的隔离措施，不得超过国家规定的噪声排放标准，并严格限制夜间工作时间。

二、对营业性饮食服务单位和娱乐场所夜间工作时间的限定

根据上述国家有关噪声污染防治的规定，营业性饮食服务单位和娱乐场所位于居民区内的，不得超过国家规定的噪声排放标准。如果此类服务单位和娱乐场所与居民住房紧密相连，虽然其边界噪声达到标准，但仍然引起噪声扰民纠纷的，我局同意你局意见，即在噪声敏感集中区域，限制其夜间工作的时间范围，并可以比照《环境噪声污染防治法》关于建筑施工夜间作业噪声污染防治的相关规定执行。

【典当业违反治安管理】

典当业在给人民群众带来方便的同时，如果不加规范，会给违法犯罪分子可乘之机，成为其销赃的渠道。为了加强对典当业的治安管理，国家有关部门制定了典当管理办法，其中对典当业经营者承接典当物品应当遵守的规定，应当履行的协助维护社会治安的义务等作了明确规定。为了保证这些规定落到实处，治安管理处罚法规定了对典当业经营者违反治安管理规定的处罚。根据治安管理处罚法的规定，典当业工作人员违反治安管理的行为主要包括：承接典当的物品，不查验有关证明、不履行登记手续；明知是违法犯罪嫌疑人、赃物，不向公安机关报告两类。

这里的典当业工作人员，包括典当业经营者、员工等所有负有责任的工作人员。关于典当业工作人员办理典当业务时的查验、登记义务，《典当管理办法》有明确规定，“办理出当与赎当，当户均应当出具本人的有效身份证件。当户为单位的，经办人员应当出具单位证明和经办人的有效身份证件；委托典当中，被委托人应当出具典当委托书、本人和委托人的有效身份证件。”“除前款所列证件外，出当时，当户应当如实向典当行提供当物的来源及相关证明材料。赎当时，当户应当出示当票。”“典当行应当查验当户出具的本条第二款所列证明文件。”“典当行应当如实记录、统计质押当物和当户信息，并按照所在地县级以上人民政府公安机关的要求报送备查。”典当业工作人员只要严格按照这些规定从事典当活动，违法犯罪分子就难有可乘之机，典当业也就不会成为他们的销赃之地。但是如果典当业工作人员不认真遵守这些规定，在承接典当物品时，不按规定查验有关证明、不履行登记手续的，就容易被违法犯罪分子利用，从而危害社会治安，应当予以治安管理处罚。此外，根据《典当管理办法》的规定，典当行如果发现违法犯罪嫌疑人或者赃物的，有义务向公安机关报告。对典当业工作人员不履行此项义务，发现违法犯罪嫌疑人或者赃物知情不举，不按规定向公安机关报告的，也应予以治安管理处罚。

根据治安管理处罚法的规定，典当业工作人员承接典当的物品，不查验有关证明、不履行登记手续的，或者明知是违法犯罪嫌疑人、赃物，不向公安机关报告的，处五百元以上一千元以下罚款的处罚；情节严重的，处五日以上十日以下拘留，并处五百元以上一千元以下罚款的处罚。

依据指引：

❶《中华人民共和国治安管理处罚法》(2005年8月28日公布，自2006年3月1日起施行)

第五十九条 有下列行为之一的，处五百元以上一千元以下罚款；情节严重的，处五日以上十日以下拘留，并处五百元以上一千元以下罚款：

（一）典当业工作人员承接典当的物品，不查验有关证明、不履行登记手续，或者明知是违法犯罪嫌疑人、赃物，不向公安机关报告的；

（二）违反国家规定，收购铁路、油田、供电、电信、矿山、水利、测量和城市公用设施等废旧专用器材的；

（三）收购公安机关通报寻查的赃物或者有赃物嫌疑的物品的；

（四）收购国家禁止收购的其他物品的。

❷《中华人民共和国刑法》(1997年3月14日修订公布，自1997年10月1日起施行)

第三百一十二条 明知是犯罪所得的赃物而予以窝藏、转移、收购或者代为销售的，处三年以下有期徒刑、拘役或者管制，并处或者单处罚金。

❸《典当管理办法》(商务部、公安部2005年2月9日发布，自2005年4月1日起施行)

第二十七条 典当行不得收当下列财物：

（一）依法被查封、扣押或者已经被采取其他保全措施的财产；

（二）赃物和来源不明的物品；

（三）易燃、易爆、剧毒、放射性物品及其容器；

（四）管制刀具，枪支、弹药，军、警用标志、制式服装和器械；

（五）国家机关公文、印章及其管理的财物；

（六）国家机关核发的除物权证书以外的证照及有效身份证件；

（七）当户没有所有权或者未能依法取得处分权的财产；

（八）法律、法规及国家有关规定禁止流通的自然资源或者其他财物。

第三十五条 办理出当与赎当，当户均应当出具本人的有效身份证件。当户为单位的，经办人员应当出具单位证明和经办人的有效身份证件；委托典当中，被委托人应当出具典当委托书、本人和委托人的有效身份证件。

除前款所列证件外，出当时，当户应当如实向典当行提供当物的来源及相关证明材料。赎当时，当户应当出示当票。

典当行应当查验当户出具的本条第二款所列证明文件。

第五十一条 典当行应当如实记录、统计质押当物和当户信息，并按照所在地县级以上人民政府公安机关的要求报送备查。

第五十二条 典当行发现公安机关通报协查的人员或者赃物以及本办法第二十七条所列其他财物的，应当立即向公安机关报告有关情况。

第六十五条 典当行违反本办法第三十五条第三款或者第五十一条规定的，由县级以上人民政府公安机关责令改正，并处200元以上1000元以下罚款。

第六十六条 典当行违反本办法第五十二条规定的，由县级以上人民政府公安机关责令改正，并处2000元以上1万元以下罚款；造成严重后果或者屡教不改的，处5000元以上3万元以下罚款。

对明知是赃物而窝藏、销毁、转移的，依法给予治安管理处罚；构成犯罪的，依法追究刑事责任。

【废旧收购业违反治安管理】

废旧金属收购业、废旧物品收购业极易成为违法犯罪分子销赃的渠道。加强对废旧金属收购业、废旧物品收购业的治安管理，是做好维护社会治安工作，打击和预防盗窃、抢劫、抢夺等侵财型违法犯罪活动的重要基础性工作。关于废旧收购业治安管理，有关国家规定中已有明确规定，为了使这些规定落到实处，治安管理处罚法对废旧收购业违反治安管理的行为，规定了治安管理处罚。根据治安管理处罚法的规定，废旧收购业违反治安管理的行为，主要包括三种表现形式：违反国家规定，收购铁路、油田、供电、电信、矿山、水利、测量和城市公用设施等废旧专用器材的；收购公安机关通报寻查的赃物或者有赃物嫌疑的物品的；收购国家禁止收购的其他物品的。

近年来，一些违法犯罪分子大肆偷盗国家铁路、油田、供电、电信、矿山、水利、测量和城市公用设施等专用器材，给经济建设和人民群众的正常生活带来严重损害。为了打击这些不法分子和其他盗窃、抢夺等违法犯罪活动，一方面，对这些违法犯罪分子要绳之以法，追究其法律责任；另一方面，还要加强对收购废旧专用器材的管理。关于这些器材的回收利用，国家都有专门规定。因此，公安部《废旧金属收购业治安管理办法》也规定，收购废旧金属的企业和个体工商户不得收购铁路、油田、供电、电信通讯、矿山、水利、测量和城市公用设施等专用器材。

收购公安机关通报寻查的赃物或者有赃物嫌疑的物品，其社会危害性是显而易见的。这里的“公安机关通报寻查的赃物”，主要是指由于丢失物品的单位或者个人向公安机关报告，公安机关经过侦查确认并向废旧金属收购业、废旧物品收购业发出通报的物品。比如铁路企业丢失了大量铁轨，立即向公安机关报告。公安机关经过侦查迅速查明是盗窃分子所为，并立即向有关废旧金属收购部门就丢失的铁轨的数量和型号发出通报，这些丢失的铁轨就属于公安机关通报寻查的赃物。所谓“有赃物嫌疑的物品”是指公安机关通报寻查的其他涉嫌被盗、被抢或被骗的赃物。公安部《废旧金属收购业治安管理办法》第十条规定，收购废旧金属的企业和个体工商户发现有出售公安机关通报寻查的赃物或者有赃物嫌疑的物品的，应当立即报告公安机关。

治安管理处罚法关于收购“国家禁止收购的其他物品”，主要是指国家法律、行政法规、规章明令禁止收购的物品。如公安部《废旧金属收购业治安管理办法》第九条规定，禁止收购报废枪支、弹药等，就属于这种情况。同时，这一规定实际上也是一种兜底条款，如果今后有关部门增加规定对某种物品禁止收购，而行为人违反规定加以收购的，也属于本违反治安管理行为。

根据治安管理处罚法的规定，废旧收购业从业人员违反上述规定的，处五百元以上一千元以下罚款；情节严重的，处五日以上十日以下拘留，并处五百元以上一千元以下罚款的处罚。

依据指引：

❶《中华人民共和国治安管理处罚法》（2005年8月28日公布，自2006年3月1日起施行）

第五十九条　有下列行为之一的，处五百元以上一千元以下罚款；情节严重的，处五日以上十日以下拘留，并处五百元以上一千元以下罚款：

（一）典当业工作人员承接典当的物品，不

查验有关证明、不履行登记手续，或者明知是违法犯罪嫌疑人、赃物，不向公安机关报告的；

（二）违反国家规定，收购铁路、油田、供电、电信、矿山、水利、测量和城市公用设施等废旧专用器材的；

（三）收购公安机关通报寻查的赃物或者有赃物嫌疑的物品的；

（四）收购国家禁止收购的其他物品的。

❷**《中华人民共和国刑法》**（1997年3月14日修订公布，自1997年10月1日起施行）

第三百一十二条 明知是犯罪所得的赃物而予以窝藏、转移、收购或者代为销售的，处三年以下有期徒刑、拘役或者管制，并处或者单处罚金。

第三百四十一条 非法猎捕、杀害国家重点保护的珍贵、濒危野生动物的，或者非法收购、运输、出售国家重点保护的珍贵、濒危野生动物及其制品的，处五年以下有期徒刑或者拘役，并处罚金；情节严重的，处五年以上十年以下有期徒刑，并处罚金；情节特别严重的，处十年以上有期徒刑，并处罚金或者没收财产。

违反狩猎法规，在禁猎区、禁猎期或者使用禁用的工具、方法进行狩猎，破坏野生动物资源，情节严重的，处三年以下有期徒刑、拘役、管制或者罚金。

第三百四十五条 盗伐森林或者其他林木，数量较大的，处三年以下有期徒刑、拘役或者管制，并处或者单处罚金；数量巨大的，处三年以上七年以下有期徒刑，并处罚金；数量特别巨大的，处七年以上有期徒刑，并处罚金。

违反森林法的规定，滥伐森林或者其他林木，数量较大的，处三年以下有期徒刑、拘役或者管制，并处或者单处罚金；数量巨大的，处三年以上七年以下有期徒刑，并处罚金。

以牟利为目的，在林区非法收购明知是盗伐、滥伐的林木，情节严重的，处三年以下有期徒刑、拘役或者管制，并处或者单处罚金；情节特别严重的，处三年以上七年以下有期徒刑，并处罚金。

盗伐、滥伐国家级自然保护区内的森林或者其他林木的，从重处罚。

《中华人民共和国刑法修正案（四）》（2002年12月28日公布施行）

为了惩治破坏社会主义市场经济秩序、妨害社会管理秩序和国家机关工作人员的渎职犯罪行为，保障社会主义现代化建设的顺利进行，保障公民的人身安全，对刑法作如下修改和补充：

六、将刑法第三百四十四条修改为："违反国家规定，非法采伐、毁坏珍贵树木或者国家重点保护的其他植物的，或者非法收购、运输、加工、出售珍贵树木或者国家重点保护的其他植物及其制品的，处三年以下有期徒刑、拘役或者管制，并处罚金；情节严重的，处三年以上七年以下有期徒刑，并处罚金。"

七、将刑法第三百四十五条修改为："盗伐森林或者其他林木，数量较大的，处三年以下有期徒刑、拘役或者管制，并处或者单处罚金；数量巨大的，处三年以上七年以下有期徒刑，并处罚金；数量特别巨大的，处七年以上有期徒刑，并处罚金。

"违反森林法的规定，滥伐森林或者其他林木，数量较大的，处三年以下有期徒刑、拘役或者管制，并处或者单处罚金；数量巨大的，处三年以上七年以下有期徒刑，并处罚金。

"非法收购、运输明知是盗伐、滥伐的林木，情节严重的，处三年以下有期徒刑、拘役或者管制，并处或者单处罚金；情节特别严重的，处三年以上七年以下有期徒刑，并处罚金。

"盗伐、滥伐国家级自然保护区内的森林或者其他林木的，从重处罚。"

……

❸**《废旧金属收购业治安管理办法》**（公安部1994年1月25日发布施行）

第七条 在铁路、矿区、油田、机场、港口、施工工地、军事禁区和金属冶炼加工企业附近，不得设点收购废旧金属。

第九条 收购废旧金属的企业和个体工商户不得收购下列金属物品：

（一）枪支、弹药和爆炸物品；

（二）剧毒、放射性物品及其容器；

（三）铁路、油田、供电、电信通讯、矿山、水利、测量和城市公用设施等专用器材；

（四）公安机关通报寻查的赃物或者有赃物嫌疑的物品。

第十条 收购废旧金属的企业和个体工商户发现有出售公安机关通报寻查的赃物或者有赃物嫌疑的物品的，应当立即报告公安机关。

公安机关对赃物或者有赃物嫌疑的物品应当予以扣留，并开付收据。有赃物嫌疑的物品经查明不是赃物的，应当及时退还；赃物或者有赃物嫌疑的物品经查明确属赃物的，依照国家有关规定处理。

第十三条　有下列情形之一的，由公安机关给予相应处罚：

（一）违反本办法第四条第一款规定，未领取特种行业许可证收购生产性废旧金属时，予以取缔，没收非法收购的物品及非法所得，可以并处5000元以上10000元以下的罚款；

（二）违反本办法第四条第二款规定，未履行备案手续收购非行产性废旧金属的，予以警告或者处以500元以下的罚款；

（三）违反本办法第六条规定，未向公安机关办理注销、变更手续的，予以警告或者处以200元以下的罚款；

（四）违反本办法第七条规定，非法设点收购废旧金属的，予以取缔，没收非法收购的物品及非法所得，可以并处5000元以上10000元以下的罚款；

（五）违反本办法第八条规定，收购生产性废旧金属时未如实登记的，视情节轻重，处以2000元以上5000元以下的罚款、责令停业整顿或者吊销特种行业许可证；

（六）违反本办法第九条规定，收购禁止收购的金属物品的，视情节轻重，处以2000元以上10000元以下的罚款、责令停业整顿或者吊销特种行业许可证。

有前款所列第（一）、（二）、（四）、（五）、（六）项情形之一，构成犯罪的，依法追究刑事责任。

❹ 铁道部 公安部《关于严厉打击拆盗铁路器材犯罪活动的通知》（1994年7月29日）

各省、自治区、直辖市公安厅（局），铁路局（集团公司），中国铁路工程总公司、铁道建筑总公司：

当前，拆盗列车闸瓦、关闭折角塞门、提拉车钩、置放障碍、击打列车等危害铁路行车安全的事件相当突出，直接危害铁路运输安全畅通。为了认真贯彻落实国务院领导同志的有关指示，打击拆盗铁路器材的犯罪活动，特通知如下：

一、铁路、地方各级公安机关要继续认真贯彻3月29日最高人民法院、最高人民检察院、公安部、铁道部等九部门部署打击盗窃、破坏铁路、油田、电力、通讯等器材设备的犯罪活动电话会议精神，切实加强领导，密切协作，精心组织，严密部署，坚决打击拆盗、破坏铁路器材设备的犯罪活动，保证铁路运输安全畅通。

二、大力加强侦查破案工作。重点是打击盗窃、破坏铁路设施，危及行车安全的犯罪活动。铁路、地方各级公安机关要认真分析本地区铁路治安形势，深入开展调查研究，摸清拆盗、破坏铁路设施案件底数，分类排队，确定打击的重点，加强侦查破案，力争破获一批有影响的重大案件。对拆盗铁路器材、危害行车安全违法犯罪活动突出的地区，铁路、地方各有关部门要组织专门力量，开展专项斗争。对抓获的犯罪分子，要依法从严惩处。

三、认真清理整顿废旧金属收购业，堵塞犯罪分子销赃渠道。各地公安机关要认真贯彻执行《废旧金属收购业治安管理办法》，积极会同工商、物资、商业、铁路等部门，对本地区的废旧金属收购站、点进行清理整顿。对设在铁路沿线附近的废旧金属收购站、点要一律清理干净。对非法收购、收赃、窝脏、销赃的不法分子，要坚决予以处罚，构成犯罪的，要依法追究刑事责任。

四、加强安全防范工作，落实综合治理措施。铁路各部门要按照"谁主管谁负责"的原则，建立健全路材路料的保管、使用、回收等工作制度，明确责任。充分发动职工群众加强对铁路器材设施的管理维护，对列车闸瓦、闸瓦钎等易拆卸的零部门，要进一步采取安全防范措施，减少丢失、被盗。要加强经常化的巡视检查，发现破坏、被盗案件，要及时报告公安机关，并采取补救措施，确保行车安全。对因工作不负责任造成器材丢失、被盗的，要追究单位领导和有关人员的责任。

五、大力开展宣传教育活动。各地要采取多种形式，在铁路沿线广泛深入地宣传《铁路法》、《废旧金属收购业治安管理办法》等法律、法规，不断提高铁路沿线群众遵纪守法、爱路护路的自觉性，发动和依靠广大群众维护铁路治安。同时，可选择一批拆盗铁路器材的典型案件，大张旗鼓地公开处理，以弘扬法制，扩大影响，震慑犯罪。

针对陇海、兰新线拆盗列车闸瓦突出的问题，甘肃、陕西省公安厅要会同兰州、郑州铁路局共同研究，提出整治方案，集中力量和时间进行重点整顿，要采取果断措施，坚决遏制拆盗列车闸瓦的案件。整顿结果，要及时向铁道部、公安部写出专题报告。

【妨害行政执法机关查封扣押冻结措施】

治安管理处罚法规定的妨害行政执法机关查封扣押冻结措施的行为，是指隐藏、转移、变卖或者损毁行政执法机关依法扣押、查封、冻结的财物的活动。根据行政处罚法及有关行政法律的规定，一些行政执法机关在查处行政违法案件时，有权采取扣押、查封、冻结涉案有关财物的强制措施。如海关法规定，海关依法扣留的货物、物品、运输工具，在人民法院判决或者海关处罚决定作出之前，不得处理。税收征收管理法规定，对未按照规定办理税务登记从事生产、经营的纳税人，由税务机关责令其缴纳税款；不缴纳的，税务机关可以扣押其价值相当于应纳税款的商品、货物；税务机关认为从事生产、经营的纳税人有逃避纳税义务行为，并不提供纳税担保的，可以依法通知开户银行或者其他金融机构冻结纳税人相当于应纳税款的存款。如果当事人隐藏、转移、变卖或者损毁行政执法机关依法扣押、查封、冻结的财物的，除了应当依照有关法律规定，予以相应的处理以外，还应当根据治安管理处罚法的规定，予以治安管理处罚。这里的“隐藏”，是指将行政执法机关依法扣押、查封、冻结的财物私自隐匿，躲避执法机关查处的行为；“转移”是指将扣押、查封、冻结的财物私自转送他处以逃避处理的行为；“变卖”是指擅自将扣押、查封的物品作价出卖的行为；“损毁”是指将扣押、查封的财物故意损坏或毁坏的行为。

根据治安管理处罚法的规定，有上述违法行为的，处五日以上十日以下拘留，并处二百元以上五百元以下罚款。

依据指引：

❶**《中华人民共和国治安管理处罚法》**（2005年8月28日公布，自2006年3月1日起施行）

第六十条 有下列行为之一的，处五日以上十日以下拘留，并处二百元以上五百元以下罚款：

（一）隐藏、转移、变卖或者损毁行政执法机关依法扣押、查封、冻结的财物的；

（二）伪造、隐匿、毁灭证据或者提供虚假证言、谎报案情，影响行政执法机关依法办案的；

（三）明知是赃物而窝藏、转移或者代为销售的；

（四）被依法执行管制、剥夺政治权利或者在缓刑、保外就医等监外执行中的罪犯或者被依法采取刑事强制措施的人，有违反法律、行政法规和国务院公安部门有关监督管理规定的行为。

❷**《中华人民共和国刑法》**（1997年3月14日修订公布，自1997年10月1日起施行）

第三百一十四条 隐藏、转移、变卖、故意毁损已被司法机关查封、扣押、冻结的财产，情节严重的，处三年以下有期徒刑、拘役或者罚金。

❸**《中华人民共和国民事诉讼法》**（1991年4月9日公布施行）

第一百零二条 诉讼参与人或者其他人有下列行为之一的，人民法院可以根据情节轻重予以罚款、拘留；构成犯罪的，依法追究刑事责任：

（一）伪造、毁灭重要证据，妨碍人民法院审理案件的；

（二）以暴力、威胁、贿买方法阻止证人作证或者指使、贿买、胁迫他人作伪证的；

（三）隐藏、转移、变卖、毁损已被查封、扣押的财产，或者已被清点并责令其保管的财产，转移已被冻结的财产的；

……

❹**《中华人民共和国行政诉讼法》**（1989年4月4日公布，自1990年10月1日起施行）

第四十九条 诉讼参与人或者其他人有下列行为之一的，人民法院可以根据情节轻重，予以训诫、责令具结悔过或者处一千元以下的罚款、十五日以下的拘留；构成犯罪的，依法追究刑事责任：

（一）有义务协助执行的人，对人民法院的协助执行通知书，无故推拖、拒绝或者妨碍执行的；

（二）伪造、隐藏、毁灭证据的；

（三）指使、贿买、胁迫他人作伪证或者威胁、阻止证人作证的；

（四）隐藏、转移、变卖、毁损已被查封、扣押、冻结的财产的；

（五）以暴力、威胁或者其他方法阻碍人民法院工作人员执行职务或者扰乱人民法院工作秩序的；

（六）对人民法院工作人员、诉讼参与人、协助执行人侮辱、诽谤、诬陷、殴打或者打击报复的。

罚款、拘留须经人民法院院长批准。当事人不服的，可以申请复议。

❺《中华人民共和国行政监察法》（1997年5月9日公布施行）

第四十四条 被监察的部门和人员违反本法规定，有下列行为之一的，由主管机关或者监察机关责令改正，对部门给予通报批评；对负有直接责任的主管人员和其他直接责任人员依法给予行政处分：

（一）隐瞒事实真相、出具伪证或者隐匿、转移、篡改、毁灭证据的；

（二）故意拖延或者拒绝提供与监察事项有关的文件、资料、财务帐目及其他有关材料和其他必要情况的；

（三）在调查期间变卖、转移涉嫌财物的；

（四）拒绝就监察机关所提问题作出解释和说明的；

（五）拒不执行监察决定或者无正当理由拒不采纳监察建议的；

（六）有其他违反本法规定的行为，情节严重的。

【妨害证据、伪证】

治安管理处罚法规定的妨害证据、伪证，是指伪造、隐匿、毁灭证据或者提供虚假证言、谎报案情，影响行政执法机关依法办案的行为。需要指出的是，本项所列举的行为不仅发生在行政机关办理行政案件的时候，还包括公安机关在办理刑事案件的侦查阶段发生的上述行为。因为有时公安机关办理的刑事案件，经过侦查，最后不作为犯罪只按一般的治安案件予以处理。但是在公安机关侦查过程中有上述行为，妨害收集证据，尚未达到追究刑事责任程度的，也可以依照本法的规定予以治安处罚。所以“影响行政执法机关依法办案”应当是广义的。这里的“伪造、隐匿、毁灭证据”是指行为人为了逃避法律责任，捏造事实，制造假证据，或者对证据隐藏、销毁的行为。所谓“提供虚假证言、谎报案情”，是指行政执法机关在执法活动中，需要收集证据时，作为案件的证人或者当事人不如实作证而提供虚假证言或谎报案情，从而影响行政执法机关依法办案的行为。

根据治安管理处罚法的规定，对于实施上述妨害证据、伪证行为的，处五日以上十日以下拘留，并处二百元以上五百元以下罚款。

依据指引：

❶《中华人民共和国治安管理处罚法》（2005年8月28日公布，自2006年3月1日起施行）

第六十条 有下列行为之一的，处五日以上十日以下拘留，并处二百元以上五百元以下罚款：

（一）隐藏、转移、变卖或者损毁行政执法机关依法扣押、查封、冻结的财物的；

（二）伪造、隐匿、毁灭证据或者提供虚假证言、谎报案情，影响行政执法机关依法办案的；

（三）明知是赃物而窝藏、转移或者代为销售的；

（四）被依法执行管制、剥夺政治权利或者在缓刑、保外就医等监外执行中的罪犯或者被依法采取刑事强制措施的人，有违反法律、行政法规和国务院公安部门有关监督管理规定的行为。

❷《中华人民共和国刑法》（1997 年 3 月 14 日修订公布，自 1997 年 10 月 1 日起施行）

第三百零五条 在刑事诉讼中，证人、鉴定人、记录人、翻译人对与案件有重要关系的情节，故意作虚假证明、鉴定、记录、翻译，意图陷害他人或者隐匿罪证的，处三年以下有期徒刑或者拘役；情节严重的，处三年以上七年以下有期徒刑。

第三百零六条 在刑事诉讼中，辩护人、诉讼代理人毁灭、伪造证据，帮助当事人毁灭、伪造证据，威胁、引诱证人违背事实改变证言或者作伪证的，处三年以下有期徒刑或者拘役；情节严重的，处三年以上七年以下有期徒刑。

辩护人、诉讼代理人提供、出示、引用的证人证言或者其他证据失实，不是有意伪造的，不属于伪造证据。

第三百零七条 以暴力、威胁、贿买等方法阻止证人作证或者指使他人作伪证的，处三年以下有期徒刑或者拘役；情节严重的，处三年以上七年以下有期徒刑。

帮助当事人毁灭、伪造证据，情节严重的，处三年以下有期徒刑或者拘役。

司法工作人员犯前两款罪的，从重处罚。

❸《中华人民共和国刑事诉讼法》（1979 年 7 月 1 日公布，自 1980 年 1 月 1 日起施行；1996 年 3 月 17 日修正，自 1997 年 1 月 1 日起施行）

第四十五条 人民法院、人民检察院和公安机关有权向有关单位和个人收集、调取证据。有关单位和个人应当如实提供证据。

对于涉及国家秘密的证据，应当保密。

凡是伪造证据、隐匿证据或者毁灭证据的，无论属于何方，必须受法律追究。

❹《中华人民共和国民事诉讼法》（1991 年 4 月 9 日公布施行）

第一百零二条 诉讼参与人或者其他人有下列行为之一的，人民法院可以根据情节轻重予以罚款、拘留；构成犯罪的，依法追究刑事责任：

（一）伪造、毁灭重要证据，妨碍人民法院审理案件的；

（二）以暴力、威胁、贿买方法阻止证人作证或者指使、贿买、胁迫他人作伪证的；

（三）隐藏、转移、变卖、毁损已被查封、扣押的财产，或者已被清点并责令其保管的财产，转移已被冻结的财产的；

……

❺《中华人民共和国行政诉讼法》（1989 年 4 月 4 日公布，自 1990 年 10 月 1 日起施行）

第四十九条 诉讼参与人或者其他人有下列行为之一的，人民法院可以根据情节轻重，予以训诫、责令具结悔过或者处一千元以下的罚款、十五日以下的拘留；构成犯罪的，依法追究刑事责任：

（一）有义务协助执行的人，对人民法院的协助执行通知书，无故推拖、拒绝或者妨碍执行的；

（二）伪造、隐藏、毁灭证据的；

（三）指使、贿买、胁迫他人作伪证或者威胁、阻止证人作证的；

（四）隐藏、转移、变卖、毁损已被查封、扣押、冻结的财产的；

（五）以暴力、威胁或者其他方法阻碍人民法院工作人员执行职务或者扰乱人民法院工作秩序的；

（六）对人民法院工作人员、诉讼参与人、协助执行人侮辱、诽谤、诬陷、殴打或者打击报复的。

罚款、拘留须经人民法院院长批准。当事人不服的，可以申请复议。

❻《中华人民共和国行政监察法》（1997 年 5 月 9 日公布施行）

第四十四条 被监察的部门和人员违反本法规定，有下列行为之一的，由主管机关或者监察机关责令改正，对部门给予通报批评；对负有直接责任的主管人员和其他直接责任人员依法给予行政处分：

（一）隐瞒事实真相、出具伪证或者隐匿、转移、篡改、毁灭证据的；

（二）故意拖延或者拒绝提供与监察事项有关的文件、资料、财务帐目及其他有关材料和其他必要情况的；

（三）在调查期间变卖、转移涉嫌财物的；

（四）拒绝就监察机关所提问题作出解释和说明的；

（五）拒不执行监察决定或者无正当理由拒不采纳监察建议的；

（六）有其他违反本法规定的行为，情节严重的。

【窝赃】

关于窝赃行为，刑法第三百一十二条也有规定，即明知是犯罪所得的赃物而予以窝藏、转移、收购或者代为销售的，处三年以下有期徒刑、拘役或者管制，并处或者单处罚金。虽然刑法没有对窝赃的情节作具体规定，但实践中情况比较复杂，有些具有收购、窝藏赃物数量少，属于初犯等情节的，一律追究刑事责任也不现实。根据刑法总则中关于情节显著轻微不构成犯罪的规定，对这些窝赃行为，可以不作为犯罪处理，但是应当给予治安管理处罚。这也是治安管理处罚法规定窝赃行为的目的之所在。

需要注意的是，治安管理处罚法关于窝赃行为客观方面表现的规定，与刑法相应规定不同之处，是没有关于收购赃物的规定。这并不是说，收购赃物的行为不作为违反治安管理行为处罚，而是因为治安管理处罚法第五十九条关于废旧收购业违反治安管理的规定中，已经规定了对收购公安机关通报寻查的赃物或者有赃物嫌疑的物品的处罚，这里没有必要作重复规定。

根据治安管理处罚法的规定，窝赃的，处五日以上十日以下拘留，并处二百元以上五百元以下罚款。

依据指引：

❶《中华人民共和国治安管理处罚法》（2005年8月28日公布，自2006年3月1日起施行）

第六十条　有下列行为之一的，处五日以上十日以下拘留，并处二百元以上五百元以下罚款：

（一）隐藏、转移、变卖或者损毁行政执法机关依法扣押、查封、冻结的财物的；

（二）伪造、隐匿、毁灭证据或者提供虚假证言、谎报案情，影响行政执法机关依法办案的；

（三）明知是赃物而窝藏、转移或者代为销售的；

（四）被依法执行管制、剥夺政治权利或者在缓刑、保外就医等监外执行中的罪犯或者被依法采取刑事强制措施的人，有违反法律、行政法规和国务院公安部门有关监督管理规定的行为。

❷《中华人民共和国刑法》（1997年3月14日修订公布，自1997年10月1日起施行）

第三百一十二条　明知是犯罪所得的赃物而予以窝藏、转移、收购或者代为销售的，处三年以下有期徒刑、拘役或者管制，并处或者单处罚金。

【监外执行中的罪犯违反治安管理】

治安管理处罚法规定的监外执行中的罪犯违反治安管理的行为，是指被依法执行管制、剥夺政治权利或者在缓刑、保外就医等监外执行中的罪犯或者被依法采取刑事强制措施的人，又有违反法律、行政法规和国务院公安部门有关监督管理规定的行为。这里的“监外执行”，是广义的，包括但又不限于刑事诉讼法规定的监外执行。这几种人都属于不完全限制人身自由，且在监外执行的犯罪分子或者未被羁押的犯罪嫌疑人。根据刑法规定，被判处管制的犯罪分子，在管制期间必须遵守法律、行政法规，服从监督。被剥夺政治权利的犯罪分子，在执行期间，应当遵守法律、行政法规和国务院公安部门有关监督管理规定。被判处缓刑的犯罪分子在执行期间应当遵守法律、行政法规和国务院公安部门有关监督管理规定，如果在缓刑考验期限内，违反法律、行政法规或者国务院公安部门有关缓刑的监督管理规定，情节严重的，应当撤销缓刑，执行原判刑罚。这里规定违反法律、行政法规或者国务院公安部门有关缓刑的监督管理规定的情况，是属于情节严重的。而本条规定给予治安处罚的情况，是指违反法律、行政法规和国务院公安部门有关监督管理的规定，情节尚不严重的。监外执行主要包括因保外就医、怀孕或者正在哺乳婴儿等情形，而依法在监外执行刑罚的情况。被依法采取刑事强制措施的人，主要是指根据刑诉法的规定，由人民法院、人民检察院和公安机关根据案件情况，对犯罪嫌疑人、被告人采取拘传、取保候审或者监视居住这几种强制措施的情况。上述人员有违反法律、行政法规和国务院公安部门有关监督管理规定的行为的，根据治安管理处罚法的规定，应当予以治安管理处罚。

根据治安管理处罚法的规定，有上述违法行为的，处五日以上十日以下拘留，并处二百元以上五百元以下罚款。

依据指引：

❶《中华人民共和国治安管理处罚法》(2005年8月28日公布，自2006年3月1日起施行)

第六十条 有下列行为之一的，处五日以上十日以下拘留，并处二百元以上五百元以下罚款：

(一) 隐藏、转移、变卖或者损毁行政执法机关依法扣押、查封、冻结的财物的；

(二) 伪造、隐匿、毁灭证据或者提供虚假证言、谎报案情，影响行政执法机关依法办案的；

(三) 明知是赃物而窝藏、转移或者代为销售的；

(四) 被依法执行管制、剥夺政治权利或者在缓刑、保外就医等监外执行中的罪犯或者被依法采取刑事强制措施的人，有违反法律、行政法规和国务院公安部门有关监督管理规定的行为。

❷《中华人民共和国刑法》(1997年3月14日修订公布，自1997年10月1日起施行)

第三十九条 被判处管制的犯罪分子，在执行期间，应当遵守下列规定：

(一) 遵守法律、行政法规，服从监督；

(二) 未经执行机关批准，不得行使言论、出版、集会、结社、游行、示威自由的权利；

(三) 按照执行机关规定报告自己的活动情况；

(四) 遵守执行机关关于会客的规定；

(五) 离开所居住的市、县或者迁居，应当报经执行机关批准。

对于被判处管制的犯罪分子，在劳动中应当同工同酬。

第七十五条 被宣告缓刑的犯罪分子，应当遵守下列规定：

(一) 遵守法律、行政法规，服从监督；

(二) 按照考察机关的规定报告自己的活动情况；

(三) 遵守考察机关关于会客的规定；

(四) 离开所居住的市、县或者迁居，应当报经考察机关批准。

第七十六条 被宣告缓刑的犯罪分子，在缓刑考验期限内，由公安机关考察，所在单位或者基层组织予以配合，如果没有本法第七十七条规定的情形，缓刑考验期满，原判的刑罚就不再执行，并公开予以宣告。

第七十七条 被宣告缓刑的犯罪分子，在缓刑考验期限内犯新罪或者发现判决宣告以前还有其他罪没有判决的，应当撤销缓刑，对新犯的罪或者新发现的罪作出判决，把前罪和后罪所判处的刑罚，依照本法第六十九条的规定，决定执行的刑罚。

被宣告缓刑的犯罪分子，在缓刑考验期限内，违反法律、行政法规或者国务院公安部门有关缓刑的监督管理规定，情节严重的，应当撤销缓刑，执行原判刑罚。

❸《中华人民共和国刑事诉讼法》(1979年7月1日公布，自1980年1月1日起施行；1996年3月17日修正，自1997年1月1日起施行)

第二百一十四条 对于被判处有期徒刑或者拘役的罪犯，有下列情形之一的，可以暂予监外执行：

(一) 有严重疾病需要保外就医的；

(二) 怀孕或者正在哺乳自己婴儿的妇女。

对于适用保外就医可能有社会危险性的罪犯，或者自伤自残的罪犯，不得保外就医。

对于罪犯确有严重疾病，必须保外就医的，由省级人民政府指定的医院开具证明文件，依照法律规定的程序审批。

发现被保外就医的罪犯不符合保外就医条件的，或者严重违反有关保外就医的规定的，应当及时收监。

对于被判处有期徒刑、拘役，生活不能自理，适用暂予监外执行不致危害社会的罪犯，可以暂予监外执行。

对于暂予监外执行的罪犯，由居住地公安机关执行，执行机关应当对其严格管理监督，基层组织或者罪犯的原所在单位协助进行监督。

【妨害国边境管理】

治安管理处罚法规定的妨害国边境管理的违法行为，包括三类情形：一是协助组织或者运送他人偷越国（边）境的；二是为偷越国（边）境人员提供条件的；三是偷越国（边）境的。根据刑法规定，组织、运送他人偷越国边境的，即所谓的“蛇头”，是要依法追究刑事责任的。协助组织、运送他人偷越国边境的行为，在性质上属于组织、运送犯罪活动的帮助犯，按照刑法规定，应当予以从轻、减轻或者免除处罚。对于协助组织、运送他人偷越国边境的行为人，免予刑事处罚的，或者情节比较轻微，尚不构成犯罪的，就要依照治安管理处罚法的规定，予以相应的治安管理处罚。“协助组织或者运送他人偷越国（边）境”，是指在组织、运送他人偷越国（边）境活动中起辅助作用。如充当一般的助手，传递一般的信息等。需要指出的是，有的协助组织偷越国（边）境的行为在刑法中已经明确单独规定为犯罪的，不属于这里所说的“协助”行为。如刑法第三百二十条规定的“为他人提供伪造、变造的护照、签证等出入境证件”的行为。另外，根据《最高人民法院关于审理组织、运送他人偷越国（边）境等刑事案件适用法律若干问题的解释》第一条的规定，在首要分子指挥下，实施拉拢、引诱、介绍他人偷越国（边）境等行为的，属于刑法第三百一十八条规定的“组织他人偷越国（边）境”。这样，“拉拢、引诱、介绍他人偷越国（边）境等行为”，也是组织他人偷越国（边）境行为的一部分，不属于“协助”行为。

为偷越国（边）境人员提供条件的，是指为偷越国（边）境的人提供交通工具、食宿条件、线路图纸、引领带路等条件和方便的等。这里应当指出的是，这种行为是一种故意行为，如果不知道是偷渡客而提供上述条件的，不构成本行为。

所谓“偷越国（边）境”，亦即偷渡，是指违反国（边）境管理法规，避开国（边）境管理越过国（边）境的行为。目前我国关于国（边）境管理方面的法律、行政法规主要是《中华人民共和国公民出境入境管理法》、《中华人民共和国外国人入境出境管理法》、《中国公民因私事往来香港地区或者澳门地区的暂行管理办法》、《出境人员边防检查条例》等。偷越国（边）境的方法和手段是多种多样的。如有的是直接偷越过国（边）境，有的是使用假出境证件欺骗越境等。应当明确的是，我国刑法第三百二十二条规定了偷越国（边）境的犯罪。该条规定：“违反国（边）境管理法规，偷越国（边）境，情节严重的，处一年以下有期徒刑、拘役或者管制，并处罚金”。其中“情节严重”一般是指伪造出入境证件非法越境的；内外勾结非法越境的；行凶殴打或者威胁边防值勤人员而非法越境的；偷越国（边）境三次以上；拉拢、引诱他人一起偷越国（边）境的；因参与偷越国（边）境被行政处罚后一年内又偷越国（边）境的等等。如果具有以上情节的就构成了偷越国（边）境的犯罪。而治安管理处罚法规定的则是除去上述情形的其他尚不构成犯罪的偷越国（边）境的行为。

根据治安管理处罚法的规定，协助组织或者运送他人偷越国（边）境的，处十日以上十五日以下拘留，并处一千元以上五千元以下罚款。为偷越国（边）境人员提供条件的，处五日以下十日以上拘留，并处五百元以上二千元以下罚款。偷越国（边）境的，处五日以下拘留或者五百元以下罚款

依据指引：

❶《中华人民共和国治安管理处罚法》（2005年8月28日公布，自2006年3月1日起施行）

第六十一条 协助组织或者运送他人偷越国（边）境的，处十日以上十五日以下拘留，并处一千元以上五千元以下罚款。

第六十二条 为偷越国（边）境人员提供条件的，处五日以下十日以上拘留，并处五百元以上二千元以下罚款。

偷越国（边）境的，处五日以下拘留或者五百元以下罚款。

❷《中华人民共和国刑法》（1997年3月14日修订公布，自1997年10月1日起施行）

第三百一十八条 组织他人偷越国（边）境的，处二年以上七年以下有期徒刑，并处罚金；有下列情形之一的，处七年以上有期徒刑或者无期徒刑，并处罚金或者没收财产：

（一）组织他人偷越国（边）境集团的首要分子；

（二）多次组织他人偷越国（边）境或者组织他人偷越国（边）境人数众多的；

（三）造成被组织人重伤、死亡的；

（四）剥夺或者限制被组织人人身自由的；

（五）以暴力、威胁方法抗拒检查的；

（六）违法所得数额巨大的；

（七）有其他特别严重情节的。

犯前款罪，对被组织人有杀害、伤害、强奸、拐卖等犯罪行为，或者对检查人员有杀害、伤害等犯罪行为的，依照数罪并罚的规定处罚。

第三百一十九条 以劳务输出、经贸往来或者其他名义，弄虚作假，骗取护照、签证等出境证件，为组织他人偷越国（边）境使用的，处三年以下有期徒刑，并处罚金；情节严重的，处三年以上十年以下有期徒刑，并处罚金。

单位犯前款罪的，对单位判处罚金，并对其直接负责的主管人员和其他直接责任人员，依照前款的规定处罚。

第三百二十一条 运送他人偷越国（边）境的，处五年以下有期徒刑、拘役或者管制，并处罚金；有下列情形之一的，处五年以上十年以下有期徒刑，并处罚金：

（一）多次实施运送行为或者运送人数众多的；

（二）所使用的船只、车辆等交通工具不具备必要的安全条件，足以造成严重后果的；

（三）违法所得数额巨大的；

（四）有其他特别严重情节的。

在运送他人偷越国（边）境中造成被运送人重伤、死亡，或者以暴力、威胁方法抗拒检查的，处七年以上有期徒刑，并处罚金。

犯前两款罪，对被运送人有杀害、伤害、强奸、拐卖等犯罪行为，或者对检查人员有杀害、伤害等犯罪行为的，依照数罪并罚的规定处罚。

❸《全国人民代表大会常务委员会关于严惩组织、运送他人偷越国（边）境犯罪的补充规定》（1994年3月5日公布施行）

（根据《刑法》的规定，本《补充规定》有关刑事责任已经纳入《刑法》，自《刑法》施行之日起适用《刑法》的规定，本《补充规定》有关行政处罚和行政措施的规定继续有效。——编者注）

七、犯本规定规定之罪的违法所得和供犯罪使用的犯罪分子所有的或者明知他人为犯罪使用而提供其本人所有的运输、通讯工具或者其他财物，一律予以没收。

❹《中华人民共和国出境入境边防检查条例》（国务院1995年7月20日公布，自1995年9月1日起施行）

第二十四条 发现出境、入境的交通运输工具载运不准出境、入境人员，偷越国（边）境人员及未持有效出境、入境证件的人员的，交通运输工具负责人应当负责将其遣返，并承担由此发生的一切费用。

第三十六条 出境、入境的交通运输工具载

运不准出境、入境人员，偷越国（边）境人员及未持有效出境、入境证件的人员出境、入境的，对其负责人按每载运一人处以5000元以上10000元以下的罚款。

❺《最高人民法院关于审理组织、运送他人偷越国（边）境等刑事案件适用法律若干问题的解释》（2002年1月30日发布，自2002年2月6日起施行）

为依法严惩组织、运送他人偷越国（边）境等犯罪活动，根据刑法有关规定，现就审理这类案件具体应用法律的若干问题解释如下：

第一条 领导、策划、指挥他人偷越国（边）境或者在首要分子指挥下，实施拉拢、引诱、介绍他人偷越国（边）境等行为的，属于刑法第三百一十八条规定的“组织他人偷越国（边）境”。

第二条 刑法第三百一十八条第（二）项、第三百二十一条第（一）项规定的“人数众多”，一般是指组织、运送他人偷越国（边）境人数在十人以上。

第三条 为组织他人偷越国（边）境使用、骗取出境证件五份以上，或者非法收取办证费三十万元以上的，属于刑法第三百一十九条第一款规定的骗取出境证件罪“情节严重”。

❻《公安部关于妨害国（边）境管理犯罪案件立案标准及有关问题的通知》（2000年3月31日）

各省、自治区、直辖市公安厅、局，新疆生产建设兵团公安局：

为贯彻执行《中华人民共和国刑法》、《中华人民共和国刑事诉讼法》、《公安机关办理刑事案件程序规定》和《公安部关于印发〈公安部刑事案件管辖分工规定〉的通知》（公通字〔1998〕80号），现将妨害国（边）境管理犯罪案件立案标准及办理妨害国（边）境管理犯罪案件的有关问题通知如下：

一、立案标准

（一）组织他人偷越国（边）境案

1. 组织他人偷越国（边）境的，应当立案侦查。

2. 组织他人偷越国（边）境，具有下列情形之一的，应当立为重大案件：

（1）一次组织20－49人偷越国（边）境的；

（2）组织他人偷越国（边）境3－4次的；

（3）造成被组织人重伤1－2人的；

（4）剥夺或者限制被组织人人身自由的；

（5）以暴力、威胁方法抗拒检查的；

（6）违法所得人民币5－20万元的；

（7）有其他严重情节的。

3. 组织他人偷越国（边）境，具有下列情形之一的，应当立为特别重大案件：

（1）一次组织50人以上偷越国（边）境的；

（2）组织他人偷越国（边）境5次以上的；

（3）造成被组织人重伤3人以上或者死亡1人以上的；

（4）违法所得20万元以上的；

（5）有其他特别严重情节的。

（二）骗取出境证件案

1. 以劳务输出、经贸往来或者其他名义弄虚作假，骗取护照、通行证、旅行证、海员证、签证（注）等出境证件（以下简称出境证件），为他人偷越国（边）境使用的，应当立案侦查。

2. 骗取出境证件，具有下列情形之一的，应当立为重大案件：

（1）骗取出境证件5－19本（份、个）的；

（2）为违法犯罪分子骗取出境证件的；

（3）违法所得10－20万元的；

（4）有其他严重情节的。

3. 骗取出境证件，具有下列情形之一的，应当立为特别重大案件：

（1）骗取出境证件20本（份、个）以上的；

（2）违法所得20万元以上的；

（3）有其他特别严重情节的。

……

（五）运送他人偷越国（边）境案

1. 运送他人偷越国（边）境的，应当立案侦查。

2. 运送他人偷越国（边）境，具有下列情形之一的，应当立为重大案件：

（1）一次运送20－49人偷越国（边）境的；

（2）运送他人偷越国（边）境3－4次的；

（3）使用简陋、破旧、报废、通气状况很差的船只或者车辆等不具备必要安全条件的交通工具运送他人偷越国（边）境），足以造成严重后果的；

（4）违法所得5－20万元的；

（5）造成被运送人重伤1－2人的；

（6）以暴力、威胁方法抗拒检查的；

（7）有其他严重情节的。

3. 运送他人偷越国（边）境，具有下列情形之一的，应当立为特别重大案件：

（1）一次运送50人以上偷越国（边）境的；

（2）运送他人偷越国（边）境5次以上的；

（3）造成被运送人重伤3人以上或者死亡1人以上的；

（4）违法所得20万元以上的；

（5）有其他特别严重情节的。

……

【妨害文物管理】

治安管理处罚法规定的妨害文物管理的行为有两类表现形式：一是刻划、涂污或者以其他方式故意损坏国家保护的文物、名胜古迹的行为；二是违反国家规定，在文物保护单位附近进行爆破、挖掘等活动，危及文物安全的行为。

根据文物保护法的规定，“国家保护的文物”是指下列文物：（一）具有历史、艺术、科学价值的古文化遗址、古墓葬、古建筑、石窟寺和石刻、壁画；（二）与重大历史事件、革命运动或者著名人物有关的以及具有重要纪念意义、教育意义或者史料价值的近代现代重要史迹、实物、代表性建筑；（三）历史上各时代珍贵的艺术品、工艺美术品；（四）历史上各时代重要的文献资料以及具有历史、艺术、科学价值的手稿和图书资料等；（五）反映历史上各时代、各民族社会制度、社会生产、社会生活的代表性实物”。文物保护法还规定，具有科学价值的古脊椎动物化石和古人类化石同文物一样受国家保护。“名胜古迹”是指可供人参观游览的著名风景区以及虽未被人民政府核定公布为文物保护单位但也具有一定历史意义的古建筑、雕刻、石刻等历史陈迹。“刻划”是指在文物、名胜古迹上面用各种硬物（包括笔、尖石块、各种金属等）刻写、凿划的行为。“涂污”是指在文物上进行涂抹的行为。比如往古建筑上泼洒污物、乱涂乱画等行为。“以其他方式”是指除了刻划、涂污以外的，各种会对文物造成损害的行为。这里需要指出的是，本项所列举的损坏文物、名胜古迹的行为是一种故意的行为。如果出于过失，则不构成本项规定的妨害文物管理的行为。“文物保护单位”是指由人民政府按照法定程序确定的，具有历史、艺术、科学价值的革命遗址、纪念建筑物、古文化遗址、古墓葬、古建筑、石窑寺院石刻等不可移动的文物。如颐和园、宋庆龄故居、清东陵、燕旧都遗址等。违反国家规定，在文物保护单位附近进行爆破、挖掘等活动，危及文物安全的，主要是指建筑施工单位或者公民个人在建设、施工等活动中，违反国家有关规定或者未经有关主管部门批准，在文物保护单位附近进行爆破、挖掘等活动，危及文物安全的行为。

根据治安管理处罚法的规定，实施上述妨害文物管理的行为的，处警告或者二百元以下罚款；情节较重的，处五日以上十日以下拘留，并处二百元以上五百元以下罚款。其中“情节较重”是指刻划、涂污，给文物造成较严重损害的行为，或者屡次进行刻划、涂污，经教育拒不改正的。

依据指引：

❶《中华人民共和国治安管理处罚法》（2005年8月28日公布，自2006年3月1日起施行）

第六十三条 有下列行为之一的，处警告或者二百元以下罚款；情节较重的，处五日以上十日以下拘留，并处二百元以上五百元以下罚款：

（一）刻划、涂污或者以其他方式故意损坏国家保护的文物、名胜古迹的；

（二）违反国家规定，在文物保护单位附近进行爆破、挖掘等活动，危及文物安全的。

❷《中华人民共和国刑法》（1997 年 3 月 14 日修订公布，自 1997 年 10 月 1 日起施行）

第三百二十四条　故意损毁国家保护的珍贵文物或者被确定为全国重点文物保护单位、省级文物保护单位的文物的，处三年以下有期徒刑或者拘役，并处或者单处罚金；情节严重的，处三年以上十年以下有期徒刑，并处罚金。

故意损毁国家保护的名胜古迹，情节严重的，处五年以下有期徒刑或者拘役，并处或者单处罚金。

过失损毁国家保护的珍贵文物或者被确定为全国重点文物保护单位、省级文物保护单位的文物，造成严重后果的，处三年以下有期徒刑或者拘役。

❸《中华人民共和国文物保护法》（2002 年 10 月 28 日修订公布施行）

第二条　在中华人民共和国境内，下列文物受国家保护：

（一）具有历史、艺术、科学价值的古文化遗址、古墓葬、古建筑、石窟寺和石刻、壁画；

（二）与重大历史事件、革命运动或者著名人物有关的以及具有重要纪念意义、教育意义或者史料价值的近代现代重要史迹、实物、代表性建筑；

（三）历史上各时代珍贵的艺术品、工艺美术品；

（四）历史上各时代重要的文献资料以及具有历史、艺术、科学价值的手稿和图书资料等；

（五）反映历史上各时代、各民族社会制度、社会生产、社会生活的代表性实物。

文物认定的标准和办法由国务院文物行政部门制定，并报国务院批准。

具有科学价值的古脊椎动物化石和古人类化石同文物一样受国家保护。

第三条　古文化遗址、古墓葬、古建筑、石窟寺、石刻、壁画、近代现代重要史迹和代表性建筑等不可移动文物，根据它们的历史、艺术、科学价值，可以分别确定为全国重点文物保护单位，省级文物保护单位，市、县级文物保护单位。

历史上各时代重要实物、艺术品、文献、手稿、图书资料、代表性实物等可移动文物，分为珍贵文物和一般文物；珍贵文物分为一级文物、二级文物、三级文物。

第六十四条　违反本法规定，有下列行为之一，构成犯罪的，依法追究刑事责任：

（一）盗掘古文化遗址、古墓葬的；

（二）故意或者过失损毁国家保护的珍贵文物的；

（三）擅自将国有馆藏文物出售或者私自送给非国有单位或者个人的；

（四）将国家禁止出境的珍贵文物私自出售或者送给外国人的；

（五）以牟利为目的倒卖国家禁止经营的文物的；

（六）走私文物的；

（七）盗窃、哄抢、私分或者非法侵占国有文物的；

（八）应当追究刑事责任的其他妨害文物管理行为。

第六十五条　违反本法规定，造成文物灭失、损毁的，依法承担民事责任。

违反本法规定，构成违反治安管理行为的，由公安机关依法给予治安管理处罚。

违反本法规定，构成走私行为，尚不构成犯罪的，由海关依照有关法律、行政法规的规定给予处罚。

第六十六条　有下列行为之一，尚不构成犯罪的，由县级以上人民政府文物主管部门责令改正，造成严重后果的，处五万元以上五十万元以下的罚款；情节严重的，由原发证机关吊销资质证书：

（一）擅自在文物保护单位的保护范围内进行建设工程或者爆破、钻探、挖掘等作业的；

（二）在文物保护单位的建设控制地带内进行建设工程，其工程设计方案未经文物行政部门同意、报城乡建设规划部门批准，对文物保护单位的历史风貌造成破坏的；

（三）擅自迁移、拆除不可移动文物的；

（四）擅自修缮不可移动文物，明显改变文物原状的；

（五）擅自在原址重建已全部毁坏的不可移动文物，造成文物破坏的；

（六）施工单位未取得文物保护工程资质证书，擅自从事文物修缮、迁移、重建的。

刻划、涂污或者损坏文物尚不严重的，或者损毁依照本法第十五条第一款规定设立的文物保护单位标志的，由公安机关或者文物所在单位给予警告，可以并处罚款。

第六十七条 在文物保护单位的保护范围内或者建设控制地带内建设污染文物保护单位及其环境的设施的，或者对已有的污染文物保护单位及其环境的设施未在规定的期限内完成治理的，由环境保护行政部门依照有关法律、法规的规定给予处罚。

❹《中华人民共和国文物保护法实施条例》（国务院2003年5月18日公布，自2003年7月1日起施行）

第七条 历史文化名城，由国务院建设行政主管部门会同国务院文物行政主管部门报国务院核定公布。

历史文化街区、村镇，由省、自治区、直辖市人民政府城乡规划行政主管部门会同文物行政主管部门报本级人民政府核定公布。

县级以上地方人民政府组织编制的历史文化名城和历史文化街区、村镇的保护规划，应当符合文物保护的要求。

第八条 全国重点文物保护单位和省级文物保护单位自核定公布之日起1年内，由省、自治区、直辖市人民政府划定必要的保护范围，作出标志说明，建立记录档案，设置专门机构或者指定专人负责管理。

设区的市、自治州级和县级文物保护单位自核定公布之日起1年内，由核定公布该文物保护单位的人民政府划定保护范围，作出标志说明，建立记录档案，设置专门机构或者指定专人负责管理。

第九条 文物保护单位的保护范围，是指对文物保护单位本体及周围一定范围实施重点保护的区域。

文物保护单位的保护范围，应当根据文物保护单位的类别、规模、内容以及周围环境的历史和现实情况合理划定，并在文物保护单位本体之外保持一定的安全距离，确保文物保护单位的真实性和完整性。

第十条 文物保护单位的标志说明，应当包括文物保护单位的级别、名称、公布机关、公布日期、立标机关、立标日期等内容。民族自治地区的文物保护单位的标志说明，应当同时用规范汉字和当地通用的少数民族文字书写。

第十三条 文物保护单位的建设控制地带，是指在文物保护单位的保护范围外，为保护文物保护单位的安全、环境、历史风貌对建设项目加以限制的区域。

文物保护单位的建设控制地带，应当根据文物保护单位的类别、规模、内容以及周围环境的历史和现实情况合理划定。

第十四条 全国重点文物保护单位的建设控制地带，经省、自治区、直辖市人民政府批准，由省、自治区、直辖市人民政府的文物行政主管部门会同城乡规划行政主管部门划定并公布。

省级、设区的市、自治州级和县级文物保护单位的建设控制地带，经省、自治区、直辖市人民政府批准，由核定公布该文物保护单位的人民政府的文物行政主管部门会同城乡规划行政主管部门划定并公布。

【偷开他人机动车、机动船舶、航空器】

偷开他人机动车是实践中经常发生的一种违法行为。这种行为虽然与盗窃不同，但也对机动车所有人的财产权利造成了损害，扰乱了他人的正常生活，影响社会治安秩序，应当予以治安管理处罚。另外，虽然目前偷开他人机动船舶、航空器的行为还鲜有发生，但可以预见，随着人民群众生活水平的不断提高，公民个人拥有机动船舶、航空器的会越来越多，也难免会发生偷开他人机动船舶、航空器的情况。

应当注意的是，治安管理处罚法规定的偷开行为，不是以非法占有为目的，偷开的目的主要是为了过“车瘾”，好奇，或者出于其它用途等，最终仍然想将车归还原主，这一点与盗窃的性质是完全不同的。为区分罪与非罪的界限，最高人民法院在1998年3月17日颁布的《关于审理盗窃案件具体应用法律若干问题的解释》中作了明确的规定。该解释中第十二条第四项规定：“为练习开车、游乐等目的，多次偷开机动车辆，并将机动车辆丢失的，以盗窃罪定罪处罚；在偷开机动车辆过程中发生交通肇事构成犯罪，又构成其他罪的，应当以交通肇事罪和其他罪实行数罪并罚；偷开机动车辆造成车辆损坏的，按照刑法第二百七十五条的规定定罪处罚；偶尔偷开机动车辆，情节轻微的，可以不认为是犯罪”。治安管理处罚法规定的偷开他人机动车的行为就是指的后一种情况。

根据治安管理处罚法的规定，偷开他人机动车、机动船舶、航空器的，处五百元以上一千元以下罚款；情节严重的，处十日以上十五日以下拘留，并处五百元以上一千元以下罚款。

依据指引：

❶**《中华人民共和国治安管理处罚法》**（2005年8月28日公布，自2006年3月1日起施行）

第六十四条 有下列行为之一的，处五百元以上一千元以下罚款；情节严重的，处十日以上十五日以下拘留，并处五百元以上一千元以下罚款：

（一）偷开他人机动车的；

（二）未取得驾驶证驾驶或者偷开他人航空器、机动船舶的。

❷**《最高人民法院关于审理盗窃案件具体应用法律若干问题的解释》**（1998年3月17日发布施行）

为依法惩处盗窃犯罪活动，根据刑法有关规定，现就审理盗窃案件具体应用法律的若干问题解释如下：

第十二条 审理盗窃案件，应当注意区分盗窃罪与其他犯罪的界限：

（三）为盗窃其他财物，盗窃机动车辆当犯罪工具使用的，被盗机动车辆的价值计入盗窃数额；为实施其他犯罪盗窃机动车辆的，以盗窃罪和所实施的其他犯罪实行数罪并罚。为实施其他犯罪，偷开机动车辆当犯罪工具使用后，将偷开的机动车辆送回原处或者停放到原处附近，车辆未丢失的，按照其所实施的犯罪从重处罚。

（四）为练习开车、游乐等目的，多次偷开机动车辆，并将机动车辆丢失的，以盗窃罪定罪处罚；在偷开机动车辆过程中发生交通肇事构成犯罪，又构成其他罪的，应当以交通肇事罪和其他罪实行数罪并罚；偷开机动车辆造成车辆损坏的，按照刑法第二百七十五条的规定定罪处罚；偶尔偷开机动车辆，情节轻微的，可以不认为是犯罪。

【无证驾驶机动船舶、航空器】

治安管理处罚法规定的无证驾驶机动船舶、航空器的行为，是指未取得机动船舶驾驶证、航空器驾驶证，而驾驶航空器、机动船舶的行为。“未取得驾驶证驾驶”是指没有经过专门训练，未取得合法的驾驶航空器、机动船舶的专业驾驶证书而从事驾驶的行为。只要是没有合法的驾驶证而驾驶或者偷开航空器或者机动船舶的，就属于违反治安管理的行为。这里规定的“航空器”，是指在空中飞行的交通运输工具。“机动船舶”是指在水上行驶并以电力或者燃料作为动力的各类船舶。随着现代化的进程和人民生活水平的不断提高，现代科技的交通运输工具越来越多地被人们在生产和生活中使用。比如从事农业生产的人员，购买小型飞机用于播种、喷撒农药等。为了交通和娱乐的方便，个人购买水上快艇、游船等也越来越多。为了维护社会治安秩序和规范空中、水上的交通安全秩序，有关部门建立了航空器、机动船舶的专业资格考核制度。未取得驾驶证驾驶航空器、机动船的行为，危害了社会治安管理秩序，同时也危害了空中和水上的交通安全秩序。

需要说明的是，治安管理处罚法只规定了无证驾驶机动船舶、航空器的违法行为及其处罚，对无证驾驶机动车的行为未作规定。这并非意味着无证驾驶机动车的行为就不属于违法行为，而是因为无证驾驶机动车的行为在道路交通安全法中已有明确规定，治安管理处罚法没有必要做重复规定。如果行为人有无证驾驶机动车的违法行为，应当由公安机关交通管理部门依照道路交通安全法的规定予以处罚。

根据治安管理处罚法的规定，未取得驾驶证驾驶机动船舶、航空器的，处五百元以上一千元以下罚款；情节严重的，处十日以上十五日以下拘留，并处五百元以上一千元以下罚款。

依据指引：

❶《中华人民共和国治安管理处罚法》（2005年8月28日公布，自2006年3月1日起施行）

第六十四条 有下列行为之一的，处五百元以上一千元以下罚款；情节严重的，处十日以上十五日以下拘留，并处五百元以上一千元以下罚款：

（一）偷开他人机动车的；

（二）未取得驾驶证驾驶或者偷开他人航空器、机动船舶的。

【妨害死者安宁】

我国的文化传统是“入土为安”。各种妨害死者安宁的行为，不仅严重伤害死者亲属的感情，也有伤公共秩序和善良风俗，影响社会治安秩序，应当予以处罚。治安管理处罚法规定的妨害死者安宁的行为包括三种类型：一是故意破坏、污损他人坟墓的；二是故意毁坏、丢弃他人尸骨、骨灰的；三是在公共场所停放尸体，或者因停放尸体影响他人正常生活、工作秩序，不听劝阻的。

“破坏、污损他人坟墓”是指将他人坟墓挖掘、铲除或者将墓碑砸毁，或往墓碑上泼洒污物，或在墓碑上乱写乱画等。“毁坏、丢弃他人尸骨、骨灰”是指将埋在坟墓中的尸骨毁坏或者将尸骨取出丢弃，将骨灰扬撒和随意丢弃的行为。应当注意的是，本项规定的破坏、污损他人坟墓或者毁坏、丢弃他人尸骨、骨灰的行为是一种故意的行为。如果由于过失在生活或生产施工中无意中造成他人坟墓、尸骨破坏的，则不属于本项所规定的行为，可按民事纠纷处理。

上述第三类违反治安管理行为，即乱停尸体的行为，多为死者亲属所为，起因往往是对死者死亡原因、赔偿等问题发生争议，而以这种手段要挟对方。

根据治安管理处罚法的规定，实施上述妨害死者安宁的行为，处五日以上十日以下拘留；情节严重的，处十日以上十五日以下拘留，可以并处一千元以下罚款。

应当注意的是，为了有利于化解社会矛盾，对乱停尸体的行为，一般应避免草率处罚，首先应当进行耐心劝阻，帮助当事人解决实际问题，只有确实影响他人正常生活、工作秩序，且不听劝阻的，才能进行治安管理处罚。

依据指引：

❶《中华人民共和国治安管理处罚法》（2005年8月28日公布，自2006年3月1日起施行）

第六十五条 有下列行为之一的，处五日以上十日以下拘留；情节严重的，处十日以上十五日以下拘留，可以并处一千元以下罚款：

（一）故意破坏、污损他人坟墓或者毁坏、丢弃他人尸骨、骨灰的；

（二）在公共场所停放尸体或者因停放尸体影响他人正常生活、工作秩序，不听劝阻的。

❷《中华人民共和国刑法》（1997年3月14日修订公布，自1997年10月1日起施行）

第三百零二条 盗窃、侮辱尸体的，处三年以下有期徒刑、拘役或者管制。

第二百四十五条 非法搜查他人身体、住宅，或者非法侵入他人住宅的，处三年以下有期徒刑或者拘役。

司法工作人员滥用职权，犯前款罪的，从重处罚。

❸**《关于盗窃骨灰行为如何处理问题的答复》**（最高人民检察院研究室2002年9月18日）

吉林省人民检察院法律政策研究室：

你院《关于对盗窃骨灰行为可否比照盗窃尸体罪定性问题的请示》（吉检发请字〔2002〕1号）收悉。经研究，我们认为，“骨灰”不属于刑法第三百零二条规定的“尸体”。对于盗窃骨灰的行为不能以刑法第三百零二条的规定追究刑事责任。

【卖淫嫖娼】

卖淫、嫖娼行为影响社会治安，也是传播各种性病的主要途径，应当予以禁止。治安管理处罚法规定的“卖淫”，是指以牟利为目的，通过出卖自身肉体与他人进行金钱交易的行为。具体说就是与他人发生性关系以获取金钱的行为。这种行为也包括为他人提供“口淫”等性行为而获取金钱的行为。“嫖娼”是指通过金钱与从事卖淫的人进行交易的行为。具体说就是用付出金钱的方式换取与卖淫人员进行性活动的行为。

根据治安管理处罚法的规定，卖淫、嫖娼的，处十日以上十五日以下拘留，可以并处五千元以下罚款；情节较轻的，处五日以下拘留或者五百元以下罚款。这里的“情节较轻”，主要是指为生活所迫卖淫的，初次进行卖淫、嫖娼的等情况。

应当注意的是，对卖淫、嫖娼活动，除应当根据治安管理处罚法的规定进行处罚外，根据1991年全国人大常委会通过的《关于严禁卖淫嫖娼的决定》的规定，对卖淫、嫖娼的，还可以由公安机关会同有关部门强制集中进行法律、道德教育和生产劳动，期限为六个月至二年。

依据指引：

❶**《中华人民共和国治安管理处罚法》**（2005年8月28日公布，自2006年3月1日起施行）

第六十六条 卖淫、嫖娼的，处十日以上十五日以下拘留，可以并处五千元以下罚款；情节较轻的，处五日以下拘留或者五百元以下罚款。

在公共场所拉客招嫖的，处五日以下拘留或者五百元以下罚款。

❷**《中华人民共和国刑法》**（1997年3月14日修订公布，自1997年10月1日起施行）

第三百六十条 明知自己患有梅毒、淋病等严重性病卖淫、嫖娼的，处五年以下有期徒刑、拘役或者管制，并处罚金。

嫖宿不满十四周岁的幼女的，处五年以上有期徒刑，并处罚金。

❸**《全国人民代表大会常务委员会关于严禁卖淫嫖娼的决定》**（1991年9月4日公布施行）

（根据《刑法》的规定，本《决定》有关刑事责任已经纳入《刑法》，自《刑法》施行之日起适用《刑法》的规定，本《补充规定》有关行政处罚和行政措施的规定继续有效。——编者注）

为了严禁卖淫、嫖娼，严惩组织、强迫、引诱、容留、介绍他人卖淫的犯罪分子，维护社会治安秩序和良好的社会风气，对刑法有关规定作如下补充修改：

四、卖淫、嫖娼的，依照治安管理处罚条例第三十条的规定处罚。

对卖淫、嫖娼的，可以由公安机关会同有关部门强制集中进行法律、道德教育和生产劳动，使之改掉恶习。期限为六个月至二年。具体办法由国务院规定。

因卖淫、嫖娼被公安机关处理后又卖淫、嫖娼的，实行劳动教养，并由公安机关处五千元以下罚款。

对卖淫、嫖娼的，一律强制进行性病检查。对患有性病的，进行强制治疗。

七、旅馆业、饮食服务业、文化娱乐业、出租汽车业等单位，对发生在本单位的卖淫、嫖娼活动，放任不管、不采取措施制止的，由公安机关处一万元以上十万元以下罚款，并可以责令其限期整顿、停业整顿，经整顿仍不改正的，由工商行政主管部门吊销营业执照；对直接负责的主管人员和其他直接责任人员，由本单位或者上级主管部门予以行政处分，由公安机关处一千元以下罚款。

❹《卖淫嫖娼人员收容教育办法》（国务院1993年9月4日公布施行）

第一条 为了教育、挽救卖淫、嫖娼人员，制止性病蔓延，根据《全国人民代表大会常务委员会关于严禁卖淫嫖娼的决定》，制定本办法。

第二条 本办法所称收容教育，是指对卖淫、嫖娼人员集中进行法律教育和道德教育、组织参加生产劳动以及进行性病检查、治疗的行政强制教育措施。

收容教育工作实行教育、感化、挽救的方针。

第三条 收容教育工作由公安部主管。

第七条 对卖淫、嫖娼人员，除依照《中华人民共和国治安管理处罚条例》第三十条的规定处罚外，对尚不够实行劳动教养的，可以由公安机关决定收容教育。

对有下列情形之一的卖淫、嫖娼人员，可以不予收容教育：

（一）年龄不满十四周岁的；

（二）患有性病以外其他急性传染病的；

（三）怀孕或者哺乳本人所生一周岁以内婴儿的；

（四）被拐骗、强迫卖淫的。

第八条 对卖淫、嫖娼人员实行收容教育，由县级公安机关决定。决定实行收容教育的，有关县级公安机关应当填写收容教育决定书。收容教育决定书副本应当交给被收容教育人员本人，并自决定之日起十五日内通知其家属、所在单位和户口所在地的公安派出所。

第九条 收容教育期限为六个月至二年。

收容教育日期自执行之日起计算。

第十条 收容教育所对入所的被收容教育人员，应当进行性病检查和治疗。检查和治疗性病的费用一般由本人或者家属负担。

第十一条 收容教育所对被收容教育人员，应当按照性别和有无性病实行分别管理。

被收容教育的女性人员，应当由女性工作人员进行管理。

第十二条 收容教育所应当依法管理，建立、健全各项管理制度，严禁打骂、体罚或者以其他方式侮辱被收容教育人员。

被收容教育人员应当遵守收容教育所的各项管理制度，服从管理。

第十三条 对被收容教育人员应当进行法律教育和道德教育，并组织他们参加生产劳动，学习生产技能，增强劳动观念。

被收容教育人员参加生产劳动所获得的劳动收入，用于改善被收容教育人员的生活和收容教育所的建设。对参加生产劳动的被收容教育人员，可以按照规定支付一定的劳动报酬。收容教育所对劳动收入和支出应当单独建帐，严格管理。

收容教育所应当实行文明管理，组织被收容教育人员开展有益的文化体育活动。

第十四条 被收容教育人员在收容教育期间的生活费用一般由本人或者家属负担。

第十五条 被收容教育人员入所时携带的物品需要由收容教育所保管的，收容教育所应当造册登记，妥善保管，在被收容教育人员离所时将原物交还本人。

第十六条 收容教育所应当允许被收容教育人员的家属探访。

被收容教育人员在收容教育期间，遇有子女出生、家属患严重疾病、死亡以及其他正当理由需要离所的，由其家属或者其所在单位担保并交纳保证金后，经所长批准，可以离所。离所期限一般不超过七日。

保证金收取办法由公安部规定。

第十七条 被收容教育人员在收容教育期间确有悔改表现或者有立功表现以及其他特殊情况的，可以给予表扬或者提前解除收容教育。需要提前解除收容教育的，由收容教育所提出意见，报原决定对其实行收容教育的公安机关批准。但是，提前解除收容教育的，实际执行的收容教育期限不得少于原决定收容教育期限的二分之一。

第十八条 对拒绝接受教育或者不服从管理的被收容教育人员，可以给予警告或者延长收容教育期限。需要延长收容教育期限的，由收容教育所提出意见，报原决定对其实行收容教育的公安机关批准。但是，延长收容教育期限的，实际执行的收容教育期限最长不得超过二年。

收容教育期间发现被收容教育人员有其他违法犯罪行为尚未处理的，依照有关法律、法规处理。

第十九条 对收容教育期满的人员，应当按期解除收容教育，发给解除收容教育证明书，并通知其家属或者所在单位领回。

第二十条　被收容教育人员对收容教育决定不服的，可以依照《行政复议条例》的规定向上一级公安机关申请复议；对上一级公安机关的复议决定不服的，可以依照《中华人民共和国行政诉讼法》的规定向人民法院提起诉讼。

第二十一条　被收容教育人员在收容教育期间死亡的，应当由公安机关组织法医或者指定医生作出死亡鉴定，经同级人民检察院检验，报上一级公安机关和人民检察院备案，并填写死亡通知书，通知被收容教育人员家属、所在单位和户口所在地公安派出所；家属不予认领的，由公安机关拍照后处理。

⑤《最高人民检察院关于构成嫖宿幼女罪主观上是否需要具备明知要件的解释》（2001年6月4日由最高人民检察院第九届检察委员会第八十九次会议通过，自2001年6月11日起施行）

为依法办理嫖宿幼女犯罪案件，对嫖宿幼女行为如何适用法律问题解释如下：

行为人知道被害人是或者可能是不满十四周岁幼女而嫖宿的，适用刑法第三百六十条第二款的规定，以嫖宿幼女罪追究刑事责任。

⑥最高人民法院关于如何适用《治安管理处罚条例》第三十条规定的答复（2000年2月29日）

重庆市高级人民法院：

你院《关于董国亮不服重庆市公安局大渡口区分局治安管理处罚抗诉再审请示一案的请示报告》收悉。经研究，答复如下：

《治安管理处罚条例》第三十条规定的"卖淫嫖娼"，一般是指异性之间通过金钱交易，一方向另一方提供性服务以满足对方性欲的行为。至于具体性行为采用什么方式，不影响对卖淫嫖娼行为的认定。

⑦最高人民法院、最高人民检察院关于执行《全国人民代表大会常务委员会关于严禁卖淫嫖娼的决定》的若干问题的解答（1992年12月11日发布施行）

各省、自治区、直辖市高级人民法院、人民检察院，解放军军事法院、军事检察院：

八、怎样认定传播性病罪？

根据《决定》第五条第一款的规定，传播性病罪，是指明知自己患有梅毒、淋病等严重性病而进行卖淫嫖娼的行为。

（一）本罪属特殊主体，即已满十六岁，具有刑事责任能力，且患有梅毒、淋病等严重性病的人。中国公民和外国人均可成为本罪的主体。

（二）必须实施了卖淫、嫖娼的行为。至于实际是否已造成他人染上性病的结果，不影响本罪的成立。行为人通过其他方式（如通奸等）将性病传播给他人的，不构成本罪。

（三）具备以下情形之一的，可以认定为"明知"：

1、有证据证明曾到医院就医，被诊断为患有严重性病的；

2、根据本人的知识和经验，能够知道自己患有严重性病的；

3、通过其他方法能够证明被告人是"明知"的。

……

⑧《公安机关办理行政案件程序规定》（公安部2003年8月26日发布，自2004年4月1日起施行）

第三十二条　违法事实确凿并有法定依据，对个人处以五十元以下、对单位处以一千元以下罚款或者警告的行政处罚，可以由办案人员当场作出行政处罚决定。

对卖淫、嫖娼和引诱、介绍、容留卖淫、嫖娼的以及涉外违反治安管理行为，不适用当场处罚。

第六十六条　对违法嫌疑人进行检查时，应当尊重被检查人的人格，不得以有损人格尊严的方式进行检查。

对违法嫌疑人检查应当由两名与被检查人同性别的人民警察进行。

依法对卖淫、嫖娼人员进行性病检查，应当由医生进行。

⑨《公安部关于对同性之间以钱财为媒介的性行为定性处理问题的批复》（2001年1月28日）

广西壮族自治区公安厅：

你厅《关于钱财为媒介的性行为如何定性的请示》（桂公传发［2001］325号）收悉。现批复如下：

根据《中华人民共和国治安管理处罚条例》和全国人大常委会《关于严禁卖淫嫖娼的决定》

的规定，不特定的异性之间或者同性之间以金钱、财物为媒介发生不正当性关系的行为，包括口淫、手淫、鸡奸等行为，都属于卖淫嫖娼行为，对行为人应当依法处理。

自本批复下发之日起，《公安部关于以营利为目的的手淫、口淫等行为定性处理问题的批复》（公复字［1995］6号）同时废止。

⑩《收容教育所管理办法》（2000年3月30日公安部部长办公会议通过）

第十条 收容教育所接收被收容教育人员，应当填写《收容教育人员入所登记表》，并对其进行健康和性病检查，填写《收容教育人员健康及性病检查表》。

凡具有下列情形之一的卖淫、嫖娼人员可以不予接收：

（一）年龄不满十四周岁的；

（二）患有性病以外其它急性传染病和严重疾病的；

（三）怀孕或者哺乳自己婴儿的；

（四）被拐骗、强迫卖淫的；

（五）有严重伤情的。

对接收后发现不应收容教育的，应当提请办案单位依法作其他处理；对吸食、注射毒品成瘾的，应当先行强制戒毒；对可能患有精神病的，由办案单位负责鉴定。

⑪公安部关于认真贯彻执行全国人民代表大会常务委员会《关于严禁卖淫嫖娼的决定》的通知（1991年11月23日）

第七届全国人大常委会第二十一次会议通过的《关于严禁卖淫嫖娼的决定》（以下简称《决定》），为查禁取缔卖淫嫖娼提供了重要的法律武器。《决定》的实施，对于教育动员广大人民群众自觉同这种社会丑恶现象作斗争，严厉禁止卖淫嫖娼活动，制止性病蔓延，维护社会治安秩序，净化社会风气，加强社会主义精神文明建设，必将起到极大的促进作用。现就各级公安机关贯彻执行《决定》的有关问题通知如下：

三、严格执行法律，注意掌握政策。

查禁卖淫嫖娼工作，既要态度坚决、措施果断，又要严格执法掌握政策。要通过加强侦察破案、严密阵地控制、布建特情耳目、开展调查摸底、加强行业管理等措施，及时发现、查处卖淫嫖娼活动。在实际工作中，要讲究工作方法，文明执勤，注意保护公民和企业的合法权益，不要采取普遍清查客房的做法。

对卖淫嫖娼人员的处理，要以事实为根据，以法律为准绳，认真做好调查取证，严格把关，做到事实清楚，证据确实、充分，适用法律准确，责罚得当，经得起检验。打击的重点是组织、强迫、引诱、容留、介绍妇女卖淫的犯罪分子，只要基本事实清楚、基本证据确凿，就要依法提请司法机关追究刑事责任。对查获的暗娼、嫖客要毫不手软，严格依照《决定》第四条的规定，分别情况，严肃处理，充分使用“劳动教养”和“收容教育”手段，坚决纠正以罚款代替收容教育和劳动教养的现象。对明知自己患有梅毒、淋病等严重性病而进行卖淫、嫖娼的，应当依法追究刑事责任，不能以罚款代替刑罚。对国营、集体、中外合资、合作或外商独资、承包的企业单位，只要有违反《决定》的行为，都应依法处罚。可选择典型案例公开报道。要慎重使用《决定》赋予公安机关的行政罚款权，注意定性准确，掌握好量罚幅度。

各级公安机关要教育公安干警，在查禁工作中严格遵守法纪，不得徇私舞弊、包庇纵容、通风报信，违者从严惩处。严禁公安干警卖淫嫖娼，违者除依法从严处理外，可以依照《人民警察奖惩条例》等有关规定清除出公安队伍。

五、执行《决定》的有关具体问题

（一）裁决权限。除现行法律、法规中已经明确裁决权限的以外，公安机关依照《决定》对违法人员和旅馆业、饮食服务业、文化娱乐业、出租汽车业等单位的处理，由县（市）公安局、城市公安分局以上公安机关决定。

（三）办理收容教育的程序。符合治安管理处罚的，可以裁决拘留处罚；符合收容审查的，可以予以收容审查，但应从严控制。在治安拘留和收容审查期间，抓紧办理收容教育呈批手续。收容审查和治安拘留1日，应当折抵收容教育1日。

（四）对单位处罚规定的运用。对旅馆业、饮食服务业、文化娱乐业、出租汽车业等单位，处以罚款的，应当填写《治安行政罚款决定书》，处以“限期整顿”或者“停业整顿”的，应当填写《限期、停业整顿决定书》，处罚决定应当同时告知上一级主管部门或行业主管部门和当地工商行政管理部门。停业整顿的期限一般掌握在7日以内，违法行为情节严重的，不得超过15日。需要吊销营业执照的，以书面形式向当地工商行政管理部门提出建议。

（五）收容教育的费用。对卖淫嫖娼人员进行性病检查和治疗的费用以及收容教育期间的伙食费用，原则上应当由本人或其家属负担；确实无力负担的，可报请地方政府解决。

【在公共场所拉客招嫖】

在现实生活中，有些人为了招引嫖客，在一些街道、餐馆、娱乐场所等公共场所拉客招嫖，纠缠过往行人要求卖淫，甚至在某些地方形成比较固定的卖淫一条街，严重败坏社会风气，干扰群众正常生活。对这种行为应当予以治安管理处罚。这里的公共场所主要是指街道两侧、宾馆、饭店、娱乐场所等公共场所。

需要注意的是，治安管理处罚法对在公共场所拉客招嫖的行为规定予以处罚，并不是意味着在非公共场所拉客招嫖的行为就不属于违法行为。实际上拉客招嫖是卖淫行为的一个环节，整个卖淫行为是由搭识、谈价钱、找地点、实施性交易行为等不同发展阶段组成的。但如果要一律按照卖淫行为处理，往往需要掌握整个卖淫活动的证据，这使得执法的难度比较大，这也是有的地方站街女成群，而有关部门难以处理的原因所在。治安管理处罚法规定对在公共场所拉客招嫖的行为予以处罚，就是针对这种情况的。但是，这也不是说对拉客招嫖行为就没有严格的证据要求了。拉客招嫖，既要有搭讪、纠缠他人的拉客行为，还要有招嫖的主观意图，而且招嫖的意图必须有足够的外在证据予以佐证，如直接的语言或者身体动作的表示等等。

根据治安管理处罚法的规定，在公共场所拉客招嫖的，处五日以下拘留或者五百元以下罚款。

依据指引：

❶《中华人民共和国治安管理处罚法》（2005年8月28日公布，自2006年3月1日起施行）

第六十六条 卖淫、嫖娼的，处十日以上十五日以下拘留，可以并处五千元以下罚款；情节较轻的，处五日以下拘留或者五百元以下罚款。

在公共场所拉客招嫖的，处五日以下拘留或者五百元以下罚款。

❷《中华人民共和国刑法》（1997年3月14日修订公布，自1997年10月1日起施行）

第三百六十条 明知自己患有梅毒、淋病等严重性病卖淫、嫖娼的，处五年以下有期徒刑、拘役或者管制，并处罚金。

嫖宿不满十四周岁的幼女的，处五年以上有期徒刑，并处罚金。

❸《全国人民代表大会常务委员会关于严禁卖淫嫖娼的决定》（1991年9月4日公布施行）

（根据《刑法》的规定，本《决定》有关刑事责任已经纳入《刑法》，自《刑法》施行之日起适用《刑法》的规定，本《补充规定》有关行政处罚和行政措施的规定继续有效。——编者注）

为了严禁卖淫、嫖娼，严惩组织、强迫、引诱、容留、介绍他人卖淫的犯罪分子，维护社会治安秩序和良好的社会风气，对刑法有关规定作如下补充修改：

四、卖淫、嫖娼的，依照治安管理处罚条例第三十条的规定处罚。

对卖淫、嫖娼的，可以由公安机关会同有关部门强制集中进行法律、道德教育和生产劳动，使之改掉恶习。期限为六个月至二年。具体办法由国务院规定。

因卖淫、嫖娼被公安机关处理后又卖淫、嫖娼的，实行劳动教养，并由公安机关处五千元以下罚款。

对卖淫、嫖娼的，一律强制进行性病检查。对患有性病的，进行强制治疗。

七、旅馆业、饮食服务业、文化娱乐业、出租汽车业等单位，对发生在本单位的卖淫、嫖娼活动，放任不管、不采取措施制止的，由公安机关处一万元以上十万元以下罚款，并可以责令其限期整顿、停业整顿，经整顿仍不改正的，由工商行政主管部门吊销营业执照；对直接负责的主管人员和其他直接责任人员，由本单位或者上级主管部门予以行政处分，由公安机关处一千元以下罚款。

❹《卖淫嫖娼人员收容教育办法》（国务院1993年9月4日公布施行）

第一条 为了教育、挽救卖淫、嫖娼人员，制止性病蔓延，根据《全国人民代表大会常务委员会关于严禁卖淫嫖娼的决定》，制定本办法。

第二条 本办法所称收容教育，是指对卖淫、嫖娼人员集中进行法律教育和道德教育、组织参加生产劳动以及进行性病检查、治疗的行政强制教育措施。

收容教育工作实行教育、感化、挽救的方针。

第三条 收容教育工作由公安部主管。

第七条 对卖淫、嫖娼人员，除依照《中华人民共和国治安管理处罚条例》第三十条的规定处罚外，对尚不够实行劳动教养的，可以由公安机关决定收容教育。

对有下列情形之一的卖淫、嫖娼人员，可以不予收容教育：

（一）年龄不满十四周岁的；

（二）患有性病以外其他急性传染病的；

（三）怀孕或者哺乳本人所生一周岁以内婴儿的；

（四）被拐骗、强迫卖淫的。

第八条 对卖淫、嫖娼人员实行收容教育，由县级公安机关决定。决定实行收容教育的，有关县级公安机关应当填写收容教育决定书。收容教育决定书副本应当交给被收容教育人员本人，并自决定之日起十五日内通知其家属、所在单位和户口所在地的公安派出所。

第九条 收容教育期限为六个月至二年。

收容教育日期自执行之日起计算。

第十条 收容教育所对入所的被收容教育人员，应当进行性病检查和治疗。检查和治疗性病的费用一般由本人或者家属负担。

第十一条 收容教育所对被收容教育人员，应当按照性别和有无性病实行分别管理。

被收容教育的女性人员，应当由女性工作人员进行管理。

第十二条 收容教育所应当依法管理，建立、健全各项管理制度，严禁打骂、体罚或者以其他方式侮辱被收容教育人员。

被收容教育人员应当遵守收容教育所的各项管理制度，服从管理。

第十三条 对被收容教育人员应当进行法律教育和道德教育，并组织他们参加生产劳动，学习生产技能，增强劳动观念。

被收容教育人员参加生产劳动所获得的劳动收入，用于改善被收容教育人员的生活和收容教育所的建设。对参加生产劳动的被收容教育人员，可以按照规定支付一定的劳动报酬。收容教育所对劳动收入和支出应当单独建帐，严格管理。

收容教育所应当实行文明管理，组织被收容教育人员开展有益的文化体育活动。

第十四条 被收容教育人员在收容教育期间的生活费用一般由本人或者家属负担。

第十五条 被收容教育人员入所时携带的物品需要由收容教育所保管的，收容教育所应当造册登记，妥善保管，在被收容教育人员离所时将原物交还本人。

第十六条 收容教育所应当允许被收容教育人员的家属探访。

被收容教育人员在收容教育期间，遇有子女出生、家属患严重疾病、死亡以及其他正当理由需要离所的，由其家属或者其所在单位担保并交纳保证金后，经所长批准，可以离所。离所期限一般不超过七日。

保证金收取办法由公安部规定。

第十七条 被收容教育人员在收容教育期间确有悔改表现或者有立功表现以及其他特殊情况的，可以给予表扬或者提前解除收容教育。需要提前解除收容教育的，由收容教育所提出意见，报原决定对其实行收容教育的公安机关批准。但是，提前解除收容教育的，实际执行的收容教育期限不得少于原决定收容教育期限的二分之一。

第十八条 对拒绝接受教育或者不服从管理的被收容教育人员，可以给予警告或者延长收容教育期限。需要延长收容教育期限的，由收容教育所提出意见，报原决定对其实行收容教育的公安机关批准。但是，延长收容教育期限的，实际执行的收容教育期限最长不得超过二年。

收容教育期间发现被收容教育人员有其他违

法犯罪行为尚未处理的，依照有关法律、法规处理。

第十九条 对收容教育期满的人员，应当按期解除收容教育，发给解除收容教育证明书，并通知其家属或者所在单位领回。

第二十条 被收容教育人员对收容教育决定不服的，可以依照《行政复议条例》的规定向上一级公安机关申请复议；对上一级公安机关的复议决定不服的，可以依照《中华人民共和国行政诉讼法》的规定向人民法院提起诉讼。

第二十一条 被收容教育人员在收容教育期间死亡的，应当由公安机关组织法医或者指定医生作出死亡鉴定，经同级人民检察院检验，报上一级公安机关和人民检察院备案，并填写死亡通知书，通知被收容教育人员家属、所在单位和户口所在地公安派出所；家属不予认领的，由公安机关拍照后处理。

❺《最高人民检察院关于构成嫖宿幼女罪主观上是否需要具备明知要件的解释》（2001年6月4日由最高人民检察院第九届检察委员会第八十九次会议通过，自2001年6月11日起施行）

为依法办理嫖宿幼女犯罪案件，对嫖宿幼女行为如何适用法律问题解释如下：

行为人知道被害人是或者可能是不满十四周岁幼女而嫖宿的，适用刑法第三百六十条第二款的规定，以嫖宿幼女罪追究刑事责任。

❻ 最高人民法院关于如何适用《治安管理处罚条例》第三十条规定的答复（2000年2月29日）

重庆市高级人民法院：

你院《关于董国亮不服重庆市公安局大渡口区分局治安管理处罚抗诉再审请示一案的请示报告》收悉。经研究，答复如下：

《治安管理处罚条例》第三十条规定的“卖淫嫖娼”，一般是指异性之间通过金钱交易，一方向另一方提供性服务以满足对方性欲的行为。至于具体性行为采用什么方式，不影响对卖淫嫖娼行为的认定。

❼ 最高人民法院、最高人民检察院关于执行《全国人民代表大会常务委员会关于严禁卖淫嫖娼的决定》的若干问题的解答（1992年12月11日发布施行）

各省、自治区、直辖市高级人民法院、人民检察院，解放军军事法院、军事检察院：

八、怎样认定传播性病罪？

根据《决定》第五条第一款的规定，传播性病罪，是指明知自己患有梅毒、淋病等严重性病而进行卖淫嫖娼的行为。

（一）本罪属特殊主体，即已满十六岁，具有刑事责任能力，且患有梅毒、淋病等严重性病的人。中国公民和外国人均可成为本罪的主体。

（二）必须实施了卖淫、嫖娼的行为。至于实际是否已造成他人染上性病的结果，不影响本罪的成立。行为人通过其他方式（如通奸等）将性病传播给他人的，不构成本罪。

（三）具备以下情形之一的，可以认定为“明知”：

1. 有证据证明曾到医院就医，被诊断为患有严重性病的；

2. 根据本人的知识和经验，能够知道自己患有严重性病的；

3. 通过其他方法能够证明被告人是“明知”的。

……

❽《公安机关办理行政案件程序规定》（公安部2003年8月26日发布，自2004年4月1日起施行）

第三十二条 违法事实确凿并有法定依据，对个人处以五十元以下、对单位处以一千元以下罚款或者警告的行政处罚，可以由办案人员当场作出行政处罚决定。

对卖淫、嫖娼和引诱、介绍、容留卖淫、嫖娼的以及涉外违反治安管理行为，不适用当场处罚。

第六十六条 对违法嫌疑人进行检查时，应当尊重被检查人的人格，不得以有损人格尊严的方式进行检查。

对违法嫌疑人检查应当由两名与被检查人同性别的人民警察进行。

依法对卖淫、嫖娼人员进行性病检查，应当由医生进行。

❾《公安部关于对同性之间以钱财为媒介的性行为定性处理问题的批复》（2001年1月28日）

广西壮族自治区公安厅：

你厅《关于钱财为媒介的性行为如何定性的

请示》(桂公传发[2001]325号)收悉。现批复如下:

根据《中华人民共和国治安管理处罚条例》和全国人大常委会《关于严禁卖淫嫖娼的决定》的规定,不特定的异性之间或者同性之间以金钱、财物为媒介发生不正当性关系的行为,包括口淫、手淫、鸡奸等行为,都属于卖淫嫖娼行为,对行为人应当依法处理。

自本批复下发之日起,《公安部关于以营利为的的手淫、口淫等行为定性处理问题的》(公复字[1995]6号)同时废止。

⑩《收容教育所管理办法》(2000年3月30日公安部部长办公会议通过)

第十条 收容教育所接收被收容教育人员,应当填写《收容教育人员入所登记表》,并对其进行健康和性病检查,填写《收容教育人员健康及性病检查表》。

凡具有下列情形之一的卖淫、嫖娼人员可以不予接收:

(一)年龄不满十四周岁的;

(二)患有性病以外其它急性传染病和严重疾病的;

(三)怀孕或者哺乳自己婴儿的;

(四)被拐骗、强迫卖淫的;

(五)有严重伤情的。

对接收后发现不应收容教育的,应当提请办案单位依法作其他处理;对吸食、注射毒品成瘾的,应当先行强制戒毒;对可能患有精神病的,由办案单位负责鉴定。

⑪公安部关于认真贯彻执行全国人民代表大会常务委员会《关于严禁卖淫嫖娼的决定》的通知(1991年11月23日)

第七届全国人大常委会第二十一次会议通过的《关于严禁卖淫嫖娼的决定》(以下简称《决定》),为查禁取缔卖淫嫖娼提供了重要的法律武器。《决定》的实施,对于教育动员广大人民群众自觉同这种社会丑恶现象作斗争,严厉禁止卖淫嫖娼活动,制止性病蔓延,维护社会治安秩序,净化社会风气,加强社会主义精神文明建设,必将起到极大的促进作用。现就各级公安机关贯彻执行《决定》的有关问题通知如下:

三、严格执行法律,注意掌握政策。

查禁卖淫嫖娼工作,既要态度坚决、措施果断,又要严格执法掌握政策。要通过加强侦察破案、严密阵地控制、布建特情耳目、开展调查摸底、加强行业管理等措施,及时发现、查处卖淫嫖娼活动。在实际工作中,要讲究工作方法,文明执勤,注意保护公民和企业的合法权益,不要采取普遍清查客房的做法。

对卖淫嫖娼人员的处理,要以事实为根据,以法律为准绳,认真做好调查取证,严格把关,做到事实清楚,证据确实、充分,适用法律准确,责罚得当,经得起检验。打击的重点是组织、强迫、引诱、容留、介绍妇女卖淫的犯罪分子,只要基本事实清楚、基本证据确凿,就要依法提请司法机关追究刑事责任。对查获的暗娼、嫖客要毫不手软,严格依照《决定》第四条的规定,分别情况,严肃处理,充分使用"劳动教养"和"收容教育"手段,坚决纠正以罚款代替收容教育和劳动教养的现象。对明知自己患有梅毒、淋病等严重性病而进行卖淫、嫖娼的,应当依法追究刑事责任,不能以罚款代替刑罚。对国营、集体、中外合资、合作或外商独资、承包的企业单位,只要有违反《决定》的行为,都应依法处罚。可选择典型案例公开报道。要慎重使用《决定》赋予公安机关的行政罚款权,注意定性准确,掌握好量罚幅度。

各级公安机关要教育公安干警,在查禁工作中严格遵守法纪,不得徇私舞弊、包庇纵容、通风报信,违者从严惩处。严禁公安干警卖淫嫖娼,违者除依法从严处理外,可以依照《人民警察奖惩条例》等有关规定清除出公安队伍。

五、执行《决定》的有关具体问题

(一)裁决权限。除现行法律、法规中已经明确裁决权限的以外,公安机关依照《决定》对违法人员和旅馆业、饮食服务业、文化娱乐业、出租汽车业等单位的处理,由县(市)公安局、城市公安分局以上公安机关决定。

(三)办理收容教育的程序。符合治安管理处罚的,可以裁决拘留处罚;符合收容审查的,可以予以收容审查,但应从严控制。在治安拘留和收容审查期间,抓紧办理收容教育呈批手续。收容审查和治安拘留1日,应当折抵收容教育1日。

(四)对单位处罚规定的运用。对旅馆业、饮食服务业、文化娱乐业、出租汽车业等单位,处以罚款的，应当填写《治安行政罚款决定书》，处以“限期整顿”或者“停业整顿”的，应当填写《限期、停业整顿决定书》，处罚决定应当同时告知上一级主管部门或行业主管部门和当地工商行政管理部门。停业整顿的期限一般掌握在7日以内，违法行为情节严重的，不得超过15日。需要吊销营业执照的，以书面形式向当地工商行政管理部门提出建议。

（五）收容教育的费用。对卖淫嫖娼人员进行性病检查和治疗的费用以及收容教育期间的伙食费用，原则上应当由本人或其家属负担；确实无力负担的，可报请地方政府解决。

【引诱、介绍、容留卖淫】

打击这类违法犯罪活动的重要环节，就是打击那些为卖淫嫖娼活动牵线搭桥的行为，即引诱、容留、介绍他人卖淫的行为。正是这些违法犯罪分子的活动，使卖淫嫖娼活动愈演愈烈，因此也应当是打击重点。为了加大打击这一类违法犯罪活动的力度，根据刑法第三百五十九条的规定，引诱、容留、介绍他人卖淫的，处五年以下有期徒刑、拘役或者管制，并处罚金；情节严重的，处五年以上有期徒刑，并处罚金。对一些情节显著轻微，尚不够刑事处罚的引诱、容留、介绍卖淫的行为，还应当予以治安管理处罚。所谓“引诱”他人卖淫，是指行为人以金钱诱惑或者通过宣扬腐朽生活方式等手段，诱使没有卖淫经历的人从事卖淫活动的行为。“容留”他人卖淫，是指行为人故意为他人从事卖淫、嫖娼活动提供场所的行为。这里规定的“容留”既包括在自己所有的、管理的、使用的、经营的或者临时租借的场所容留卖淫、嫖娼人员从事卖淫、嫖娼活动，也包括在流动场所，如在运输工具中容留他人卖淫、嫖娼。“介绍”他人卖淫，是指为卖淫人员介绍嫖客，在他们之间牵线搭桥的行为，即人们通常所说的“拉皮条”。

根据治安管理处罚法的规定，引诱、介绍、容留他人卖淫的，处十日以上十五日以下拘留，可以并处五千元以下罚款；情节较轻的，处五日以下拘留或者五百元以下罚款的治安处罚。

依据指引：

❶**《中华人民共和国治安管理处罚法》**（2005年8月28日公布，自2006年3月1日起施行）

第六十七条 引诱、容留、介绍他人卖淫的，处十日以上十五日以下拘留，可以并处五千元以下罚款；情节较轻的，处五日以下拘留或者五百元以下罚款。

第七十六条 有本法第六十七条、第六十八条、第七十条的行为，屡教不改的，可以按照国家规定采取强制性教育措施。

❷**《中华人民共和国刑法》**（1997年3月14日修订公布，自1997年10月1日起施行）

第三百五十八条 组织他人卖淫或者强迫他人卖淫的，处五年以上十年以下有期徒刑，并处罚金；有下列情形之一的，处十年以上有期徒刑或者无期徒刑，并处罚金或者没收财产：

（一）组织他人卖淫，情节严重的；

（二）强迫不满十四周岁的幼女卖淫的；

（三）强迫多人卖淫或者多次强迫他人卖淫的；

（四）强奸后迫使卖淫的；

（五）造成被强迫卖淫的人重伤、死亡或者其他严重后果的。

有前款所列情形之一，情节特别严重的，处无期徒刑或者死刑，并处没收财产。

协助组织他人卖淫的，处五年以下有期徒刑，并处罚金；情节严重的，处五年以上十年以下有期徒刑，并处罚金。

第三百五十九条 引诱、容留、介绍他人卖淫的，处五年以下有期徒刑、拘役或者管制，并处罚金；情节严重的，处五年以上有期徒刑，并处罚金。

引诱不满十四周岁的幼女卖淫的，处五年以上有期徒刑，并处罚金。

第三百六十一条 旅馆业、饮食服务业、文化娱乐业、出租汽车业等单位的人员，利用本单位的条件，组织、强迫、引诱、容留、介绍他人卖淫的，依照本法第三百五十八条、第三百五十九条的规定定罪处罚。

前款所列单位的主要负责人，犯前款罪的，从重处罚。

❸《全国人民代表大会常务委员会关于严禁卖淫嫖娼的决定》（1991年9月4日公布施行）

（根据《刑法》的规定，本《决定》有关刑事责任已经纳入《刑法》，自《刑法》施行之日起适用《刑法》的规定，本《决定》有关行政处罚和行政措施的规定继续有效。——编者注）

为了严禁卖淫、嫖娼，严惩组织、强迫、引诱、容留、介绍他人卖淫的犯罪分子，维护社会治安秩序和良好的社会风气，对刑法有关规定作如下补充修改：

三、引诱、容留、介绍他人卖淫的，处五年以下有期徒刑或者拘役，并处五千元以下罚金；情节严重的，处五年以上有期徒刑，并处一万元以下罚金；情节较轻的，依照治安管理处罚条例第三十条的规定处罚。

引诱不满十四岁的幼女卖淫的，依照本决定第二条关于强迫不满十四岁的幼女卖淫的规定处罚。

十、组织、强迫、引诱、容留、介绍他人卖淫以及卖淫的非法所得予以没收。

罚没收入一律上缴国库。

❹最高人民法院、最高人民检察院关于执行《全国人民代表大会常务委员会关于严禁卖淫嫖娼的决定》的若干问题的解答（1992年12月11日发布施行）

各省、自治区、直辖市高级人民法院、人民检察院，解放军军事法院、军事检察院：

六、怎样认定引诱、容留、介绍他人卖淫罪？

引诱、容留、介绍他人卖淫罪是一个选择性罪名。引诱、容留、介绍他人卖淫这三种行为，不论是同时实施还是只实施其中一种行为，均构成本罪。如：介绍他人卖淫的，定介绍他人卖淫罪；兼有引诱、容留、介绍他人卖淫三种行为的，定引诱、容留、介绍他人卖淫罪，不实行数罪并罚。

引诱、容留、介绍他人卖淫是否以营利为目的，不影响本罪的成立。

根据《决定》第三条第二款的规定，引诱不满十四岁的幼女卖淫的，依照《决定》第二条第一款关于强迫不满十四岁的幼女卖淫的规定处罚，定强迫他人卖淫罪。

七、哪些是引诱、容留、介绍他人卖淫罪中“情节严重”的行为？

引诱、容留、介绍他人卖淫，情节严重的，一般有以下几种情形：

（一）多次引诱、容留、介绍他人卖淫的；

（二）引诱、容留、介绍多人卖淫的；

（三）引诱、容留、介绍明知是有严重性病的人卖淫的；

（四）容留、介绍不满十四岁的幼女卖淫的；

（五）引诱、容留、介绍他人卖淫具有其他严重情节的。

九、对《决定》中提到的“他人”、“多人”、“多次”应当怎样理解？

（一）组织、协助组织、强迫、引诱、容留、介绍他人卖淫中的“他人”，主要是指女人，也包括男人。

（二）《决定》和本《解答》中的“多人”、“多次”的“多”，是指“三”以上的数（含本数）。

❺最高人民法院研究室对《关于严禁卖淫嫖娼的决定》施行后《关于严惩严重危害社会治安的犯罪分子的决定》第一条第（6）项的规定是否适用问题的电话答复（1992年2月1日）

四川省高级人民法院：

你院《关于〈严禁卖淫嫖娼的决定〉施行后对引诱、容留妇女卖淫的犯罪分子可否判处死刑的请示》收悉。经研究，答复如下：

同意你院倾向性意见，即，《关于严禁卖淫嫖娼的决定》施行后，《关于严惩严重危害社会治安的犯罪分子的决定》第一条第（6）项的规定不再适用。

附：四川省高级人民法院《关于严禁卖淫嫖娼的决定》施行后对引诱容留妇女卖淫的犯罪分子可否判处死刑的请示

最高人民法院：

全国人大常委会《关于严禁卖淫嫖娼的决定》公布施行后，对引诱、容留妇女卖淫的犯罪分子，可否继续适用全国人大常委会《关于严惩严重危害社会治安的犯罪分子的决定》第一条(6)项的规定，即可否适用“引诱容留妇女卖淫，情节严重”，“可以在刑法规定的最高刑以上处刑，直至判处死刑”的规定。我们在讨论中有两种意见：

第一种意见认为，《严禁卖淫嫖娼的决定》第三条第一款已对过去的规定作了修改，明确规定，引诱、容留、介绍他人卖淫，情节严重的，最重刑罚为十五年有期徒刑，故不再适用《严惩严重危害社会治安的犯罪分子的决定》第一条(6)项的规定，不能判处无期徒刑、死刑。

第二种意见认为，《严禁卖淫嫖娼的决定》第三条第一款，只对刑法第一百六十九条的规定作了补充规定，只明确了“情节严重”、“情节较轻”的处罚，对“情节特别严重”的情况未作规定，应继续适用《严惩严重危害社会治安的犯罪分子的决定》第一条(6)项的规定，引诱、容留、介绍他人卖淫，情节特别严重的，可以判处无期徒刑、死刑。

我们倾向于第一种意见。当否，请批复。

❻《公安机关办理劳动教养案件规定》（公安部2002年4月12日发布，自2002年6月1日起施行）

第九条　根据全国人民代表大会常务委员会批准的《国务院关于劳动教养问题的决定》、《国务院关于劳动教养的补充规定》和国务院转发的公安部《劳动教养试行办法》等法律、行政法规的规定，对年满十六周岁、具有下列情形之一的，应当依法决定劳动教养：

（七）介绍、容留他人卖淫、嫖娼，引诱他人卖淫，赌博或者为赌博提供条件，制作、复制、出售、出租或者传播淫秽物品，情节较重，尚不够刑事处罚的；

……

第十一条　对精神病人、呆傻人员不得决定劳动教养。

对盲、聋、哑人，严重病患者，怀孕或者哺乳自己不满一周岁婴儿的妇女，以及年满六十周岁又有疾病等丧失劳动能力者，一般不决定劳动教养；确有必要劳动教养的，可以同时决定劳动教养所外执行。

违法犯罪嫌疑人为抗拒审查、逃避惩罚而自伤、自残，符合劳动教养条件的，应当依法决定劳动教养。

本条第一款、第二款规定的违法犯罪嫌疑人的年龄、身体状况，以审批劳动教养时违法犯罪嫌疑人的实际情况确定。

第十二条　对在中华人民共和国领域内违法犯罪的外国人、无国籍人、华侨，在大陆违法犯罪的台湾居民和在内地违法犯罪的香港、澳门特别行政区居民，不得决定劳动教养。

❼《国务院关于劳动教养的补充规定》

（1979年11月29日第五届全国人民代表大会常务委员会第十二次会议批准，1979年11月29日国务院公布施行）

为了更好地贯彻执行一九五七年八月一日第一届全国人民代表大会常务委员会第七十八次会议批准的国务院关于劳动教养问题的决定，作如下补充规定：

一、省、自治区、直辖市和大中城市人民政府成立劳动教养管理委员会，由民政、公安、劳动部门的负责人组成，领导和管理劳动教养的工作。

二、劳动教养收容大中城市需要劳动教养的人。对于需要实行劳动教养的人，由省、自治区、直辖市和大中城市劳动教养管理委员会审查批准。

三、劳动教养的期限为一年至三年。必要时得延长一年。节日、星期日休息。

四、劳动教养人员解除劳动教养后，就业、上学不受歧视。对劳动教养人员的家属、子女不得歧视。

五、人民检察院对劳动教养机关的活动实行监督。

❽《国务院关于劳动教养问题的决定》

（1957年8月1日全国人民代表大会常务委员会第七十八次会议批准，1957年8月3日国务院公布施行）

根据中华人民共和国宪法第一百条的规定，为了把游手好闲、违反法纪、不务正业的有劳动力的人，改造成为自食其力的新人；为了进一步维护公共秩序，有利于社会主义建设，对于劳动教养问题，作如下决定：

一、对于下列几种人应当加以收容实行劳动教养：

（1）不务正业，有流氓行为或者有不追究刑事责任的盗窃、诈骗等行为，违反治安管理、屡教不改的；

（2）罪行轻微，不追究刑事责任的反革命分子、反社会主义的反动分子，受到机关、团体、企业、学校等单位的开除处分，无生活出路的；

（3）机关、团体、企业、学校等单位内，有劳动力，但长期拒绝劳动或者破坏纪律、妨害公共秩序，受到开除处分，无生活出路的；

（4）不服从工作的分配和就业转业的安置，或者不接受从事劳动生产的劝导，不断地无理取闹、妨害公务、屡教不改的。

二、劳动教养，是对于被劳动教养的人实行强制性教育改造的一种措施，也是对他们安置就业的一种办法。

对于被劳动教养的人，应当按照其劳动成果发给适当的工资；并且可以酌量扣出其一部分工资，作为其家属赡养费或者本人安家立业的储备金。

被劳动教养的人，在劳动教养期间，必须遵守劳动教养机关规定的纪律，违反纪律的，应当受到行政处分，违法犯罪的，应当依法处理。

在教育管理方面，应当采用劳动生产和政治教育相结合的方针，并且规定他们必须遵守的纪律和制度，帮助他们建立爱国守法和劳动光荣的观念，学习劳动生产的技术，养成爱好劳动的习惯，使他们成为参加社会主义建设的自食其力的劳动者。

三、需要实行劳动教养的人，由民政、公安部门，所在机关、团体、企业、学校等单位，或者家长、监护人提出申请，经省、自治区、直辖市人民委员会或者它们委托的机关批准。

四、被劳动教养的人，在劳动教养期间，表现良好而有就业条件的，经劳动教养机关批准，可以另行就业；原送请劳动教养的单位、家长、监护人请求领回自行负责管教的，劳动教养机关也可以酌情批准。

五、劳动教养机关，在省、自治区、直辖市一级建立或者经省、自治区、直辖市人民委员会批准建立。劳动教养机关的工作，由民政、公安部门共同负责领导和管理。

⑨《公安机关办理行政案件程序规定》（公安部2003年8月26日发布，自2004年4月1日起施行）

第三十二条 违法事实确凿并有法定依据，对个人处以五十元以下、对单位处以一千元以下罚款或者警告的行政处罚，可以由办案人员当场作出行政处罚决定。

对卖淫、嫖娼和引诱、介绍、容留卖淫、嫖娼的以及涉外违反治安管理行为，不适用当场处罚。

⑩《公安机关办理劳动教养案件规定》（公安部2002年4月12日发布，自2002年6月1日起施行）

第九条 根据全国人民代表大会常务委员会批准的《国务院关于劳动教养问题的决定》、《国务院关于劳动教养的补充规定》和国务院转发的公安部《劳动教养试行办法》等法律、行政法规的规定，对年满十六周岁、具有下列情形之一的，应当依法决定劳动教养：

（一）危害国家安全情节显著轻微，尚不够刑事处罚的；

（二）结伙杀人、抢劫、强奸、放火、绑架、爆炸或者拐卖妇女、儿童的犯罪团伙中，尚不够刑事处罚的；

（三）有强制猥亵、侮辱妇女，猥亵儿童，聚众淫乱，引诱未成年人聚众淫乱，非法拘禁，盗窃，诈骗，伪造、倒卖发票，倒卖车票、船票；伪造有价票证，倒卖伪造的有价票证，抢夺，聚众哄抢，敲诈勒索，招摇撞骗，伪造、变造、买卖国家机关公文、证件、印章，以及窝藏、转移、收购、销售赃物的违法犯罪行为，被依法判处刑罚执行期满后五年内又实施前述行为之一，或者被公安机关依法予以罚款、行政拘留、收容教养、劳动教养执行期满后三年内又实施前述行为之一，尚不够刑事处罚的；

（四）制造恐怖气氛、造成公众心理恐慌、危害公共安全，组织、利用会道门、邪教组织、利用迷信破坏国家法律实施，聚众斗殴，寻衅滋事，煽动闹事，强买强卖、欺行霸市，或者称霸一方、为非作恶、欺压群众、恶习较深、扰乱社会治安秩序，尚不够刑事处罚的；

（五）无理取闹，扰乱生产秩序、工作秩序、教学科研秩序或者生活秩序，且拒绝、阻碍国家机关工作人员依法执行职务，未使用暴力、威胁方法的；

（六）教唆他人违法犯罪，尚不够刑事处罚的；

（七）介绍、容留他人卖淫、嫖娼，引诱他人卖淫，赌博或者为赌博提供条件，制作、复制、出售、出租或者传播淫秽物品，情节较重，尚不够刑事处罚的；

（八）因卖淫、嫖娼被公安机关依法予以警告、罚款或者行政拘留后又卖淫、嫖娼的；

（九）吸食、注射毒品成瘾，经过强制戒除后又吸食、注射毒品的；

（十）有法律规定的其他应当劳动教养情形的。

对实施危害国家安全、危害公共安全、侵犯公民人身权利、侵犯财产、妨害社会管理秩序的犯罪行为的人，因犯罪情节轻微人民检察院不起诉、人民法院免予刑事处罚，符合劳动教养条件的，可以依法决定劳动教养。

第十条 对未成年人决定劳动教养，应当从严控制。

对违法犯罪未成年人中的初犯、在校学生，且其父母或者其他监护人有实际管教能力的，不得决定劳动教养，但是应当依法责令其父母或者其他监护人严加管教。

未成年人的年龄、身份，以其实施违法犯罪行为时的实际情况确定。

第十一条 对精神病人、呆傻人员不得决定劳动教养。

对盲、聋、哑人，严重病患者，怀孕或者哺乳自己不满一周岁婴儿的妇女，以及年满六十周岁又有疾病等丧失劳动能力者，一般不决定劳动教养；确有必要劳动教养的，可以同时决定劳动教养所外执行。

违法犯罪嫌疑人为抗拒审查、逃避惩罚而自伤、自残，符合劳动教养条件的，应当依法决定劳动教养。

本条第一款、第二款规定的违法犯罪嫌疑人的年龄、身体状况，以审批劳动教养时违法犯罪嫌疑人的实际情况确定。

第十二条 对在中华人民共和国领域内违法犯罪的外国人、无国籍人、华侨，在大陆违法犯罪的台湾居民和在内地违法犯罪的香港、澳门特别行政区居民，不得决定劳动教养。

【淫秽物品、淫秽信息】

“淫秽物品”是指具体描绘性行为或者露骨宣扬色情的诲淫性书刊、影片、录像带、录音带、图片及其他淫秽物品，即较详尽具体地描写性行为的过程及其心理感受；具体描写通奸、强奸、乱伦、卖淫、淫乱的过程和细节；描写少年儿童的性行为、同性恋的性行为或者其他变态行为及与性变态有关的暴力、虐待、侮辱行为和令普通人不能容忍的对性行为等的淫亵描写以及不加掩饰地宣扬色情淫荡形象；着力表现人体生殖器官；挑动人们的性欲，以及足以导致普通人腐化堕落的具有刺激、挑逗性的诲淫性的物品。但是，有关人体生理、医学知识的科学著作不是淫秽物品。包含色情内容的有艺术价值的文学、艺术作品不视为淫秽物品。淫秽书刊，是指载有淫秽内容的图书、报纸、杂志、画册等。淫秽音像制品，是指载有淫秽内容的录像带、幻灯片、录音带、照片、激光唱片、影碟等。

利用计算机信息网络、电话以及其他通讯工具传播淫秽信息的行为，是近几年来新发展起来的一种传播淫秽信息的方式。主要是指通过网络，利用聊天室、论坛、即时通信软件、电子邮件等方式传播淫秽信息和通过电话、移动通讯终端传播淫秽电子信息、语音信息的违法行为。既包括直接实施传播行为的人，也包括明知是淫秽电子信息而在自己所有、管理或者使用的网站或者网页上提供链接的人。这里的淫秽信息，是指带有淫秽内容的信息。根据中国互联网协会、互联网新闻信息服务工作委员会 2004 年 6 月 10 日颁布的《互联网站禁止传播淫秽色情等不良信息自律规范》规定，“淫秽信息”，是指在整体上宣扬淫秽行为，具有下列内容之一，挑动人们性欲、导致他人腐化、堕落，而又没有艺术或科学价值的文字、图片、音频、视频等信息内容：淫亵性地具体描写性行为、性交及其心理感受；宣扬色情淫荡形象；淫亵性地描述或者传授性技巧；具体描写乱伦、强奸及其性犯罪的手段、过程或者细节，可能诱发犯罪的；具体描写少年儿童的性行为；淫亵性地具体描写同性恋的性行为或者其他性变态行为，以及具体描写与性变态有关的暴力、虐待、侮辱行为；其他令普通人不能容忍的对性行为淫亵性描写。具有淫秽内容的信息，是通过电影、动画等视频文件、音频文件和电子刊物、图片、文章、短信息等电子信息体现出来的。淫秽信息与色情信息的界限主要应从内容的程度上进行划分。色情信息一般是指在整体上不是淫秽的，该信息的宗旨不在于宣扬淫秽内容，但其中部分夹杂有上述所列淫秽信息的内容。应当注意的是，有关人体生理、医学知识的电子信息和声讯台语音信息不是淫秽信息。包含色情内容的有艺术价值的电子文学、艺术作品不视为淫秽信息。

根据治安管理处罚法第十一条的规定，公安机关在办理治安案件时所查获的淫秽物品，应当一律收缴，并按照有关规定，在上级部门的监督下销毁。

依据指引：

❶**《中华人民共和国治安管理处罚法》**(2005年8月28日公布，自2006年3月1日起施行)

第六十八条 制作、运输、复制、出售、出租淫秽的书刊、图片、影片、音像制品等淫秽物品或者利用计算机信息网络、电话以及其他通讯工具传播淫秽信息的，处十日以上十五日以下拘留，可以并处三千元以下罚款；情节较轻的，处五日以下拘留或者五百元以下罚款。

第六十九条 有下列行为之一的，处十日以上十五日以下拘留，并处五百元以上一千元以下罚款：

（一）组织播放淫秽音像的；

（二）组织或者进行淫秽表演的；

（三）参与聚众淫乱活动的。

明知他人从事前款活动，为其提供条件的，依照前款的规定处罚。

❷**《中华人民共和国刑法》**(1997年3月14日修订公布，自1997年10月1日起施行)

第三百六十三条 以牟利为目的，制作、复制、出版、贩卖、传播淫秽物品的，处三年以下有期徒刑、拘役或者管制，并处罚金；情节严重的，处三年以上十年以下有期徒刑，并处罚金；情节特别严重的，处十年以上有期徒刑或者无期徒刑，并处罚金或者没收财产。

为他人提供书号，出版淫秽书刊的，处三年以下有期徒刑、拘役或者管制，并处或者单处罚金；明知他人用于出版淫秽书刊而提供书号的，依照前款的规定处罚。

第三百六十四条 传播淫秽的书刊、影片、音像、图片或者其他淫秽物品，情节严重的，处二年以下有期徒刑、拘役或者管制。

组织播放淫秽的电影、录像等音像制品的，处三年以下有期徒刑、拘役或者管制，并处罚金；情节严重的，处三年以上十年以下有期徒刑，并处罚金。

制作、复制淫秽的电影、录像等音像制品组织播放的，依照第二款的规定从重处罚。

向不满十八周岁的未成年人传播淫秽物品的，从重处罚。

第三百六十五条 组织进行淫秽表演的，处三年以下有期徒刑、拘役或者管制，并处罚金；情节严重的，处三年以上十年以下有期徒刑，并处罚金。

第三百六十六条 单位犯本节第三百六十三条、第三百六十四条、第三百六十五条规定之罪的，对单位判处罚金，并对其直接负责的主管人员和其他直接责任人员，依照各该条的规定处罚。

第三百六十七条 本法所称淫秽物品，是指具体描绘性行为或者露骨宣扬色情的诲淫性的书刊、影片、录像带、录音带、图片及其他淫秽物品。

有关人体生理、医学知识的科学著作不是淫

秽物品。

包含有色情内容的有艺术价值的文学、艺术作品不视为淫秽物品。

❸《全国人民代表大会常务委员会关于惩治走私、制作、贩卖、传播淫秽物品的犯罪分子的决定》（1990年12月28日公布施行）

（根据《刑法》附则的规定，本《决定》予以保留，其中，有关行政处罚和行政措施的规定继续有效；有关刑事责任的规定已纳入《刑法》，自《刑法》1997年10月1日施行之日起，适用《刑法》的规定。——编者注）

为了惩治走私、制作、贩卖、传播淫秽的书刊、影片、录像带、录音带、图片或者其他淫秽物品的犯罪分子，维护社会治安秩序，加强社会主义精神文明建设，抵制资产阶级腐朽思想的侵蚀，特作如下决定：

一、以牟利或者传播为目的，走私淫秽物品的，依照关于惩治走私罪的补充规定处罚。不是为了牟利、传播，携带、邮寄少量淫秽物品进出境的，依照海关法的有关规定处罚。

二、以牟利为目的，制作、复制、出版、贩卖、传播淫秽物品的，处三年以下有期徒刑或者拘役，并处罚金；情节严重的，处三年以上十年以下有期徒刑，并处罚金；情节特别严重的，处十年以上有期徒刑或者无期徒刑，并处罚金或者没收财产。情节较轻的，由公安机关依照治安管理处罚条例的有关规定处罚。

为他人提供书号，出版淫秽书刊的，处三年以下有期徒刑或者拘役，并处或者单处罚金；明知他人用于出版淫秽书刊而提供书号的，依照前款的规定处罚。

三、在社会上传播淫秽的书刊、影片、录像带、录音带、图片或者其他淫秽物品，情节严重的，处二年以下有期徒刑或者拘役。情节较轻的，由公安机关依照治安管理处罚条例的有关规定处罚。

组织播放淫秽的电影、录像等音像制品的，处三年以下有期徒刑或者拘役，可以并处罚金；情节严重的，处三年以上十年以下有期徒刑，并处罚金。情节较轻的，由公安机关依照治安管理处罚条例的有关规定处罚。

制作、复制淫秽的电影、录像等音像制品组织播放的，依照第二款的规定从重处罚。

向不满十八岁的未成年人传播淫秽物品的，从重处罚。

不满十六岁的未成年人传抄、传看淫秽的图片、书刊或者其他淫秽物品的，家长、学校应当加强管教。

四、利用淫秽物品进行流氓犯罪的，依照刑法第一百六十条的规定处罚；流氓犯罪集团的首要分子，或者进行流氓犯罪活动危害特别严重的，依照关于严惩严重危害社会治安的犯罪分子的决定第一条的规定，可以在刑法规定的最高刑以上处刑，直至判处死刑。

利用淫秽物品传授犯罪方法的，依照关于严惩严重危害社会治安的犯罪分子的决定第二条的规定处罚，情节特别严重的，处无期徒刑或者死刑。

五、单位有本决定第一条、第二条、第三条规定的违法犯罪行为的，对其直接负责的主管人员和其他直接责任人员，依照各该条的规定处罚，对单位判处罚金或者予以罚款，行政主管部门并可以责令停业整顿或者吊销执照。

六、有下列情节之一的，依照本决定有关规定从重处罚：

（一）犯罪集团的首要分子；

（二）国家工作人员利用工作职务便利，走私、制作、复制、出版、贩卖、传播淫秽物品的；

（三）管理录像、照像、复印等设备的人员，利用所管理的设备，犯有本决定第二条、第三条、第四条规定的违法犯罪行为的；

（四）成年人教唆不满十八岁的未成年人走私、制作、复制、贩卖、传播淫秽物品的。

七、淫秽物品和走私、制作、复制、出版、贩卖、传播淫秽物品的违法所得以及属于本人所有的犯罪工具，予以没收。没收的淫秽物品，按照国家规定销毁。罚没收入一律上缴国库。

八、本决定所称淫秽物品，是指具体描绘性行为或者露骨宣扬色情的诲淫性的书刊、影片、录像带、录音带、图片及其他淫秽物品。

有关人体生理、医学知识的科学著作不是淫秽物品。

包含有色情内容的有艺术价值的文学、艺术作品不视为淫秽物品。

淫秽物品的种类和目录，由国务院有关主管部门规定。

九、本决定自公布之日起施行。

❹**《最高人民法院、最高人民检察院关于办理利用互联网 移动通讯终端 声讯台制作 复制 出版 贩卖 传播淫秽电子信息刑事案件具体应用法律若干问题的解释》**（2004年9月3日发布，自2004年9月6日起施行）

为依法惩治利用互联网、移动通讯终端制作、复制、出版、贩卖、传播淫秽电子信息、通过声讯台传播淫秽语音信息等犯罪活动，维护公共网络、通讯的正常秩序，保障公众的合法权益，根据《中华人民共和国刑法》、《全国人民代表大会常务委员会关于维护互联网安全的决定》的规定，现对办理该类刑事案件具体应用法律的若干问题解释如下：

第一条 以牟利为目的，利用互联网、移动通讯终端制作、复制、出版、贩卖、传播淫秽电子信息，具有下列情形之一的，依照刑法第三百六十三条第一款的规定，以制作、复制、出版、贩卖、传播淫秽物品牟利罪定罪处罚。

（一）制作、复制、出版、贩卖、传播淫秽电影、表演、动画等视频文件二十个以上的；

（二）制作、复制、出版、贩卖、传播淫秽音频文件一百个以上的；

（三）制作、复制、出版、贩卖、传播淫秽电子刊物、图片、文章、短信息等二百件以上的；

（四）制作、复制、出版、贩卖、传播的淫秽电子信息，实际被点击数达到一万次以上的；

（五）以会员制方式出版、贩卖、传播淫秽电子信息，注册会员达二百人以上的；

（六）利用淫秽电子信息收取广告费、会员注册费或者其他费用，违法所得一万元以上的；

（七）数量或者数额虽未达到第（一）项至第（六）项规定标准，但分别达到其中两项以上标准一半以上的；

（八）造成严重后果的。

利用聊天室、论坛、即时通信软件、电子邮件等方式，实施第一款规定行为的，依照刑法第三百六十三条第一款的规定，以制作、复制、出版、贩卖、传播淫秽物品牟利罪定罪处罚。

第二条 实施第一条规定的行为，数量或者数额达到第一条第一款第（一）项至第（六）项规定标准五倍以上的，应当认定为刑法第三百六十三条第一款规定的“情节严重”；达到规定标准二十五倍以上的，应当认定为“情节特别严重”。

第三条 不以牟利为目的，利用互联网或者转移通讯终端传播淫秽电子信息，具有下列情形之一的，依照刑法第三百六十四条第一款的规定，以传播淫秽物品罪定罪处罚；

（一）数量达到第一条第一款第（一）项至第（五）项规定标准二倍以上的；

（二）数量分别达到第一条第一款第（一）项至第（五）项两项以上标准的；

（三）造成严重后果的。

利用聊天室、论坛、即时通信软件、电子邮件等方式，实施第一款规定行为的，依照刑法第三百六十四条第一款的规定，以传播淫秽物品罪定罪处罚。

第四条 明知是淫秽电子信息而在自己所有、管理或者使用的网站或者网页上提供直接链接的，其数量标准根据所链接的淫秽电子信息的种类计算。

第五条 以牟利为目的，通过声讯台传播淫秽语音信息，具有下列情形之一的，依照刑法第三百六十三条第一款的规定，对直接负责的主管人员和其他直接责任人员以传播淫秽物品牟利罪定罪处罚：

（一）向一百人次以上传播的；

（二）违法所得一万元以上的；

（三）造成严重后果的。

实施前款规定行为，数量或者数额达到前款第（一）项至第（二）项规定标准五倍以上的，应当认定为刑法第三百六十三条第一款规定的“情节严重”；达到规定标准二十五倍以上的，应当认定为“情节特别严重”。

第六条 实施本解释前五条规定的犯罪，具有下列情形之一的，依照刑法第三百六十三条第一款、第三百六十四条第一款的规定从重处罚：

（一）制作、复制、出版、贩卖、传播具体描绘不满十八周岁未成年人性行为的淫秽电子信息的；

（二）明知是具体描绘不满十八周岁的未成年人性行为的淫秽电子信息而在自己所有、管理或者使用的网站或者网页上提供直接链接的；

（三）向不满十八周岁的未成年人贩卖、传播淫秽电子信息和语音信息的；

（四）通过使用破坏性程序、恶意代码修改用户计算机设置等方法，强制用户访问、下载淫秽电子信息的。

第七条　明知他人实施制作、复制、出版、贩卖、传播淫秽电子信息犯罪，为其提供互联网接入、服务器托管、网络存储空间、通讯传输通道、费用结算等帮助的，对直接负责的主管人员和其他直接责任人员，以共同犯罪论处。

第八条　利用互联网、移动通讯终端、声讯台贩卖、传播淫秽书刊、影片、录像带、录音带等以实物为载体的淫秽物品的，依照《最高人民法院关于审理非法出版物刑事案件具体应用法律若干问题的解释》的有关规定定罪处罚。

第九条　刑法第三百六十七条第一款规定的"其他淫秽物品"，包括具体描绘性行为或者露骨宣扬色情的诲淫性的视频文件、音频文件、电子刊物、图片、文章、短信息等互联网、移动通讯终端电子信息和声讯台语音信息。

有关人体生理、医学知识的电子信息和声讯台语音信息不是淫秽物品。包含色情内容的有艺术价值的电子文学、艺术作品不视为淫秽物品。

❺《最高人民法院关于审理非法出版物刑事案件具体应用法律若干问题的解释》（1998年12月17日发布，自1998年12月23日起施行）

为依法惩治非法出版物犯罪活动，根据刑法的有关规定，现对审理非法出版物刑事案件具体应用法律的若干问题解释如下：

第八条　以牟利为目的，实施刑法第三百六十三条第一款规定的行为，具有下列情形之一的，以制作、复制、出版、贩卖、传播淫秽物品牟利罪定罪处罚：

（一）制作、复制、出版淫秽影碟、软件、录像带五十至一百张（盒）以上，淫秽音碟、录音带一百至二百张（盒）以上，淫秽扑克、书刊、画册一百至二百副（册）以上，淫秽照片、画片五百至一千张以上的；

（二）贩卖淫秽影碟、软件、录像带一百至二百张（盒）以上，淫秽音碟、录音带二百至四百张（盒）以上，淫秽扑克、书刊、画册二百至四百副（册）以上，淫秽照片、画片一千至二千张以上的；

（三）向他人传播淫秽物品达二百至五百人次以上，或者组织播放淫秽影、像达十至二十场次以上的；

（四）制作、复制、出版、贩卖、传播淫秽物品，获利五千至一万元以上的。

以牟利为目的，实施刑法第三百六十三条第一款规定的行为，具有下列情形之一的，应当认定为制作、复制、出版、贩卖、传播淫秽物品牟利罪"情节严重"：

（一）制作、复制、出版淫秽影碟、软件、录像带二百五十至五百张（盒）以上，淫秽音碟、录音带五百至一千张（盒）以上，淫秽扑克、书刊、画册五百至一千副（册）以上，淫秽照片、画片二千五百至五千张以上的；

（二）贩卖淫秽影碟、软件、录像带五百至一千张（盒）以上，淫秽音碟、录音带一千至二千张（盒）以上，淫秽扑克、书刊、画册一千至二千副（册）以上，淫秽照片、画片五千至一万张以上的；

（三）向他人传播淫秽物品达一千至二千人次以上，或者组织播放淫秽影、像达五十至一百场次以上的；

（四）制作、复制、出版、贩卖、传播淫秽物品，获利三万至五万元以上的。

以牟利为目的，实施刑法第三百六十三条第一款规定的行为，其数量（数额）达到前款规定的数量（数额）五倍以上的，应当认定为制作、复制、出版、贩卖、传播淫秽物品牟利罪"情节特别严重"。

第九条　为他人提供书号、刊号，出版淫秽书刊的，依照刑法第三百六十三条第二款的规定，以为他人提供书号出版淫秽书刊罪定罪处罚。

为他人提供版号，出版淫秽音像制品的，依照前款规定定罪处罚。明知他人用于出版淫秽书刊而提供书号、刊号的，依照刑法第三百六十三条第一款的规定，以出版淫秽物品牟利罪定罪处罚。

第十条　向他人传播淫秽的书刊、影片、音像、图片等出版物达三百至六百人次以上或者造成恶劣社会影响的，属于"情节严重"，依照刑法第三百六十四条第一款的规定，以传播淫秽物品罪定罪处罚。组织播放淫秽的电影、录像等音像制品达十五至三十场次以上或者造成恶劣社会影响的，依照刑法第三百六十四条第二款的规定，以组织播放淫秽音像制品罪定罪处罚。

第十六条 出版单位与他人事前通谋，向其出售、出租或者以其他形式转让该出版单位的名称、书号、刊号、版号，他人实施本解释第二条、第四条、第八条、第九条、第十条、第十一条规定的行为，构成犯罪的，对该出版单位应当以共犯论处。

第十八条 各省、自治区、直辖市高级人民法院可以根据本地的情况和社会治安状况，在本解释第八条、第十条、第十二条、第十三条规定的有关数额、数量标准的幅度内，确定本地执行的具体标准，并报最高人民法院备案。

❻《关于认定淫秽与色情声讯的暂行规定》（新闻出版总署2005年1月31日发布施行）

第一条 本规定所称声讯，是指利用固定网电话传送的声音等信息。

第二条 淫秽声讯是指在总体上宣扬下列内容，足以挑动、引诱普通人产生性欲的声音等信息：

（一）淫亵性地具体描述性行为、性交及其心理感受；

（二）淫亵性地描述或者传授性技巧；

（三）具体描述乱伦、强奸或者其他性犯罪手段、过程或者细节；

（四）具体描述少年儿童性交，或者具体描述成年人与少年儿童的性行为；

（五）淫亵性地具体描述同性恋的性行为或者其他性变态行为；

（六）具体描述与性变态有关的暴力、虐待、侮辱行为；

（七）淫亵性地突出描述性器官；

（八）淫亵性地传送有关性行为的声响；

（九）其他令普通人不能容忍的对性行为、性器官的淫亵性描述。

第三条 色情声讯是指具有部分淫秽内容，对普通人特别是未成年人的身心健康有毒害的声音等信息。

第四条 描述表现人体美的美术作品，介绍具有艺术价值的文学作品、有关人体解剖生理知识以及生育知识、疾病防治和其他性知识、性道德、性社会学等的自然科学和社会科学作品，不属于淫秽、色情声讯。

第五条 受公安部门、电信管理部门等部门的请求，新闻出版总署或者省、自治区、直辖市新闻出版行政部门对淫秽、色情声讯作出鉴定。

公安部门、电信管理部门等部门请求新闻出版总署或者省、自治区、直辖市新闻出版行政部门鉴定淫秽、色情声讯，须提交载明案件名称、声讯台名称、所截取声讯的时间和长度的鉴定委托书，同时提供足够清晰和时间长度的声讯材料。

新闻出版总署或者省、自治区、直辖市新闻出版行政部门应当组织有关专家组成淫秽、色情声讯鉴定委员会或者指定专门机构，承担淫秽、色情声讯的鉴定工作。

淫秽、色情声讯鉴定委员会或者被指定的专门机构根据公安部门、电信管理部门的委托书，对所提供的声讯材料作出鉴定，制作鉴定书送委托的公安部门或者电信管理部门等部门。

第六条 本规定所称普通人系指生理和精神正常的成年人。

❼公安部对《关于鉴定淫秽物品有关问题的请示》的批复（1998年11月27日）

江苏省公安厅：

你厅《关于鉴定淫秽物品有关问题的请示》（苏公厅〔1998〕459号）收悉。现批复如下：

鉴于近年来各地公安机关查获淫秽物品数量不断增加、查禁任务日趋繁重的情况，为及时打击处理走私、制作、贩卖、传播淫秽物品的违法犯罪分子，今后各地公安机关查获的物品，需审查认定是否为淫秽物品的，可以由县级以上公安机关治安部门负责鉴定工作，但要指定两名政治、业务素质过硬的同志共同进行，其他人员一律不得参加。当事人提出不同意见需重新鉴定的，由上一级公安机关治安部门会同同级新闻出版、音像归口管理等部门重新鉴定。对送审鉴定和收缴的淫秽物品，由县级以上公安机关治安部门统一集中，登记造册，适时组织全部销毁。

对于淫秽物品鉴定工作中与新闻出版、音像归口管理等部门的配合问题，仍按现行规定执行。

❽《新闻出版署、公安部关于鉴定淫秽录像带、淫秽图片有关问题的通知》（1993年1月19日）

各省、自治区、直辖市新闻出版局、音像归口管理部门，公安厅、局：

为认真贯彻执行全国人大常委会《关于惩治走私、制作、贩卖、传播淫秽物品的犯罪分子的决定》，及时打击处理走私、制作、贩卖、传播淫秽物品的违法犯罪分子，提高办案效率，现对审查鉴定淫秽录像带、淫秽图片的有关问题通知如下：

一、办理走私、制作、贩卖、传播淫秽物品案件中，对查获的录像带、图片、扑克、手抄本等，需审查认定是否为淫秽物品的，国内出版单位正式出版发行的录像带、图片等出版物由省级以上新闻出版管理部门、音像归口管理部门负责鉴定；其他由地、市以上公安机关治安部门负责鉴定。

淫秽录像带、淫秽图片的鉴定标准依照全国人大常委会《关于惩治走私、制作、贩卖、传播淫秽物品的犯罪分子的决定》、国务院《关于严禁淫秽物品的规定》和新闻出版署发布的《关于认定淫秽及色情出版物的暂行规定》（〔88〕新出办字第1512号）执行。

二、鉴定机关进行鉴定工作时，应当指定三名具有专业知识，熟悉鉴定标准，办事公正，坚持原则，作风正派的同志负责审查鉴定。其他人员一律不得参加。严禁借审查鉴定之机扩大观看范围。

三、审查鉴定淫秽物品应当制作《淫秽物品审查鉴定书》一式三份（式样附后），鉴定结论必须准确、简明。由两名以上鉴定人员签字，并加盖“淫秽物品审查鉴定专用章”。对送审鉴定的和收缴的淫秽物品，必须严格按照国务院《关于严禁淫秽物品的规定》、公安部《关于收管处理淫秽物品的通知》（〔83〕公发（治）165号）的规定执行。

四、当事人对鉴定结论提出不同意见需重新鉴定的，应当由地、市级的宣传、新闻出版、音像归口管理机关、公安机关等部门组成的鉴定组重新鉴定。

出版单位对鉴定结论提出不同意见时，由省级新闻出版管理部门、音像归口管理部门报新闻出版署鉴定。

其他出版物的审查鉴定，仍按规定执行。

附件1（略）

附件2（略）

⑨《关于认定淫秽及色情出版物的暂行规定》（新闻出版署1988年12月27日发布施行）

第二条 淫秽出版物是指在整体上宣扬淫秽行为，具有下列内容之一，挑动人们的性欲，足以导致普通人腐化堕落，而又没有艺术价值或者科学价值的出版物：

（一）淫亵性地具体描写性行为、性交及其心理感受；

（二）公然宣扬色情淫荡形象；

（三）淫亵性地描述或者传授性技巧；

（四）具体描写乱伦、强奸或者其他性犯罪的手段、过程或者细节，足以诱发犯罪的；

（五）具体描写少年儿童的性行为；

（六）淫亵性地具体描写同性恋的性行为或者其他性变态行为，或者具体描写与性变态有关的暴力、虐待、侮辱行为；

（七）其他令普通人不能容忍的对性行为淫亵性描写。

第三条 色情出版物是指在整体上不是淫秽的，但其中一部分有第二条（一）至（七）项规定的内容，对普通人特别是未成年人的身心健康有毒害，而缺乏艺术价值或者科学价值的出版物。

第四条 夹杂淫秽、色情内容而具有艺术价值的文艺作品；表现人体美的美术作品；有关人体的解剖生理知识、生育知识、疾病防治和其他有关性知识、性道德、性社会学等自然科学和社会科学作品，不属于淫秽出版物、色情出版物的范围。

第五条 淫秽出版物、色情出版物由新闻出版署负责鉴定或者认定。新闻出版署组织有关部门的专家组成淫秽及色情出版物鉴定委员会，承担淫秽出版物、色情出版物的鉴定工作。

各省、自治区、直辖市新闻出版局组织有关部门的专家组成淫秽及色情出版物鉴定委员会，对本行政区域内发现的淫秽出版物、色情出版物提出鉴定或者认定意见报新闻出版署。

⑩《公安机关办理劳动教养案件规定》（公安部2002年4月12日发布，自2002年6月1日起施行）

第九条 根据全国人民代表大会常务委员会批准的《国务院关于劳动教养问题的决定》、《国务院关于劳动教养的补充规定》和国务院转发的公安部《劳动教养试行办法》等法律、行政法规的规定，对年满十六周岁、具有下列情形之一的，应当依法决定劳动教养：

……

（七）介绍、容留他人卖淫、嫖娼，引诱他

人卖淫，赌博或者为赌博提供条件，制作、复制、出售、出租或者传播淫秽物品，情节较重，尚不够刑事处罚的；

【赌博】

治安管理处罚法规定的赌博行为，包括以营利为目的，为赌博提供条件的，和参与赌博赌资较大的两种情形。这里的“以营利为目的”，是指行为人实施的为赌博提供条件的行为，是出于获取金钱或财物等好处为目的。“赌博”，是指以获取金钱或其它物质利益为目的，以投入一定赌资为条件进行的输赢活动。至于赌博的方式，包括利用扑克牌、麻将等，还包括计算机网络、老虎机、角子机、苹果拼盘机或与之相类似的带有赌博性质的游戏机等等，不管使用什么方法，只要具有赌博的性质就可以构成。“为赌博提供条件”，是指为赌博提供场所、赌具，帮助招揽他人参与赌博等行为。认定参与赌博赌资较大的行为，首先要确定该行为属于赌博，在此基础上才能进一步确定赌资是否属于较大。对于本质上就不属于赌博的行为，即使有较大数额的财物输赢，也不能认定为违法行为。比如家庭成员之间为了娱乐而打麻将、扑克，并带有较大数额彩头的，就不宜认定为赌博，更谈不上数额大小了。这里的“赌资”，是指专门用于赌博的款物，即金钱或财物。根据本条规定，赌资必须达到数额较大，才能给予治安管理处罚。赌资是否较大，是认定赌博违法行为的一个客观标准。至于赌资是以个人用于赌博的款物计算，还是以参与赌博的人用于赌博的款物总数计算以及多少算“赌资较大”等问题，应当由公安机关在司法实践中根据实际情况和当地的不同情况而定。

根据治安管理处罚法的规定，以营利为目的，为赌博提供条件的，或者参与赌博赌资较大的，处五日以下拘留或者五百元以下罚款；情节严重的，处十日以上十五日以下拘留的同时，并处五百元以上三千元以下罚款。

依据指引：

❶**《中华人民共和国治安管理处罚法》**（2005年8月28日公布，自2006年3月1日起施行）

第七十条　以营利为目的，为赌博提供条件的，或者参与赌博赌资较大的，处五日以下拘留或者五百元以下罚款；情节严重的，处十日以上十五日以下拘留，并处五百元以上三千元以下罚款。

❷**《中华人民共和国刑法》**（1997年3月14日修订公布，自1997年10月1日起施行）

第三百零三条　以营利为目的，聚众赌博、开设赌场或者以赌博为业的，处三年以下有期徒刑、拘役或者管制，并处罚金。

❸**《最高人民法院、最高人民检察院关于办理赌博刑事案件具体应用法律若干问题的解释》**（2005年5月11日发布，自2005年5月13日起施行）

为依法惩治赌博犯罪活动，根据刑法的有关规定，现就办理赌博刑事案件具体应用法律的若干问题解释如下：

第一条　以营利为目的，有下列情形之一的，属于刑法第三百零三条规定的“聚众赌博”：

（一）组织3人以上赌博，抽头渔利数额累计达到5000元以上的；

（二）组织3人以上赌博，赌资数额累计达到5万元以上的；

（三）组织3人以上赌博，参赌人数累计达到20人以上的；

（四）组织中华人民共和国公民10人以上赴境外赌博，从中收取回扣、介绍费的。

第二条　以营利为目的，在计算机网络上建立赌博网站，或者为赌博网站担任代理，接受投注的，属于刑法第三百零三条规定的“开设赌场”。

第三条　中华人民共和国公民在我国领域外周边地区聚众赌博、开设赌场，以吸引中华人民共和国公民为主要客源，构成赌博罪的，可以依照刑法规定追究刑事责任。

第四条 明知他人实施赌博犯罪活动，而为其提供资金、计算机网络、通讯、费用结算等直接帮助的，以赌博罪的共犯论处。

第五条 实施赌博犯罪，有下列情形之一的，依照刑法第三百零三条的规定从重处罚：

（一）具有国家工作人员身份的；

（二）组织国家工作人员赴境外赌博的；

（三）组织未成年人参与赌博，或者开设赌场吸引未成年人参与赌博的。

第六条 未经国家批准擅自发行、销售彩票，构成犯罪的，依照刑法第二百二十五条第（四）项的规定，以非法经营罪定罪处罚。

第七条 通过赌博或者为国家工作人员赌博提供资金的形式实施行贿、受贿行为，构成犯罪的，依照刑法关于贿赂犯罪的规定定罪处罚。

第八条 赌博犯罪中用作赌注的款物、换取筹码的款物和通过赌博赢取的款物属于赌资。通过计算机网络实施赌博犯罪的，赌资数额可以按照在计算机网络上投注或者赢取的点数乘以每一点实际代表的金额认定。

赌资应当依法予以追缴；赌博用具、赌博违法所得以及赌博犯罪分子所有的专门用于赌博的资金、交通工具、通讯工具等，应当依法予以没收。

第九条 不以营利为目的，进行带有少量财物输赢的娱乐活动，以及提供棋牌室等娱乐场所只收取正常的场所和服务费用的经营行为等，不以赌博论处。

❹《公安部关于办理赌博违法案件适用法律若干问题的通知》（2005年5月25日）

各省、自治区、直辖市公安厅、局，新疆生产建设兵团公安局：

为依法有效打击赌博违法活动，规范公安机关查禁赌博违法活动的行为，根据《中华人民共和国治安管理处罚条例》等有关法律、法规的规定，现就公安机关办理赌博违法案件适用法律的若干问题通知如下：

一、具有下列情形之一的，应当依照《中华人民共和国治安管理处罚条例》第三十二条的规定，予以处罚：

（一）以营利为目的，聚众赌博、开设赌场或者以赌博为业，尚不够刑事处罚的；

（二）参与以营利为目的的聚众赌博、计算机网络赌博、电子游戏机赌博，或者到赌场赌博的；

（三）采取不报经国家批准，擅自发行、销售彩票的方式，为赌博提供条件，尚不够刑事处罚的；

（四）明知他人实施赌博违法犯罪活动，而为其提供资金、场所、交通工具、通讯工具、赌博工具、经营管理、网络接入、服务器托管、网络存储空间、通讯传输通道、费用结算等条件，或者为赌博场所、赌博人员充当保镖，为赌博放哨、通风报信，尚不够刑事处罚的；

（五）明知他人从事赌博活动而向其销售具有赌博功能的游戏机，尚不够刑事处罚的。

二、在中华人民共和国境内通过计算机网络、电话、手机智短信等方式参与境外赌场赌博活动，或者中华人民共和国公民赴境外赌场赌博，赌博输赢结算地在境内的，应当依照《中华人民共和国治安管理处罚条例》的有关规定予以处罚。

三、赌博或者为赌博提供条件，并具有下列情形之一的，依照《中华人民共和国治安管理处罚条例》第三十二条的规定，可以从重处罚：

（一）在工作场所、公共场所或者公共交通工具上赌博的；

（二）一年内曾因赌博或者为赌博提供条件受过治安处罚的；

（三）国家工作人员赌博或者为赌博提供条件的；

（四）引诱、教唆未成年人赌博的；

（五）组织、招引中华人民共和国公民赴境外赌博的；

（六）其他可以依法从重处罚的情形。

四、赌博或者为赌博提供条件，并具有下列情形之一的，依照《中华人民共和国治安管理处罚条例》第三十二条的规定，可以从轻或者免予处罚：

（一）主动交代，表示悔改的；

（二）检举、揭发他人赌博或为赌博提供条件的行为，并经查证属实的；

（三）被胁迫、诱骗赌博或者为赌博提供条件的；

（四）未成年人赌博的；

（五）协助查禁赌博活动，有立功表现的；

（六）其他可以依法从轻或者免予处罚的情形。

对免予处罚的，由公安机关给予批评教育，并责令具结悔过。未成年人有赌博违法行为的，应当责令其父母或者其他监护人严加管教。

五、赌博活动中用作赌注的款物、换取筹码的款物和通过赌博赢取的款物属于赌资。

在利用计算机网络进行的赌博活动中，分赌场、下级庄家或者赌博参与者在组织或者参与赌博前向赌博组织者、上级庄家或者赌博公司交付的押金，应当视为赌资。

六、赌博现场没有赌资，而是以筹码或者事先约定事后交割等方式代替的，赌资数额经调查属实后予以认定。个人投注的财物数额无法确定时，按照参赌财物的价值总额除以参赌人数的平均值计算。

通过计算机网络实施赌博活动的赌资数额，可以按照在计算机网络上投注或者赢取的总点数乘以每个点实际代表的金额认定。赌博的次数，可以按照在计算机网络上投注的总次数认定。

七、对查获的赌资、赌博违法所得应当依法没收，上缴国库，并按照规定出具法律手续。对查缴的赌具和销售的具有赌博功能的游戏机，一律依法予以销毁、严禁截留、私分或者以其他方式侵吞赌资、赌具、赌博违法所得以及违法行为人的其他财物。违者，对相关责任人员依法予以行政处分；构成犯罪的，依法追究刑事责任。

对参与赌博人员使用的交通、通讯工具未作为赌注的，不得没收。在以营利为目的，聚众赌博、开设赌场，或者采取不经国家批准，擅自发行、销售彩票的方式为赌博提供条件，尚不够刑事处罚的案件中，违法行为人本人所有的用于纠集、联络、运送参赌人员以及用于望风护赌的交通、通讯工具，应当依法没收。

八、对赌博或者为赌博提供条件的处罚，应当与其违法事实、情节、社会危害程序相适应。严禁不分情节轻重，一律顶格处罚；违者，对审批人、审核人、承办人依法予以行政处分。

九、不以营利为目的，亲属之间进行带有财物输赢的打麻将、玩扑克等娱乐活动，不予处罚；亲属之外的其他人之间进行带有少量财物输赢的打麻将、玩扑克等娱乐活动，不予处罚。

十、本通知自下发之日起施行。公安部原来制定的有关规定与本通知不一致的，以本通知为准。

❺关于公安机关贯彻执行《娱乐场所管理条例》有关问题的通知（公安部1999年5月14日发布施行）

各省、自治区、直辖市公安厅、局：

《娱乐场所管理条例》（以下简称《条例》）已经1999年3月17日国务院第15次常务会议通过，于3月26日发布，自1999年7月1日起施行。《条例》的颁布施行，对规范娱乐场所的经营活动，维护场所的治安秩序，创建文明健康的娱乐环境将起到极大的促进作用，尤其为公安机关防范和打击卖淫嫖娼、赌博、营利性陪侍等违法犯罪活动，提供了有力的法律保障。

为深入贯彻执行《条例》的有关规定，现通知要求如下：

四、加强治安监督检查，严厉打击娱乐场所的违法犯罪行为。

各地公安机关要通过日常的监督检查工作，从严管理娱乐场所的经营活动，对娱乐场所发生的各类违法犯罪活动，要依据《条例》和有关法律规定，追究经营单位及个人的法律责任。对娱乐场所“提供具有赌博功能的游戏机型、机种、电路板”的行为，公安机关要依照《治安管理处罚条例》第三十二条规定，按“为赌博提供条件”行为予以治安处罚，但文化行政主管部门对同一行为已经依法作出罚款处罚的，公安机关不得再予以罚款；构成犯罪的，要依照《刑法》追究行为人的刑事责任；对利用场所组织淫秽表演活动的，应当依照《刑法》第三百六十五条规定，追究有关人员的刑事责任；对“提供以营利为目的陪侍”或“为进入场所人员从事营利性陪侍行为提供方便”的行为，要严格依照《条例》第四十一条规定予以查处。

❻《公安机关办理劳动教养案件规定》（公安部2002年4月12日发布，自2002年6月1日起施行）

第九条 根据全国人民代表大会常务委员会批准的《国务院关于劳动教养问题的决定》、《国务院关于劳动教养的补充规定》和国务院转发的公安部《劳动教养试行办法》等法律、行政法规的规定，对年满十六周岁、具有下列情形之一的，应当依法决定劳动教养：

……

（七）介绍、容留他人卖淫、嫖娼，引诱他人卖淫，赌博或者为赌博提供条件，制作、复制、出售、出租或者传播淫秽物品，情节较重，尚不够刑事处罚的；

……

第十条 对未成年人决定劳动教养，应当从严控制。

对违法犯罪未成年人中的初犯、在校学生，且其父母或者其他监护人有实际管教能力的，不得决定劳动教养，但是应当依法责令其父母或者其他监护人严加管教。

未成年人的年龄、身份，以其实施违法犯罪行为时的实际情况确定。

第十一条 对精神病人、呆傻人员不得决定劳动教养。

对盲、聋、哑人，严重病患者，怀孕或者哺乳自己不满一周岁婴儿的妇女，以及年满六十周岁又有疾病等丧失劳动能力者，一般不决定劳动教养；确有必要劳动教养的，可以同时决定劳动教养所外执行。

违法犯罪嫌疑人为抗拒审查、逃避惩罚而自伤、自残，符合劳动教养条件的，应当依法决定劳动教养。

本条第一款、第二款规定的违法犯罪嫌疑人的年龄、身体状况，以审批劳动教养时违法犯罪嫌疑人的实际情况确定。

第十二条 对在中华人民共和国领域内违法犯罪的外国人、无国籍人、华侨，在大陆违法犯罪的台湾居民和在内地违法犯罪的香港、澳门特别行政区居民，不得决定劳动教养。

【妨害毒品原植物管理】

治安管理处罚法规定的妨害毒品原植物管理的行为，包括三类情形：一是非法种植少量罂粟或者其他毒品原植物的；二是非法买卖、运输、携带、持有未经灭活的毒品原植物种子或者幼苗的；三是非法运输、买卖、储存、使用少量罂粟壳的。根据刑法规定，上述三种行为达到一定数量的，都属于犯罪行为，应当依法追究刑事责任。具体来说，非法种植罂粟五百株以上或者其他毒品原植物数量较大的，属于犯罪行为；非法买卖、运输、携带、持有未经灭活的罂粟等毒品原植物种子或者幼苗，数量较大的，也属于犯罪行为。此外，罂粟壳也属于国家实行管制的物品，非法运输、买卖、储存、使用数量大的，也可以构成犯罪。治安管理处罚法关于实施上述行为的数量，种植罂粟的为五百株以下；其他几类则没有明确具体的数量，至于何为少量，需要结合刑法和相关犯罪的司法解释来确定，构成犯罪的，依法追究刑事责任；尚不够刑事处罚的，依照治安管理处罚法的规定，予以治安处罚。

根据治安管理处罚法的规定，行为人有上述违反治安管理行为的，处十日以上十五日以下拘留，可以并处三千元以下罚款；情节较轻的，处五日以下拘留或者五百元以下罚款。

需要说明的是，为了鼓励违法行为人改过自新，自行纠正违法行为，治安管理处罚法在对种植毒品原植物的违法行为规定予以处罚的同时，又规定在成熟前自行铲除的，不予处罚。

依据指引：

❶《中华人民共和国治安管理处罚法》（2005年8月28日公布，自2006年3月1日起施行）

第七十一条 有下列行为之一的，处十日以上十五日以下拘留，可以并处三千元以下罚款；情节较轻的，处五日以下拘留或者五百元以下罚款：

（一）非法种植罂粟不满五百株或者其他少量毒品原植物的；

（二）非法买卖、运输、携带、持有少量未经灭活的罂粟等毒品原植物种子或者幼苗的；

（三）非法运输、买卖、储存、使用少量罂粟壳的。

有前款第一项行为，在成熟前自行铲除的，不予处罚。

❷《中华人民共和国刑法》（1997年3月14日修订公布，自1997年10月1日起施行）

第三百五十一条 非法种植罂粟、大麻等毒品原植物的，一律强制铲除。有下列情形之一的，处五年以下有期徒刑、拘役或者管制，并处罚金：

（一）种植罂粟五百株以上不满三千株或者其他毒品原植物数量较大的；

（二）经公安机关处理后又种植的；

（三）抗拒铲除的。

非法种植罂粟三千株以上或者其他毒品原植物数量大的，处五年以上有期徒刑，并处罚金或者没收财产。

非法种植罂粟或者其他毒品原植物，在收获前自动铲除的，可以免除处罚。

第三百五十二条 非法买卖、运输、携带、持有未经灭活的罂粟等毒品原植物种子或者幼苗，数量较大的，处三年以下有期徒刑、拘役或者管制，并处或者单处罚金。

❸**《最高人民法院关于审理毒品案件定罪量刑标准有关问题的解释》**（2000年4月20日最高人民法院审判委员会第1110次会议通过，2000年6月6日发布，自2000年6月10日起施行）

为依法严惩毒品犯罪，根据刑法分则第六章第七节的规定，现就审理毒品案件定罪量刑标准有关问题解释如下：

第一条 走私、贩卖、运输、制造、非法持有下列毒品，应当认定为刑法第三百四十七条第二款第（一）项、第三百四十八条规定的“其他毒品数量大”：

（一）苯丙胺类毒品（甲基苯丙胺除外）一百克以上；

（二）大麻油五千克、大麻脂十千克、大麻叶及大麻烟一百五十千克以上；

（三）可卡因五十克以上；

（四）吗啡一百克以上；

（五）度冷丁（杜冷丁）二百五十克以上（针剂100mg/支规格的二千五百支以上，50mg/支规格的五千支以上；片剂25mg/片规格的一万片以上，50mg/片规格的五千片以上）；

（六）盐酸二氢埃托啡十毫克以上（针剂或者片剂20μg/支、片规格的五百支、片以上）；

（七）咖啡因二百千克以上；

（八）罂粟壳二百千克以上；

（九）上述毒品以外的其他毒品数量大的。

第二条 走私、贩卖、运输、制造、非法持有下列毒品，应当认定为刑法第三百四十七条第三款、第三百四十八条规定的“其他毒品数量较大”：

（一）苯丙胺类毒品（甲基苯丙胺除外）二十克以上不满一百克；

（二）大麻油一千克以上不满五千克，大麻脂二千克以上不满十千克，大麻叶及大麻烟三十千克以上不满一百五十千克；

（三）可卡因十克以上不满五十克；

（四）吗啡二十克以上不满一百克；

（五）度冷丁（杜冷丁）五十克以上不满二百五十克（针剂100mg/支规格的五百支以上不满二千五百支，50mg/支规格的一千支以上不满五千支；片剂25mg/片规格的二千片以上不满一万片，50mg/片规格的一千片以上不满五千片）；

（六）盐酸二氢埃托啡二毫克以上不满十毫克（针剂或者片剂20μg/支、片规格的一百支、片以上不满五百支、片）；

（七）咖啡因五十千克以上不满二百千克；

（八）罂粟壳五十千克以上不满二百千克；

（九）上述毒品以外的其他毒品数量较大的。

第三条 具有下列情形之一的，可以认定为刑法第三百四十七条第四款规定的“情节严重”：

（一）走私、贩卖、运输、制造鸦片一百四十克以上不满二百克、海洛因或者甲基苯丙胺七克以上不满十克或者其他数量相当毒品的；

（二）国家工作人员走私、制造、运输、贩卖毒品；

（三）在戒毒监管场所贩卖毒品的；

（四）向多人贩毒或者多次贩毒的；

（五）其他情节严重的行为。

第四条 违反国家规定，非法运输、携带进出境或在境内非法买卖醋酸酐、乙醚、三氯甲烷或者其他用于制造毒品的原料或者配剂达到下列数量标准的，依照刑法第三百五十条第一款的规定定罪处罚：

（一）麻黄碱、伪麻黄碱及其盐类和单方制剂五千克以上不满五十千克；麻黄浸膏、麻黄浸膏粉一百千克以上不满一千千克；

（二）醋酸酐、三氯甲烷二百千克以上不满二千千克；

（三）乙醚四百千克以上不满三千千克；

（四）上述原料或者配剂以外其他相当数量的用于制造毒品的原料或者配剂。

违反国家规定，非法运输、携带进出境或者在境内非法买卖用于制造毒品的原料或者配剂，超过前款所列数量标准的，应当认定为刑法第三百五十条第一款规定的“数量大”。

第五条　非法种植大麻五千株以上不满三万株，应当认定为刑法第三百五十一条第一款第（一）项规定的非法种植大麻“数量较大”；非法种植大麻三万株以上，应当认定为刑法第三百五十一条第二款规定的非法种植大麻“数量大”。

❹最高人民法院关于适用《全国人民代表大会常务委员会关于禁毒的决定》的若干问题的解释（1994年12月20日发布施行）

八、非法种植毒品原植物罪

根据《决定》第六条的规定，非法种植毒品原植物罪，是指明知是罂粟、大麻、古柯树等毒品原植物而非法种植且数量较大，或者经公安机关处理后又种植，或者抗拒铲除的行为。

向明知是非法种植毒品原植物的人出售较大数量毒品原植物种子的，以非法种植毒品原植物罪论处。

认定非法种植毒品原植物罪，要注意与制造毒品罪区别开来。前者是指种植毒品原植物的行为，后者是指将毒品原植物进行加工、提炼，制造毒品的行为。

非法种植毒品原植物数量较大，又以其为原料制造毒品的，应当以制造毒品罪从重处罚。

非法种植毒品原植物数量较大，又实施其他制造毒品行为的，应当分别定非法种植毒品原植物罪和制造毒品罪，实行并罚。

❺《公安部关于坚决制止、查处在食品中掺用罂粟壳违法犯罪行为的通知》（1993年7月24日）

各省、自治区、直辖市公安厅、局：

最近，北京、天津、上海、广西、四川、云南、贵州等地公安机关接连查获一些个体饮食摊店在食品中非法掺用罂粟壳的违法犯罪活动，引起社会的关注。

罂粟壳俗称大烟壳，含有吗啡等物质，易使人体产生瘾癖，对人体肝脏、心脏有毒害作用。罂粟壳属国家管制的毒品，国家法律对罂粟壳管理使用有明确规定，禁止非法供应、运输、使用。但是，个别个体饮食摊店店主，利欲熏心，竟置国家法律、法规和人民群众的身体健康于不顾，在食品中掺用罂粟壳来招徕顾客、吸引回头客，扩大生意。由于顾客都是在不知道的情况下被骗食用的，因此这种行为属于欺骗他人吸食毒品的违法犯罪行为。

各级公安机关要以对国家、对人民高度负责的精神，坚决制止、严厉查处在食品中掺用罂粟壳的违法犯罪活动，决不能姑息。对在食品中掺用罂粟壳的，应当依照全国人大常委会《关于禁毒的决定》第七条的规定处理。对曾使用、现自行停止并表示悔改的，可不予追究；对继续使用的，要依据有关法规严厉惩处。对群众检举揭发的线索，要认真对待，依法快查、快办，抓紧结案，坚决制止这种违法犯罪活动。

【妨害毒品管理】

根据刑法第三百四十七条的规定，走私、贩卖、运输、制造毒品，无论数量多少，都应当追究刑事责任，予以刑事处罚。因此治安管理处罚法规定的妨害毒品管理的违反治安官管理行为，是指除上述几类妨害毒品管理的犯罪行为之外的，其他妨害毒品管理的违法行为，具体包括：非法持有鸦片不满二百克、海洛因或者甲基苯丙胺不满十克或者其他少量毒品的；向他人提供毒品的；吸食、注射毒品的；胁迫、欺骗医务人员开具麻醉药品、精神药品的。

关于持有毒品，刑法有最低数额规定：鸦片二百克以上、海洛因或者甲基苯丙胺十克以上、其他毒品数量较大的。因此，治安管理处罚法规定，对非法持有鸦片不满二百克、海洛因或者甲基苯丙胺不满十克或者其他少量毒品的，应予治安处罚。

向他人提供毒品行为是指，朋友之间相互提供毒品吸食；有的医务人员违反国家规定，向吸食、注射毒品的人非法提供麻醉药品和精神药品等等。这些行为既违反国家规定，又危害人体健康，具有很大的社会危害性，所以应予打击。应当注意的是，向他人提供毒品的行为，是指无偿提供。如果向他人提供毒品，收取钱财的，则属于贩卖毒品，应依照刑法的规定定罪处罚。实践中应当注意区分向他人提供毒品的行为和贩卖毒品行为的界限。

吸食、注射毒品者往往导致倾家荡产，最终走上盗窃、抢劫等犯罪道路，直接危害社会治安，成为社会的不安定因素。所以，刑法对吸食、注射毒品的没有规定为犯罪行为，但法律规定可以给予治安处罚。这主要是考虑到，吸食、注射毒品虽然具有一定的社会危害性，但吸毒者也是毒品的受害者，对于他们来说主要应对其采取戒毒措施，使其戒掉毒瘾。

根据联合国有关公约的规定以及国家有关规定，麻醉药品、精神药品属于严格管制的药品，使用时必须按照国家规定，进行严格的审批，有关医务人员不得随意乱开药方为病人提供。刑法第三百五十五条将有关人员违反国家规定，向吸食、注射毒品的人提供国家规定管制的麻醉药品、精神药品的规定为犯罪。这里规定的是行为人使用胁迫、欺骗手段致使医务人员为其开具麻醉药品或精神药品的行为。“胁迫”，是指违法行为人对医务人员施以威胁、恫吓，进行精神上的强制，以迫使医务人员按照他的意思开具麻醉药品或精神药品，达到其目的。“欺骗”，是指编造虚假事实，如编造谎言，谎称自己或家人或亲戚朋友，由于患有癌症，急需麻醉药品或精神药品等情况，让医务人员信以为真，为其开出麻醉药品、精神药品的行为。“医务人员”，既包括在医院从事就诊有开具处方权的正式执业资格的医务人员，如医院门诊或急诊的医生，也包括虽没有开处方的权力，但可以通过其他有开处方权的医生开出药品的从事医务工作的研究人员、司药人员、护士以及从事医院行政工作的人员等。“麻醉药品”，主要是指连续使用后容易使人产生身体依赖性、易形成瘾癖的药品。如吗啡、杜冷丁等。“精神药品”，是指直接作用于中枢神经系统，使之兴奋或抑制，连续使用能使人体产生依赖性的药品，如甲基苯丙胺、安纳咖、安眠酮等。

根据治安管理处罚法的规定，有非法持有毒品，向他人提供毒品，吸食毒品、注射毒品或者以胁迫、欺骗手段使医务人员为自己或他人开具麻醉药品或精神药品行为之一的，处十日以上十五日以下拘留，可以并处二千元以下罚款；情节较轻的，处五日以下拘留或者五百元以下罚款。

需要注意的是，治安管理处罚法只是规定对吸毒者给予治安管理处罚，根据1990年全国人大常委会《关于禁毒的决定》第八条规定，吸食、注射毒品成瘾的，除依照规定给予治安管理处罚外，予以强制戒除，进行治疗、教育。强制戒除后又吸食、注射毒品的，可以实行劳动教养，并在劳动教养中强制戒除。这一规定在治安管理处罚法施行后，是仍然有效的。

依据指引：

❶**《中华人民共和国治安管理处罚法》**（2005年8月28日公布，自2006年3月1日起施行）

第七十二条 有下列行为之一的，处十日以上十五日以下拘留，可以并处二千元以下罚款；情节较轻的，处五日以下拘留或者五百元以下罚款：

（一）非法持有鸦片不满二百克、海洛因或者甲基苯丙胺不满十克或者其他少量毒品的；

（二）向他人提供毒品的；

（三）吸食、注射毒品的；

（四）胁迫、欺骗医务人员开具麻醉药品、精神药品的。

❷《中华人民共和国刑法》（1997年3月14日修订公布，自1997年10月1日起施行）

第三百四十七条　走私、贩卖、运输、制造毒品，无论数量多少，都应当追究刑事责任，予以刑事处罚。

走私、贩卖、运输、制造毒品，有下列情形之一的，处十五年有期徒刑、无期徒刑或者死刑，并处没收财产：

（一）走私、贩卖、运输、制造鸦片一千克以上、海洛因或者甲基苯丙胺五十克以上或者其他毒品数量大的；

（二）走私、贩卖、运输、制造毒品集团的首要分子；

（三）武装掩护走私、贩卖、运输、制造毒品的；

（四）以暴力抗拒检查、拘留、逮捕，情节严重的；

（五）参与有组织的国际贩毒活动的。

走私、贩卖、运输、制造鸦片二百克以上不满一千克、海洛因或者甲基苯丙胺十克以上不满五十克或者其他毒品数量较大的，处七年以上有期徒刑，并处罚金。

走私、贩卖、运输、制造鸦片不满二百克、海洛因或者甲基苯丙胺不满十克或者其他少量毒品的，处三年以下有期徒刑、拘役或者管制，并处罚金；情节严重的，处三年以上七年以下有期徒刑，并处罚金。

单位犯第二款、第三款、第四款罪的，对单位判处罚金，并对其直接负责的主管人员和其他直接责任人员，依照各该款的规定处罚。

利用、教唆未成年人走私、贩卖、运输、制造毒品，或者向未成年人出售毒品的，从重处罚。

对多次走私、贩卖、运输、制造毒品，未经处理的，毒品数量累计计算。

第三百四十八条　非法持有鸦片一千克以上、海洛因或者甲基苯丙胺五十克以上或者其他毒品数量大的，处七年以上有期徒刑或者无期徒刑，并处罚金；非法持有鸦片二百克以上不满一千克、海洛因或者甲基苯丙胺十克以上不满五十克或者其他毒品数量较大的，处三年以下有期徒刑、拘役或者管制，并处罚金；情节严重的，处三年以上七年以下有期徒刑，并处罚金。

第三百四十九条　包庇走私、贩卖、运输、制造毒品的犯罪分子的，为犯罪分子窝藏、转移、隐瞒毒品或者犯罪所得的财物的，处三年以下有期徒刑、拘役或者管制；情节严重的，处三年以上十年以下有期徒刑。

缉毒人员或者其他国家机关工作人员掩护、包庇走私、贩卖、运输、制造毒品的犯罪分子的，依照前款的规定从重处罚。

犯前两款罪，事先通谋的，以走私、贩卖、运输、制造毒品罪的共犯论处。

第三百五十条　违反国家规定，非法运输、携带醋酸酐、乙醚、三氯甲烷或者其他用于制造毒品的原料或者配剂进出境的，或者违反国家规定，在境内非法买卖上述物品的，处三年以下有期徒刑、拘役或者管制，并处罚金；数量大的，处三年以上十年以下有期徒刑，并处罚金。

明知他人制造毒品而为其提供前款规定的物品的，以制造毒品罪的共犯论处。

单位犯前两款罪的，对单位判处罚金，并对其直接负责的主管人员和其他直接责任人员，依照前两款的规定处罚。

第三百五十四条　容留他人吸食、注射毒品的，处三年以下有期徒刑、拘役或者管制，并处罚金。

第三百五十五条　依法从事生产、运输、管理、使用国家管制的麻醉药品、精神药品的人员，违反国家规定，向吸食、注射毒品的人提供国家规定管制的能够使人形成瘾癖的麻醉药品、精神药品的，处三年以下有期徒刑或者拘役，并处罚金；情节严重的，处三年以上七年以下有期徒刑，并处罚金。向走私、贩卖毒品的犯罪分子或者以牟利为目的，向吸食、注射毒品的人提供国家规定管制的能够使人形成瘾癖的麻醉药品、精神药品的，依照本法第三百四十七条的规定定罪处罚。

单位犯前款罪的，对单位判处罚金，并对其直接负责的主管人员和其他直接责任人员，依照前款的规定处罚。

第三百五十六条　因走私、贩卖、运输、制造、非法持有毒品罪被判过刑，又犯本节规定之罪的，从重处罚。

第三百五十七条　本法所称的毒品，是指鸦片、海洛因、甲基苯丙胺（冰毒）、吗啡、大麻、可卡因以及国家规定管制的其他能够使人形成瘾癖的麻醉药品和精神药品。

毒品的数量以查证属实的走私、贩卖、运输、制造、非法持有毒品的数量计算，不以纯度折算。

❸**《全国人民代表大会常务委员会关于禁毒的决定》**（1990年12月28日公布施行）

（根据《刑法》附则的规定，本《决定》有关刑事责任的规定已经纳入1997年修订公布《刑法》，自《刑法》施行之日起适用《刑法》的规定；本《决定》有关行政处罚和行政措施的规定继续有效。——编者注）

为了严惩走私、贩卖、运输、制造毒品和非法种植毒品原植物等犯罪活动，严禁吸食、注射毒品，保护公民身心健康，维护社会治安秩序，保障社会主义现代化建设的顺利进行，特作如下决定：

一、本决定所称的毒品是指鸦片、海洛因、吗啡、大麻、可卡因以及国务院规定管制的其他能够使人形成瘾癖的麻醉药品和精神药品。

三、禁止任何人非法持有毒品。非法持有鸦片一千克以上、海洛因五十克以上或者其他毒品数量大的，处七年以上有期徒刑或者无期徒刑，并处罚金；非法持有鸦片二百克以上不满一千克、海洛因十克以上不满五十克或者其他毒品数量较大的，处七年以下有期徒刑、拘役或者管制，可以并处罚金；非法持有鸦片不满二百克、海洛因不满十克或者其他少量毒品的，依照第八条第一款的规定处罚。

八、吸食、注射毒品的，由公安机关处十五日以下拘留，可以单处或者并处二千元以下罚款，并没收毒品和吸食、注射器具。

吸食、注射毒品成瘾的，除依照前款规定处罚外，予以强制戒除，进行治疗、教育。强制戒除后又吸食、注射毒品的，可以实行劳动教养，并在劳动教养中强制戒除。

十、根据医疗、教学、科研的需要，国家卫生行政主管部门依照法律、行政法规的规定，可以指定特定的地方和制药厂，种植、生产限定数量的毒品原植物和麻醉药品、精神药品。依法从事生产、运输、管理、使用国家管制的麻醉药品、精神药品的单位和人员，必须严格遵守国家关于麻醉药品、精神药品的管理规定。

依法从事生产、运输、管理、使用国家管制的麻醉药品、精神药品的人员违反国家规定，向吸食、注射毒品的人提供国家管制的麻醉药品、精神药品的，处七年以下有期徒刑或者拘役，可以并处罚金。向走私、贩卖毒品的犯罪分子或者以牟利为目的，向吸食、注射毒品的人提供国家管制的麻醉药品、精神药品的，依照第二条的规定处罚。

单位有第二款规定的违法犯罪行为的，对其直接负责的主管人员和其他直接责任人员，依照第二款的规定处罚，并对单位判处罚金。

❹**《最高人民法院关于审理毒品案件定罪量刑标准有关问题的解释》**（2000年4月20日最高人民法院审判委员会第1110次会议通过，2000年6月6日发布，自2000年6月10日起施行）

为依法严惩毒品犯罪，根据刑法分则第六章第七节的规定，现就审理毒品案件定罪量刑标准有关问题解释如下：

第一条　走私、贩卖、运输、制造、非法持有下列毒品，应当认定为刑法第三百四十七条第二款第（一）项、第三百四十八条规定的“其他毒品数量大”：

（一）苯丙胺类毒品（甲基苯丙胺除外）一百克以上；

（二）大麻油五千克、大麻脂十千克、大麻叶及大麻烟一百五十千克以上；

（三）可卡因五十克以上；

（四）吗啡一百克以上；

（五）度冷丁（杜冷丁）二百五十克以上（针剂100mg/支规格的二千五百支以上，50mg/支规格的五千支以上；片剂25mg/片规格的一万片以上，50mg/片规格的五千片以上）；

（六）盐酸二氢埃托啡十毫克以上（针剂或者片剂20μg/支、片规格的五百支、片以上）；

（七）咖啡因二百千克以上；

（八）罂粟壳二百千克以上；

（九）上述毒品以外的其他毒品数量大的。

第二条　走私、贩卖、运输、制造、非法持有下列毒品，应当认定为刑法第三百四十七条第三款、第三百四十八条规定的“其他毒品数量较大”：

（一）苯丙胺类毒品（甲基苯丙胺除外）二十克以上不满一百克；

（二）大麻油一千克以上不满五千克，大麻脂二千克以上不满十千克，大麻叶及大麻烟三十千克以上不满一百五十千克；

（三）可卡因十克以上不满五十克；

（四）吗啡二十克以上不满一百克；

（五）度冷丁（杜冷丁）五十克以上不满二百五十克（针剂100mg/支规格的五百支以上不满二千五百支，50mg/支规格的一千支以上不满五千支；片剂25mg/片规格的二千片以上不满一万片，50mg/片规格的一千片以上不满五千片）；

（六）盐酸二氢埃托啡二毫克以上不满十毫克（针剂或者片剂20μg/支、片规格的一百支、片以上不满五百支、片）；

（七）咖啡因五十千克以上不满二百千克；

（八）罂粟壳五十千克以上不满二百千克；

（九）上述毒品以外的其他毒品数量较大的。

第三条 具有下列情形之一的，可以认定为刑法第三百四十七条第四款规定的“情节严重”：

（一）走私、贩卖、运输、制造鸦片一百四十克以上不满二百克、海洛因或者甲基苯丙胺七克以上不满十克或者其他数量相当毒品的；

（二）国家工作人员走私、制造、运输、贩卖毒品；

（三）在戒毒监管场所贩卖毒品的；

（四）向多人贩毒或者多次贩毒的；

（五）其他情节严重的行为。

第四条 违反国家规定，非法运输、携带进出境或在境内非法买卖醋酸酐、乙醚、三氯甲烷或者其他用于制造毒品的原料或者配剂达到下列数量标准的，依照刑法第三百五十条第一款的规定定罪处罚：

（一）麻黄碱、伪麻黄碱及其盐类和单方制剂五千克以上不满五十千克；麻黄浸膏、麻黄浸膏粉一百千克以上不满一千千克；

（二）醋酸酐、三氯甲烷二百千克以上不满二千千克；

（三）乙醚四百千克以上不满三千千克；

（四）上述原料或者配剂以外其他相当数量的用于制造毒品的原料或者配剂。

违反国家规定，非法运输、携带进出境或者在境内非法买卖用于制造毒品的原料或者配剂，超过前款所列数量标准的，应当认定为刑法第三百五十条第一款规定的“数量大”。

第五条 非法种植大麻五千株以上不满三万株，应当认定为刑法第三百五十一条第一款第（一）项规定的非法种植大麻“数量较大”；非法种植大麻三万株以上，应当认定为刑法第三百五十一条第二款规定的非法种植大麻“数量大”。

❺ 最高人民法院关于适用《全国人民代表大会常务委员会关于禁毒的决定》的若干问题的解释（1994年12月20日发布施行）

三、非法持有毒品罪

根据《决定》第三条的规定，非法持有毒品罪，是指明知是鸦片、海洛因或者其他毒品，而非法持有且数量较大的行为。

“非法”是指违反国家法律和国家主管部门的规定。“持有”是指占有、携有、藏有或者其他方式持有毒品的行为。

非法持有鸦片二百克以上、海洛因十克以上或者其他毒品数量较大的，构成本罪。

根据已查获的证据，不能认定非法持有较大数量毒品是为了进行走私、贩卖、运输或者窝藏毒品品犯罪的，才构成本罪。如果有证据能够证明非法持有毒品是为了进行走私、贩卖、运输、窝藏毒品犯罪的，则应当定走私、贩卖、运输或者窝藏毒品罪。

十二、非法提供麻醉药品、精神药品罪

根据《决定》第十条第二款的规定，非法提供麻醉药品、精神药品罪，是指依法从事生产、运输、管理、使用国家管制的麻醉药品、精神药品的单位和人员，明知他人是吸食、注射毒品的人，而向其提供国家管制的麻醉药品、精神药品的行为。

提供毒品的对象，只能是吸食、注射毒品的人。如果明知对方是毒品犯罪分子，而向其提供国家管制的麻醉药品、精神药品的，则构成有关的毒品犯罪的共犯。

十三、《决定》第十一条第二款的适用

《决定》第十一条第二款规定，因走私、贩卖、运输、制造、非法持有毒品罪被判过刑，又犯《决定》规定之罪的，从重处罚。这是指凡因走私、贩卖、运输、制造、非法持有毒品罪被判过刑又犯《决定》规定之罪的，无论是否构成累犯，一律依照《决定》第十一条第二款的规定从重处罚。

十四、《决定》第十二条的适用

《决定》第十二条规定的“由非法所得所获得的收益”，是指用毒品犯罪的非法所得，通过合法手段或者非法手段所获得的一切收益。

《决定》第十二条规定的"供犯罪使用的财物，一律没收"，是对刑法第六十条的修改补充。《决定》施行后判处的毒品犯罪案件，对于供犯罪使用的财物，应当依照《决定》的规定一律予以没收，而不限于没收"供犯罪所用的本人财物"。

十五、《决定》第十四条的适用

《决定》第十四条的规定，是指毒品犯罪分子在犯《决定》规定之罪后被司法机关发现并予以审查时（包括侦查、起诉、审判阶段），检举、揭发其他毒品犯罪活动或者其他毒品犯罪分子（含同案犯）罪行得到证实的，或者提供重要线索、证据，从而得以侦破其他毒品犯罪案件的，或者协助司法机关缉捕其他毒品犯罪分子（含同案犯）的，属于有立功表现，可以从轻、减轻处罚或者免除处罚。

如果犯罪分子实施毒品犯罪后自首而没有上述立功表现的，则应当适用刑法第六十三条关于自首的规定。

十九、对查获的毒品的鉴定

对毒品犯罪案件中查获的毒品，应当鉴定，并作出鉴定结论。

海洛因的含量在25%以上的，可视为《决定》和本解释所指的海洛因。含量不够25%的，应当折合成含量为25%的海洛因计算数量。

对毒品的鉴定结论有疑义的，应当补充鉴定或者重新鉴定。

二十、办理毒品犯罪案件制作司法文书时对法律条文的援引

鉴于《决定》已对刑法第一百七十一条和《关于严惩严重破坏经济的罪犯的决定》第一条第（一）项关于贩毒罪的规定以及《关于惩治走私罪的补充规定》第一条有关走私毒品的规定进行了修改、补充，因此，《决定》公布施行后适用《决定》判处的案件，在司法文书中不再引用上述法律条款，而应当直接援用《决定》的有关条文。

❻《麻醉药品和精神药品管理条例》（国务院2005年8月3日发布，自2005年11月1日起施行）

第三条 本条例所称麻醉药品和精神药品，是指列入麻醉药品目录、精神药品目录（以下称目录）的药品和其他物质。精神药品分为第一类精神药品和第二类精神药品。

目录由国务院药品监督管理部门会同国务院公安部门、国务院卫生主管部门制定、调整并公布。

上市销售但尚未列入目录的药品和其他物质或者第二类精神药品发生滥用，已经造成或者可能造成严重社会危害的，国务院药品监督管理部门会同国务院公安部门、国务院卫生主管部门应当及时将该药品和该物质列入目录或者将该第二类精神药品调整为第一类精神药品。

第四条 国家对麻醉药品药用原植物以及麻醉药品和精神药品实行管制。除本条例另有规定的外，任何单位、个人不得进行麻醉药品药用原植物的种植以及麻醉药品和精神药品的实验研究、生产、经营、使用、储存、运输等活动。

第二十二条 国家对麻醉药品和精神药品实行定点经营制度。

国务院药品监督管理部门应当根据麻醉药品和第一类精神药品的需求总量，确定麻醉药品和第一类精神药品的定点批发企业布局，并应当根据年度需求总量对布局进行调整、公布。

药品经营企业不得经营麻醉药品原料药和第一类精神药品原料药。但是，供医疗、科学研究、教学使用的小包装的上述药品可以由国务院药品监督管理部门规定的药品批发企业经营。

第三十条 麻醉药品和第一类精神药品不得零售。

禁止使用现金进行麻醉药品和精神药品交易，但是个人合法购买麻醉药品和精神药品的除外。

第三十四条 药品生产企业需要以麻醉药品和第一类精神药品为原料生产普通药品的，应当向所在地省、自治区、直辖市人民政府药品监督管理部门报送年度需求计划，由省、自治区、直辖市人民政府药品监督管理部门汇总报国务院药品监督管理部门批准后，向定点生产企业购买。

药品生产企业需要以第二类精神药品为原料生产普通药品的，应当将年度需求计划报所在地省、自治区、直辖市人民政府药品监督管理部门，并向定点批发企业或者定点生产企业购买。

第三十五条 食品、食品添加剂、化妆品、油漆等非药品生产企业需要使用咖啡因作为原料的，应当经所在地省、自治区、直辖市人民政府药品监督管理部门批准，向定点批发企业或者定点生产企业购买。

科学研究、教学单位需要使用麻醉药品和精神药品开展实验、教学活动的，应当经所在地省、自治区、直辖市人民政府药品监督管理部门批准，向定点批发企业或者定点生产企业购买。

需要使用麻醉药品和精神药品的标准品、对照品的，应当经所在地省、自治区、直辖市人民政府药品监督管理部门批准，向国务院药品监督管理部门批准的单位购买。

第三十六条　医疗机构需要使用麻醉药品和第一类精神药品的，应当经所在地设区的市级人民政府卫生主管部门批准，取得麻醉药品、第一类精神药品购用印鉴卡（以下称印鉴卡）。医疗机构应当凭印鉴卡向本省、自治区、直辖市行政区域内的定点批发企业购买麻醉药品和第一类精神药品。

设区的市级人民政府卫生主管部门发给医疗机构印鉴卡时，应当将取得印鉴卡的医疗机构情况抄送所在地设区的市级药品监督管理部门，并报省、自治区、直辖市人民政府卫生主管部门备案。省、自治区、直辖市人民政府卫生主管部门应当将取得印鉴卡的医疗机构名单向本行政区域内的定点批发企业通报。

第四十条　执业医师应当使用专用处方开具麻醉药品和精神药品，单张处方的最大用量应当符合国务院卫生主管部门的规定。

对麻醉药品和第一类精神药品处方，处方的调配人、核对人应当仔细核对，签署姓名，并予以登记；对不符合本条例规定的，处方的调配人、核对人应当拒绝发药。

麻醉药品和精神药品专用处方的格式由国务院卫生主管部门规定。

第四十三条　对临床需要而市场无供应的麻醉药品和精神药品，持有医疗机构制剂许可证和印鉴卡的医疗机构需要配制制剂的，应当经所在地省、自治区、直辖市人民政府药品监督管理部门批准。医疗机构配制的麻醉药品和精神药品制剂只能在本医疗机构使用，不得对外销售。

第四十四条　因治疗疾病需要，个人凭医疗机构出具的医疗诊断书、本人身份证明，可以携带单张处方最大用量以内的麻醉药品和第一类精神药品；携带麻醉药品和第一类精神药品出入境的，由海关根据自用、合理的原则放行。

医务人员为了医疗需要携带少量麻醉药品和精神药品出入境的，应当持有省级以上人民政府药品监督管理部门发放的携带麻醉药品和精神药品证明。海关凭携带麻醉药品和精神药品证明放行。

第四十五条　医疗机构、戒毒机构以开展戒毒治疗为目的，可以使用美沙酮或者国家确定的其他用于戒毒治疗的麻醉药品和精神药品。具体管理办法由国务院药品监督管理部门、国务院公安部门和国务院卫生主管部门制定。

第七十三条　具有麻醉药品和第一类精神药品处方资格的执业医师，违反本条例的规定开具麻醉药品和第一类精神药品处方，或者未按照临床应用指导原则的要求使用麻醉药品和第一类精神药品的，由其所在医疗机构取消其麻醉药品和第一类精神药品处方资格；造成严重后果的，由原发证部门吊销其执业证书。执业医师未按照临床应用指导原则的要求使用第二类精神药品或者未使用专用处方开具第二类精神药品，造成严重后果的，由原发证部门吊销其执业证书。

未取得麻醉药品和第一类精神药品处方资格的执业医师擅自开具麻醉药品和第一类精神药品处方，由县级以上人民政府卫生主管部门给予警告，暂停其执业活动；造成严重后果的，吊销其执业证书；构成犯罪的，依法追究刑事责任。

处方的调配人、核对人违反本条例的规定未对麻醉药品和第一类精神药品处方进行核对，造成严重后果的，由原发证部门吊销其执业证书。

第八十五条　麻醉药品目录中的罂粟壳只能用于中药饮片和中成药的生产以及医疗配方使用。具体管理办法由国务院药品监督管理部门另行制定。

❼《公安机关办理劳动教养案件规定》（公安部2002年4月12日发布，自2002年6月1日起施行）

第九条　根据全国人民代表大会常务委员会批准的《国务院关于劳动教养问题的决定》、《国务院关于劳动教养的补充规定》和国务院转发的公安部《劳动教养试行办法》等法律、行政法规的规定，对年满十六周岁、具有下列情形之一的，应当依法决定劳动教养：

（九）吸食、注射毒品成瘾，经过强制戒除

后又吸食、注射毒品的；

……

第十条 对未成年人决定劳动教养，应当从严控制。

对违法犯罪未成年人中的初犯、在校学生，且其父母或者其他监护人有实际管教能力的，不得决定劳动教养，但是应当依法责令其父母或者其他监护人严加管教。

未成年人的年龄、身份，以其实施违法犯罪行为时的实际情况确定。

第十一条 对精神病人、呆傻人员不得决定劳动教养。

对盲、聋、哑人，严重病患者，怀孕或者哺乳自己不满一周岁婴儿的妇女，以及年满六十周岁又有疾病等丧失劳动能力者，一般不决定劳动教养；确有必要劳动教养的，可以同时决定劳动教养所外执行。

违法犯罪嫌疑人为抗拒审查、逃避惩罚而自伤、自残，符合劳动教养条件的，应当依法决定劳动教养。

本条第一款、第二款规定的违法犯罪嫌疑人的年龄、身体状况，以审批劳动教养时违法犯罪嫌疑人的实际情况确定。

第十二条 对在中华人民共和国领域内违法犯罪的外国人、无国籍人、华侨，在大陆违法犯罪的台湾居民和在内地违法犯罪的香港、澳门特别行政区居民，不得决定劳动教养。

❽《强制戒毒所管理办法》（公安部2000年4月17日发布施行）

第一条 为加强和规范强制戒毒所的管理，保障强制戒毒工作的顺利进行，根据国务院《强制戒毒办法》及有关规定，制定本办法。

第二条 强制戒毒所是公安机关依法通过行政强制措施，对吸食、注射毒品成瘾人员在一定时期内，进行生理脱毒、心理矫治、适度劳动、身体康复和法律、道德教育的场所。

第三条 强制戒毒所应当坚持戒毒治疗与教育相结合的方针，遵循依法、严格、科学、文明管理的原则，达到管理规范化、治疗医院化、教育学校化、康复劳动化、环境园林化。

第四条 强制戒毒所的设置，由县级以上人民政府公安机关根据省、自治区、直辖市人民政府的统一规划，提出方案，报请同级人民政府批准后，报公安部备案。

铁道、交通、民航系统相当于县级以上的公安机关需要设置强制戒毒所时，应当分别报请铁道部公安局、交通部公安局、民航总局公安局批准后，报公安部备案。

公安机关不得与任何单位、个人合资开办强制戒毒所。

强制戒毒所必须单独设置，床位不少于六十张。

强制戒毒所选址应当尽量远离机关、学校、居民区、托幼园所及其他人群密集的繁华区域，远离环境嘈杂、污染的地方。

第七条 强制戒毒所的民警必须秉公执法，严守纪律，清正廉洁，不得有下列行为：

（一）打骂、体罚、侮辱戒毒人员，侵犯其合法权益；

（二）索要、收受戒毒人员及其亲属的财物；

（三）挪用、损毁或者自行处理没收或者代为保管的财物；

（四）违反规定为戒毒人员提供麻醉药品和精神药品；

（五）私放戒毒人员。

第九条 强制戒毒所凭县级以上人民政府公安机关开具的《强制戒毒决定书》，接收戒毒人员。

第十条 强制戒毒所接收戒毒人员，应填写《强制戒毒人员入所登记表》，并对其进行健康检查，填写《强制戒毒人员健康检查表》，有下列情形之一，不宜收入强制戒毒所的，强制戒毒所应当出具健康检查结论，退由原作出决定的公安机关，依法作出限期所外戒毒的决定：

（一）患有急性传染病（不含性病）或者其他严重疾病的；

（二）怀孕或者正在哺乳自己未满一周岁婴儿的；

（三）其他不适宜在强制戒毒所戒毒的。

前款规定的情形消失后，被限期所外戒毒的人员尚未戒除毒瘾、需要强制戒毒的，原作出决定的公安机关应当作出强制戒毒的决定，将其送交强制戒毒所继续戒毒。

第十一条 强制戒毒所接收戒毒人员入所时，应当告知其依法享有的权利及必须遵守的规定。

第十二条 强制戒毒所接收戒毒人员入所时，必须对其人身和携带的物品进行检查。除生活必需品外，其他财物由强制戒毒所代为保管，并填写《强制戒毒人员财物保管登记表》一式二份，一份由强制戒毒所留存，一份交戒毒人员。

强制戒毒所对检查中发现的毒品和法律规定应当没收的违禁品，应当逐件登记，予以没收，并开具《强制戒毒人员违禁物品没收清单》一式二份，一份由强制戒毒所留存，一份交戒毒人员。对于没收的物品，应当依照有关规定处理。

对女性戒毒人员的人身检查，应当由女性工作人员进行。

第十三条 强制戒毒所应当依照法律和有关规定建立戒毒人员档案，实行计算机管理。

档案内容包括：《强制戒毒决定书》《强制戒毒人员入所登记表》《强制戒毒人员出所登记表》《强制戒毒人员健康检查表》《强制戒毒人员财物保管登记表》《强制戒毒人员违禁物品没收清单》、戒毒人员病历、谈话教育记录、《延长强制戒毒期限呈批表》《延长强制戒毒期限决定书》《强制戒毒人员限期所外戒毒通知书》《解除强制戒毒呈批表》《解除强制戒毒证明书》和其他需要保存的材料。

戒毒人员在戒毒期间死亡的，强制戒毒所应当将《强制戒毒人员死亡鉴定书》和《强制戒毒人员死亡通知书》归入其档案。

未经强制戒毒所所长批准，任何人不得查阅戒毒人员档案。

第十四条 强制戒毒所应当建立严格的管理、教育制度，寓教于管，管教结合，教育挽救戒毒人员。

第十五条 强制戒毒所对戒毒人员应当按照性别、成年和未成年实行分别管理。女性戒毒人员由女性工作人员管理。

强制戒毒所应当根据戒毒情况，按生理脱毒、心理治疗、身体康复等分区管理。

第十六条 强制戒毒所戒毒治疗区实行封闭式管理。除管教、医护、工勤人员外，其他人员未经所长批准，不得进入戒毒治疗区。

第十七条 强制戒毒所实行二十四小时值班巡视制度，值班人员必须坚守岗位，发现问题应当及时报告，妥善处理。

第十八条 强制戒毒所应当定期或不定期地进行安全检查，及时消除事故隐患，防止戒毒人员逃跑、自杀等事故和其他危害强制戒毒所安全行为的发生。

第十九条 强制戒毒所对因毒瘾发作可能发生自伤、自残或者实施其他危害行为的戒毒人员，可以采取专人看护或者隔离等保护性措施，防止发生伤亡事故。

第二十条 强制戒毒所应当教育戒毒人员遵守《强制戒毒人员行为规范》和强制戒毒所的各项规章制度，服从管理，配合治疗，接受教育。

对违反所规的，强制戒毒所应当根据情况，分别予以批评教育或者警告；违反《治安管理处罚条例》的，由强制戒毒所所属公安机关给予治安处罚；构成犯罪的，依法追究刑事责任。

第二十一条 强制戒毒所应当根据戒毒人员的实际情况，有计划、有目的、有针对性地开展法制、道德、形势、政策、吸毒危害以及性病、艾滋病知识等教育。

对女性戒毒人员的谈话教育，应当由女民警或者两名以上民警进行。

第二十二条 对戒毒人员的教育，可以采取集中讲课、个别谈话、社会帮教、亲友规劝、现身说法等多种形式进行。

强制戒毒所应当组织戒毒人员收听广播、收看电视、阅读书报、参观学习、自编自演文艺节目等活动，活跃戒毒人员生活。

第二十三条 强制戒毒所对戒毒人员的日常生活实行规范化管理。管教民警对戒毒人员应当实行面对面的直接管理，应当熟知所分管的戒毒人员的基本情况，及时掌握其思想动态，有针对性地做思想教育工作。医护人员应当随时掌握分管的戒毒人员的治疗和身体康复情况。

第二十四条 对于主动坦白自己违法犯罪行为的戒毒人员，强制戒毒所应当建议有关部门依法从轻、减轻或者免予处罚；对于举报、揭发他人违法犯罪行为或者有其他立功表现的戒毒人员，强制戒毒所应当给予奖励。

强制戒毒所发现戒毒人员有其他违法犯罪行为尚未处理的，应当依照有关法律、法规的规定提请有关部门处理。

第二十五条 戒毒人员在强制戒毒期间具有本办法第十条规定的情形之一，不宜在强制戒毒所戒毒的，强制戒毒所应当报经原作出决定的公安机关批准，发给《强制戒毒人员限期所外戒毒通知书》，让戒毒人员在其常住户口所在地或者暂住地派出所的监督管理下，限期所外戒毒。

限期所外戒毒时间计入强制戒毒期限。限期所外戒毒期满，经检查已经生理脱毒的，强制戒毒所应当为其办理出所手续，发给《解除强制戒毒证明书》。

第二十六条 强制戒毒所应当允许戒毒人员家属或者其所在单位的有关人员探访，探访由强制戒毒所统一安排。探访人员必须遵守强制戒毒所的有关规定。对违反规定的，强制戒毒所可以警告或者责令停止探访。

捎带或邮寄给戒毒人员的物品，必须经强制戒毒所检查，确认无违禁品并登记后，才能交戒毒人员本人。

第二十七条 办案单位询问戒毒人员，应当出示办案单位证明及办案人员有效证件，办理登记手续，经所长批准，在所内指定地点进行。询问时，办案人员不得少于二人。

第二十八条 戒毒人员在强制戒毒期间，遇有直系亲属病危、死亡或者有其他正当理由需暂时离所的，由当地派出所出具证明，其亲属或者所在单位写出书面保证，经所长批准并报所属公安机关备案后，可以离所。离所期限不得超过三日，离所时间计入强制戒毒期限。

第二十九条 对于已办理刑事拘留、逮捕手续关押在看守所的犯罪嫌疑人、被告人和在收容教育所的被收容教育人员，确需在强制戒毒所进行生理脱毒治疗的，由看守所和收容教育所提出意见，报经县级以上公安机关批准，可以在指定的强制戒毒所治疗。治疗期间的监护工作由原监管场所派人承担，生理脱毒后立即押送回原监管场所。

第三十条 戒毒人员在强制戒毒期间死亡的，强制戒毒所应当通知原作出决定的公安机关组织法医或者指定医生作出死亡鉴定，经同级人民检察院检验后，填写《强制戒毒人员死亡通知书》，通知死者家属、所在单位或者户口所在地派出所；对于家属不予认领的尸体，由强制戒毒所报原作出决定的公安机关批准，拍照后处理。

原作出决定的公安机关应当将死亡鉴定等有关情况报上一级公安机关备案。

第三十一条 戒毒人员对强制戒毒决定不服，申请复议或者向人民法院提起行政诉讼的，强制戒毒所应当及时将材料送交有关部门处理。

对于戒毒人员举报、揭发和控告强制戒毒所工作人员违法违纪行为的材料，强制戒毒所应当及时送交有关部门或者上级主管机关处理。

第三十二条 强制戒毒所对戒毒人员应当采取对症药物治疗措施，建立治疗档案；对艾滋病、淋病、梅毒等传染病患者和病毒感染者应当实行隔离戒毒治疗。

第三十三条 强制戒毒所必须依照有关规定使用戒毒药品，不得使用未经审批准许临床使用或者试用的戒毒药品。

第三十四条 强制戒毒所应当建立严格的戒毒药品管理制度。对用于戒毒的麻醉药品、精神药品，应当由专人管理，并分别建立专用收付账册、专用处方和专册登记，由专人保管。

需要对戒毒人员使用戒毒药品的，应当由医生开具处方，并监督戒毒人员当场服药。

第三十五条 强制戒毒所应当实行医护人员二十四小时值班和定时查房制度，防止戒毒人员在脱毒治疗期间发生事故。

第三十六条 强制戒毒所应当组织经脱毒治疗的戒毒人员开展有益于身体康复的文体活动；在保证安全的前提下，可以在所内组织戒毒人员参加适度的劳动。

第三十七条 对强制戒毒期限将满的戒毒人员，强制戒毒所应当对其进行是否已经生理脱毒的检查。对仍未生理脱毒的，强制戒毒所可以提出意见，填写《延长强制戒毒期限呈批表》，报原作出决定的公安机关批准，延长强制戒毒期限；但实际执行的强制戒毒期限连续计算不得超过一年。

第四十二条 对戒毒人员或者其家属交纳的生活费、治疗费，强制戒毒所应当开具收据，单独立账，单独管理，伙食账目每月结算公布一次。严禁截留、挪用和以其他方式侵吞。

戒毒人员食堂应当与工作人员食堂分开，单独设灶，保证饮食卫生。对少数民族戒毒人员，要尊重其民族风俗习惯。

第四十三条 对强制戒毒期满后，经检验已生理脱毒的戒毒人员，由强制戒毒所所长批准后办理出所手续，发给《解除强制戒毒证明书》，通知其家属或者所在单位领回。戒毒人员凭《强制戒毒人员财物保管登记表》，领取入所时所存财物。

第四十四条 戒毒人员因其他违法犯罪行为被批准刑事拘留、逮捕或者劳动教养、少年收容教养、收容教育的，强制戒毒所应当根据有关法律文书，终止其在强制戒毒所内戒毒，办理出所移交手续。

第四十五条 对戒毒期满出所的戒毒人员，强制戒毒所应当通报其常住户口所在地或者暂住地公安派出所，并定期进行跟踪调查和回访，配合戒毒人员及其家属、所在单位或者居（村）民委员会、常住户口所在地或者暂住地派出所落实帮教措施，巩固戒毒效果。

第四十六条 戒毒人员出所时，强制戒毒所应当进行出所登记，填写《强制戒毒人员出所登记表》。

第四十七条 强制戒毒所可以接收自愿戒毒人员，但必须同强制戒毒人员分开管理，并建立相应的管理制度。

第四十八条 本办法中的“戒毒人员”是指强制戒毒人员。

第四十九条 本办法中的“以上”，包含本数。

第五十条 强制戒毒所实行等级化管理，具体办法由公安部另行制定。

【教唆、引诱、欺骗他人吸食、注射毒品】

教唆、引诱、欺骗他人吸食、注射毒品的行为，是一种极为恶劣的行为，对受害者的身心健康会造成很大的伤害，有的甚至毁掉终生，对国家、家庭和个人都是贻害无穷的，所以应当予以严厉打击。根据刑法第三百五十三条的规定，引诱、教唆、欺骗他人吸食、注射毒品的，处三年以下有期徒刑、拘役或者管制，并处罚金；情节严重的，处三年以上七年以下有期徒刑，并处罚金。但实践中仍然存在一些情节显著轻微，尚未达到追究刑事责任的程度的违法行为，对这些行为人，也应当予以治安管理处罚。

这里的“教唆、引诱”，是指通过向他人宣传吸毒后的感受和体验，示范吸毒的方法，或者对他人进行蛊惑，从而促使他人吸食、注射毒品的行为。“欺骗”他人吸食、注射毒品，是指在他人不知道的情况下，给他人吸食、注射毒品的行为。如在香烟或食品、药品中掺入毒品，供他人吸食或使用，使其不知不觉地由少到多地染上了毒瘾。对于教唆、引诱、欺骗他人吸食、注射毒品的行为人，并不要求以牟利为目的，如出于报复社会、控制他人等，无论出于何种目的，都不影响违法行为的构成。

根据治安管理处罚法的规定，对教唆、引诱、欺骗他人吸食、注射毒品的，处十日以上十五日以下拘留，并处五百元以上二千元以下罚款。

依据指引：

❶**《中华人民共和国治安管理处罚法》**（2005年8月28日公布，自2006年3月1日起施行）

第七十三条 教唆、引诱、欺骗他人吸食、注射毒品的，处十日以上十五日以下拘留，并处五百元以上二千元以下罚款。

❷**《中华人民共和国刑法》**（1997年3月14日修订公布，自1997年10月1日起施行）

第三百五十三条 引诱、教唆、欺骗他人吸食、注射毒品的，处三年以下有期徒刑、拘役或者管制，并处罚金；情节严重的，处三年以上七年以下有期徒刑，并处罚金。

强迫他人吸食、注射毒品的，处三年以上十年以下有期徒刑，并处罚金。

引诱、教唆、欺骗或者强迫未成年人吸食、注射毒品的，从重处罚。

❸**《全国人民代表大会常务委员会关于禁毒的决定》**（1990年12月28日公布施行）

（根据《刑法》附则的规定，本《决定》有关刑事责任的规定已经纳入1997年修订公布《刑法》，自《刑法》施行之日起适用《刑法》

的规定；本《决定》有关行政处罚和行政措施的规定继续有效。——编者注）

为了严惩走私、贩卖、运输、制造毒品和非法种植毒品原植物等犯罪活动，严禁吸食、注射毒品，保护公民身心健康，维护社会治安秩序，保障社会主义现代化建设的顺利进行，特作如下决定：

一、本决定所称的毒品是指鸦片、海洛因、吗啡、大麻、可卡因以及国务院规定管制的其他能够使人形成瘾癖的麻醉药品和精神药品。

七、引诱、教唆、欺骗他人吸食、注射毒品的，处七年以下有期徒刑、拘役或者管制，并处罚金。

强迫他人吸食、注射毒品的，处三年以上十年以下有期徒刑，并处罚金。

引诱、教唆、欺骗或者强迫未成年人吸食、注射毒品的，从重处罚。

❹ 最高人民法院关于适用《全国人民代表大会常务委员会关于禁毒的决定》的若干问题的解释（1994年12月20日发布施行）

九、引诱、教唆、欺骗他人吸毒罪

根据《决定》第七条第一款的规定，引诱、教唆他人吸毒，是指通过向他人宣扬吸食、注射毒品后的感受等方法，诱使、唆使他人吸食、注射毒品的行为。欺骗他人吸毒，是指用隐瞒事实真相或者制造假象等方法使他人吸食、注射毒品的行为。

本罪是选择性罪名。实施了引诱、教唆、欺骗他人吸食、注射毒品行为之一的，即以该行为确定罪名。实施了其中两种以上行为的，将所实施行为并列为一个罪名，不实行并罚。

被引诱、教唆、欺骗的人吸食、注射毒品后是否成瘾，不影响本罪的成立。

十、强迫他人吸毒罪

根据《决定》第七条第二款的规定，强迫他人吸毒罪，是指违背他人意志，使用暴力、胁迫或者其他方法，迫使他人吸食、注射毒品的行为。

被强迫的人吸食、注射毒品后是否成瘾，不影响本罪的成立。

十一、容留他人吸毒并出售毒品罪

根据《决定》第九条的规定，容留他人吸毒并出售毒品罪，是指为他人吸食、注射毒品提供场所，并向其出售毒品的行为。

容留他人吸食、注射毒品的人数和次数的多少，以及出售毒品数量的多少，不影响本罪的成立，但是应当作为量刑情节予以考虑。对犯本罪未经处理的，其出售毒品数量应累计计算。

【强制性教育措施】

治安管理处罚法第七十六条规定，有本法第六十七条、第六十八条、第七十条的行为，屡教不改的，可以按照国家规定采取强制性教育措施（指引诱、容留、介绍他人卖淫的、涉淫秽物品、涉赌的行为）。这一规定主要有以下几层含义：

1. 所谓强制性教育措施，主要是指目前实行的劳动教养。全国人大常委会批准的国务院1957年关于劳动教养问题的决定，以及1979年关于劳动教养的补充规定，都是将劳动教养作为一种强制性教育措施的。目前已经列入全国人大常委会立法规划的违法行为矫治法，也是将其定位为对有违法习性的人强制性教育矫治措施的。

2. 治安管理处罚法只对该法第六十七条、第六十八条、第七十条规定的行为，规定可以采取强制性教育措施。这是为了和原来的治安管理处罚条例相衔接，因为治安管理处罚条例只规定了可以对这几种行为实行劳动教养。因此，治安管理处罚法的这一规定，并不影响此前以及以后根据其他法律规定，对其他一些行为人依法采取劳动教养措施。如全国人大常委会《关于禁毒的决定》第八条规定，吸食、注射毒品成瘾的，除给予处罚外，予以强制戒除，进行治疗、教育。强制戒除后又吸食、注射毒品的，可以实行劳动教养，并在劳动教养中强制戒除。全国人大常委会《关于严禁卖淫嫖娼的决定》第四条第三项规定，因卖淫嫖娼被公安机关处理后又卖淫嫖娼的，实行劳动教养。这些规定是仍然有效的。

依据指引：

❶《中华人民共和国治安管理处罚法》（2005年8月28日公布，自2006年3月1日起施行）

第七十六条 有本法第六十七条、第六十八条、第七十条的行为，屡教不改的，可以按照国家规定采取强制性教育措施。

第六十七条 引诱、容留、介绍他人卖淫的，处十日以上十五日以下拘留，可以并处五千元以下罚款；情节较轻的，处五日以下拘留或者五百元以下罚款。

第六十八条 制作、运输、复制、出售、出租淫秽书刊、图片、影片、音像制品等淫秽物品或者利用计算机信息网络、电话以及其他通讯工具传播淫秽信息的，处十日以上十五日以下拘留，可以并处三千元以下罚款；情节较轻的，处五日以下拘留或者五百元以下罚款。

第七十条 以营利为目的，为赌博提供条件的，或者参与赌博赌资较大的，处五日以下拘留或者五百元以下罚款；情节严重的，处十日以上十五日以下拘留，并处五百元以上三千元以下罚款。

❷《国务院关于劳动教养问题的决定》（1957年8月1日全国人民代表大会常务委员会第七十八次会议批准，1957年8月3日国务院公布施行）

根据中华人民共和国宪法第一百条的规定，为了把游手好闲、违反法纪、不务正业的有劳动力的人，改造成为自食其力的新人；为了进一步维护公共秩序，有利于社会主义建设，对于劳动教养问题，作如下决定：

一、对于下列几种人应当加以收容实行劳动教养：

（1）不务正业，有流氓行为或者有不追究刑事责任的盗窃、诈骗等行为，违反治安管理、屡教不改的；

（2）罪行轻微，不追究刑事责任的反革命分子、反社会主义的反动分子，受到机关、团体、企业、学校等单位的开除处分，无生活出路的；

（3）机关、团体、企业、学校等单位内，有劳动力，但长期拒绝劳动或者破坏纪律、妨害公共秩序，受到开除处分，无生活出路的；

（4）不服从工作的分配和就业转业的安置，或者不接受从事劳动生产的劝导，不断地无理取闹、妨害公务、屡教不改的。

二、劳动教养，是对于被劳动教养的人实行强制性教育改造的一种措施，也是对他们安置就业的一种办法。

对于被劳动教养的人，应当按照其劳动成果发给适当的工资；并且可以酌量扣出其一部分工资，作为其家属赡养费或者本人安家立业的储备金。

被劳动教养的人，在劳动教养期间，必须遵守劳动教养机关规定的纪律，违反纪律的，应当受到行政处分，违法犯罪的，应当依法处理。

在教育管理方面，应当采用劳动生产和政治教育相结合的方针，并且规定他们必须遵守的纪律和制度，帮助他们建立爱国守法和劳动光荣的观念，学习劳动生产的技术，养成爱好劳动的习惯，使他们成为参加社会主义建设的自食其力的劳动者。

三、需要实行劳动教养的人，由民政、公安部门，所在机关、团体、企业、学校等单位，或者家长、监护人提出申请，经省、自治区、直辖市人民委员会或者它们委托的机关批准。

四、被劳动教养的人，在劳动教养期间，表现良好而有就业条件的，经劳动教养机关批准，可以另行就业；原送请劳动教养的单位、家长、监护人请求领回自行负责管教的，劳动教养机关也可以酌情批准。

五、劳动教养机关，在省、自治区、直辖市一级建立或者经省、自治区、直辖市人民委员会批准建立。劳动教养机关的工作，由民政、公安部门共同负责领导和管理。

❸《国务院关于劳动教养的补充规定》（1979年11月29日第五届全国人民代表大会常务委员会第十二次会议批准，1979年11月29日国务院公布施行）

为了更好地贯彻执行一九五七年八月一日第一届全国人民代表大会常务委员会第七十八次会议批准的国务院关于劳动教养问题的决定，作如下补充规定：

一、省、自治区、直辖市和大中城市人民政

府成立劳动教养管理委员会，由民政、公安、劳动部门的负责人组成，领导和管理劳动教养的工作。

二、劳动教养收容大中城市需要劳动教养的人。对于需要实行劳动教养的人，由省、自治区、直辖市和大中城市劳动教养管理委员会审查批准。

三、劳动教养的期限为一年至三年。必要时得延长一年。节日、星期日休息。

四、劳动教养人员解除劳动教养后，就业、上学不受歧视。对劳动教养人员的家属、子女不得歧视。

五、人民检察院对劳动教养机关的活动实行监督。

❹《公安机关办理劳动教养案件规定》（公安部 2002 年 4 月 12 日发布，自 2002 年 6 月 1 日起施行）

第二条 各省、自治区、直辖市公安厅（局）、新疆生产建设兵团公安局和地、地级市、州、盟公安局（处）设立劳动教养审批委员会，作为同级劳动教养管理委员会的审批机构，依照有关法律、行政法规和本规定审批劳动教养案件，并以劳动教养管理委员会的名义作出是否劳动教养的决定。

劳动教养审批委员会的日常工作由本级公安机关法制部门承担。

第三条 省级和地级公安机关劳动教养审批委员会由下列人员组成：主任一名，由本级公安机关主管法制工作的负责人担任；副主任一名，由本级公安机关法制部门的主要负责人担任；委员三至五名，从本级公安机关法制、警务督察、治安、刑侦等部门的负责人中选任。劳动教养审批委员会三分之二以上的成员出席，即可对劳动教养案件进行审议并作出决定。

劳动教养审批委员会在审议本级公安机关治安、刑侦等办案部门办理的劳动教养案件时，审批委员会中该办案部门的成员应当回避。

第四条 办理劳动教养案件，必须以事实为根据，以法律为准绳；做到事实清楚，证据确实充分，定性准确，量处适当；程序合法。

对不能在法定羁押期限内侦查终结的犯罪嫌疑人，不得以劳动教养时间变相延长羁押期限；对构成犯罪，依法应当追究刑事责任的行为人，不得决定劳动教养。

第五条 办理劳动教养案件，应当贯彻教育、感化、挽救的方针，遵循公开、公正、及时的原则，依法保护公民的合法权益。

第六条 办理劳动教养案件，应当实行办案部门、审核部门相分离的原则。

劳动教养案件的办案部门、审核部门应当分工负责，互相配合，互相制约，以保证准确有效地执行法律。

第七条 对违法犯罪嫌疑人决定劳动教养，必须经过集体审议。未经劳动教养审批委员会审议，不得对任何人作出劳动教养决定。

第九条 根据全国人民代表大会常务委员会批准的《国务院关于劳动教养问题的决定》、《国务院关于劳动教养的补充规定》和国务院转发的公安部《劳动教养试行办法》等法律、行政法规的规定，对年满十六周岁、具有下列情形之一的，应当依法决定劳动教养：

（一）危害国家安全情节显著轻微，尚不够刑事处罚的；

（二）结伙杀人、抢劫、强奸、放火、绑架、爆炸或者拐卖妇女、儿童的犯罪团伙中，尚不够刑事处罚的；

（三）有强制猥亵、侮辱妇女，猥亵儿童，聚众淫乱，引诱未成年人聚众淫乱，非法拘禁，盗窃，诈骗，伪造、倒卖发票，倒卖车票、船票；伪造有价票证，倒卖伪造的有价票证，抢夺，聚众哄抢，敲诈勒索，招摇撞骗，伪造、变造、买卖国家机关公文、证件、印章，以及窝藏、转移、收购、销售赃物的违法犯罪行为，被依法判处刑罚执行期满后五年内又实施前述行为之一，或者被公安机关依法予以罚款、行政拘留、收容教养、劳动教养执行期满后三年内又实施前述行为之一，尚不够刑事处罚的；

（四）制造恐怖气氛、造成公众心理恐慌、危害公共安全，组织、利用会道门、邪教组织、利用迷信破坏国家法律实施，聚众斗殴，寻衅滋事，煽动闹事，强买强卖、欺行霸市，或者称霸一方、为非作恶、欺压群众、恶习较深、扰乱社会治安秩序，尚不够刑事处罚的；

（五）无理取闹，扰乱生产秩序、工作秩序、教学科研秩序或者生活秩序，且拒绝、阻碍国家机关工作人员依法执行职务，未使用暴力、威胁方法的；

（六）教唆他人违法犯罪，尚不够刑事处罚的；

（七）介绍、容留他人卖淫、嫖娼，引诱他人卖淫，赌博或者为赌博提供条件，制作、复制、出售、出租或者传播淫秽物品，情节较重，尚不够刑事处罚的；

（八）因卖淫、嫖娼被公安机关依法予以警告、罚款或者行政拘留后又卖淫、嫖娼的；

（九）吸食、注射毒品成瘾，经过强制戒除后又吸食、注射毒品的；

（十）有法律规定的其他应当劳动教养情形的。

对实施危害国家安全、危害公共安全、侵犯公民人身权利、侵犯财产、妨害社会管理秩序的犯罪行为的人，因犯罪情节轻微人民检察院不起诉、人民法院免予刑事处罚，符合劳动教养条件的，可以依法决定劳动教养。

第十条　对未成年人决定劳动教养，应当从严控制。

对违法犯罪未成年人中的初犯、在校学生，且其父母或者其他监护人有实际管教能力的，不得决定劳动教养，但是应当依法责令其父母或者其他监护人严加管教。

未成年人的年龄、身份，以其实施违法犯罪行为时的实际情况确定。

第十一条　对精神病人、呆傻人员不得决定劳动教养。

对盲、聋、哑人，严重病患者，怀孕或者哺乳自己不满一周岁婴儿的妇女，以及年满六十周岁又有疾病等丧失劳动能力者，一般不决定劳动教养；确有必要劳动教养的，可以同时决定劳动教养所外执行。

违法犯罪嫌疑人为抗拒审查、逃避惩罚而自伤、自残，符合劳动教养条件的，应当依法决定劳动教养。

本条第一款、第二款规定的违法犯罪嫌疑人的年龄、身体状况，以审批劳动教养时违法犯罪嫌疑人的实际情况确定。

第十二条　对在中华人民共和国领域内违法犯罪的外国人、无国籍人、华侨，在大陆违法犯罪的台湾居民和在内地违法犯罪的香港、澳门特别行政区居民，不得决定劳动教养。

第四章　处罚程序

第一节　调　　查

本节为读者提供与以下题目有关的法律问题的专家意见及法律依据

■ 治安案件的管辖　■治安案件的受理与登记　■ 受理治安案件后的处理　■ 严禁以非法手段收集证据　■ 公安机关及其人民警察的保密义务　■ 回避　■ 传唤和强制传唤　■ 询问查证的时间　■ 询问笔录的制作　■ 未成年人监护人到场　■ 语言帮助　■ 对场所、物品和人身的检查　■ 物品的扣押　■ 鉴定

【治安案件的管辖】

一般而言，管辖可以分为职能管辖、地域管辖和级别管辖。职能管辖是关于不同职能部门之间管理事项的分工的规定。地域管辖是明确管理事项在不同地域的同一性质的职能部门之间的划分。级别管辖则是明确管理事项在同一性质的职能部门上下级之间的分工。治安管理处罚法对治安案件的管辖并未作明确的规定。根据治安管理处罚法的规定，办理治安案件的主管机关应当是各级公安机关，因此确定治安案件的管辖属于公安机关内部事权划定，不存在职能管辖的问题。但是法律也没有对治安案件的地域管辖和级别管辖作出规定，而是授权国务院公安部门规定。这样规定一是考虑到治安案件的管辖只涉及公安机关本身在治安管理事项上的分工问题，可以不必在法律中做过细的规定。而且由于不涉及与其他国家机关之间职权的划分，不在法律中作出明确规定，也不会产生部门之间由于权责不清导致的扯皮推诿的现象。由公安部根据多年来公安机关治安管理工作的实践经验作出具体、合理的分工规定，能够更符合实际需要，也更具有灵活性。二是考虑到公安机关上下级之间的关系，与人民法院上下级之间的审判监督关系不同，而且公安工作又具有一定的特殊性，很多情况下需要进行警力的统一调配和使用。另外，从我国目前公安机关设置的实际情况看，还有一些特殊的公安机关内设部门并不是按照地域或者级别，而是按照行业设立的，如铁路公安、交通公安、林业公安、民航公安等。这些公安机关按照有关规定也实际承担着一定的治安管理职责。因此在治安案件的管辖上不宜简单化地一律按照地域或者级别来确定。公安部在根据法律规定确定治安案件的管辖时，也应考虑上述因素，根据治安管理工作的特点和实际需要，合理确定治安案

件的管辖。

依据指引：

❶《中华人民共和国治安管理处罚法》（2005年8月28日公布，自2006年3月1日起施行）

第七条 国务院公安部门负责全国的治安管理工作。县级以上地方各级人民政府公安机关负责本行政区域内的治安管理工作。

治安案件的管辖由国务院公安部门规定。

❷《公安机关办理行政案件程序规定》（公安部2003年8月26日发布，自2004年1月1日起施行）

第九条 行政案件由违法行为发生地的公安机关管辖。

如果由违法行为发现地公安机关管辖更为适宜的，可以由违法行为发现地公安机关管辖。

第十条 几个公安机关都有权管辖的行政案件，由最初受理的公安机关管辖。

第十一条 对管辖权发生争议的，报请共同的上一级公安机关指定管辖。

第十二条 上级公安机关在必要的时候，可以依法查处下级公安机关管辖的行政案件。下级公安机关认为案情重大、复杂，需要由上级公安机关查处的，可以请求移送上一级公安机关查处；上级公安机关对下级公安机关申请移送的案件，应当在二十四小时内作出审查决定，并通知其办理移交手续或者由其继续办理。

第十三条 依法具有独立执法主体资格的公安边防、消防、交通管理等业务部门和边防检查站，对行政案件的管辖，依照本规定执行，但法律、行政法规和部门规章另有规定的除外。

第十四条 铁路公安机关负责管辖列车上，火车站工作区域内，铁路建设施工工地，铁路系统的机关、厂、段、所、队等单位内发生的案件，以及在铁路线上放置障碍物或者损毁、移动铁路设施等可能影响铁路运输安全，盗窃铁路设施的案件。

港航公安机关负责管辖港航系统的轮船上、港口、码头工作区域内和机关、厂、所、队等单位内发生的案件。

民航公安机关负责管辖民航管理机构管理的机场工作区域以及民航系统的机关、厂、所、队等单位内和飞机上发生的案件。

国有林区的森林公安机关负责管辖林区内发生的案件。

第十五条 公安机关对不属于自己管辖的案件，应当在二十四小时内经本机关负责人批准，移送有管辖权的机关处理。

公安机关对不属于自己管辖又必须采取强制措施的，应当先依法采取必要的强制措施，然后办理有关案件移送手续。

❸《公安部关于办理弃婴和出卖亲生子女案件内部管辖分工问题的通知》（1992年10月7日）

各省、自治区、直辖市公安厅、局：

为了保证《中华人民共和国收养法》的贯彻实施，现就公安机关办理有关案件的内部管辖分工问题通知如下：

对不构成犯罪的弃婴和出卖亲生子女案件，由治安部门管辖。县（市）公安局、市辖区公安分局和公安派出所，可参照现行办理治安案件的程序办理弃婴和出卖亲生子女案件；需要给予处罚的，由县（市）公安局、市辖区公安分局裁决。

对构成犯罪的，由刑侦部门办理。

❹公安部关于认真贯彻执行全国人民代表大会常务委员会《关于严禁卖淫嫖娼的决定》的通知（1991年11月23日）

第七届全国人大常委会第二十一次会议通过的《关于严禁卖淫嫖娼的决定》（以下简称《决定》），为查禁取缔卖淫嫖娼提供了重要的法律武器。《决定》的实施，对于教育动员广大人民群众自觉同这种社会丑恶现象作斗争，严厉禁止卖淫嫖娼活动，制止性病蔓延，维护社会治安秩序，净化社会风气，加强社会主义精神文明建设，必将起到极大的促进作用。现就各级公安机关贯彻执行《决定》的有关问题通知如下：

五、执行《决定》的有关具体问题

（一）裁决权限。除现行法律、法规中已经明确裁决权限的以外，公安机关依照《决定》对违法人员和旅馆业、饮食服务业、文化娱乐业、出租汽车业等单位的处理，由县（市）公安局、城市公安分局以上公安机关决定。

❺公安部对黑龙江省公安厅《关于内河航

运港口内发生涉外治安、刑事等案件管辖问题的请示报告》的批复（1990年8月13日）

黑龙江省公安厅：

你厅《关于内河航运港口内发生涉外治安、刑事等案件管辖问题的请示报告》收悉。经研究，批复如下：

一、关于内河航运港口内涉外治安案件的处理问题。根据公安部《关于处理外国人违反治安管理案件若干问题的通知》（[87] 公发9号）规定的精神，港口内涉外治安案件，由交通公安机关管辖。对外国人违反治安管理的行为，属于一般性问题，情节轻微的，可由所在地港口派出所或在现场的民警进行处理；决定给予处罚的，由相当于县一级的交通公安机关裁决；给予拘留处罚的，由地、市级的交通公安机关审批，并报省公安厅向公安部备案，同时报交通部公安局。

❻《公安部关于处理外国人违反治安管理案件若干问题的通知》（1987年2月10日）

三、处理外国人违反治安管理的案件的分工和审批权限。

对外国人违反治安管理案件的查处由治安部门归口管理，外国人管理部门配合。由于历史原因和条件限制，目前仍由外国人管理部门主管这项工作的地方，可以根据实际情况，逐步实行治安部门主管。对外国人违反治安管理的行为属于一般小事、情节轻微的，可由当地派出所或在现场的民警进行处理。决定给予处罚的，由县、市公安局、公安分局或者相当于县一级的公安机关裁决；给予拘留处罚的，由地、市公安处、局审批，并报省、自治区、直辖市公安厅、局向公安部备案。

【治安案件的受理与登记】

治安管理处罚法第七十七条规定，公安机关对报案、控告、举报或者违反治安管理行为人主动投案，以及其他行政主管部门、司法机关移送的违反治安管理案件，应当及时受理，并进行登记。公安机关的任务是追究、打击违法行为，保护国家和人民的利益不受非法侵害，维护社会治安秩序，对于公民、法人和其他组织报案、控告、举报或者违反治安管理行为人主动投案，以及其他行政主管部门、司法机关移送违反治安管理案件的，不能以种种理由推诿、拖延，应当及时受理，进行登记。这里的“应当”是对公安机关的义务性规定，即公安机关必须按照法律的规定办理，而不是可以受理，也可以不受理。这里应当明确的是，受理并进行登记是一项法定程序。接受报案、控告、举报、投案、以及移送案件的人民警察，应当按照规定受理并进行登记，不能以案件事实是否已经清楚、违反治安管理行为人是否已查明作为受理的条件。所谓“不破不立”的做法，是不符合法律规定的程序的。应当看到，公安机关如实地记载案件的来源、情况及处理结果，对于反映社会治安的实际状况以及公安机关的工作量，都是有益的。即使存在报错案、报假案的情况，如实记载对于以后的调查也能起到证明作用。无论公民、法人和其他组织采用口头还是书面形式进行报案、控告、举报或者违反治安管理行为人主动投案的，公安机关都应当认真对待。接受口头的报案、控告、举报，公安机关应当注意尽量问清违法的时间、地点、方法、后果，违反治安管理行为人特征等有关情节；做好笔录，并经报案人、控告人或举报人确认无误后，由报案人、控告人或举报人签名、盖章。接受书面的报案、控告或举报，无论是面交，还是邮寄的，公安机关也都应当予以登记。这样规定方便群众，有利于群众与违法行为作斗争，也有利于及时查获违反治安管理行为人。为了更好地规范公安机关执法活动，公安部颁布了《公安机关办理行政案件程序规定》、《公安机关受理控告申诉暂行规定》等一些规定。这些文件中规定，公安机关应当依法保护报案、控告、举报、申诉人的合法权利，对公民、法人和其他组织依据本规定提出的报案、控告、举报和申诉都应当接受，不得置之不理或者敷衍塞责，不准将控告材料转给被控告人；不准对控告、申诉人歧视、刁难和打击报复。各级公安机关对所管辖的当面控告，均应指派专人接谈，制作笔录，经控告人确认无误后签名或盖章；对书面或者电话控告的，也应指派专人听取控告人当面陈述，做好记录，并对受理的控告逐一填写《受理控告登记表》，对不属于本机关管辖的控告，应在三日内将控告材料转送有管辖权的公安机关，并通知控告人，或者当面告知控告人向有管辖权的公安机关提出。同时还规定，公安机关对单位和个人报案或者违法嫌疑人投案的，应当接受，并登记备查。公安机关对报案人提供的有关证据材料、物品等应当登记，并妥善保管。这些规定，充分体现了公安机关依法保障公民、法人和其他组织的合法权益，鼓励公民、法人和其他组织积极同违法行为作斗争，同时也保障了公安机关在办理案件中正确履行职责。

依据指引：

❶**《中华人民共和国治安管理处罚法》**(2005年8月28日公布，自2006年3月1日起施行)

第七十七条　公安机关对报案、控告、举报或者违反治安管理行为人主动投案，以及其他行政主管部门、司法机关移送的违反治安管理案件，应当及时受理，并进行登记。

第一百一十六条　人民警察办理治安案件，有下列行为之一的，依法给予行政处分；构成犯罪的，依法追究刑事责任：

（九）接到要求制止违反治安管理行为的报警后，不及时出警的；

……

办理治安案件的公安机关有前款所列行为的，对直接负责的主管人员和其他直接责任人员给予相应的行政处分。

❷**《公安机关办理行政案件程序规定》**（公安部2003年8月26日发布，自2004年1月1日起施行）

第四十条　公安机关对单位和个人报案或者违法嫌疑人投案的，应当接受，并登记备查。

对不属于公安机关管辖的案件，不予受理，但应当告知报案人或者违法嫌疑人向有管辖权的机关报案或者投案。

第四十一条　报案人不愿意公开自己的姓名和报案行为的，公安机关应当为其保密。

第四十二条　公安机关对报案人提供的有关证据材料、物品等应当登记，并妥善保管。

❸**《公安机关受理控告申诉暂行规定》**(1995年1月11日公布　1995年5月1日起施行)

第四条　公安机关受理公民、法人和其他组织对公安机关和人民警察下列违法失职行为的控告和申诉：

（一）对属于本机关管辖范围的案件拒绝受理或者受理后拖延不办的；

（二）无正当理由对依法提出的复议申请拒绝受理或者不予答复的；

（三）人民警察玩忽职守致使他人人身、公私财产或者公共利益受到损害的；

（四）在执法活动中违反法定程序或者滥用职权、刑讯逼供、徇私舞弊的；

（五）认为公安机关做出的处理决定或者检验、鉴定结论违背事实或者违反法律、法规的；

（六）认为公安机关和人民警察有其他违法失职行为的。

【受理治安案件后的处理】

治安案件的受理，是公安机关办理治安案件的开始，受理同时也是开展调查程序的一个重要环节。公安机关受理案件后应当对有关材料进行审查，根据审查结果，就行为是否构成违反治安管理，分别作出处理。

根据治安管理处罚法的规定，公安机关受理治安案件后，通过对有关材料进行审查，对有关人员了解情况后，认为属于违反治安管理行为的，应当对治安案件立即进行调查。这里的“属于违反治安管理行为”，是指案件涉及的行为属于法律规定的违反治安管理的行为。当然，这时作出的判断是初步的，这里不排除公安机关经过调查以后，确认该行为已经涉嫌犯罪，或者不属于违法行为的情况。所谓“立即进行调查”，是指公安机关应当依照本法规定的治安管理处罚调查程序，就该治安案件立即开展收集证据、询问、检查等一系列程序。强调“立即”进行调查，主要是考虑治安案件涉及社会稳定和人民群众的切身利益。对治安案件立即进行调查，使治安案件得到及时处理，有利于及时打击违法活动，化解社会矛盾，对维护社会稳定具有重要意义。实践中，在治安案件受理后，应当注意防止有的办案部门和办案人员为了部门利益，对自己有利的才管，对自己无利的拖着不管，对被侵害人的疾苦漠不关心，甚至利用办案的权力为自己谋取私利。

公安机关通过审查，认为不属于违反治安管理行为的，应当告知报案人、控告人、举报人、投案人，并说明理由。这里的“不属于违反治安管理行为”，是指案件涉及的行为不属于法律规定的违反治安管理行为的情况。需要注意的是，这里所说“不属于违反治安管理行为”可能有以下几种情况：1. 公安机关对有关的材料进行初步审查后认为，案件所涉的行为不构成违反治安管理行为，不应受到治安管理处罚，对此，公安机关应作撤销案件处理。2. 公安机关对有关的材料进行初步审查后认为，虽然案件所涉的行为不属于违反治安管理行为，但属于其他违反行政管理秩序的行为的，公安机关可以将案件及时移送其他行政主管部门，也可以告知报案人、控告人、举报人、投案人向其他行政主管部门报案、控告、举报、投案。3. 公安机关对有关的材料进行初步审查后认为，案件所涉的行为涉嫌犯罪的，应当将案件移送有管辖权的主管机关，依法追究刑事责任。“告知”是指公安机关将审查意见以书面或口头方式通知报案人、控告人、举报人、投案人。告知的内容应当包括：1. 所提供的情况不属于违反治安管理行为并已撤销案件。2. 属于其他违反行政管理秩序的行为并已移送其他行政主管部门或告知报案人、控告人、举报人、投案人向其他行政主管部门报案、控告、举报、投案。3. 涉嫌犯罪行为并已移送有管辖权的主管机关等。所谓“说明理由”，是指公安机关在告知报案人、控告人、举报人、投案人时，应当将上述情况的法律依据及主要事实根据向报案人、控告人、举报人、投案人予以说明。

依据指引：

❶《中华人民共和国治安管理处罚法》（2005年8月28日公布，自2006年3月1日起施行）

第七十八条 公安机关受理报案、控告、举报、投案后，认为属于违反治安管理行为的，应当立即进行调查；认为不属于违反治安管理行为的，应当告知报案人、控告人、举报人、投案人，并说明理由。

❷《公安机关办理行政案件程序规定》（公安部2003年8月26日发布，自2004年1月1日起施行）

第四十三条 公安机关对接到的行政案件或者发现的违法线索，认为有违法事实需要追究行政责任，且属于自己管辖的，应当予以调查处理。对没有违法事实，或者违法情节轻微，不需要追究行政责任，或者有其他依法不追究行政责任情形的，经办案部门以上负责人批准，不予处理；其中，对受害人报案的，应当制作不予处理决定书，在三日内送达报案人；无法送达的，应当注明。

第七十九条 公安机关及其人民警察对治安案件的调查，应当依法进行。严禁刑讯逼供或者采用威胁、引诱、欺骗等非法手段收集证据。

以非法手段收集的证据不得作为处罚的根据。

【严禁以非法手段收集证据】

调查取证是指公安机关为查明案情、查获违反治安管理行为人、收集证据而进行的专门活动，取证包括询问证人、收集物证、书证、视听资料等。治安管理处罚法规定，公安机关及其人民警察对治安案件的调查，应当依法进行。严禁刑讯逼供或者采用威胁、引诱、欺骗等非法手段收集证据。以非法手段收集的证据不得作为处罚的根据。这一规定包含两层意思：

1. 必须依照法定程序调查、收集证据，严禁刑讯逼供或者采取威胁、引诱、欺骗等非法手段收集证据。程序合法是法治的基本要求。关于调查取证的程序，治安管理处罚法已有明确规定。在调查收集证据的过程中，办案人员不得违背这些程序规定。以刑讯逼供、威胁、引诱、欺骗等方式获取来的口供，是供述人在迫于压力或被欺骗情况下提供的，虚假的可能性很大，极易造成冤案、错案，且与尊重和保障人权的宪法要求不符，必须严加禁止。所谓"刑讯逼供"是指办案人员对违反治安管理行为人使用肉刑或者变相肉刑逼取口供的行为。采取"威胁、引诱、欺骗"手段收集证据，是指通过采取暴力、恐吓等非法手段威胁违反治安管理行为人、证人或者通过许诺某种好处诱使、欺骗违反治安管理行为人、证人以获取证据。其他的"非法手段"，主要包括违反法定程序检查有关的场所、物品及他人住宅等。办案人员如果刑讯逼供，构成犯罪的，应当根据刑法的有关规定追究刑事责任。

2. 非法手段收集的证据无效，即以非法手段收集的证据不得作为处罚的根据。这是对严禁以非法手段收集证据的规定的保障性规定。虽然法律和有关部门三令五申在办案中不得使用刑讯逼供等非法手段收集证据，但实践中有些办案人员还是一味追求从口供上进行突破，不择手段地使用刑讯逼供等非法方法逼取供词或获取有关证据。为了从根本上禁绝此类行为，治安管理处罚法明确排除了以非法手段收集来的证据的可用性。如果依据这类证据对被处罚人作出了治安管理处罚，该处罚无效。被处罚人可以申请行政复议或者提起行政诉讼，要求予以纠正。

依据指引：

❶《中华人民共和国治安管理处罚法》(2005年8月28日公布，自2006年3月1日起施行)

第七十九条 公安机关及其人民警察对治安案件的调查，应当依法进行。严禁刑讯逼供或者采用威胁、引诱、欺骗等非法手段收集证据。

以非法手段收集的证据不得作为处罚的根据。

❷《中华人民共和国刑法》(1997年3月14日修订公布，自1997年10月1日起施行)

第二百四十七条 司法工作人员对犯罪嫌疑人、被告人实行刑讯逼供或者使用暴力逼取证人证言的，处三年以下有期徒刑或者拘役。致人伤残、死亡的，依照本法第二百三十四条、第二百三十二条的规定定罪从重处罚。

❸《中华人民共和国人民警察法》(1995年2月28日公布施行)

第二十二条 人民警察不得有下列行为：

……

(四) 刑讯逼供或者体罚、虐待人犯；

……

(七) 殴打他人或者唆使他人打人；

……

❹《公安机关适用继续盘问规定》(公安部2004年7月12日发布，自2004年10月1日起施行)

第二十二条 在继续盘问期间，公安机关及其人民警察应当依法保障被盘问人的合法权益，严禁实施下列行为：

（一）对被盘问人进行刑讯逼供；

（二）殴打、体罚、虐待、侮辱被盘问人；

……

❺《公安机关办理行政案件程序规定》（公安部2003年8月26日发布，自2004年1月1日起施行）

第二十六条 公安机关必须依照法定程序，收集能够证实违法嫌疑人是否违法、违法情节轻重的证据。

严禁刑讯逼供和以威胁、引诱、欺骗或者其他非法手段收集证据。以非法手段取得的证据不能作为定案的根据。

【公安机关及其人民警察的保密义务】

根据治安管理处罚法的规定，公安机关在办理治安案件时，对涉及的国家秘密、商业秘密或者个人隐私，应当予以保密。这里所说的“国家秘密”，是指关系国家的安全和利益，依照法定程序确定，在一定时间内只限一定范围的人员知悉的事项。公安机关作为国家机关，当然负有保守在办理治安案件时涉及的国家秘密的义务。本条内容属于对保守国家秘密法有关内容的重申。“商业秘密”，是指不为公众所知悉，能为权利人带来经济利益，具有实用性并经权利人采取保密措施的技术信息和经营信息。技术信息，包括技术配方、技术诀窍、工艺流程等。“个人隐私”，是指公民个人不愿意公开的、与其人身权密切相关的、隐秘的事件或者事实，如两性关系、生育能力、收养子女等。规定公安机关及其人民警察负有保密义务，主要是考虑到公安机关及其人民警察在依法履行职责，办理治安案件过程中，有可能涉及、了解有关国家秘密、商业秘密或者个人隐私。而国家秘密一旦被泄漏，就会对国家安全和利益造成危害或者威胁，商业秘密被泄漏，往往会给原拥有商业秘密的单位和个人的生产、经营活动带来不利的影响，造成经济损失，个人隐私的泄漏，则可能会给当事人的名誉造成损害，影响其正常生活，对其带来精神痛苦和心理压力。因此，对于在办理治安案件时涉及到的国家秘密、商业秘密或者个人隐私，公安机关及其人民警察，包括虽非直接办理案件，但因工作关系了解到上述秘密或者隐私的公安机关内部的任何工作人员，都负有保密的义务。

依据指引：

❶《中华人民共和国治安管理处罚法》（2005年8月28日公布，自2006年3月1日起施行）

第八十条 公安机关及其人民警察在办理治安案件时，对涉及的国家秘密、商业秘密或者个人隐私，应当予以保密。

❷《公安机关办理行政案件程序规定》（公安部2003年8月26日发布，自2004年1月1日起施行）

第二十九条 对涉及国家秘密、商业秘密以及个人隐私的证据，公安机关应当保密。

第六十二条 对询问中涉及到的证人、受害人的隐私，应当为其保密。

【回避】

为了保证人民警察在办理治安案件过程中的公正性、合法性和保证当事人的合法权益不受侵犯，防止人民警察利用职权徇私枉法的行为，治安管理处罚法规定了人民警察在办理治安案件过程中，应当回避的情形：

1. 是本案当事人或者当事人近亲属的。当事人主要是指违反治安管理行为人和被侵害人等。“本案的当事人”，是指办理治安案件的人民警察本人即是治安案件的一方当事人。“当事人的近亲属的”，是指办理治安案件的人民警察是一方当事人的配偶、子女、父母、兄弟姐妹等近亲属。在这种情况下，办理治安案件的人民警察也应当回避。否则有违公正原则。

2. 本人或者其近亲属与本案有利害关系的。这是指办理治安案件的人民警察或者其近亲属，虽然不是本案的一方当事人或者当事人的近亲属，但是本案的处理结果与他们有比较重大的利益关系或者存在其他利害关系。在这种情况下，其在办理治安案件过程中，难免有偏袒一方的嫌疑。办理治安案件的人民警察应当主动回避。

3. 与本案当事人有其他关系，可能影响案件公正处理的。“与本案当事人有其他关系”，是指办理治安案件的人民警察与本案一方当事人有某种关系，可能会对办理案件的公信力产生影响，如有亲戚、朋友、同事关系，或者有重大的恩怨等情况。有这种关系可能会影响案件的公正处理的，人民警察应当主动回避。但如果是一般的认识关系，不会影响案件公正处理的，人民警察可以继续办理治安案件。

应当明确的是，为了保证办理治安案件能够公正的进行，确保当事人的合法权益，根据本条的规定，人民警察在办理治安案件过程中，有上述情形应当回避而不主动回避的，违反治安管理行为人、被侵害人或者其法定代理人也有权要求他们回避。

治安管理处罚法还对回避的具体操作程序作了明确规定：1. 人民警察的回避，由其所属的公安机关决定。这是指办理治安案件的人民警察，遇有需要回避的情形的，需由人民警察所属的公安机关来决定是否回避。2. 公安机关负责人的回避，由上一级公安机关决定。这是指负责办理治安案件的公安机关负责人，如果也具有需要回避的情形的，应当由其上一级公安机关作出是否回避的决定。需要指出的是，如果有应当回避的情形而没有回避的，属于违反法定程序，当事人可以依法提起行政复议或者行政诉讼，要求予以纠正。

依据指引：

❶《中华人民共和国治安管理处罚法》（2005年8月28日公布，自2006年3月1日起施行）

第八十一条 人民警察在办理治安案件过程中，遇有下列情形之一的，应当回避；违反治安管理行为人、被侵害人或者其法定代理人也有权要求他们回避：

（一）是本案当事人或者当事人的近亲属的；

（二）本人或者其近亲属与本案有利害关系的；

（三）与本案当事人有其他关系，可能影响案件公正处理的。

人民警察的回避，由其所属的公安机关决定；公安机关负责人的回避，由上一级公安机关决定。

❷《中华人民共和国公务员法》（2005年4月27日公布，自2006年1月1日起施行）

第六十八条 公务员之间有夫妻关系、直系血亲关系、三代以内旁系血亲关系以及近姻亲关系的，不得在同一机关担任双方直接隶属于同一领导人员的职务或者有直接上下级领导关系的职务，也不得在其中一方担任领导职务的机关从事组织、人事、纪检、监察、审计和财务工作。

因地域或者工作性质特殊，需要变通执行任职回避的，由省级以上公务员主管部门规定。

第七十条 公务员执行公务时，有下列情形之一的，应当回避：

（一）涉及本人利害关系的；

（二）涉及与本人有本法第六十八条第一款所列亲属关系人员的利害关系的；

（三）其他可能影响公正执行公务的。

第七十一条 公务员有应当回避情形的，本人应当申请回避；利害关系人有权申请公务员回避。其他人员可以向机关提供公务员需要回避的情况。

机关根据公务员本人或者利害关系人的申请，经审查后作出是否回避的决定，也可以不经申请直接作出回避决定。

第七十二条 法律对公务员回避另有规定的，从其规定。

❸《中华人民共和国人民警察法》（1995年2月28日公布施行）

第四十五条 人民警察在办理治安案件过程中，遇有下列情形之一的，应当回避，当事人或者其法定代理人也有权要求他们回避：

（一）是本案的当事人或者是当事人的近亲属的；

（二）本人或者其近亲属与本案有利害关系的；

（三）与本案当事人有其他关系，可能影响案件公正处理的。

前款规定的回避，由有关的公安机关决定。

人民警察在办理刑事案件过程中的回避，适用刑事诉讼法的规定。

❹《公安机关办理行政案件程序规定》（公安部2003年8月26日发布，自2004年1月1日起施行）

第十六条 公安机关负责人、办案人员有下列情形之一的，应当回避，当事人及其法定代理人有权要求他们回避：

（一）是本案的当事人或者当事人的近亲属；

（二）本人或者其近亲属与本案有利害关系；

（三）是本案的证人或者鉴定人；

（四）与本案当事人有其他关系，可能影响案件公正处理。

第十七条 办案人员的回避，由本级公安机关负责人决定；公安机关负责人的回避，由上一级公安机关负责人决定。

第十八条 公安机关负责人、办案人员提出回避申请的，应当说明理由。

第十九条 当事人及其法定代理人要求公安机关负责人、办案人员回避的，应当提出申请，并说明理由。口头提出申请的，公安机关应当记录在案。

第二十条 对当事人及其法定代理人提出的回避申请，公安机关应当在二日内作出决定并通知申请人。

第二十一条 公安机关负责人、办案人员具有应当回避的情形之一，本人没有申请回避，当事人及其法定代理人也没有申请他们回避的，有权决定他们回避的公安机关负责人可以指令他们回避。

第二十二条 在行政案件调查过程中，鉴定人和翻译人员需要回避的，适用本章的规定。

第二十三条 在公安机关作出回避决定前，办案人员不停止对行政案件的调查。

第二十四条 被决定回避的公安机关负责人、办案人员、鉴定人和翻译人员，在回避决定作出以前所进行的与案件有关的活动是否有效，由作出回避决定的公安机关根据案件情况决定。

【传唤和强制传唤】

传唤，就是公安机关为了调查治安案件的需要，通知违反治安管理行为人到指定的地点接受询问和查证。传唤只适用于违反治安管理行为人。传唤的地点，不限于公安机关，也可以通知违反治安管理行为人到街道、居委会、村委会、单位治安保卫部门等地方接受询问查证。关于传唤的具体程序，根据治安管理处罚法的规定，需要传唤违反治安管理行为人接受调查的，经公安机关办案部门负责人批准，使用传唤证传唤。传唤牵涉到对公民人身自由的限制，因此法律在程序上作了较严格的规定。只有确实需要传唤违反治安管理行为人的，经办案部门负责人批准才能传唤，不能凡事需要询问的都使用传唤的形式进行询问。“公安机关办案部门负责人”，是指在公安机关中，具体负责办理违反治安管理案件的部门的负责人，如公安局里的治安科长、治安队长，派出所的所长等。另外，传唤还必须使用传唤证。传唤证就是公安机关向被传唤人出示的正式书面传唤通知书。这样规定也是为了防止传唤的随意性。另外，针对一些实际情况，对现场发现违反治安管理的行为，人民警察不可能都回去办理完传唤证后再回来进行传唤。因此，治安管理处罚法还规定，对现场发现的违反治安管理行为人，人民警察经出示工作证件，可以口头传唤，但应当在询问笔录中注明。

为了保证被传唤人随传到案，以利于尽快处理治安案件，治安管理处罚法规定，对无正当理由不接受传唤或者逃避传唤的人，可以强制传唤。所谓“强制传唤”，是指人民警察对被传唤人使用强制的方法，包括依照有关规定使用械具等强制方法将被传唤人带至公安机关或者街道居委会、村委会、单位治安保卫部门等地点接受公安机关的调查和询问。

由于传唤涉及限制公民人身自由，因此治安管理处罚法规定，公安机关传唤违反治安管理行为人，应当将传唤的原因和依据告知被传唤人，将传唤的原因和处所通知被传唤人的家属。

依据指引：

❶《中华人民共和国治安管理处罚法》（2005年8月28日公布，自2006年3月1日起施行）

第八十二条 需要传唤违反治安管理行为人接受调查的，经公安机关办案部门负责人批准，使用传唤证传唤。对现场发现的违反治安管理行为人，人民警察经出示工作证件，可以口头传唤，但应当在询问笔录中注明。

公安机关应当将传唤的原因和依据告知被传唤人。对无正当理由不接受传唤或者逃避传唤的人，可以强制传唤。

第八十三条 对违反治安管理行为人，公安机关传唤后应当及时询问查证，询问查证的时间不得超过八小时；情况复杂，依照本法规定可能适用行政拘留处罚的，询问查证的时间不得超过二十四小时。

公安机关应当及时将传唤的原因和处所通知被传唤人家属。

❷《公安机关办理行政案件程序规定》（公安部2003年8月26日发布，自2004年1月1日起施行）

第四十五条 公安机关讯问违法嫌疑人，可以到违法嫌疑人住处或者单位进行。对需要传唤的，经公安机关办案部门以上负责人批准，也可以将违法嫌疑人传唤到其所在市、县内的指定地点进行。

第四十六条 传唤违法嫌疑人时，应当表明执法身份，并出示传唤证。

对当场发现的违法嫌疑人可以口头传唤。传唤到案后，应当立即补办传唤证。

对违反治安管理的违法嫌疑人，无正当理由不接受传唤或者逃避传唤的，可以强制传唤。强制传唤时，可以使用手铐、警绳等约束性警械。

第四十七条 违法嫌疑人被传唤到案后和讯问查证结束后，应当由其在传唤证上填写到案时间和讯问查证结束时间并签名。拒绝填写的，办案人员应当在传唤证上注明。

【询问查证的时间】

关于询问查证的时间，治安管理处罚法规定，对违反治安管理行为人，公安机关传唤后应当及时询问查证，询问查证的时间不得超过八小时；情况复杂，依照本法规定可能适用行政拘留处罚的，询问查证的时间不得超过二十四小时。这一规定有以下含义：

第一，公安机关传唤违反治安管理行为人后，应当及时询问查证。所谓及时询问，就是被传唤人到达后，办理案件的人民警察应尽快展开询问。一般来说，传唤总是有很明确的目的性的，因此在传唤之前就应当已经准备好了要询问查证的问题等，被传唤人一到达就应当开始询问。在被询问人到达后不予理睬或者拖延询问，是不妥当的。因为传唤在一定程度上属于对被传唤人的人身自由进行限制，越快越好。

第二，询问查证的时间一般不得超过八小时。违反治安管理的行为是尚不构成犯罪的行政违法行为，而且多具即时性特点，比刑事案件情节简单，容易查清，因此传唤后询问查证的时间不宜持续过长。刑事诉讼法第九十二条规定，传唤、拘传持续的时间最长不得超过十二小时。参照刑事诉讼法的规定，将对违反治安管理行为人传唤持续的时间确定为不超过八小时是适当的。另外，八小时只是传唤持续的最长时间，在询问过程中，公安机关还应当为被传唤人留出适当的休息时间，满足被传唤人基本的生活需求，如进餐、饮水等，而不是整个八小时都在连续询问。否则，就有变相刑讯逼供的嫌疑了。

第三，特殊情况下，询问查证的时间也可以适当延长，但最长不得超过二十四小时。这里的特殊情况是指案件情况复杂，在八个小时之内无法结束询问的情况。比如，数人共同实施违反治安管理行为，在分别询问过程中需要核对的；一人实施数个违反治安管理行为，在八个小时之内不能全部询问完毕的；或者流窜作案、多次作案，违法行为涉及面较广，取证困难的等。需要注意的是，并不是所有的情况复杂的案件，都可以延长询问查证时间。治安管理处罚法对情况复杂，需要延长询问查证时间的，还有一个限制条件，就是违反治安管理行为如果属实，可能适用行政拘留处罚的，才可以延长。所谓可能适用行政拘留处罚，是指根据行为的具体情节和行为人的个人情况，可能适用行政拘留处罚。不能笼统地认为只要法律对该种行为规定了行政拘留处罚的，就属于可能适用行政拘留处罚。这一规定实际上是法律的公正原则和错罚相当原则的体现。

第四，二十四小时是最长时间。在这个时间内应当尽快询问完毕，并不是说只要在二十四小时之内，就都是合法、适当的。因为传唤期间被传唤人的人身自由处于被限制状态，这种限制必须有充足的理由才是合理、公正的，否则有悖法律的公平原则。如果已经没有必要询问，为刁难或者“教训”被传唤人，故意拖满二十四小时的，属于一种滥用职权行为。

依据指引：

❶《中华人民共和国治安管理处罚法》(2005年8月28日公布，自2006年3月1日起施行)

第八十三条 对违反治安管理行为人，公安机关传唤后应当及时询问查证，询问查证的时间不得超过八小时；情况复杂，依照本法规定可能适用行政拘留处罚的，询问查证的时间不得超过二十四小时。

公安机关应当及时将传唤的原因和处所通知被传唤人家属。

第一百一十六条 人民警察办理治安案件，有下列行为之一的，依法给予行政处分；构成犯罪的，依法追究刑事责任：

（二）超过询问查证的时间限制人身自由的；

……

办理治安案件的公安机关有前款所列行为的，对直接负责的主管人员和其他直接责任人员给予相应的行政处分。

❷《公安机关办理行政案件程序规定》（公安部2003年8月26日发布，自2004年1月1日起施行）

第四十八条 违法嫌疑人被传唤到案后，公安机关应当立即进行讯问查证。

公安机关讯问查证的时间不得超过十二小时，但对案情复杂，违法行为依照法律规定适用行政拘留处罚的，经公安机关办案部门以上负责人批准，讯问查证的时间可以延长至二十四小时。

不得以连续传唤的形式变相拘禁违法嫌疑人。非经强制传唤的，不得以限制人身自由的方式进行讯问。

【询问笔录的制作】

询问笔录是在询问过程中制作的，用以记载询问中提出的问题和回答，以及询问过程中所发生事项的重要文书。将办案民警的询问和被询问人的陈述、申辩通过一定的方式固定下来，作为处理案件的依据，并在随后的行政复议或行政诉讼中作为审查的依据，是完全必要的。准确地制作询问笔录，既有利于公安机关查明事实，又有利于保护公民的权利。为了保证笔录的客观、准确性，在询问笔录制作完毕之后，应当交给被询问人核对，由被询问人核实是否客观、准确记载了对他的提问和他的回答。如果被询问人没有阅读能力或者不便阅读，比如，被询问人是文盲，不能阅读文字的；或者被询问人是盲人或者患其他疾病等，无法阅读的，询问人应当向其宣读。宣读笔录应当按照笔录的原样完整、准确地宣读，不能只宣读一部分。被询问人核对后，如果认为记载有遗漏或者差错的，可以提出补充或者更正要求，询问人应当予以补充或更正。如果询问人认为笔录没有错误，拒绝更正的，也应在笔录中注明被询问人提出过何种更正要求，以及要求更正的内容。如果笔录核对无误，或者虽有遗漏、差错但已经补充和更正的，被询问人应当在笔录上签名、盖章。询问的人民警察也应当在笔录上签名。对补充、更正的地方，应当由被询问人按指印。这样，既表明了询问人、被询问人对记录内容负责的态度，也可以防止篡改、伪造询问笔录。

依据指引：

❶《中华人民共和国治安管理处罚法》（2005年8月28日公布，自2006年3月1日起施行）

第八十四条 询问笔录应当交被询问人核对；对没有阅读能力的，应当向其宣读。记载有遗漏或者差错的，被询问人可以提出补充或者更正。被询问人确认笔录无误后，应当签名或者盖章，询问的人民警察也应当在笔录上签名。

被询问人要求就被询问事项自行提供书面材料的，应当准许；必要时，人民警察也可以要求被询问人自行书写。

询问不满十六周岁的违反治安管理行为人，应当通知其父母或者其他监护人到场。

❷《公安机关办理行政案件程序规定》（公安部2003年8月26日发布，自2004年1月1日起施行）

第四十九条 讯问违法嫌疑人，必须由办案人员进行。

讯问同案的违法嫌疑人，应当个别进行。

第五十条 讯问时，应当问明违法嫌疑人的姓名、出生日期、户籍所在地、现住址、身份证件号码、工作单位、文化程度等情况。必要时，还应当问明家庭主要成员、是否曾受过刑事处罚或者行政拘留处罚以及劳动教养、收容教育、强制戒毒、收容教养等情况。

违法嫌疑人为外国人的，讯问时还应当问明其国籍、出入境证件种类及号码、签证种类、入境时间、入境事由等有关情况。必要时，还应当问明在华关系人等情况。

第五十一条 讯问违法嫌疑人时，应当告知其对办案人员的提问有如实回答的义务以及对与本案无关的问题有拒绝回答的权利。

第五十四条 讯问笔录应当交给违法嫌疑人核对或者向其宣读。如记录有误或者遗漏，应当允许违法嫌疑人更正或者补充，并捺指印。讯问笔录经违法嫌疑人核对无误后，应当由其在讯问笔录上逐页签名或者捺指印。拒绝签名或者捺指印的，办案人员应当在讯问笔录上注明。

讯问笔录上所列项目，应当按照规定填写齐全。办案人员、翻译人员应当在讯问笔录上签名。

讯问违法嫌疑人，在文字记录的同时，可以根据需要录音、录像。

第五十五条 违法嫌疑人请求自行书写陈述的，应当准许。必要时，办案人员也可以要求违法嫌疑人自行书写陈述。违法嫌疑人应当在陈述的末页上签名或者捺指印。办案人员收到书面陈述后，应当在首页右上方写明收到日期，并签名。

第五十六条 讯问时，应当认真听取违法嫌疑人的陈述和申辩。对违法嫌疑人的陈述和申辩，应当认真核查。

第五十七条 在讯问中，需要运用证据证实违法嫌疑人的违法行为时，应当防止泄露调查工作秘密。

【未成年人监护人到场】

为了充分保护未成年人的合法权益，

治安管理处罚法规定，询问不满十六周岁的违反治安管理行为人，应当通知其父母或者其他监护人到场。未满十六周岁的人由于尚未成年，心理承受能力低于成年人，在面对执法机关的询问时会产生较大的心理压力，而且对询问问题的理解也可能出现偏差。另一方面，如果在询问过程中出现侵犯其权利的现象，可能不知道或者不敢主张自己的权利。因此，规定在询问不满十六周岁的违反治安管理行为人时，应当通知其父母或者其他监护人到场，是完全必要的，同时也是保证监护人履行监护职责的必要措施。从另一种意义上讲，这也是对办理案件的民警的一种保护，可以防止将来对询问过程出现争议。询问时在场的未成年人的父母或者其他监护人，应当配合、协助询问工作，可以对未成年人难以理解的问题进行必要的提示等，也可以对询问出现的侵犯未成年人权益的行为提出意见，但是不能代替被询问人回答问题，也不得干扰询问查证的进行。

依据指引：

❶《中华人民共和国治安管理处罚法》(2005年8月28日公布，自2006年3月1日起施行)

第八十四条 询问笔录应当交被询问人核对；对没有阅读能力的，应当向其宣读。记载有遗漏或者差错的，被询问人可以提出补充或者更正。被询问人确认笔录无误后，应当签名或者盖章，询问的人民警察也应当在笔录上签名。

被询问人要求就被询问事项自行提供书面材料的，应当准许；必要时，人民警察也可以要求被询问人自行书写。

询问不满十六周岁的违反治安管理行为人，应当通知其父母或者其他监护人到场。

❷《公安机关办理行政案件程序规定》(公安部2003年8月26日发布，自2004年1月1日起施行)

第四十九条 讯问违法嫌疑人，必须由办案人员进行。

讯问同案的违法嫌疑人，应当个别进行。

第五十条 讯问时，应当问明违法嫌疑人的姓名、出生日期、户籍所在地、现住址、身份证件号码、工作单位、文化程度等情况。必要时，还应当问明家庭主要成员、是否曾受过刑事处罚或者行政拘留处罚以及劳动教养、收容教育、强制戒毒、收容教养等情况。

违法嫌疑人为外国人的，讯问时还应当问明其国籍、出入境证件种类及号码、签证种类、入境时间、入境事由等有关情况。必要时，还应当问明在华关系人等情况。

第五十一条 讯问违法嫌疑人时，应当告知其对办案人员的提问有如实回答的义务以及对与本案无关的问题有拒绝回答的权利。

第五十二条 讯问未成年的违法嫌疑人时，应当通知其监护人或者教师到场。确实无法通知或者通知后未到场的，应当记录在案。

讯问未成年的违法嫌疑人可以在公安机关进行，也可以到其住所、学校、单位或者其他适当的地点进行。

【语言帮助】

询问违反治安管理行为人、证人的目的是为了调查了解案件真实情况，正确处理治安案件。有时违反治安管理行为人、证人可能会存在语言障碍，如是外国人、聋哑人等。为了保证案件的正常处理，保护当事人和其他有关人员的合法权益，治安管理处罚法规定，询问聋哑的违反治安管理行为人、被侵害人或者其他证人，应当有通晓手语的人提供帮助，并在笔录上注明。询问不通晓当地通用的语言文字的违反治安管理行为人、被侵害人或者其他证人，应当配备翻译人员，并在笔录上注明。

为聋哑的被询问人提供通晓手语的人进行翻译，是侦查人员的法定义务，也是聋哑人的权利。如果在询问聋哑人时没有为其提供手语帮助，询问所获得陈述等言辞证据不能作为定案的根据。

我国是多民族国家，各民族都有使用和发展本民族语言文字的自由。另外，随着对外开放的加强，涉及外国人的治安管理处罚案件也越来越多，对他们的询问，也涉及到语言文字沟通问题。对于不通晓当地通用的语言文字的被询问人，公安机关应当为其配备翻译人员。

依据指引：

❶《中华人民共和国治安管理处罚法》（2005年8月28日公布，自2006年3月1日起施行）

第八十六条 询问聋哑的违反治安管理行为人、被侵害人或者其他证人，应当有通晓手语的人提供帮助，并在笔录上注明。

询问不通晓当地通用的语言文字的违反治安管理行为人、被侵害人或者其他证人，应当配备翻译人员，并在笔录上注明。

❷《公安机关办理行政案件程序规定》（公安部2003年8月26日发布，自2004年1月1日起施行）

第五十三条 讯问聋、哑违法嫌疑人，应当有通晓聋、哑手势的人参加，并在讯问笔录上注明违法嫌疑人的聋、哑情况以及翻译人的姓名、住址、工作单位和职业。

【对场所、物品和人身的检查】

办理治安案件为了收集证据的需要，有时需要对特定的场所、物品或者人身进行检查。但检查涉及他人人身、财产权利，因此应当遵守严格的程序。为此，治安管理处罚法对公安机关及其人民警察实施检查的程序，作了明确的规定。这些规定主要涉及可以进行检查的范围、检查时需要注意的事项、检查笔录的制作等。

1. 关于检查的范围。根据治安管理处罚法的规定，公安机关可以对与违反治安管理行为有关的场所、物品、人身进行检查。与违反治安管理行为有关的“场所”，主要指违反治安管理行为发生现场及其他可能留有相关痕迹、物品等证据的地方。与违反治安管理行为有关的“物品”，主要指实施违反治安管理行为的工具及现场遗留物，包括违反治安管理行为人或者被侵害人所有的物品、衣物、毛发、血迹等。与违反治安管理行为有关的“人身”，包括违反治安管理行为人和被侵害人的身体。对违反治安管理行为人、被侵害人的身体进行检查，是为了确定某些身体特征、进行身份认证、确定伤害情况或者生理状态。检查不能突破必要的范围，对与治安管理行为无关的场所、物品和人身不能进行检查。

2. 检查时应注意的一些具体事项。根据治安管理处罚法的规定，检查时人民警察不得少于二人，人民警察单独进行的检查是违反程序的。这样规定，有利于约束人民警察依法进行检查，便于人民警察互相监督，防止出现非法检查、侵犯公民和法人合法权益的行为；也有利于防止被检查人在检查过程中对检查人员的诬陷、贿赂等行为的发生。检查妇女的身体，应当由女性工作人员进行。女性工作人员，是指女性人民警察，以及其他可以接受公安机关委托或者指定进行检查的女性工作人员，比如女医师等。检查时人民警察应当向被检查人出示工作证件，以表明检查人员的身份，确认执法资格。除工作证件外，人民警察还应当出示县级以上人民政府公安机关开具的检查证明文件。这是为了防止一些民警随意对场所、物品和人身进行检查。检查证明文件，是指用来证明该项检查是经过合法批准的文件。检查证明文件应当一事一批，不能提前发放空白的、或者“通用”的检查证明文件。只有同时出示工作证件和检查证明文件，才能进行检查，否则，被检查人可以拒绝检查。

为了保证紧急情况下执法的需要，治安管理处罚法规定，对确有必要立即进行检查的，人民警察经出示工作证件，可以当场检查。如人民警察在治安巡逻时当场发现违反治安管理行为，需要对有关场所、物品或者人身进行检查的，如果要求人民警察办理检查证明文件后再来检查，则可能会贻误时机。

需要特别强调的是，无论在何种情况下，对公民住所进行检查，都必须出示县级以上人民政府公安机关开具的检查证明文件。因为住所是涉及人的财产、隐私、人格尊严等多种权利的重要场所，随意的检查可能对这些权利造成不可弥补的损失。

3. 检查笔录的制作。检查笔录是固定和保存检查获得的相关证据的重要方式，一般应包括以下内容：检查的事由、范围、时间、地点、检查人员、其他参加人员的在场情况等；检查的过程和结果。检查笔录应当由检查人、被检查人和见证人签名或者盖章。签名或者盖章是检查笔录发生法律效力的要件之一。在检查笔录制作完成以后，应当交由被检查人和见证人阅读，如果被检查人或者见证人不识字的，应当给其宣读。如果对检查笔录没有异议，上述人员应当在笔录的末页签名或者盖章，证明笔录的记载属实。如果被检查人拒绝签名的，人民警察应当在笔录上注明。

依据指引：

❶《中华人民共和国治安管理处罚法》（2005年8月28日公布，自2006年3月1日起施行）

第八十七条 公安机关对与违反治安管理行为有关的场所、物品、人身可以进行检查。检查时，人民警察不得少于二人，并应当出示工作证件和县级以上人民政府公安机关开具的检查证明文件。对确有必要立即进行检查的，人民警察经出示工作证件，可以当场检查，但检查公民住所应当出示县级以上人民政府公安机关开具的检查证明文件。

检查妇女的身体，应当由女性工作人员进行。

第八十八条 检查的情况应当制作检查笔录，由检查人、被检查人和见证人签名或者盖章；被检查人拒绝签名的，人民警察应当在笔录上注明。

❷《中华人民共和国行政处罚法》（1996年3月17日公布，自1996年10月1日起施行）

第三十六条 除本法第三十三条规定的可以当场作出的行政处罚外，行政机关发现公民、法人或者其他组织有依法应当给予行政处罚的行为的，必须全面、客观、公正地调查，收集有关证据；必要时，依照法律、法规的规定，可以进行检查。

第三十七条 行政机关在调查或者进行检查时，执法人员不得少于两人，并应当向当事人或者有关人员出示证件。当事人或者有关人员应当如实回答询问，并协助调查或者检查，不得阻挠。询问或者检查应当制作笔录。

行政机关在收集证据时，可以采取抽样取证的方法；在证据可能灭失或者以后难以取得的情况下，经行政机关负责人批准，可以先行登记保存，并应当在七日内及时作出处理决定，在此期间，当事人或者有关人员不得销毁或者转移证据。

执法人员与当事人有直接利害关系的，应当回避。

第六十条 行政机关违法实行检查措施或者执行措施，给公民人身或者财产造成损害、给法人或者其他组织造成损失的，应当依法予以赔偿，对直接负责的主管人员和其他直接责任人员依法给予行政处分；情节严重构成犯罪的，依法追究刑事责任。

❸《公安机关办理行政案件程序规定》（公安部2003年8月26日发布，自2004年1月1日起施行）

第六十五条 为了收集违法行为的证据，办案人员依法可以对违法嫌疑人及其随身携带的物品进行检查。

第六十六条 对违法嫌疑人进行检查时，应当尊重被检查人的人格，不得以有损人格尊严的方式进行检查。

对违法嫌疑人检查应当由两名与被检查人同

性别的人民警察进行。

依法对卖淫、嫖娼人员进行性病检查，应当由医生进行。

第六十七条 为了收集违法行为证据、查获违法嫌疑人，经县级以上公安机关负责人批准，可以对可能隐藏违法嫌疑人或者证据的场所进行检查。检查时，须持有检查手续，并表明执法身份。

因情况紧急，对单位确有必要立即进行检查的，办案人员可以凭执法身份证件进行检查，检查结束后，立即补办检查手续。

检查时，应当有被检查人或者其家属或者其他见证人在场。

第六十八条 检查应当制作检查笔录。检查笔录由办案人员、被检查人或者见证人签名；被检查人不在场或者拒绝签名的，办案人员应当在检查笔录上注明。

【物品的扣押】

为了规范和保障公安机关依法办理治安案件，保护公民、法人和其他组织的合法权益，治安管理处罚法对办理治安案件中对物品的扣押程序作了明确规定。这一规定的内容主要包括扣押的条件和范围、扣押的具体操作程序、扣押物品的保管与处理等几个方面。

1. 扣押的条件和扣押物品的范围。关于扣押的条件，治安管理处罚法规定，公安机关办理治安案件，对与案件有关的需要作为证据的物品，可以扣押。与案件有关是指该物品与案件有联系，如吸毒的毒品、制作的淫秽物品等违禁品，用于作案的工具，诈骗、盗窃所得的财物等。需要作为证据是指，该物品可以用来作为证明案件事实存在的各种依据。可以扣押是指，公安机关应当根据办理治安案件的需要，决定是否有必要扣押，而不是一律都得扣押。关于扣押物品的范围，治安管理处罚法是采用排除法规定的，即原则上讲与案件有关的需要作为证据的物品，都可以扣押。因此，与此相对，与案件无关的物品，不得扣押。另外，被侵害人、善意第三人合法占有的财产，即使与案件有关，也不得扣压，但如果需要作为证据的话，应当予以登记。公安机关还可以通过拍照等方式固定、收集证据。被侵害人、善意第三人合法占有的财产，是指其依法享有所有权的财产，或者因其他有关权利，而处于其合法占有之中的财产，如租赁、借用的财产等。

2. 实施扣押的操作程序。治安管理处罚法规定，实施扣押应当有见证人在场，以加强监督和证明扣押情况；调查人员应当会同在场见证人和被扣押物品的持有人对扣押的物品查点清楚；扣押应当场制作清单，由调查人员、见证人和持有人签名或者盖章，清单一式二份，一份交给持有人或者其家属，另一份附卷备查。这些规定，一方面有利于增强证据的证明力；另一方面也可以防止被扣押物品遗失或者个别调查人员将扣押物品私自截留，或者个别被扣押物品人无理索要未被扣押之物，造成不必要的麻烦。

3. 对扣押物品的保管与处理。根据治安管理处罚法的规定，对扣押的物品，应当妥善保管。这里所说的“妥善保管”，主要是指将扣押的物品要放置于安全设施比较完备的地方保管，以备随时核查，防止证据遗失、毁灭或者被偷换。对于扣押的物品，任何人不得挪作他用。扣押物品的目的是作为证据使用，不得将扣押物品用于其他目的。这里所说的“挪作他用”，既包括挪作公用，也包括挪作私用。关于对扣押物品的处理，不宜长期保存的，按照有关规定处理。这里所说的“不宜长期保存的物品”，是指易腐烂变质及其他不宜长期保存的物品。对于这类物品，应当在以拍照、录相、清点登记等方式固定和保全证据后，依照国家有关规定予以处理。

对在扣押时以为与案件有关联，但在事后的调查工作中，发现实际上与案件无关的物品，一经查明，应当尽快退还给该物品的原持有人。经核实属于他人的合法财产的，应当登记后立即退还。这主要是指从违反治安管理行为人或者违反治安管理行为发生的场所扣押的物品，有些是属于从被侵害人处偷来、骗来或者通过其他非法手段得到的被侵害人的合法财产，有些在扣押时难以查清其所有人或者其他权利人，在扣押后查清其权利人的。满六个月无人对该财产主张权利或者无法查清权利人的，应当公开拍卖或者按照国家有关规定处理，所得款项上缴国库。这里所说的“主张权利”，包括主张对扣押的物品有所有权或者有其他合法的财产权益，如享有担保权益等。这里所说的“权利人”，包括财产所有人，或者其他对该财产享有担保权益或者因合同等对财产享有权利的人，包括自然人和单位。对于查获的违法所得，公安机关一方面应当及时向社会公布，让权利人了解到有关情况后主动来公安机关主张权利。另一方面，公安机关也应当积极主动去查找权利人。只有在满六个月后，既没有权利人来主张权利，公安机关也无法查清权利人的，才可以依照本款规定对扣押物品公开拍卖或者按照国家有关规定处理。同时，依照本款规定，不论是进行公开拍卖，还是按照国家有关规定处理，所得的款项都应当上缴国库，公安机关不得截留或者私分。

依据指引：

❶**《中华人民共和国治安管理处罚法》**（2005年8月28日公布，自2006年3月1日起施行）

第八十九条 公安机关办理治安案件，对与案件有关的需要作为证据的物品，可以扣押；对被侵害人或者善意第三人合法占有的财产，不得扣押，应当予以登记。对与案件无关的物品，不得扣押。

对扣押的物品，应当会同在场见证人和被扣押物品持有人查点清楚，当场开列清单一式二份，由调查人员、见证人和持有人签名或者盖章，一份交给持有人，另一份附卷备查。

对扣押的物品，应当妥善保管，不得挪作他用；对不宜长期保存的物品，按照有关规定处理。经查明与案件无关的，应当及时退还；经核实属于他人合法财产的，应当登记后立即退还；满六个月无人对该财产主张权利或者无法查清权利人的，应当公开拍卖或者按照国家有关规定处理，所得款项上缴国库。

第一百一十六条 人民警察办理治安案件，有下列行为之一的，依法给予行政处分；构成犯罪的，依法追究刑事责任：

（四）私分、侵占、挪用、故意损毁收缴、扣押的财物的；

（五）违反规定使用或者不及时返还被侵害人财物的；

……

办理治安案件的公安机关有前款所列行为的，对直接负责的主管人员和其他直接责任人员给予相应的行政处分。

❷**《中华人民共和国行政处罚法》**（1996年3月17日公布，自1996年10月1日起施行）

第五十九条 行政机关使用或者损毁扣押的财物，对当事人造成损失的，应当依法予以赔偿，对直接负责的主管人员和其他直接责任人员依法给予行政处分。

❸**《公安机关办理行政案件程序规定》**（公安部2003年8月26日发布，自2004年1月1日起施行）

第八十二条 办案人员收集证据时，在证据可能灭失或者以后难以取得的情况下，经公安机关办案部门以上负责人批准，可以将证据先行登记保存。

对先行登记保存的证据，应当在七日内作出处理决定。逾期不作出处理决定的，视为自动解除。

第八十三条 对证据先行登记保存时，应当会同证据的持有人或者见证人对证据的名称、数量、特征等进行登记，开具先行登记保存证据清单。必要时，应当对登记保存的证据拍照。

先行登记保存证据清单由办案人员和证据持有人签名。证据持有人拒绝签名的，办案人员应当在先行登记保存证据清单上注明。先行登记保存证据清单由办案人员和证据持有人各执一份。

第八十四条 先行登记保存期间，证据持有人及其他人员不得损毁或者转移证据。

第八十五条 在案件调查中发现的可用以证明案件事实的物品和文件，适用先行登记保存不足以防止当事人销毁或者转移证据的，经公安机关办案部门以上负责人批准，可以予以扣押。

与案件无关的物品和文件，不得扣押。对扣押的物品和文件，经查明与案件无关的，应当立即解除扣押。

对处于受害人控制中的合法物品和文件，不得扣押，可以先行登记保存。

第八十六条 对扣押的物品和文件，应当会同被扣押物品、文件的持有人查点清楚，当场开列扣押清单一式二份，写明被扣押物品或者文件的名称、规格、数量、特征，由办案人员和被扣押物品、文件的持有人或者见证人签名后，一份交给被扣押物品、文件的持有人，一份附卷备查。

第八十七条 对可以作为证据使用的录音带、录像带、电子数据存储介质，在扣押时应当予以检查，记明案由、对象、内容以及录取和复制的时间、地点等，并妥为保管。

第八十八条 对扣押的物品和文件，公安机关应当在十五日内作出处理决定。逾期不作出处理决定的，公安机关应当退还当事人。

第一百五十二条 主要用于违法活动的下列工具、设备或者涉案财物应当收缴：

（一）赌博用的赌具；

（二）制作、复制、传播淫书、淫画、淫秽音像制品和其他淫秽物品使用的设备；

（三）吸食、注射毒品的器具；

（四）倒卖的有价票证或者骗取财物的用品；

（五）其他应当收缴的工具和财物。

第一百五十三条 对淫秽物品、毒品和反动、邪教、迷信印刷品等违禁品，一律收缴。

第一百五十四条 收缴财物应当经县级以上公安机关负责人批准，并制作收缴清单，待处罚决定生效后，按照下列规定分别处理：

（一）应当上交国库的，移交财政部门处理；

（二）属于违禁品的，经县级以上公安机关负责人批准，统一登记造册后予以销毁，其中属于淫秽物品、毒品的，分别由县级以上公安机关治安部门、禁毒部门组织销毁；

（三）属于受害人合法财物的，及时返还受害人。

第一百五十五条 对应当退还原主的财物，应当通知原主在六个月内来领取；对原主不明确的，应当采取公告方式告知原主认领。在通知原主后或者公告认领后六个月内，无人认领的，按无主财物处理，上交国库。如有特殊情况，可酌情延期处理，延长期限最长不超过三个月。

第一百五十六条 对容易腐烂、灭损或者无法保管的其他物品，应当及时退还原主；对找不到原主的，经县级以上公安机关负责人批准，可以在拍照或者录像后变卖，变卖所得按照本规定第一百五十四条、第一百五十五条规定处理。

第一百五十七条 对扣押和收缴的财物，任何单位和个人不得借用、挪用、调换和侵占。

第一百五十八条 行政案件变更管辖时，与案件有关的财物及其孳息应当随案移交。移交财物时，由接收人、移交人当面查点清楚，并在交接单据上共同签名。

【鉴定】

鉴定是公安机关在查处治安案件时为了解决案件的专门性问题，指派或者聘请具有专门知识的人进行鉴别和判断，并提供专门性意见的活动。鉴定对查明事实真相，正确处罚违反治安管理行为，维护社会治安，保护公民权利具有重要作用。鉴定意见是否科学准确，直接关系到能否正确认定案件的事实，尤其涉及到专门性问题的时候，充分利用科学技术进行鉴定，可以收到其他证据无法取代的效果。治安管理处罚法关于鉴定的规定，包括以下几层意思：

1. 需要鉴定的情形。根据治安管理处罚法的规定，为了查明案情，对于案件中的有争议的专门性问题，应当进行鉴定。

所谓“专门性问题”，是指必须运用科学技术手段或者专门知识进行鉴别和判断才能得出正确结论的事项，如血型的确定、精神疾病的认定等。专门性问题不属于公众知道的普通知识的范畴，要对这些问题作出正确的认识和判断，一般来说需要具有某些方面的专门知识，或者需要具有专门的技能。在查处治安管理案件时往往会涉及到专门性问题，比如对人身伤害的认定、对毒品等物品性质的认定等。如果涉及到专门性问题，当事人又有争议的，公安机关就应当按照规定进行鉴定。

2. 鉴定人的确定。根据治安管理处罚法规定，如果需要进行鉴定，公安机关应当指派或者聘请具有专门知识的人进行鉴定。鉴定是运用科学技术或者专门知识进行鉴别和判断的活动，并不是任何人都可以从事的活动。所谓“专门知识”，是指人们在某一领域的生产劳动及实践中积累起来的知识经验，是人类在利用自然和改造自然过程中形成的反映自然、社会、思维等客观规律的知识体系。比如，通过医学设备检查被侵害人的伤害程度或者通过血型同一性认定确定违反治安管理行为人，这是专门知识。在长年的生活、学习和工作中，掌握了某项技能，因此对脚印、指纹等具有超常的识别和辨认能力，这也是专门知识。具有专门知识的人，是指掌握了某个专业领域较为全面深入的知识，或者熟练掌握某些技能，因此可以对常人不能解决的问题作出解释的人员。

3. 出具鉴定意见。治安管理处罚法规定，鉴定人鉴定后，应当写出鉴定意见，并且签名。这一规定表明，鉴定应当由鉴定人本人独立完成。鉴定意见实质上是一种个人意见，是鉴定人凭借其专门知识对某个问题作出的认识和判断。鉴定意见是否客观、准确，取决于鉴定人自己的科学技术水平和判断能力，应当由鉴定人自己负责。鉴定人在完成鉴定工作后，应当依照法律的要求，向委托人提供本人签名的书面鉴定意见。鉴定意见作为鉴定人个人的认识和判断，表达的只是鉴定人个人的意见，对整个案件来说，鉴定意见只是诸多证据中的一种，人民警察应当结合案件的全部证据，加以综合审查判断，从而正确认定案件事实，作出正确认定。不能把鉴定意见理解为认定案件事实的唯一根据，人民警察不能以鉴定意见代替对全案证据的审查判断。对鉴定结论不加分析判断，不对鉴定结论进行必要的质证和审查，盲目地予以认定，就容易导致查处案件完全受鉴定意见的左右，最终在事实认定上出问题。鉴定人应当在鉴定意见上签名，由鉴定人在鉴定意见书上签名，首先可以保证鉴定的真实性，防止其他人员伪造或者篡改鉴定意见。其次，可以表明鉴定人对鉴定意见负责的态度。在对鉴定意见出现争议时，也可以及时查找鉴定人进行核实。

依据指引：

❶《中华人民共和国治安管理处罚法》(2005年8月28日公布，自2006年3月1日起施行)

第九十条 为了查明案情，需要解决案件中有争议的专门性问题的，应当指派或者聘请具有专门知识的人员进行鉴定；鉴定人鉴定后，应当写出鉴定意见，并且签名。

❷《公安机关办理行政案件程序规定》(公安部2003年8月26日发布，自2004年1月1日起施行)

第六十九条 为了查明案情，需要对行政案件中专门技术性问题进行鉴定的，公安机关应当指派或者聘请具有专门知识的人或者机构进行鉴定。

第七十条 公安机关应当为鉴定提供必要的条件，及时送交有关检材和比对样本等原始材料，介绍与鉴定有关的情况，并且明确提出要求鉴定解决的问题，但是不得暗示或者强迫鉴定人和鉴定机构作出某种鉴定结论。

第七十一条　对精神病的医学鉴定，应当由省级人民政府指定的医院进行。

对人身伤害的鉴定应当由法医或者县级以上医院进行。

第七十二条　鉴定人或者鉴定机构鉴定后，应当出具鉴定结论，并签名或者加盖鉴定机构印章。

第七十三条　公安机关应当将鉴定结论复印件交违法嫌疑人和受害人各一份。

违法嫌疑人或者受害人对鉴定结论有异议的，可以提出重新鉴定的申请，经县级以上公安机关负责人批准后，进行重新鉴定。申请重新鉴定以一次为限。

第七十四条　重新鉴定，公安机关应当另行指派或者聘请鉴定人或者鉴定机构。

第七十五条　鉴定费用由公安机关承担。重新鉴定，如果鉴定结论有改变的，鉴定费用由公安机关承担；如果鉴定结论没有改变，鉴定费用由重新鉴定申请人承担。

第七十六条　对有吸毒嫌疑的人，公安机关可以对其进行人体毒品成分检测。

第七十七条　对有酒后驾驶机动车辆嫌疑的人，交通民警可以对其进行酒精度检测。

第二节　决　　定

本节为读者提供与以下题目有关的法律问题的专家意见及法律依据

■ 治安管理处罚的决定机关　■ 行政拘留的折抵　■ 仅有本人陈述不得作出处罚决定　■ 公安机关的告知义务　■ 陈述和申辩的权利　■ 听证　■ 调查结束后的处理　■ 治安管理处罚决定书　■ 处罚决定书的宣告与送达　■ 办理治安案件的期限　■ 当场处罚　■ 不服治安管理处罚决定的救济途径

【治安管理处罚的决定机关】

治安管理处罚法第九十一条规定，治安管理处罚由县级以上人民政府公安机关决定；其中警告、五百元以下的罚款可以由公安派出所决定。根据这一规定，治安管理处罚应当由县级以上人民政府公安机关决定。这一级公安机关属于基层公安机关，负责具体实施社会治安管理工作，由他们进行处罚，便利处罚的实施，可以有效保障治安管理工作的开展。另外，根据实际需要，国家在铁道部、交通部、民航总局、国家林业总局等部门内，还设立有专门的公安局，并列入公安部的序列。这些专门公安机关都不同程度地负有一定的治安管理职责。因此，这些专门公安局设在下级部门中的与县级以上人民政府公安机关级别相当的公安机关，也可以依法作出治安管理处罚。

另外，为了提高办案效率，简化办事程序，治安管理处罚法将警告、五百元以下罚款的处罚决定权授予公安派出所。公安派出所并不是一级公安机关，而是县级公安机关的派出机构，代表其所属的公安机关对其辖区内的治安事项进行管理。五百元以上的罚款、行政拘留、吊销公安机关发放的许可证等涉及公民的人身自由权、重大财产权或者正常的经营权，属于比较严厉的处罚，有些按照治安管理处罚法的规定，需要根据当事人的要求进行听证。因此应当慎重，不宜由公安派出所决定。但是，由于大多数案件都是可以处以警告或者五百元以下的罚款的案件，而且派出所比较熟悉辖区内的情况，能够及时发现违反治安管理行为，接受群众举报和违反治安管理行为人投案，迅速展开调查和及时处罚，警告等较轻的处罚甚至可以当场作出。这些处罚由公安派出所决定，既可以减轻公安机关的工作压力，又可以及时消除违法行为，减轻社会危害，化解社会矛盾，提高工作效率。

依据指引：

❶**《中华人民共和国治安管理处罚法》**（2005年8月28日公布，自2006年3月1日起施行）

第九十一条 治安管理处罚由县级以上人民政府公安机关决定；其中警告、五百元以下的罚款可以由公安派出所决定。

❷**《中华人民共和国行政处罚法》**（1996年3月17日公布，自1996年10月1日起施行）

第十五条 行政处罚由具有行政处罚权的行政机关在法定职权范围内实施。

第十六条 国务院或者经国务院授权的省、自治区、直辖市人民政府可以决定一个行政机关行使有关行政机关的行政处罚权，但限制人身自由的行政处罚权只能由公安机关行使。

第十七条 法律、法规授权的具有管理公共事务职能的组织可以在法定授权范围内实施行政处罚。

第十八条 行政机关依照法律、法规或者规章的规定，可以在其法定权限内委托符合本法第十九条规定条件的组织实施行政处罚。行政机关不得委托其他组织或者个人实施行政处罚。

委托行政机关对受委托的组织实施行政处罚的行为应当负责监督，并对该行为的后果承担法律责任。

受委托组织在委托范围内，以委托行政机关名义实施行政处罚；不得再委托其他任何组织或者个人实施行政处罚。

❸**《公安机关办理行政案件程序规定》**（公安部2003年8月26日发布，自2004年1月1日起施行）

第一百三十七条 对违法行为人处以行政拘留的，由县以上公安机关决定。公安机关内设机构不得以自己名义作出行政拘留处罚。

第一百三十八条 对县级以上的各级人民代表大会代表处以行政拘留的，作出处罚决定前应当经该级人民代表大会主席团或者人民代表大会常务委员会许可。

第一百三十九条 对违反道路交通管理的违法行为人处以五十元以上（不含本数）罚款的，由县级以上公安机关的交通管理部门作出行政处罚决定。

对违反道路交通管理的违法行为人处以吊扣、吊销机动车驾驶证的，按照下列规定的权限决定：

（一）吊扣机动车驾驶证不满六个月的，由县级公安机关的交通管理部门决定；

（二）吊扣机动车驾驶证六个月以上和吊销机动车驾驶证的，由地（市）级以上公安机关的交通管理部门决定。

第一百四十一条 边防检查站办理违反出境入境边防检查规定的行政案件时，对违法行为人处以五千元以下罚款的，由边防检查站直接作出。对违法行为人处以五千元以上（不含本数）罚款的，由边防检查站报经边防检查总站或者省、自治区、直辖市公安边防总队批准后作出。

第一百四十二条 对违反中华人民共和国边境管理区通行证管理的行为，由边防公安检查站或者县级以上公安机关予以行政处罚。

第一百八十六条 县级公安机关对外国人作出行政拘留处罚决定前，应当报上一级公安机关批准。

第一百八十七条 对外国人处以驱逐出境或者限期出境的，由公安部作出决定。

省级以下公安机关承办的行政案件，需要对外国人处以驱逐出境或者限期出境的，由省级公安机关报公安部决定后，由承办机关宣布并执行，同时通报同级人民政府外事部门。

对外国人处以罚款或者行政拘留需并处驱逐出境、限期出境的，其罚款或者行政拘留由承办机关裁决并执行，驱逐出境或者限期出境按本条前两款规定办理。

❹ **公安部关于认真贯彻执行全国人民代表大会常务委员会《关于严禁卖淫嫖娼的决定》的通知**（1991年11月23日）

第七届全国人大常委会第二十一次会议通过的《关于严禁卖淫嫖娼的决定》（以下简称《决定》），为查禁取缔卖淫嫖娼提供了重要的法律武器。《决定》的实施，对于教育动员广大人民群众自觉同这种社会丑恶现象作斗争，严厉禁止卖淫嫖娼活动，制止性病蔓延，维护社会治安秩序，净化社会风气，加强社会主义精神文明建设，必将起到极大的促进作用。现就各级公安机关贯彻执行《决定》的有关问题通知如下：

五、执行《决定》的有关具体问题

（一）裁决权限。除现行法律、法规中已经明确裁决权限的以外，公安机关依照《决定》对违法人员和旅馆业、饮食服务业、文化娱乐业、出租汽车业等单位的处理，由县（市）公安局、城市公安分局以上公安机关决定。

【行政拘留的折抵】

行政拘留是一种剥夺被处罚人人身自由的比较严厉的处罚措施。在办理治安案件的过程中，有的行为人因为被传唤等，事实上已经在一定时间内被限制了人身自由。另外，由于违反治安管理行为与犯罪行为关系比较密切，有的违法行为人最初是被作为犯罪嫌疑人立案侦查的，期间可能采取了限制人身自由的强制措施，随着案件侦查的进展，可能认为不构成犯罪，又转为治安案件。对这些违反治安管理行为人，如果决定予以行政拘留，其在案件办理期间被羁押或者限制人身自由的时间如何处理，需要有法律加以明确。与此类似的问题，在刑法中也有规定。刑法第四十四条、第四十七条分别规定，判处拘役、有期徒刑的，判决执行以前先行羁押的，羁押一日折抵刑期一日。这种规定是比较妥当的，也体现了法律的公正原则。因此，治安管理处罚法第九十二条也作了类似规定，即对决定给予行政拘留处罚的人，在处罚前已经采取强制措施限制人身自由的时间，应当折抵。限制人身自由一日，折抵一日。这一规定明确了两层含义：

1. 被采取过限制人身自由的强制措施的，该强制措施期间的时间应当折抵行政拘留的时间。这里的强制措施，主要是指该治安案件此前作为刑事案件侦查的情况下，对行为人采取的拘留、逮捕等强制措施。比如，被采取刑事拘留、逮捕等措施后，发现犯罪嫌疑人、被告人的行为不够刑事处罚，公安机关作治安管理处罚的；公安机关为了维持社会治安、保证实施处罚，对当事人采取了留置盘问强制措施的等。这里的“强制措施”，并不是特指，而是一种泛称，关键在于其强度和形式达到了限制人身自由的程度。除了上述刑事强制措施外，治安管理处罚法并没有规定新的专门用于治安案件的强制措施。从治安管理处罚法的规定来看，传唤后的询问查证，在一定程度上限制了被传唤人的人身自由，如果时间较长，接近或者达到了二十四小时的，应当也予以折抵。至于刑事诉讼中的取保候审、监视居住等措施，虽然一定程度上对犯罪嫌疑人的人身自由作了限制，但从其强度和形式来看，还不属于这里所说的强制措施，不应予以折抵。

2. 明确了折抵的标准是，限制人身自由一日，折抵一日。这是与相互折抵的两种限制人身自由的强制措施的强度相适应的。限制人身自由的强制措施和行政拘留虽然性质不同，但是执行的方式和强度是相同的，因此，对于行政拘留和强制措施的折抵，按照限制人身自由一日，折抵行政拘留一日的方法计算。折抵应当从行政拘留执行之日算起。比如，被处罚人因为违法行为被公安机关立案侦查，刑事拘留七天，后来公安机关认为行为不够刑事处罚，做出行政拘留十五天的治安管理处罚。由于刑事拘留七天应当折抵行政拘留，按照限制人身自由一日折抵行政拘留一日计算，还应当执行行政拘留八天。公安机关在做出治安管理处罚决定的同时，就应当在处罚决定书中对行政拘留的折抵作出决定。

依据指引：

❶**《中华人民共和国治安管理处罚法》**（2005年8月28日公布，自2006年3月1日起施行）

第九十二条 对决定给予行政拘留处罚的人，在处罚前已经采取强制措施限制人身自由的时间，应当折抵。限制人身自由一日，折抵行政拘留一日。

❷**《中华人民共和国刑法》**（1997年3月14日修订，自1997年10月1日起施行）

第四十四条 拘役的刑期，从判决执行之日起计算；判决执行以前先行羁押的，羁押一日折抵刑期一日。

第四十七条 有期徒刑的刑期，从判决执行之日起计算；判决执行以前先行羁押的，羁押一日折抵刑期一日。

❸**《中华人民共和国行政处罚法》**（1996年3月17日公布，自1996年10月1日起施行）

第二十八条 违法行为构成犯罪，人民法院判处拘役或者有期徒刑时，行政机关已经给予当事人行政拘留的，应当依法折抵相应刑期。

违法行为构成犯罪，人民法院判处罚金时，行政机关已经给予当事人罚款的，应当折抵相应罚金。

【仅有本人陈述不得作出处罚决定】

以事实为依据，是治安管理处罚法明文规定的治安管理处罚的基本原则，也是我国整个法律制度的一项基本原则。以事实为依据原则，要求公安机关办理治安案件，应当坚持重证据，重调查研究，特别是不轻易根据陈述认定案件事实。在确定案件事实之前，人民警察应当展开充分的调查研究，全面、细致地收集相关证据，认真审查核实各个证据的来源、内容和收集的程序是否合法，在确定单个证据真实、合法，与案件事实具有关联的情况下，综合全案的证据进行比较、分析、印证和判断，认定案件的事实。根据证据认定案情，符合人类的思维规律，只有在所有证据形成一个完整、明确的证据链，从相关证据可以合乎逻辑地推出相应的案件事实，并且能够相互印证的情况下，才能据以作出治安管理处罚，不能凭着自己的主观臆断或者猜测定案。

本人陈述虽然在治安管理案件中是重要的证据，有时对查明案件事实起到非常重要的作用，但由于其是实施违反治安管理行为而可能被公安机关给予治安管理处罚的人，与案件的处理结果具有直接的利害关系。因此，在对其陈述进行审查的时候，就应当注意考虑到各种复杂因素。比如，在提供证据的时候，违反治安管理行为人往往会考虑到对自己是否有利，有意对相关证据和事实进行取舍，有意隐瞒对自己不利的事实，或者编造对自己有利的事实，意图影响人民警察对治安案件事实的认定。所以，本人提供的证据，有很大的掺杂虚假的成分，甚至完全虚假的可能。另外，在调查案件的过程中，因为警察的态度不好甚至刑讯逼供、威胁、引诱等情况，也可能造成本人陈述的虚假性。所以，在根据陈述定案，特别是陈述在认定案件事实时起到唯一关键作用的案件中，就应当谨慎、周全。另一方面，过分重视本人陈述的作用，极易导致实践中刑讯逼供行为的发生。为此，治安管理处罚法明确规定，只有本人陈述，没有其他证据证明的，不能作出治安管理处罚决定。与此相对，为了鼓励人民警察努力收集案件证据，提高办案质量，治安管理处罚法还规定，对没有本人陈述，但其他证据能够证明案件事实的，可以作出治安管理处罚决定。

依据指引：

❶《中华人民共和国治安管理处罚法》（2005年8月28日公布，自2006年3月1日起施行）

第九十三条 公安机关查处治安案件，对没有本人陈述，但其他证据能够证明案件事实的，可以作出治安管理处罚决定。但是，只有本人陈述，没有其他证据证明的，不能作出治安管理处罚决定。

第三条 治安管理处罚的程序，适用本法的规定；本法没有规定的，适用《中华人民共和国行政处罚法》的有关规定。

❷《公安机关办理劳动教养案件规定》（公安部2002年4月12日发布，自2002年6月1日起施行）

第四十二条 对没有违法犯罪嫌疑人本人供述，但是其他证据确实充分，能够相互印证，并且符合劳动教养条件的，可以依法作出劳动教养决定；对只有违法犯罪嫌疑人的供述或者只有被侵害人的陈述，没有其他证据的，不得作出劳动教养决定。

【公安机关的告知义务】

行政处罚法第三十一条规定，行政机关在做出行政处罚之前，应当告知当事人作出行政处罚决定的事实、理由及依据，并告知当事人依法享有的权利。治安管理处罚法作为一部行政法，应当遵循这一原则；同时，治安管理处罚法涉及公民的财产、人身等重要权利，为了保证公安机关在充分调查事实的基础上做出正确的治安管理处罚决定，也有必要重申这一原则。为此，治安管理处罚法第九十四条明确规定，公安机关及其人民警察在做出治安管理处罚前，要告知违反治安管理行为人作出治安管理处罚的事实、理由及依据，并告知违反治安管理行为人依法享有的权利。这是法律规定的违反治安管理行为人的知情权的重要内容。任何公民都有权知道公安机关正在准备对自己决定一项处罚，以便充分准备和进行抗辩。公安机关应当履行其告知义务，充分尊重和保障违反治安管理行为人被告知的权利。公安机关履行告知义务的过程，也是对违反治安管理行为人进行普法教育的过程，符合办理治安案件应当坚持教育与处罚相结合的原则，化解社会矛盾，增进社会和谐的要求，也可以使违反治安管理行为人知道自己哪些行为违反了治安管理处罚法，提高其法制观念，进而自觉服从和履行正确的处罚决定。同时，告知也可以使违反治安管理行为人明白自己所享有的权利，有助于进一步运用法律维护自己的权利。

公安机关告知的内容，包括三个方面：一是告知治安管理处罚的事实、理由和依据。“事实”，就是违反治安管理行为人应当受到治安管理处罚的事实依据，也就是违反治安管理行为的事实，包括行为人的主观方面、客观行为方面、危害后果以及行为与危害后果之间的因果关系。“理由”，是指必须做出治安管理处罚的理由，也就是行为触犯了治安管理处罚法，具有社会危害性，应当受到治安管理处罚。“依据”，是指作出治安管理处罚决定的法律依据，也就是所依据的法律规定。二是告知享有的权利。根据行政处罚法和治安管理处罚法的规定，违反治安管理行为人的权利包括：申请回避的权利、要求听证的权利、拒绝回答无关问题的权利、提供证据的权利、陈述和申辩的权利、申请复议的权利、提起行政诉讼的权利等。在告知这些权利的同时，还应当告知违反治安管理行为人行使这些权利的方式等。

另外，治安管理处罚法没有明确规定，

公安机关没有履行告知义务的，应当如何处理。对此，行政处罚法第四十条规定："行政机关及其执法人员在做出行政处罚决定之前，不按照本法第三十一条、第三十二条的规定向当事人告知给予行政处罚的事实、理由和依据，或者拒绝听取当事人的陈述、申辩的，行政处罚决定不能成立；当事人放弃陈述和申辩权利的除外。"根据治安管理处罚法第三条的规定，治安管理处罚没有规定的程序，应当适用行政处罚法的有关规定。因此，对这种情况，应当认定为治安管理处罚不成立。

依据指引：

❶**《中华人民共和国治安管理处罚法》**（2005年8月28日公布，自2006年3月1日起施行）

第九十四条 公安机关作出治安管理处罚决定前，应当告知违反治安管理行为人作出治安管理处罚的事实、理由及依据，并告知违反治安管理行为人依法享有的权利。

违反治安管理行为人有权陈述和申辩。公安机关必须充分听取违反治安管理行为人的意见，对违反治安管理行为人提出的事实、理由和证据，应当进行复核；违反治安管理行为人提出的事实、理由或者证据成立的，公安机关应当采纳。

公安机关不得因违反治安管理行为人的陈述、申辩而加重处罚。

第三条 治安管理处罚的程序，适用本法的规定；本法没有规定的，适用《中华人民共和国行政处罚法》的有关规定。

❷**《中华人民共和国行政处罚法》**（1996年3月17日公布，自1996年10月1日起施行）

第三条 公民、法人或者其他组织违反行政管理秩序的行为，应当给予行政处罚的，依照本法由法律、法规或者规章规定，并由行政机关依照本法规定的程序实施。

没有法定依据或者不遵守法定程序的，行政处罚无效。

第三十一条 行政机关在作出行政处罚决定之前，应当告知当事人作出行政处罚决定的事实、理由及依据，并告知当事人依法享有的权利。

第四十一条 行政机关及其执法人员在作出行政处罚决定之前，不依照本法第三十一条、第三十二条的规定向当事人告知给予行政处罚的事实、理由和依据，或者拒绝听取当事人的陈述、申辩，行政处罚决定不能成立；当事人放弃陈述或者申辩权利的除外。

❸**《公安机关办理行政案件程序规定》**（公安部2003年8月26日发布，自2004年4月1日起施行）

第一百三十三条 公安机关办案部门在提出行政处罚意见后，应当告知违法嫌疑人拟作出行政处罚决定的事实、理由及依据，并告知违法嫌疑人依法享有陈述权和申辩权。

适用一般程序作出行政处罚决定的，采用书面形式或者笔录形式告知。

【陈述和申辩的权利】

治安管理处罚法规定，违反治安管理行为人有权陈述和申辩。所谓"陈述和申辩"，是指在公安机关做出治安管理处罚之前，违反治安管理行为人有权提出自己的意见和看法，提出自己掌握的事实、证据或者线索，并对公安机关的指控进行解释、辩解，表明自己的主张，反驳对自己不利的意见和证据，坚持对自己有利的意见和证据的活动。陈述和申辩是法律赋予违反治安管理行为人的一种程序权利，是用以对抗行政指控的方法，案件的客观、真实与全面，就是在这种指控和申辩的过程中实现的。应当说，陈述和申辩制度是保障处罚合法正确的重要制度，有兼听则明的意思。治安管理处罚法关于陈述和申辩的规定，有以下几层含义：1. 提出陈述和申辩是违反治安管理行为人的权利。从违反治安管理行为人的角度讲，陈述和申辩是违反治安管理行为人享有的重要权利，不是对违反治安管理行为人的恩赐。违反治安管理行为人可以行使或者放弃陈述和申辩权，是否行使由其自己决定。从公安机关的角度讲，听取违反治安管理行为人的陈述和申辩，是行政处罚法以及治安管理处罚法规定的义务。在违反治安管理行为人未明确表示放弃此项权利的情况下，未经告知其享有陈述和申辩的权利，不应给予其任何处罚。2. 公安机关对违反治安管理行为人的陈述和申辩应当认真听取，对违反治安管理行为人提出的事实、理由和证据，包括违法行为较轻，应当受较轻的处罚的事实、理由和证据等，都应当进行调查复核，以确定其是否真实。这种态度既表现为充分的听，也表现为必要的查，更重要的是如果经过复核调查，发现违反治安管理行为人提供的事实、理由和证据成立的，公安机关应当采纳，作为是否做出治安管理处罚，以及做出怎样的治安管理处罚的理由和依据。赋予违反治安管理行为人陈述权和申辩权，有利于督促公安机关依法行使治安管理处罚权，正确运用治安管理处罚手段，减少和防止错误的治安管理处罚决定，充分保障和维护被处罚人的合法权益。

为了充分保障违反治安管理行为人的陈述和申辩权，治安管理处罚法明确规定，公安机关不得因违反治安管理行为人的陈述和申辩而加重处罚。陈述和申辩不加重违反治安管理行为人处罚的原则，与刑事诉讼法的“上诉不加刑原则”一样，是为了防止公安机关及其人民警察因为违反治安管理行为人陈述和申辩而加重其处罚，打消其思想顾虑，保障违反治安管理行为人真正充分行使自己的陈述、申辩权。既然陈述和申辩是违反治安管理行为人的权利，就不能因为其行使这些权利而加重处罚。在决定治安管理处罚时，公安机关应当避免“态度罚”的现象，对态度好，承认错误，表示改正或者认识深刻的，从轻处罚是应当的，但对于敢于争辩或者态度不好，拒不改正的，从重处罚是不符合法律规定的。

另外，治安管理处罚法没有明确规定，公安机关没有充分保障违反治安管理行为人的陈述和申辩权的，应当如何处理。对此，行政处罚法第四十条规定：“行政机关及其执法人员在做出行政处罚决定之前，不按照本法第三十一条、第三十二条的规定向当事人告知给予行政处罚的事实、理由和依据，或者拒绝听取当事人的陈述、申辩的，行政处罚决定不能成立；当事人放弃陈述和申辩权利的除外。”根据治安管理处罚法第三条的规定，治安管理处罚法没有规定的程序，应当适用行政处罚法的有关规定，因此对这种情况，应当认定为治安管理处罚不成立。

依据指引：

❶《中华人民共和国治安管理处罚法》（2005 年 8 月 28 日公布，自 2006 年 3 月 1 日起施行）

第九十四条　公安机关作出治安管理处罚决定前，应当告知违反治安管理行为人作出治安管理处罚的事实、理由及依据，并告知违反治安管理行为人依法享有的权利。

违反治安管理行为人有权陈述和申辩。公安机关必须充分听取违反治安管理行为人的意见，对违反治安管理行为人提出的事实、理由和证据，应当进行复核；违反治安管理行为人提出的事实、理由或者证据成立的，公安机关应当采纳。

公安机关不得因违反治安管理行为人的陈述、申辩而加重处罚。

❷《中华人民共和国行政处罚法》（1996 年 3 月 17 日公布，自 1996 年 10 月 1 日起施行）

第三条　公民、法人或者其他组织违反行政管理秩序的行为，应当给予行政处罚的，依照本法由法律、法规或者规章规定，并由行政机关依照本法规定的程序实施。

没有法定依据或者不遵守法定程序的，行政处罚无效。

第三十一条 行政机关在作出行政处罚决定之前，应当告知当事人作出行政处罚决定的事实、理由及依据，并告知当事人依法享有的权利。

第三十二条 当事人有权进行陈述和申辩。行政机关必须充分听取当事人的意见，对当事人提出的事实、理由和证据，应当进行复核；当事人提出的事实、理由或者证据成立的，行政机关应当采纳。

行政机关不得因当事人申辩而加重处罚。

第四十一条 行政机关及其执法人员在作出行政处罚决定之前，不依照本法第三十一条、第三十二条的规定向当事人告知给予行政处罚的事实、理由和依据，或者拒绝听取当事人的陈述、申辩，行政处罚决定不能成立；当事人放弃陈述或者申辩权利的除外。

❸《公安机关办理行政案件程序规定》（公安部2003年8月26日发布，自2004年4月1日起施行）

第一百三十三条 公安机关办案部门在提出行政处罚意见后，应当告知违法嫌疑人拟作出行政处罚决定的事实、理由及依据，并告知违法嫌疑人依法享有陈述权和申辩权。

适用一般程序作出行政处罚决定的，采用书面形式或者笔录形式告知。

第一百三十四条 违法嫌疑人有权进行陈述和申辩。对违法嫌疑人提出的事实、理由和证据，公安机关应当进行复核。

公安机关不得因违法嫌疑人申辩而加重处罚。

【听证】

行政处罚听证制度是我国行政处罚法确立的一项重要制度。设立听证制度的主要意义在于，一方面有利于保障公民的基本权利；另一方面也有利于查明案件事实，规范行政权的行使。治安管理处罚法作为一部重要的行政法律，治安管理处罚对公民、法人和其他组织的人身、财产权利的影响又比较重大，因此也有必要设立听证制度。治安管理处罚法关于治安管理处罚听证程序的规定，主要包括以下几点内容：

1. 明确了应当举行听证的治安案件的范围。行政处罚法第四十二条规定，行政机关作出责令停产停业、吊销许可证或者执照、较大数额罚款等行政处罚决定之前，应当告知当事人有要求举行听证的权利。法律对听证的范围作出规定，主要考虑公平与效率的兼顾。治安管理处罚规定的需要举行听证的治安案件，包括吊销公安机关颁发的许可证的、处二千元以上罚款的两类情形。

2. 明确了公安机关对属于可以举行听证的范围内的治安案件，在作出处罚前，应当告知违反治安管理行为人有权要求举行听证。这一规定，既是赋予违反治安管理行为人享有被告知的权利，又是要求公安机关必须履行告知的义务。根据行政处罚法规定的精神，公安机关应当告知而没有告知，属于程序违法，可导致行政处罚决定不能成立。

3. 是否举行听证，取决于违反治安管理行为人。违反治安管理行为人要求听证的，公安机关应当及时依法举行听证。

4. 根据治安管理处罚法第三条的规定，治安管理处罚法没有明确规定的程序，应当适用行政处罚法的有关规定。治安管理处罚法只规定了违反治安管理行为人要求举行听证的权利和公安机关应当举行听证的义务。对听证的具体程序未作规定。这主要是考虑到行政处罚法关于听证的程序规定得比较完备，没有必要作重复性规定。

依据指引：

❶《中华人民共和国治安管理处罚法》（2005年8月28日公布，自2006年3月1日起施行）

第九十八条 公安机关作出吊销许可证以及处二千元以上罚款的治安管理处罚决定前，应当告知违反治安管理行为人有权要求举行听证；违反治安管理行为人要求听证的，公安机关应当及时依法举行听证。

❷《中华人民共和国行政处罚法》（1996年3月17日公布，自1996年10月1日起施行）

第四十二条 行政机关作出责令停产停业、吊销许可证或者执照、较大数额罚款等行政处罚决定之前，应当告知当事人有要求举行听证的权利；当事人要求听证的，行政机关应当组织听证。当事人不承担行政机关组织听证的费用。听证依照以下程序组织：

（一）当事人要求听证的，应当在行政机关告知后三日内提出；

（二）行政机关应当在听证的七日前，通知当事人举行听证的时间、地点；

（三）除涉及国家秘密、商业秘密或者个人隐私外，听证公开举行；

（四）听证由行政机关指定的非本案调查人员主持；当事人认为主持人与本案有直接利害关系的，有权申请回避；

（五）当事人可以亲自参加听证，也可以委托一至二人代理；

（六）举行听证时，调查人员提出当事人违法的事实、证据和行政处罚建议；当事人进行申辩和质证；

（七）听证应当制作笔录；笔录应当交当事人审核无误后签字或者盖章。

当事人对限制人身自由的行政处罚有异议的，依照治安管理处罚条例有关规定执行。

第四十三条 听证结束后，行政机关依照本法第三十八条的规定，作出决定。

❸《公安机关办理行政案件程序规定》（公安部2003年8月26日发布，自2004年4月1日起施行）

第八十九条 公安机关在作出下列行政处罚决定之前，应当告知违法嫌疑人有要求举行听证的权利：

（一）责令停产停业、停机（计算机）整顿、停止施工等；

（二）吊销许可证或者执照；

（三）较大数额罚款；

（四）法律、法规和规章规定违法嫌疑人可以要求举行听证的其他行政案件。

前款第三项所指“较大数额罚款”是指对个人处以二千元以上罚款，对违反边防出入境管理法律、法规和规章的个人处以六千元以上罚款，对单位处以一万元以上罚款。对依据地方性法规或者地方政府规章作出的罚款处罚，适用听证的罚款数额按照地方规定执行。

第九十条 听证由公安机关法制部门组织实施。

公安机关内设业务部门依法以自己的名义作出行政处罚决定的，由该部门的非本案调查人员组织听证。

第九十一条 公安机关不得因违法嫌疑人提出听证要求而加重处罚。

第九十二条 听证主持人应当就行政案件的事实、证据、程序、适用法律等方面全面听取当事人陈述和申辩。

第二节 听证人员和听证参加人

第九十三条 听证设听证主持人一名，负责组织听证；记录员一名，负责制作听证笔录。必要时，可以设听证员一至二名，协助听证主持人进行听证。

听证主持人由公安机关负责人指定。

本案调查人员不得担任听证主持人、听证员或者记录员。

第九十四条 听证主持人在听证活动中行使下列职权：

（一）确定举行听证的时间、地点；

（二）决定听证是否公开举行；

（三）要求听证参加人到场参加听证，提供或者补充证据；

（四）决定听证的延期、中止或者终止；

（五）主持听证，并就案件的事实、理由、证据、程序、适用法律等组织质证和辩论；

（六）维持听证秩序，对违反听证纪律的行为予以制止；

（七）决定其他听证员、记录员的回避；

（八）依法享有的其他职权。

第九十五条 听证参加人包括：

（一）当事人及其代理人；

（二）本案办案人员；

（三）证人、鉴定人、翻译人员；

（四）其他有关人员。

第九十六条 当事人在听证活动中享有下列权利：

（一）申请回避；

（二）委托一至二人代理参加听证；

（三）进行陈述、申辩和质证；

（四）核对、补正听证笔录；

（五）依法享有的其他权利。

第九十七条 与听证案件处理结果有直接利害关系的其他公民、法人或者其他组织，作为第三人申请参加听证的，应当允许。为查明案情，必要时，听证主持人也可以通知其参加听证。

第九十八条 听证参加人应当按时到达指定的地点出席听证会，遵守听证纪律，如实回答听证人员的询问。

第三节 听证的告知、申请和受理

第九十九条 对适用听证程序的行政案件，办案部门在提出处罚意见后，应当告知违法嫌疑人拟作出的行政处罚和有要求举行听证的权利。

第一百条 违法嫌疑人要求听证的，应当在公安机关告知后三日内提出申请。

第一百零一条 违法嫌疑人放弃听证或者撤回听证要求后，处罚决定作出前，又提出听证要求的，只要在听证申请有效期限内，应当允许。

第一百零二条 公安机关收到听证申请后，应当在二日内决定是否受理。认为违法嫌疑人的要求不符合听证条件，决定不予受理的，应当制作不予受理听证通知书，告知听证申请人。逾期不通知听证申请人的，视为受理。

第一百零三条 公安机关受理听证后，应当在举行听证的七日前将举行听证通知书送达听证申请人，并将举行听证的时间、地点通知其他听证参加人。

第四节 听证的举行

第一百零四条 听证应当在公安机关收到听证申请之日起十日内举行。

除涉及国家秘密、商业秘密、个人隐私的行政案件外，听证公开举行。

第一百零五条 违法嫌疑人不能按期参加听证的，可以申请延期，是否准许，由听证主持人决定。

第一百零六条 两个以上违法嫌疑人分别对同一行政案件提出听证要求的，可以合并举行。

第一百零七条 同一行政案件中有两个以上违法嫌疑人，其中部分违法嫌疑人提出听证申请的，应当在听证举行后一并裁决。

第一百零八条 听证开始时，听证主持人核对听证参加人；宣布案由；宣布听证员、记录员和翻译人员名单；告知当事人在听证中的权利和义务；询问当事人是否提出回避申请；对不公开听证的行政案件，宣布不公开听证的理由。

第一百零九条 听证开始后，首先由办案人员提出违法嫌疑人违法的事实、证据和行政处罚意见及法律依据。

第一百一十条 办案人员提出证据时，应当向听证会出示。对证人证言、鉴定结论、勘验笔录和其他作为证据的文书，应当当场宣读。

第一百一十一条 违法嫌疑人可以就办案人员提出的违法事实、证据和法律依据以及行政处罚意见进行陈述、申辩和质证，并可以提出新的证据。

第三人可以陈述事实，提出新的证据。

第一百一十二条 听证过程中，当事人及其代理人有权申请通知新的证人到会，调取新的证据。对上述申请，听证主持人应当当场作出是否同意的决定；申请重新鉴定的，按照本规定第七章第五节有关规定办理。

第一百一十三条 违法嫌疑人、第三人和办案人员可以围绕案件的事实、证据、程序、适用法律、处罚种类和幅度等问题进行辩论。

第一百一十四条 辩论结束后，听证主持人应当听取违法嫌疑人、第三人、办案人员各方最后陈述意见。

第一百一十五条 听证过程中，遇有下列情形之一，听证主持人可以中止听证：

（一）需要通知新的证人到会、调取新的证据或者需要重新鉴定或者勘验的；

（二）因当事人提出回避申请，致使听证不能继续进行的；

（三）其他需要中止听证的。

中止听证的情形消除后，听证主持人应当及时恢复听证。

第一百一十六条 听证过程中，遇有下列情形之一，应当终止听证：

（一）违法嫌疑人撤回听证申请的；

（二）违法嫌疑人及其代理人无正当理由拒不出席或者未经听证主持人许可中途退出听证的；

（三）违法嫌疑人死亡或者作为违法嫌疑人

的法人或者其他组织被撤销、解散的；

（四）听证过程中，违法嫌疑人或者其代理人扰乱听证秩序，不听劝阻，致使听证不能正常进行的；

（五）其他需要终止听证的。

第一百一十七条 听证参加人和旁听人员应当遵守听证会场纪律。对违反听证会场纪律的，听证主持人应当警告制止；对不听制止，干扰听证正常进行的旁听人员，责令其退场。

第一百一十八条 记录员应当将举行听证的情况记入听证笔录。听证笔录应当载明下列内容：

（一）案由；

（二）举行听证的时间、地点和方式；

（三）听证人员的姓名、职务；

（四）听证参加人的姓名、单位或者住址；

（五）办案人员陈述的事实、证据和法律依据以及行政处罚意见；

（六）违法嫌疑人或者其代理人的陈述和申辩；

（七）第三人陈述的事实和理由；

（八）办案人员、违法嫌疑人或者其代理人、第三人质证、辩论的内容；

（九）证人陈述的事实；

（十）违法嫌疑人、第三人、办案人员的最后陈述意见；

（十一）其他事项。

第一百一十九条 听证笔录应当交违法嫌疑人阅读或者向其宣读。听证笔录中的证人陈述部分，应当交证人阅读或者向其宣读。违法嫌疑人或者证人认为听证笔录有误的，可以请求补充或者改正。违法嫌疑人或者证人审核无误后签名或者捺指印。拒绝签名或者捺指印的，由记录员在听证笔录上记明情况。

听证笔录经听证主持人审阅后，由听证主持人、听证员和记录员签名。

第一百二十条 听证结束后，听证主持人应当写出听证报告书，连同听证笔录一并报送公安机关负责人。

第一百二十一条 听证报告书应当包括下列内容：

（一）案由；

（二）听证人员和听证参加人的基本情况；

（三）举行听证的时间、地点和方式；

（四）听证会的基本情况；

（五）案件事实；

（六）处理意见和建议。

第一百二十二条 公安机关负责人应当根据听证情况，按照本规定第九章的规定作出处理决定。

【调查结束后的处理】

治安案件调查结束后，公安机关应当根据查明的事实，依照法律的规定，及时作出处理决定。根据治安管理处罚法的规定，公安机关在调查结束后，需要根据不同的情况作出不同的处理决定：

1. 确有依法应当给予治安管理处罚的违法行为的，根据情节轻重及具体情况，应当作出处罚决定。这里所说的“依法应当给予治安管理处罚的违法行为”有两层含义：一是确有违法行为，即有证据证明行为人实施了治安管理处罚法第三章，关于违反治安管理的行为和处罚的规定中所规定的各种违法行为；二是该违反治安管理的行为，确实需要给予治安管理处罚的。如果依法不需要给予治安管理处罚的，则不能作出处罚决定。如行为已过追究时效，或者行为人属于盲人、又聋又哑的人，或者违法行为情节特别轻微，依照治安管理处罚法的规定，可以不予处罚的等。根据治安管理处罚法的规定，作出处罚决定时还要遵循一个原则，即处罚决定要根据违法行为的情节轻重及具体情况来作出。这也是治安管理处罚法第五条规定的，治安管理处罚必须以事实为依据，与违反治安管理行为的性质、情节以及社会危害程度相当，即错罚相当原则的具体体现。治安管理处罚法第三章关于违反治安管理的行为和处罚的规定，都是按照情节的轻重规定了不同的处罚幅度的。公安机关在作出处罚决定的时候，应当根据违反治安管理行为的具体情节轻重，作出恰当的处罚。

2. 依法不予处罚的，或者违法事实不能成立的，应当作出不予处罚的决定。这里包括三种情况：一是依法不予处罚的，应当作出不予处罚的决定。治安管理处罚法规定的不予处罚的情形主要有依法应当不予处罚的、依法可以不予处罚的两种情况。第十二条、第十三条规定的不满十四周岁的人违反治安管理的，精神病人在不能辨认或者不能控制自己行为的时候违反治安管理的，属于应当不予处罚的规定。第十四条、第十九条规定的盲人或者又聋又哑的人违反治安管理的，，具有情节特别轻微、主动消除或者减轻违法后果，并取得被侵害人谅解的、出于他人胁迫或者诱骗的、主动投案向公安机关如实陈述自己的违法行为的、有立功表现的几类情形，属于可以不予处罚的。二是违法事实不能成立的，应当作出不予处罚的决定。所谓“违法事实不能成立”，是指没有违法事实或者证据不足以证明有违法事实两种情况。三是，对于行为已过追究时效的，公安机关也应当作出不予处罚的决定。

3. 违法行为已经涉嫌犯罪的，移送主管机关依法追究刑事责任。治安管理处罚法与刑法有着极为密切的关系，一些涉嫌犯罪的行为起初被作为行政案件立案调查，一些违法行为起初被作为刑事案件立案侦查，这都是经常发生的，也是正常的。如果经过调查，确认违法行为已经涉嫌犯罪，就应当依法移送主管机关追究刑事责任。这里的“主管机关”，是指根据刑事诉讼法的规定，对该案件具有管辖权机关，可能是公安机关，也可能是检察机关。属于公安机关的，应当移送承担具体业务的部门，如从治安队移送到刑警队。

4. 发现违反治安管理行为人有其他违法行为的，在对违反治安管理行为作出处罚决定的同时，通知有关行政主管部门处理。如公安机关在查处治安案件时，又发现违法行为人有偷漏税行为的，则应当通知税务部门依法对其偷漏税行为进行处罚。

依据指引：

❶**《中华人民共和国治安管理处罚法》**（2005年8月28日公布，自2006年3月1日起施行）

第五条 治安管理处罚必须以事实为依据，与违反治安管理行为的性质、情节以及社会危害程度相当。

实施治安管理处罚，应当公开、公正，尊重和保障人权，保护公民的人格尊严。

办理治安案件应当坚持教育与处罚相结合的原则。

第九十五条 治安案件调查结束后，公安机关应当根据不同情况，分别作出以下处理：

（一）确有依法应当给予治安管理处罚的违法行为的，根据情节轻重及具体情况，作出处罚决定；

（二）依法不予处罚的，或者违法事实不能成立的，作出不予处罚决定；

（三）违法行为已涉嫌犯罪的，移送主管机关依法追究刑事责任；

（四）发现违反治安管理行为人有其他违法行为的，在对违反治安管理行为作出处罚决定的同时，通知有关行政主管部门处理。

❷**《中华人民共和国行政处罚法》**（1996年3月17日公布，自1996年10月1日起施行）

第四条 行政处罚遵循公正、公开的原则。

设定和实施行政处罚必须以事实为依据，与违法行为的事实、性质、情节以及社会危害程度相当。

对违法行为给予行政处罚的规定必须公布；未经公布的，不得作为行政处罚的依据。

第三十条 公民、法人或者其他组织违反行政管理秩序的行为，依法应当给予行政处罚的，行政机关必须查明事实；违法事实不清的，不得给予行政处罚。

第三十八条 调查终结，行政机关负责人应当对调查结果进行审查，根据不同情况，分别作出如下决定：

（一）确有应受行政处罚的违法行为的，根据情节轻重及具体情况，作出行政处罚决定；

（二）违法行为轻微，依法可以不予行政处罚的，不予行政处罚；

（三）违法事实不能成立的，不得给予行政处罚；

（四）违法行为已构成犯罪的，移送司法机关。

对情节复杂或者重大违法行为给予较重的行政处罚，行政机关的负责人应当集体讨论决定。

❸**《公安机关办理行政案件程序规定》**（公安部2003年8月26日发布，自2004年4月1日起施行）

第三条 公安机关办理行政案件应当以事实为根据，以法律为准绳。

第一百三十二条 公安机关在办理行政案件中必须查明违法事实；违法事实不清的，不得作出行政处罚决定。

违法嫌疑人不讲真实姓名、住址，身份不明，但只要违法事实清楚，证据确凿的，可以按其自报的姓名作出处罚决定，并在相关法律文书中注明。

第一百三十六条 公安机关根据行政案件的不同情况分别作出如下处理决定：

（一）确有违法行为，应当给予行政处罚的，根据其情节和危害后果的轻重，作出行政处罚决定；

（二）违法行为轻微，依法可以不予行政处罚的，不予行政处罚；

（三）违法事实不成立的，不得给予行政处罚；

（四）对需要给予强制戒毒、收容教育等处理的，依法作出决定；

（五）违法行为涉嫌构成犯罪的，移送有权处理的主管机关或者部门。

【治安管理处罚决定书】

治安管理处罚决定书，是公安机关依法对违反治安管理行为人予以治安管理处罚的书面文件。治安管理处罚决定书是公安机关行使治安管理处罚权，进行治安管理处罚的法律表现形式。同时，对被处罚人而言，治安管理处罚决定书是其受到治安管理处罚的证明，也是其依法申请行政复议、提起行政诉讼的重要证据。因此，治安管理处罚法明确规定，公安机关作出治安管理处罚决定的，应当制作治安管理处罚决定书。这实际上也是治安管理处罚法总则中规定处罚公开原则的具体体现。

为了规范公安机关制作治安管理处罚决定书的活动，治安管理处罚法对治安管理处罚决定书应当载明的内容，也作了明确规定。根据治安管理处罚法的规定，治安管理处罚决定书应当载明的内容主要包括：（一）被处罚人的姓名、性别、年龄、身份证件的名称和号码、住址；（二）违法事实和证据；（三）处罚的种类和依据；（四）处罚的执行方式和期限；（五）对处罚决定不服，申请行政复议、提起行政诉讼的途径和期限；（六）作出处罚决定的公安机关的名称和作出决定的日期。另外，决定书应当由作出处罚决定的公安机关加盖印章。

需要特别强调的是，为了提高办理治安案件的效率，治安管理处罚法规定了当场处罚程序。但即使是在当场作出处罚决定的情况下，人民警察也应当填写处罚决定书，并当场交付被处罚人。当场填写的处罚决定书，应当载明被处罚人的姓名、违法行为、处罚依据、罚款数额、时间、地点以及公安机关名称，并由经办的人民警察签名或者盖章。

依据指引：

❶**《中华人民共和国治安管理处罚法》**（2005年8月28日公布，自2006年3月1日起施行）

第九十六条 公安机关作出治安管理处罚决定的，应当制作治安管理处罚决定书。决定书应当载明下列内容：

（一）被处罚人的姓名、性别、年龄、身份证件的名称和号码、住址；

（二）违法事实和证据；

（三）处罚的种类和依据；

（四）处罚的执行方式和期限；

（五）对处罚决定不服，申请行政复议、提起行政诉讼的途径和期限；

（六）作出处罚决定的公安机关的名称和作出决定的日期。

决定书应当由作出处罚决定的公安机关加盖印章。

第一百零一条 当场作出治安管理处罚决定的，人民警察应当向违反治安管理行为人出示工作证件，并填写处罚决定书。处罚决定书应当当场交付被处罚人；有被侵害人的，并将决定书副本抄送被侵害人。

前款规定的处罚决定书，应当载明被处罚人的姓名、违法行为、处罚依据、罚款数额、时间、地点以及公安机关名称，并由经办的人民警察签名或者盖章。

当场作出治安管理处罚决定的，经办的人民警察应当在二十四小时内报所属公安机关备案。

❷**《中华人民共和国行政处罚法》**（1996年3月17日公布，自1996年10月1日起施行）

第三十九条 行政机关依照本法第三十八条的规定给予行政处罚，应当制作行政处罚决定书。行政处罚决定书应当载明下列事项：

（一）当事人的姓名或者名称、地址；

（二）违反法律、法规或者规章的事实和证据；

（三）行政处罚的种类和依据；

（四）行政处罚的履行方式和期限；

（五）不服行政处罚决定，申请行政复议或者提起行政诉讼的途径和期限；

（六）作出行政处罚决定的行政机关名称和作出决定的日期。

行政处罚决定书必须盖有作出行政处罚决定的行政机关的印章。

【处罚决定书的宣告与送达】

制作处罚决定书体现了治安管理处罚公开的原则，处罚决定书制作以后，向当事人宣告、送达，更是处罚公开原则的当然要求。治安管理处罚法关于处罚决定书的宣告和送达的规定，主要包括以下几个方面的内容：

1. 治安管理处罚决定书应当向被处罚人宣告。宣告就是向被处罚人宣读处罚决定书，告知其处罚决定书的主要内容，包括、被处罚人的身份信息、违法事实和处罚依据、具体的处罚、不服处罚的救济手段等。

2. 治安管理处罚决定书应当送达被处罚人。根据治安管理处罚法、行政处罚法、行政复议法、行政诉讼法等法律的规定，送达是处罚决定书生效的前提条件。被处罚人申请行政复议、提起行政诉讼都有一定的期间，过了这个期间，就丧失了申请行政复议、提起行政诉讼的权利。但是，这个期间的起算是以行政机关依法完成了送达程序，当事人收到了行政处罚决定书为前提的。根据治安管理处罚法的规定，如果治安管理处罚决定书是当场宣告的，宣告之后就应当当场交付被处罚人，以完成送达程序。无法当场向被处罚人宣告的，应当在二日内送达被处罚人。关于送达的具体程序，治安管理处罚法未作详细、具体规定。根据治安管理处罚法第三条的规定，应当依照行政处罚法的相关规定执行。行政处罚法关于送达的程序，规定参照民事诉讼法的有关规定。因此，治安管理处罚决定书的送达，也要参照民事诉讼法的有关规定执行。根据民事诉讼法的规定，法律文书的送达主要有直接送达、留置送达等几种方式。直接送达也称交付送达，是指公安机关将治安管理处罚决定书直接交付给被处罚人。如被处罚人不在，可以交付给其成年家属签收。留置送达是指被处罚人或者他的同住成年家属拒绝接收治安管理处罚决定书的，公安机关应当邀请有关基层组织或者所在单位的代表到场，说明情况，在送达回证上记明拒收事由和日期，由送达人、见证人签名或者盖章，把治安管理处罚决定书留在被处罚人的住所，即视为送达。

3. 决定给予被处罚人行政拘留处罚的，应当及时通知被处罚人的家属。这样规定，主要是为了有利于被处罚人的家属及时了解情况，避免不必要的心理恐慌，有利于社会稳定，同时也是被处罚人应有的权利。

4. 如果有被侵害人的，公安机关应当将决定书副本抄送被侵害人。治安案件有的是扰乱公共秩序，妨害公共安全，有的是侵犯人身权利和财产权利。因而，许多治安案件有被侵害人。治安案件的处理结果与被侵害人有直接利害关系。对有被侵害人的，法律明确规定，公安机关应当将治安管理处罚决定书副本抄送被侵害人。“抄送”是指将治安管理处罚决定书副本送交被侵害人。

依据指引：

❶《中华人民共和国治安管理处罚法》(2005年8月28日公布，自2006年3月1日起施行)

第九十七条 公安机关应当向被处罚人宣告治安管理处罚决定书，并当场交付被处罚人；无法当场向被处罚人宣告的，应当在二日内送达被处罚人。决定给予行政拘留处罚的，应当及时通知被处罚人的家属。

有被侵害人的，公安机关应当将决定书副本抄送被侵害人。

第三条 治安管理处罚的程序，适用本法的规定；本法没有规定的，适用《中华人民共和国行政处罚法》的有关规定。

❷《中华人民共和国行政处罚法》(1996年3月17日公布，自1996年10月1日起施行)

第四十条 行政处罚决定书应当在宣告后当场交付当事人；当事人不在场的，行政机关应当在七日内依照民事诉讼法的有关规定，将行政处罚决定书送达当事人。

❸《中华人民共和国民事诉讼法》(1991年4月9日公布施行)

第七十七条 送达诉讼文书必须有送达回证，由受送达人在送达回证上记明收到日期，签名或者盖章。

受送达人在送达回证上的签收日期为送达日期。

第七十八条 送达诉讼文书，应当直接送交受送达人。受送达人是公民的，本人不在交他的同住成年家属签收；受送达人是法人或者其他组织的，应当由法人的法定代表人、其他组织的主要负责人或者该法人、组织负责收件的人签收；受送达人有诉讼代理人的，可以送交其代理人签收；受送达人已向人民法院指定代收人的，送交代收人签收。

受送达人的同住成年家属，法人或者其他组织的负责收件的人，诉讼代理人或者代收人在送达回证上签收的日期为送达日期。

第七十九条 受送达人或者他的同住成年家属拒绝接收诉讼文书的，送达人应当邀请有关基层组织或者所在单位的代表到场，说明情况，在送达回证上记明拒收事由和日期，由送达人、见证人签名或者盖章，把诉讼文书留在受送达人的住所，即视为送达。

第八十条 直接送达诉讼文书有困难的，可以委托其他人民法院代为送达，或者邮寄送达。邮寄送达的，以回执上注明的收件日期为送达日期。

第八十一条 受送达人是军人的，通过其所在部队团以上单位的政治机关转交。

第八十二条 受送达人是被监禁的，通过其所在监所或者劳动改造单位转交。

受送达人是被劳动教养的，通过其所在劳动教养单位转交。

第八十三条 代为转交的机关、单位收到诉讼文书后，必须立即交受送达人签收，以在送达回证上的签收日期，为送达日期。

第八十四条 受送达人下落不明，或者用本节规定的其他方式无法送达的，公告送达。自发出公告之日起，经过六十日，即视为送达。

公告送达，应当在案卷中记明原因和经过。

❹《中华人民共和国行政复议法》（1999年4月29日通过，自1999年10月1日起施行）

第九条 公民、法人或者其他组织认为具体行政行为侵犯其合法权益的，可以自知道该具体行政行为之日起六十日内提出行政复议申请；但是法律规定的申请期限超过六十日的除外。

因不可抗力或者其他正当理由耽误法定申请期限的，申请期限自障碍消除之日起继续计算。

❺《中华人民共和国行政诉讼法》（1989年4月4日通过，自1990年10月1日起施行）

第三十九条 公民、法人或者其他组织直接向人民法院提起诉讼的，应当在知道作出具体行政行为之日起三个月内提出。法律另有规定的除外。

❻《公安机关办理行政案件程序规定》（公安部2003年8月26日发布，自2004年4月1日起施行）

第三十一条 公安机关送达法律文书，应当遵守下列规定：

（一）办案人员依照简易程序作出当场处罚决定，应当将决定书当场交付被处罚人，并由被处罚人在决定书备案联上签名。被处罚人拒绝签名的，由办案人员在决定书备案联上注明；

（二）除本款第一项规定外，公安机关作出行政处罚决定和其他行政处理决定，应当在宣告后将决定书当场交付被处理人，并由被处理人在决定书附卷联上签名；被处理人拒绝签名的，由办案人员在决定书附卷联上注明；被处理人不在场的，公安机关应当在七日内将决定书送达被处理人。

送达法律文书应当首先采取直接送达方式，交给受送达人本人；如果本人不在，可以交给其成年家属或者所在单位的负责人代收。受送达人本人或者代收人拒绝接收或者拒绝签名或者盖章的，送达人可以邀请其邻居或者其他见证人到场，说明情况，把文书留在受送达人处，在送达回执上记明拒绝的事由、送达日期，由送达人和见证人签名，即视为送达。

无法直接送达的，委托其他公安机关代为送达，或者邮寄送达。

经采取上述送达方式仍无法送达的，可以公告送达。公告的范围和方式应当便于公民知晓，公告期限不得少于六十日。

【办理治安案件的期限】

办理治安案件的期限，是指公安机关自受理治安案件之日起，至办结治安案件的期限。治安管理处罚法对公安机关办理治安案件的期限作了明确规定。这主要是为了督促公安机关提高办事效率，尽快处理治安案件，以保护公民、法人和其他组织的合法权益。根据治安管理处罚法的规定，公安机关办理治安案件的期限，一般不得超过三十日。这样规定主要是考虑到，治安案件多属即时发现，案情比较简单，办理期限不宜太长。实践中，公安机关对大部分治安案件能够在一个月内办结，其中相当一部分治安案件能当场处罚完毕，还有很多治安案件可在二十四小时内办结。同时，高效率地处理治安案件，有利于及时化解社会矛盾，避免治安案件久拖不决。

另外，考虑到有些治安案件三十日内办结确有困难，需要适当延长办案时间，治安管理处罚法又规定，案情重大、复杂的治安案件，经上一级公安机关批准，可以再延长三十日。案情重大、复杂，主要是指团伙作案、流窜作案的案件、群体性案件，以及个别涉外治安案件等。

需要特别说明的是，治安管理处罚法规定的办案期限，是指在正常情况下的办案期限，如果在办案过程中，违法行为人逃跑的，逃跑的期间自然不应计算在公安机关的办案期限内。另外，治安管理处罚法还特别规定，办案过程中对有些专门性问题需要鉴定的，鉴定时间也不计算在办案期限内。

依据指引：

❶《中华人民共和国治安管理处罚法》（2005年8月28日公布，自2006年3月1日起施行）

第九十九条 公安机关办理治安案件的期限，自受理之日起不得超过三十日；案情重大、复杂的，经上一级公安机关批准，可以延长三十日。

为了查明案情进行鉴定的期间，不计入办理治安案件的期限。

【当场处罚】

行政处罚程序的目的是为了规范行政权的行使，防止行政权力的滥用，减少行政处罚的随意性。但从另一个角度考虑，为了提高行政效率，节约资源，对案情简单，处罚较轻的案件，设定一个相对简单的程序，也是必要的。行政处罚法第三十三条规定，对公民处以五十元以下罚款、对法人或者其他组织处以一千元以下罚款或者警告的行政处罚，可以当场作出处罚决定。治安管理处罚法根据执法的需要，也规定了当场处罚程序。但考虑到治安管理工作的特点，治安管理处罚法规定的适用当场处罚的条件，是违反治安管理行为事实清楚，证据确凿，处警告或者二百元以下罚款的案件。这一规定，实际上比行政处罚法规定的可以当场处罚的数额，有所提高。治安管理处罚法与行政处罚法，属于特别法与一般法的关系，对违反治安管理行为人当场处罚的应当依照治安管理处罚法的特殊规定，不适用行政处罚法第三十三条。

根据治安管理处罚法的规定，可以当场作出治安管理处罚决定的适用条件包括：第一、违反治安管理行为事实清楚，证据确凿。这是指在处理案件的现场就已经掌握了确凿、充分的证据，案件经过已经很清楚。案情比较简单，因果关系明确，不需要进行更多的查证。第二、依法处警告或者二百元以下罚款的。即只有符合法定的处罚种类和幅度的，才适用当场处罚。当场处罚的种类只限于警告和罚款。罚款的数额则限于二百元以下。符合上述处罚种类和罚款幅度规定的治安案件，一般是处罚较轻、对当事人权益影响相对较小、社会影响也不大的案件。

为了保证当场处罚依法进行，便于公安机关对其处理治安案件的人民警察的监督，治安管理处罚法还规定，当场作出治安管理处罚决定的，经办的人民警察应当在二十四小时内报所属公安机关备案。

需要注意的是，治安管理处罚法还规定了对罚款的当场收缴。当场处罚和当场收缴罚款是两个不同的概念。当场处罚属于处罚权限的分配，是处罚的决定程序；当场收缴是对处罚的一种执行方式，是处罚的执行程序。

依据指引：

❶《中华人民共和国治安管理处罚法》(2005年8月28日公布，自2006年3月1日起施行)

第一百条 违反治安管理行为事实清楚，证据确凿，处警告或者二百元以下罚款的，可以当场作出治安管理处罚决定。

第一百零一条 当场作出治安管理处罚决定的，人民警察应当向违反治安管理行为人出示工作证件，并填写处罚决定书。处罚决定书应当当场交付被处罚人；有被侵害人的，并将决定书副本抄送被侵害人。

前款规定的处罚决定书，应当载明被处罚人的姓名、违法行为、处罚依据、罚款数额、时间、地点以及公安机关名称，并由经办的人民警察签名或者盖章。

当场作出治安管理处罚决定的，经办的人民警察应当在二十四小时内报所属公安机关备案。

❷《中华人民共和国行政处罚法》(1996年3月17日公布，自1996年10月1日起施行)

第三十三条 违法事实确凿并有法定依据，对公民处以五十元以下、对法人或者其他组织处以一千元以下罚款或者警告的行政处罚的，可以当场作出行政处罚决定。当事人应当依照本法第四十六条、第四十七条、第四十八条的规定履行行政处罚决定。

第三十四条 执法人员当场作出行政处罚决定的，应当向当事人出示执法身份证件，填写预定格式、编有号码的行政处罚决定书。行政处罚决定书应当当场交付当事人。

前款规定的行政处罚决定书应当载明当事人的违法行为、行政处罚依据、罚款数额、时间、地点以及行政机关名称，并由执法人员签名或者盖章。

执法人员当场作出的行政处罚决定，必须报所属行政机关备案。

第三十五条 当事人对当场作出的行政处罚决定不服的，可以依法申请行政复议或者提起行政诉讼。

❸《公安机关办理行政案件程序规定》（公安部2003年8月26日发布，自2004年4月1日起施行）

第三十二条 违法事实确凿并有法定依据，对个人处以五十元以下、对单位处以一千元以下罚款或者警告的行政处罚，可以由办案人员当场作出行政处罚决定。

对卖淫、嫖娼和引诱、介绍、容留卖淫、嫖娼的以及涉外违反治安管理行为，不适用当场处罚。

第三十三条 当场处罚，应当按照下列程序实施：

（一）向违法行为人表明执法身份，口头告知其拟作出行政处罚的事实、理由、依据及其依法享有的权利；

（二）对违法行为人的陈述和申辩，应当充分听取。违法行为人提出的事实、理由或者证据成立的，应当采纳；

（三）填写处罚决定书并交付被处罚人；

（四）当场收缴罚款的，同时填写罚款收据，交付被处罚人；不当场收缴罚款的，应当告知被处罚人在规定期限内到指定的银行缴纳罚款。

第三十四条 适用简易程序处罚的，可由办案人员一人作出行政处罚决定。

办案人员当场作出的行政处罚决定，应当于二日内报所属公安机关备案。

❹公安部关于执行《治安管理处罚条例》当场处罚有关问题的批复（1993年3月25日）

江苏省公安厅：

你厅《关于执行〈治安管理处罚条例〉当场处罚有关问题的请示》（苏公厅［93］35号）收悉。经研究，现批复如下：

《治安管理处罚条例》规定的对违反治安管理行为的当场处罚，是一种简易的裁决程序，适应于案情简单，情节轻微，因果关系明确，不需进行多方查证即能认定违法事实，且不涉及其他违法犯罪案件的行为。在当场处罚时，应在法定的200元以下罚款处罚幅度内根据事实、情节作出恰当的处罚。对违反条例第三十一条、第三十二条适用当场处罚的，罚款最高数额亦应控制在200元以内。

❺公安部关于执行《治安管理处罚条例》当场处罚有关问题的补充通知（1992年9月9日）

各省、自治区、直辖市公安厅、局：

1989年3月18日公安部《关于执行〈治安管理处罚条例〉当场处罚的有关问题的通知》（（89）公发6号文件）中，规定对9类违反治安管理的行为不适用当场处罚。为了简化裁决程序，及时查处违反治安管理行为，提高工作效率，现决定除卖淫、嫖宿暗娼以及介绍或者容留卖淫、嫖宿暗娼和涉外的违反治安管理行为不适用当场处罚外，其他各类违反治安管理的行为，只要案情简单，情节轻微，因果关系明确，不需进行多方查证即能认定违法事实，并且不涉及其他违法犯罪案件的，均可适用当场处罚。执行当场处罚的其他问题仍按（89）公发6号文件的规定执行。

❻公安部关于执行《治安管理处罚条例》当场处罚的有关问题的通知（1989年3月8日）

各省、自治区、直辖市公安厅、局：

《中华人民共和国治安管理处罚条例》第三十四条中对违反治安管理的人可以当场处罚作了原则规定。一九八六年十月十五日公安部《关于贯彻执行治安管理处罚条例的通知》（〔86〕公发29号文件）中规定："对少数可以当场处罚的，在使用简易程序时，要将违反治安管理行为的事实作出笔录，填写裁决书，经公安派出所所长以上负责人批准后执行。"这一规定在当时的情况下是必要的。但是这样做办案程序过于繁琐，影响了对违反治安管理行为的及时处理。为了解决这个问题，现重新通知如下：

一、公安人员在依法执行职务中查处的违反治安管理的行为，如果案情比较简单、因果关系明确，被处罚人承认违法事实的，可以当场处警告或者五十元以下的罚款处罚；超过五十元罚款、被处罚人没有异议的，也可以当场处罚。

二、有下列情形之一的，不适用当场处罚：(1) 因民间纠纷引起的打架斗殴或者损坏公私财物的；(2) 卖淫、嫖宿暗娼以及介绍或者容留卖淫、嫖宿暗娼的；(3) 侮辱妇女的；(4) 拒绝、阻碍国家工作人员依法执行职务的；(5) 偷窃、骗取、抢夺少量公私财物的；(6) 赌博或者为赌博提供条件的；(7) 制作、复制、出售、出租或者传播淫书、淫画、淫秽录像或者其他淫秽物品的；(8) 涉外的违反治安管理行为；(9) 涉及赔偿损失、负担医疗费用或者没收的违反治安管理所得财物折款超过二百元的。

三、当场处罚适用简易程序。经商财政部同意，统一使用处罚书与收据合一的《治安管理当场处罚书》(式样附后)。处罚书一式三份，一份交被处罚人，一份作为收据交财政部门，一份存根。适用当场处罚的，可以不通知被处罚人所在单位和常住地派出所。当场处罚的罚没财物，按规定上交财政部门。当场处罚的治安案件，仍按原规定统计上报。

四、当场处罚的方法和程序：在现场能够给予处罚的，公安人员可以当场作出处罚决定；在现场处罚有所不便的，可以将被处罚人带到派出所或者附近的治安联防办公室等适当场所予以处罚。对被处罚人不接受当场处罚的，按普通程序处理。对接受当场处罚的，也要主动向被处罚人询问有无异议。无异议的，执行处罚的公安人员要填写《治安管理当场处罚书》，并让被处罚人签名。对当场处罚后又提出申诉的，按照《治安管理处罚条例》第三十九条的规定执行。

五、当场处罚是《治安管理处罚条例》赋予公安人员在维护社会治安中的职权，公安人员要依照《治安管理处罚条例》正确履行职责，严格依法办事，文明执法，坚持教育与处罚相结合的原则，要以案论法，就事说法，在处罚的同时宣传《治安管理处罚条例》。根据违反治安管理人的不同情况，区别对待。对情节轻微，主动、诚恳地认识错误的，可酌情减免处罚；对应当处以罚款的，也要根据事实、情节在法定的幅度内作出恰当的处罚。要坚决防止在处罚中草率马虎、滥施罚款，或因被处罚人进行申辩而加罚“态度款”，更不要以罚款处罚代替拘留处罚。各级公安机关贯彻执行本通知时，首先要组织广大干警认真学习《治安管理处罚条例》，明确当场处罚的具体规定和工作要求，并可以选择若干派出所先行试点，取得经验后再逐步全面实施。在实施过程中，要加强业务指导和监督检查，严格报告制度，发现问题，及时纠正。当场处罚的财务手续要按照一九八七年七月二十四日公安部、财政部《关于治安管理处罚罚没财物收据问题的通知》(〔87〕公(治)字71号文)的规定受财政部门的监督检查。《治安管理当场处罚书》要统一编号，确定专人负责，建立严格的领取收交制度，定期上交。违反交通管理的行为，适用当场处罚的，按一九八八年七月九日公安部《交通管理处罚程序规定》(〔88〕公发17号文件)执行。

附：《治安管理当场处罚书》(略)

【不服治安管理处罚决定的救济途径】

对行政处罚决定不服，可以依法通过行政复议、行政诉讼的途径寻求法律救济，这是行政处罚法、行政复议法、行政诉讼法确立的一项基本制度。这一制度实际上是法治的当然要求。治安管理处罚法第一百零二条对不服治安管理处罚决定的法律救济途径也作了明确规定，这实际上是重申行政处罚法等法律的基本原则。

需要特别说明的是，治安管理处罚条例也有关于不服治安管理处罚决定的法律救济途径的规定，即被裁决受治安管理处罚的人或者被侵害人不服公安机关或者乡(镇)人民政府裁决的，在接到通知后五日内，可以向上一级公安机关提出申诉，由上一级公安机关在接到申诉后五日内作出裁决；不服上一级公安机关裁决的，可以在接到通知后五日内向当地人民法院提起诉讼。治安管理处罚法与治安管理处罚条例的规定不同之处，一是将原来的申诉前置程序作了修改，没有规定复议前置，而是规定由被处罚人自行选择是否在提起行政诉讼之前，先申请行政复议。二是对寻求法律救济的时间，实际上也作了延长。取消复议前置，由被处罚人自行选择复议或诉讼，是根据行政处罚法、行政复议法、行政诉讼法所确立的一般原则规定的。现行的法律中规定行政复议前置的，只是极少数具有很强的专业性的法律，对部分类型的案件所作的特殊规定。治安管理处罚法没有必要保留复议前置的作法。之所以说治安管理处罚法实际上延长了被处罚人寻求法律救济的时间，是因为治安管理处罚法没有对被处罚人申请行政复议、提起行政诉讼的期限作具体规定，只是原则性的规定，被处罚人对治安管理处罚决定不服的，可以依法申请行政复议或者提起行政诉讼。这里的依法就是依据行政复议法、行政诉讼法。行政复议法规定，当事人申请行政复议，应当自知道行政行为之日起六十日内提出；行政诉讼法规定，当事人提起行政诉讼，应当自知道行政行为之日起三个月内提出。因此，比起原来治安管理处罚条例规定的五日，时间是大大延长了。这也是根据我国民主法制发展对公安机关执法提出的更高要求和保护公民权利的需要规定的。

另外，按照治安管理处罚条例的规定，对治安处罚的裁决不服的，可以向上一级公安机关申诉。治安管理处罚法原则规定依法申请行政复议，按照行政复议法的规定，对县级以上地方各级人民政府工作部门的具体行政行为不服的，由申请人选择向该部门的本级人民政府申请行政复议，或者向上一级主管部门申请行政复议。只有对海关、金融、国税、外汇管理等实行垂直领导的行政机关和国家安全机关的具体行政行为不服的，应当向上一级主管部门申请行政复议。这样，治安管理处罚法施行以后，治安案件的复议机关就包括县级以上公安机关所属的人民政府，而不再限于上一级公安机关。

还有，治安管理处罚条例规定，被处罚人、被侵害人都可以向上一级公安机关提出申诉、向人民法院提起行政诉讼。治安管理处罚法则只规定了被处罚人可以申请行政复议、提起行政诉讼。

依据指引：

❶**《中华人民共和国治安管理处罚法》**（2005 年 8 月 28 日公布，自 2006 年 3 月 1 日起施行）

第一百零二条 被处罚人对治安管理处罚决定不服的，可以依法申请行政复议或者提起行政诉讼。

❷**《中华人民共和国行政处罚法》**（1996 年 3 月 17 日公布，自 1996 年 10 月 1 日起施行）

第六条 公民、法人或者其他组织对行政机关所给予的行政处罚，享有陈述权、申辩权；对行政处罚不服的，有权依法申请行政复议或者提起行政诉讼。

公民、法人或者其他组织因行政机关违法给予行政处罚受到损害的，有权依法提出赔偿要求。

第三十五条 当事人对当场作出的行政处罚决定不服的，可以依法申请行政复议或者提起行政诉讼。

❸**《中华人民共和国行政复议法》**（1999 年 4 月 29 日公布，自 1999 年 10 月 1 日起施行）

第一条 为了防止和纠正违法的或者不当的具体行政行为，保护公民、法人和其他组织的合法权益，保障和监督行政机关依法行使职权，根据宪法，制定本法。

第二条 公民、法人或者其他组织认为具体行政行为侵犯其合法权益，向行政机关提出行政复议申请，行政机关受理行政复议申请、作出行政复议决定，适用本法。

第五条 公民、法人或者其他组织对行政复议决定不服的，可以依照行政诉讼法的规定向人民法院提起行政诉讼，但是法律规定行政复议决定为最终裁决的除外。

第六条 有下列情形之一的，公民、法人或者其他组织可以依照本法申请行政复议：

（一）对行政机关作出的警告、罚款、没收违法所得、没收非法财物、责令停产停业、暂扣或者吊销许可证、暂扣或者吊销执照、行政拘留等行政处罚决定不服的；

（二）对行政机关作出的限制人身自由或者查封、扣押、冻结财产等行政强制措施决定不服的；

（三）对行政机关作出的有关许可证、执照、资质证、资格证等证书变更、中止、撤销的决定不服的；

（四）对行政机关作出的关于确认土地、矿藏、水流、森林、山岭、草原、荒地、滩涂、海域等自然资源的所有权或者使用权的决定不服的；

（五）认为行政机关侵犯合法的经营自主权的；

（六）认为行政机关变更或者废止农业承包合同，侵犯其合法权益的；

（七）认为行政机关违法集资、征收财物、摊派费用或者违法要求履行其他义务的；

（八）认为符合法定条件，申请行政机关颁发许可证、执照、资质证、资格证等证书，或者申请行政机关审批、登记有关事项，行政机关没有依法办理的；

（九）申请行政机关履行保护人身权利、财产权利、受教育权利的法定职责，行政机关没有依法履行的；

（十）申请行政机关依法发放抚恤金、社会保险金或者最低生活保障费，行政机关没有依法发放的；

（十一）认为行政机关的其他具体行政行为侵犯其合法权益的。

第七条 公民、法人或者其他组织认为行政机关的具体行政行为所依据的下列规定不合法，在对具体行政行为申请行政复议时，可以一并向行政复议机关提出对该规定的审查申请：

（一）国务院部门的规定；

（二）县级以上地方各级人民政府及其工作部门的规定；

（三）乡、镇人民政府的规定。

前款所列规定不含国务院部、委员会规章和地方人民政府规章。规章的审查依照法律、行政法规办理。

第九条 公民、法人或者其他组织认为具体行政行为侵犯其合法权益的，可以自知道该具体行政行为之日起六十日内提出行政复议申请；但是法律规定的申请期限超过六十日的除外。

因不可抗力或者其他正当理由耽误法定申请期限的，申请期限自障碍消除之日起继续计算。

第十二条 对县级以上地方各级人民政府工作部门的具体行政行为不服的，由申请人选择，可以向该部门的本级人民政府申请行政复议，也可以向上一级主管部门申请行政复议。

对海关、金融、国税、外汇管理等实行垂直领导的行政机关和国家安全机关的具体行政行为不服的，向上一级主管部门申请行政复议。

第十三条 对地方各级人民政府的具体行政行为不服的，向上一级地方人民政府申请行政复议。

对省、自治区人民政府依法设立的派出机关所属的县级地方人民政府的具体行政行为不服的，向该派出机关申请行政复议。

第十六条 公民、法人或者其他组织申请行政复议，行政复议机关已经依法受理的，或者法律、法规规定应当先向行政复议机关申请行政复议、对行政复议决定不服再向人民法院提起行政诉讼的，在法定行政复议期限内不得向人民法院提起行政诉讼。

公民、法人或者其他组织向人民法院提起行政诉讼，人民法院已经依法受理的，不得申请行政复议。

❹《中华人民共和国行政诉讼法》（1989年4月4日公布，自1990年10月1日起施行）

第二条 公民、法人或者其他组织认为行政机关和行政机关工作人员的具体行政行为侵犯其合法权益，有权依照本法向人民法院提起诉讼。

第十一条 人民法院受理公民、法人和其他组织对下列具体行政行为不服提起的诉讼：

（一）对拘留、罚款、吊销许可证和执照、责令停产停业、没收财物等行政处罚不服的；

（二）对限制人身自由或者对财产的查封、扣押、冻结等行政强制措施不服的；

（三）认为行政机关侵犯法律规定的经营自主权的；

（四）认为符合法定条件申请行政机关颁发

许可证和执照，行政机关拒绝颁发或者不予答复的；

（五）申请行政机关履行保护人身权、财产权的法定职责，行政机关拒绝履行或者不予答复的；

（六）认为行政机关没有依法发给抚恤金的；

（七）认为行政机关违法要求履行义务的；

（八）认为行政机关侵犯其他人身权、财产权的。

除前款规定外，人民法院受理法律、法规规定可以提起诉讼的其他行政案件。

第三十七条 对属于人民法院受案范围的行政案件，公民、法人或者其他组织可以先向上一级行政机关或者法律、法规规定的行政机关申请复议，对复议不服的，再向人民法院提起诉讼；也可以直接向人民法院提起诉讼。

法律、法规规定应当先向行政机关申请复议，对复议不服再向人民法院提起诉讼的，依照法律、法规的规定。

第三十九条 公民、法人或者其他组织直接向人民法院提起诉讼的，应当在知道作出具体行政行为之日起三个月内提出。法律另有规定的除外。

第三节　执　　行

本节为读者提供与以下题目有关的法律问题的专家意见及法律依据

■ 罚款的缴纳与当场收缴　■ 行政拘留决定的暂缓执行　■ 担保人的条件　■ 担保人的义务和违反义务的处罚　■ 保证金的没收　■ 保证金的退还

【罚款的缴纳与当场收缴】

治安管理处罚决定作出后，就涉及执行的问题。关于行政拘留的执行，治安管理处罚法规定由作出决定的公安机关送达拘留所执行。关于罚款的执行，治安管理处罚法规定，受到罚款处罚的人应当自收到处罚决定书之日起十五日内，到指定的银行缴纳罚款。但是，违反治安管理行为人相当多的属于流动人口，让其自行缴纳罚款，往往会逃之夭夭。如果动用警力去追讨，成本过高；如果不追讨，处罚决定无法落到实处，影响法律的效力和严肃性。另外，有的案件，罚款数额很小，当事人对处罚又没有异议，有的当事人向指定的银行缴纳罚款确有困难，如果一定要让其到指定的银行缴纳，可能会增加当事人的负担。为此，治安管理处罚法规定，有下列情形之一的，人民警察可以当场收缴罚款：（一）被处五十元以下罚款，被处罚人对罚款无异议的；（二）在边远、水上、交通不便地区，公安机关及其人民警察依照本法的规定作出罚款决定后，被处罚人向指定的银行缴纳罚款确有困难，经被处罚人提出的；（三）被处罚人在当地没有固定住所，不当场收缴事后难以执行的。

需要注意的是，人民警察当场收缴罚款毕竟属于例外情况，为了规范人民警察的执法活动，治安管理处罚法明确规定，人民警察当场收缴罚款的，应当向被处罚人出具省、自治区、直辖市人民政府财政部门统一制发的罚款收据；不出具统一制发的罚款收据的，被处罚人有权拒绝缴纳罚款。当场收缴罚款的人民警察，应当自收缴罚款之日起二日内，将收缴的罚款交至所属的公安机关；在水上、旅客列车上当场收缴的罚款，应当自抵岸或者到站之日起二日内，交至所属的公安机关；公安机关应当自收到罚款之日起二日内将罚款缴付指定的银行。

依据指引：

❶《中华人民共和国治安管理处罚法》(2005年8月28日公布，自2006年3月1日起施行)

第一百零四条 受到罚款处罚的人应当自收到处罚决定书之日起十五日内，到指定的银行缴纳罚款。但是，有下列情形之一的，人民警察可以当场收缴罚款：

（一）被处五十元以下罚款，被处罚人对罚款无异议的；

（二）在边远、水上、交通不便地区，公安机关及其人民警察依照本法的规定作出罚款决定后，被处罚人向指定的银行缴纳罚款确有困难，经被处罚人提出的；

（三）被处罚人在当地没有固定住所，不当场收缴事后难以执行的。

第一百零五条 人民警察当场收缴的罚款，应当自收缴罚款之日起二日内，交至所属的公安机关；在水上、旅客列车上当场收缴的罚款，应当自抵岸或者到站之日起二日内，交至所属的公安机关；公安机关应当自收到罚款之日起二日内将罚款缴付指定的银行。

第一百零六条 人民警察当场收缴罚款的，应当向被处罚人出具省、自治区、直辖市人民政府财政部门统一制发的罚款收据；不出具统一制发的罚款收据的，被处罚人有权拒绝缴纳罚款。

第一百一十五条 公安机关依法实施罚款处罚，应当依照有关法律、行政法规的规定，实行罚款决定与罚款收缴分离；收缴的罚款应当全部上缴国库。

❷《中华人民共和国行政处罚法》(1996年3月17日公布，自1996年10月1日起施行)

第四十四条 行政处罚决定依法作出后，当事人应当在行政处罚决定的期限内，予以履行。

第四十五条 当事人对行政处罚决定不服申请行政复议或者提起行政诉讼的，行政处罚不停止执行，法律另有规定的除外。

第四十六条 作出罚款决定的行政机关应当与收缴罚款的机构分离。

除依照本法第四十七条、第四十八条的规定当场收缴的罚款外，作出行政处罚决定的行政机关及其执法人员不得自行收缴罚款。

当事人应当自收到行政处罚决定书之日起十五日内，到指定的银行缴纳罚款。银行应当收受罚款，并将罚款直接上缴国库。

第四十七条 依照本法第三十三条的规定当场作出行政处罚决定，有下列情形之一的，执法人员可以当场收缴罚款：

（一）依法给予二十元以下的罚款的；

（二）不当场收缴事后难以执行的。

第四十八条 在边远、水上、交通不便地区，行政机关及其执法人员依照本法第三十三条、第三十八条的规定作出罚款决定后，当事人向指定的银行缴纳罚款确有困难，经当事人提出，行政机关及其执法人员可以当场收缴罚款。

第五十一条 当事人逾期不履行行政处罚决定的，作出行政处罚决定的行政机关可以采取下列措施：

（一）到期不缴纳罚款的，每日按罚款数额的百分之三加处罚款；

（二）根据法律规定，将查封、扣押的财物拍卖或者将冻结的存款划拨抵缴罚款；

（三）申请人民法院强制执行。

第五十二条 当事人确有经济困难，需要延期或者分期缴纳罚款的，经当事人申请和行政机关批准，可以暂缓或者分期缴纳。

第五十六条 行政机关对当事人进行处罚不使用罚款、没收财物单据或者使用非法定部门制发的罚款、没收财物单据的，当事人有权拒绝处罚，并有权予以检举。上级行政机关或者有关部门对使用的非法单据予以收缴销毁，对直接负责的主管人员和其他直接责任人员依法给予行政处分。

第五十七条 行政机关违反本法第四十六条的规定自行收缴罚款的，财政部门违反本法第五十三条的规定向行政机关返还罚款或者拍卖款项的，由上级行政机关或者有关部门责令改正，对直接负责的主管人员和其他直接责任人员依法给予行政处分。

❸ **财政部、公安部关于使用《治安管理当场处罚决定书（代收据）》有关问题的补充通知**
(2001年5月11日)

铁道部公安局，交通部公安局，民航总局公安局，林业局森林公安局：

为贯彻执行《中华人民共和国行政处罚法》的有关规定，加强对罚款票据的管理，保证各项罚没收入正常缴库，财政部下发了《关于印发〈当场处罚罚款票据管理暂行规定〉的通知》（财预〔2000〕4号，以下简称《通知》）。现就铁路、交通、民航和森林公安机关使用《通知》中的《治安管理当场处罚决定书（代收据）》的有关事项补充通知如下：

一、铁路、交通、民航和森林公安机关按照《中华人民共和国行政处罚法》和《中华人民共和国治安管理处罚条例》的规定，实施治安管理处罚需要当场收缴罚款时，统一使用《通知》中规定的《治安管理当场处罚决定书（代收据）》。

二、《治安管理当场处罚决定书（代收据）》一式四联，用途如下：一联作为存根，一联收据交被处罚人，一联记账凭证用于会计记账，一联报查存入案卷。

三、将《通知》中的《治安管理当场处罚决定书（代收据）》中的行政复议期限由15日改为60日。

四、按照《通知》的规定，财政部负责《治安管理当场处罚决定书（代收据）》的监（印）制、发放、核销、稽查及监督管理工作，各部门的相关工作接受财政部的管理和监督。

五、本补充通知下发后，各单位按照《通知》下发以前的有关规定使用的治安管理当场处罚票据停止使用。

【行政拘留决定的暂缓执行】

根据行政复议法、行政诉讼法的规定，当事人申请行政复议、提起行政诉讼期间，行政行为原则上不停止执行。对于罚款、扣押财物等行政决定不停止执行，如果当事人事后胜诉，可以通过返还财产、赔偿损失等方式弥补。行政拘留是一种剥夺和限制他人人身自由的处罚，如果在复议、诉讼期间予以执行，当事人胜诉后，其受到的损失是难以弥补的。因此，治安管理处罚法规定了暂缓执行行政拘留决定的制度。该规定有三个方面的意思：第一，被处罚人不服行政拘留处罚决定，如果申请行政复议或者提起行政诉讼，就有权向公安机关申请暂缓执行行政拘留决定。第二，公安机关对被处罚人提出的暂缓执行行政拘留决定的申请有权进行审查，审查的核心，是看被处罚人的人身危险性，如果暂缓执行行政拘留决定不致发生社会危险的，就符合暂缓执行的条件。这里所说的“发生社会危险”，主要是指被处罚人有可能逃跑、干扰证人、串供、毁灭、伪造证据、又实施其他违法犯罪行为等。判断被处罚人是否会发生社会危险，要根据被处罚人各方面情况综合考虑，作出判断。通常需要考虑的因素包括违反治安管理行为的性质、社会危害、被处罚人的一贯表现、与所居住区域的联系等。如果公安机关认为暂缓执行行政拘留可能会发生社会危险的，行政拘留处罚不得暂缓执行。第三，如果公安机关认为被处罚人符合前面所说的条件的，被处罚人或者其近亲属还需要提出符合条件的保证人，或者按照每日行政拘留二百元的标准交纳保证金，作为暂缓执行的担保。

需要说明的是，治安管理处罚法规定的暂缓执行行政拘留处罚决定制度，与行政复议法、行政诉讼法规定的停止执行行政行为是不同主管机关的不同行为，两者并不矛盾。也就是说，不排除依照行政复议法或者行政诉讼法停止执行的可能性。行政复议法第二十一条规定：“行政复议期间具体行政行为不停止执行；但是，有下列情形之一的，可以停止执行：（一）被申请人认为需要停止执行的；（二）行政复议机关认为需要停止执行的；（三）申请人申请停止执行，行政复议机关认为其要求合理，决定停止执行的；（四）法律规定停止执行的。”行政诉讼法第四十四条规定：“诉讼期间，不停止具体行政行为的执行。但有下列情形之一的，停止具体行政行为的执行：（一）被告认为需要停止执行的；（二）原告申请停止执行，人民法院认为该具体行政行为的执行会造成难以弥补的损失，并且停止执行不损害社会公共利益，裁定停止执行的；（三）法律、法规规定停止执行的。”根据上述规定，在行政复议、行政诉讼期间，对于符合行政复议法、行政诉讼法规定的，行政复议机关、人民法院以及作出原行政处罚决定的机关也可以决定停止执行行政拘留或者其他治安管理处罚决定。

依据指引：

❶**《中华人民共和国治安管理处罚法》**（2005年8月28日公布，自2006年3月1日起施行）

第一百零七条 被处罚人不服行政拘留处罚决定，申请行政复议、提起行政诉讼的，可以向公安机关提出暂缓执行行政拘留的申请。公安机关认为暂缓执行行政拘留不致发生社会危险的，由被处罚人或者其近亲属提出符合本法第一百零八条规定条件的担保人，或者按每日行政拘留二百元的标准交纳保证金，行政拘留的处罚决定暂缓执行。

❷**《中华人民共和国行政诉讼法》**（1989年4月4日公布，自1990年10月1日起施行）

第四十四条 诉讼期间，不停止具体行政行为的执行。但有下列情形之一的，停止具体行政行为的执行：

（一）被告认为需要停止执行的；

（二）原告申请停止执行，人民法院认为该具体行政行为的执行会造成难以弥补的损失，并且停止执行不损害社会公共利益，裁定停止执行的；

（三）法律、法规规定停止执行的。

❸**《中华人民共和国行政复议法》**（1999年4月29日公布，自1999年10月1日起施行）

第二十一条 行政复议期间具体行政行为不停止执行；但是，有下列情形之一的，可以停止执行：

（一）被申请人认为需要停止执行的；

（二）行政复议机关认为需要停止执行的；

（三）申请人申请停止执行，行政复议机关认为其要求合理，决定停止执行的；

（四）法律规定停止执行的。

❹**《公安机关办理行政案件程序规定》**（公安部2003年8月26日发布，自2004年4月1日起施行）

第一百六十八条 被决定行政拘留的人或者其家属提出担保人或者按照规定交纳保证金的，在行政复议和行政诉讼期间，原行政拘留决定暂缓执行。担保人和保证金不得同时适用。

第一百七十一条 公安机关经过审查认为担保人符合条件的，由担保人出具保证书，并到公安机关将被担保人领回。

第一百七十三条 交纳保证金担保的，保证金按决定行政拘留期限计算，行政拘留一日交纳保证金五十元至二百元。保证金应当由银行代收。

……

第一百七十四条 被决定行政拘留的人，同时被并处罚款的，所处罚款不因其提出担保人或者交纳保证金而暂缓执行。

❺**最高人民法院关于执行《中华人民共和国行政诉讼法》若干问题的解释**（2000年3月8日发布，自2000年3月10日起施行）

第十一条 行政诉讼法第二十四条规定的“近亲属”，包括配偶、父母、子女、兄弟姐妹、祖父母、外祖父母、孙子女、外孙子女和其他具有扶养、赡养关系的亲属。

【担保人的条件】

根据治安管理处罚法的规定，暂缓执行行政拘留处罚的担保人必须同时符合以下四个条件：

第一，与本案无牵连。与本案无牵连，是指担保人与被处罚人所涉及的治安案件没有任何利害关系，担保人既不能是同一治安案件的当事人，也不能是该治安案件的证人，否则，由于其本身与该治安案件有利害关系或者其他关系，就难以保证其认真履行担保义务。

第二，担保人享有政治权利，人身自由未受到限制。即担保人在为被暂缓执行行政拘留处罚的被处罚人承担担保义务时，他本人并没有因为违法犯罪行为而被剥夺政治权利或者被限制人身自由。这里所说的“享有政治权利”，是指享有宪法规定的选举权和被选举权；言论、出版、集会、结社、游行、示威自由的权利；担任国家机关职务的权利；担任国有公司、企业、事业单位和人民团体领导职务的权利。上述政治权利，只能依照法律的规定予以剥夺。我国刑法第五十六条规定：“对于危害国家安全的犯罪分子应当附加剥夺政治权利；对于故意杀人、强奸、放火、爆炸、投毒、抢劫等严重破坏社会秩序的犯罪分子，可以附加剥夺政治权利。”“独立适用剥夺政治权利的，依照本法分则的规定。”第五十七条规定：“对于被判处死刑、无期徒刑的犯罪分子，应当剥夺政治权利终身。”“在死刑缓期执行减为有期徒刑或者无期徒刑减为有期徒刑的时候，应当把附加剥夺政治权利的期限改为三年以上十年以下。”凡是未经人民法院定罪判决剥夺政治权利的，即可认为“享有政治权利”。这里所说的“人身自由未受到限制”，是指担保人未受到任何剥夺或者限制其人身自由的刑罚处罚，未被采取任何剥夺或者限制其人身自由的刑事、行政强制措施，也未受到任何限制其人身自由的行政处罚。具体讲，是指担保人未被判处管制、拘役或者有期徒刑以上的刑罚处罚并在服刑的，未被采取拘传、取保候审、监视居住、拘留、逮捕刑事强制措施，未被劳动教养，也未受到行政拘留等处罚的。需要注意的是，这里所规定的“享有政治权利，人身自由未受到限制”，是指担保人在为暂缓执行行政拘留处罚的被处罚人提供担保期间，享有政治权利，人身自由未受到限制。对于曾经被剥夺过政治权利，或者其人身自由曾经受到过限制，但在为暂缓执行行政拘留处罚的被处罚人提供担保期间，享有政治权利，人身自由未受到限制的，不能认为是不具备本条所规定的这一条件。也就是说，担保人既要享有政治权利，其人身自由又未受到限制。只有这样，担保人才有可能履行担保义务。

第三，担保人必须在当地有常住户口和固定住所。这里所说的“当地”，是指办理该治安案件的公安机关所在地。担保人在当地有常住户口并有固定住所，便于保持他与公安机关之间的联系，有利于保证他履行担保义务。

第四，担保人必须有能力履行担保义务。“有能力履行担保义务”，包括担保人必须达到一定年龄并具有民事行为能力，而且担保人对被处罚人有一定的影响力，以及担保人的身体状况能使他完成监督被处罚人行为的任务等等。

依据指引：

❶《中华人民共和国治安管理处罚法》（2005年8月28日公布，自2006年3月1日起施行）

第一百零七条 被处罚人不服行政拘留处罚决定，申请行政复议、提起行政诉讼的，可以向公安机关提出暂缓执行行政拘留的申请。公安机关认为暂缓执行行政拘留不致发生社会危险的，由被处罚人或者其近亲属提出符合本法第一百零八条规定条件的担保人，或者按每日行政拘留二百元的标准交纳保证金，行政拘留的处罚决定暂缓执行。

第一百零八条 担保人应当符合下列条件：

（一）与本案无牵连；

（二）享有政治权利，人身自由未受到限制；

（三）在当地有常住户口和固定住所；

（四）有能力履行担保义务。

❷《公安机关办理行政案件程序规定》（公安部2003年8月26日发布，自2004年4月1日起施行）

第一百七十条 担保人应当符合下列条件：

（一）与本案无牵连；

（二）享有政治权利，人身自由未依法受到限制或者剥夺；

（三）在当地有常住户口和固定住处；

（四）有能力履行担保义务。

【担保人的义务和违反义务的处罚】

根据治安管理处罚法规定，担保人的义务是保证被担保人不逃避行政拘留处罚的执行。这一规定，是从担保目标的角度来规定担保人的保证义务。担保人应当通过多种方式，包括语言劝解、监督、督促、提醒等，来实现其担保目标，即保证被担保人不逃避行政拘留处罚的执行。“逃避行政拘留处罚的执行”，是指被处罚人采取逃跑或者躲避等方式，使行政拘留处罚的执行无法进行的行为。法律规定暂缓执行行政拘留处罚决定，是为了保证被处罚人充分行使寻求法律救济的权利。如果将来行政复议、行政诉讼的结果是维持了公安机关作出的行政拘留处罚决定，被处罚人应当自觉履行。保证人的作用，也就是担保被处罚人不逃避处罚的执行。

治安管理处罚法对担保人违反义务的处罚作了明确规定，即担保人不履行担保义务，致使被担保人逃避处罚的，由公安机关对其处三千元以下罚款。根据这一规定，对担保人进行处罚，必须同时具备两个条件：一是担保人不履行担保义务，即担保人未采取任何担保措施或者严重不负责任，敷衍了事等；二是致使被担保人逃避处罚。这里所说的“逃避处罚”，是指被处罚人采取逃跑或者躲避等方式，使经行政复议或者行政诉讼后维持的行政拘留处罚无法执行。实践中应当注意两个方面的问题：首先，如果担保人积极履行其担保义务，但被担保人还是通过逃跑或者躲避等逃避处罚的，不应对担保人进行处罚。其次，担保人不履行担保义务，虽然被担保人有其他违法行为，如干扰复议、扰乱法庭秩序等，但未逃避处罚的，也不能对担保人进行处罚。根据本款的规定，担保人不履行担保义务，致使被担保人逃避处罚的，由公安机关对其处三千元以下罚款。在实践中，具体的罚款数额应根据被担保人逃避处罚的严重程度、担保人的责任大小及其经济状况来确定。

依据指引：

❶《中华人民共和国治安管理处罚法》（2005年8月28日公布，自2006年3月1日起施行）

第一百零九条 担保人应当保证被担保人不逃避行政拘留处罚的执行。

担保人不履行担保义务，致使被担保人逃避行政拘留处罚的执行的，由公安机关对其处三千元以下罚款。

❷《公安机关办理行政案件程序规定》（公安部第68号令2003年8月26日颁布，自2004年1月1日起实施）

第一百六十八条 被决定行政拘留的人或者其家属提出担保人或者按照规定交纳保证金的，在行政复议和行政诉讼期间，原行政拘留决定暂缓执行。担保人和保证金不得同时适用。

第一百七十条 担保人应当符合下列条件：

（一）与本案无牵连；

（二）享有政治权利，人身自由未依法受到限制或者剥夺；

（三）在当地有常住户口和固定住所；

（四）有能力履行担保义务。

第一百七十一条 公安机关经过审查认为担保人符合条件的，由担保人出具保证书，并到公安机关将被担保人领回。

第一百七十二条 担保人应当保证被担保人不阻碍、逃避公安机关、行政复议机关或者人民法院的传唤、复议、审理和执行。

担保人不履行担保义务的，公安机关可以对担保人处以一千元以下罚款，并撤销担保。

第一百七十四条 被决定行政拘留的人，同时被并处罚款的，所处罚款不因其提出担保人或者交纳保证金而暂缓执行。

第一百七十五条 行政拘留处罚被撤销或者开始执行时，公安机关应当将保证金退还交纳人。

被决定行政拘留的人交纳保证金保释后违反第一百六十九条规定的，撤销担保，由决定行政拘留的公安机关作出没收或者部分没收保证金的决定，原行政拘留决定继续执行。

第一百七十六条 当事人对公安机关没收保证金的决定不服的，可以依法申请行政复议或者提起行政诉讼。

【保证金的没收】

治安管理处罚法规定，被决定给予行政拘留处罚的人交纳保证金，暂缓行政拘留后逃避处罚的，保证金予以没收。根据这一规定，公安机关决定没收保证金的条件，是被处罚人逃避行政拘留处罚的执行。这里所说的"逃避处罚"，是指被处罚人采取逃跑或者躲避等方式，使经行政复议或者行政诉讼后维持的行政拘留处罚无法执行。要求被处罚人或者其近亲属交纳保证金，其主要目的就在于保证被处罚人在行政复议、行政诉讼期间不逃避未来行政拘留处罚的执行，因此，被处罚人逃避处罚的，所交纳的保证金应当予以没收。公安机关没收的保证金应当上缴国库，这是因为没收保证金属于一种行政处罚，在性质上与罚款处罚类似。

需要强调指出的是，关于没收保证金是对被处罚人违反关于保证金担保的规定，逃避处罚的执行的行为的法律后果。至于原来作出的行政拘留决定仍应执行。没收保证金不能替代被处罚人因违反治安管理行为应受的行政拘留处罚，行政拘留处罚针对的是被处罚人违反治安管理的行为，其目的是对被处罚人进行惩罚和教育，仅仅没收保证金不能够达到这一效果。

依据指引：

❶《中华人民共和国治安管理处罚法》（2005年8月28日公布，自2006年3月1日起施行）

第一百一十条 被决定给予行政拘留处罚的人交纳保证金，暂缓行政拘留后，逃避行政拘留处罚的执行的，保证金予以没收并上缴国库，已经作出的行政拘留决定仍应执行。

❷《公安机关办理行政案件程序规定》（公安部2003年8月26日发布，自2004年4月1日起施行）

第一百六十八条 被决定行政拘留的人或者其家属提出担保人或者按照规定交纳保证金的，在行政复议和行政诉讼期间，原行政拘留决定暂缓执行。担保人和保证金不得同时适用。

第一百七十条 担保人应当符合下列条件：

（一）与本案无牵连；

（二）享有政治权利，人身自由未依法受到限制或者剥夺；

（三）在当地有常住户口和固定住处；

（四）有能力履行担保义务。

第一百七十五条 行政拘留处罚被撤销或者开始执行时，公安机关应当将保证金退还交纳人。

被决定行政拘留的人交纳保证金保释后违反第一百六十九条规定的，撤销担保，由决定行政拘留的公安机关作出没收或者部分没收保证金的决定，原行政拘留决定继续执行。

第一百七十六条 当事人对公安机关没收保证金的决定不服的，可以依法申请行政复议或者提起行政诉讼。

【保证金的退还】

根据治安管理处罚法的规定，在两种情况下，公安机关应当将保证金退还交纳人：

1. 行政拘留的处罚决定被撤销的。行

政拘留的处罚决定被撤销的，原处罚决定就不再有效，公安机关不得对被处罚人执行原处罚决定。在这种情况下，保证金的收取就失去了必要性，因此，公安机关必须及时将保证金予以退还。这里所说的“行政拘留的处罚决定被撤销”，既包括在行政复议程序中被行政复议机关依法撤销，也包括在行政诉讼程序中被人民法院依法撤销。根据行政复议法第二十八条的规定，对于行政拘留处罚决定有下列情形之一的，行政复议机关可以决定撤销、变更或者确认该处罚决定违法：主要事实不清、证据不足的；适用依据错误的；违反法定程序的；超越或者滥用职权的；具体行政行为明显不当的。另外，作出处罚决定的公安机关不按行政复议法的有关规定向行政复议机关提出书面答复、提交当初作出行政拘留处罚决定的证据、依据和其他有关材料的，视为该处罚决定没有证据、依据，行政复议机关决定撤销该处罚决定。根据行政诉讼法第五十四条的规定，人民法院经过审理，对于有下列情形之一的，判决撤销或者部分撤销，并可以判决被告重新作出具体行政行为：主要证据不足的；适用法律、法规错误的；违反法定程序的；超越职权的；滥用职权的。

2. 行政拘留处罚开始执行的。收取保证金的目的是为了保证行政拘留处罚能够得以执行，在行政拘留处罚开始执行的情况下，保证金的收取也就不再是必要的，公安机关必须及时将保证金予以退还。这里的行政拘留处罚开始执行，包括原来的行政拘留处罚被复议机关或者人民法院减轻，公安机关依法开始执行的情形。实践中需要注意的是，如果在行政复议、行政诉讼期间被处罚人逃避处罚，保证金被没收，并被抓获送交执行行政拘留的，原来依法没收的保证金是不退还的。应当退还保证金的，公安机关应当“及时”退还，不得扣留、拖延，损害当事人的合法权益。

依据指引：

❶《中华人民共和国治安管理处罚法》（2005年8月28日公布，自2006年3月1日起施行）

第一百一十条 被决定给予行政拘留处罚的人交纳保证金，暂缓行政拘留后，逃避行政拘留处罚的执行的，保证金予以没收并上缴国库，已经作出的行政拘留决定仍应执行。

第一百一十一条 行政拘留的处罚决定被撤销，或者行政拘留处罚开始执行的，公安机关收取的保证金应当及时退还交纳人。

第一百一十六条 人民警察办理治安案件，有下列行为之一的，依法给予行政处分；构成犯罪的，依法追究刑事责任：

（六）违反规定不及时退还保证金的；

❷《公安机关办理行政案件程序规定》（公安部2003年8月26日发布，自2004年4月1日起施行）

第一百六十八条 被决定行政拘留的人或者其家属提出担保人或者按照规定交纳保证金的，在行政复议和行政诉讼期间，原行政拘留决定暂缓执行。担保人和保证金不得同时适用。

第一百七十四条 被决定行政拘留的人，同时被并处罚款的，所处罚款不因其提出担保人或者交纳保证金而暂缓执行。

第一百七十五条 行政拘留处罚被撤销或者开始执行时，公安机关应当将保证金退还交纳人。

被决定行政拘留的人交纳保证金保释后违反第一百六十九条规定的，撤销担保，由决定行政拘留的公安机关作出没收或者部分没收保证金的决定，原行政拘留决定继续执行。

第五章 执法监督

本章为读者提供与以下题目有关的法律问题的专家意见及法律依据

■执法要求 ■禁止打骂虐待侮辱违反治安管理行为人 ■自觉接受监督 ■检举控告 ■罚款决定与罚款收缴分离 ■人民警察的违法行为与行政处分 ■公安机关及其人民警察的赔偿责任

【执法要求】

治安管理处罚法的立法目的、基本原则和精神，是需要通过公安机关及其人民警察办理具体的治安案件加以实现的。公安机关及其人民警察，作为维护社会治安秩序，保护公民、法人和其他组织的合法权益的专门机关和人员，能否严格按照法律规定履行治安管理职责，直接关系到广大人民群众，包括治安管理相对人的合法权益能否得到充分的保护。从近些年来公安机关及其人民警察依法履行治安管理职责的情况看，随着我国社会主义民主法制建设的日趋完善，广大公安干警依法行政的意识不断增强，“立警为公，执法为民”的自觉性也不断提高。但同时也应看到，有个别的公安机关及其人民警察在办理治安案件过程中存在着滥用职权的现象，有的是不给好处不办事，给了好处乱办事；有的执法态度生硬，工作作风散漫，拖拉敷衍，办事效率低下；有的徇私舞弊，不严格依照法定程序办事等等，这些问题的存在不仅影响了办案的质量，甚至导致冤假错案，而且还严重影响了公安机关及人民警察在群众中的形象，影响了警民关系，必须坚决予以纠正。因此，治安管理处罚法对公安机关办理治安案件的执法活动提出了明确具体的要求，即：公安机关及其人民警察应当依法、公正、严格、高效办理治安案件，文明执法，不得徇私舞弊。“公正”，就是要求公安机关及其人民警察在办理治安案件的过程中，要体现“立警为公，执法为民”这一执法的核心思想，要把维护好广大人民群众的利益作为处理各种问题的出发点，大公无私。同时，这里的公正还包括公平。要求公安机关及其人民警察在办理治安案件过程中，不偏不倚。“严格”，就是要求公安机关及其人民警察在办理治安案件过程中要严格依照本法和有关法律、行政法规执法。首先要严格依照法律、法规规定的职权实施治安管理工作，既不能超越职权、滥用职权，也不能不履行其应当履行的职责，对违法行为视而不见。其次要严格依照法定的程序执法。程序合法是实体合法的保证，只有程序公正才能保障实体的公正，才能切实保障公民的合法权益。“高效”，是指在公正、严格的基础上，公安机关及其人民警察还应通过提高自身的业务素质和办案能力，改进工作作风，提高执法的效率，本着对工作高度负责的精神，及时办理治安案件。“文明执法”，就是要求公安机关及其人民警察在办理治安案件过程中，要尊重当事人的人格，以理服人，以法服人，而不是以权力压人，要讲究语言、行为的方式，讲究工作方法，使被处罚人服气服法，人民群众满意，这样才能真正体现全心全意为人民服务的宗旨，做到人民公安为人民。治安管理处罚法将文明执法作为公安机关及其人民警察的执法准则和行为规范加以规定，有利于解决实践中存在的个别公安民警特权思想严重，执法态度冷、横、硬、冲，执法方法简单粗暴，行为举止不够端庄等问题。"不得徇私舞弊"，就是要求公安机关及其人民警察在办理治安案件过程中，要秉公执法，不徇私情、私利。在执法实践中，存在着一些公安民警办"人情案"、"关系案"，甚至在办案中谋取私利的现象，特别是在社会风气不太好的情况下，有的警察在办理案件过程中因一方当事人托关系、走后门，就枉法裁判或作出处理，严重侵害另一方当事人的合法权益，这些都是严重违背职责的行为，是法律所不允许的。对于徇私舞弊构成犯罪的，还应依法追究其刑事责任。

要贯彻好、执行好本条的规定，真正做到公正、严格、高效、文明执法，必须彻底转变执法观念。改变"衙门"作风，树立公仆意识，增强服务意识，处理好管理与服务的关系，寓管理于服务之中，切实从最广大人民群众的根本利益出发。只有这样，才能在执法活动中做到急人民群众所盼，帮人民群众所需，解人民群众所难，助人民群众所求。要提高广大公安民警的执法业务水平，提高执法质量，强化执法意识，使执法活动不受其它因素的干扰。同时还要进一步强化制约机制，多角度，全方位对公安机关及其人民警察的执法活动进行规范和制约，从根本上保障公正、严格、高效、文明执法。

依据指引：

❶《中华人民共和国治安管理处罚法》(2005年8月28日公布，自2006年3月1日起施行)

第五条　治安管理处罚必须以事实为依据，与违反治安管理行为的性质、情节以及社会危害程度相当。

实施治安管理处罚，应当公开、公正，尊重和保障人权，保护公民的人格尊严。

办理治安案件应当坚持教育与处罚相结合的原则。

第一百一十二条　公安机关及其人民警察应当依法、公正、严格、高效办理治安案件，文明执法，不得徇私舞弊。

第一百一十六条　人民警察办理治安案件，有下列行为之一的，依法给予行政处分；构成犯罪的，依法追究刑事责任：

（一）刑讯逼供、体罚、虐待、侮辱他人的；

（二）超过询问查证的时间限制人身自由的；

（三）不执行罚款决定与罚款收缴分离制度或者不按规定将罚没的财物上缴国库或者依法处理的；

（四）私分、侵占、挪用、故意损毁收缴、扣押的财物的；

（五）违反规定使用或者不及时返还被侵害人财物的；

（六）违反规定不及时退还保证金的；

（七）利用职务上的便利收受他人财物或者谋取其他利益的；

（八）当场收缴罚款不出具罚款收据或者不如实填写罚款数额的；

（九）接到要求制止违反治安管理行为的报警后，不及时出警的；

（十）在查处违反治安管理活动时，为违法犯罪行为人通风报信的；

（十一）有徇私舞弊、滥用职权，不依法履行法定职责的其他情形的。

办理治安案件的公安机关有前款所列行为的，对直接负责的主管人员和其他直接责任人员给予相应的行政处分。

❷《中华人民共和国人民警察法》(1995年

2月28日公布施行）

第二十条 人民警察必须做到：

（一）秉公执法，办事公道；

（二）模范遵守社会公德；

（三）礼貌待人，文明执勤；

（四）尊重人民群众的风俗习惯。

第二十三条 人民警察必须按照规定着装，佩带人民警察标志或者持有人民警察证件，保持警容严整，举止端庄。

❸《中华人民共和国刑法》（1997年3月14日修订公布，自1997年10月1日起施行）

第三百九十七条 国家机关工作人员滥用职权或者玩忽职守，致使公共财产、国家和人民利益遭受重大损失的，处三年以下有期徒刑或者拘役；情节特别严重的，处三年以上七年以下有期徒刑。本法另有规定的，依照规定。

国家机关工作人员徇私舞弊，犯前款罪的，处五年以下有期徒刑或者拘役；情节特别严重的，处五年以上十年以下有期徒刑。本法另有规定的，依照规定。

❹ 关于印发《人民检察院直接受理立案侦查的渎职侵权重特大案件标准（试行）》的通知（高检发［2001］13号 2001年7月20日颁布，2002年1月1日施行）

各省、自治区、直辖市人民检察院，军事检察院，新疆生产建设兵团人民检察院：

为加强办案工作指导，加强渎职侵权案件管理工作，高检院根据修订刑法和《人民检察院直接受理立案侦查案件立案标准的规定（试行）》，制定了《人民检察院直接受理立案侦查的渎职侵权重特大案件标准（试行）》，已于2001年7月20日经最高人民检察院第九届检察委员会第九十二次会议通过现印发给你们，自2002年1月1日起施行。施行过程中有何问题和建议，请及时报告高检院。

❺ 人民检察院直接受理立案侦查的渎职侵权重特大案件标准（试行）（2001年7月20日最高人民检察院第九届检察委员会第九十二次会议通过）

根据《人民检察院直接受理立案侦查案件立案标准的规定（试行）》和其他有关规定，对人民检察院直接受理立案侦查的渎职侵权重特大案件标准规定如下：

一、滥用职权案

（一）重大案件

1. 致人死亡二人以上，或者重伤五人以上，或者轻伤十人以上的；

2. 造成直接经济损失五十万元以上的。

（二）特大案件

1. 致人死亡五人以上，或者重伤十人以上，或者轻伤二十人以上的；

2. 造成直接经济损失一百万元以上的。

二、玩忽职守案

（一）重大案件

1. 致人死亡三人以上，或者重伤十人以上，或者轻伤十五人以上的；

2. 造成直接经济损失一百万元以上的。

（二）特大案件

1. 致人死亡七人以上，或者重伤十五人以上，或者轻伤三十人以上的；

2. 造成直接经济损失二百万元以上的。

【禁止打骂虐待侮辱违反治安管理行为人】

尊重和保障人权是我们国家的一贯方针，宪法将尊重和保障人权作为一项宪法原则加以规定，为进一步确立各方面的法律制度提供了依据和保障，也体现了社会主义制度的本质要求。公民的人身权是最为重要、最为基本的人权。宪法规定，公民的人格尊严不受侵犯，禁止用任何方法对公民进行侮辱、诽谤和诬告陷害。因此，治安管理处罚法第一百一十三条规定，公安机关及其人民警察办理治安案件，禁止对违反治安管理的人打骂、虐待或者侮辱，是对公安机关及其人民警察执法活动的规范要求，是人民警察应当遵守的行为准则。刑法、刑事诉讼法、人民警察法等法律对此都有相关的规定。刑事诉讼法规定，审判人员、检察人员、侦查人员必须依照法定程序，收集能够证实犯罪嫌疑人、被告人有罪或者无罪、犯罪情节轻重的各种证据。严禁刑讯逼供和以威胁、引诱、欺骗以及其他非法的方法收集证据。必须保证一切与案件有关或者了解案情的公民，有客观地充分地提供证据的条件。对于刑讯逼供的，我国刑法规定，司法工作人员对犯罪嫌疑人、被告人实行刑讯逼供或者使用暴力逼取证人证言的，处三年以下有期徒刑或者拘役。致人伤残、死亡的，依照故意伤害罪和故意杀人罪的规定从重处罚。同时，刑法还规定，监狱、拘留所、看守所等监管机构的监管人员对被监管人进行殴打或者体罚虐待，情节严重的，处三年以下有期徒刑或者拘役；情节特别严重的，处三年以上十年以下有期徒刑。致人伤残、死亡的，依照故意伤害罪和故意杀人罪的规定从重处罚。人民警察法对这些内容也有相应的规定。法律之所以对此从不同角度反复作出规定，正是因为这种行为严重地侵犯了公民的人身权利，破坏了司法公正，亵渎了司法权威，导致司法腐败，也很容易造成冤、假、错案。遗憾的是，这种情况在司法实践中仍时有发生，由此造成的错案也不时在新闻媒体上曝光，严重地侵犯了公民的人身权利，影响了党和政府的形象。造成这种现象的原因是多方面的，有极个别的公安机关及其人民警察，“衙门”作风严重，以管理者自居，对人民群众态度冷淡；有的执法意识淡薄，存在着重实体，轻程序，重打击，轻保护，重尽快破案，轻依法办案的现象；有的是为了在法定的时间内查清案情，收集证据，或是完成上级下达的指令，在规定的时间内破案，对违法行为人采取打骂、虐待、侮辱的手段，使其迫于压力，作出供述。除此以外，法律规定也有待于进一步完善，如对于采取非法手段取得的证据的效力问题应有明确的规定等。公安机关作为国家治安行政力量和刑事司法力量，拥有采取限制人身自由的强制措施的权力，如果不能正确行使这一权力，很容易给公民的人身造成损害。治安管理处罚法针对实践中有的公安机关及其人民警察在办案过程中，对违法行为人采取打骂、虐待或者侮辱的情况，明确规定，公安机关对治安案件的调查，应当依法进行。严禁刑讯逼供或者采用威胁、引诱、欺骗等非法手段收集证据。同时，在第一百一十三条进一步重申禁止公安机关及其人民警察在办理治安案件时对违反治安管理的人打骂、虐待或者侮辱。这里的禁止对违反治安管理的人打骂、虐待或者侮辱，主要是禁止对违反治安管理的人任意实施殴打、捆绑、冻饿、罚站、罚跪、嘲笑、辱骂等，也包括长时间强光照射，采取车轮战术，不间断地询问等以及各种变相的体罚、虐待的方法。

依据指引：

❶**《中华人民共和国治安管理处罚法》**（2005年8月28日公布，自2006年3月1日起施行）

第五条　治安管理处罚必须以事实为依据，与违反治安管理行为的性质、情节以及社会危害程度相当。

实施治安管理处罚，应当公开、公正，尊重和保障人权，保护公民的人格尊严。

办理治安案件应当坚持教育与处罚相结合的原则。

第一百一十三条　公安机关及其人民警察办理治安案件，禁止对违反治安管理的人打骂、虐待或者侮辱。

第一百一十六条　人民警察办理治安案件，有下列行为之一的，依法给予行政处分；构成犯罪的，依法追究刑事责任：

（一）刑讯逼供、体罚、虐待、侮辱他人的；

（二）超过询问查证的时间限制人身自由的；

（三）不执行罚款决定与罚款收缴分离制度或者不按规定将罚没的财物上缴国库或者依法处理的；

（四）私分、侵占、挪用、故意损毁收缴、扣押的财物的；

（五）违反规定使用或者不及时返还被侵害人财物的；

（六）违反规定不及时退还保证金的；

（七）利用职务上的便利收受他人财物或者谋取其他利益的；

（八）当场收缴罚款不出具罚款收据或者不如实填写罚款数额的；

（九）接到要求制止违反治安管理行为的报警后，不及时出警的；

（十）在查处违反治安管理活动时，为违法犯罪行为人通风报信的；

（十一）有徇私舞弊、滥用职权，不依法履行法定职责的其他情形的。

办理治安案件的公安机关有前款所列行为的，对直接负责的主管人员和其他直接责任人员给予相应的行政处分。

❷《中华人民共和国人民警察法》（1995年2月28日公布施行）

第二十条 人民警察必须做到：

（一）秉公执法，办事公道；

（二）模范遵守社会公德；

（三）礼貌待人，文明执勤；

（四）尊重人民群众的风俗习惯。

第二十二条 人民警察不得有下列行为：

……

（四）刑讯逼供或者体罚、虐待人犯；

……

（七）殴打他人或者唆使他人打人；

……

❸《中华人民共和国刑法》（1997年3月14日修订公布，自1997年10月1日起施行）

第二百三十二条 故意杀人的，处死刑、无期徒刑或者十年以上有期徒刑；情节较轻的，处三年以上十年以下有期徒刑。

第二百三十四条 故意伤害他人身体的，处三年以下有期徒刑、拘役或者管制。

犯前款罪，致人重伤的，处三年以上十年以下有期徒刑；致人死亡或者以特别残忍手段致人重伤造成严重残疾的，处十年以上有期徒刑、无期徒刑或者死刑。本法另有规定的，依照规定。

第二百四十六条 以暴力或者其他方法公然侮辱他人或者捏造事实诽谤他人，情节严重的，处三年以下有期徒刑、拘役、管制或者剥夺政治权利。

前款罪，告诉的才处理，但是严重危害社会秩序和国家利益的除外。

第二百四十七条 司法工作人员对犯罪嫌疑人、被告人实行刑讯逼供或者使用暴力逼取证人证言的，处三年以下有期徒刑或者拘役。致人伤残、死亡的，依照本法第二百三十四条、第二百三十二条的规定定罪从重处罚。

第二百四十八条 监狱、拘留所、看守所等监管机构的监管人员对被监管人进行殴打或者体罚虐待，情节严重的，处三年以下有期徒刑或者拘役；情节特别严重的，处三年以上十年以下有期徒刑。致人伤残、死亡的，依照本法第二百三十四条、第二百三十二条的规定定罪从重处罚。

监管人员指使被监管人殴打或者体罚虐待其他被监管人的，依照前款的规定处罚。

❹关于印发《人民检察院直接受理立案侦查的渎职侵权重特大案件标准（试行）》的通知（高检发［2001］13号 2001年7月20日颁布，2002年1月1日施行）

各省、自治区、直辖市人民检察院，军事检察院，新疆生产建设兵团人民检察院：

为加强办案工作指导，加强渎职侵权案件管理工作，高检院根据修订刑法和《人民检察院直接受理立案侦查案件立案标准的规定（试行）》，制定了《人民检察院直接受理立案侦查的渎职侵权重特大案件标准（试行）》，已于2001年7月20日经最高人民检察院第九届检察委员会第九十二次会议通过现印发给你们，自2002年1月1日起施行。施行过程中有何问题和建议，请及时报告高检院。

❺人民检察院直接受理立案侦查的渎职侵权重特大案件标准（试行）（2001年7月20日最高人民检察院第九届检察委员会第九十二次会议通过）

根据《人民检察院直接受理立案侦查案件立案标准的规定（试行）》和其他有关规定，对人民检察院直接受理立案侦查的渎职侵权重特大案件标准规定如下：

……

三十六、刑讯逼供案

（一）重大案件

1. 致人重伤或者精神失常的；

2. 五次以上或者对五人以上刑讯逼供的；

3. 造成冤、假、错案的。

（二）特大案件

1. 致人死亡的；

2. 七次以上或者对七人以上刑讯逼供的；

3. 致使无辜的人被判处十年以上有期徒刑、无期徒刑、死刑的。

三十七、暴力取证案

（一）重大案件

1. 致人重伤或者精神失常的；

2. 五次以上或者对五人以上暴力取证的。

（二）特大案件

1. 致人死亡的；

2. 七次以上或者对七人以上暴力取证的。

三十八、虐待被监管人案

（一）重大案件

1. 致使被监管人重伤或者精神失常的；

2. 对被监管人五人以上或五次以上实施虐待的。

（二）特大案件

1. 致使被监管人死亡的；

2. 对被监管人七人以上或七次以上实施虐待的。

三十九、报复陷害案

（一）重大案件

1. 致人精神失常的；

2. 致人其他合法权益受到损害，后果严重的。

（二）特大案件

1. 致人自杀死亡的；

2. 后果特别严重，影响特别恶劣的。

……

❻《公安部关于坚决制止公安干警刑讯逼供的决定》（1992年1月6日颁布实施）

我们党和政府历来主张办理案件要重证据，重调查研究，严禁逼供信。毛泽东同志早在1940年就明确指出："对任何犯人，应坚决废止肉刑，重证据而不轻信口供。"1972年又尖锐地批评刑讯逼供是"法西斯式的审查方式"，"应一律废除"。我国《刑法》、《刑事诉讼法》都明文规定禁止刑讯逼供，《公安人员八大纪律十项注意》也把"不准刑讯逼供"列为纪律之一。但是近年来，在少数公安干警执法办案过程中仍不断发生刑讯逼供现象，且呈增多趋势，已成为一个突出的问题。据不完全统计，1990年全国公安系统共发生严重刑讯逼供案件×××起，致人死亡××起，涉及干警×××名；发案起数和涉及干警人数分别比1989年上升28．6%和42．5%。1991年1至9月的发案起数与1990年同期持平，仍居高不下。有的受审人员被屈打成招，造成冤假错案；有的无辜人员被摧残折磨致残致死，后果严重。至于一般的打骂人犯的现象，则更为普遍。这些问题在人民群众中造成了恶劣的影响，败坏了公安机关的声誉，损害了党和政府的威望。

严禁刑讯逼供，虽已三令五申，但至今没有得到根本解决，究其原因，首先是一些领导干部对刑讯逼供的严重危害认识不足，制止不力，甚至有意无意地纵容、袒护。他们错误地认为在办案中发生刑讯逼供是难免的，对少数干警的刑讯逼供行为往往睁一眼闭一眼，不加制止；对刑讯逼供案件查处不力，大事化小，小事化了，把查处刑讯逼供与调动干警办案积极性对立起来。其次是一些干警缺乏社会主义法制观念，认为犯罪分子不打不老实，不打不成招，不打破不了案。这种刑讯逼供难免、刑讯逼供有理的错误看法，在相当一部分干警中公开流行着。第三是由于队伍发展快，新成份多，教育训练跟不上，干警侦查、审讯能力不高，办法少，加上案件多、任务重、心情急躁，为尽快弄清案情，往往求助于刑讯逼供。

遵照《中共中央关于加强公安工作的决定》（中发［1991］19号文件）和第十八次全国公安会议关于加强公安队伍建设的精神，为了坚决制止刑讯逼供，特作如下决定：

一、在公安干警中深入开展制止刑讯逼供的思想教育，要求全体干警充分认识刑讯逼供是与社会主义国家人民警察的宗旨背道而驰的、严重脱离人民群众的行为，从思想上真正解决刑讯逼供难免、刑讯逼供有理等模糊认识。要使每个干警明白，禁止刑讯逼供不是束缚自己的手脚，而是维护社会主义法制，保障公民合法权益，防止冤假错案，更加准确有力地打击犯罪分子的需要；也是提高公安干警素质，提高办案能力，维护公安机关威望，密切警民关系的需要。办案干警要在提高侦查、审讯能力上下功夫，不断提高办案效率。各级公安机关从今年起力争做到不发生刑讯逼供致死致残的恶性事故。在纠正刑讯逼供的同时，要防止“少干为妙，不干最好”的另一种错误倾向的产生。

二、在公安干警中集中进行一次制止刑讯逼供的整顿活动。各地公安机关要在1992年上半年内选择一段时间作出具体安排。整顿的重点是派出所、刑警队、治安队、收审所、拘留所、看守所和预审部门。要在深入教育、提高认识的基础上，联系本单位的实际，查摆存在的问题，就事论理，议后果，论危害，并针对存在问题，采取切实有效的整改措施。对干警中发生的一般刑讯逼供行为，要通过自我检查、自我教育，自觉纠正；对造成严重后果、群众反映强烈的重大刑讯逼供案件，要领导负责，组织专人，限期查处。对问题较多、自身又不认真检查、纠正的单位，上级公安机关要帮助整顿。

三、加强监督，严肃查处刑讯逼供案件。乔石同志最近指出：“刑讯逼供的严重案件，务必坚决查处，依法惩办，这也是处理队伍不纯，加强队伍建设的重要方面。”各级公安机关要认真贯彻乔石同志的指示，自觉接受检察机关的监督，主动配合检察机关做好对刑讯逼供案件的查处工作，不准消极对抗，更不准设置障碍，掩盖推脱。公安纪检、监察部门要加强内部执法监督，及时了解、严肃查处刑讯逼供问题，不仅要查处重大案件，也要检查制止一般刑讯逼供行为。对重大刑讯逼供案件，不仅要查处直接责任人，而且要查处纵容、包庇、失职的领导人。纪检、监察部门要把查处刑讯逼供作为经常性的一项重要任务来抓。对单位内发生的重大刑讯逼供案件，纪检、监察部门如果不了解、不查处，应视为失职行为，也要追究责任。各级公安机关还要经常倾听群众的意见，接受群众的监督。对群众和当事人反映的有关干警刑讯逼供的问题，要认真核查，并将结果及时反馈。对造成严重后果、群众反映强烈的案件，要在一定范围内公开处理，挽回影响。严禁对检举人打击报复，违者从重惩处。对刑讯逼供案件的查处，要按照及时、从严的原则，根据不同的情节和后果，给有关人员以党纪、政纪、法纪处分，决不能包庇护短。对那些明知故犯、屡教不改、造成后果的人，要下决心将他们调出公安机关。

四、加强教育培训，提高干警的执法办案水平。这是防止刑讯逼供的治本措施。各级公安机关要根据公安部《印发〈关于在公安干警中继续深入开展法制教育的规划〉的通知》（公发［1991］10号文件）精神，结合普法教育，对干警深入进行增强法制观念、禁止刑讯逼供的教育。各公安院校和有关的培训班，要把依法办案、文明办案、严禁刑讯逼供列为教育训练的重要内容。公安部刑侦、治安和预审等部门要根据办案实际，编写实用性、针对性强的办案基本知识材料和正反两个方面的典型案例，供干警学习。有条件的要制作录像带，运用形象教育，以增强效果。新干警都必须经过办案程序、办案基本知识和严禁刑讯逼供的教育方能上岗。要在执法办案的干警中积极开展群众性的边干边学活动，认真总结交流侦查、审讯工作中好的做法，请有丰富实践经验的办案人员具体传授侦查、审讯方法，不断提高干警的办案能力和工作效率。

五、加强领导，严格管理。刑讯逼供现象能否得到有效制止，关键在领导。各级公安机关领导干部要把严禁刑讯逼供作为加强队伍建设、提高队伍素质的一项重要任务来抓，层层负责，一级抓一级。对干警不仅要布置办案任务，而且要规定办案纪律，交待办案方法；检查工作不仅要看是否破了案。而且要看是如何破案的，有无刑讯逼供行为。今后评功授奖要把依法办案、不搞刑讯逼供作为一条重要标准来考察，凡搞刑讯逼供的，不管破案成果多大，不仅不予评功授奖，而且应当严肃追究责任。各级公安机关领导干部要经常了解和检查干警依法办案情况，及时发现和纠正问题。领导干部带头或授意搞刑讯逼供，发现刑讯逼供行为不予制止的，要从严处理。要建立健全并严格执行办案制度，参与办案的人员必须符合法定条件。审讯人犯，必须有2名以上干警参加，不准指派没有办案常识、不符合法定条件的人员（如治安联防队员、保安公司人员等）参与办案。要严格执行公安干警使用警械的规定。严禁在审讯中使用电警棍，不准对停止犯罪、停止抵抗、丧失抵抗能力的人犯使用电警棍。

本决定请转发至各基层单位，传达到全体干警。

对贯彻落实本决定的情况，请及时反馈；对集中进行教育整顿的情况，请各省、自治区、直辖市公安厅、局于1992年6月底以前作一次专题报告。

【自觉接受监督】

治安管理处罚法赋予公安机关及其人民警察社会治安管理职权，目的是为了规范和保障公安机关及其人民警察严格依法履行治安管理职责，保护公民、法人和其他组织的合法权益，维护社会治安秩序。为了保证公安机关的执法活动严格依法进行，就必须对公安机关及其人民警察办理治安案件，实施有效的监督。因此，治安管理处罚法第一百一十四条规定，公安机关及其人民警察办理治安案件，应当自觉接受社会和公民的监督。

公安机关及其人民警察办理治安案件及日常的执法活动，与社会组织和公民之间的联系较其它行政机关更为广泛和紧密，其执行职务的行为更是与公民和社会组织的切身利益密切相关，其执行职务的活动是否违法违纪，群众最了解，对其执法活动的评价，也最有发言权，因此，规定公安机关及其人民警察应自觉接受社会和公民的监督，对防止和纠正执法腐败，提高执法质量和执法效率，建设一支高素质的人民警察队伍都是十分必要和重要的。宪法规定，一切国家机关和国家工作人员必须依靠人民的支持，经常保持同人民的密切联系，倾听人民的意见和建议，接受人民的监督，努力为人民服务。治安管理处罚法的上述规定，正是这一宪法规定精神的具体体现。

这里规定的接受社会和公民的监督，主要是指人民群众及社会上其它单位、团体或组织对公安机关及其人民警察执法活动的监督，包括通过社会舆论对人民警察执行职务的行为提出批评、建议，对人民警察违法行为进行申诉、控告、检举等一系列活动。宪法规定，公民对于任何国家机关和国家工作人员，有提出批评和建议的权利；对于任何国家机关和国家工作人员的违法失职行为，有向有关国家机关提出申诉、控告或者检举的权利。公民和各种社会组织对公安机关及其人民警察的监督形式是多样的，渠道是多种的，既可以对各项工作提出批评、建议和改进的意见，也可以通过具体的案件进行监督，还可对其不严格执法以及违法违纪行为向有关部门检举、控告。社会监督具有以下两个特点：一是监督主体的广泛性。检察监督、行政监督都是由某一国家机关实施的监督，而社会监督，无论是哪一种形式，都是人民群众和社会组织实施的监督，社会监督的主体是不特定的广大的社会组织和人民群众，本身具有广泛性，它是来自人民群众的一种自下而上的监督。二是社会监督具有道德评价的特点。社会监督主要是通过对国家机关及其工作人员违法违纪行为进行批评、申诉、检举、控告等来进行的，它不同于国家机关内部的监督，这种监督一般不具有严格的法定程序，如公民既可以写信检举，也可以口头提出意见等，也不具有强制性的法律后果。它本身并不像检察监督、行政监督等方式能直接引起有关法律程序或行政措施的运用，而只是通过对国家机关及其工作人员进行批评、检举或控告，引起有关部门的重视，而间接地导致有关法律程序或行政措施的运用。

治安管理处罚法规定公安机关及其人民警察应当自觉接受社会和公民的监督，这是一种义务性的规定，公安机关及其人民警察应当虚心接受，本着有则改之，无则加勉的态度，有针对性地改进自身的工作，纠正错误，不能想接受监督便接受，不想接受监督便自行其是。

依据指引：

❶《中华人民共和国治安管理处罚法》

(2005年8月28日公布，自2006年3月1日起施行)

第一百一十四条 公安机关及其人民警察办理治安案件，应当自觉接受社会和公民的监督。

公安机关及其人民警察办理治安案件，不严格执法或者有违法违纪行为的，任何单位和个人都有权向公安机关或者人民检察院、行政监察机关检举、控告；收到检举、控告的机关，应当依据职责及时查处。

❷《中华人民共和国宪法》(1982年12月4日公布施行)

第四十一条 中华人民共和国公民对于任何国家机关和国家工作人员，有提出批评和建议的权利；对于任何国家机关和国家工作人员的违法失职行为，有向有关国家机关提出申诉、控告或者检举的权利，但是不得捏造或者歪曲事实进行诬告陷害。

对于公民的申诉、控告或者检举，有关国家机关必须查清事实，负责处理。任何人不得压制和打击报复。

由于国家机关和国家工作人员侵犯公民权利而受到损失的人，有依照法律规定取得赔偿的权利。

❸《中华人民共和国人民警察法》(1995年2月28日公布施行)

第四十六条 公民或者组织对人民警察的违法、违纪行为，有权向人民警察机关或者人民检察院、行政监察机关检举、控告。受理检举、控告的机关应当及时查处，并将查处结果告知检举人、控告人。

对依法检举、控告的公民或者组织，任何人不得压制和打击报复。

❹《公安机关督察条例》(国务院令1997年6月20日发布施行)

第一条 为了完善公安机关监督机制，保障公安机关及其人民警察依法履行职责、行使职权和遵守纪律，根据《中华人民共和国人民警察法》第四十七条的规定，制定本条例。

第二条 公安部督察委员会领导全国公安机关的督察工作，负责对公安部所属单位和下级公安机关及其人民警察依法履行职责、行使职权和遵守纪律的情况进行监督，对公安部部长负责。

县级以上地方各级人民政府公安机关督察机构，负责对本级公安机关所属单位和下级公安机关及其人民警察依法履行职责、行使职权和遵守纪律的情况进行监督，对上一级公安机关督察机构和本级公安机关行政首长负责。

公安部和县级以上地方各级人民政府公安机关的督察机构建立由专职人员组成的警务督察队。

第三条 公安机关督察机构的督察长由同级公安机关领导成员副职担任。

县级以上地方各级人民政府公安机关督察机构的督察长、副督察长在任免前，必须征求上一级公安机关的意见。

第四条 督察机构对公安机关及其人民警察依法履行职责、行使职权和遵守纪律的下列事项，进行现场督察：

（一）重要的警务部署、措施、活动的组织实施情况；

（二）重大社会活动的秩序维护和重点地区、场所治安管理的组织实施情况；

（三）治安突发事件处置的情况；

（四）刑事案件、治安案件的立案、侦查、调查、处罚和强制措施的实施情况；

（五）治安、交通、户政、出入境等公安行政管理法律、法规的执行情况；

（六）使用武器、警械以及警用车辆、警用标志的情况；

（七）处置公民报警、请求救助和控告申诉的情况；

（八）文明执勤、文明执法和遵守警容风纪规定的情况；

（九）组织管理和警务保障的情况；

（十）公安机关及其人民警察履行职责、行使职权和遵守纪律的其他情况。

第五条 督察机构可以向本级公安机关所属单位和下级公安机关派出督察人员进行督察，也可以指令下级公安机关督察机构对专门事项进行督察。

第六条 督察机构可以派出督察人员参加本级公安机关或者下级公安机关的警务工作会议和重大警务活动的部署。

第七条 督察机构应当开展警务评议活动，听取国家机关、社会团体、企业事业组织和人民群众对公安机关及其人民警察的意见。

第八条　督察机构对检举和控告应当认真核查，根据检举人、控告人和被检举人、被控告人双方的陈述，或者检举人、控告人提供的证据材料，按照规定程序处理。

第九条　督察机构对本级公安机关所属单位和下级公安机关拒不执行法律、法规和上级决定、命令的，可以责令执行；对本级公安机关所属单位或者下级公安机关作出的错误决定、命令，可以决定撤销或者变更，报本级公安机关行政首长批准后执行。

第十条　督察人员在现场督察中发现公安机关的人民警察违法违纪的，可以采取下列措施，当场处置：

（一）对违反警容风纪规定的，可以当场予以纠正；

（二）对违反规定使用武器、警械以及警用车辆、警用标志的，可以扣留其武器、警械、警用车辆、警用标志；

（三）对违法违纪情节严重、影响恶劣的，以及拒绝、阻碍督察人员执行现场督察工作任务的，必要时，可以带离现场。

第十一条　督察机构认为公安机关的人民警察违反纪律需要采取停止执行职务、禁闭措施的，由督察机构作出决定，报本级公安机关行政首长批准后执行。

督察机构认为公安机关的人民警察需要给予行政处分或者降低警衔、取消警衔的，督察机构可以提出建议，移送有关部门按照国家有关规定办理。

督察机构在督察工作中发现公安机关的人民警察涉嫌犯罪的，移送司法机关依法处理。

第十二条　县级以上地方各级人民政府公安机关督察机构查处违法违纪行为，应当向上一级公安机关督察机构报告查处情况；下级公安机关督察机构查处不力的，上级公安机关督察机构可以直接进行督察。

【检举控告】

根据治安管理处罚法第一百一十四条第二款的规定，公安机关及其人民警察办理治安案件，不严格执法或者有违法违纪行为的，任何单位和个人都有权向公安机关或者人民检察院、行政监察机关检举、控告；收到检举、控告的机关，应当依据职责及时处理。这一规定有三层含义：

1. 任何单位和个人发现或者知道公安机关及其人民警察有不严格执法的行为或者是违法违纪的行为，都有权向有关部门检举、控告。具体可以分为两种情况，一是公安机关及其人民警察在办理治安案件时，违反法律规定，给单位和公民个人的合法权益造成损害的，受到侵害的单位或者个人依法向有权机关提出检举、控告。这时检举、控告的内容与检举、控告者的利益密切相关。二是由于公安机关及其人民警察在办理治安案件时，违反法律规定，给社会或他人的合法权益造成损害的，非直接受害者依法向有权机关提出的检举、控告。这时检举、控告的内容与检举、控告者本人自身利益并没有直接的关系。无论是哪种情况，单位和个人都有权提出检举和控告。检举和控告既可以是口头形式提出，也可以书面形式提出，这样有利于方便群众，也有利于及时纠正不严格执法的行为和及时查处违法违纪行为。

2. 检举、控告的内容是公安机关及其人民警察执行职务的行为，即办理治安案件过程中出现的违法违纪行为，包括作为和不作为。

3. 收到检举、控告的机关应当依据职责及时查处，并将查处结果告知检举人、控告人。对于不属于本机关职责的检举、控告，也不能置之不理，应当及时转交有权查处的机关处理。

检举控告权是宪法和法律赋予公民和组织的一项基本权利，为了更好地行使这一权利，公民或组织进行检举控告时必须忠于事实，不得捏造或者歪曲事实进行诬告陷害。任何人、任何部门都不得对控告人、检举人进行压制和打击报复。

依据指引：

❶**《中华人民共和国治安管理处罚法》**（2005年8月28日公布，自2006年3月1日起施行）

第一百一十四条 公安机关及其人民警察办理治安案件，应当自觉接受社会和公民的监督。

公安机关及其人民警察办理治安案件，不严格执法或者有违法违纪行为的，任何单位和个人都有权向公安机关或者人民检察院、行政监察机关检举、控告；收到检举、控告的机关，应当依据职责及时查处。

❷**《中华人民共和国宪法》**（1982年12月4日公布施行）

第四十一条 中华人民共和国公民对于任何国家机关和国家工作人员，有提出批评和建议的权利；对于任何国家机关和国家工作人员的违法失职行为，有向有关国家机关提出申诉、控告或者检举的权利，但是不得捏造或者歪曲事实进行诬告陷害。

对于公民的申诉、控告或者检举，有关国家机关必须查清事实，负责处理。任何人不得压制和打击报复。

由于国家机关和国家工作人员侵犯公民权利而受到损失的人，有依照法律规定取得赔偿的权利。

❸**《中华人民共和国人民警察法》**（1995年2月28日公布施行）

第四十六条 公民或者组织对人民警察的违法、违纪行为，有权向人民警察机关或者人民检察院、行政监察机关检举、控告。受理检举、控告的机关应当及时查处，并将查处结果告知检举人、控告人。

对依法检举、控告的公民或者组织，任何人不得压制和打击报复。

❹**《中华人民共和国行政监察法》**（1997年5月9日公布施行）

第十五条 国务院监察机关对下列机关和人员实施监察：

（一）国务院各部门及其国家公务员；

（二）国务院及国务院各部门任命的其他人员；

（三）省、自治区、直辖市人民政府及其领导人员。

第十六条 县级以上地方各级人民政府监察机关对下列机关和人员实施监察：

（一）本级人民政府各部门及其国家公务员；

（二）本级人民政府及本级人民政府各部门任命的其他人员；

（三）下一级人民政府及其领导人员。

县、自治县、不设区的市、市辖区人民政府监察机关还对本辖区所属的乡、民族乡、镇人民政府的国家公务员以及乡、民族乡、镇人民政府任命的其他人员实施监察。

第十八条 监察机关为行使监察职能，履行下列职责：

（一）检查国家行政机关在遵守和执行法律、法规和人民政府的决定、命令中的问题；

（二）受理对国家行政机关、国家公务员和国家行政机关任命的其他人员违反行政纪律行为的控告、检举；

（三）调查处理国家行政机关、国家公务员和国家行政机关任命的其他人员违反行政纪律的行为；

（四）受理国家公务员和国家行政机关任命的其他人员不服主管行政机关给予行政处分决定的申诉，以及法律、行政法规规定的其他由监察机关受理的申诉；

（五）法律、行政法规规定由监察机关履行的其他职责。

第四十四条 被监察的部门和人员违反本法规定，有下列行为之一的，由主管机关或者监察机关责令改正，对部门给予通报批评；对负有直接责任的主管人员和其他直接责任人员依法给予行政处分：

（一）隐瞒事实真相、出具伪证或者隐匿、转移、篡改、毁灭证据的；

（二）故意拖延或者拒绝提供与监察事项有关的文件、资料、财务帐目及其他有关材料和其他必要情况的；

（三）在调查期间变卖、转移涉嫌财物的；

（四）拒绝就监察机关所提问题作出解释和说明的；

（五）拒不执行监察决定或者无正当理由拒不采纳监察建议的；

（六）有其他违反本法规定的行为，情节严重的。

第四十五条 对申诉人、控告人、检举人或者监察人员进行报复陷害的，依法给予行政处分；构成犯罪的，依法追究刑事责任。

第四十六条 监察人员滥用职权、徇私舞弊、玩忽职守、泄露秘密的，依法给予行政处分；构成犯罪的，依法追究刑事责任。

第四十七条 监察机关和监察人员违法行使职权，侵犯公民、法人和其他组织的合法权益，造成损害的，应当依法赔偿。

【罚款决定与罚款收缴分离】

作出决定罚款与收缴罚款的机构相分离，是行政处罚法确立的一项重要制度，它是指除法律规定的特殊情况以外，作出行政处罚的行政机关不得自行收缴罚款，而是由当事人自己在法律、行政法规规定的时间内，到指定的银行缴纳罚款。同时，罚款必须上缴国库，任何行政机关或者个人都不得以任何形式截留、私分，财政部门不得以任何形式向作出行政处罚决定的机关返还罚款。应该说这项制度的确立，有利于解决有些行政机关及其工作人员乱罚款、以罚款作为创收手段等问题，有利于提高行政执法的质量，也有利于加强廉政建设，从源头上预防和治理腐败，建设一支高素质的执法队伍。但现实中仍然存在着个别行政机关及其工作人员乱罚款、滥罚款的现象，有个别的公安机关为了小团体的利益，制定或变相制定罚款指标，使得警察对可罚可不罚的行为都进行罚款，并且一律按最高罚款限额处罚。有个别警察甚至以权谋私，对当场处罚的，不给行为人出具罚款收据，或者在出具的罚款收据上不如实填写罚款数额，还有的公安机关不严格执行罚款决定与收缴机关分离制度，罚没收入不上缴或者不完全上缴等。这些问题的存在，严重地影响了公安部门及其人民警察在群众中的形象，而且也不利于公正、有效地执法。

为了解决上述问题，治安管理处罚法对行政处罚法确立的这项基本原则，再次作了明确规定。治安管理处罚法第一百一十五条规定，公安机关依法实施罚款处罚，应当依照有关法律、行政法规的规定，实行罚款决定与罚款收缴分离；收缴的罚款应当全部上缴国库。这一规定包含两层意思：

1. 公安机关依法实施罚款处罚，应当依照有关法律、行政法规的规定，实施处罚决定与罚款收缴相分离。按照治安管理处罚法的规定，治安管理处罚由县级以上人民政府公安机关决定；其中警告、五百元以下的罚款可以由公安派出所决定。为了提高效率，节约执法成本，同时也方便违反治安管理行为人缴纳罚款，治安管理处罚法还规定，对于违反治安管理行为事实清楚，证据确凿，处警告或者二百元以下罚款的，人民警察可以当场作出治安管理处罚决定。无论以上述何种形式处罚，都应当依照治安管理处罚法及行政处罚法等法律，以及《罚款决定与罚款收缴分离实施办法》等行政法规的规定，实行处罚决定与罚款收缴相分离。也就是说，由公安机关作出处罚决定，但不直接收取罚款，而是由违反治安管理行为人本人到指定的银行缴纳罚款。

考虑到在有些情况下，受到罚款处罚的人自行到银行缴纳罚款确实有困难，治安管理处罚法也作了例外规定，即对于被处五十元以下罚款，被处罚人对罚款无异议的；在边远、水上、交通不便地区，公安机关及其人民警察依法作出罚款决定后，被处罚人向指定的银行缴纳罚款确有困难，经被处罚人提出的；以及在当地没有固定住所，不当场收缴事后难以执行的，人民警察可以当场收缴罚款。

2. 收缴的罚款应当全部上缴国库。任何单位和个人不得截留、私分或者变相私分。国家财政实行收支两条线，财政部门不得以任何形式向作出行政处罚决定的行政机关返还罚款，以防止个别地方、个别单位为了局部的利益不顾全局利益，为了小集体的利益而有损国家的利益。同时，也是为了保证执法的公正严明。

根据治安管理处罚法的规定，对于违反处罚决定与罚款收缴相分离的规定收缴罚款、不按照规定将罚款上缴国库或者截留、私分、挪用罚款的，要给予行政处分，构成犯罪的，还要依法追究有关人员的刑事责任。

依据指引：

❶《中华人民共和国治安管理处罚法》（2005年8月28日公布，自2006年3月1日起施行）

第一百一十五条 公安机关依法实施罚款处罚，应当依照有关法律、行政法规的规定，实行罚款决定与罚款收缴分离；收缴的罚款应当全部上缴国库。

第一百一十六条 人民警察办理治安案件，有下列行为之一的，依法给予行政处分；构成犯罪的，依法追究刑事责任：

（一）刑讯逼供、体罚、虐待、侮辱他人的；

（二）超过询问查证的时间限制人身自由的；

（三）不执行罚款决定与罚款收缴分离制度或者不按规定将罚没的财物上缴国库或者依法处理的；

（四）私分、侵占、挪用、故意损毁收缴、扣押的财物的；

（五）违反规定使用或者不及时返还被侵害人财物的；

（六）违反规定不及时退还保证金的；

（七）利用职务上的便利收受他人财物或者谋取其他利益的；

（八）当场收缴罚款不出具罚款收据或者不如实填写罚款数额的；

（九）接到要求制止违反治安管理行为的报警后，不及时出警的；

（十）在查处违反治安管理活动时，为违法犯罪行为人通风报信的；

（十一）有徇私舞弊、滥用职权，不依法履行法定职责的其他情形的。

办理治安案件的公安机关有前款所列行为的，对直接负责的主管人员和其他直接责任人员给予相应的行政处分。

❷《中华人民共和国行政处罚法》（1996年3月17日公布，自1996年10月1日起施行）

第四十六条 作出罚款决定的行政机关应当与收缴罚款的机构分离。

除依照本法第四十七条、第四十八条的规定当场收缴的罚款外，作出行政处罚决定的行政机关及其执法人员不得自行收缴罚款。

当事人应当自收到行政处罚决定书之日起十五日内，到指定的银行缴纳罚款。银行应当收受罚款，并将罚款直接上缴国库。

第四十七条 依照本法第三十三条的规定当场作出行政处罚决定，有下列情形之一的，执法人员可以当场收缴罚款：

（一）依法给予二十元以下的罚款的；

（二）不当场收缴事后难以执行的。

第四十八条 在边远、水上、交通不便地区，行政机关及其执法人员依照本法第三十三条、第三十八条的规定作出罚款决定后，当事人向指定的银行缴纳罚款确有困难，经当事人提出，行政机关及其执法人员可以当场收缴罚款。

第五十三条 除依法应当予以销毁的物品外，依法没收的非法财物必须按照国家规定公开拍卖或者按照国家有关规定处理。

罚款、没收违法所得或者没收非法财物拍卖的款项，必须全部上缴国库，任何行政机关或者个人不得以任何形式截留、私分或者变相私分；财政部门不得以任何形式向作出行政处罚决定的行政机关返还罚款、没收的违法所得或者返还没收非法财物的拍卖款项。

❸《罚款决定与罚款收缴分离实施办法》（国务院1997年11月19日颁布，自1998年1月1日起施行）

第一条 为了实施罚款决定与罚款收缴分离，加强对罚款收缴活动的监督，保证罚款及时上缴国库，根据《中华人民共和国行政处罚法》

（以下简称行政处罚法）的规定，制定本办法。

第二条 罚款的收取、缴纳及相关活动，适用本办法。

第三条 作出罚款决定的行政机关应当与收缴罚款的机构分离；但是，依照行政处罚法的规定可以当场收缴罚款的除外。

第四条 罚款必须全部上缴国库，任何行政机关、组织或者个人不得以任何形式截留、私分或者变相私分。

行政机关执法所需经费的拨付，按照国家有关规定执行。

第五条 经中国人民银行批准有代理收付款项业务的商业银行、信用合作社（以下简称代收机构），可以开办代收罚款的业务。

具体代收机构由县级以上地方人民政府组织本级财政部门、中国人民银行当地分支机构和依法具有行政处罚权的行政机关共同研究，统一确定。海关、外汇管理等实行垂直领导的依法具有行政处罚权的行政机关作出罚款决定的，具体代收机构由财政部、中国人民银行会同国务院有关部门确定。依法具有行政处罚权的国务院有关部门作出罚款决定的，具体代收机构由财政部、中国人民银行确定。

代收机构应当具备足够的代收网点，以方便当事人缴纳罚款。

第六条 行政机关应当依照本办法和国家有关规定，同代收机构签订代收罚款协议。

代收罚款协议应当包括下列事项：

（一）行政机关、代收机构名称；

（二）具体代收网点；

（三）代收机构上缴罚款的预算科目、预算级次；

（四）代收机构告知行政机关代收罚款情况的方式、期限；

（五）需要明确的其他事项。

自代收罚款协议签订之日起15日内，行政机关应当将代收罚款协议报上一级行政机关和同级财政部门备案；代收机构应当将代收罚款协议报中国人民银行或者其当地分支机构备案。

第七条 行政机关作出罚款决定的行政处罚决定书应当载明代收机构的名称、地址和当事人应当缴纳罚款的数额、期限等，并明确对当事人逾期缴纳罚款是否加处罚款。

当事人应当按照行政处罚决定书确定的罚款数额、期限，到指定的代收机构缴纳罚款。

第八条 代收机构代收罚款，应当向当事人出具罚款收据。

罚款收据的格式和印制，由财政部规定。

第九条 当事人逾期缴纳罚款，行政处罚决定书明确需要加处罚款的，代收机构应当按照行政处罚决定书加收罚款。

当事人对加收罚款有异议的，应当先缴纳罚款和加收的罚款，再依法向作出行政处罚决定的行政机关申请复议。

第十条 代收机构应当按照代收罚款协议规定的方式、期限，将当事人的姓名或者名称、缴纳罚款的数额、时间等情况书面告知作出行政处罚决定的行政机关。

第十一条 代收机构应当按照行政处罚法和国家有关规定，将代收的罚款直接上缴国库。

第十二条 国库应当按照《中华人民共和国国家金库条例》的规定，定期同财政部门和行政机关对帐，以保证收受的罚款和上缴国库的罚款数额一致。

第十三条 代收机构应当在代收网点、营业时间、服务设施、缴款手续等方面为当事人缴纳罚款提供方便。

第十四条 财政部门应当向代收机构支付手续费，具体标准由财政部制定。

第十五条 法律、法规授权的具有管理公共事务职能的组织和依法受委托的组织依法作出的罚款决定与罚款收缴，适用本办法。

第十六条 本办法由财政部会同中国人民银行组织实施。

第十七条 本办法自1998年1月1日起施行。

❹ 国务院关于贯彻实施《中华人民共和国行政处罚法》的通知（国务院 1996年4月15日颁布实施）

各省、自治区、直辖市人民政府，国务院各部委、各直属机构：

《中华人民共和国行政处罚法》（以下简称行政处罚法）将于1996年10月1日起施行。这是我国社会主义民主与法制建设的一件大事，对于规范行政机关行为、促进依法行政、改进行政管理工作、加强廉政建设、维护社会秩序和公共利益，对于保护公民、法人和其他组织的合法权益，都有重要意义。保证行政处罚法全面、正确地实施并以此促进各级政府和政府各部门严格依法行政，是各级行政机关的一项重要职责，也是政府法制建设的一项重要任务。地方各级人民政府、国务院各部门对行政处罚法的施行要予以高度重视，切实做好各项准备工作。为此，特作如下通知：

一、认真学习行政处罚法，充分认识实施行政处罚法对行政机关产生的影响。行政处罚法是规范政府行为的一部重要法律，与行政机关的关系重大，其所确立的行政处罚设定权制度、实施行政处罚的主体资格制度、相对集中行政处罚权制度、听证制度、罚款决定与罚款收缴相分离制度、政府对行政处罚的监督制度等，是对现行行政处罚制度的重大改革，对改革政府机构、转变政府职能和加强政府法制建设都将产生深远影响。各级行政机关工作人员、特别是领导干部，都要以积极的态度认真学习行政处罚法，充分认识实施行政处罚法的重要意义。各地方、各部门要本着学用结合的原则，抓紧对行政执法人员的培训，使行政执法人员掌握行政处罚法的规定。政府法制工作机构要在本级政府或者本部门的统一领导下，具体组织本地方、本部门的培训工作。同时，各地方、各部门要利用宣传舆论工具，采取生动有效的形式，向人民群众宣传行政处罚法，形成学法、知法、守法和人民群众依法维护自己合法权益的舆论和环境。

二、抓紧做好规章的修订工作。根据行政处罚法的规定，行政处罚只能由法律、法规或者规章设定，其他规范性文件不得设定行政处罚；规章只能设定警告或者一定数量的罚款；对违法行为给予行政处罚的规定必须公布，未经公布的，不得作为行政处罚的依据。据此，现行许多规章都要依照行政处罚法的规定予以修改或者废止，许多规范性文件设定的行政处罚将要失去效力。各地方、各部门要从维护国家法制的统一和尊严的高度，抓紧清理规章，对确实需要制定行政法规或者地方性法规的，要抓紧总结经验，依法上升为行政法规或者地方性法规；对规章中个别行政处罚条款超过行政处罚法规定而行政管理又需要的，应当报经国务院批准或者省、自治区、直辖市人大常委会批准。其他规范性文件设定的行政处罚，自行政处罚法施行之日起，一律无效。

修订规章的工作要在1997年12月31日前完成。在这之前，现行规章已规定的行政处罚仍然有效。但是，行政处罚法施行后制定的规章新设定行政处罚，必须依照行政处罚法的规定执行。国务院各部门制定的规章对非经营活动中的违法行为设定罚款不得超过1000元；对经营活动中的违法行为，有违法所得的，设定罚款不得超过违法所得的3倍，但是最高不得超过30000元，没有违法所得的，设定罚款不得超过10000元；超过上述限额的，应当报国务院批准。地方政府规章设定罚款的限额，由省、自治区、直辖市人大常委会规定，可以不受上述规定的限制。

三、依法清理行政执法机构，高度重视行政执法队伍建设。根据行政处罚法规定，行政处罚原则上只能由行政机关实施，非行政机关的企业、事业单位未经法律、法规授权，不得行使行政处罚权；没有法律、法规或者规章的明确规定，行政机关不得委托事业组织实施行政处罚。各地方、各部门对这一规定要高度重视，抓紧清理现行各类行政执法机构，凡是行政机关内设机构以自己名义实施行政处罚的，或者法律、法规以外的其他规范性文件授权组织实施行政处罚的，或者没有法律、法规、规章依据行政机关自行委托组织实施行政处罚的，都要尽快予以纠正。今后，各地方、各部门设立新的执法机构，必须符合法定条件，哪个地方、哪个部门出现不符合法定条件的机关或者组织实施行政处罚的情况，要追究哪个地方或者部门领导的责任。

当前，行政执法队伍中，有些人员的素质不高，有的以权谋私，不给好处不办事，给了好处乱办事，有的甚至贪赃枉法，走上了犯罪道路；有的地方、部门聘用合同工、临时工从事执法工作，经费和其他保障条件又不具备，导致执法人员的整体素质下降，影响政府形象。各地方、各部门对此必须引起高度注意，把建立高效、廉洁的执法队伍，作为贯彻实施行政处罚法、提高依法行政水平的关键工作来抓，切实抓出成效。要对执法人员加强党性教育、法制教育，使其增强工作责任心和依法办事的自觉性；加强对执法人员的资格、证件和着装管理，停止合同工、临时工从事行政处罚工作。

四、加强对行政处罚的监督工作。行政处罚

法明确规定，行政机关应当建立、健全对行政处罚的监督制度；县级以上人民政府应当加强对行政处罚的监督检查。各地方、各部门要结合本地区、本部门的实际情况落实这一规定，建立和健全规范性文件、重大行政处罚的备案制度以及公民、法人和其他组织对行政处罚的申诉和检举制度、行政处罚决定制度、行政处罚统计制度等。同时，要严格执行规章备案制度和行政复议条例，及时纠正违法设定和实施行政处罚的行为。

县级以上地方人民政府加强对行政处罚的监督检查，是上级政府对下级政府、政府对其所属各部门行使监督权的重要形式，也是政府的一项重要责任。县级以上地方人民政府要把对行政处罚的监督检查作为政府工作的一项重要内容，切实抓紧、抓好，务必抓出成效。要把行政处罚的设定权、实施行政处罚的主体资格、当场处罚、罚款决定与罚款收缴的分离等制度的执行情况作为重点进行检查，对检查中发现的问题，要采取有力措施，坚决予以纠正。各级地方人民政府及其各部门的法制工作机构要根据本级政府或者本部门的统一部署，具体组织、承担对行政处罚的监督检查工作。

五、积极探索建立有利于提高行政执法的权威和效率的行政执法体制。各省、自治区、直辖市人民政府要认真做好相对集中行政处罚权的试点工作，结合本地方实际提出调整行政处罚权的意见，报国务院批准后施行；国务院各部门要认真研究适应社会主义市场经济要求的行政执法体制，支持省、自治区、直辖市人民政府做好相对集中行政处罚权工作。各地方、各部门都要认真执行听证制度、调查取证与处罚决定分开制度、罚款决定与罚款收缴分离制度，要根据行政处罚法的规定确定听证的范围，明确主持听证的人员，制定听证规则；确定行政机关内部比较超脱的机构对调查结果进行初步审查；改革行政执法机关经费管理体制，改变行政处罚与行政执法机关及其执法人员的利益直接挂钩的做法。

六、以贯彻实施行政处罚法为契机，把政府法制工作提高到新的水平。经八届全国人大四次会议批准的《国民经济和社会发展“九五”计划和2010年远景目标纲要》明确提出：“依法治国，建设社会主义法制国家。”这是实现国家长治久安的重要保证，对政府法制工作也提出了新的更高要求。各级政府和政府各部门都要充分认识做好新时期政府法制工作的重要性，切实加强对政府法制工作的领导，把加强政府法制建设真正提到政府工作的重要位置，列入重要议程。当前，要通过实施行政处罚法，使政府的立法工作、执法工作和执法监督工作等再上一个新台阶，提高依法行政的水平。

加强政府法制工作，实施行政处罚法，必须有一支政治素质和业务素质较高的政府法制工作专业队伍。县级以上地方人民政府及其各部门，都要采取切实有效的措施加强政府法制工作机构，使政府法制工作机构的设置和人员配备同本地区、本部门的政府法制工作任务相适应，为他们开展工作创造必要条件，充分发挥他们在政府工作中的参谋、助手作用。

各地方、各部门接到本通知后，要结合本地方、本部门的实际情况，认真研究、落实。有关重要情况和问题及时告之国务院法制局。

【人民警察的违法行为与行政处分】

治安管理处罚法第一百一十六条对人民警察办理治安案件有违法行为的，应当予以行政处分作了规定。根据该规定，有下列违法行为，应当给予行政处分：

1. 刑讯逼供、体罚、虐待、侮辱他人。这里的他人，既包括违反治安管理行为人，也包括其它的证人、被侵害人等。尽管法律明确规定，公安机关办理治安案件，应当严格依法进行，严禁采用刑讯逼供等非法手段，公安机关也三令五申禁止采用非法手段办案，但在执法过程中，仍有个别的公安干警无视法律和纪律的规定，为了得到违反治安管理行为人的陈述，对其实施体罚、虐待；有的为了得到证词，甚至威胁、侮辱证人、被侵害人。这种违法的作法，不仅侵犯了公民的合法权益，而且很容易造成错案，公民在不堪体罚、虐待、侮辱的情况下，出于恐惧，迫于压力，提供的陈述、证词虚假的可能性极大，因此，治安管理处罚法明确规定，以非法手段收集的证据不得作为处罚的根据。不仅如此，根据治安管理处罚法的规定，对于刑讯逼供、体罚、虐待、侮辱他人的，还应给予行政处分，直至追究其刑事责任。

2. 超过询问的时间限制人身自由。根据治安管理处罚法的规定，对违反治安管理行为人，公安机关传唤后应当及时询问查证，询问查证的时间不得超过八小时。对情况复杂，可能适用行政拘留处罚的，询问查证的时间不得超过二十四小时。法律之所以这样规定，主要是考虑到治安案件在总体上情节比较简单，社会危害性较轻，许多案件在现场发现，容易调查取证，因此不宜规定太长的限制人身自由的调查时间。对治安案件的调查，主要应采取现场询问，到违法行为人的住处或所在单位进行询问的方法，不应把限制人身自由作为主要的调查方法。实践中，有个别公安民警对工作采取极不负责任的态度，在被传唤人到达公安机关后，不及时对其进行询问，又不让被传唤人离开，使其长时间置留于公安机关，严重地限制了其人身自由；有的不在如何运用新的技术、提高调查取证能力、提高询问水平上下功夫、而是为了获得陈述，超过上述法定的询问时间，采用车轮战术，对被传唤人进行连续的询问。这种行为，对被传唤人的生理、心理都是极大的摧残，实际上就是一种变相的体罚、虐待。

3. 不执行罚款决定与罚款收缴分离制度或者不按规定将罚没财物上缴国库或者依法处理。这里包括两种情况：一是不执行罚款决定与罚款收缴分离的规定；二是不按规定将罚没的财物上缴国库或依法处理。为了严肃行政执法，严格罚没财物的管理，《行政处罚法》明确规定了对行政罚款实行罚缴分离制度，治安管理处罚法也重申了这一制度。这一规定，对于纠正、约束某些公安机关及其人民警察为追求经济利益滥罚款、利用罚款搞创收或从罚款中获取个人好处等不正之风，具有积极意义，应当坚决执行。这里所说的“罚没财物”，主要是指依法对违反治安管理的行为人处以的罚款、没收的保证金、收缴的违禁品、收缴违反治安管理所得的财物、收缴直接用于实施违反治安管理行为的工具等财物。

4. 私分、侵占、挪用、故意损毁罚没、扣押的财物。根据治安管理处罚法的规定，对于与违反治安案件有关的物品，需要作为证据使用的，公安机关可以依照本法的有关规定予以扣押，但有责任妥善保管，不得挪作他用，更不得私分、侵占、故意损毁。对于未妥善保管，造成被罚没、扣押的财物遗失或者损毁的，应依法承担赔偿责任；有私分、侵占、挪用行为，构成犯罪的，还应依法承担刑事责任。

5. 违反规定使用或者不及时返还被侵害人财物。公安机关及其人民警察，在办理治安案件过程中依法收缴的违反治安管理所得的财物，以及被扣押的有关财物，有的可能是被侵害人的合法财物。对于这些财物，根据法律规定，应当及时退还给被侵害人，防止因办案时间的拖延而影响和损害被侵害人的利益。对于需要作为证据使用的被害人的财物，应当在登记并固定证据后立即退还。

6. 违反规定不及时退还保证金。按照治安管理处罚法的规定，被决定给予行政拘留处罚的人交纳暂缓执行的保证金后，遵守有关规定，不逃避处罚，在行政拘留的处罚决定被撤销，或者行政拘留处罚开始执行后，公安机关应当及时将保证金退还给交纳人。对于有的应当退还保证金，当事人出于某种原因没有提出申请或要求，公安机关应主动通知有关人员取回保证金。

7. 利用职务上的便利收受他人财物或者谋取其他利益。“利用职务上的便利”

主要是指利用与履行职务有关的方便条件；“收受他人财物或者谋取其他利益”，包括收受他人的金钱、有价证券、礼品及各种物品，或者接受他人提供的免费旅游、服务等等。

8. 当场收缴罚款不出具罚款收据或者不如实填写罚款数额。为了简化办理治安案件的一些手续，既方便当事人，也有利于高效办案，节约执法成本，治安管理处罚法规定，对于被处五十元以下罚款，被处罚人没有异议的；在边远、水上、交通不便地区，公安机关及其人民警察依照本法的规定作出罚款决定后，被处罚人向指定的银行缴纳罚款确有困难，经被处罚人提出的；在当地没有固定的住所，不当场收缴事后难以执行的，可以由人民警察当场收缴罚款。并规定，当场收缴罚款的，应向被处罚人出具省、自治区、直辖市人民政府财政部门统一制发的罚款收据。这一制度实际上已经执行多年，但实际执行中还存在一些执法人员采取罚款不开收据或虽然开了收据但不如实填写罚款数额等行为，从中谋利，这实际上是一种贪污行为。

9. 接到要求制止违反治安管理行为的报警后，不及时出警。人民警察在接到要求制止违反治安管理行为的报警后，应当立即出警，这是人民警察应当履行的一项重要职责。这里规定的“报警”，包括人民群众在受到违反治安管理行为的侵害时，向人民警察发出的求助；也包括人民群众发现有违反治安管理行为发生，向人民警察报案，要求人民警察予以制止；还包括发生了民间纠纷，人民群众要求调解等。这一规定，是针对实践中有个别公安民警漠视人民群众的疾苦，对人民群众的求助不予理睬的不作为行为，所作的规定。

10. 在查处违反治安管理活动时，为违法犯罪行为人通风报信。实践中，有些违法犯罪人员为了逃避法律的制裁，往往寻找一些公安干警作“保护伞”，相互勾结、利用，谋取各自的利益。有极个别的公安干警，放任、纵容违法犯罪行为人进行违反治安管理的行为，有的甚至在公安机关决定采取行动时，给违法犯罪行为人通风报信。这种情况往往发生在公安机关打击卖淫嫖娼、非法制售淫秽物品、非法倒卖各种票证活动时。针对这种情况，治安管理处罚法作了专门规定，对人民警察的这种行为给予行政处分。这里的“为违法犯罪行为人通风报信”，是指在依法查处违反治安管理活动时，将采取行动的时间、地点、对象等布署情况以及有关的消息告知违法行为人本人或与其相关的人。这里所讲的“在查处违反治安管理活动时”是指依法查处的全过程中的任何阶段，既包括布署阶段，也包括实施阶段。无论在哪一个阶段向违法行为人通风报信，以使他们及时隐藏、逃避查处的行为，都应按照治安管理处罚法的规定给予处分，而不能仅仅理解为具体实施查处行动的时刻。此外，“通风报信”包括采用各种传递消息的方法和手段，如打电话、发送短信、发送邮件或事先规定的各种联系暗号等等。

11. 徇私舞弊、滥用职权，不依法履行法定职责的其他情形。依法办理治安案件，查处违反治安管理行为人，维护良好的社会治安秩序是人民警察的重要职责。人民警察在办理治安案件的过程中，应当严格依照法律规定的权限和程序，不折不扣地履行自己的法定职责。上述前十项规定的行为主要是针对实践中比较常见的情况，也是群众反映比较强烈的。除此以外，对于其它违法违纪情况，也同样应当依法处理，这实际上也是一个兜底性规定。

根据治安管理处罚法的规定，人民警察有上述十一种违法行为之一的，应当依法给予行政处分。这里所说的“依法”，主要是指依照《中华人民共和国警察法》、《中华人民共和国警衔条例》、《中华人民共和国公务员法》、《中华人民共和国行政处罚法》等法律、法规中有关对违法、违纪的人民警察以及公务员予以行政处分的规定。

另外，根据治安管理处罚法的规定，人民警察有上述十一种违法行为之一的，除应依法给予行政处分外，对情节严重或危害后果严重，构成犯罪的，还应当依法追究其刑事责任。上述十一种违法行为，可能涉及的犯罪主要有：故意伤害罪、过失致人死亡罪、侮辱罪、刑讯逼供罪、虐待被监管人员罪、贪污罪、挪用罪、受贿罪、私分国有资产罪、滥用职权、玩忽职守、徇私舞弊罪等。

依据指引：

❶**《中华人民共和国治安管理处罚法》**(2005年8月28日公布，自2006年3月1日起施行)

第一百一十六条 人民警察办理治安案件，有下列行为之一的，依法给予行政处分；构成犯罪的，依法追究刑事责任：

（一）刑讯逼供、体罚、虐待、侮辱他人的；

（二）超过询问查证的时间限制人身自由的；

（三）不执行罚款决定与罚款收缴分离制度或者不按规定将罚没的财物上缴国库或者依法处理的；

（四）私分、侵占、挪用、故意损毁收缴、扣押的财物的；

（五）违反规定使用或者不及时返还被侵害人财物的；

（六）违反规定不及时退还保证金的；

（七）利用职务上的便利收受他人财物或者谋取其他利益的；

（八）当场收缴罚款不开具罚款收据或者不如实填写罚款数额的；

（九）接到要求制止违反治安管理行为的报警后，不及时出警的；

（十）在查处违反治安管理活动时，为违法犯罪行为人通风报信的；

（十一）有徇私舞弊、滥用职权，不依法履行法定职责的其他情形的。

办理治安案件的公安机关有前款所列行为的，对直接负责的主管人员和其他直接责任人员给予相应的行政处分。

❷**《中华人民共和国人民警察法》**(1995年2月28日公布施行)

第二十条 人民警察必须做到：

（一）秉公执法，办事公道；

（二）模范遵守社会公德；

（三）礼貌待人，文明执勤；

（四）尊重人民群众的风俗习惯。

第二十一条 人民警察遇到公民人身、财产安全受到侵犯或者处于其他危难情形，应当立即救助；对公民提出解决纠纷的要求，应当给予帮助；对公民的报警案件，应当及时查处。

人民警察应当积极参加抢险救灾和社会公益工作。

第二十二条 人民警察不得有下列行为：

（一）散布有损国家声誉的言论，参加非法组织，参加旨在反对国家的集会、游行、示威等活动，参加罢工；

（二）泄露国家秘密、警务工作秘密；

（三）弄虚作假，隐瞒案情，包庇、纵容违法犯罪活动；

（四）刑讯逼供或者体罚、虐待人犯；

（五）非法剥夺、限制他人人身自由，非法搜查他人的身体、物品、住所或者场所；

（六）敲诈勒索或者索取、收受贿赂；

（七）殴打他人或者唆使他人打人；

（八）违法实施处罚或者收取费用；

（九）接受当事人及其代理人的请客送礼；

（十）从事营利性的经营活动或者受雇于任何个人或者组织；

（十一）玩忽职守，不履行法定义务；

（十二）其他违法乱纪的行为。

第四十八条 人民警察有本法第二十二条所列行为之一的，应当给予行政处分；构成犯罪的，依法追究刑事责任。

行政处分分为：警告、记过、记大过、降级、撤职、开除。对受行政处分的人民警察，按照国家有关规定，可以降低警衔、取消警衔。

对违反纪律的人民警察，必要时可以对其采取停止执行职务、禁闭的措施。

❸《中华人民共和国刑法》（1997年3月14日修订公布，自1997年10月1日起施行）

第二百三十二条 故意杀人的，处死刑、无期徒刑或者十年以上有期徒刑；情节较轻的，处三年以上十年以下有期徒刑。

第二百三十四条 故意伤害他人身体的，处三年以下有期徒刑、拘役或者管制。

犯前款罪，致人重伤的，处三年以上十年以下有期徒刑；致人死亡或者以特别残忍手段致人重伤造成严重残疾的，处十年以上有期徒刑、无期徒刑或者死刑。本法另有规定的，依照规定。

第二百四十六条 以暴力或者其他方法公然侮辱他人或者捏造事实诽谤他人，情节严重的，处三年以下有期徒刑、拘役、管制或者剥夺政治权利。

前款罪，告诉的才处理，但是严重危害社会秩序和国家利益的除外。

第二百四十七条 司法工作人员对犯罪嫌疑人、被告人实行刑讯逼供或者使用暴力逼取证人证言的，处三年以下有期徒刑或者拘役。致人伤残、死亡的，依照本法第二百三十四条、第二百三十二条的规定定罪从重处罚。

第二百四十八条 监狱、拘留所、看守所等监管机构的监管人员对被监管人进行殴打或者体罚虐待，情节严重的，处三年以下有期徒刑或者拘役；情节特别严重的，处三年以上十年以下有期徒刑。致人伤残、死亡的，依照本法第二百三十四条、第二百三十二条的规定定罪从重处罚。

监管人员指使被监管人殴打或者体罚虐待其他被监管人的，依照前款的规定处罚。

第三百八十二条 国家工作人员利用职务上的便利，侵吞、窃取、骗取或者以其他手段非法占有公共财物的，是贪污罪。

受国家机关、国有公司、企业、事业单位、人民团体委托管理、经营国有财产的人员，利用职务上的便利，侵吞、窃取、骗取或者以其他手段非法占有国有财物的，以贪污论。

与前两款所列人员勾结，伙同贪污的，以共犯论处。

第三百八十三条 对犯贪污罪的，根据情节轻重，分别依照下列规定处罚：

（一）个人贪污数额在十万元以上的，处十年以上有期徒刑或者无期徒刑，可以并处没收财产；情节特别严重的，处死刑，并处没收财产。

（二）个人贪污数额在五万元以上不满十万元的，处五年以上有期徒刑，可以并处没收财产；情节特别严重的，处无期徒刑，并处没收财产。

（三）个人贪污数额在五千元以上不满五万元的，处一年以上七年以下有期徒刑；情节严重的，处七年以上十年以下有期徒刑。个人贪污数额在五千元以上不满一万元，犯罪后有悔改表现、积极退赃的，可以减轻处罚或者免予刑事处罚，由其所在单位或者上级主管机关给予行政处分。

（四）个人贪污数额不满五千元，情节较重的，处二年以下有期徒刑或者拘役；情节较轻的，由其所在单位或者上级主管机关酌情给予行政处分。

对多次贪污未经处理的，按照累计贪污数额处罚。

第三百八十四条 国家工作人员利用职务上的便利，挪用公款归个人使用，进行非法活动的，或者挪用公款数额较大、进行营利活动的，或者挪用公款数额较大、超过三个月未还的，是挪用公款罪，处五年以下有期徒刑或者拘役；情节严重的，处五年以上有期徒刑。挪用公款数额巨大不退还的，处十年以上有期徒刑或者无期徒刑。

挪用用于救灾、抢险、防汛、优抚、扶贫、移民、救济款物归个人使用的，从重处罚。

第三百八十五条 国家工作人员利用职务上的便利，索取他人财物的，或者非法收受他人财物，为他人谋取利益的，是受贿罪。

国家工作人员在经济往来中，违反国家规定，收受各种名义的回扣、手续费，归个人所有的，以受贿论处。

第三百八十六条 对犯受贿罪的，根据受贿所得数额及情节，依照本法第三百八十三条的规定处罚。索贿的从重处罚。

第三百九十六条 国家机关、国有公司、企业、事业单位、人民团体，违反国家规定，以单位名义将国有资产集体私分给个人，数额较大的，对其直接负责的主管人员和其他直接责任人员，处三年以下有期徒刑或者拘役，并处或者单处罚金；数额巨大的，处三年以上七年以下有期徒刑，并处罚金。

司法机关、行政执法机关违反国家规定，将应当上缴国家的罚没财物，以单位名义集体私分给个人的，依照前款的规定处罚。

第三百九十七条 国家机关工作人员滥用职权或者玩忽职守，致使公共财产、国家和人民利益遭受重大损失的，处三年以下有期徒刑或者拘役；情节特别严重的，处三年以上七年以下有期徒刑。本法另有规定的，依照规定。

国家机关工作人员徇私舞弊，犯前款罪的，处五年以下有期徒刑或者拘役；情节特别严重的，处五年以上十年以下有期徒刑。本法另有规定的，依照规定。

❹《公安机关督察条例》（国务院令1997年6月20日发布施行）

第四条 督察机构对公安机关及其人民警察依法履行职责、行使职权和遵守纪律的下列事项，进行现场督察：

（一）重要的警务部署、措施、活动的组织实施情况；

（二）重大社会活动的秩序维护和重点地区、场所治安管理的组织实施情况；

（三）治安突发事件处置的情况；

（四）刑事案件、治安案件的立案、侦查、调查、处罚和强制措施的实施情况；

（五）治安、交通、户政、出入境等公安行政管理法律、法规的执行情况；

（六）使用武器、警械以及警用车辆、警用标志的情况；

（七）处置公民报警、请求救助和控告申诉的情况；

（八）文明执勤、文明执法和遵守警容风纪规定的情况；

（九）组织管理和警务保障的情况；

（十）公安机关及其人民警察履行职责、行使职权和遵守纪律的其他情况。

第十条 督察人员在现场督察中发现公安机关的人民警察违法违纪的，可以采取下列措施，当场处置：

（一）对违反警容风纪规定的，可以当场予以纠正；

（二）对违反规定使用武器、警械以及警用车辆、警用标志的，可以扣留其武器、警械、警用车辆、警用标志；

（三）对违法违纪情节严重、影响恶劣的，以及拒绝、阻碍督察人员执行现场督察工作任务的，必要时，可以带离现场。

第十一条 督察机构认为公安机关的人民警察违反纪律需要采取停止执行职务、禁闭措施的，由督察机构作出决定，报本级公安机关行政首长批准后执行。

督察机构认为公安机关的人民警察需要给予行政处分或者降低警衔、取消警衔的，督察机构可以提出建议，移送有关部门按照国家有关规定办理。

督察机构在督察工作中发现公安机关的人民警察涉嫌犯罪的，移送司法机关依法处理。

第十二条 县级以上地方各级人民政府公安机关督察机构查处违法违纪行为，应当向上一级公安机关督察机构报告查处情况；下级公安机关督察机构查处不力的，上级公安机关督察机构可以直接进行督察。

【公安机关及其人民警察的赔偿责任】

我国宪法规定，公民对于任何国家机关和国家工作人员的违法失职行为，都有向国家机关提出申诉、控告或者检举的权利。由于国家机关和国家工作人员侵犯公民权利而受到损失的，公民有依照法律规定取得赔偿的权利。国家赔偿法也规定，国家机关和国家机关工作人员违法行使职权侵犯公民、法人和其他组织的合法权益造成损害的，受害人有取得国家赔偿的权利。公民能否真正享有宪法和法律规定的权利，这种权利能否得到切实的保护，是衡量一个国家民主政治制度和法制是否健全的重要标志。公安机关作为国家行政机关，依据法律对社会治安进行管理，维护社会秩序，其最终目的是为了广大人民群众的根本利益，但在日常的执法活动中，有个别的公安机关及其人民警察存在有法不依，违法行使职权，甚至以权谋私、徇私枉法等违法、违纪行为，影响了公安机关在人民群众中的形象，破坏了广大公安干警与群众的密切联系。对此，公安机关及其人民警察有责任予以纠正，对给公民、组织的合法权益造成损害的，理应承担赔偿责任。治安管理处罚法进一步明确规定公安机关及其人民警察违法行使职权，造成公民、组织合法权益损害的，应当承担赔偿责任，对于促进公安机关及其人民警察依法行政，推动公安队伍的廉政建设，切实保障公民、组织行使取得国家赔偿的权利，化解社会矛盾，有着十分重要的意义。

从赔偿责任的性质来看，治安管理处罚法这里规定的是一种行政赔偿责任。行政赔偿责任属于国家赔偿责任的一种，是指行政机关及其工作人员执行职务的具体行政行为违法，侵犯公民、法人和其它组织的合法权益，造成了损害，而应当承担的赔偿责任。发生国家赔偿的原因，必须是国家机关及其工作人员实施了违法行使职权的行为。也就是说，国家仅对国家机关及其工作人员行使职权时的侵权行为负赔偿责任，国家机关及其工作人员与行使职权无关的侵权行为，不发生国家赔偿问题，而应当由该机关或者该机关的工作人员对损害后果负民事上的赔偿责任。另外，侵权行为要发生损害后果，且损害后果与侵权行为之间具有因果关系，国家才承担赔偿责任，否则也不发生国家赔偿的问题。关于损害，必须是现实的、直接的损害，将来可能受到的损害不包括在国家赔偿在内。国家赔偿的主要方式是支付赔偿金，特别是对人身造成损害的，都应当采用付赔偿金的方式。对于其它的责任形式，要根据不同的情况，原财产仍在的，或者恢复原状比较容易，可以返还财产或者恢复原状。

从办理治安案件的过程来看，公安机关及其人民警察违法行使职权主要有以下几种情况：1. 超过了本法规定的询问时间限制人身自由。2. 在办理治安案件时，采用打骂、侮辱等刑讯逼供的手段。3. 违反法律规定，对不应当给予拘留处罚的给予拘留处罚。4. 违法实施罚款、吊销许可证的处罚。5. 违法处理罚没、扣押的财物等。根据本条规定，公安机关及其人民警察违法行使职权，侵犯公民、组织合法权益的，首先应当赔礼道歉；对造成损害的，应当依法承担赔偿责任。根据这一规定，不管是公安机关作出的决定违法，还是办理治安案件的人民警察作出的决定违法，只要公民、组织认为其合法权益受到损害的，都有权提出要求赔偿。根据有关法律的规定，公民、组织提出赔偿请求的途径主要有以下几种：1. 直接向作出具体决定的有关公安机关提出，公安机关经核查后，认为其请求合理的，应当对本部门及其办案的人民警察因违法行为造成公民、组织的损失予以赔偿。2. 在依法向有关行政机关提起行政复议的同时，提出赔偿请求。行政复议机关经复议认为原行政机关作出的决定是错误的或有违法的情形，在作出撤销、变更原行政决定或者确认原行政决定违法的同时，决定原作出行政决定的公安机关予以赔偿。3. 在依法向人民法院提起行政诉讼时，提出赔偿请求。也可以在行政机关不予赔偿时，单独就损害赔偿问题向人民法院提起诉讼，由人民法院判决原行政机关予以赔偿。此外，法律规定，赔偿机关赔偿后，应当责令故意或者有重大过失的人民警察承担部分或者全部赔偿费用，即有关的公安机关对公民、组织进行赔偿后，应当责令对违法行为负有直接责任的人民警察承担部分或者全部赔偿费用。这样可以对人民警察依法办案起到更好的警示和教育作用。

根据国家赔偿法等有关法律规定，财

产赔偿的形式主要包括：1. 返还非法处以的罚款、非法扣押的财物以及非法追缴的财产，如果应当返还的财产有损坏的，应当恢复原状，无法恢复原状的，按照损害的程度给付相应的赔偿金。应当返还的财产灭失的，应当给付相应的赔偿金。2. 赔偿违法吊销许可证而引起的停产停业期间必要的经常性费用开支，以及赔偿其它造成公民、组织财产权的直接损失。3. 如果是错误拘留或者违法限制他人人身自由需要赔偿的，每日的赔偿金按照国家上年度职工日平均工资计算。

依据指引：

❶《中华人民共和国治安管理处罚法》（2005 年 8 月 28 日公布，自 2006 年 3 月 1 日起施行）

第一百一十七条 公安机关及其人民警察违法行使职权，侵犯公民、法人和其他组织合法权益的，应当赔礼道歉；造成损害的，应当依法承担赔偿责任。

❷《中华人民共和国宪法》（1982 年 12 月 4 日公布施行）

第四十一条 中华人民共和国公民对于任何国家机关和国家工作人员，有提出批评和建议的权利；对于任何国家机关和国家工作人员的违法失职行为，有向有关国家机关提出申诉、控告或者检举的权利，但是不得捏造或者歪曲事实进行诬告陷害。

对于公民的申诉、控告或者检举，有关国家机关必须查清事实，负责处理。任何人不得压制和打击报复。

由于国家机关和国家工作人员侵犯公民权利而受到损失的人，有依照法律规定取得赔偿的权利。

❸《中华人民共和国行政处罚法》（1996 年 3 月 17 日公布，自 1996 年 10 月 1 日起施行）

第六条 公民、法人或者其他组织对行政机关所给予的行政处罚，享有陈述权、申辩权；对行政处罚不服的，有权依法申请行政复议或者提起行政诉讼。

公民、法人或者其他组织因行政机关违法给予行政处罚受到损害的，有权依法提出赔偿要求。

第五十九条 行政机关使用或者损毁扣押的财物，对当事人造成损失的，应当依法予以赔偿，对直接负责的主管人员和其他直接责任人员依法给予行政处分。

第六十条 行政机关违法实行检查措施或者执行措施，给公民人身或者财产造成损害、给法人或者其他组织造成损失的，应当依法予以赔偿，对直接负责的主管人员和其他直接责任人员依法给予行政处分；情节严重构成犯罪的，依法追究刑事责任。

❹《中华人民共和国人民警察法》（1995 年 2 月 28 日公布施行）

第五十条 人民警察在执行职务中，侵犯公民或者组织的合法权益造成损害的，应当依照《中华人民共和国国家赔偿法》和其他有关法律、法规的规定给予赔偿。

❺《中华人民共和国国家赔偿法》（1994 年 5 月 12 日公布，自 1995 年 1 月 1 日起施行）

第三条 行政机关及其工作人员在行使行政职权时有下列侵犯人身权情形之一的，受害人有取得赔偿的权利：

（一）违法拘留或者违法采取限制公民人身自由的行政强制措施的；

（二）非法拘禁或者以其他方法非法剥夺公民人身自由的；

（三）以殴打等暴力行为或者唆使他人以殴打等暴力行为造成公民身体伤害或者死亡的；

（四）违法使用武器、警械造成公民身体伤害或者死亡的；

（五）造成公民身体伤害或者死亡的其他违法行为。

第四条 行政机关及其工作人员在行使行政职权时有下列侵犯财产权情形之一的，受害人有取得赔偿的权利：

（一）违法实施罚款、吊销许可证和执照、责令停产停业、没收财物等行政处罚的；

（二）违法对财产采取查封、扣押、冻结等行政强制措施的；

（三）违反国家规定征收财物、摊派费用的；

（四）造成财产损害的其他违法行为。

第五条 属于下列情形之一的，国家不承担赔偿责任：

（一）行政机关工作人员与行使职权无关的个人行为；

（二）因公民、法人和其他组织自己的行为致使损害发生的；

（三）法律规定的其他情形。

第六条 受害的公民、法人或者其他组织有权要求赔偿。

受害的公民死亡，其继承人和其他有扶养关系的亲属有权要求赔偿。

受害的法人或者其他组织终止，承受其权利的法人或者其他组织有权要求赔偿。

第七条 行政机关及其工作人员行使行政职权侵犯公民、法人和其他组织的合法权益造成损害的，该行政机关为赔偿义务机关。

两个以上行政机关共同行使行政职权时侵犯公民、法人和其他组织的合法权益造成损害的，共同行使行政职权的行政机关为共同赔偿义务机关。

法律、法规授权的组织在行使授予的行政权力时侵犯公民、法人和其他组织的合法权益造成损害的，被授权的组织为赔偿义务机关。

受行政机关委托的组织或者个人在行使受委托的行政权力时侵犯公民、法人和其他组织的合法权益造成损害的，委托的行政机关为赔偿义务机关。

赔偿义务机关被撤销的，继续行使其职权的行政机关为赔偿义务机关；没有继续行使其职权的行政机关的，撤销该赔偿义务机关的行政机关为赔偿义务机关。

第八条 经复议机关复议的，最初造成侵权行为的行政机关为赔偿义务机关，但复议机关的复议决定加重损害的，复议机关对加重的部分履行赔偿义务。

第九条 赔偿义务机关对依法确认有本法第三条、第四条规定的情形之一的，应当给予赔偿。

赔偿请求人要求赔偿应当先向赔偿义务机关提出，也可以在申请行政复议和提起行政诉讼时一并提出。

第十条 赔偿请求人可以向共同赔偿义务机关中的任何一个赔偿义务机关要求赔偿，该赔偿义务机关应当先予赔偿。

第十一条 赔偿请求人根据受到的不同损害，可以同时提出数项赔偿要求。

第十二条 要求赔偿应当递交申请书，申请书应当载明下列事项：

（一）受害人的姓名、性别、年龄、工作单位和住所，法人或者其他组织的名称、住所和法定代表人或者主要负责人的姓名、职务；

（二）具体的要求、事实根据和理由；

（三）申请的年、月、日。

赔偿请求人书写申请书确有困难的，可以委托他人代书；也可以口头申请，由赔偿义务机关记入笔录。

第十三条 赔偿义务机关应当自收到申请之日起两个月内依照本法第四章的规定给予赔偿；逾期不予赔偿或者赔偿请求人对赔偿数额有异议的，赔偿请求人可以自期间届满之日起三个月内向人民法院提起诉讼。

第十四条 赔偿义务机关赔偿损失后，应当责令有故意或者重大过失的工作人员或者受委托的组织或者个人承担部分或者全部赔偿费用。

对有故意或者重大过失的责任人员，有关机关应当依法给予行政处分；构成犯罪的，应当依法追究刑事责任。

第二十五条 国家赔偿以支付赔偿金为主要方式。

能够返还财产或者恢复原状的，予以返还财产或者恢复原状。

第二十六条 侵犯公民人身自由的，每日的赔偿金按照国家上年度职工日平均工资计算。

第二十七条 侵犯公民生命健康权的，赔偿金按照下列规定计算：

（一）造成身体伤害的，应当支付医疗费，以及赔偿因误工减少的收入。减少的收入每日的赔偿金按照国家上年度职工日平均工资计算，最高额为国家上年度职工年平均工资的五倍；

（二）造成部分或者全部丧失劳动能力的，应当支付医疗费，以及残疾赔偿金，残疾赔偿金根据丧失劳动能力的程度确定，部分丧失劳动能力的最高额为国家上年度职工年平均工资的十倍，全部丧失劳动能力的为国家上年度职工年平均工资的二十倍。造成全部丧失劳动能力的，对其扶养的无劳动能力的人，还应当支付生活费；

（三）造成死亡的，应当支付死亡赔偿金、丧葬费，总额为国家上年度职工年平均工资的二十倍。对死者生前扶养的无劳动能力的人，还应当支付生活费。

前款第（二）、（三）项规定的生活费的发放标准参照当地民政部门有关生活救济的规定办理。被扶养的人是未成年人的，生活费给付至十八周岁止；其他无劳动能力的人，生活费给付至死亡时止。

第二十八条 侵犯公民、法人和其他组织的财产权造成损害的，按照下列规定处理：

（一）处罚款、罚金、追缴、没收财产或者违反国家规定征收财物、摊派费用的，返还财产；

（二）查封、扣押、冻结财产的，解除对财产的查封、扣押、冻结，造成财产损坏或者灭失的，依照本条第（三）、（四）项的规定赔偿；

（三）应当返还的财产损坏的，能够恢复原状的恢复原状，不能恢复原状的，按照损害程度给付相应的赔偿金；

（四）应当返还的财产灭失的，给付相应的赔偿金；

（五）财产已经拍卖的，给付拍卖所得的价款；

（六）吊销许可证和执照、责令停产停业的，赔偿停产停业期间必要的经常性费用开支；

（七）对财产权造成其他损害的，按照直接损失给予赔偿。

第二十九条 赔偿费用，列入各级财政预算，具体办法由国务院规定。

第三十条 赔偿义务机关对依法确认有本法第三条第（一）、（二）项、第十五条第（一）、（二）、（三）项情形之一，并造成受害人名誉权、荣誉权损害的，应当在侵权行为影响的范围内，为受害人消除影响，恢复名誉，赔礼道歉。

第三十一条 人民法院在民事诉讼、行政诉讼过程中，违法采取对妨害诉讼的强制措施、保全措施或者对判决、裁定及其他生效法律文书执行错误，造成损害的，赔偿请求人要求赔偿的程序，适用本法刑事赔偿程序的规定。

第三十二条 赔偿请求人请求国家赔偿的时效为两年，自国家机关及其工作人员行使职权时的行为被依法确认为违法之日起计算，但被羁押期间不计算在内。

赔偿请求人在赔偿请求时效的最后六个月内，因不可抗力或者其他障碍不能行使请求权的，时效中止。从中止时效的原因消除之日起，赔偿请求时效期间继续计算。

第三十三条 外国人、外国企业和组织在中华人民共和国领域内要求中华人民共和国国家赔偿的，适用本法。

外国人、外国企业和组织的所属国对中华人民共和国公民、法人和其他组织要求该国国家赔偿的权利不予保护或者限制的，中华人民共和国与该外国人、外国企业和组织的所属国实行对等原则。

第三十四条 赔偿请求人要求国家赔偿的，赔偿义务机关、复议机关和人民法院不得向赔偿请求人收取任何费用。

对赔偿请求人取得的赔偿金不予征税。